U0935722

河钢唐钢

年鉴 2018

河钢唐钢党史厂志编纂委员会　编

北　京
冶　金　工　业　出　版　社
2021

图书在版编目(CIP)数据

河钢唐钢年鉴.2018/河钢唐钢党史厂志编纂委员会编.—北京：冶金工业出版社，2021.3
ISBN 978-7-5024-8771-3

Ⅰ.①河… Ⅱ.①河… Ⅲ.①钢铁厂—唐山—2018—年鉴 Ⅳ.①F426.31-54

中国版本图书馆 CIP 数据核字(2021)第 050213 号

出 版 人 苏长永
地　　址 北京市东城区嵩祝院北巷 39 号 邮编 100009 电话 (010)64027926
网　　址 www.cnmip.com.cn 电子信箱 yjcbs@cnmip.com.cn
责任编辑 张熙莹 美术编辑 彭子赫 版式设计 禹 蕊
责任校对 王永欣 责任印制 禹 蕊
ISBN 978-7-5024-8771-3
冶金工业出版社出版发行；各地新华书店经销；北京科信印刷有限公司印刷
2021 年 3 月第 1 版，2021 年 3 月第 1 次印刷
787mm×1092mm 1/16；27 印张；12 彩页；670 千字；408 页
180.00 元

冶金工业出版社 投稿电话 (010)64027932 投稿信箱 tougao@cnmip.com.cn
冶金工业出版社营销中心 电话 (010)64044283 传真 (010)64027893
冶金工业出版社天猫旗舰店 yjgycbs.tmall.com

河钢唐钢党史厂志编纂委员会

主任委员： 王兰玉　田　欣

委　　员： 李茂广　张　弛　赵丽树　张洪波

姚　力　武士勇　孙国平　宋嗣海

高永春　谭文振　张小帅　陶立国

刘铁力　王文德　崔晓冬　张爱民

河钢唐钢党史厂志编辑部

主　　编： 王兰玉（兼）

副 主 编： 李贺永　李振亮　宋江涛　刘　杰

编　　辑： 张卫华　王福生　张继柱　张　琴

高惠雅

摄影制图： 刘振建　刘会军　赵　辉　鞠月萍

河钢唐钢年鉴 2018

栏目编审

刘彦雷　王云阁　薛军安　史云波　庞得奇　王大成
赵寿强　贾成宁　于子庆　闫希才　郭明举　韩　毅
陶加富　刘连继　杨利东　许国新　于春渊　吴晓月
商　丽　周　明　姜丽丽

作出贡献者

孙学君　赵津玲　王　宇　翟雪川　杜　进　梁栋栋
王　磊　王　研　靳志伟

▲ 2017 年 5 月 12 日，中共河北省委书记赵克志（前排右一）到河钢唐钢浦项（唐山）新型光源有限公司调研。

▲ 2017 年 12 月 13 日，中共河北省委书记王东峰（中）到河钢唐钢调研。

▲ 2017 年 9 月 21 日，国家安全生产监督管理总局党组书记王玉普（左四）到河钢唐钢调研。

▲ 2017 年 6 月 22 日，中华全国总工会副主席焦开河（前排左二）到河钢唐钢调研。

▲2017 年 8 月 21 日，河北省副省长张古江（前排左三）到河钢唐钢调研。

▲2017 年 4 月 11 日，河北省总工会常务副主席常增月（左三）到河钢唐钢调研。

▲ 2017 年 5 月 16 日，塞尔维亚总理、当选总统武契奇（前排右三）访问河钢集团，参观河钢唐钢。

▲ 2017 年 3 月 20—30 日，河钢唐钢举办塞尔维亚国际产能合作质量管理培训班。图为商务部国际商务官员研修学院副院长何定出席交流会。

▲ 2017 年 10 月 5 日，河钢集团党委书记、董事长于勇到河钢唐钢调研指导工作。

▲ 2017 年 3 月 1 日，河钢集团总经理彭兆丰到河钢唐钢中厚板公司指导工作。

▲ 2017 年 8 月 14 日，宜昌市委常委、秘书长刘建新（前排右四）一行到河钢唐钢访问。

▲ 2017 年 3 月 28 日，韩国三星电子副社长金龙会（中）一行到河钢唐钢访问。

▲ 2017 年 9 月 14 日，中国人民银行总行调查统计司副司长吴礼顺（左一）一行来河钢唐钢参观。

▲ 2017 年 9 月 5 日，上汽乘用车质保部总监杨如松（左一）到河钢唐钢访问。

▲ 2017 年 5 月 15 日，河钢唐钢举行唐山惠唐物联科技有限公司揭牌仪式。

▲ 2017 年 5 月 15 日，河钢唐钢举行普锐特（唐山）冶金技术服务有限公司揭牌仪式。

▲ 2017 年 9 月 1 日，河钢唐钢惠唐乐港金属科技有限公司铁道垫板生产线调试成功。

▲ 2017 年 2 月，河钢唐钢微尔云计算中心投入运营，年内与陕西中光电信、招商银行唐山分行等多家企业签订 IDC 托管合同。

▲ 2017 年 3 月 23—24 日，河钢唐钢举办主题为“发展智能制造，提高企业核心竞争力”的智能制造创新模式研讨会，中国工程院院士、钢铁研究总院名誉院长殷瑞钰应邀作报告。

▲ 2017 年 7 月 13—14 日，中国钢铁工业智能制造协同创新发展论坛在河钢唐钢举行。

▲ 2017 年 1 月 6 日，河钢唐钢召开第二十一届职工代表大会第十一次会议。

▲ 2017 年 3 月 24 日，河钢唐钢召开 2016 年度总结表彰暨 2017 年挖潜增效、全员创新推进大会。

▲ 2017 年 6 月 30 日，河钢唐钢党委召开庆祝建党 96 周年总结表彰大会。

▲ 2017 年 6 月 24 日，河钢唐钢党建研究会成立仪式在唐钢大学举行。

▲ 河钢唐钢厂区掠影。

▲ 河钢唐钢厂区一角。

▲ 河钢唐钢高强汽车板公司厂区掠影。

▲ 河钢塞钢厂区掠影。

▲ 2017 年，河钢唐钢产铁 1385 万吨，同比增长 4%。图为炼铁厂南区 3200 立方米高炉。

▲ 2017 年，河钢唐钢强力推进提高废钢添加比技术攻关，全年消耗废钢 170 万吨。图为不锈钢公司转炉生产现场。

▲ 2017 年，河钢唐钢加大市场开发和客户端优化力度，开发高端直供用户 68 家，重点用户销量达到 310 万吨，同比增长 180%。图为 1810 毫米热轧生产线。

◀▼ 2017 年 6 月，河钢唐钢在高强度汽车板工程二期项目开发应用“无人天车控制系统”。

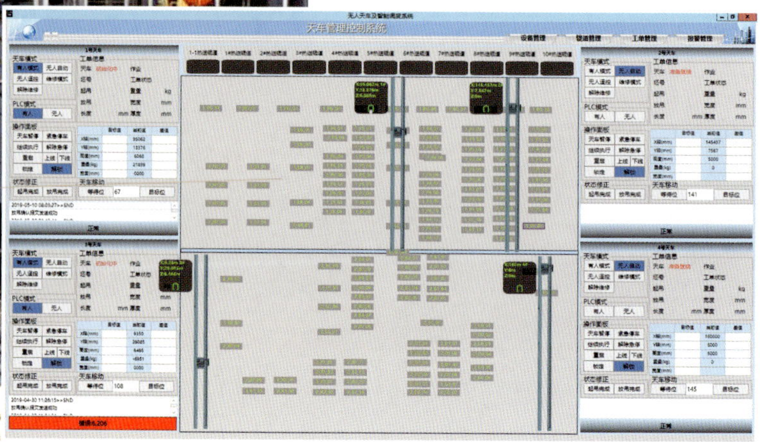

▲ 2017 年 8 月，河钢唐钢被河北省委、省政府授予“文明单位”称号。

▲ 2017 年 10 月，河钢唐钢被评为“中国钢铁工业‘十二五’科技工作先进单位”。

▲ 2017 年 8 月，河钢唐钢被奥克斯公司授予“优秀合作伙伴”称号。

全国实施用户满意工程·用户满意度指数CSI测评

用户满意证书

证书编号：CAQ2017QY098

河钢股份有限公司唐山分公司

依据国家标准《质量管理 顾客满意 组织行为规范指南（GB/T 19010）》、《顾客满意测评模型和方法指南(GB/T 19038)》、《顾客满意测评通则(GB/T 19039)》、团体标准《顾客关系管理评价准则（T/CAQ 10301-2016）》、《用户满意等级认定管理办法》授予2017年度

用户满意企业

证书签发日期：2017年11月
建议复评日期：2020年11月

在线查询系统

中国质量协会　全国用户委员会

▲ 2017年，河钢唐钢被评为全国“用户满意企业”。

全国实施用户满意工程·用户满意度指数CSI测评

用户满意证书

证书编号：CAQ2017CP003

河钢股份有限公司唐山分公司

产品名称：连续热镀锌钢带

商标名称：HBIS

依据国家标准《质量管理 顾客满意 组织行为规范指南（GB/T 19010）》、《顾客满意测评模型和方法指南(GB/T 19038)》、《顾客满意测评通则(GB/T 19039)》、团体标准《顾客关系管理评价准则（T/CAQ 10301-2016）》、《用户满意等级认定管理办法》授予2017年度

用户满意产品

证书签发日期：2017年11月
建议复评日期：2020年11月

在线查询系统

中国质量协会　全国用户委员会

▲ 2017年，河钢唐钢连续热镀锌钢带被评为全国“用户满意产品”。

冶金产品实物质量认定证书

金杯奖

企业名称：唐山钢铁集团有限责任公司
产品名称：深冲用冷轧低碳钢带
产品牌号：DC04
产品规格：(0.6～2.5)×(920～1430)(mm)
产品标准：Q/TB303—2017
生产线：炼钢-1580线-冷轧部连退生产线

经认定，上述产品的实物质量达到国际同类产品实物水平。特授予冶金产品实物质量金杯奖。

证书编号：CISA-SWZL2017-122
有效期：2018年1月1日至2020年12月31日

二〇一七年十二月三十一日

冶金产品实物质量认定证书

金杯奖

企业名称：唐山钢铁集团有限责任公司
产品名称：低合金高强度冷轧钢带
产品牌号：HC340LA
产品规格：(0.8～2.5)×(1000～1430)(mm)
产品标准：Q/TB308.1—2017
生产线：炼钢-1580线-冷轧部连退生产线

经认定，上述产品的实物质量达到国际同类产品实物水平。特授予冶金产品实物质量金杯奖。

证书编号：CISA-SWZL2017-120
有效期：2018年1月1日至2020年12月31日

二〇一七年十二月三十一日

冶金产品实物质量认定证书

金杯奖

企业名称：唐山钢铁集团有限责任公司
产品名称：连续热镀锌钢带
产品牌号：DX53D+Z
产品规格：(0.5～2.0)×(900～1430)(mm)
产品标准：Q/TB305—2017
生产线：炼钢-1580线-冷轧部4#镀锌生产线

经认定，上述产品的实物质量达到国际同类产品实物水平。特授予冶金产品实物质量金杯奖。

证书编号：CISA-SWZL2017-121
有效期：2018年1月1日至2020年12月31日

二〇一七年十二月三十一日

▲ 2017年，河钢唐钢深冲用冷轧低碳钢带、低合金高强度冷轧钢带、连续热镀锌钢带获冶金产品实物质量“金杯奖”。

▲ 2017 年 1 月 23 日，河北省委常委、唐山市委书记焦彦龙（左二），省人大常委会副主任宋太平，省政协副主席卢晓光慰问全国劳动模范、公司首席操作专家郑久强。

▲ 2017 年 7 月 27—28 日，河钢唐钢党委书记、董事长王兰玉赴公司驻村帮扶地涞源县黑山村调研慰问。

▲ 2017 年 7 月 25 日，河钢唐钢党委书记、董事长王兰玉慰问一线干部职工。

▲ 2017 年 7 月 20 日，河钢唐钢总经理田欣慰问一线干部职工。

▲ 2017 年 6 月 30 日，河钢唐钢党委在李大钊纪念馆举行迎庆“七一”新党员入党宣誓活动。

▲ 2017 年 6 月 17 日，河钢唐钢党委组织开展党员进社区志愿服务活动。

▲ 2017 年 5 月，第五届全国冶金职工运动会乒乓球比赛在河钢唐钢举行。

▲ 2017 年 6 月 19 日，河钢唐钢青年集体婚礼隆重举行。

▲本书主要编审人员及编辑、通讯员代表合影。

◀ 本书编委会主任委员、部分委员及主编、副主编合影。

▶ 本书编审人员审阅专业书稿内容。

◀ 本书编辑部成员及特约通讯员合影。

编 辑 说 明

一、《河钢唐钢年鉴》是由河钢唐钢党史厂志编纂委员会组织编纂，河钢唐钢党委办公室主管、河钢唐钢党史厂志编辑部主办，创办于2016年，全面记述河钢唐钢各方面情况的年度资料性文献，为读者了解、研究河钢唐钢提供基本资料。

二、《河钢唐钢年鉴（2018）》的编纂以习近平新时代中国特色社会主义思想为指导，紧贴公司生产经营实际，突出钢铁企业特色、时代特色、年度特色，凸显当年各项变革的主要举措和工作成效。文体语言、结构层次、计量单位均采用国家标准。

三、《河钢唐钢年鉴（2018）》根据年鉴体例的要求，除企业概况以外，其余部目均采用分目、条目体。设置特载、专文、企业概况、大事记、项目建设、科技创新、市场营销、生产经营与专业管理、战略管控平台、公共服务支撑平台、生产技术支撑平台、信息设备支撑平台、主业生产经营单元、平台外非钢单元、河钢集团直属单位、党群工作、附录等17个部目，60余万字。

四、《河钢唐钢年鉴（2018）》使用的单位名称，首次出现时用全称，再次出现习惯用简称。“河钢集团”“河钢”“集团”均指“河钢集团”，“河钢唐钢”“公司”均指“河钢集团唐钢公司”。独立法人单位称谓首次出现时以注册名称为准，简称为集团规定称谓。“全年”“年内”均指2017年，“上年”指2016年。

五、《河钢唐钢年鉴（2018）》利用的文稿及资料，由河钢唐钢各单位、各部室提供。引用的统计资料数据由专业部门提供，具有归口性、真实性、权威性；其他各部目数据由供稿单位提供，因统计范围和口径的调整，部分数据不具有可比性。

《河钢唐钢年鉴（2018）》编纂工作得到公司各级领导和各单位、各部室相关人员的指导和帮助，在此表示感谢。全卷编纂中难免有不足和疏漏之处，诚盼读者指正。

河钢唐钢党史厂志编辑部

2018年5月

序

时光如流，刻着光阴的记忆，勾连起刚刚过去的2017年。

我们在属于河钢唐钢的时间轴上留下了哪些印记，经历了怎样的考验淬炼？

这一年，我们视党的十九大为政治生活的头等大事，迎接十九大、收听收看十九大、学习宣传贯彻十九大，在全公司掀起热潮。广大党员争做深学笃用习近平新时代中国特色社会主义思想的表率，让十九大精神入脑入心。重点研读建设现代化经济体系、深化国企改革，以及深入推进全面从严治党等精神实质，将其作为公司生产经营建设和改革发展稳定的基本遵循。

这一年，我们关注市场，持续深入推进组织结构扁平化变革，加快事业部制改革步伐，着力构建产销研用协同机制和公共支撑平台，客户结构调整取得明显进步。与海尔、美的、格力等国内家电领先企业的合作进一步深化，与三星、西门子等国际知名企业建立认证对接；汽车板顺利通过菲亚特、吉利、北汽福田和上汽认证，获得众多厂商的广泛认可；更多名优产品直供港珠澳大桥、2022年冬奥会重点基建配套项目、浦东机场、亚投行总部、北京行政副中心等国家重点工程，河钢唐钢品牌打开了愈来愈多的国内外市场。

这一年，我们关注产品，开发新品种达50个，其中研发型产品占比达84%。高强度汽车板技术改造项目二期工程竣工投产；电池壳用钢，镀锌汽车面板、980兆帕级产品，模具钢等开发试制业绩抢眼；中型产品从普钢向工程机械用钢拓展；连续热镀锌钢带DX53D+Z、深冲用冷轧钢带DC04、低合金高强冷轧钢带HC340LA三项产品，以其卓越的品质在行业内捧杯夺冠，摘得众多国家级奖项。

这一年，我们关注效率，以模型化生产为抓手，专注于快节奏、高效率的生产组织模式，攻克基于低铁耗、高废钢比需求的产线难点；自动化炼钢技术得到全面深度应用；“宽厚板连铸坯重压下关键工艺与装备技术的开发及应用”项目获河北省科技进步奖一等奖；强化EVI先期介入、定制化生产；智能制造试点示范项目、设备全生命周期管理系统，以信息技术迭代升级挖掘工艺装备潜能和数据价值。

这一年，我们关注非钢，将能源科技分公司纳入非钢发展板块；普锐特

（唐山）冶金技术服务有限公司、唐山惠唐物联科技有限公司双双揭牌，大宗物流、城市服务、备品备件等核心业务多点协同发力；云计算中心入驻苹果等多家国内外知名企业，首个屋顶分布式光伏发电项目投运，钢城·春邑项目一期工程开工建设；矿渣超细粉、耐材、轧辊等产品远销海外，全年外部营业收入同比增长八成。

这一年，我们关注绿色，南区烧结机机尾除尘改造工程、不锈钢公司钢渣处理工程、不锈钢公司原料场改造工程、烧结机系统扩建改造工程、中厚板公司储焦储矿系统污染治理升级改造工程、炼铁厂北区颗粒物深度治理项目、炼铁厂北区料场棚化升级改造工程的投入，让绿色低碳发展的路径清晰可见。

这一年，我们还有太多值得铭记的历史瞬间：塞尔维亚总理、当选总统武契奇专程访问河钢，参观河钢唐钢厂区；河钢乐亭钢铁有限公司设立……在运营河钢塞钢、支撑集团发展过程中，充分彰显河钢唐钢人勇担使命、言必信、行必果的高尚品格。

这一年，我们关注党的领导、党的建设以及全面从严治党，坚持开展“两学一做”学习教育常态化制度化；《公司章程》增加党建内容；组织开展“解放思想，快速突破，各项工作走在集团前列”大讨论活动；进一步规范基层党组织换届选举；党建研究会揭牌；党群系统绩效管理和考核系统正式运行；下发“两个责任”清单，启动实施“两个责任”考核；荣膺河北省“文明单位”称号。

……

时光奔腾向前，时代势不可挡，河钢唐钢砥砺向前！

我们和我们的企业在一起，就像一滴水融入江河，像一束光簇拥火炬。每一名职工都在点亮自己，照亮公司的未来。我们，3.3万名干部职工，一步一个脚印，把平凡的工作做得更好，使我们的企业不断进行价值的创造和充能。无论是经营管理微末之事的变化，还是改革路径宏大的叙事，这一切都终将归于历史，归于奋斗的意义。

追逐梦想，我们勇毅笃行；叩问初心，我们任重道远。当2018的时光之门开启之时，“中国梦”“唐钢梦”“我的梦”在前方召唤，深化国有企业改革的宏图正徐徐展开，让我们共同期许美丽愿景，共同祝愿改革开放40周年的祖国更强大，祝福河钢唐钢的未来更美好！

河钢唐钢党委书记、董事长

2018年1月12日

目　　录

特　　载

专　　文

企 业 概 况

大　事　记

项 目 建 设

科技创新

市场营销

生产经营与专业管理

战略管控平台

公共服务支撑平台

生产技术支撑平台

信息设备支撑平台

主业生产经营单元

平台外非钢单元

河钢集团直属单位

党 群 工 作

附　录

特　载

省委书记赵克志到公司调研

2017年5月12日，省委书记、省人大常委会主任赵克志，在省委常委、市委书记焦彦龙，市长丁绣峰陪同下，到河钢唐钢浦项（唐山）新型光源有限公司调研。公司董事长、党委书记王兰玉参加调研，并汇报了公司生产经营等工作情况。

赵克志参观了河钢唐钢浦项（唐山）新型光源有限公司LED展厅、光色电综合测试室、高温老化室、常温老化区以及工业、户外产品生产区。他边走边听介绍，详细了解目前作为绿色光源照明的LED产品容量、技术水平和市场情况。赵克志对公司紧跟形势发展和市场需要，高站位谋划自身发展的做法给予肯定，认为项目前景广阔，产品高端，要把这条路走好，未来一定会形成强有力的竞争力。

参观过程中，王兰玉向赵克志汇报了当前公司生产经营以及调结构、转方式等工作。

走进LED展厅，迎面墙上引言部分的“引领未来 点亮世界”八个字格外引人注目。展厅内，华灯、路灯、隧道灯等各种用途的灯具陈列在一个个展台上。赵克志边走边看，并饶有兴趣地询问各类灯具的功率、用途等。在隧道灯前，当听到企业通过自身努力，解决了产品在炫光、发热、防尘防水上的一系列行业内的技术难题，产品效能和可靠性技术均在行业处于领先地位时，不住点头，表示赞许。

“市场份额怎么样?”“出口有多少?”“销售额达到多少?”在参观产品测试室和生产线过程中，赵克志仔细询问了产品的市场情况。目前，LED照明产业作为当今世界公认的绿色光源照明产业，在我国处于全面普及和推广的过程中，有较大的市场空间。该公司的产品广泛应用于冶金、石油、化工、道路照明等领域，相继出口日本、韩国、葡萄牙、法国等国家，年产值达到2亿元人民币。

参观期间，赵克志还亲切地与韩方员工攀谈，关切地询问“来这里工作多久了?”“在河北唐山工作习不习惯?”他说，“欢迎你们来唐山工作，希望你们和河钢唐钢一起，把灯具市场做得更大，共同创造企业美好的未来。”韩方员工表示一定努力工作，扩大销售，赢得更大的市场空间。

河钢唐钢浦项（唐山）新型光源有限公司，是由公司与处于世界LED照明技术第一方阵的韩国浦项LED公司，于2013年底共同投资设立的。近年来，该公司积极倡导绿色智能光环境理念，以照明节能、保护人类健康生存环境为目标，不断推进照明技术的研发与应用，全力打造LED新型绿色光源产品，产品定位节能、长寿、高效，产品品种涉及9大类170多个规格，在国内销售的同时还远销海外，已成为公司非钢产业全面升级的重要支撑。

省委书记王东峰到公司调研检查工作

2017年12月9日，省委书记王东峰到公司调研检查工作，先后考察了炼铁厂4号高炉和冷轧薄板厂镀锌生产线，听取了企业关于生产经营情况的汇报，看望了奋战在岗位上的干部职工，并向基层干部职工宣讲党的十九大精神。省委常委、唐山市委书记焦彦龙，省委常委、省委秘书长童建明，副省长张古江陪同调研。集团党委书记、董事长于勇，公司党委书记、董事长王兰玉参加调研。

期间，王东峰详细了解了集团生产经营工作，特别是践行“一带一路”倡议加快国际化发展的有关情况，对集团改革发展稳定各项工作给予充分肯定。在生产现场，王东峰与岗位职工一一握手问候，并向大家宣讲党的十九大精神。

王东峰指出，要深入学习宣传贯彻党的十九大精神，进一步增强“四个意识”，用习近平新时代中国特色社会主义思想统领指导各项工作，切实增强贯彻落实习近平总书记重要指示的思想自觉和行动自觉，努力开创新时代各项工作的新局面。

王东峰强调，河钢要牢牢把握历史性窗口期和战略性机遇期，紧紧抓住“一带一路”倡议和京津冀协同发展战略机遇，加快结构调整、全球布局和京津冀钢铁产业协同，主动作为、勇于担当，在全省国有企业中发挥积极引领作用。要以供给侧结构性改革为主线，紧盯战略性新兴产业，积极对接客户，主动寻求合作，延伸产业链条，扩大产品配套，提高发展的质量和效益。要全面融入京津冀协同发展，积极参与到雄安新区规划建设中去。要努力在转变发展方式、调整经济结构、推进供给侧结构性改革等方面走在全省国有企业的前列。

国家安全生产监督管理总局党组书记王玉普来公司调研

2017年9月21日，国家安全生产监督管理总局党组书记王玉普就安全生产大检查任务措施落实情况来公司调研。省委常委、唐山市委书记焦彦龙，市委副书记、市长丁绣峰陪同调研。公司党委书记、董事长王兰玉向王玉普汇报了公司当前生产经营和安全管理工作情况，副总经理张洪波参加调研。

在展示厅，王兰玉对公司当前生产经营和安全管理工作作了简要汇报。王玉普对公司加快结构调整、实现转型升级，在汽车板、家电板产品研发、市场开拓方面取得的突破以及河钢塞尔维亚公司在较短时间内实现良好运行等方面工作给予充分肯定。

王玉普一行来到气体公司生产现场，在了解了气体公司的产品结构以及吨钢耗氧量等情况后，他就安全生产关键环节与现场工作人员进行交流，仔细询问气体生产过程中危险源辨识、安全事故防范等问题。他指出，工业气体生产事故危害极大、后果严重，因此，安全管理工作极为重要。钢铁企业工艺链条长、危险因素多，一定要加强对重点单位和关键环节的检查，严格落实安全管理制度，从小处抓起、从细节抓起，严防各类事故发生，全面做好安全工作，确保安全生产万无一失。

王玉普高度评价公司安全管理工作。他指出，安全管理不仅关系企业正常生产经营，更关系职工生命财产安全。安全管理不是喊口号，而是真正让安全理念内化于心、外化于行。要在全体职工中形成人人关心安全、人人参与安全的良好氛围。要强化钢铁生产安全制度建设，不断创新安全管理方式方法，让安全管理内嵌到钢铁生产工艺流程中，为行业提供示范和经验。希望河钢唐钢继续夯实安全基础，加强安全管理，确保安全稳定工作落到实处，以长周期安全生产的良好局面，迎接党的十九大胜利召开。

王玉普一行参观了公司展示厅，深入炼铁厂4号高炉、气体公司炼钢制氧作业区、冷轧薄板厂镀锌生产线进行实地考察，详细了解公司安全工作开展情况。

省委常委、唐山市委书记焦彦龙　省人大常委会副主任宋太平　省政协副主席卢晓光慰问全国劳动模范郑久强

春节前夕，2017年1月23日，省委常委、市委书记焦彦龙，省人大常委会副主任宋太平，省政协副主席卢晓光一行慰问全国劳动模范、公司首席操作专家郑久强，公司董事长、党委书记王兰玉一同慰问。

焦彦龙一行来到郑久强家中，详细了解他的生活、工作情况，代表省委、省政府和市委、市政府，送上节日的问候和新春的祝福。全国劳动模范、公司首席操作专家郑久强，凭着对事业的执着和热爱，从一名普通的技校毕业生成长为“华夏第一炼钢工”，先后获得“全国五一劳动奖章”、全国技术能手、全国道德模范等多项荣誉。焦彦龙等领导表示，郑久强立足岗位，敬业奉献，在平凡的岗位上做出了不平凡的业绩，为企业发展作出突出贡献。郑久强是唐山广大干部职工群众的优秀代表和楷模，是爱岗敬业的典范，如果各行各业都涌现出更多的像郑久强一样的先进模范，就一定能把唐山建设得更加富裕、更加美好。他们勉励郑久强要继续努力，做好标兵、当好表率，影响并带动更多的人，倾力唐山经济社会发展。

郑久强感谢党和政府的关怀。他表示，是河钢唐钢为自己的成长成才搭建了平台，是唐山市勤劳朴实、无私奉献的工人精神，坚定了自己扎根基层、奉献热血的信念。作为一线工人，他一定继续脚踏实地工作，把劳模精神发扬光大，影响带动更多的人，努力为企业和唐山改革发展作出新贡献。

河北省副省长张古江来公司调研

2017年8月21日下午，河北省副省长张古江一行来公司调研。唐山市市长丁绣峰，集团党委副书记李炳军，公司党委书记、董事长王兰玉，党委副书记张小帅参加调研。

在听取王兰玉汇报公司生产经营情况后，张古江指出，河钢唐钢厂区环境优美、生产现场整洁，这是一个企业技术、管理能力的综合体现，充分证明河钢唐钢具有高度的社会责任感。唐山是钢铁大市，河钢唐钢是唐山最大的钢铁企业，承担着压减产能的重任，此次调研主要是了解企业相关工作进展情况、存在问题以及需要解决的问题。

张古江表示，河钢唐钢在推进企业转型发展过程中，综合竞争力得到了显著提升，产品实现了升级换代，真正践行了“低碳经济、绿色发展”的理念。河钢唐钢的发展，为河钢集团成为国内第一大家电板供应商和第二大汽车板供应商，作出了积极贡献，发挥了重要作用，也为行业树立了标杆和榜样。希望河钢唐钢紧紧围绕省政府“聚焦三大任务，推动两翼发展”的总体部署，进一步抓好创新、改革、开放、融合、质量等方面工作，大胆实践，勇于创新，加快产品结构调整步伐，真正实现有质量的发展，为河北经济转型升级作出更大贡献。

张古江一行还参观了公司展厅和炼铁厂4号高炉。

在公司 2016 年度总结表彰暨 2017 年挖潜增效全员创新推进大会上的讲话

公司党委书记、董事长　王兰玉

同志们：

今天，公司召开 2016 年度总结表彰暨 2017 年挖潜增效、全员创新推进大会，回顾总结 2016 年工作，对 2017 年挖潜增效及全员创新工作进行动员和部署。

首先，我代表公司，向刚刚受到表彰的先进集体、先进个人和优秀创新团队，表示热烈的祝贺！对公司全体干部职工在过去一年里，为公司各项工作付出的艰苦努力和辛勤劳动，表示衷心的感谢！

刚才，国平书记宣布了公司 2016 年度《先进集体和先进个人表彰决定》《优秀创新团队表彰决定》；大会对各类先进集体和个人进行了表彰。丽树总会计师宣布了公司《2016 年挖潜增效奖励决定》和《2017 年挖潜增效奖励办法》；洪波经理作了《创新工作报告》。会后，各单位要按照公司有关部署，量化指标，完善措施，狠抓工作落实，确保公司 2017 年各项目标任务圆满实现。

下面，就进一步做好 2017 年挖潜增效和全员创新工作，重点强调三点意见：

一、充分认识公司今年面临的机遇与挑战，进一步增强做好各项工作的紧迫感和责任感

去年四五月份之后，中国钢铁市场出现了比较强劲而持久的反弹，钢铁企业整体效益明显好转。2017 年以来，钢材市场价格继续处于相对高位运行，但整体看，行业面临的形势依然复杂严峻，钢铁企业仍将面对诸多困难和挑战。从国际市场看，世界经济仍然复苏缓慢，不稳定、不确定性因素增多。特别是随着针对我国钢铁产品的“双反”案件持续增加，钢材出口难度将继续加大。这一情况的变化为公司国内产品销售带来了新的压力。从国内形势看，习近平总书记今年 1 月 22 日在主持中央政治局集体学习时明确强调，下一步必须把改善供给侧结构作为主攻方向，着力提高供给的质量和效率，增强供给侧对需求变化的适应性，扩大有效和中高端供给。由此分析预判，对于包括公司在内的很多钢铁企业来讲，2017 年仍将是调整产品结构、提高供给质量，爬坡过坎、艰苦攻坚的关键时期。从集团内部单位和周边企业发展态势看，一方面，集团内部一些单位近年来进步比较明显，特别是在高端产品生产和高端客户开发上取得了长足进步。公司自己跟自己比进步十分显著，但横向比，前进的步伐还是慢了一些，这是我们必须正视的。另一方面，这些年唐山周边乃至全省大型民营钢企发展势头强劲，除特定体制机制下的成本优势外，在市场策略、产品分工、机遇把握、持续盈利能力上，进步非常快，令人刮目相看。

在本月 15 日集团召开的专题会议上，于勇董事长全面、客观、辩证地分析了当前全集团面临的市场形势。于勇董事长强调：

集团各单位一定要保持清醒的头脑，既要看到市场的利好，还要关注大环境的变化给我们小环境带来的严峻挑战，看到自身工作的差距和不足。对于当前现金流的增加，绝对不能产生误解，这是大环境带来的阶段性资金流增加和盈利改善，很多并不是来源于我们自身工作的改善提升。特别是与高盈利水平的企业横向比，我们在很多方面，亟待进一步改善提高。

于勇董事长对形势的观察与分析，非常透彻，十分到位。公司上下要深入学习领会集团领导的讲话精神，时刻保持清醒头脑，进一步增强危机感和紧迫感，振奋精神、坚定信心，眼睛向内、深挖潜力，对标先进、迎头赶上，全力抢抓机遇，全面改善经营业绩，坚决完成公司2017年生产经营目标。

二、全面做好2017年挖潜增效各项工作，促进公司经营业绩持续改善

2017年，公司制定了“全年挖潜50亿元、吨钢增效312元”的目标。为实现这一目标，公司上下必须按照集团和公司既定的战略部署，坚持“求新求变求突破”主基调，紧紧围绕“六条工作主线”，以事业部制管理为抓手，牢固树立“以市场化、平台化推动全流程创效”“向全要素成本管理、协同管理要效益”“推进系统联动创效、协同降本增效”等新的理念，提高各环节经营管理效率，深挖全流程经营创效潜力，确保公司经营业绩持续改善提升。

（一）加快“两个结构”调整，力促产品盈利能力和营销创效水平实现新提升

实现公司挖潜增效目标，重点在钢后，关键在各个产品事业部能否高效协同运行。2017年，公司要以事业部产销研一体化协同管理为抓手，以生产厂提供公共资源平台、专业部门提供服务支撑为保障，围绕产品结构和客户结构调整，协同发力，为公司实现全年挖潜目标提供保障：一是要确保完成全年结构调整和产品升级目标。在当前市场形势下，各事业部品种开发和结构调整要以盈利为核心，坚定不移地走产品高端路线，紧密围绕汽车、家电等行业高端用户需求，围绕产线分工和品种安排，从接单开始加大品种结构调整力度，提高钢材综合售价。要抓好重点产品提质上量工作，加快附加值高、市场前景好的新产品开发速度，增加高附加值、高效益品种生产比例，充分发挥重点产线优势，全面提高机时产量，强化关键品种质量控制，切实把每条产线的效益挖掘出来，确保实现全年重点产品产销量翻一番目标。二是要坚定不移地以客户结构调整推动产品升级。集团于勇董事长1月份来公司调研时，讲得最多的就是客户结构调整、客户群高端化对产品升级的极端重要性和强大推动作用。2017年，是公司把品种钢营销队伍纳入事业部管理的第一年，也是我们将重点客户销量指标纳入事业部经营绩效考核的第一年。各事业部要真正把市场、客户、销售摆在事业部工作的最前沿，充分发挥产销研协调联动作用，抓好核心市场渠道和客户关系建立，真正体现“以客户高端化促进产品升级”。要围绕产线定位，配套做好产品销售，切实把产线功能和品种效益发挥出来。要健全完善以质量代表为支撑的大客户经理制，抓好质量代表培训培养、激励引导、岗位晋升，切实把用户需求与公司产线有效对接，弥补销售人员在技术管理上的短板。要高度重视公司市场形象的维护和品牌的建立，重点围绕质量、服务、交期三个关键要素，深度着力，最大限度减少因质量不合、服务缺失、合同欠交带来的价格、利润损失。要做好销售激励引导，鼓励销售人员高价卖产品，让销售人员以业绩说话，以业绩体现实际贡献。三是要构建和强化效益最大化的营销机制。当前，公司最需要补齐的短板就是营销系统的建设和营销能力的培养。各销售单元要以市场为推手，把

市场策略、用户策略、价格策略作为产品销售的关键，建立起效益最大化的营销机制，最大限度地挖掘营销系统的创效潜力，要深入研究市场策略。抢到市场，更要抢到效益。要着力摆脱盲目开发客户、盲目接单的误区。要围绕产线定位和品种安排，明确细分市场，建立战略销售方向和目标，抓好产线与细分市场的有效对接，切实发挥出每条产线的创效潜能。要深入研究用户策略。抓好直供渠道建立，针对重点用户建立一对一销售策略，逐步减少直至最终取消三方直供；把好直供用户审核关，防止把贸易商变成三方直供。建立客户集中理念，着力提高重点客户销量和占比水平，为优化排产、提高质量、降低成本创造条件。要深入研究价格策略。价格直接关系效益，不研究价格就算不好收益。要把产品售价摆在销售工作的最前沿，以价格为核心做文章。要提高合同接单保盈亏底线的自觉性，围绕市场变化，采取灵活的定价机制，做好价格评审和锁单销售，杜绝低价销售，最大限度提高价格创效水平。

（二）狠抓铁前工序潜能发挥和指标改善，稳定提高产量，努力降低成本

前些年，公司炼铁指标在国内钢铁行业居于先进行列。但近几年由于多重因素的影响，本部及部分子公司高炉生产成为制约生产经营的一大难题。2017 年，公司挖潜目标的实现有赖于高炉长周期稳定顺行。可以说公司今年最大的挖潜突破口就在铁前。为此，公司上下要把铁前工序潜能发挥和指标改善作为主要着力点，全力以赴地做好相关工作：一是要牢固树立“一盘棋”思维。全公司上下，特别是涉及铁前系统的各单位、各部门，要紧紧围绕高炉稳定顺行和提产增效，进一步优化配置各类资源，建立采购、技术、生产、质量等系统一体化降本增效新机制，明确分工，落实责任，实现一体化协同运作，促进铁前各工序更加高效、顺畅，为高炉生产长期稳定顺行创造条件。二是要抓好原料资源保供和采购经营创效。采购系统要进一步提高全局意识，一方面要针对内外部因素变化给铁前工序带来的不利影响，从资源渠道和炉料结构入手，积极谋划原料保供策略，拓宽思路，着力解决大宗原燃料供应结构问题，为高炉稳产创造良好条件。要根据铁精粉、煤、焦等供需情况、社会库存情况和期货情况，做好原料价格底部判断，合理控制采购节奏，为公司铁前生产提供支撑。另一方面，要像研究客户端结构优化一样，大力推进采购端结构优化和经营创效，高度重视市场化运作，通过外部对标、内部对比，重点算清铁前成本大账，切实使原料供应链变成降本增效价值链。三是要抓好高炉潜能发挥和指标改善。高炉系统要主动适应资源和环境制约新常态，不断完善重污染天气条件下的生产组织模式，探索建立新的原料资源条件下高炉操作制度，加强精细化管理，减少高炉波动，最大限度降低环保限产和资源短缺造成的产量损失。要加大精准对标力度，跟自身历史最好指标对标，跟国内同行最好指标对标，大力开展重点指标攻关，迅速提高铁前生产水平，全力改善高炉利用系数、综合燃料比等关键指标，为公司降低产品总成本发挥好主力军作用。

（三）全力提升非钢板块创效能力，为实现全年目标提供必要支撑

“以市场化、平台化推动全产业链创效，着力构建价值创造新模式”是集团 2017 年工作的一个创新理念。其内涵是以市场化和平台化的理念，提高市场化资源配置能力，让产业链所有环节都承担创效责任，实现价值创造模式从依赖终端产品向依靠全产业链创效转变。这一理念和思路是集团对非钢板块提出的全新要求。公司非钢系统要深入探索和实践，尽快完成供应链、服务链、资源链向价值链的转变，为公司实现

全年经营目标多作贡献：一是加快体制变革和机制创新。2017年，公司非钢系统要继续按照“一厂一策”原则，积极探索新的体制机制，着力实现自我发展、自主经营、自负盈亏，促进自身快速成长、快速突破。要与钢铁主业同步铺开作业长制，实现机构精简和扁平化运作，大幅降低管理费用。要切实用好绩效管理手段，做到人人有指标、有任务，为经营业绩持续改善营造良好氛围。二是增强对外创效能力。非钢单位一方面要依托公司乃至集团钢铁主业内部市场，盘活资源、深挖潜力，尽快成为消纳自身人工成本的主体；另一方面要利用好河钢宣钢产能转移、河钢塞钢技改项目建设等历史机遇，将非钢相关产品和服务拓展到更大的市场，全面提升对外创效能力。三是推动重点企业经营业绩进一步改善。非钢事业部要加强对非钢各单位的运营监管和服务指导，研究制定亏损企业三年绩效考核方案，落实责任、传递压力，促进亏损企业尽快扭转被动局面。要高度关注自动化、检修、气体、创元方大等重点单位市场化发展，立足独立面向市场，统筹谋划发展战略，加强重点项目管理，确保2017年实现快速成长、快速突破。

（四）狠抓关键环节和重点领域，促进成本管控向更深更细处迈进

一是向财务和资金管理要效益。公司各级财务系统要将“服务生产、服务营销”作为2017年工作的出发点和落脚点。一方面，要结合事业部制管理，将工作重心进一步下移到产线，积极解决生产BOM系统问题，抓实日清日结管理，梳理标准成本考核，切实发挥成本考核应有的作用。要围绕推进作业长制，抓好作业区计划值管理，摸清每条产线、每道工序的绩效情况，为公司提供准确的产品成本数据支撑。另一方面，要立足“服务营销”定位，认真抓好市场研判和价格趋势分析，建立制度化、精细化的信息收集分析和快速反应机制，定期做好原料结构、产品结构、客户结构包括效益、售价等方面的评价，为公司采购和营销两端经营创效提供决策依据。此外，还要切实加强资金和费用管控，严格落实“不允许挪用生产资金，不允许形成新增贷款”的红线，努力防范资金风险，切实保障资金链安全。特别要严格控制应收账款，有效压缩库存，加速资金周转，确保全年费用压减和库存占用目标实现。二是向设备管理与装备潜能要效益。要以设备全生命周期信息化系统上线运行为契机，着力加强关键产线装备功能和精度管理，减少各类故障，降低设备费用。要树立“非必要库存就等于浪费”的理念，高度关注机旁备件库存，加大利旧利库力度，盘活积压和闲置资源，节约备件采购资金。要牢固树立“装备必须按照设计能力运转”的理念，全面抓好各工序、各产线提高机时产量工作，充分挖掘装备效率和潜能，确保公司效益最大化。三是向人力资源优化要效益。要以集团产能转移项目为契机，切实抓好公司人力资源开发和结构优化，着力解决干部队伍年轻化、职工结构优化、全员技能培训及素质提升等问题，为公司长远发展提供坚实保障。要以作业长负责制深入推进为抓手，引导优秀人才向产线聚集，让关键技术人员回归关键岗位，把关键待遇、关键收入放到关键岗位上，确保人才作用得到充分发挥。四是向对标挖潜要效益。对标是一项长期工作，是查找不足、补齐短板、挖掘潜力的重要手段。2017年，公司要与集团内部及行业先进单位，深入开展产线对标、工序对标、产品对标，深挖存在差距的原因，全力加以改善。在对比具体数据的同时，要特别对标先进的发展理念、思维方式、管控手段和运行机制，在改善具体指标的同时，着力改善企业的战略走向和发展路径，从根本上加速企业的发展。

三、全面做好2017年全员创新工作，为公司实现全年目标任务提供坚强保障

去年以来，公司把全员创新置于企业发展的战略高度，积极倡导“只要改善就是创新”“创新无处不在，创新人人可为”等新的理念，在体系建设、制度完善、组织保障等多方面，综合施策、深度着力，三大创新体系基本形成并逐步完善，并以相同的目标和不同的着眼点，发挥各自作用，为公司客户结构优化、产品升级、管理变革等工作的开展提供了重要保障。实践证明：技术创新是推动公司产品升级和客户结构调整取得突破的第一动力和关键支撑；管理创新是实施创新工作的基础，只有不断探索符合公司发展实际的管理模式，才能更好地促进公司的进步和发展；岗位创新是最基层、最广泛、覆盖面最全的创新，其实施主体是包括基层岗位每一名职工在内的全体干部职工，只要将每一名职工的创新潜能和创造活力激发出来，公司全员创新就一定能够开创竞相迸发、百舸争流的生动局面。

2017年，公司上下要继续营造全员创新的浓厚氛围，引导和带领全体职工，在企业生产经营的实践中，持续提升创新水平，充分施展各自的智慧和力量，为公司实现全年目标提供不竭的动力支持。

一是要持续完善全员创新体系。创新体系建设是公司持续提升创新能力的基础和保证。2017年，公司要进一步完善以技术、管理、岗位为重点的“三位一体”创新体系，努力开创全员创新新局面。其中：技术创新方面，要重点围绕产品，逐步完善基础研究、应用研究、开发研究、产品生产、市场推广等全流程创新平台建设。管理创新方面，要建立多部门协调推进的体制机制，不断深化部门之间协同和联动的功能，促进新的管理思维和管理机制快速落地。岗位创新方面，要紧密结合制约重点产线潜能释放、重点产品提质上量、重点品种研发攻关、关键工序成本控制等焦点课题，组织职工全员参与，形成广开思路、集思广益、汇集众智的创新氛围，推动重点问题的解决，促进产品升级和结构调整不断迈上新台阶。

二是要不断提升全员创新能力。2017年，公司要加大高端技术人才的培养与引进力度，注重管理人员综合能力培养，提高岗位职工实用技能和操作能力。要加大科研投入，以完善科研装备为基础，强化技术中心研发平台建设。要深化与科研院所、先进企业的交流与合作，重点在共建实验室和客户服务中心方面寻求突破。要以强化专家课题和完善专家绩效管理为重点，坚持发挥专家队伍整体优势，为公司研发关键技术、独有技术提供有力支撑。要积极参加国家科技重大专项研发及国家级标准编制工作，以此培养高端人才。要培育全员学习能力，充分利用各层次管理、技术及操作人员的学习培训平台，强化知识积累，更新知识储备，引导全员持续生发、不断扩展创新思维，加速培育和提升整体创新能力。

三是要积极培育全员创新文化。创新是推动企业发展的根本驱动力，创新的文化氛围是现代企业最重要的基本特质。2017年，公司要尽最大努力，继续不遗余力地培育全员创新文化。为此，公司各级领导，首先要强化观念创新，切实增强责任意识，树立“知识重组、经验突破、观念改变、方法变革、模式转换”等新的理念，重视创新工作谋划，努力从源头上抓创新，确保创新效果。要积极营造鼓励创新的浓厚氛围，使全员创新在全公司蔚然成风。要敢于进行创新投入，尤其是在技术和岗位层面，要给资源、给平台、给激励，引领干部职工在解决产线问题、改善产线指标、提升产线绩效中发挥更大作用。要健全鼓励创新的容错机制，允许在失败中积累经验，在不断尝试和

自我否定中实现进步和超越。要逐步将创新融入公司企业文化的内核之中，让创新成为公司的品牌标识，带动公司的文化影响力和品牌效应持续放大，进而更加有力地推动公司的发展。

同志们，2017 年的各项工作已经非常明确，要实现全年挖潜增效和全员创新目标，形势依然严峻，任务非常艰巨。让我们立即行动起来，在集团的坚强领导下，坚定信心、团结奋进，主动作为、扎实工作，全力打赢 2017 年生产经营攻坚战，以良好的精神风貌和优异的工作业绩，向集团交上一份满意的答卷，向党的十九大献礼！

谢谢大家！

在2017年党委工作暨党风廉政建设工作会议上的讲话

公司党委书记、董事长　王兰玉

同志们：

今天，我们召开2017年党委工作暨党风廉政建设工作会议，主要任务是深入贯彻党的十八届六中全会精神，认真落实集团第一次党代会要求，总结2016年党委工作和党风廉政建设，安排部署2017年工作，谋划进一步加强和改进公司党的建设，全力助推和保障企业生产经营和改革发展，以更加优异的成绩迎接党的十九大胜利召开。

2016年，公司各级党组织深入学习贯彻党的十八届五中、六中全会精神，认真落实集团党委决策部署，紧密结合公司生产经营与改革发展实际，融入中心、服务大局，创新推进企业党的建设，各项工作取得可喜成绩，公司党委被授予“全省先进基层党组织”荣誉称号。

一是“两学一做”学习教育取得可喜成效。一年来，公司党委按照中央和上级党委安排部署，扎实推进“学党章党规、学系列讲话，做合格党员”学习教育，结合公司党委开展的“市场开拓与产品创效争先锋”主题实践活动，教育引导广大党员，增强“四个意识”，践行“四讲四有”，争做合格党员，发挥先锋模范作用，取得良好成效，形成强大的示范、引领和带动效应，提升了公司党员队伍的影响力、号召力和战斗力。

二是企业党建制度化、规范化水平显著提高。去年以来，公司党委在充实和加强党委办公室工作力量的基础上，创新开展党群系统绩效管理与考核，建立和完善党群工作信息化平台，促进了公司党群系统整体工作效能的全面提升；制定实施《公司党委工作规则》，完善党委工作运行机制，使公司党建制度建设和规范化管理得到全面加强；着力推动全面从严治党向基层延伸，认真组织开展基层党组织换届、党费核查收缴等工作，出台实施《基层党支部工作管理标准》，公司基层党建工作整体水平全面提高。

三是宣传思想品牌建设创出新局面。2016年，公司党委在全公司范围内构建“3X+1”形势任务宣讲机制，以厂部级领导、科级干部和作业长为宣讲主体，建立覆盖全员的三级宣讲体系，把企业各时段面临的形势、任务以及目标、措施，及时、准确地传达到基层一线，引导干部职工聚精会神地推进工作落实，达到了宣讲落地、凝心聚力的效果。“3X+1”已成为公司宣传系统颇具影响的工作品牌。

四是党风廉政建设和反腐倡廉工作进一步深化。一年来，公司党委认真贯彻党要管党、从严治党的要求，狠抓党风廉政建设责任制落实，努力完善反腐倡廉制度体系，积极推进“把纪律和规矩挺在前面”试点经验推广工作，深入运用监督执纪“四种形态”，着力加强领导干部廉洁自律教育和反对“四风”工作，使各级党员干部的思想“总开关”越拧越紧，纪律观念和规矩意识进一步增强。

五是群团组织作用得到较好发挥。在过去的一年里，公司各级群团组织，围绕公司党委和行政中心任务，创造性地开展工作，较好地发挥了保驾护航作用。特别是公司各级工会组织，以久强精神为引领，持续完善“312”创新工作室总体布局，积极推进职工岗位创新，有效带动了公司全员创新工作的蓬勃开展，职工队伍技能水平和整体素质得到全面提升，在全国钢铁行业技术比武和集团职业技能大赛中，公司团队取得了参赛以来的最好成绩，受到各方面的一致好评。

总的讲，在过去的一年里，公司各级党组织和广大党员，在企业生产经营和改革发展面临空前压力和巨大挑战的大环境下，勇于担当，积极作为，在融入企业中心工作、服务公司改革发展中，发挥了非常重要的作用，为公司完成全年目标任务提供了坚强的思想、政治和组织保障。在此，我代表公司党委，对各级党组织和广大党员一年来的辛勤工作和艰苦付出，表示崇高的敬意和衷心的感谢！

刚才，立国书记作了党风廉政建设工作报告，对公司 2016 年党风廉政建设工作进行了简要总结，对 2017 年的工作作了重点部署；同时对公司厂部级领导班子和领导干部上一年度党风廉政建设情况作了通报。小帅书记就厂部级领导班子和领导干部 2016 年度绩效考核情况，作了深刻讲评，并就领导班子建设提出了明确要求。两位书记的意见，我完全赞同，希望公司各级党组织、全体党员干部，认真学习领会，抓好贯彻落实。

下面，就做好公司党委 2017 年全面工作，包括党风廉政建设，我代表公司党委再强调四点意见：

一、充分认识推进全面从严治党和加强国企党建工作的新形势、新任务，切实增强做好企业党的工作的紧迫感、责任感和使命感

党的十八大以来，以习近平同志为核心的党中央，把全面从严治党纳入“四个全面”战略布局，对加强党的领导、改进党的建设，作出一系列重大部署，提出一系列新的观点和新的要求，全国上下党的工作，包括企业党的工作，都呈现出环环相扣、持续加强的态势。党的十八届六中全会，审议通过了《关于新形势下党内政治生活的若干准则》和《党内监督条例》，鲜明地提出严肃党内政治生活、加强党内监督等重大课题，在制度建设上将全面从严治党推进到新的历史高度。去年 10 月召开的全国国有企业党的建设工作会议，习近平总书记出席并发表重要讲话，作出重要指示，强调指出了“国有企业全面从严治党，必须从基本组织、基本队伍、基本制度严起”“国有企业各级党组织要发挥领导核心和政治核心作用”等一系列重要内容。党的十八届六中全会和全国国有企业党的建设工作会议，为我们国有企业加强党的领导、改进党的建设，提供了制度保障和根本遵循。

另外也应该看到，在中央推进全面从严治党的同时，2017 年，我国经济社会发展、全党政治生活，也到了一个关键的历史节点：这一年，是国家落实“十三五”规划的重要一年，是推进供给侧结构性改革的深化之年；这一年，我们将迎来中国共产党第十九次全国代表大会的召开，这是全党和全国人民政治生活中的一件大事。在这样一个重要的时代和历史背景下，如何落实好中央关于全面从严治党的总体要求，进一步加强公司党的建设，助力公司实现跨越提升和健康发展，已经成为公司各级党组织必须认真思考和研究解决的重大课题。

面对新的情况，公司各级党组织，要深刻认识和领会中央推进全面从严治党的总体形势和根本要求，准确把握中央的新思想、新观点、新标准，切实提高推进企业内部从严治党的自觉性，增强做好党的各项工作的责任感和使命感。要充分认识公司基层党建

工作的现状，深入查找存在的问题和不足，制定和落实改进措施，认真履行管党治党的主体责任，努力做到“把方向、管大局、保落实”，充分发挥企业党组织的领导核心和政治核心作用，促进公司改革发展，实现党的建设与企业发展的“双赢”。

二、以党的十八届六中全会和全国国企党建工作会议精神为指导，积极做好企业党的各项工作，将公司党的建设提升到新的水平

面对全面从严治党的新形势，面对公司改革发展的新任务，公司各级党组织要以中央精神为指导，认真落实集团一次党代会工作部署，着力做好以下工作：

（一）着力深化“两学一做”学习教育

前不久，中央政治局审议通过了《关于推进“两学一做”学习教育常态化制度化的意见》，对相关工作提出总体要求。公司各级党组织要切实领会中央要求，增强进一步深化“两学一做”学习教育的自觉性，着力推进“两学一做”学习教育常态化、制度化，把企业从严治党落到实处：要在去年取得明显成效的基础上，坚持“两学一做”学习教育开展以来公司党委重新规范的中心组学习制度，以及层层举办专题党课、认真召开班子生活会、“戴党徽、亮身份”、开展党员主题实践活动等好的形式，巩固拓展提升学习教育的效果，使学习教育成为公司加强党员思想政治建设的有效途径。要充分发挥公司基层党支部教育管理党员的主体作用，把“两学一做”纳入“三会一课”等基本制度，联系公司党员思想及工作实际，突出分类指导，经常查找和解决问题，确保“两学一做”在公司各级党组织持续、扎实、深入推进。要着力在抓常、抓细、抓长上下功夫，努力将“两学一做”融入日常、抓在经常，持之以恒，久久为功，使学习教育成为锤炼党员党性、抓好企业党建的常态化、制度化支撑。

（二）着力规范和加强公司党建基础工作

一是要认真学习贯彻中央和上级党委关于国企党建的工作要求。前不久，市委组织部、市国资委党委印发《通知》，要求认真学习贯彻中央和上级党委关于国有企业党的建设的工作要求，切实抓好国有企业党的建设。公司各级党组织，要原原本本地学习上级精神，特别是全国国有企业党的建设工作会议精神，深刻领会会议的核心要义，明确工作遵循，紧密结合本单位实际，认真解决党建工作中可能存在的“弱化、淡化、虚化、边缘化”以及“宽松软”等问题，推进党建工作理念创新、机制创新和手段创新，切实发挥好领导核心和政治核心作用，为公司改革发展提供政治保证。

二是要切实规范党内组织生活。党的十八届六中全会通过了《新形势下党内政治生活若干准则》，对严肃党内政治生活提出了新的要求，公司各级党组织要以此作为规范党内组织生活的纲领性文件，认真抓好落实。关于企业党内组织生活，集团党委制定了包含党委班子民主生活会、支部班子民主生活会、党员组织生活会、党支部“三会一课”等七个方面的组织生活制度，各级党组织要切实抓好学习，并对照各自党内组织生活的现状，查漏补缺，填平补齐，理顺程序，完善制度，严格执行，切实将党内各项组织生活规范好、开展好。关于公司党委层面的组织生活准则，去年我们对十几个方面的重要议事活动作出了规范性安排，出台了《公司党委工作规则》，成为公司党委工作的重要指导原则。各二级单位党委，也要结合本单位实际，尽快规范有关的工作制度，逐步实现公司基层党组织生活制度化、规范化。

三是要着力强化基层党建工作。近年来，从党政机关到企事业单位，都在开展党

组织书记抓基层党建工作述职评议活动，这充分显示出这项工作在当前的重要程度。去年，以迎接中组部基层党建工作调研为契机，我们对公司基层党建工作进行了自查，随后有关部门又进行了专题督导。从反馈的情况看，各单位党建基础工作参差不齐、很不平衡。前段，我们组织10家单位的党委书记作了2016年党建工作专题述职，从中又反映出一些共性或个性的问题，有些问题亟待解决。在此，我重点强调三点：第一，大家要充分认识到，公司事业的成败很大程度上取决于基层党组织建设的成败。作为国有企业一级党组织的领导，我们有责任把基层党员队伍带好，进而把整个职工队伍带好。各单位党委书记，一定要站在落实全面从严治党主体责任的高度，明确自身岗位的职能定位，切实把基层党建工作扛在肩上、抓在手上，负起应有的责任，把该做的工作做好，特别是要深入落实基层党建责任制，把基层党员干部团结和带动起来，共同推动我们的事业。第二，要切实把党支部建设摆在突出重要的位置来抓。要严格落实公司党委下发的《党支部工作标准》，着力强化党支部建设，增强党支部的引导力、凝聚力和战斗力，唤醒广大党员的先进性意识，充分发挥党支部的战斗堡垒作用和党员的先锋模范作用，更好地推动公司的发展建设。第三，要高度重视党建工作创新。多年来，公司党委先后创新开展了“双培双带”“党员精品岗”“能力与业绩双提升”“市场开拓与产品创效争先锋”等党内特色活动，取得了很好的成效。今后，我们要进一步结合公司生产经营、改革发展和党建工作实际，在创新党建工作形式与内容、创建党建工作品牌上再下苦功夫，使公司党建工作既符合上级要求，又紧贴企业实际，从而更好地促进企业的改革发展。

四是要切实做好党群系统绩效管理与考核工作。去年经过党群各部门的共同努力，这项工作进展比较顺利，今年开始正式运行。从前段运行效果看，对激发和调动各单位党委、公司党群各部门的工作热情，促进党群工作真正落地，起到了重要的正向激励和绩效引领作用。这一举措是公司党委工作的一次大胆创新，是我们党建工作的一个品牌。各单位党委、党群各部门，要在探索和创新中，积累经验，不断充实完善这一举措，推动公司党群工作深入开展。要以此为基础，探索构建约束有力、管理有效、切实管用的系统化、网格化党群工作管理体系，努力实现公司党建工作的科学化、制度化、规范化。

（三）着力做好新形势下企业的宣传思想工作

企业宣传思想工作的出发点和落脚点，归根到底是为了凝聚人心、激励斗志，最大限度地调动干部职工的积极性，更好地推动企业发展。2017年将是公司突破困境、跨越提升的关键时期，能不能把全体干部职工的思想和行动很好地统一到集团的战略部署和公司的工作要求上来，能不能引导职工焕发出积极向上的精神风貌和旺盛的工作热情，对于公司能否完成2017年奋斗目标，进而走上跨越提升、加快发展的快车道，具有十分重要的意义。公司宣传思想系统，要站在这样的高度来认识自身的工作，切实把2017年的宣传思想工作抓出特色、抓出水平：

一是要以迎庆党的十九大胜利召开、及时宣传贯彻党的十九大精神为主线，切实加强职工思想政治工作，强化政治理论学习，增强政治敏感性、政治鉴别力，提高落实中央各项方针政策的自觉性和坚定性。

二是要深刻领会集团公司于勇董事长前不久对宣传思想文化工作提出的新要求，坚持高标准、高站位，更加主动地承担起责任和使命，围绕中心，营造氛围，亮明品牌，在企业发展的关键时期，创作出更多“有血有肉”的文字和“接地气”的作品，为集团建设最具竞争力钢铁企业作出新贡献。

三是要结合“解放思想、快速突破，各项工作走在集团前列”大讨论成效在公司重点工作推进过程中的有效转化，深入抓好以“3X+1”为主要形式的形势任务宣讲教育，及时准确、深入浅出地把公司各时段的形势任务、决策部署和工作要求，传递到各条战线的每一个岗位，引导和教育职工积极参与到市场、产品和管理体制变革中来，全力营造对标先进、奋起直追，主动作为、奋勇攻关，锐意突破、快速进步的浓厚氛围，为公司实现经营业绩持续改善、胜利完成集团赋予的经营目标，提供思想保证、精神动力和舆论支持。

四是要发挥典型引路作用，注重在工作中选树敢于创新、锐意突破、勇于担当的模范人物和先进典型，大力弘扬执着坚守、敬业奉献、追求卓越的职业精神，引导和带动全体唐钢人众志成城、同心同向，朝着公司加速挺进中国钢铁行业第一方阵的目标奋勇前进。

（四）切实做好群团组织工作

群团组织建设是党建在群团组织的延伸。公司各级党组织，要高度重视新形势下群团组织的工作，加强对群团组织的领导，以党建带工建、以党建带团建，切实发挥群团组织的作用。要认真贯彻中央和上级党委对群团工作的重要指示精神，结合公司实际，创新开展群团组织特色活动，为公司党政重点工作分忧出力、保驾护航。工会系统要在全面深化职工岗位创新、持续激发职工创新活力的基础上，围绕市场、产品和管理变革中心工作，以调动事业部市场开发和产品升级积极性为重点，有的放矢地开展好产线立功竞赛活动，为公司核心工作再上新台阶加油助力；要发挥桥梁纽带作用，引导全体职工，与企业同呼吸、共命运、心连心，构建和谐稳定的劳动关系。共青团系统要充分发挥团员青年在企业发展建设中的生力军作用，围绕市场、产品和改革相关工作，充分凝聚和调动蕴藏在青工中的智慧和力量，最大限度地焕发青年人朝气蓬勃的精神风貌、干事创业的激情、锐意突破的创造力，引领广大团员青年在公司改革发展的实践中成长成才、建功立业。

三、进一步加大党风廉政建设和反腐倡廉工作力度，全力营造风清气正的环境氛围

党风廉政建设是企业党的建设的重要组成部分，是推进从严治党的基础性工程。公司各级党组织和广大党员，要充分认识近年来反腐倡廉工作的新形势，层层压实“两个责任”，严格执行党的纪律，努力营造风清气正、干净干事的良好环境。下面，强调“四个统一”：

一是要坚持高标准和守底线相统一。各级党组织要严格落实全面从严治党主体责任，教育和引导广大党员，牢固树立“四个意识”，自觉向以习近平同志为核心的党中央看齐，自觉向理想信念的高标准努力。同时，要严明党的政治纪律和政治规矩，坚持用《准则》和《条例》要求党员干部，引导大家时刻以党的纪律为标尺，明是非、知敬畏、守底线。

二是要坚持抓履职和抓问责相统一。各级党组织要明确责任、强化问责，严格落实公司《落实“两个责任”实施意见》和《责任追究办法》，督促党员领导干部强化责任担当；党委书记要认真履行主体责任，把“第一责任人”的责任扛在肩上，以上率下、传递压力，不能把工作简单地“打包”给纪委；各级领导班子成员要认真履行“一岗双责”，在做好本职工作的同时，切实管好自己分管单位的反腐倡廉工作。公司纪检监察系统，要紧盯资金管理、物料采购、工程建设等重点领域和关键岗位，紧盯

职工身边的不正之风，妥善处置问题线索，严肃查处腐败问题，切实用好“四种形态”，把监督、执纪、问责的各项工作做深做细，始终保持从严治党、震慑犯罪的高压态势。

三是要坚持查找问题和规范管理相统一。纵观这些年上级党委巡视国有企业发现的问题，不难发现，很多问题是由于企业管理不严格、不规范导致的。那么，在今后的工作中，公司各级党组织就要做好两个方面的工作：一方面要以上级党委巡视、巡查为契机，积极查找企业生产经营管理中存在的问题，找出我们的病灶；另一方面，要坚持从违规违纪问题入手，查找根源、堵塞漏洞，大力推进“制度+科技”的监管手段和措施建设，及时整改制度、流程、体系方面的问题，从根源上铲除滋生各类问题的土壤，以高标准的规范化管理有效防范问题的发生。

四是坚持监督执纪和强化自我监督相统一。公司两级纪委在履行好主责主业的同时，要着力强化自我监督和纪检干部队伍自身建设，要针对监督执纪中的关键环节，把规矩和纪律立起来、严起来，为强化自我约束提供制度保障。各级纪检干部要心怀敬畏，严格执行监督执纪规则，强化自我约束，做守纪律、讲规矩的表率。

四、紧紧抓住领导班子和领导干部队伍建设这个“牛鼻子”，为公司改革发展取得新突破提供坚实有力的保障

公司厂部级以上领导班子和领导干部，是公司发展建设的中坚力量。领导班子和领导干部队伍建设堪称公司干部职工队伍建设的“牛鼻子”工程。在当前公司转型发展的关键时期，大家必须充分认识自身肩负的历史使命。多年来，公司始终致力于推动各项事业取得新突破、加速挺进中国钢铁行业第一梯队，全面助力集团最具竞争力钢铁企业建设。这是由唐钢的规模体量、历史高度和自身发展定位决定的，与公司打造基业长青百年唐钢的美好愿景是一致的。要实现这一定位和目标，公司面对的工作量非常大，任务非常艰巨。特别是今年集团下达公司的生产经营指标，无论是利润、品种钢比例，还是重点产品产销量、主要产品产量，都有大幅度提高。能不能突破重围，胜利完成目标，将是对各级领导班子和领导干部新的考验。

去年，中央对国有企业领导干部提出了二十字要求：就是“对党忠诚、勇于创新、治企有方、兴企有为、清正廉洁”。我们要严格按照这一标准，管理和使用中层干部。以此为基础，今天我给大家提六点希望：

一是讲政治，顾大局。对于中层以上干部来讲，讲政治，顾大局，就是要求我们企业每一项生产经营活动、每一个决策部署、每一次工作安排，都要坚持党的领导、遵守党的章程、执行党的纪律、服从党的决定，始终与以习近平同志为核心的党中央保持高度一致。为此，要求全体中层以上干部，要始终把握正确的政治方向，坚持站稳政治立场，自觉遵守党的政治纪律和政治规矩，自觉把讲政治、顾大局贯穿于工作、生活的方方面面。要深入学习十八大以来党中央治国理政的新理念、新思想、新战略，深刻认识“五位一体”总体布局和“四个全面”战略布局的重要意义，认真落实“五大发展理念”，切实增强“四个意识”，团结带领全体职工，努力把我们这个企业经营好、管理好、发展好，不辜负党和人民的重托。

二是讲团结，促协作。“火车跑得快，全靠车头带”。公司领导班子是全公司的“火车头”，各单位领导班子是各单位的“火车头”。作为特大型国有企业的引领者，公司各级领导班子必须搞好团结协作。班子搞好团结，一把手是关键，必须具备很强的民主意识，善于求同存异，吸纳别人的意

见，树立功成不必在我的理念；不能刚愎自用、独断专行。班子成员要分工负责、认真履责，当好参谋助手，密切配合、相互补台；要勤于开展批评与自我批评，红脸出汗、自我排毒，把班子团结建立在民主集中制基础之上。

三是讲责任，敢担当。唐钢各级领导干部，历来不缺少担当，这也是我们这个企业在屡屡遇到空前困难和巨大挑战的时候，能够突破重围、浴火重生的重要保证。如果遇见问题“等靠要”、碰到矛盾“绕着走”，那我们这个企业就不可能在惊涛骇浪中披荆斩棘，在逆境和困顿中取得跨越式发展。现阶段，公司在市场开拓、客户结构调整、产品升级和管理体制变革等方面，面临很多困难和阻力，有些是前所未有的，有些是长期积累的；有些集中在企业内部，有些分散在市场和客户端。如何克服这些困难、杀出重重包围，就需要我们各级领导干部进一步担当重任。我们讲过，唐钢人历来勇于担当。想担当是好事，但我想要真正做到能担当，还需要我们深入转变作风。具体到今年，就要求大家更多地深入到生产经营第一线，真正把主要精力倾注到产线的前沿、市场的前沿，真正扑下身子、稳下心神，心无旁骛、聚精会神地研究市场、研究产线、研究产品，脚踏实地地逐一解决制约公司市场开拓、客户结构调整和产品升级的主要障碍，开创公司市场与产品工作的新局面。希望同志们义无反顾地承担起历史赋予我们的这份责任和使命，在持续改进作风中，克服困难、化解矛盾、解决问题，推动市场与产品工作不断取得新成效，以更加出色的业绩赢得全体唐钢人的信任和尊重。

四是讲拼搏，争一流。古人讲：“取乎其上，则得其中；取乎其中，则得其下；取乎其下，则无所得”。这就是讲，干任何工作，都要有很高的标准，都要有拼搏奋进、争创一流的精神。人生能有几回搏，此时不搏待何时。如果四平八稳、安步当车，那我们就不能适应当前全行业群雄并起、你死我活的竞争格局。在以往的工作中，有些领导干部工作标准不高，甘于平庸，少了那么一种事争一流的勇气；有些年龄稍大一点的同志，甚至有“船到码头车到站”“骑个小驴赶中游”的消极心态。这样，你主管的工作肯定难有起色，你这个单位的工作肯定难有突破。为此，公司要求所有中层以上干部，面对市场、产品与改革工作的艰巨任务，要把只争朝夕、激情工作的干劲鼓起来，把事争一流、争先进位的心气提起来，保持一往无前、争创一流的精气神，团结带领干部职工，攻坚克难，锐意争先，力争各项工作都能达到“国内领先、国际一流”，使公司在市场风浪中始终立于不败之地。

五是讲方法，会领导。领导干部不是一般的干部职工，必须能够从更高的层面引领和驾驭我们的企业。为此，公司各级领导干部，必须讲求工作的方式方法，学会当领导，善于处理领导层面的各种事务。要善于抓重点：在繁忙的工作中，切忌眉毛胡子一把抓，必须抽丝剥茧，始终抓住主要矛盾，有效地投入到工作中，在有限的时间内，真正发挥应有的组织、引导、协调作用，促进工作高效开展、问题高效解决。要善于变思路：有些单位在体系化管理上、在标准化作业上、在成本改善上、在事故管理与控制上，有时很长一段时间打不开局面。遇到这种情况，我们各级领导，必须打开思路，改变思维。思想层面，要善于打破传统束缚，解放思想，勇于实现自我突破和自我超越。工作层面，要善于跳出唐钢看唐钢，主动对标先进，学会拿来主义，积极学习先进企业的成功经验；善于做打基础、谋长远的工作，深层次分析和解决各类矛盾和问题。领导方法层面，要注重掌握并科学运用领导艺术，知人善任，用人所长，放手发动群众；

善于统筹安排，学会“弹钢琴”；善于沟通交流，巧妙处理同级之间、上下级之间的不同意见和工作纠纷，主动做聚拢人心、凝聚合力的事。

六是要讲廉洁，守纪律。这方面我刚才已经讲了很多，这里仅提示四点：第一，知纪守纪，不触红线。要严格遵守党章和“六大纪律”，从自己做起，从身边人管起，落实中央八项规定，坚决反对“四风”，防止触碰党纪红线。第二，清廉自律，追求高线。要做到慎独、慎始、慎微，自觉践行“三严三实”，坚守共产党员的精神高地。第三，坚持原则、把好方向。特别是在“三重一大”事项决策上、在选人用人上，要坚持秉公办事，切实防止各种不正之风。第四，坦荡无私，接受监督。要自觉接受党内监督、群众监督、舆论监督，坚持在职权范围内行权用权，不做侵害国有资产权益、损害职工利益的事。

同志们，公司党委2017年重点工作及党风廉政建设主要任务已经明确，让我们以更加饱满的热情、更加务实的作风、更加有力的举措，全力推动公司党委工作和党风廉政建设工作取得新成效，以优异的工作业绩迎接党的十九大胜利召开！

谢谢大家！

行 政 工 作 报 告

——在公司第二十二届职工代表大会第一次会议上

公司总经理　田　欣

各位代表、同志们：

下面，我代表公司向大会作行政工作报告，请予审议。

一、2017 年工作简要回顾

2017 年，是国家供给侧结构性改革持续深化、冶金行业压减产能取得重要进展、钢铁企业经营效益大幅跃升的一年。一年来，在集团的坚强领导下，公司紧紧把握集团确定的工作主线，始终聚焦“市场”和“产品”，积极实施组织结构扁平化变革，全面推动客户结构调整和产品升级，各方面工作取得快速进步和显著成绩，主要经营目标胜利实现，企业综合竞争力显著提升。年内，公司再次荣膺河北省“省级文明单位”称号。

经营业绩创出新气象。公司全年产铁 1385 万吨、产钢 1507 万吨、产材 1428 万吨，同比分别增长 4%、15%、15%。全年实现营业收入 682.78 亿元，实现利润 13.29 亿元。

市场和产品跃上新高端。公司汽车板顺利通过菲亚特、吉利、北汽福田和上汽认证，家电板供货范围遍及海尔、美的、格力、奥克斯等所有知名家电企业。公司全年重点产品产量完成 420 万吨，同比提升 83%；品种钢比例达 60.6%，同比提高 8.3 个百分点；全年汽车板、家电板产量分别达到 171 万吨、79 万吨，同比分别增长 94% 和 58%。年内，公司被中质协评为“全国用户满意企业”。

事业部制改革取得新成绩。通过实施事业部制，积极推进以产线为独立市场单元的组织结构扁平化变革，四个产品事业部四梁八柱全面构建完成并高效运行，直接促进了产销研用一体化，客户端优化和产品升级全面加速。

非钢产业发展迈出新步伐。2017 年，公司非钢板块在负担 14 亿元人工成本后实现利润 3 亿元，提前完成集团下达的“完全消纳非钢产业人工成本”的目标。

支撑集团发展取得新成效。一年来，受集团委托，公司全力抓好塞钢运营管理，使企业在极端困难的形势下取得了良好的经营成果。同时倾尽全力支持乐亭钢铁项目建设，为项目顺利完成节点进度作出了贡献。

一年来，公司主要开展了以下工作：

（一）强劲发力市场开发和客户端优化，市场与产品内外联动的格局全面形成

公司坚持把市场和客户摆在企业经营的核心位置，紧紧围绕“以客户结构调整推动产品升级”这一主线，举全公司之力，开拓市场、对接客户、提升营销工作的质量和效率，极大地带动了内部工作的改善和提升。

一是快速推进高端客户开发。2017 年，

公司聚合多方面营销资源，结合推进产品升级，综合施策，全面发力，持续推动客户开发，从董事长、总经理、事业部经理、厂部长、营销专业人员等多个层面拜访用户、调研市场，强化 EVI 先期介入、定制化生产等客户全流程服务，取得明显成效。年内累计开发高端直供用户 68 家，重点用户销量完成 310 万吨，同比增长 180%。其中，汽车板事业部通过吉利、菲亚特、北汽福田、上汽等 4 家汽车主机厂认证，并已实现对前三家汽车厂批量供货，吉利汽车月汽车板订单最高达 5300 多吨；另外对吉利某新车型汽车钢供货覆盖率达 95%以上，实现历史性跨越。家电板方面与三星、西门子等国际知名企业建立认证对接，被宁波奥克斯授予年度“优秀合作伙伴”称号。与中集集团建立合作关系，高端马口铁基料实现对国内三大瓶盖生产企业全面供货。卷板事业部全年开发重点客户 45 家，重点客户销量超全年目标 38%。与中车集团建立合作，耐大气腐蚀热轧板带通过中车认证；药芯焊丝用钢直供中船重工等知名企业。中厚板事业部全年开发高端直供用户 36 家，前十位大客户销量占比达到 43%，为港珠澳大桥等 120 多个国内外重点工程供应钢材 53 万吨；钢结构用钢全年产销量达 140 万吨，跻身国内钢结构用钢领域一线品牌；模具用钢全年产销量达 50 万吨，在模具钢市场确立领先地位；高建钢、桥梁钢全年销量均超过 10 万吨，远超上年水平，有力地支持了浦东机场、亚投行总部等重点工程建设。长材事业部全年开发重点客户 10 家，大型国企供货占比超过 30%。其中棒材方面为北京行政副中心等国家重点工程供货 7 万余吨，并直供 2022 年冬奥会重点基建配套项目；矿用钢方面成功开发 8 家终端煤炭企业；履带用钢通过美国卡特彼勒公司现场审核和辽鞍集团试用。

二是持续优化客户结构。2017 年，公司把优化客户结构、提升客户端高度、增强客户集中度作为重点工作来抓，有的放矢地研究市场策略、用户策略，突出抓好核心市场渠道和客户关系的建立，重点开拓终端直供户、大客户及战略用户，推动了终端直供用户增量和客户群体高端化。年内，公司清理贸易商和三方直供用户 107 家，一对一直供比完成 37.2%，同比提高 13 个百分点。其中，汽车板、卷板、中厚板、型线四个事业部一对一直供比分别完成 48%、30%、39%、24%，同比分别提高了 16、17、10 和 8 个百分点。

三是不断加强客户维护和价格管理。积极落实集团关于客户维护与客户开发并重的原则要求，结合公司客户群实际，紧紧围绕“质量、交期和服务”，积极组织各部门联合开展攻关，解决实际问题，提升了公司产品形象，打响了唐钢品牌，推动公司客户服务能力实现新提升。公司全年处理成型质量异议 36 起，同比减少 40%；订单兑现率完成 98.45%，同比提高 0.3 个百分点。年内，公司被评为“全国用户满意企业”，被奥克斯空调评为“2017 年度优秀合作伙伴”；中厚板公司被上海建工授予“金牌供应商”称号。与此同时，公司着力加强和规范销售价格管理，深入研究价格策略，突出做好价格评审，营销创效能力得到明显提高。

（二）强力推进结构调整和产品升级，品种结构和产品档次全面提升

紧紧抓住“以技术进步推动产品升级”主线，坚定不移走产品高端路线，全面推进品种结构高端化，取得丰硕成果。

一是全面加速高端产品研发生产。以汽车板、家电板为重点，充分借助河钢东大产业技术研究院等科研力量，深化产学研合作，积极攻克制约产品升级的关键共性问题，着力开发打造适应市场需求的红旗产品、特色产品、主打产品，积极推动装备和技术优势向产品优势转化。2017 年，公司

开发新品种50个，其中研发型产品占比达到84%；汽车板、家电板产销量分别完成171万吨和79万吨，同比分别增长94%和58%。其中，汽车板事业部开发高端顶级新品种20余个。汽车板方面冷轧汽车钢DP1180实现成功试制，QP980、DP980具备小批量生产能力，800兆帕级以下双相、低合金高强、高强IF等钢种具备批量稳定供货能力，特别是电池壳用钢实现稳定生产和批量供货，直接用于国内新能源汽车制造，使公司成为国内极少数能够生产该类钢种的钢企之一；镀锌汽车面板、980兆帕级产品实现成功试制和试用，DP780具备小批量供货能力；新钢种镀铝硅产品完成5次试制和稳定生产；家电板方面高表面FC及以上产品实现稳定批量供货。卷板事业部突出培育打造热轧薄规格、耐酸耐候钢、酸洗压缩机用钢、药芯焊丝钢、结构级镀锌、汽车用钢等六大特色品种，全年产销量达到45万吨。中厚板事业部高强钢Q690D、Q550D实现小批量供货；高建钢实现Q460以下级别钢种全覆盖；桥梁用钢实现Q420以下级别钢种的生产及供货；模具钢实现多个高端品种的量产，填补了公司模具钢生产空白；船板海工用钢完成厚度至50毫米的E40产品试制；管线钢完成X65、X70等高端品种试制，X60级别以下品种实现批量接单。长材事业部成功开发履带型钢、铁道垫板型钢、叉车门架用钢、锚杆用钢筋、电极扁钢等8个系列新品种，并具备批量供货能力。

二是加快推进品种结构优化升级。坚持把品种结构优化作为产品升级的主攻方向，按照集团要求，在重点品种钢生产和销售上做足文章，努力使公司品种特色更加鲜明、产品结构更趋合理、创效能力更加强劲。2017年，公司重点产品产销量完成420万吨，超额完成年度目标；品种钢产销量达到720万吨，品种钢比例达到60.6%，同比提高8.3个百分点。其中，中厚板产线品种钢比例达到81%，同比提高23个百分点；1580线品种比达到80%以上，一冷轧酸洗线高端品种占比达到83%，中型线矿用钢生产比例达到88%，同比均有较大幅度提高。

（三）稳健实施组织结构扁平化变革和混合所有制改革，推动了企业效率提升与活力释放

统筹抓好事业部制改革。按照集团“以管理创新推动流程优化”工作主线，积极实施以产线为独立市场单元、以事业部制为主要内容的组织结构扁平化变革。一是搭建适应市场需要的扁平化组织架构。分别设立机构和人员非常精干、直接管理到产线的汽车板、卷板、中厚板、长材四个产品事业部和炼铁事业部。明确事业部的经营主体和销售主体地位，引导各事业部大胆履行推动产销研用一体化的分内职责。全面推动各级各类人才向事业部和产线聚集，年内公司为各事业部抽调选派业务骨干超过500人，专家、专业技术和操作技能岗位聘任指数向产线倾斜约10%。二是构建产销研用协同机制和公共支撑平台。及时调整优化市场、技术、质量等部门管控模式，组织销售、研发、工艺、质量工程师在事业部框架下协同推进各项工作，使公司产销研资源配置更加集中、协同配合更加密切。搭建公共支撑平台，统筹设备、检修、物流、自动化等专业资源，紧紧围绕事业部和产线需求开展服务，各单位各部门管理重心进一步向产线下移。三是健全与事业部制相适应的绩效评价体系。着力完善绩效考核方式，直接将重点客户销量等关键指标下到产品事业部，同时实行部门与事业部关键指标挂钩考核，促进了公共平台和产销研资源在事业部框架下的融入与协同。稳健推行以宽带薪酬为主导的岗位绩效薪等工资制，将关键待遇向关键产线倾斜，年内公司薪等晋升指数向关键岗位倾斜幅度达10%以上。通过上述工作，公

司上下形成了产销研用协同、公共平台支撑、工作重心下移的基本格局，企业优势资源进一步向产线倾斜，并不断发挥出应有的作用。

试点推进混合所有制改革。按照集团要求，公司在中厚板公司试点推进混合所有制改革，逐步建立完善董事会领导、监事会监督下的职业经理人负责制，坚持通过董事会把集团和公司的经营理念和管理要求贯彻落地，建立了铁钢轧全系统、产供销一体化的市场化快速反应机制，有效地激发了该公司的运营效率与发展活力，为公司深入探索实施混合所有制改革和市场化独立运营提供了宝贵经验。

（四）着力推进四大支撑体系建设，产线保障能力显著提升

重点狠抓技术、质量、人才、信息自动化等涉及产线和产品的四大支撑体系建设，为对接市场、对接客户提供了体系支撑和基础保障。

一是着力强化技术支撑。组织技术中心核心技术力量，成立汽车板、卷板、中板、型线四个产品研究所，直接配置到各个产品事业部，共同推进品种开发、用户应用技术研究等工作；注重发挥河钢东大技术研究院、普锐特、奥钢联等外部技术团队作用，围绕关键产线深化产学研合作，推动公司装备优势不断向产品优势转化。中厚板公司板坯连铸机在国内首次采用重压下技术，最大压下量达35毫米，技术水平达到国际领先；超快冷设备重点功能全部实现，60毫米厚度以下钢板温度控制精度达到±15℃；即时冷装备成功投用，轧线生产率提高30%。自动炼钢技术在公司得到全面应用，不锈钢、中厚板指标领先，正在向无人干预迈进；积极推进模型化工作，完成主要产线调研与需求上报，模型化攻关全面展开并在局部取得突破，高强汽车板公司成熟产品生产模型实现全覆盖；大胆探索低铁耗、高废钢比条件下的炼钢生产，着力推动相关工艺进步。强化技术创新，形成一批具有自主知识产权的核心科技成果，年内，公司申报的“宽厚板连铸坯重压下关键工艺与装备技术的开发及应用”项目获河北省科技进步奖一等奖，公司被中国钢铁工业协会、中国金属学会授予“中国钢铁工业科技工作先进单位”称号。

二是着力强化质量支撑。以开展上汽认证为抓手，围绕满足高端客户需求，不断完善质量管理体系建设，推广先进质量管理方法，积极优化ODS、QMS、APS等信息化系统功能，逐步实现了客户质量要求在产线的全流程精确控制。充分发挥质量代表作用，现场跟踪、协调处理吉利汽车等高端客户质量问题反馈，有效减少了客户丢单等现象发生。大力推进清洁生产标准化作业，组织多部门联合攻关产品质量问题，高端产品生产工艺条件逐步改善。年内，公司生产的连续热镀锌钢带DX53D+Z、深冲用冷轧钢带DC04、低合金高强冷轧钢带HC340LA等三项产品荣获2017年度冶金产品实物质量“金杯奖”；DX53D+Z同时获得“品质卓越产品”称号。热镀锌钢带和冷轧低碳钢带还被中质协授予“全国用户满意产品”称号。

三是着力强化人才支撑。加大高端人才引进力度，年内围绕汽车板研发、产品营销、信息自动化、互联网等领域，从国内知名企业和科研院所引进数十名优秀人才。打通内部人才成长渠道，积极拓宽质量代表、客户经理、作业长等关键岗位晋升通道，有效激发了各类人才的潜能。深化专家制度改革，搭建专家研修平台，实行专家年度创新报告制度，较好发挥了专家队伍的引领作用。以集团推进国际化战略和乐亭钢铁项目建设为契机，稳妥有序优化人力资源，全年完成人员优化3000余人。充分利用企业大学，有条不紊地加强职工岗位素质培训，年

内完成培训近8.5万人次；同时加强年轻管理人才赴海外培训，为构建人才梯队、不断提升职工队伍整体素质提供了有力保障。

四是着力强化信息自动化支撑。公司年内集中听取各有关单位和部门信息自动化应用情况汇报，强力督导推动全公司提升信息化运用能力，提高对产线生产经营管理的支撑水平。深入推进ODS二期等信息化项目建设，实施冷轧1号镀锌线等自动化系统升级改造，实现了信息自动化体系的深度延伸和广泛覆盖。深挖智能制造潜力，以高强汽车板项目被列为“中国制造2025”试点为契机，以不锈钢、高强汽车板公司、中厚板三个区域为重点，启动实施10余项典型产线智能制造项目，取得重要进展。年内，公司智能制造试点示范项目被评为中国自动化领域十大最具影响力工程项目；公司荣膺全省制造业与互联网融合发展示范项目企业；公司申报的“冶金企业面向智能制造转型的信息系统架构再造”成果达到国际先进水平。

（五）坚持狠抓资金和成本管控不放松，降本增效工作取得新成绩

着眼增强全流程创效能力，加强资金与成本管理，强化经营意识，全年实现挖潜增效总额46亿元，折合吨钢增效305元。

一是持续强化标准成本考核。着力改善日清日结系统运行效果，深入摸索每条产线、工序成本构成，标准成本体系持续健全，标准成本符合率明显提高，钢铁主业成本管控取得重要进展。

二是持续加强资金集中管控和融资管理。坚持按照“不挪用生产资金，不形成新增贷款”要求，严控非预算、超预算项目支出，资金管理得到进一步加强。在保持常规融资渠道的同时，积极拓展险资和股权融资渠道，优化融资结构，降低融资成本，企业资金筹措能力大幅提升。

三是提高市场响应速度和经营意识。以经营视角统筹规划全公司坯料平衡，积极做好调坯轧材。抓住废钢市场价格机遇，增加废钢采购量与使用量，全年因此增效8亿元。密切关注采暖季错峰生产阶段产品与原料市场变化，主动调整产线生产结构、原料与产品库存结构，优化产品投放区域，取得显著成效。

四是持续深化挖潜增效和降费攻关。物流方面，积极拓展物流降费空间，全年吨钢物流成本完成320元，实现挖潜增效4亿元。原料采购方面，坚持以市场化手段调整战略采购、错峰采购、招标采购等策略，提高了物料保供和采购创效水平。设备管理方面，通过推行设备全生命周期管理，设备综合效率达到国内先进水平。继续大力压减非生产性开支，各类费用得到较好控制，公司主要归口费用全年支出同比降低7.6亿元，折合吨钢减少50元。

（六）全面强化基础管理，为公司提升企业经营业绩提供了重要保证

加强和改善企业基础管理，是企业生产经营的永恒主题，是公司确保生产顺行、提升经营业绩的基本保证。2017年，公司重点强化了六个方面的工作。

一是着力优化生产组织。认真学习借鉴加拿大多法斯科工厂经验，积极倡导并建立快节奏、高效率的生产组织模式，取得显著进展。铁前系统积极应对环保限产和原料保供等不利影响，广泛开展工艺技术对标，完善高炉基本操作制度，改善高炉利用系数，全年基本保持了紧张有序、均衡稳定的生产局面。炼钢系统把降低铁耗、增加废钢添加比例作为头等大事，全力开展提高废钢比攻关，逐步打通了低铁耗条件下的炼钢工艺路径。公司全年累计消耗废钢170万吨，吨钢铁耗从1000千克降低至830千克，通过增加废钢使用量公司钢产量提高125万吨。轧钢系统践行“装备必须按设计能力组织生产”的理念，积极开展机时产量攻关，努力提高产线作业率，关键装备潜能得到较好

发挥。2017 年，公司三条热轧卷板产线机时产量同比提高 30~50 吨。

二是坚持抓好安全管理。全面推进全员安全履职尽责，深入开展安全预防体系建设，初步构建起安全风险分级管控和隐患排查治理“双控”机制。不断深化作业区和班组安全建设，强化全员安全教育培训，扎实开展安全大检查，稳步提升安全管控水平，年内公司安全生产形势保持总体稳定，冷轧薄板厂蝉联“全国安全生产标准化一级企业”称号。

三是持续强化环保管理。狠抓料场棚化升级改造等环保项目，开展“焦炉烟气多污染物协同控制技术及示范”等大气治理专项课题，推进重点污染源和高架源在线监测，开展厂容环境综合治理，加强对哈斯科等外围单位的环保检查，公司厂容环境和环保管理水平明显提升，年内被国家工信部评为首批绿色制造体系示范工厂。主动适应环保治理新要求和环保督察新常态，持续加强与各级环保部门的政策沟通，提前谋划、统筹实施采暖季错峰生产应对方案，实现了将环保限产损失降至最低。

四是狠抓技改工程达产达效。积极推进高强汽车板二期项目建设，实现项目投产即达产，6 号镀锌实现了软钢全系列、高强低合金钢、汽车用热冲压产品的批量接单，5 号镀锌线投产后快速具备了薄规格产品接单能力。中厚板 3 号高炉投产达产比较顺利，对各区域生产组织起到强劲拉动作用。

五是扎实深入推进作业长负责制。积极落实作业长制年度推进方案，坚持每月开展现场辅导、调度会及研修会，同时在体系建设、标准化作业等方面深度着力，逐步实现了作业长制与产线管理运行的深度融合。着手建立作业长素质模型，不断加强作业长资格和能力提升培训，使作业长队伍建设得到全面加强。

六是推进财务共享体系建设。公司“财智云”平台上线运行，收款、挂账、付款、报销等业务全部纳入网上审批，提高了劳动效率。自动付款在原有基础上实现全覆盖，做到了公平公正，对服务公司客户、改善公司形象起到了重要作用。

（七）着力推动非钢产业创新发展，全流程全产业链创效能力全面提升

公司非钢系统紧紧抓住“以市场化、平台化推动全流程全产业链创效能力”主线，积极推进体制机制创新，全系统创效能力和经营业绩实现新提升。2017 年，公司非钢板块完成营业收入 200 亿元，其中完成外部营业收入 70 亿元，同比增长 80%，占总营业收入的 35%。

一是加快发展新兴产业。公司着力优化“互联网+”产业整体布局，有效整合物联宝、郅易达、智郡社区等项目资源，成立惠唐物联公司，实现大宗物流、城市服务、备品备件等核心业务协同推进，取得明显成效。年内新公司外部交易额超过 10 亿元，公司工程项目线上招标降费超过 40%，汽运业务招标降费达到 7%。以云计算中心投入运营为契机，与苹果等多家国内外知名企业建立联系，并与唐山市互联网产业研究院开展战略合作，主动融入“智慧唐山”建设，使云计算产业链条在多个领域逐步构建。整合信息、自动化技术资源，加速推进智能制造，建成一批业内领先的智能制造项目，年内无人天车技术及智能调度系统成功用于 1580 线热轧成品库。积极发展循环经济和新能源产业，哈斯科公司被授予“全国工业固废综合利用科技成果转化平台冶金渣综合利用示范基地”称号；公司首个屋顶分布式光伏发电项目在高强汽车板公司建成投用，每年可发电 400 万千瓦时。

二是积极实施体制机制变革和管理改善。探索试行工资总额预算管理，适度下放气体公司和唐龙（唐昂）公司薪酬管理自主权，激发了企业经营管理活力；在非钢系

统推行作业长负责制，建立完善75项服务标准，全系统自主管理能力显著增强。年内，唐龙（唐昂）公司连续7个月实现设备零事故，整体管理水平全面提升，企业成功实现扭亏为盈。气体公司、青龙炉料公司、能源科技分公司全年实现利润均达到5000万元以上。

三是快速推进非钢资源优化配置。成立能源科技分公司，对环保及能源动力系统实施资源整合，实现了集中化、专业化、市场化管理。按照省国资委要求，有序推进“三供一业”分离移交，年内完成涉及8300余户居民、19个小区的移交业务，为公司减轻了社会负担。

四是着力扩大非钢产品出口。公司抢抓国家“一带一路”建设机遇，不断加大非钢产品国际市场开发力度，取得新成绩。2017年，唐龙（唐昂）公司出口矿渣超细粉40多万吨，时创高材公司出口欧洲、亚洲多个地区耐材产品2000多吨，重机装备公司出口印度、俄罗斯等地轧辊2000多吨，惠唐乐港公司出口以色列等多个国家钢材深加工产品。

（八）统筹推进塞钢运营管理和乐亭钢铁项目，为集团国际化发展和沿海基地建设提供了重要支撑

一是全力抓好塞钢运营管理。牢记总书记嘱托，深度融入国家“一带一路”建设，自觉践行集团海外发展战略，积极承担集团赋予的责任，充分发挥集团全球资源配置能力和公司综合管理优势，着力理顺和强化塞钢运营管理，引领塞钢降低成本、开拓市场、提高售价，积极搭建国际化先进管理平台，统筹推进技术改造，加快补齐工艺短板，为塞钢经营业绩持续改善提供了必要支撑。2017年以来，塞钢奋力克服气候、市场等多方面影响，生产经营步入良性循环，实现持续盈利。塞钢正逐步成为中国—中东欧合作和“一带一路”建设的标志性项目，彰显出公司驾驭海外企业的能力得到整体提升。

二是强力支撑乐亭钢铁项目建设。一年来，公司勇敢肩负起集团赋予的光荣使命，以建设“绿色钢厂、品牌钢厂、智慧钢厂”为指引，集中公司一切优质资源，全方位支持乐亭钢铁项目建设，在管理架构搭建、关键岗位配备、技术交流合作、项目融资、设备招标、公辅系统建设等方面，开展了卓有成效的工作，推动项目取得了重要进展，为2018年工程施工全面展开、集团沿海基地建设顺利推进奠定了坚实基础。

（九）着力加强企业党的建设，为公司持续健康快速发展提供了坚强的政治保证

着力加强公司党的建设各方面工作。一是认真学习贯彻党的十八届六中全会和党的十九大精神，以中央精神指导公司党的各项工作，指引公司改革发展的航向，特别是及时把党建工作总体要求写入公司章程，为落实党组织在公司治理结构中的法定地位提供了保障，进一步强化了公司作为国有企业的政治属性和责任担当，对保证公司健康发展起到了不可或缺的重要作用。二是扎实推进“两学一做”学习教育常态化制度化，教育引导广大党员干部按照“四讲四有”“四个合格”的标准，结合公司实际，重点深化党员“争先锋”主题实践活动，努力在技术、管理、采购、营销、后勤等岗位，讲责任、当先锋，立足岗位作贡献，争做合格党员，进一步强化了党员干部的先进性意识。三是按照全国国有企业党的建设工作会议精神，结合公司实际，持续夯实党的建设基础工作，全面制定和完善公司党建工作制度，进一步加强基层组织建设，加大党建工作督导推进和工作交流力度，加强党员队伍管理和党建管理创新，使公司党建工作标准化、规范化水平得到全面提升，促进了公司经营业绩的持续改善。四是积极履行“两个责任”，制定两个责任《清单》《责任追究意

见》和《考核办法》，持续开展反腐倡廉警示教育，坚持进行党风廉政考评，积极组织“两个责任”巡察督导和监督检查，深入查纠“四风”问题，进一步推动了“两个责任”的有效落实，在全公司营造了良好的政治生态。

抓好职工民主管理等工作。积极做好公司工会和职代会换届工作，注重发挥职工民主管理作用，职工民主决策、民主参与、民主监督的水平得到全面提高。以职工岗位创新团队为依托，深入开展职工岗位创新，促进了公司生产经营业绩的持续改善。积极开展岗位练兵和技术比武活动，公司职工在第八届“河钢杯”职业技能大赛中创出历史最好成绩。全心全意依靠职工办企业，扎实开展暑期“双服务”、节期“送温暖”和“金秋助学”等活动，使广大职工切实感受到了企业的关怀和温暖。

总之，一年来，在前期铁钢平衡困难、环保限产日益频繁、市场形势起伏多变等多种不利因素之下，公司全体干部职工认真贯彻落实集团和公司战略部署，紧跟集团和公司发展步伐，积极主动、创造性地开展各项工作，使公司保持了较好的发展态势，取得了近年来最好的经营业绩，值得我们全体唐钢人自豪和骄傲！在此，我代表公司，向一年来辛勤工作在公司各条战线上的广大干部职工表示衷心的感谢！

成绩值得充分肯定，但公司在生产经营中也存在一些亟待解决的问题，需要我们高度重视和正确面对，主要有以下五个方面：

一是公司整体盈利水平还不高。问题的主要根源是公司高端产品还没有完全实现与之相匹配的高售价，汽车板、家电板吨材整体售价比国内先进企业还有近千元差距；公司在主要工序成本控制上与周边民企和行业先进企业比仍存在明显差距。二是公司客户端和产品端还存在结构再优化的问题。问题的主要根源是服务渠道建设、直供直销等工作还存在短板；产品结构整体上还处于中端层次；公司在树产品品牌、做产品宽度上任务还相当艰巨。三是公司整体运行效率还需要进一步提升。问题的主要根源是装备运转效率、能源利用效率、库存占用资金周转效率相对还比较低；全公司成本、费用、资金管理的意识还不够强。四是在管理体系落地、高端产品质量提升、数据库运用、模型化生产、“三化”融合等基础性工作上还存在薄弱环节。特别是模型化生产方面，还需要向加拿大多法斯科工厂学习，在企业内部做艰苦细致的工作。五是市场化改革和体制机制创新还需要向深层次探索。事业部制建设还需要围绕“市场”和“产品”、围绕产销研协同，进一步加强；人才等资源向产线倾斜的力度还需要进一步加大；混合所有制改革等工作还需要积极探索，稳健有序深入推开。这些问题需要我们在今后工作中着力加以解决。

二、2018 年的形势和任务

2018 年是全国上下深入贯彻党的十九大精神的关键一年，也是我国钢铁行业在 2017 年取得良好经营业绩后需要持续稳固的一年。对钢铁企业而言，2018 年充满机遇和挑战。党的十九大报告指出，建设现代化经济体系，必须坚持质量第一、效益优先，以供给侧结构性改革为主线，推动经济发展质量变革、效率变革、动力变革。公司上下必须深刻认识当前的形势，深入贯彻党的十九大精神，落实新发展理念，深化供给侧结构性改革，由重视速度、重视制造、重视产量向重视质量、重视创造、重视品牌转变，在新时代努力实现企业高质量发展。

前不久，集团召开 2018 年重点工作分析说明会，强调要坚定河钢自信，用新思维、新视野、新方式推进各项工作，持续发力加快最具竞争力钢铁企业建设。公司作为河钢集团的核心骨干企业，要坚决贯彻落实集团2018年工作部署，继续发挥好示范引领作用，高标准完成集团赋予的各项任务。

为此，公司确定2018年总体工作思路是：

以党的十九大精神为指导，认真贯彻落实集团2018年工作部署，以新思维、新视野、新方式推进各项工作，坚持聚焦“市场”和“产品”，以市场和改革为手段，加快推进客户结构调整，持续推进产品升级和科技创新，为集团建设最具竞争力钢铁企业作出更大贡献，以优异成绩向集团成立十周年献礼。

公司2018年生产经营的主要目标是：

全年产铁1504万吨；产钢1719万吨；商品材坯1676万吨。

全年实现营业收入680亿元，实现利润30亿元。

品种钢比例达到72%以上，高端产品产销量达到570万吨。

生产经营资金占用控制在48亿元以下。

实现五种重大事故为零。

为确保完成上述目标，要重点做好以下工作：

（一）坚持聚焦“市场”和“产品”，充分激发客户结构和产品结构调整的巨大潜力

坚持把客户结构优化和产品结构调整作为首要任务来抓，树立特钢思维、特钢标准，在树品牌、做宽度上重点发力，推动市场和产品工作稳定迈上新高端，推动公司实现由“钢铁产品制造商”向“钢铁材料供应商”的转变。

进一步加大客户端优化力度。构建“用户导向型营销服务模式”，整合服务资源，推进服务增值，稳定客户关系，提高客户集中度，实现与高端用户无缝对接，实现产品价值与品牌双提升。2018年，一对一直供比要力争达到40%，国内前十大终端客户销量占比要达到30%；汽车板和家电板产销量分别完成220万吨、100万吨。其中，汽车板事业部汽车板方面，由开发普通一二级配套厂向主机厂、世界知名零部件供应商转变。建立“3398”大客户合作体系，年内开发3个世界品牌主机厂、3个世界知名汽车零部件供应商、9个国内品牌汽车主机厂，全年供货量达到80万吨。逐步扩大北汽、广汽、东风、吉利销量，着力增加对长城汽车供应量。家电板方面建立“4+3”大客户合作体系，继续深耕国内四大家电知名企业，供货量力争实现翻一番；重点开发西门子、惠而浦、大金三个国际一线品牌，提升公司家电板品牌影响力，年销量力争达到35万吨。加快镀铝硅产品工艺优化，全年销量完成20万吨，市场占有率跻身国内前列。不锈钢公司板块年内要培育3~5个热轧高强汽车钢品种，通过1家以上汽车主机厂认证，并不断扩大热轧高强汽车钢、镀锡基板、深冲钢三大品牌优势。卷板事业部全面推进“万吨级”客户群建设，打造热轧薄规格、耐酸耐候钢、药芯焊丝钢、结构级镀锌、酸洗压缩机用钢、汽车用钢等六大类特色产品，重点目标客户是中国中车、苏州三星、山东时风、林肯焊丝等，确保完成“六大类特色品种产销132万吨、重点用户销量70万吨、品种钢比例70%、一对一直销比40%”的年度任务。中厚板事业部要全面实施品牌提升计划，突出抓好中交、中铁、中建系统高端战略客户开发，聚合优势品种做大做强，不断扩大钢结构、模具和工程机械用钢的品牌知名度，实现“开发高端战略客户20家、前20家战略客户销量占比达到60%、重点产品产销120万吨、品种钢比例84%”的年度目标。长材事业部棒线材方面要积极开发央企、大型国企，重点关注京唐城铁、兴延高速、北京副中心等基建项目，扩大与京津地区战略客户合作规模，着力提高重点工程项目钢材直供率。型材方面要深度挖掘两条型钢线的协同效应，扩大中型矿用钢市场影响力，加大电极扁钢

推广力度，实现锚杆钢产品稳定批量供货，年内完成“中型产销40万吨、大型产销20万吨”的目标。

深挖产品结构调整潜力。2018年，以汽车板和中厚板两个事业部为重点，着力打造代表公司高度的红旗产品。重点改善高端产品结构，提升高附加值产品比例，全年品种钢比例达到72%以上，重点产品产量完成570万吨，特色战略产品产销量达到50万吨。其中，汽车板事业部以高强汽车板及深冲钢为主打，以超高强汽车用板及汽车面板为主攻方向。高强汽车板公司要加快新能源汽车用高速电池壳用钢、高级别镀锌连退双相钢QP1180、DP1180等高端产品的试制开发，年内顶级产品产销量完成20万吨，镀锌品种比超过54%。不锈钢公司全年顶级产品产销10万吨，自销品种比达到85%。中厚板事业部要加快推进高强钢Q690、建筑结构用钢Q550GJ、耐磨钢NM360、高强度桥梁钢Q500q、高端模具钢718、双抗管线钢X70、高止裂船板E40等钢种的研发生产，实现高端特色品种全系列开发和规模化生产，全年生产顶级产品6万吨，重点产品产量达到120万吨。卷板事业部要加快高耐蚀铁道用钢Q450NQR、搪瓷钢TTC300R、锌铝镁、罩退深冲钢等产品的研发生产，开展药芯焊丝钢TYH、酸洗压缩机用钢提质增效攻关，拓展宽幅薄规格接单范围，全年薄规格产品产量要达到50万吨。长材事业部棒材线要加快开发600兆帕高强钢筋、50毫米大规格螺纹钢筋并具备量产能力，实现锚杆钢筋全规格品种批量生产；大型线要完成槽钢、履带型钢、电极扁钢、工程机械结构用钢等系列产品开发并形成批量生产；中型线要进一步拓展轻轨、角钢等系列品种，年内实现轻轨系列化生产并具备履带型钢量产能力。

着力推进供应链和服务渠道建设。充分发挥公司加工产线和驻外网点作用，优化盘活现有资源，以此为窗口进一步做好重点直供客户剪切配送服务，力争满足重要汽车主机厂“四小时服务圈”要求，促进公司深度介入高端客户供应链，实现与高端客户无缝对接。加强对外协同合作，加快社会剪切资源开发利用，努力形成具有公司自身特色的产品和服务供应链体系。谋划建设具有热成型等功能的现代化加工配送中心，抓好镀铝硅等产品供应链建设，多视角、多渠道开拓客户资源，为公司高端产品实现高售价、高效益打通路径。

高度重视直供直销和客户维护工作。着力加强一对一直供直销和客户维护，积极调整和优化销售策略和营销模式，实现与高端客户无缝对接，全面构建长期稳固、极具黏结度的战略客户群。树立“用户欠交就是最大事故”的理念，把营销、技术等方面更多的资源配置到终端客户服务链条上，尤其要加快汽车主机厂保供能力建设，不断提高合同兑现率和客户满意度，高强汽车板公司年内订单兑现率要达到95%以上。

（二）持续深化四大支撑体系建设，全方位提高用户服务保障能力

把四大支撑体系建设上升到更重要的高度，与客户结构、产品结构再优化同步推进，努力提高对接市场、对接客户的能力。

加快技术进步和科技创新。加强新产品开发技术支撑，在中高端汽车用钢、中厚板品种钢等领域重点发力，特别是汽车板方面要强化基于全流程从成分到工艺耦合关系建立的窄性能控制和基于产线清洁生产的高表面质量控制攻关，积极攻克高端品种研发、生产及质量问题，年内实现15个以上高端新产品量产。开展汽车板使用性能数据库建设，建立完善用户技术支持档案，年内要完成20个以上汽车板品种数据库。抓好重大工艺创新，开展提高炼钢废钢比技术攻关，探索开发铁水、废钢加热等技术，年内公司吨钢铁耗要在2017年基础上力争再降100

千克。推进产线工艺改进，加快3号、5号镀锌线生产锌铝镁产品课题进度，着力抓好1810线薄板坯连铸连轧工艺优化、半无头及铁素体轧制工艺贯通、连铸机高拉速等攻关活动；统筹抓好大型和中型线配套改造，年内大型线要基本改造完成并具备调试条件，最大限度发挥产能潜力。持续提高自动化炼钢水平，逐步打通“一键式”智能化炼钢技术通道。积极借助河钢东大技术研究院等外部团队技术优势，围绕关键产线深化产学研合作。中厚板公司要开展钢水洁净度攻关，完善淬火等工艺，为高强钢等高端产品开发生产提供支撑。

强化人才支撑和人力资源保障。树立人才是公共资源的理念，制定高端人才需求规划，加大市场化选聘高端人才力度，落实好《高端人才引进与管理办法》，深入推行职业经理人制度，努力形成“引得进、留得住、用得好”的良好环境。加快人才培养，探索推行积分制管理，设计可量化积分制管理制度，构建科学合理的人才评价体系；拓宽各类人才成长通道，完善科级、作业长、专业技管人员管理办法，激励职工立足岗位、创新创效；推进专业技术人员职务岗位化，真正做到评聘分开、人岗匹配；优化宽带薪酬配套激励机制，激励政策向主要产线和关键岗位倾斜。打造高端人才链，以链带面，发挥高端人才集智作用；制定核心人才保留策略，营造人尽其才、才尽其用的用才氛围。创新职工培训方式方法，落实好年度全员素质提升培训方案，建强基层专业技术人才队伍。合理优化人力资源，跟进做好集团乐亭钢铁项目人员配置，为集团沿海战略落地提供保障。

以体系和认证为主线推动产品质量上水平。公司2018年的质量工作要重点把握体系和认证两条主线，强化质量管控思维，着力提升产品质量稳定性。一是持续深化质量体系运行，针对重点产品，导入“主机厂QSB+”和精益生产等先进模式，建立从机理研究、成分研究、工艺控制，到表面控制，多层次、全流程的质量管控思维，提升质量体系运行水平和落地程度。优化质量体系评价方法和绩效机制，年内质量体系审核问题重复发生率控制在10%以内。二是加快汽车主机厂认证，大力培育以“受控、严谨、无缺陷出厂”为核心的汽车钢质量文化，加强全员质量培训，强化规则意识，加速主机厂认证步伐，以此带动公司产品质量稳定性整体大幅度提升。三是充分发挥信息化系统在质量保障体系中的作用，用好其各项功能，力争2018年实现钢轧工序全流程无人参与质量判定，提升产品过程质量判定准确率和判定效率。

强化产线信息化自动化智能化支撑。在多年来持续推进信息化自动化项目建设和深度应用的基础上，加速推进公司生产制造向智能化迈进。以高强汽车板项目被国家列入“中国制造2025”试点单位为契机，紧紧围绕企业智能化转型发展，超前谋划，综合施策，强力推进智能技术应用，有计划、有步骤地推进有关制造系统升级改造。2018年重点抓好炼铁大数据、冷轧3号镀锌线等自动化系统升级改造，确保年度项目按计划完成，以进一步扩大信息化系统应用范围，稳定提升产线信息化运行水平和保障能力，为公司向智能化迈进提供有力支撑。

（三）建立以效率为中心的生产经营模式，探索推行模型化生产，努力将企业运行效率和全流程标准化生产提高到新的水平

全面提升企业运行效率。一是提高生产组织效率。积极借鉴加拿大多法斯科钢厂运营管理经验，加快建立快节奏、高效率的生产经营模式。建设生产管控平台，在现有铁钢轧能力匹配条件下，科学调度和组织生产，妥善做好生产要素调配，搞好原料保供、材坯及能源平衡，合理安排产品排产和订单交付。以战略眼光，继续加大炼钢系统

降铁耗攻关力度，从技术、装备、管理、操作等多方面入手，敢闯敢试，力争实现颠覆性工艺改善，在国家炼钢原料结构转型中占得先机。二是提高装备运转效率。深度应用设备全生命周期管理系统和在线监测系统，加强关键产线装备功能发挥和精度管理，着力降低设备事故故障时间。加大利旧利库力度，提高备件修复产值，降低备品备件消耗，为提高设备效率提供支撑。以更高标准开展提高机时产量和产线作业率攻关，努力使装备运转达到节奏最快、效率最高。2018年，不锈钢公司要完成“年度产钢350万吨、1580线机时产量突破490吨、轧机作业率80%”的任务。中厚板公司粗钢产量要力争达到500万吨。唐银公司三座高炉要保持均衡稳定生产，日产铁水要保7400吨以上。一钢轧厂要具备年产550万吨钢的生产能力，1700线机时产量要突破500吨，作业率达到80%，力争实现日产1万吨目标；1810线机时产量也要显著提高。一冷轧酸洗线机时产量要稳定达到90吨以上，酸洗作业率突破90%。高强汽车板公司年度产材力争达到170万吨。三是提高能源利用效率。深化能源一贯制管理，完善能源管理体系建设。高度关注采暖季低铁耗及生产不饱和条件下的用能特点，重点抓好滦县焦化二期工程和炼铁北区超高压高温发电项目建设，尽快弥补工序短板，提高能源利用效率。开展提高产线热装热送率、烧结机漏风治理等攻关，完成轧机除磷变频等改造，加强发电、节电、节水等基础指标改进，进一步提高能源系统整体绩效水平。全年要实现吨钢能源外购成本降低20元的目标。四是提高库存周转效率。秉持“非必要库存就是浪费”的理念，在保证生产顺行前提下，本着“快进快出，提高周转效率”的原则，做好原料、产成品、备品备件等库存管理，盘活内部资源，加快物资周转，强化产销运衔接，紧盯采购、销售两端，倒逼各环节加快周转、提高效率。年内公司库存要降至48亿元以内。

着力探索推行模型化生产。把模型化生产作为2018年提升基础管理、挖掘智能制造潜力、推进全流程标准化生产的重要抓手，作为重点KPI指标去管理。综合运用行业先进经验，从炼铁、炼钢、精炼、连铸、热轧、冷轧全流程入手，开展工艺包、软件包和模型积累工作，建立全流程标准化生产模型，为公司打造最强品种能力提供强大支撑。加强模型技术研究，扩大模型技术在产线和各工序的应用范围，为推行模型化生产提供技术支撑。建立模型化生产奖励机制，加强技术指导和监督考核，鼓励各单位主动积累具有自主知识产权的工艺包、软件包，使整个钢铁生产流程逐步实现完全按照模型组织生产。年内炼铁厂区域要实现铁前全流程数据管控，高强汽车板公司区域要实现95%以上钢种生产工艺模型化，不锈钢区域要基本做到自动炼钢技术无人干预，中厚板区域要初步实现从轧机开始到成品下线无人干预。

（四）积极推进体制机制创新和管理体系落地，不断促进企业效率提升与活力释放

坚持以管理创新推动企业流程优化，在事业部制管理和市场化体制机制创新上进行新的探索，为客户结构优化和产品结构调整搭建平台、提供支撑。

持续深化和完善事业部建设。不断优化以事业部为核心，流程更优、链条更短、层级更少、效率更高的扁平化管理体系和平台化管理架构。实施事业部放权管理和单体财务核算，推动产销研资源更加集中、协同配合更加紧密，将四个事业部进一步推向市场，全面提升对接市场、对接客户的能力。着力调整和优化事业部组织架构和体制机制，努力将研发力量、销售力量直接配置进驻到四个产品事业部，人事关系隶属事业部，成立事业部框架下的产品研发中心、产

品销售服务中心，真正将事业部打造成为独立市场单元，推动事业部把所有精力集中到市场和产品上，实现完全的产销研用一体化运作。

继续探索混合所有制改革。在2017年对中厚板公司实施混合所有制改革取得初步成效的基础上，继续逐步扩大试点范围，重点落实好董事会领导、监事会监督下的职业经理人制度，抓好对试点单位董事会、监事会、总经理决策机制的监督监控，切实走出一条以所有制改革激发企业内生动力和发展活力的新路。

充分发挥绩效管理的激励导向作用。建立和完善与事业部协同机制相适应的绩效评价模式，合理调整公司职能部门和领导班子考核，将事业部重点工作纳入考核范围，促进重点工作和关键指标取得新突破。针对混合所有制和市场化独立运营试点单位，探索建立领导班子、中层干部等绩效薪酬主要与利润挂钩、工资总额主要从利润提取的薪酬评价体系，倒逼试点单位扭亏增盈、提质增效。

（五）坚持不懈地优化成本管理，持续提升企业成本控制力

企业成本与费用管理是企业管理精细化、标准化、规范化程度的重要标志。无论市场如何变化，公司都要坚定不移地狠抓成本管理不放松，不断提升成本控制力。

抓好标准成本管理和工序潜能发挥。做好标准BOM管理，重点抓好数据积累和系统优化，摸清各条产线、每道工序的成本构成，为标准成本考核提供数据。深度应用QMS、MES、APS等系统，实现余材充当、质量管控及日清日结，为加强过程控制、降低生产成本提供支撑。铁前系统要将降低高炉燃料比、提高高炉喷煤比、降低焦炉煤气脱硫剂消耗作为攻关重点，年内高炉燃料比要比2017年降低20千克/吨；本部和中厚板高炉喷煤比要分别提高到111千克/吨、125千克/吨。钢轧系统要在满足品种质量要求的前提下，重点围绕降低铁水消耗加大攻关力度，优化自动化炼钢模型，提高直接出钢比例，最大程度提高炼钢能力，实现增量创效目标。

进一步强化资金管控。认真落实集团关于加强资金管控的意见，严控固定资产投资，全力压减非预算、超预算和非生产性支出。更多通过管理手段而不是投资手段解决生产现场存在的问题，严控投资项目；加强项目进度管控，着力提高项目投资收益率。合理调度资金，严肃财务纪律，确保资金链安全。

抓好对标挖潜攻关和费用控制。采购方面，重点建立采购价格对标分析机制，借鉴中厚板公司对标方法，全面开展备品备件、原燃材料采购对标，推动采购费用大幅降低；加大焦炭、废钢等关键资源开发力度，优化采购渠道，年内供应商战略采购比例要达到65%。物流方面，优先发展以铁路和集装箱运输为重点的绿色物流，积极开拓老焦化、美锦铁路两个物流园区业务，确保实现物流管理与对外创效双提升，进一步降低物流成本，年内吨钢物流成本力争比上年降低20元。备品备件方面，实施备件采购战略联盟，年内至少与5家大型企业签订战略联盟协议；挖掘装备再制造中心潜力，承担具有高技术含量的设备修复业务，年内备件修复率达到40%。

在敏锐反应市场中提升经营能力。围绕市场和产品，超前谋划，捕捉商机，增强市场敏感度，做好订单评价，发掘公司产品价值。综合考虑市场、物流、时机与库存的关系，合理控制购销节奏，降低采购成本，提高销售价格，努力实现企业效益最大化。

全面深入推行财务共享模式。充分利用财务共享中心这一信息化平台，在公司全面深入推行财务共享，实现财务结算标准化作业，持续提高财务结算效率，提升对内对外

服务水平。

（六）大力推进非钢板块管理创新，提高非钢资产运行效率和全产业链创效能力

以公司化、市场化为手段推动非钢单位管理创新，盘活非钢资源，培育领军企业，抓好非钢项目，树立非钢品牌，提升公司非钢产业整体竞争力，更好服务和反哺钢铁主业发展。

以市场化为手段推进管理创新。总结推广惠唐物联公司运营经验，激发更多非钢单位的发展活力。探索市场化绩效管理机制，促进非钢单位提高市场化经营水平。试点推行混合所有制改革，建立以完善法人治理结构为核心的现代企业制度。引入风险管理思维，加强风险源识别，完善风险防控体系建设，增强非钢单位抵御市场风险的能力。梳理非钢单位法人治理结构，强化董事会管理职能，提升非钢单位管理能力和运营效率。

最大限度盘活非钢资源。从流动性、资产增值、产品覆盖、创效能力、支撑主业能力等多方面，着力盘活用好现有非钢资源，促进资源高效运行。利润情况较好的单位，要大幅削减非生产性支出，迅速提高外部业务创收比例；亏损单位，要制定有针对性的减亏措施，尽快实现大幅减亏或扭亏为盈；新投产项目，要迅速达产达效，增加营业收入，提升创效水平。

积极打造行业领军企业。以气体公司、自动化公司等条件成熟的非钢单位为引领，重点打造惠唐物联、云计算、钢铁行业固体废弃物处理板块、电气自动化板块、资源创造价值板块等六大板块，培育一批能够率先走出去参与社会竞争、完全市场化的领军企业。

大力发展新业态。深刻认识中央实施国家大数据战略、建设数字中国的新形势，紧盯新市场、新业态，以互联网经济、平台经济为重点，依托公司乃至集团庞大的产业链条，全力支持云计算和惠唐物联公司良性发展，在新兴业态中打造公司非钢品牌。积极稳妥有序推进乙醇项目和对二甲苯项目，力争早日与中科院合作建成国家级大宗基础化工原料产业基地。

积极探索金融支持综合解决方案。进一步打通平台融资、股权融资等融资渠道，在引入发展基金、风险投资、国家重点项目资金支持、低息优惠贷款、企业上市融资方式上下功夫，利用外部资本加快公司非钢发展。

全力推进乐亭钢铁公辅系统建设。全力抓好公司承建的集团乐亭钢铁公辅系统建设项目，周密制定项目实施及运营方案，确保项目合法合规、按期保质、安全高效地完成，力争把乐亭钢铁公辅系统项目建成全集团的优质工程、标杆工程。

（七）全力抓好塞钢运营管理，积极推进乐亭项目建设，为集团战略发展继续提供强劲支撑

持续强化塞钢运营管理。在集团统一领导和统筹指挥下，抢抓国家“一带一路”政策机遇，用足用好中塞两国优惠政策，充分利用集团全球化资源配置能力，利用好集团全方位、多维度的内部支撑保障体系，统筹抓好降成本、提售价、拓市场和设备改造等工作，使塞钢生产组织更加顺畅、设备运行更加高效、运营管理更富活力，确保实现年度生产经营目标。2018 年，河钢塞钢钢产量要达到 177 万吨，销售产品达到 156 万吨，力争实现利润 3000 万美元。主动跟进斯梅代雷沃工业园区建设，加快推动塞钢技改项目建设，带动公司装备、技术、管理和服务对外输出。

全力支持乐亭钢铁项目建设。乐亭钢铁项目 2018 年将进入施工期，要充分认识项目建设的重要意义，把握项目建设顶层设计要求和正确方向，以建成世界一流、国内领先、引领行业的“绿色化、智能化、品牌化”新一代流程钢厂为指引，全方位支撑项目建设。要重点在新技术应用、人力资源配置、投融资、公辅系统配套建设等方面做

足文章，确保项目达到总体预期要求，为打造一流的现代化钢厂打下坚实基础。

（八）突出抓好环境保护和安全生产工作，为企业持续健康发展提供保障

牢固树立大局意识和红线意识，切实把抓好环境保护和安全生产作为企业重大责任，高度重视、全员参与，确保各项工作落实到位。

下大力狠抓环保管理和环境治理。在环保管理上，坚持站在讲政治和保生存的高度，始终将环保视为企业的生命线，作为企业头等大事和压倒一切的任务。加快推进无组织排放项目落实，强化各区域环保设施集中管控，加强对除尘、脱硫等新上环保设施运行情况的监督检查，确保各种污染物达标排放；坚持抓好环境管理体系运行，做好节能减排、清洁生产、循环低碳等专业性评审工作；加快料场改造等在建环保项目进度，确保按期竣工并达到预期效果；继续推进大气治理专项课题，加快研究固体废弃物综合利用、烧结机烟气脱硝等工艺技术；积极组织锅炉烟气脱硫脱硝改造，不断满足国家环保标准新要求。坚决执行各级政府环保要求，制定和完善长期应对采暖季错峰生产的策略手段，统筹做好采暖季设备检修、原料储备、产销衔接、能源平衡等工作，力争将环保限产造成的损失降到最低。在环境治理上，公司本部要大力推进北区环境治理，提高环保绩效综合评价水平，保持绿色制造领先地位。不锈钢公司要以邢台德龙等绿色发展企业为标杆，加大环境治理力度，全力打造“花园式工厂”和古冶区绿色制造样板企业。中厚板公司要强化环保基础管理，建设绿色、环保、可持续发展的示范企业。唐银公司要将环境治理作为第一要务，高标准谋划推进厂区环境整治方案，尽快达到公司南区水平。

坚定不移地强化安全生产。严格落实安全生产责任制，完善安全履责清单，确保“党政同责、一岗双责、齐抓共管、失职追责”得到有效落实。全面开展安全生产大排查大整治，不断提升隐患排查治理水平。深化作业区和班组安全建设，充分发挥作业长安全管理中坚力量的作用。全面落实安全标准化培训，提升安全标准化运行质量，提高全员安全防范意识和自我保护能力。积极开展职业危害深度治理，深化消防安全管理，全力消除作业环境中的不良因素和不安全行为，确保安全生产局面长期稳定。

（九）以党的十九大精神为指导，进一步加强企业党的建设，全面凝聚起推动企业发展的强大力量

全面加强企业党的领导和党的建设。一是把深入学习贯彻党的十九大精神作为当前和今后一个时期的首要政治任务，努力在学懂弄通做实上下功夫，切实以十九大精神武装头脑、指导实践、推动工作，以习近平新时代中国特色社会主义思想指引公司生产经营和改革发展的方向，凝聚党员干部团结奋进的力量，深入研究国有企业新时代发展特征，找好定位，抓好战略谋划，确保公司持续健康发展。二是以党的十九大精神为指导，认真贯彻落实新时代党的建设工作总要求和全国国有企业党的建设工作会议精神，进一步加强企业党的建设，围绕公司 2018 年核心工作，融入中心，服务大局，增强公司各级党组织的凝聚力和战斗力，切实发挥企业党组织的领导核心和政治核心作用，为规范企业治理、推动企业实现高质量发展提供坚强保障。三是认真落实全面从严治党党委主体责任和纪委监督责任，并以“两个责任”落实推动从严治企，结合公司生产经营和改革发展实际，深入推进反腐倡廉建设，加大基层廉政建设力度，从严管理各级党员干部，努力营造风清气正、干事创业的良好环境。

着力加强职工队伍建设和职工民主管理。广泛搭建以职工创新工作室为载体的创

新平台，动员引导职工立足岗位、锐意创新、多作贡献，实现与企业共进步、同成长。大力弘扬新时代劳模精神和工匠精神，不断提升干部职工的职业素养，努力打造一支勇于创新、敢于担当、善于发明创造的高素质职工队伍。认真落实职代会制度，推进职代会运行管理标准化，提高公司民主决策水平。切实做好困难职工帮扶，持续开展“送温暖”活动，真心实意为职工办实事办好事，努力提高职工的获得感和幸福感。

同志们，2018 年是我国实施改革开放 40 周年、河钢集团成立 10 周年。公司面临的形势和任务已经非常明确，机遇与挑战并存。只要我们上下同欲、开拓进取，就一定能够在新的一年里实现各项工作的新突破。让我们以党的十九大精神为指导，在河钢集团坚强领导下，用新思维、新视野、新方式解决新问题，迎难而上、扎实工作，奋力开创公司转型发展与跨越提升的新局面，为集团建设最具竞争力钢铁企业作出新贡献，以更加优异的成绩向集团成立 10 周年献礼！

中共河钢集团唐钢公司委员会
2017 年工作总结及 2018 年工作要点

一、2017 年工作总结

2017 年，在省委、省国资委党委和集团党委的坚强领导下，公司党委认真贯彻落实党的十八届六中全会精神，突出抓好迎接党的十九大召开和学习、宣传、贯彻党的十九大精神系列工作，紧紧围绕市场、产品和改革等中心工作，全面加强企业党的领导和党的建设，积极开创党建工作新局面，为公司完成全年生产经营和改革发展任务提供了坚强的政治、思想和组织保证。年内，公司党委荣获市国资委系统“先进基层党组织”称号。

（一）认真学习宣传贯彻党的十九大精神，营造了浓厚的学习宣传和落实氛围

公司党委坚决落实中央、省委、省国资委党委和集团党委有关决策部署，把学习宣传贯彻党的十九大精神作为首要政治任务，切实抓紧抓好，并抓出成效。一是依据上级党委部署，迅速研究制定《公司党委关于学习宣传贯彻党的十九大精神系列活动的安排意见》，确定工作方案，提出具体目标，明确职责分工，为全公司学习宣传贯彻党的十九大精神做好了顶层设计和周密安排。二是按照集团党委部署，大力组织开展十九大精神专题学习宣传。年内共组织两级党委理论学习中心组专题学习 4 次；在公司及二级单位层面共组织专题宣讲 230 多场次；举行学习宣传贯彻党的十九大精神报告会 6 场次；公司报纸、电视台组织学习宣传专栏专版 6 期，刊发专题稿件 50 余篇。三是组织广大党员干部以党的十九大报告和新党章为学习重点，认真学习领会十九大精神，准确理解和把握十九大提出的新时代、新矛盾、新征程、新目标等概念的核心要义和思想精髓，努力在学懂、弄通、做实上下功夫，着力树牢“四个意识”，坚定“四个自信”，用习近平新时代中国特色社会主义思想武装头脑、指导实践、推动工作，在全公司广大党员干部中兴起了学习宣传贯彻十九大精神的热潮。

（二）扎实推进“两学一做”学习教育常态化制度化，公司党的思想政治建设全面加强

按照上级党委部署，及时制定印发《关于推进“两学一做”学习教育常态化制度化的工作方案》，明确工作总体要求、基本原则、主要任务和推进措施，并将重点内容和要求细化为 21 项具体任务，逐项抓好贯彻落实，公司党的思想政治建设取得新的成效。一是深入推进党章党规及习近平总书记系列重要讲话学习。组织两级党委班子深入学习党章党规，重点将《准则》和《条例》纳入两级党委中心组学习内容，深刻领会党中央全面从严治党部署，使之内化于心、外化于行；组织党员干部深入学习习近平总书记系列重要讲话，做到学而信、学而思、学而行，以此武装头脑、指导实践、推动工作。为便于党员干部学习，公司党委还专门对十八大以来党中央提出的一系列新理念新思想新战略进行归纳整理，并印发《学习要点》，供各级党组织和广大党员学习，收到良好效果。二是积极做好学习教育涉及的重点工作。落实上级党委要求，把党建工作总体要求写入公司章程，并指导子分

公司完成企业章程修订，明确党组织研究讨论是董事会、经理层决策重大事项的前置程序，为落实党组织在公司治理结构中的法定地位提供了制度保障。重新梳理完善《公司基层党组织换届选举暂行规定》等8项工作制度，形成较为系统的党建工作规范，体现了“两学一做”学习教育的制度化成果。

（三）夯实党的建设基础工作，公司党建工作标准化、规范化水平不断提升

着力规范两级党委建设。一是健全党组织设置。根据公司发展变化，及时成立美锦焦化公司党委，调整设置机关党工委和就业指导中心党工委，明确惠唐物联公司等新成立单位的党组织设置，公司二级单位党组织设置实现全覆盖。二是推进党组织换届选举工作常态化。印发《基层党组织换届选举暂行规定》，建立换届提醒督促机制，推动七个基层党委按程序完成换届，确保了换届选举工作的严肃、规范。三是加强境外企业党组织建设。健全河钢塞钢党支部机构，完善并落实党建各项制度，强化了境外企业党组织的政治功能。

着力夯实基层支部建设。一是规范基层党的组织生活。督导各支部认真落实“三会一课”等制度，完善《党支部工作手册》及相关台账。落实领导干部双重组织生活制度，公司领导带头参加所在支部党员大会，党的组织生活更加严格、规范。二是强化基层党支部阵地建设。全年组织建设50多个公司标杆级党员活动室，明确管理规定和相关要求，同时指导基层党支部围绕中心工作，开展党建特色活动，打造了比较完备的党员基层活动阵地。三是加大基层党建工作推进力度。组织召开基层党建工作现场观摩会、党委书记党建工作交流会、基层党支部书记座谈会、基层党建工作述职大会，做到月月有主题，事事抓落实，基层党建工作充满活力。四是加强基层党建工作督导检查。先后组织两次集中督导，对主体单位基层党组织设置、党委制度落实、支部建设、党员教育管理等进行深入调研，查找存在问题，督促整改落实，有力地促进了基层党建工作的规范和加强。五是加强党务干部业务培训。对160多名党办主任、组织干事及基层党支部书记进行培训，有效地提升了党务干部的素质和能力。

着力加强党员队伍管理。一是加强党员教育培训。组织广大党员认真学习党的十九大精神，学习新修订的《党章》和《准则》《条例》，提升了党员的政治素质；七一前夕组织新党员到李大钊纪念馆进行集中宣誓，增强了党员的党性观念和先进性意识。二是深化党员主题活动。紧紧围绕集团“六条主线”和公司生产经营任务，不断深化以“市场开拓与产品创效争先锋”为主题的党员活动，教育引导广大党员践行“四讲四有”标准，争做合格党员，重点通过成立党员突击队、党员攻关队，开展争创党员示范岗、党员精品岗等多种形式，激发党员活力，促进了党员作用的发挥。三是严格党员日常管理。规范发展党员程序，推行发展党员公示制、票选制，注重在一线职工、重点岗位和35岁以下青工中发展党员，党员队伍质量明显提高。全年公司共发展党员228名。规范党费收缴使用管理，建立完善党员管理系统，提升了党员管理规范化、信息化水平。

着力推进党建管理创新。一是开展重点工作调研督导。制定下发《精准调研督导管理办法》，对各单位党委重点工作开展等情况，不定期进行督促检查，促进了各单位党建工作的顺利推进。二是推行党群系统网格化管理。精心谋划制定实施方案，重点抓好试点单位试运行，初步构建了公司党建网格化管理体系。三是加强党建工作研究。成立公司党建研究会，开展党建课题研究，筹办公司第一份党建研究类专刊《钢铁先

锋》，提升了公司党建工作的品牌形象。四是创新推进党群系统绩效管理。将党群各部门和二级单位党组织全部纳入信息化系统，持续优化系统功能，认真开展数据分析，初步实现了党群系统绩效管理与考核运行体系的规范化、标准化、信息化。

（四）着力加强领导班子和领导干部队伍建设，领导班子整体功能和领导干部队伍活力不断提升

加强领导班子建设。一是加强公司班子建设。积极推进班子民主管理、民主决策和民主集中制建设，坚持开展好领导班子民主生活会，深入开展批评与自我批评；严格落实党委理论中心组学习制度，全面强化政治理论学习，领导班子“四个意识”进一步增强；严格执行集团干部选拔任用制度，严格有关程序，避免了选人用人上的不正之风。二是加强厂部级班子建设。完善考核激励机制，制定下发《厂部级领导班子和厂部级管理人员三年任期激励考核办法》《厂部级管理人员三年任期激励年度考核结果与薪酬、使用挂钩办法》，增强了考核的针对性和实效性。年内完成对36个单位、14个机关部室、201名厂部级管理人员的年度考核，激发了厂部级领导班子干事创业的积极性。督导各单位落实党内政治生活制度，认真组织召开领导班子民主生活会，积极开展批评与自我批评，提高了厂部级班子的整体功能和战斗力。

加强两级领导干部队伍建设。一是抓好公司层面领导干部管理。按照集团要求，严格落实重大事项申报制度，加强职务消费管理，强化廉洁自律教育，坚持用“忠诚、干净、担当”要求领导干部。二是抓好厂部级干部管理。加强政治理论学习与业务培训，组织学习党的十九大精神和《准则》《条例》，选派中高层干部参加集团各类培训班，突出强化对作业长制、管理体系认证等业务知识的培训，提升了厂部级领导干部的能力和素质。以上级选人用人的一系列规定为依据，修订完善《厂部级人员选拔任用暂行办法》《厂部级人员管理办法》等制度，突出政治标准，努力把“好干部”标准落到实处，提高了干部管理的规范化水平。围绕乐亭钢铁项目建设等战略需求，合理配备干部，年内完成102名厂部级干部任免调整工作。完善干部梯队建设，初步制定中青年后备干部培养方案，逐步建成一套科学、合理、规范的后备干部选拔、培养、任用管理体系。

加强领导干部日常管理、监督和服务。一是加强干部档案管理。健全日常信息化工作台账，年内完成3000余卷厂部级干部档案的梳理以及转递、归档、甄别、核实等工作。二是规范厂部级干部及重点岗位人员因私出国（境）管理。建立公司护照管理室，健全制度，严格审批，强化了因私出国（境）的组织纪律性和审查严肃性。三是加强对干部关爱关怀，年内完成331名厂部级干部及专家的健康体检。

（五）创新推进宣传思想工作和企业文化建设，企业凝聚力持续增强

全面加强政治理论学习。一是坚持两级党委中心组学习制度，突出“严学、广学、实学”要求，深入学习习近平总书记系列重要讲话，党的十九大以及中央经济工作会议精神，切实把中心组学习打造成领导干部学习的“示范课堂”。通过学习，进一步增强了领导干部的“四个意识”，增强了落实“两个责任”、全面从严治党的责任感和使命感。年内公司党委共组织中心组政治理论学习25次，产生了良好的学习效果。二是组织学习全省国有企业党的建设工作会议、省委九届五次全会，省国资委党委有关会议精神，集团一次党代会、集团党委2017年工作会议等大会精神，努力将党员干部的思想和行动统一到上级党委的决策部署上来。

全面做好形势任务教育和舆论宣传工

作。一是组织开展“解放思想，快速突破，各项工作走在集团前列”大讨论。通过查找问题、剖析原因、明确措施，形成了全员参与管理、共谋企业发展的良好氛围。二是坚持开展“3X+1”形势任务宣讲活动。聚焦市场和产品两大主题，分别围绕落实全年目标任务和后五个月新的利润指标，每月编制下发宣讲提纲，及时宣讲公司面临的形势和任务，引导干部职工认清形势、明确目标、努力工作。三是围绕落实集团和公司一系列重要会议精神，结合宣传公司在市场和产品等工作中取得的重大进展，联系宣传公司受集团委托运营管理塞钢、在习近平视察一周年之际取得的巨大成绩，积极做好对内对外宣传工作，凝聚了推动企业发展的强大正能量，树立了公司良好的企业形象。年内，公司在《中国冶金报》等大型媒体发稿1100余篇。四是积极拓展宣传阵地。开发公司微信公众号平台，开设并不断丰富17个栏目内容，及时推送公司生产经营热点信息，展示职工风采，传播钢城正能量，充分彰显了新媒体在企业舆论宣传中的正向引导作用。

抓好企业文化和精神文明建设。一是认真学习集团对生产经营和改革发展提出的新理念新要求，引导广大干部职工提高认识、转变思维，推动企业持续健康发展。二是深刻领会集团关于加强品牌形象建设的要求，重点推进企业标识规范应用工作，对公司各层面旧标识进行整体更换，同时做好品牌形象建设其他各项工作，强化了集团品牌意识。三是在坚持开展“季评爱岗敬业十佳职工”活动的同时，推荐数名职工参评并荣获河北省道德模范、唐山市“最美工匠”、唐山市道德模范称号，选树了一大批敬业奉献责任担当、创新突破、敢为人先的先模人物。四是发动干部职工积极参与唐山市创建全国文明城活动，为唐山市蝉联全国文明城作出了重要贡献。五是高质量做好史志编修工作，重点是有序推进《唐钢沧桑》第三卷、第四卷编纂及《唐钢大事记》《唐钢年鉴》等史志编修工作，不断取得新的进展。

（六）着力压实“两个责任”，企业党风廉政建设和反腐败工作全面加强

强化“两个责任”落实。着力加强对党风廉政建设工作的领导，利用党委常委会研究确定年度党委工作重点，利用每月党委书记办公会反复强调党风廉政建设工作并提出具体要求。逐级签订党风廉政建设责任书，层层传导压力，构建了党风廉政建设责任体系。组织学习贯彻《准则》《条例》，开展“两个责任”落实情况督导巡察，建立问题清单、台账销号、点对点沟通等工作机制，年内完成对大部分主体单位的巡察督导，移交反馈问题清单14份，提出整改建议160余条，推动了“两个责任”向基层的有效落实。严格廉洁自律审查考核，制定《落实党风廉政建设主体责任和监督责任清单》《责任追究考核办法》等制度，并纳入党群系统绩效考核，不断加强对党员干部的监督管理。年内对所有厂部级领导班子和领导干部进行党风廉政考评，对15名拟提拔厂部级干部进行了廉洁自律审查，收到了较好的效果。

认真查纠“四风”问题。严格落实中央八项规定精神，开展纠正“四风”专项检查、暑期四风“六类突出问题”检查和重点时段明察暗访，抓住婚丧嫁娶、公车使用和公款吃喝、接待、旅游等关键点，严防“四风”问题反弹。年内公司纪检监察部门组建督导组28个，开展监督检查195次，走访职工群众308人次，对“四风”问题形成了有效震慑。

深化专项监督检查。以集团专项巡察督导为契机，深化对《准则》《条例》落实情况和省委专项巡视反馈意见整改落实情况的监督检查，健全了巡视巡察问题整改的长效

机制。按照集团“纠正四风专项检查”要求，对相关专项工作进行检查，对检查出的问题立行立改。深化内部监督机制建设，探索建立两级纪委联动的纪律巡察机制，不定期针对重点领域、重要项目，集中力量开展明察暗访和专项监督检查，形成了监督执纪合力。

加强反腐倡廉教育。深入开展以“忠诚、干净、担当”为主题的警示教育活动，认真组织召开全公司警示教育大会，围绕“五查”内容，组织两级领导班子认真剖析问题，广泛征求意见，组织开好专题民主生活会，达到了受警醒、明底线、知敬畏、重实干的效果。充分利用网站、报纸、电视、微信等平台，积极传播廉洁文化，引导基层灵活开展“廉政微党课”“职工说规矩”、观看《巡视利剑》专题片等廉政教育活动，使党员干部廉洁从业意识明显提高。年内组织党纪知识答卷 3200 人次，党委书记上廉政党课 160 次，观看电教片 180 次，累计受教育达到 3.2 万人次。

加大执纪审查力度。着眼于充分发挥查办案件震慑作用、堵塞企业管理漏洞，进一步畅通信访举报渠道，规范问题线索处置，提高了执纪审查的质量和效率。坚持实践运用监督执纪“四种形态”，扎实推进“三违规”问题专项清理，坚持挺纪在前、违纪则咎，及时防范了党员干部小错误酿成大问题。

加强效能监察工作创新。围绕重大决策部署贯彻执行、重点职权和关键岗位廉政风险防控以及废钢采购等重点项目进行监察，提高了企业效能监察工作水平。加强招标采购执纪监督，制定《招投标执纪监督工作办法》，实行两级纪检监察部门全覆盖、分类负责的招投标执纪监督模式，实现用制度管权管人管事。年内组织完成效能监察项目 52 项，提出改进管理建议 46 条，推进建章立制 28 项，避免和挽回经济损失 1000 余万元。

（七）着力发挥群团组织的作用，最大限度地汇聚推动企业发展的积极因素

全面做好工会工作。进一步加强和改进党对工会工作的领导，大力支持和引导各级工会组织围绕中心、服务大局，充分发挥桥梁纽带作用。一是职工队伍展现出主力军新作为。积极开展多种形式的劳动竞赛，有力助推了公司各项工作实现新突破。精心组织久强创新工作室联盟、学习对标、职工创新大讲堂等活动，焕发出职工巨大的创造活力。深入推进职工技术比赛、岗位练兵、技术交流、师徒帮教等活动，促进了职工队伍素质的快速提升。积极开展职工摄影展、微电影、主题征文等活动，唱响了“工人伟大、劳动光荣”的主旋律。二是服务保障工作取得新成效。扎实做好两节“送温暖”活动，全年为职工发放慰问款（物）价值达 300 多万元，广泛传递了企业关爱。细心做好暑期“送清凉”系列活动，极大改善了职工的生产生活条件。充分发挥各种帮扶政策的作用，全年公司 2000 多名困难职工获得各种救助资金达 367 万元。三是职工民主管理工作呈现出新局面。规范开好公司两级职代会，认真落实职工各项民主权利，大力维护职工合法权益，确保了公司和谐稳定。四是女职工工作展现出新风采。广泛开展巾帼建功竞赛、迎庆“三八”献礼、女工创新创效等活动，叫响了女工建功品牌。五是职工文体活动呈现出新气象。组织承办第五届全国冶金职工运动会乒乓球比赛，开展职工棋类、羽毛球和乒乓球等比赛，营造了积极向上的文化氛围。

加强和改进共青团工作。一是指导公司各级团组织积极探索适合产线特点、适应青年需要、具有公司特色的品牌创建活动，成功打造出一系列品牌区、特色区和样板区，达到了“一团一品一特色”的品牌创建效果。二是全面实施思想引领、岗位建功、创

新创效、素质提升、安全保障、关爱青年和志愿服务七大工程，有效地提升了公司广大团员青年的素质、能力和水平。一年来，公司培养选树杰出青年、产线之星、质量明星等186名优秀青年典型；公司各级团组织获省级以上荣誉30项，公司团委获全国钢铁行业“五四红旗团委标兵”等多项荣誉称号；公司职工徐伟荣膺“河北省青年岗位能手”。

扎实做好武装工作。一是组织民兵开展挖潜创效、安全哨、护厂巡逻、防汛应急等生产参建工作，取得较好成效。全年公司民兵参与挖潜创效立项并实现创效7000万元，民兵安全哨查改事故隐患1500余项，护厂巡逻检查超过1.2万次，圆满完成各法定节假日和重点敏感时段的战备值班任务。二是加强民兵应急力量建设，选拔13个单位125名基干民兵组建民兵应急队伍，公司民兵应急组织体系不断健全。三是加强人民防空管理，组建人防应急分队，开展地下人防工程自查和日常维护管理，圆满完成涉及公司的防空警报试鸣任务。四是组织7000余名职工参加国防知识答题和国防教育课活动，强化了公司职工的国防意识。

全力抓好信访稳定工作。以“统筹考虑、全面摸排、合力攻坚、全体动员”为总要求，以推行信访工作考核办法为抓手，实行重点案件领导包案、领导干部接访、信访代理等制度，搭建多种形式对话平台，深入开展矛盾问题摸排化解专项行动，健全完善排查调处长效机制，着力抓好源头预防，解决信访突出问题，持续提高信访稳定工作可控度，实现内生稳定。年内，公司圆满完成了全国“两会”、十九大召开等重点时段的信访维稳工作，为公司生产经营创造了良好环境。

一年来，公司党委还进一步强化保密工作，有效夯实了保密基础管理。同时，信息、机要、综合治理、老干部管理、统战、驻村帮扶等工作也取得显著成绩，为公司生产经营和改革发展提供了重要支持。

二、2018年工作要点

2018年是贯彻落实党的十九大精神的开局之年，是我国实行改革开放四十周年，也是集团组建十周年。做好2018年的党委工作，对于开创新时代公司高质量发展和党的建设新局面，具有十分重要的意义。

公司党委2018年工作总体思路是：以习近平新时代中国特色社会主义思想和党的十九大精神为统领，认真贯彻落实省委、省国资委党委和集团党委决策部署，积极开展“不忘初心，牢记使命”主题教育，深入推进“两学一做”学习教育常态化制度化，不断加强和改进企业党的建设，深入推进全面从严治党，充分发挥“把方向、管大局、保落实”作用，为全面完成2018年各项工作任务、加快实现高质量发展、促进集团最具竞争力钢铁企业建设提供坚强的政治、思想和组织保证。2018年，公司党委要重点做好以下工作：

（一）深入学习贯彻党的十九大精神，为公司实现高质量发展提供政治保证

把学习贯彻党的十九大和十九届二中、三中全会精神作为2018年和今后一个时期的首要政治任务，按照既定的学习宣传方案，加强组织协调，扎实推进落实，持续兴起学习宣传和贯彻落实十九大精神的热潮，努力为公司改革发展提供坚强政治保证。一是抓好中心组学习。把十九大精神作为两级党委理论学习中心组政治理论学习的核心内容，引导党员领导干部先学一步、深学一层，带头深入领会贯彻党的十九大精神，进一步树牢“四个意识”、增强“四个自信”、做到“四个服从”，自觉维护党中央权威和集中统一领导，在政治立场、政治方向、政治原则、政治道路上始终同以习近平同志为核心的党中央保持高度一致。二是把学习贯

彻党的十九大精神与“两学一做”学习教育常态化制度化相结合。广泛发动各级党组织和广大党员干部，积极开展专题学习，把思想和行动统一到党的十九大确定的工作部署和党的建设总体要求上来。三是深入开展党的十九大精神学习培训和理论研讨活动。引导广大党员干部深入解读党的十九大提出的新思想、新观点、新举措，做到知行合一，与践行新发展理念相结合，与集团和公司确定的2018年各项重点工作相结合，更加自觉地推动市场和产品再上新水平，为集团和公司建设最具竞争力钢铁企业贡献力量。积极开展十九大精神专题研讨，适时召开交流会，推进理论成果向指导实践转化。

（二）以新时代党的建设总要求为指针，进一步加强和改进企业党的建设

强化党组织领导作用。深刻领会十九大报告和《党章》中提出的“党是领导一切的”的重要原则，进一步加强党对国有企业的领导，深入落实省委、省国资委党委和集团党委关于加强党的建设的工作要求，切实发挥好党组织“把方向、管大局、保落实”的领导作用。

着力加强党的政治建设。认真落实党的十九大关于新时代党的建设的总要求，把党的政治建设摆在首位，引导广大党员充分认识党的政治建设的重要意义，树牢“四个意识”，坚决维护习近平总书记在党中央和全党的核心地位，坚决维护党中央权威和集中统一领导。

扎实开展“不忘初心，牢记使命”主题教育。按照中央和上级党委部署，适时组织开展主题教育活动，教育引导广大党员干部，不断增强党性观念和使命意识，担当责任，矢志奋斗，为党实现新时代的总目标、为企业持续健康发展，作出应有贡献。

切实加强基层党组织建设。一是以党的十九大精神为指导，坚持“党的建设和企业改革同步谋划、党的组织及工作机构同步设置、党组织负责人及党务工作人员同步配备、党建工作同步开展”，加大力度全面夯实公司基层党组织建设。二是全面开展“基层党建工作提升年”活动，以提升组织力为重点，以开展六个方面党建工作为着力点，精准发力，提升公司基层党建工作水平，确保公司党的建设做到组织全覆盖、基础更扎实、作用更突出。三是严格落实党内组织生活基本制度，提高“三会一课”、民主生活会、组织生活会的质量，推动党内组织生活经常化、制度化、常态化。四是加快推进党支部标准化建设，扎实开展党建特色活动，使公司各个党支部真正成为团结群众的核心、教育党员的学校、攻坚克难的堡垒。

加强党员队伍管理。一是加强党员教育培训。组织党员深入学习党的十九大精神和新《党章》，引导党员坚定政治信仰，凝聚理想信念之魂。二是开展党员“三亮三比”活动。在全体党员中开展“亮身份、亮指标、亮排行，比党性、比业务、比贡献”特色竞赛活动，引导广大党员着力增强党性意识、责任意识、争先意识、奉献意识，在公司生产经营和改革发展中作出新贡献。三是做好党员发展工作。严把党员进出口关，优化党员队伍结构，提高发展党员质量。四是做好党员管理基础工作。开展好党员民主评议、党内表彰、走访慰问、志愿服务、党员信息化等工作，进一步增强基层党组织的向心力、凝聚力、战斗力。

持续推进党建管理工作创新。一是深入推进党群系统网格化管理。建立“绩效+网格+清单式”闭合管理模式，形成“制度+落实”和“问题+整改”长效管理机制，打造具有公司特色的党建品牌。二是加强党建研究工作。利用公司党建研究会平台，深入开展党建研究，形成各级党组织和全体党员关心重视党建、齐心协力抓好党建的浓厚氛围。三是完善党建工作责任考核评价体系，

深化党群系统绩效管理。密切跟踪党群系统绩效管理运行状况，完善有关事项和程序，推动公司党建工作实现规范化、标准化。

（三）全面加强新形势下领导班子和干部队伍建设，不断提高干部队伍的整体素质和能力

进一步加强领导班子建设。一是加强政治能力建设。以贯彻党的十九大精神为主题，开展“不忘初心、砥砺前行”领导班子和领导干部履职宣讲活动，全面增强两级领导班子的政治素养和使命担当意识。二是加强民主集中制建设。坚持“集体领导、民主集中、个别酝酿、会议决定”原则，保证科学决策，不断提高两级领导班子的凝聚力和整体功能。三是严格党内政治生活。开好领导班子建设专题民主生活会，聚焦问题，剖析根源，持续改进，不断增强领导班子履职能力。四是完善激励机制和容错纠错机制。强化领导班子年度考核，科学运用考核结果，促进领导班子整体功能发挥，努力打造“五型”厂部级领导班子。

着力加强领导干部队伍建设。一是严格选拔任用程序。按照十九大报告提出的“坚持党管干部原则，坚持德才兼备、以德为先，坚持五湖四海、任人唯贤，坚持事业为上、公道正派”的选人用人标准，严格领导干部选拔任用程序，保证人选政治合格、作风过硬、清正廉洁；以公司战略发展需要为导向，合理配备领导干部，不断优化干部队伍结构。二是突出对领导干部的政治素质要求。按照全面从严治党要求，更加注重对领导干部政治素养等方面的考核评价。三是强化作风建设。坚持作风建设永远在路上，着力引导各级领导干部树立良好形象，以过硬作风带动和影响职工。

加强后备干部队伍建设。大力培养和选拔优秀青年干部，制定实施中青年后备干部三年培养方案，扩大选人视野，重点把政治坚定、综合素质较高的80后优秀科级干部、作业长以及党政复合型人才充实到后备干部队伍。通过专题培训、轮岗交流、挂职锻炼等方式，加强后备干部培养和实践锻炼，并谋划建立淘汰机制，逐步形成结构合理、作风过硬、业绩突出的后备干部梯队。

（四）扎实推进宣传思想工作和企业文化建设，为公司改革发展提供思想保证和精神动力

切实抓好形势任务宣传和职工思想引导。坚持以党的十九大和十九届二中、三中全会精神统领宣传思想工作，紧密结合国家和地方推进高质量发展的新形势、集团和公司各时段面临的机遇和挑战，围绕贯彻落实上级重要会议精神、全年生产经营目标任务，进一步改进和创新形势任务宣传活动，积极探索现场宣讲与网络媒体相结合的方式，改进宣教效果，努力将广大干部职工的思想和行动统一到集团和公司生产经营和改革发展的核心任务上来。围绕广大干部职工普遍关注的热点难点问题，定期组织开展思想调研，加强面对面互动交流，做好稳人心、稳思想的工作，确保达到解疑释惑、统一思想、振奋精神的效果。

加强对内对外舆论宣传工作。围绕公司生产经营和改革发展目标任务，切实做好对内对外舆论宣传工作，力求有步骤、有声势、有深度、有特色，充分发挥媒体导向作用，努力塑造公司良好形象。配合集团有关部门做好集团组建十周年对外宣传活动，进一步提高河钢品牌形象和企业影响力。以增强吸引力、扩大受众面、增强实效性为目标，加大新媒体平台应用和探索创新力度，改版公司微信公众号栏目和内容，积极开发公司手机应用程序，尽快实现手机掌上阅读、消息精准推送，增强宣传舆论效果。

加强企业文化和精神文明建设。一是组织开展“牢记使命、坚定自信”宣传教育活动。按照集团要求，适时启动并深入开展

有关活动，增强河钢自信，汇聚建设最具竞争力钢铁企业的强大力量。二是加强集团品牌建设。落实集团关于加强品牌形象建设的各项要求，强化集团标识使用管理，深入践行集团理念，强化集团意志和集团意识。三是提炼工作信条，讲好身边故事。总结提炼公司近年来在生产经营和改革发展中形成的成功信条，使职工认知理解、内化固化；征集近年来公司发展中涌现的先进典型和优秀事迹，深入开展宣讲，大力弘扬公司近年来在应对市场挑战中形成的企业精神和管理文化，使之成为推动公司持续发展的文化特质和精神动力。四是弘扬执着专注、精益求精的工匠精神，引导广大职工深刻认识培育和弘扬工匠精神的重要意义，形成推崇工匠精神的良好氛围。五是坚持开展季评爱岗敬业“十佳”职工活动，带动广大职工进一步提升精神风貌和工作水准。六是做好党史厂志编修工作。认真做好《唐钢沧桑》第三卷、第四卷编辑出版工作，使之成为传承公司企业文化的重要载体。

（五）持续深化全面从严治党和党风廉政建设，为企业健康发展提供坚强的纪律保障

准确把握党的十九大关于全面从严治党的战略部署，不折不扣落实好全面从严治党“两个责任”，加强纪律建设，聚焦监督执纪问责，挺纪在前，标本兼治，加大监督监察力度，持之以恒纠正“四风”，为公司发展提供纪律和作风保障。

坚定不移地压实“两个责任”。一是强化压力传导，逐级签订党风廉政建设责任制，推动管党治党责任全覆盖。二是持续深化两个责任督导巡察，聚焦权力集中、资金密集、资源富集的部门和岗位，实施智能监管和过程控制，建立和完善“党委主责、书记首责、纪委专责、班子其他成员和部门分工负责”的工作格局。三是强化“两个责任”述职考核和落实情况追责，以问题为导向，用好问责利器，促进“两个责任”落实。

坚持不懈纠正“四风”。锲而不舍落实中央八项规定精神，紧盯“四风”新动向，针对重要岗位和敏感时间节点，深入开展明察暗访，重点强化对“六项纪律”、公款消费、公务用车等规定执行情况的监督检查，突出查找官僚主义、形式主义在公司的现实表现，违纪必纠，动辄则咎，促进党员干部作风转变。

持续加强执纪审查。一是认真落实“一案双查”“一案双报告”规定，拓宽问题线索渠道，规范线索处置方式，坚决查处违反“六项纪律”、中央八项规定以及损害企业和职工利益等问题，努力提高执纪审查的质量和效率。二是积极运用监督执纪“四种形态”，坚持抓早抓小，防范管理人员廉洁从业风险。三是聚焦执纪审查工作重点，坚持无禁区、全覆盖、零容忍，重点强化政治纪律和组织纪律审查。

建立常态化监督检查机制。一是坚持抓好省委巡视和集团巡察反馈意见整改落实工作，适时开展“回头看”，确保各项问题整改到位。继续深化巡察督导工作，坚持政治巡察和风险巡察相结合，进一步增强巡察工作的针对性、严肃性、实效性。二是扎实推进效能监察，推行“联动+督导”监察方式，重点对废钢采购等事项加大执纪监督力度，切实发挥效能监察在强化纪律约束、规范企业管理中的作用。三是突出对关键少数的监督检查，对涉及职工群众切身利益、反映强烈的普遍性问题，组织专项检查，加大问责力度，建立健全“自查+整改”“问责+清理”的长效机制。

深化反腐倡廉教育和廉洁文化建设。一是以学习贯彻十九大精神为主线，面向全体党员开展多形式、分层次、全覆盖的反腐倡廉教育，引导党员干部牢固树立“四个意识”，坚定“四个自信”，努力形成尊崇党

章、遵规守矩的良好风尚。二是抓住“关键少数”，经常开展警示教育。不断强化党员领导干部廉洁自律意识，做到警钟长鸣。三是创新教育形式和载体，充分利用企业大学平台，开展外聘专家讲座、“职工说规矩”等活动，推进全员廉洁教育质量提升。充分利用报纸、电视、网络等多种形式，培育有特色的廉洁文化载体，开展典型事迹和工作经验交流，营造崇廉倡廉、风清气正的政治生态。

（六）加强和改进群团组织工作，为企业生产经营和改革发展汇聚强大力量

以党的十九大精神为指导全面做好工会工作。一是组织动员广大职工为公司发展建功立业。大力弘扬新时期劳模精神和工匠精神，紧密围绕“一个中心，五个基本点”开展劳动竞赛，持续深化竞赛项目化管理和“3+3+1+X”模式，扎实推进各项工作取得新进步。充分发挥久强创新工作室联盟作用，最大限度激发职工的聪明才智。大力实施职工素质提升工程，重点组织好公司第32届职工技术比赛、职工大讲堂、网上练兵等活动。二是全力保障职工生活。大力实施“送温暖”工程，真心实意地为职工办实事、办好事。最大限度地发挥各种帮扶政策作用，积极构建完善的职工生活保障防线。三是认真做好服务职工工作。积极开展暑期“双服务”、职工疗休养等系列活动，不断增强职工获得感、幸福感和归属感。四是有效维护职工合法权益。尊重职工主体地位，着力加强职工民主管理，提升企业民主管理水平。大力加强劳动关系矛盾纠纷调处，促进企业和谐稳定。五是加强教育引导，广泛凝聚公司发展合力。充分利用工会系统各种优势，加强职工形势任务教育、职业素养教育和思想道德教育，营造积极向上的良好氛围。

切实抓好共青团工作。一是深入学习贯彻十九大精神。认真落实党的十九大报告对青年提出的要求，引导公司广大团员青年为实现十九大确定的宏伟蓝图贡献智慧和力量。二是深化“一团一品”创建工作。坚持以党建带团建，聚焦公司党委中心工作，把“一团一品”创建工作延伸到基层团支部，促进“一团一品”工作品牌完善、拓展、延伸。三是推进团系统“七大工程”特色工作。将七大工程与阵地建设相结合，不断提升广大青年的综合素质和岗位建功能力。四是加大先进典型培树力度。以“匠心传承”为抓手推动青年人才培养，完善青年人才库，培育共青团系统“久强”式的好青年。五是积极开展文娱活动。通过开展形式多样、丰富多彩的文体活动，全面活跃青年职工文化生活。

坚持抓好武装工作。以学习贯彻党的十九大精神为核心，持续强化民兵思想政治教育和形势任务教育，引领和带动广大民兵做好生产参建、安全哨、战备值班等日常工作。强化民兵组织整顿和应急力量建设，创新民兵应急工作管理模式；开展民兵预备役复训工作，保证民兵及时参与复训；切实抓好国防教育和双拥工作，加强基干民兵军事化训练，提高民兵基础管理水平。

持续强化信访稳定工作。一是加大信访积案化解力度，构建全方位信访稳定风险评估体系，持续落实领导接访包案制度，加强源头预防，及时就地化解矛盾。二是进一步健全完善信访工作管理办法，坚持以群众工作为统揽，以夯实基础管理为重点，强化问责与考核，充分调动基层解决问题的积极性和主动性。三是运用现代化管理手段，不断完善信访工作管理体系，构建信访工作网络，实施网格化管理，持续提升信访服务能力，切实保证公司信访形势总体稳定。

切实做好保密工作。一是准确把握中央和上级对保密工作提出的新要求，以高度的使命感和责任感筑牢保密安全防线，不折不扣推动中央和上级关于保密工作的决策部署

落实到位。二是完善涉密人员管理，加强全员保密教育，增强保密意识，提高保密技能。三是加强网络保密管理，结合实际进一步健全网络保密管理制度，完善网络保密防护措施，进一步提高应对风险的能力。四是推进保密自查自评工作常态化，使保密内化为党员干部的自觉意识，外化为行为习惯。

同时，还要进一步抓好治安综合管理、统战、老干部管理以及信息、机要、驻村帮扶等工作，不断提高工作水平，全面助力公司党的建设和企业健康发展。

专 文

主动求变　开启提升竞争力“新引擎”

2017 年，是国家供给侧结构性改革持续深化、冶金行业压减产能取得重要进展、钢铁企业经营效益大幅跃升的一年。这一年，河钢唐钢举全公司之力，紧紧围绕“以客户结构调整推动产品升级”这一主线，把市场和客户摆在企业经营的关键位置，坚持以技术进步和管理创新为核心，积极开拓市场、努力对接客户，深化产学研用一体化进程，不断扩大高端产品市场份额，赢得市场认可，被中质协评为“全国用户满意企业”，成为奥克斯“优秀合作伙伴”，获评上海建工“金牌供应商”。熠熠生辉的成绩，充分印证了唐钢人在应对市场危机中，主动求变、持续改善，提升市场竞争力的决心与毅力。

全年，公司实现重点产品产量 420 万吨，同比提升 83%；品种钢比例达 60.6%，同比提高 8.3 个百分点；汽车板、家电板产量分别达到 171 万吨、79 万吨，同比分别增长 94%和 58%；开发高端直供用户 68 家，重点用户销量 310 万吨，同比增长 180%，为海尔、美的、格力等知名制造厂家供货，助力雄安新区项目、港珠澳大桥、南水北调工程建设，满足了不同用户需求，促进了品种结构和产品档次全面提升。

（一）

审时度势，掌握先机，坚定走高端产品路线，向高端用户和重点品种要效益。

新年伊始，公司早调会上，党委书记、董事长王兰玉提出：“要紧紧围绕集团‘六条工作主线’，进一步解放思想、创新思路，突出‘市场’和‘产品’，以用户结构调整不断加快产品升级步伐，努力把客户端提升到一个新高度，强力推动公司进入高端循环。”公司上下积极响应，集中精力研究市场、对接客户，以品牌知名度较高、具有长远合作前景的客户为重点，积极推行 EVI 先期介入模式，建立从董事长、总经理、事业部经理、厂部长、营销专业人员等多个层面拜访用户、调研市场的全新模式，分层次全面对接终端用户，做好用户开发工作。为此，筛选 54 家具有高端产品需求且较为知名的直供户为大客户，由各个层级客户经理和质量代表等与其深度交流，提供一对一全流程服务，陆续实现对吉利、菲亚特、北汽福田 3 家汽车主机厂批量供货，与三星、西门子等国际知名企业建立认证对接，高端马口铁基料实现对国内三大瓶盖生产企业全面供货。

深刻领会“客户端高度决定产品高度”内涵，各产品事业部深入剖析自身特点和不足，有的放矢推进高端客户开发，为加快产品晋档升级注入强劲动力。不锈钢公司进一步细化目标市场，以 8 个细分市场和 8 个具备千吨以上订货能力的重点客户为切入点，实施“8+8 千吨客户开发计划”，瞄准地区性、行业性、标志性企业制定客户开发目标，客户结构档次和企业品牌影响力持续提升，8+8 大客户高强汽车钢销量实现 6.2 万吨。中厚板公司建立技术研发、质量、生产技术、营销、支撑服务、综合管理等六大管理平台，打造“1+1>2”技术团队，建立中建集团、中冶集团、中材集团、华电集团、上海建工等大客户团队12个，开发和新增中建七局、江苏扬船、日本胜代、中船重工等直供用户50家。冷轧薄板厂强化全员营销理念，实施厂部级干部、营销团队人员、技术人员全方位对接终端用户制度，成立战略客户专项服务小组，定期召开协同例会，现场协调解决推进过程中的各种问题。二钢轧厂建立高效反应市场的重点用户绿色通道，以京津唐区域为推广重心，多层次推介500兆帕级高强钢筋，开发天津泰达集团、保定长城集团、隆基泰和集团投资、恒大地产等多个客户和项目。完备的顶层设计，不折不扣的落实机制，加快了公司的市场研发步伐，当年与三星、西门子等国际知名企业建立认证对接，为北京行政副中心等国家重点工程供货7万余吨，为港珠澳大桥等120多个国内外重点工程供应钢材53万吨，有力地支持了浦东机场、亚投行总部等重点工程建设。

（二）

打开思路，创新突破，坚持高端定制，向产业链高端水平迈进。

2017年，公司坚持把品种结构优化作为产品升级的主攻方向，在重点品种钢生产和销售上做足文章，努力使公司品种特色更加鲜明、产品结构更趋合理、创效能力更加强劲。提出在家电板稳定上量的基础上，唱好汽车板创效的重头戏，以高强钢、镀锡基板、深冲钢三大系列产品为方向，着力打造适应市场需求的红旗产品、特色产品、主打产品，研发780HE高扩孔钢、22MnB5热成型用钢、S700MC汽车结构钢、DR材等品种，突出培育热轧薄规格、耐酸耐候钢、酸洗压缩机用钢、药芯焊丝钢、结构级镀锌、汽车用钢等六大特色品种，累计开发新品种50个，其中研发型产品占比达84%。

开发高端产品，准确把握行业发展的客观规律，加大家电板、汽车板等高端产品生产研发力度和市场推广力度，进一步提升产品档次。年内，为向客户提供更加专业化的服务，针对吉利、海尔等五星级战略扩大合作与服务用户，专门成立战略客户专项服务小组，为客户提供从合同签订到生产、技术，再到质量把控、运输、交货、售后的“一条龙”定制化服务。以汽车板生产为例，注重加强与客户的深入交流，走访接洽一汽大众、长安福特、长城汽车、吉利汽车、广汽集团、中国重汽、比亚迪等汽车主机厂，根据客户需求，合力攻克研发、生产、质量等方面难题，使高端汽车钢产品工艺控制能力得到提升，首次成功为浙江某知名汽车配件企业定制生产超高强冷成型汽车用钢CR820/1180DP，超高强汽车板全面进入千兆级阵营，并由此实现了冷轧双向钢产品由最低牌号CR240/390DP到最高牌号CR820/1180DP的全覆盖。为吉利汽车供货2.35万吨，产品月供货量由最初的500吨提高到5000多吨，品种从单一的DC01扩展到冷成型高强钢T210P1、碳素结构钢T280VK、双相钢HC340/590DP等11个品种，实现历史性突破。与美的集团签订5960吨家电板合同，包括微波炉用钢1360吨、中央空调用钢4600吨，订单总量创双方合作以来新高。

（三）

站在行业发展的前沿，放宽视野、提高标准，以科技创新精神加快产品结构调整步伐，推动各项指标取得新突破。

2017年，公司积极借助外脑，组织产学研项目由点散状向集成化发展，发挥外部技术团队作用，围绕关键产线深化产学研合作，推动公司装备优势不断向产品优势转化。借助河钢东大产业技术研究院，与东北大学签订“基于唐钢原燃料的烧结—高炉配矿模型研究”等6项技术开发合同，与中国科学院过程工程研究所、北京科技大学、华北理工大学、辽宁科技大学等院校签订7项技术开发合同。联合北京科技大学、东北大学，持续加快双相钢、高钛焊丝钢等系列品种研发步伐，与众多汽车厂商建立了合作，产品广泛应用在吉利、北汽福田等汽车品牌；与河钢东大产业技术研究院、普锐特等合作，解决制约公司产线升级的瓶颈问题，实现钢铁前沿关键技术重大突破，中厚板公司板坯连铸机在国内首次采用重压下技术，为公司生产高强度压力容器钢、高级别厚船板钢等高附加值厚板产品奠定了基础。与湖南大学、天津中国汽车技术研究中心合作，开展汽车板材料性能数据库研究和建设工作，强力推动汽车板材料开发进程，实现与北汽新能源公司就C35BD纯电动紧凑性SUV车型开展EVI项目合作，搭建了DC01、DC03、DC04、T280VK、DC51D等8个钢种的用户使用性能数据库，其成形数据成功应用于吉利、上汽认证。

围绕满足高端客户需求，积极优化模型化、信息化系统功能，做好重点产品质量和关键工艺水平提升，有针对性地开展靶向攻关，实现客户质量要求在产线的全流程精确控制，提升高端产品质量稳定性。年内，以转炉智能化炼钢、1700毫米生产线加热炉二级燃烧及自动送坯等重点模型开发为切入点，梳理产线基础模型，推进全流程工艺控制模型化进程，恢复3座转炉烟气分析系统功能，改造一次除尘风机流量计，转炉自动化炼钢水平进一步提升，模型化攻关全面展开并在局部取得突破，高强汽车板公司成熟产品生产模型实现全覆盖，形成一批具有自主知识产权的核心科技成果，申报的“宽厚板连铸坯重压下关键工艺与装备技术的开发及应用”项目获河北省科技进步奖一等奖。

（四）

接轨国际一流钢企体制机制，推进管理体制机制变革，构建集中、统一、高效管控平台，实现资源优化配置、高效运转，为公司注入智慧、继续前行的力量。

2017年，公司积极实施以产线为独立市场单元、以事业部制为主要形式的组织结构扁平化变革。按照产线分工和产品定位，结合钢、轧工序流程配套，成立汽车板、卷板、中厚板、型线四大产品事业部，实施以事业部为业务主导的“人员派驻+绩效协同”管理模式，构建事业部“纵向一贯”和“横向协同”的运营机制，明确事业部与市场、质量、研发等部门的界面分工，全面推动各级各类人才向事业部和产线聚集，为各事业部抽调选派业务骨干超过500人，专家、专业技术和操作技能岗位聘任指数向产线倾斜约10%，形成了产销研用协同、公共平台支撑、工作重心下移的基本格局，企业优势资源进一步向产线倾斜，并不断发挥出应有的作用。

随着改革措施落地生根，公司整体管理更加扁平高效，产销研衔接更加顺畅，传统销售模式发生改变，各事业部制造能力和接单能力进一步增强，获得多项进入国际、国内市场的通行证。铁路货车用耐大气腐蚀热轧钢带产品Q345NQR2、Q450NQR1通过中铁检验认证中心CRCC认证，获得铁道货车车辆生产厂供货资质，热轧、酸洗钢带SPHC、SPHD、SPHE通过欧盟PED认证，退火、镀锌产品通过中冶检测认证有限公司的绿色产品认证，热镀锌钢带通过菲亚特克莱斯勒（FCA）认证，具备了向菲亚特克莱斯勒供货资质。

（五）

质量是企业的生命。高品质产品是占领高端市场、实现持续发展的关键所在。

2017年，公司围绕满足高端客户需求，树立“受控、严谨、无缺陷出厂”理念，不断完善质量管理体系建设，推广先进质量管理方法，积极优化ODS、QMS、APS等信息化系统功能，组织全员质量管理体系培训，开展工厂综合质量体系运行评价，实施产品制造过程审核与产品审核，PDCA工厂质量保证平台建设，促进全员质量意识提升及对质量管理和保证方法与工具的理解和掌握，实现了客户质量要求在产线的全流程控制，赢得客户的高度认可。11月24日，公司成为国内钢铁行业首批通过IATF16949:2016转版审核的两家企业之一，充分证明了公司紧跟国际汽车质量管理标准步伐，做大做强高端产品的决心和实力。

此外，公司依托自身技术力量，针对用户个性化需求，设立了产销研更加紧密协作的新生产单元——产品事业部。在此过程中，一个全新的岗位——客户质量代表首次亮相。全新的岗位，全新的要求，客户质量代表如同一条纽带，一头连着客户，为客户解决技术问题，一头连着生产，更有效指导生产，“技术+营销”成为客户质量代表必备基本素质。为此，公司举办30多次客户质量代表交流培训，聘请广汽集团、德国蒂森钢铁、普锐特等国内外知名钢铁企业专家进行授课，提升对接客户能力，通过现场跟踪、协调处理高端客户质量问题反馈，深化品种质量设计，建立终端汽车厂用户需求质量档案84份，完善12个牌号工艺优化，转化58个尺寸特殊要求、18个特殊涂油重量要求，针对主机厂建立14个钢种、74个规格的特殊性能，为满足用户需求打下良好基础。年内，公司生产的连续热镀锌钢带DX53D+Z、深冲用冷轧钢带DC04、低合金高强冷轧钢带HC340LA等三项产品获2017年度冶金产品实物质量“金杯奖”。DX53D+Z同时获得“品质卓越产品”称号，热镀锌钢带和冷轧低碳钢带被中质协授予“全国用户满意产品”称号。

抓住机遇，就能抢占先机；先行一步，才能更好拥有未来。面对新的市场形势，河钢唐钢将以敏锐的洞察力和持久的创新力继续前行，打响唐钢品牌。

企业概况

基本情况

【历史沿革】 河钢集团唐钢公司（以下简称河钢唐钢）始建于1943年4月，前身是日本东洋纺绩株式会社开办的唐山制钢所。1948年12月12日唐山解放，改称唐山制钢厂。1950年6月，进行机构整编，取消军管，撤销军代表和经理，唐山制钢厂改为唐山钢厂。1972年8月14日，经河北省革命委员会冀革〔1972〕89号文批准，唐山钢厂改为唐山钢铁公司。1973年唐钢正式改为公司建制，20个生产车间改为厂矿，19个职能组改为部、处、室。

1992年11月25日，组建了以唐钢为核心企业的唐山钢铁（集团）公司。1994年6月29日，唐山钢铁股份有限公司正式成立。1996年1月，依据《公司法》，经河北省政府批准，唐钢（集团）公司改制为国有独资公司唐山钢铁集团有限责任公司，并被授权经营唐钢集团的国有资产。1997年4月16日，经中国证监会批准，唐山钢铁股份有限公司在深圳证券交易所发行A股并上市。

2006年1月23日，唐钢、宣钢、承钢联合组建的唐山钢铁集团有限责任公司完成注册登记，注册资本50亿元，原唐钢资产占唐山钢铁集团有限责任公司资产总额的67%。同年2月28日，唐山钢铁集团有限责任公司创立暨揭牌仪式在石家庄举行。

2008年6月24日，由唐钢、宣钢、承钢组成的唐钢集团和邯钢集团联合组建的河北钢铁集团有限公司注册成立。自此唐钢成为河北钢铁集团有限公司的骨干企业之一。2008年6月30日，河北钢铁集团有限公司在石家庄正式挂牌成立。2009年12月31日，原唐钢股份、邯郸钢铁和承德钒钛三家上市公司强强联合、通过证券市场吸收合并组建河北钢铁股份有限公司，唐山钢铁股份有限公司更名为河北钢铁股份有限公司。2010年1月5日，注册成立河北钢铁股份有限公司唐山分公司。同月15日，河北钢铁集团将其代管的唐钢集团业务划转唐钢管理，并将唐钢集团公章交由唐钢管理。2010年1月19日，唐钢恢复使用唐山钢铁集团有限责任公司印章，印章使用范围仅限于唐钢集团管辖的原唐钢口径涉及的业务。

2015年10月30日，根据河钢集团有限公司〔2015〕5号文件《关于集团更名并统一规范集团名称标识的通知》要求，河北钢铁集团唐钢公司更名为河钢集团唐钢公司、河钢唐钢。

2016年1月19日，河北钢铁集团有限公司依法在河北省工商行政管理局履行注册变更手续，更名为河钢集团有限公司，简称河钢集团。7月15日，河北钢铁股份有限公司唐山分公司更名为河钢股份有限公司唐山分公司。

河钢唐钢是中国转炉炼钢的发祥地，被誉为“转炉的故乡”，有着悠久光荣的历史文化，为中国钢铁工业的发展作出了重要贡献。解放前，唐钢最高年产钢仅有1904吨。解放初期，唐钢被国家重工业部确定为技术试验工厂，承担部分重要钢种的开发试验任务。1952年，唐钢侧吹碱性转炉炼钢法的试验成功，在我国炼钢史上具有划时代意义。当年8月，重工业部对此予以通报表扬。1964年，唐钢“侧吹碱性转炉炼钢法”被国家科委列为重大发明项目，并给予重奖。

1976年唐山大地震前，唐钢的生产能力达到年产钢82.5万吨。1976年7月28日，唐山发生震惊世界的大地震，唐钢被夷为一片废墟，18229名职工震亡1788人、重伤1241人，固定资产损失三分之一。遭受巨大自然灾害后的唐钢职工，在党和国家的亲切关怀和全国人民的大力支援下，积极响应国家提出的“独立自主、自力更生、重建家园”的号召，在震后28天就炼出第一炉“志气钢”，11月底全部简易恢复生产。1978年邓小平同志视察唐钢时高度称赞“唐钢工人阶级是地震震不垮的、困难吓不倒的队伍”。

震后的唐钢积极发展生产，1979年被列入河北省企业扩权试点单位，试行企业利润留成办法，当年产钢突破100万吨，跨入全国十大钢行列。1982年在全公司实行了承包经济责任制。1985年6月，实行了经理负责制。1988年唐钢晋升国家二级企业，1991年1月晋升国家一级企业。1994年，唐钢铁钢产量突破双200万吨，提前一年实现“八五”计划。这一阶段，唐钢主要解决缺铁少焦的工序配套问题，实现了生产工艺的重大改进。

1996—2000年，是唐钢加强结构调整，加快铁钢技术改造，进入历史性转折的重要时期。在这五年间，深入贯彻“三改一加强”方针，实施铁、钢、轧三大系统技术改造，大力开展学邯钢和对标挖潜等活动，经受住了市场激烈竞争的严峻考验，实现了生产的持续发展和经济效益的稳步增长。“九五”期间共产铁1459.37万吨、钢1413.86万吨、商品材坯1334.19万吨、钢材1223.97万吨，分别比“八五”期增长89.85%、52.12%、57.96%和60.40%；实现利税39.28亿元，利润12.85亿元，经济效益在同行业始终保持较好水平。其中1999年，铁钢产量双双跃上300万吨台阶，提前一年实现了省委、省政府确定的“九五”发展目标。

2001—2005年，是唐钢实现快速发展的重要时期。期间，唐钢坚持以党的十六大精神和“三个代表”重要思想为指导，落实科学发展观，相继建成了超薄带钢、冷轧一二期等一大批结构调整项目，形成了1000万吨的综合能力和板、棒、线、型的产品结构；深化三项制度改革、管理体制改革，实现了历史性转折，成为唐钢发展史上又一重要里程碑。五年间在对标的83项指标中，有14项进入行业前5名，累计降低成本41亿元。“十五”期间共产铁3306.06万吨、钢3347.97万吨、钢材3001.52万吨，分别比“九五”期增长126.54%、136.80%和145.23%；实现利税129亿元，利润62.43亿元，分别比“九五”期间增长2.28倍和3.85倍。其中2005年产钢1006.66万吨（含不锈钢公司），跻身于国内千万吨级大钢行列，提前两年完成了千万吨级大钢建设任务，成为华北地区首家钢产量突破千万吨的企业。

2006—2010年，唐钢抓住和用好重要战略机遇期，在唐钢、宣钢、承钢联合组建的唐钢集团和河北钢铁集团的正确领导下，深入贯彻落实科学发展观，加快转变发展方式，努力打造生态唐钢、绿色唐钢，在生产建设、综合管理、节能减排、厂区环境治理等各方面取得显著成绩，实现全面快速发展。在业内率先实施绿色转型，建成花园式工厂，被中钢协专家评价为“世界上最清洁的钢厂”，走出了一条精品唐钢、绿色唐钢和幸福唐钢的全新道路。“十一五”期间共计产铁7330.52万吨、钢7202.2万吨、钢材6345.43万吨，分别比“十五”时期增长121.73%、115.12%、111.41%；实现利税220.86亿元，利润103.25亿元，分别比“十五”时期增长71.21%、65.37%。其中2010年产钢1633.77万吨，比“十五”期末的2005年增长62.3%，年均增长10.17%。

2011—2015年，唐钢贯彻落实集团决策部署，坚持开放性思维、全行业视野、国际化定位，以建设绿色唐钢、精品唐钢、幸福唐钢为主题，把推进两个转变、实现两个提升作为做强做优企业的基本方略，创新管理模式，走进市场、服务用户，将企业优势资源向产线、研发和市场等关键领域集聚，产销研用一体化效应逐步显现，三位一体全员创新机制初步建立，生产经营和企业管理与国际接轨，市场化改革创新步伐明显加快，在装备规模、科技创新、能源利用、挖潜增效、国际化经营等方面取得瞩目成就，钢产量、营业收入、利润实现预定目标，利税稳步增长，综合竞争力显著提升。“十二五”期间共计产铁 7965.95 万吨、产钢 7716.88 万吨、钢材 7510.89 万吨，分别比“十一五”时期增长 8.67%、7.15%、18.37%。实现利税 76.17 亿元，利润 21.42 亿元，产能规模在全国单体钢铁企业中位居第四，技术装备达到国际先进水平；累计挖潜增效 227.8 亿元。尤其是 2015 年初投产的高强汽车板项目，代表了当今世界钢铁冷轧技术最高水平，依托国际化模式建设和运营，成为唐钢制造高端精品钢材的标志性生产线，带动和促进了企业结构调整和转型升级。2011 年，唐钢获得“全国五一劳动奖状”。

2016 年，河钢唐钢聚焦“市场”和“产品”两大主题，以调整产品结构带动客户结构迈向中高端，依托 4 个事业部、大客户经理制等产销研一体化联动机制，发挥产线装备优势和技术潜能，从汽车、家电等高端行业客户入手，统筹推进 EVI 先期介入、定制化生产等服务模式，全面推进重点（高端）产品攻关，加速品种结构升级换代，促进了客户结构的优化升级。全年，产铁 1331 万吨，产钢 1307 万吨，产钢材 1241 万吨；实现营业收入 420 亿元，利润 5.5 亿元；截至 2016 年底，河钢唐钢企业资产总额为 1355.85 亿元，固定资产原值为 797.97 亿元，固定资产净值为 552.75 亿元。

【2017 年概况】 河钢集团唐钢公司（简称河钢唐钢）是全国特大型钢铁企业，河钢集团的骨干企业，坐落于河北省东部工业重镇唐山市，具备年产铁、钢、材 1800 万吨配套生产能力，被誉为“世界最清洁的钢厂”。产品覆盖板、棒、线、型四大类，主要包括高强度汽车板、热轧薄板、冷轧薄板、镀锌板、彩涂板、中厚板、棒材、线材、型材等，广泛应用于建筑、汽车、煤炭、机械、电力、交通和家用电器等诸多领域，远销欧洲、美洲、非洲、东南亚等 150 多个国家和地区。

2017 年，河钢唐钢紧紧围绕河钢集团确立的“六条工作主线”，汇聚营销资源，强化 EVI 先期介入、定制化生产等客户全流程服务，以市场为导向，加速高端产品研发生产，强劲发力市场开发和客户端优化，深入推进结构调整和产品升级，取得良好成效。全年，产铁 1385 万吨，产钢 1507 万吨，产材 1428 万吨；实现营业收入 682.78 亿元，利润总额 13.29 亿元；研发新产品 50 种，品种钢比例达 60.6%；开发高端直供用户 68 家，一对一直供比达到 37.2%；汽车板产品顺利通过菲亚特、吉利、北汽福田和上汽认证，家电板产品供货范围覆盖海尔、美的、格力、奥克斯等知名家电企业，当年被奥克斯公司授予“2017 年度优秀合作伙伴”称号，企业综合竞争力显著提升。

重视抓好技术、质量、人才、信息自动化等涉及产线和产品的四大支撑体系建设，成立汽车板、卷板、中板、型线等 4 个产品研究所，直接配置到各个产品事业部，共同推进品种开发、用户应用技术研究等工作，完善质量管理体系建设，优化 ODS、QMS、APS 等信息化系统功能，加大高端人才引进力度，深入推进 ODS 二期等信息化项目建设，以高强汽车板项目被列为“中国制造 2025”试点为契机，以不锈钢公司、高强汽车板公司、中厚板公司三个区域为重点，启动实施 10 余项典型产线智能制造项目，取得重要进展，为对接市场、对接客户提供基础保障。

全面强化基础管理，认真学习借鉴加拿大多法斯科工厂经验，积极倡导并建立快节奏、高效率的生产组织模式。坚持抓好安全管理，深入开展安全预防体系建设，初步构建起安全风险分级管控和隐患排查治理“双控”机制，促进公司安全生产形势保持总体稳定。创新机制体制建设，积极实施以产线为独立市场单元、以事业部制为主要内容的组织结构扁平化变革，形成了产销研用协同、公共平台支撑、工作重心下移的基本格局，企业优势资源进一步向产线倾斜。扎实深入推进作业长负责制，建立作业长素质模型，不断加大作业长资格和能力提升培训力度，使作业长队伍建设得到全面加强。建立专家研修平台，实行专家年度创新报告制度，切实发挥专家队伍引领作用。

积极推动非钢产业创新发展，抓住“以市场化、平台化推动全流程全产业链创效能力”主线，推进体制机制创新，加快发展新兴产业，着力扩大非钢产品出口，非钢系统创效能力和经营业绩大幅提升，非钢板块实现营业收入200亿元，其中外部营业收入70亿元，同比增长80%。3月，对环保及能源动力系统实施资源整合，运营能源科技分公司，实现了集中化、专业化、市场化管理。4月，成立惠唐物联公司，着力优化“互联网+”产业整体布局，对物联宝、郅易达、智郡社区等项目资源统筹管理，大宗物流、城市服务、备品备件等核心业务齐头并进。抢抓国家“一带一路”建设机遇，不断加大非钢产品国际市场开发力度，矿渣超细粉、耐材、轧辊、钢材深加工等产品远销欧洲、亚洲、非洲等多个国家和地区，实现了“以市场化、平台化推动全流程全产业链创效能力”的既定目标。

在国家坚定不移推进生态文明建设的背景下，深入贯彻绿色发展理念，践行国有企业社会责任，探索建立低铁耗、高废钢比条件下的生产模式，全年累计消耗废钢170万吨，吨钢铁耗由1000千克降低至830千克。此外，进一步提高能源利用效率，在高强汽车板有限公司建设屋顶分布式光伏发电项目，经国家电网公司验收合格并网发电。9月，工业和信息化部办公厅公布2017年第一批绿色制造体系示范名单，河钢唐钢入选全国首批绿色工厂。

【组织机构设置】 2017年，河钢唐钢根据公司发展变化及时调整组织机构。1月，在公司内部试运行事业部制，成立卷板事业部、型线事业部、中厚板事业部、汽车板事业部。1月12日，将公司动力系统、部分能源及环保系统的管控与维检职能划归能源科技分公司，实施专业化统一管理。4月25日，整合郅易达、物联宝以及智郡三个服务平台，成立唐山惠唐物联科技有限公司。7月7日，进一步规范各单位机构名称，人力资源部（组织部、离退休职工管理部、就业指导管理中心）变更为人力资源部（组织部、老干部管理部、离退休职工管理部），企业文化部（宣传部）变更为企业文化部（宣传部、统战部、党校），工会（团委）变更为工会（团委、计划生育办公室），非钢事业部变更为非钢管理部，总工办变更为总工程师办公室，不锈钢有限公司变更为不锈钢有限责任公司，炼铁部变更为炼铁厂，热轧部变更为一钢轧厂，长材部变更为二钢轧厂，型钢部变更为型钢厂，冷轧部变更为冷轧薄板厂（高强汽车板有限公司），物流公司变更为物流分公司，重机装备公司变更为重机装备有限公司，生活服务有限责任公司变更为城市服务有限责任公司（行政福利处），房地产开发公司变更为房地产开发有限公司，检修工程公司变更为检修分公司，新事业发展公司变更为唐山惠唐新事业产业发展有限公司。8月3日，将二钢轧厂中型分厂相关生产、管理职能及人员划拨至型钢厂，由型钢厂负责公司型钢类产品的生产管理；同时，撤销原二钢轧厂中型分厂组织机构。

2017年末，公司共有主业生产单元9个，平台外非钢单元13个；管控平台1个、支撑平台3个。

主业生产单元：唐钢美锦煤化工有限公司、炼铁厂、一钢轧厂、二钢轧厂、冷轧薄板厂（高强汽车板有限公司）、型钢厂、不锈钢有限责任公司、中厚板材有限公司、唐银钢铁有限公司。

平台外非钢单元：重机装备有限公司、唐钢气体有限公司、钢源冶金炉料有限公司、青龙炉料有限公司、唐龙（唐昂）新型建材有限公司、惠唐乐港金属科技分公司、唐山惠唐新事业产业发展有限公司、城市服务有限责任公司（行政福利处）、房地产开发有限公司、河北华奥节能科技有限公司、唐山创元方大电气有限公司、唐山华冶（天津）钢材营销有限责任公司、教育中心（河北省冶金高级技工学校、河北冶金技师学院、唐山科技职业技术学院、唐钢大学）。

战略管控平台：运营改善部（董事会办公室）、人力资源部（组织部、老干部管理部、离退休职工管理部）、发展规划部、法律事务部。

公共服务支撑平台：办公室（党委办公室）、财务经营部、安全部、市场部、能源环保部、企业文化部（宣传部、统战部、党校）、监察部（纪委）、工会（团委、计划生育办公室）、非钢管理部、国际合作部、保卫部（武装部）。

生产技术支撑平台：总工程师办公室、生产制造部、技术中心、物流分公司、能源科技分公司。

信息设备支撑平台：设备机动部、信息自动化部、检修分公司、自动化信息公司。

河钢集团直属单位：河钢塞尔维亚公司、采购总公司唐钢分公司、销售总公司唐钢分公司、北京国际贸易有限公司唐山分公司（国贸分公司）、驻唐钢审计处。

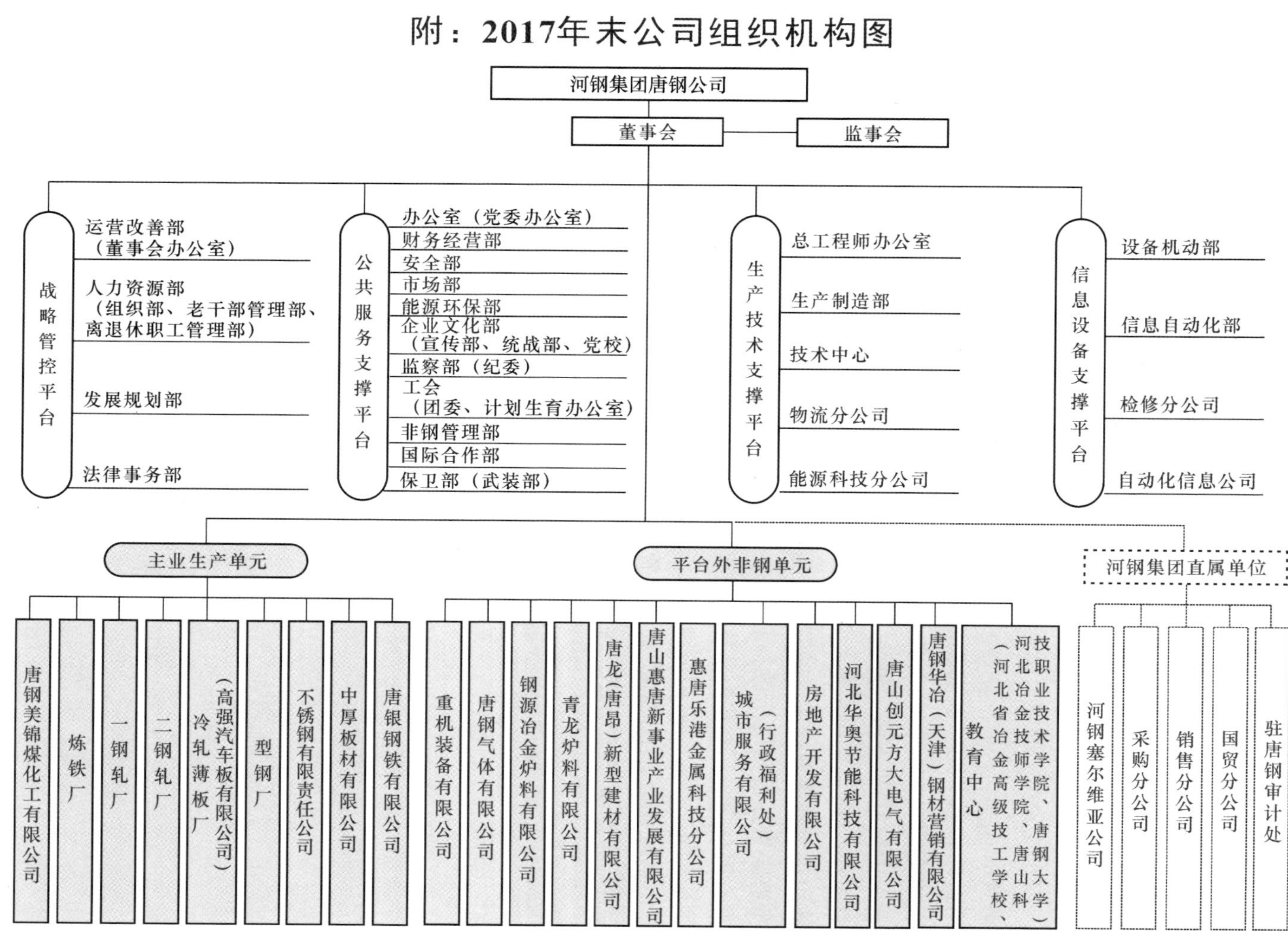
附：2017年末公司组织机构图
河钢集团唐钢公司
董事会
监事会
战略管控平台
运营改善部（董事会办公室）
人力资源部（组织部、老干部管理部、离退休职工管理部）
发展规划部
法律事务部
公共服务支撑平台
办公室（党委办公室）
财务经营部
安全部
市场部
能源环保部
企业文化部（宣传部、统战部、党校）
监察部（纪委）
工会（团委、计划生育办公室）
非钢管理部
国际合作部
保卫部（武装部）
生产技术支撑平台
总工程师办公室
生产制造部
技术中心
物流分公司
能源科技分公司
信息设备支撑平台
设备机动部
信息自动化部
检修分公司
自动化信息公司
主业生产单元
唐钢美锦煤化工有限公司
炼铁厂
一钢轧厂
二钢轧厂
冷轧薄板厂（高强汽车板有限公司）
型钢厂
不锈钢有限责任公司
中厚板材有限公司
唐银钢铁有限公司
平台外非钢单元
重机装备有限公司
唐钢气体有限公司
钢源冶金炉料有限公司
青龙炉料有限公司
唐龙（唐昂）新型建材有限公司
唐山惠唐新事业产业发展有限公司
惠唐乐港金属科技分公司
城市服务有限公司（行政福利处）
房地产开发有限公司
河北华奥节能科技有限公司
唐山创元方大电气有限公司
唐钢华冶（天津）钢材营销有限公司
技职业技术学院、唐钢大学）
河北冶金技师学院、唐山科
（河北省冶金高级技工学校、
教育中心
河钢集团直属单位
河钢塞尔维亚公司
采购分公司
销售分公司
国贸分公司
驻唐钢审计处

董事会与监事会

【董事会】 2017年，河钢唐钢第七届董事会由5名董事组成，下设董事会办公室1个办事机构，负责处理董事会日常事务。年内，公司董事会严格按照《对外投资管理办法》《董事会议事规则》等制度，强化董事会前期决策管理，对银行融资、对外担保、对外投资、资产处置等重大事项进行商议和决策，强化项目决策前管理，严格按照流程组织相关职能部门对需董事会决策事项进行事先审核并出具意见，努力从源头上防控决策风险。全年，董事会定期或不定期召开会议44次。

附：河钢唐钢2017年董事会会议决策情况（节选摘要）

第七届董事会第一百一十次会议 1月3日，河钢唐钢召开第七届董事会第一百一十次会议。会议议定以下事项：设立唐山钢铁集团有限责任公司滦县煤化工分公司；听取孙国平担任职工董事汇报事宜；听取唐钢国际关于合资设立信息科技公司汇报。

第七届董事会第一百一十一次会议 1月9日，河钢唐钢召开第七届董事会第一百一十一次会议。会议议定以下事项：唐山不锈钢有限责任公司关于钢渣处理项目委托哈斯科公司运营管理方案；唐山不锈钢有限责任公司2017年临时股东会暨四届一次董事会议案；冷轧部实施二酸洗设备功能提升改造项目；热轧部转炉渣洗直上设备零购；对公司南区建设危险废弃物存储间及北区危险废弃物存储间进行标准化改造。

第七届董事会第一百一十七次会议 2月27日，河钢唐钢召开第七届董事会第一百一十七次会议。会议议定以下事项：同意公司独资设立“唐山惠唐物联科技有限公司”（以下简称“惠唐物联”，最终名称以工商部门核定为准），用于整合和运营物联宝、郅易达、智郡业务平台，初期注册资本为1000万元；同意待唐山惠唐物联科技有限公司设立后，由唐山惠唐物联科技有限公司以资产评估价值为依据购买物联宝、郅易达、智郡业务平台在唐山惠唐工业技术服务有限公司和唐山钢铁集团城市服务有限责任公司前期开发形成的资产；同意检修分公司设备零购申请。

第七届董事会第一百一十九次会议 3月13日，河钢唐钢召开第七届董事会第一百一十九次会议。会议议定以下事项：同意公司与普锐特冶金技术（中国）有限公司合资设立“普锐特（唐山）冶金技术服务有限公司”，注册资本为8000万元；同意对唐山弘慈医院有限公司2017年临时股东会审议事项表决意见为“同意”，并授权李兴华代表公司签署临时股东会相关文件；同意不锈钢公司按资产零购方式新增磨床1台。

第七届董事会第一百二十二次会议 4月5日，河钢唐钢召开第七届董事会第一百二十二次会议。会议议定以下事项：同意河北钢铁集团矿业有限公司因生产经营需要，增加“房屋租赁和职业技能培训”两项经营范围；同意对唐钢威立雅（唐山）水务有限责任公司第二届董事会审议事项投“赞成票”；同意公司对冷轧部2号酸洗生产线提产物流系统进行优化改造；同意公司委派于子庆（董事长）、赵勇、刘彦利为唐山唐龙（唐昂）新型建材有限公司董事。

第七届董事会第一百二十九次会议 6月5日，河钢唐钢召开第七届董事会第一百二十九次会议。会议议定以下事项：听取关于公司职工监事变更的汇报，职工监事由高立秋变更为闫希才；同意对唐山创元方大电气有限责任公司2017年临时股东会审议议案投“赞成票”，并授权张太广代表公司签署股东会相关文件。

第七届董事会第一百三十二次会议 7月5日，河钢唐钢召开第七届董事会第一百三十二次会议。会议议定以下事项：同意公司报名参加唐山佳华煤化工有限公司意向重整方的招募。

第七届董事会第一百四十次会议 9月4日，河钢唐钢召开第七届董事会第一百四十次会议。会议议定以下事项：同意唐山钢源冶金炉料有限公司在塞尔维亚全资设立钢源（斯梅代雷沃）有限公司（以工商注册为准）；因经营期满，同意对唐山钢鑫板材有限公司和唐山恒昌板材有限公司进行清算解散，按清算解散方案实施并注销公司；同意唐山不锈钢有限责任公司实施厂容治理项目（一步）工程。

第七届董事会第一百四十二次会议 9月18日，河钢唐钢召开第七届董事会第一百四十二次会议。会议议定以下事项：因惠唐乐港金属科技分公司经营业务需求，同意公司增加经营范围“废旧钢铁加工、销售”业务，并相应修改公司章程；同意二钢轧厂以设备零购方式购置5号连铸机改造所需18台150方断面结晶器新增、现有引锭杆及冷床齿板更换设备。

第七届董事会第一百五十二次会议 12月11日，河钢唐钢召开第七届董事会第一百五十二次会议。会议议定以下事项：同意唐山钢联焦化有限责任公司名称、经营范围的变更及其《公司章程》的修改；同意对唐山开滦炭素化工有限公司2017年临时董事会议案投“赞成票”；同意对唐山唐钢美锦物流有限公司进行合并财务报表；同意公司为驻吉利汽车服务处购置车辆申请。

第七届董事会第一百五十三次会议 12月29日，河钢唐钢召开第七届董事会第一百五十三次会议。会议议定以下事项：同意公司2018年度经营预算；同意唐山微尔机电安装有限责任公司的分红方案；同意唐山钢铁集团微尔自动化有限公司的分红方案。

【监事会】 2017年，河钢唐钢监事会扎实履行监督职能，积极参与公司董事会办公室组织的各项议案商讨，提出切实可行的管理建议，保证股东、公司和职工等各方权益。全年，监事会及外派监事参加股东会、董事会、监事会等会议93次，其中河钢唐钢董事会43次，对外投资企业股东会、董事会、监事会等会议50次。同时，根据公司内控管理要求，进一步健全内控管理体系，增加内控管理员岗位设置，建立部门职责及岗位职责，组织研究前期内控管理工作文件及成果，为工作深入开展奠定基础；制定下发《内部控制管理制度》《内部控制监督管理办法》《内部控制报告管理办法》《内部控制评价管理办法》等制度，完善公司管控体系架构。年内，河钢集团对公司领导班子进行调整，免去王春东监事会成员职务，选举陶立国为监事会成员（股东监事）；闫希才任职工监事，高立秋不再担任职工监事，李迎昌任监事不变，继续保持监事会主席1人、监事2人的人员架构。

2017年河钢唐钢领导任职名录

党　　委

党委书记　王兰玉
党委副书记　田　欣
党委常委　张洪波
党委常委　姚　力
党委副书记　孙国平
党委副书记　张小帅
党委常委　陶立国（2017年1月始任）

董事会

董事长　王兰玉
副董事长　田　欣
董　事　李茂广
董　事　赵丽树
职工董事　孙国平

经理层

总经理　田　欣
副总经理　李茂广
副总经理　张洪波
副总经理　姚　力
总会计师　赵丽树
副总经理　武士勇
副总经理　张　弛（至2017年7月止）
副总经理　宋嗣海
副总经理　高永春
副总经理　谭文振
副总经理　刘铁力（2017年7月始任）

监事会

监事会主席　陶立国

工　　会

工会主席　孙国平

纪　　委

纪委书记　陶立国（2017年1月始任）

2017年末河钢唐钢高层管理人员

王兰玉
党委书记、董事长

田　欣
总经理、副董事长、
党委副书记

李茂广
副总经理、董事

张洪波
副总经理、党委常委

姚　力
副总经理、党委常委

赵丽树
总会计师、董事

武士勇
副总经理

孙国平
党委副书记、工会主席、
职工董事

宋嗣海
副总经理

高永春

副总经理

谭文振

副总经理

张小帅

党委副书记

陶立国

纪委书记、党委常委、监事会主席

刘铁力

副总经理

主要装备及职工队伍

【主要装备与生产设施现状】 2017年，河钢唐钢主要装备分布在铁前、炼铁、炼钢、轧钢、制氧、发电、运输及机车等系统，统计口径含不锈钢公司、中厚板公司、唐银公司。其中，铁前设备有65孔7米型焦炉2座；烧结机13台，分别是90平方米烧结机2台、132平方米烧结机1台、180平方米烧结机2台、210平方米烧结机4台、240平方米烧结机1台，265平方米烧结机2台、360平方米烧结机1台。炼铁设备有高炉13座，分别是3200立方米高炉2座、2000立方米高炉1座，1780立方米高炉1座、1580立方米高炉2座、1080立方米高炉1座、750立方米高炉1座、550立方米高炉3座、450立方米高炉2座；铸铁机6台。炼钢设备有转炉13座，分别是150吨转炉3座、120吨转炉5座、100吨转炉2座、80吨转炉1座、55吨转炉2座；LF精炼炉12座，分别是150吨3座、120吨4座、100吨3座、55吨2座；150吨RH真空精炼炉1座、120吨RH真空精炼炉1座、110吨RH真空精炼炉1座；110吨脱磷炉1座；铁水预处理装置5座；连铸机16台，分别是板坯连铸机10台、方坯连铸机5台、矩形坯连铸机1台。钢压延加工设备共有37台（套），分别是1810毫米热轧生产线1条、1700毫米热轧生产线1条、1580毫米热轧生产线1条、3500毫米中厚板轧钢生产线2条、高速线材生产线6条、棒材生产线3条、中型轧钢生产线1条、热轧窄带钢生产线1条、大型型钢生产线1条、酸连轧生产线2条、酸洗生产线1条、单机架生产线1条，镀锌生产线6条、连退生产线1条、彩涂生产线1条、平整生产线1条、重卷生产线3条、罩退生产线1条、包装生产线3条。制氧系统有制氧机12套，分别是8000标准立方米/时空气分离装置1套、1.55万标准立方米/时空气分离装置1套、1.6万标准立方米/时空气分离装置2套（唐银公司）、1.7万标准立方米/时空气分离装置1套、2万标准立方米/时空气分离装置3套（含中厚板公司2套）、2.5万标准立方米/时空气分离装置2套、2.8万标准立方米/时空气分离装置1套、4万标准立方米/时空气分离装置1套。发电系统有发电机组40台，总装机容量693.8兆瓦。其中：煤气发电机组18台，装机容量397.3兆瓦；高炉余压余能发电机组15台，装机容量183.5兆瓦；转炉、轧钢饱和蒸汽发电机组2台，装机容量27兆瓦；烧结余热发电机组4台，装机容量61兆瓦；焦化干熄焦发电机组1台，装机容量25兆瓦。石灰竖炉系统有600吨麦尔兹窑3座，300立方米竖窑9座，200立方米竖窑2座，回转窑1座。运输车辆有258辆。内燃机车49台。

【职工队伍】 2017年，河钢唐钢以深入推进作业长制为契机，全面推进层级精准培训，提升全员能力素质。同时，构建人员动态调整机制，优化人员配置，做到人岗匹配，推动高素质人员向产线倾斜，助推产线效率提高。年末，河钢唐钢共有职工34232人；在岗职工29613人，其中女职工5030人，在岗职工中本科及以上文化的5562人，占在岗职工总数18.78%；大专文化的4915人，占在岗职工总数的15.60%；中专文化的3193人，占在岗职工总数的10.78%；高中及以下文化的15943人，占在岗职工总数的53.84%。

2017年末，河钢唐钢在岗职工中有经营管理人员1804人，占在岗职工总数的6.09%；其中公司级领导14人，中层管理人员180人，科级管理人员1609人。经营管理人员有大专文化以上的 1464 人，占在岗经营管理人员总数的 81. 15%；其中博士生 12 人，占在岗经营管理人员总数的 0. 67%；硕士生 207 人，占在岗经营管理人员总数的 11. 47%；大学本科 921 人，占在岗经营管理人员总数的 51. 05%；大学专科 324 人，占在岗经营管理人员总数的 17. 96%。中专 127 人，占在岗经营管理人员总数的 7. 04%；高中及以下 213 人，占在岗经营管理人员总数的 11. 81%。

2017 年末，河钢唐钢在岗职工中有技术业务人员 2559 人，占在岗职工总数的 8. 64%；其中研发人员 131 人，工程人员 1196 人，销售人员 148 人，采购人员 24 人，财务人员 174 人，其他人员 886 人。技术业务人员有大专及以上文化的 2470 人，占在岗技术业务人员总数的 96. 52%；其中博士生 25 人，占在岗技术业务人员总数的 0. 98%；硕士生 365 人，占在岗技术业务人员总数的 14. 26%；大学本科 1819 人，占在岗技术业务人员总数 71. 08%；大学专科 261 人，占在岗技术业务人员总数的 10. 20%。有中专文化的 32 人，占在岗技术业务人员总数的 1. 25%；有高中及以下文化的 57 人，占在岗技术业务人员总数的 2. 23%。

2017 年末，河钢唐钢在岗职工中有操作技能人员 25250 人，占在岗职工总数的 85. 27%；高级技师 201 人，占在岗操作技能人员总数的 0. 80%；技师 1510 人，占在岗操作技能人员总数的 5. 98%；高级工 9294 人，占在岗操作技能人员总数 36. 81%；中级工 2579 人，占在岗操作技能人员总数的 10. 21%；初级工 2061 人，占在岗操作技能人员总数的 8. 16%。

附表　2017 年河钢唐钢经营管理、技术业务、操作技能三支队伍在岗员工文化程度、职称、技能、年龄结构一览

员工队伍类别		合计		文化程度结构						职称结构					技能等级结构						年龄结构								
		合计	其中女性	博士	硕士	大本	大专	中专	高中及以下	正高	高级	中级	初级	未定	高级技师	技师	高级工	中级工	初级工	无	25岁以下	26岁至30岁	31岁至35岁	36岁至40岁	41岁至45岁	46岁至50岁	51岁至54岁	55岁至59岁	60岁以上
总计		29613	5030	37	705	4820	4915	3193	15943	47	914	1458	854	1090	201	1510	9294	2579	2061	9605	908	2257	4093	4832	4164	7689	3878	1792	0
经营管理	小计	1804	204	12	207	921	324	127	213	31	420	559	365	429	0	0	0	0	0	0	1	33	284	279	232	592	360	23	0
	领导人员	15		2	7	6				4	9	1		1												1	13	1	
	中层人员	180	17	5	61	98	12	4		14	110	42	9	5									6	12	15	61	69	17	
	科级人员	1609	187	5	139	817	312	123	213	13	301	516	356	423							1	33	278	267	217	530	278	5	
技术业务	小计	2559	1029	25	365	1819	261	32	57	16	494	899	489	661	0	0	0	0	0	0	150	376	824	398	237	431	127	16	0
	研发人员	131	51	15	48	63	3	2		3	43	42	7	36							8	29	30	19	10	22	11	2	
	工程技术	1196	339	8	174	881	101	14	18	5	223	496	201	271							58	166	460	191	81	189	49	2	
	销售人员	148	43		19	111	13	2	3	1	11	45	43	48							8	25	55	28	8	18	5	1	
	采购人员	24	10		3	17	4				7	9	3	5							1	1	7	4	1	9	2		
	财务人员	174	136		14	121	28	3	8		62	40	59	13							15	27	43	30	13	45	1		
	其他	886	450	2	107	626	112	11	28	7	148	267	176	288							60	128	229	126	124	148	59	11	
操作技能人员		25250	3797	0	133	2080	4330	3034	15673						201	1510	9294	2579	2061	9605	757	1848	2985	4155	3695	6666	3391	1753	0

大事记

2017年河钢唐钢大事记

1月

1月1日 河钢唐钢党委正式运行党群系统绩效管理和考核系统，全面加强党群工作标准化、规范化管理，进一步提升党群工作科学化水平，推动党群工作更好地服务于企业生产经营和改革发展。

1月6日 河钢唐钢第二十一届职工代表大会第十一次会议召开。大会全面总结2016年主要工作，安排部署2017年工作。公司党委书记、董事长王兰玉发表讲话，公司总经理田欣作《行政工作报告》。公司党委副书记、工会主席孙国平主持会议。公司257名职工代表参加会议，公司科技、管理人员代表，一线职工和各民主党派代表400余人列席会议。会议听取审议了《行政工作报告》等8项议案。会议以无记名投票方式表决通过了《2017年度工资总额预算安排方案》《2016年职工福利费支出情况及2017年职工福利费预算报告》和《2016年度去产能富余职工安置方案》。

△ 河钢唐钢党委召开党员代表会议，选举产生41名出席河钢集团第一次党代会的代表。

△ 河钢唐钢二钢轧厂首次试轧 $\phi18$ 毫米螺纹肋锚杆用热轧带肋钢筋，各项指标满足产品标准。

1月7日 河钢唐钢党委理论学习中心组专题学习中央经济工作会议精神。公司党委书记、董事长王兰玉主持会议，总经理田欣以及公司其他在家领导参加学习。公司党群系统主要负责人列席会议。

1月11日 河钢唐钢党委书记、董事长王兰玉，总经理田欣分别到困难职工和先模人物代表家中慰问，送上节日的美好祝福。

1月12日 河钢唐钢下发《关于调整能源科技分公司职能的通知》，将能源、环保系统划归河钢唐钢能源科技分公司管理。

1月13日 河钢集团对公司领导班子进行调整，陶立国任河钢集团唐钢公司纪委书记、党委常委。

1月14日 河钢唐钢党委书记、董事长王兰玉，总经理田欣，公司领导李茂广、张洪波、姚力、张小帅先后走访慰问公司离退休老领导，代表公司向他们致以节日的问候和新春的祝福。

△ 河钢唐钢1580毫米生产线为上海某用户量身定制的德标高强汽车结构钢类最高强度级别产品QStE700TM顺利发货。至此，公司已开发340～700兆帕7个屈服强度级别的德标高强汽车结构钢，实现该类钢种的全覆盖、系列化生产。

1月17日 河钢唐钢召开会议，迅速传达集团第一次党代会精神。公司党委书记、董事长王兰玉强调，要深入学习贯彻集团第一次党代会精神，认清形势、坚定信心，主动适应，积极作为，优化资源配置，提高管理效率，推动生产经营迈上新高度。

△ 河钢唐钢召开2016年度安全生产总结表彰暨2017年第一次安全生产工作会议，公司党委书记、董事长王兰玉主持会议并作重要讲话。总经理田欣等公司领导出席会议。

1月20日 河钢集团党委书记、董事长于勇来河钢唐钢调研指导工作。对公司

2016年各项工作给予充分肯定和高度评价。

△ 河钢集团党委书记、董事长于勇慰问河钢唐钢困难职工、先模人物和离退休老领导。

△ 河钢唐钢环境在线监测平台上线运行，实现生产排放24小时实时监控。

1月23日 省委常委、市委书记焦彦龙，省人大常委会副主任宋太平，省政协副主席卢晓光一行慰问全国劳动模范、河钢唐钢首席操作专家郑久强。公司党委书记、董事长王兰玉陪同慰问。

△ 河钢唐钢召开专门会议，专题传达贯彻1月20日集团党委书记、董事长于勇到公司调研时的讲话精神。公司党委书记、董事长王兰玉强调，要以贯彻落实于勇董事长调研讲话精神为契机，深刻反思自身工作，进一步解放思想，勇于超越，快速突破，继续当好集团各项工作排头兵。

△ 河钢唐钢召开高端人才座谈会。公司党委书记、董事长王兰玉强调，公司高度重视人才队伍建设，专业人才要扎根产线、发挥专长，释放产线潜能，推动企业实现更好发展。

△ 河钢唐钢召开2016年度作业长代表座谈会。党委书记、董事长王兰玉等公司领导出席座谈会。

1月25日 河钢唐钢举行离退休职工2017年新春团拜会。公司党委书记、董事长王兰玉出席，总经理田欣主持。公司老领导、离退休厂部级干部代表、离退休职工代表60余人参加团拜会。

1月26日 河钢唐钢在会议中心举行新春团拜会。公司党委书记、董事长王兰玉发表新春致辞，总经理田欣等公司领导出席团拜会。

1月28日 河钢唐钢党委书记、董事长王兰玉，总经理田欣，公司领导李茂广、张洪波、姚力、武士勇、孙国平分组深入生产一线慰问职工，代表公司向坚守岗位的职工致以新春的问候和美好的祝愿。

1月 河钢唐钢技术中心组织开发连退低合金高强钢HC550LA、大型履带钢25CrMnB、铁道垫板20CuNi、叉车门架扁钢25MnV等新产品。

△ 河钢唐钢党委下发《关于在春节期间开展好慰问生活困难党员、老党员活动的通知》，对226名生活困难党员和38名新中国成立前入党老党员进行走访慰问，发放慰问金21.95万元。

△ 河钢唐钢发放2016年度企业年金补助、补贴2.36万人次3786.7万元。

△ 河钢唐钢汽车用冷轧双相钢系列产品销量超过8000吨，较去年同期提高11倍，供货多家知名汽车配件企业。

△ 河钢唐钢冷轧薄板厂本部商品材产量25.8万吨，其中酸洗生产线产量达6.79万吨，均创月产历史最高纪录。

△ 河钢唐钢一钢轧厂不断扩大H260LAD系列低合金高强度钢带市场份额，产量达1.57万吨，环比增长40.8%。

△ 河钢唐钢不锈钢公司1580毫米生产线产量达27.18万吨，创历史新高。

△ 河钢唐钢中厚板事业部品种钢轧制量12.57万吨，品种钢轧制比例达83.10%，创出新高。

△ 河钢唐钢中厚板公司钢结构用钢销量1.8万吨，同比增长300%，产品用于腾冲机场、北京航天城学校等国家重点项目建设。

△ 河钢唐钢对海尔、美的、格力、奥克斯等四大家电领先企业发货量达1.7万吨，较去年同期提高2倍。

△ 河钢唐钢炼铁厂本部、不锈钢铁区除尘作业区成建制划归能源科技分公司。

2月

2月1日 河钢唐钢设备全生命周期管

理系统全面上线，为强化设备基础管理提供了平台和支撑。

2月4日 河钢唐钢完成能源科技分公司工商变更。

2月8日 河钢唐钢召开2016年度厂部级领导班子考核述职大会。公司党委书记、董事长王兰玉，总经理田欣等公司领导出席会议。公司各单位主要负责人、专家、职工代表参加会议。

2月9日 河钢唐钢型钢厂中型线成功试轧LW3190履带钢，产品表面质量及力学性能满足用户要求，标志着中型产品迈出从普钢向工程机械用钢转变的第一步。

2月12日 河钢唐钢党委理论学习中心组专题学习习近平总书记在中共中央政治局第三十八次集体学习时的重要讲话精神。公司党委书记、董事长王兰玉主持学习，总经理田欣及其他在家公司领导参加学习。

2月15日 中国邮政储蓄银行总行战略客户部总经理周颖辉一行来河钢唐钢访问。集团总会计师刘贞锁，公司党委书记、董事长王兰玉在展示厅会见周颖辉一行，公司总会计师赵丽树一同会见。

△ 河钢唐钢高强汽车板生产线为上海某客户定制的HC500LA和HC550LA两种牌号的100余吨冷轧低合金高强钢产品运抵客户手中。至此，公司实现低合金高强钢系列产品全覆盖，并具备了各个牌号的批量化生产能力。

2月17日 河钢唐钢党委召开2016年度党建工作述职大会，10个基层党组织以PPT的形式进行现场述职，其他党组织提交了书面述职报告。

2月20—22日 省国有重点骨干企业监事会主席赵杰率省国资委监事会检查组一行来河钢唐钢调研。公司党委书记、董事长王兰玉汇报生产经营情况。总经理田欣等公司领导参加调研汇报会。

2月21—22日 河钢唐钢高强汽车板有限公司顺利通过北汽福田工厂审核。

2月24日 河钢唐钢与用户签订800吨预应力钢筒混凝土管用钢合同，正式供货吉林省有史以来规模最大的供水工程——吉林中部城市引松供水工程。

2月28日 河钢唐钢下发《关于加强公司劳动纪律管理工作的通知》，加强对各单位劳动纪律管理工作的督导，进一步提升劳动纪律管理水平。

2月 河钢唐钢决定集中一个月时间在全公司开展“解放思想，快速突破，各项工作走在集团前列”大讨论活动。

△ 河钢唐钢获评湖南湘煤集团下属子公司湖南黑金时代股份有限公司“一级供应商”。湖南湘煤集团是湖南省大型省属国有独资企业，位列全国煤炭行业50强。

△ 河钢唐钢技术中心组织开发热成型冲压钢QP01，高强汽车板连退双相钢HC500/780DP、镀锌双相钢HC420/780DPD+Z和HC500/780DPD+Z，大型电极扁钢TD06等新产品。

△ 河钢唐钢一钢轧厂高强汽车用钢板型攻关取得良好效果，板型合格率达100%，较上年平均值提高3.3%。

△ 河钢唐钢冷轧薄板厂“激光焊机焊缝质量研究及工艺优化”项目获得河北冶金（钢铁）科学技术奖二等奖。

△ 河钢唐钢一钢轧厂生产QStE420TM系列汽车结构用钢2263吨，为上年同期产量的4倍。

3月

3月1日 河钢集团总经理彭兆丰到河钢唐钢中厚板公司现场调研。集团副总经理张海、王新东，公司党委书记、董事长王兰玉，总经理田欣参加调研。

△ 河钢唐钢汽车结构用热轧产品企业

标准发布实施。

△ 河钢唐钢检修分公司动力维检中心整体划归能源科技分公司。

△ 河钢唐钢修订下发《示范作业区评选管理办法》，增加了厂部级示范作业区评选，对评选方式、奖励办法、绩效评价等内容进行了修订。

△ 河钢唐钢制定下发《职能部室与作业长制推进单位双向评价管理办法》。

3月2日 河钢唐钢党委召开领导班子“两学一做”专题民主生活会。

3月3日 河钢唐钢召开2016年度作业长制推进工作总结表彰暨2017年全面推进启动大会，总结2016年工作，对2017年全面推进作业长制进行动员和部署。公司党委书记、董事长王兰玉主持会议并提出要求，总经理田欣宣读示范作业区表彰决定。

3月6日 河钢唐钢与马鞍山钢铁股份有限公司就“测量管理体系管理系统”项目的实施正式签订服务协议及合同。这是公司信息自动化建设成果首次向集团外部输出。

3月7日 河钢唐钢召开庆“三八”优秀女职工事迹演讲暨表彰大会，对14个女职工工作先进单位、13个巾帼建功示范岗、10名优秀女职工标兵、46名优秀女职工、14名优秀女职工工作者、10户敬业奉献好家庭予以表彰。

3月10日 河钢唐钢党委制定下发《党风廉政建设主体责任和监督责任清单》。

3月12日 河钢唐钢不锈钢公司质量提升技改工程建成投产。项目于上年3月9日开工建设，概算投资3293.48万元。

△ 河钢唐钢中厚板公司首次开发生产的80毫米厚Q420GJCZ35抗层状撕裂高层建筑用钢顺利交付客户。

△ 河钢唐钢中厚板公司与越南代指（HNCL）公司签订3800吨ABS船板出口合同，公司美标船板首次出口越南。

△ 河钢唐钢中厚板公司与大客户上海建工（江苏）钢结构有限公司签订10份合同，为港珠澳大桥配套工程供货3.39万吨。

3月13日 河钢唐钢党委召开领导班子“两学一做”专题民主生活会情况通报会。公司党委书记、董事长王兰玉主持会议。总经理田欣等公司领导出席会议。

3月14日 河钢唐钢1580毫米生产线为鞍山某公司首次供货的500吨高端DR材交付客户使用。至此，公司DR材已覆盖国内三大瓶盖生产企业，今年前两个月DR材累计销售8100吨，实现快速增量。

3月14—30日 河钢唐钢人力资源部举行第五期作业长资格培训，聘请行业领先企业专家团队授课。420名拟聘作业长中，有383人考试合格，取得作业长资格证书，培训合格率为94.55%。

3月15日 河钢唐钢组织2016年度管理创新成果评审，共有125项成果获得公司企业管理现代化创新成果奖。其中，一等奖21项，二等奖46项，三等奖58项。

3月16日 河钢唐钢超深冲钢首次批量供货华南知名钢企，2700吨DD14、HR4产品发往用户。

△ 河钢唐钢安全部修订下发《安全生产责任制》。

3月17日 河钢唐钢2017年党委工作暨党风廉政建设工作会议召开。会议全面总结2016年党委工作和党风廉政建设，安排部署2017年工作。公司党委书记、董事长王兰玉强调，深入贯彻党的十八届六中全会精神，认真落实集团第一次党代会部署和3月15日集团专题会议要求，围绕集团“六条工作主线”，坚定信心，持续发力，谋划进一步加强和改进公司党的建设，全力助推和保障企业生产经营和改革发展，以更加优异的成绩迎接党的十九大胜利召开。公司总经理田欣主持会议。

3月18日 河钢唐钢领导班子专题学

习十二届全国人大五次会议和全国政协十二届五次会议精神。公司党委书记、董事长王兰玉主持学习，总经理田欣以及公司其他在家领导参加学习。

3月20日 河钢唐钢召开专题会议，学习贯彻集团于勇董事长在集团专题工作会议和海外工作会议上的讲话精神。公司党委书记、董事长王兰玉强调，公司上下要迅速传达、认真贯彻落实集团会议精神，解放思想、坚定信心，提高标准、大刀阔斧，创新方法、拓宽路径，发力产品高端化和客户高端化，推动企业进入高端循环，坚定不移当好集团各项工作排头兵。

△ 河钢唐钢微尔云计算中心与陕西中光电信有限公司正式签订IDC设备托管合同，为该公司在服务器日常运维和数据安全监护等方面提供IAAS级云服务。这是微尔云计算中心对外签订的首个设备托管合同。

3月20—23日 河钢唐钢代表团14名党员代表参加唐山市第十次党代会。

3月22日 河钢唐钢汽车用钢、家电用钢、中厚板、长材、型材及非钢系列产品在2017中国唐山国际钢铁冶金工业博览会上展出，受到参会人员的广泛关注。

△ 河钢唐钢二钢轧厂棒材产线首次成功轧制材质为AR355的17毫米×17毫米方钢，公司棒材产线具备轧制方钢能力。

3月23日 河钢唐钢炼铁北区1号2000立方米高炉通过正式封存验收，公司圆满完成2015年以来化解钢铁过剩产能任务验收工作。

3月24日 河钢唐钢召开2016年度总结表彰暨2017年挖潜增效、全员创新推进大会。公司党委书记、董事长王兰玉强调，要在集团的坚强领导下，坚定信心、团结奋进，主动作为、扎实工作，深入推进客户结构调整、产线资源配置、管理模式创新等工作，全力打赢2017年生产经营攻坚战，用新方法、新路径实现各项工作新跨越，以良好的精神风貌和优异的工作业绩，向集团交上一份满意的答卷，向党的十九大献礼。公司总经理田欣主持大会。

3月27日 河钢唐钢首批20吨16英寸耐候铁路垫板在型钢厂大型产线完成自动连续轧制，产品完全符合控制标准，标志着公司具备了16英寸耐候铁路垫板批量生产能力。

3月28日 韩国三星电子副社长金龙会一行来河钢唐钢访问，集团副总经理张海，公司党委书记、董事长王兰玉会见金龙会一行。

3月29日 河钢唐钢完成唐山惠唐物联信息科技有限公司工商注册。

△ 河钢唐钢为住友建机（唐山）有限公司生产的500吨工程机械用钢发往用户。此前，公司取得该用户独家供货商资格。

△ 河钢唐钢炼铁厂南区烧结机机尾除尘改造工程竣工。

3月31日 河钢唐钢发布2017年重点课题和专家课题计划。

3月 河钢唐钢从不锈钢公司、检修分公司、炼铁厂、一钢轧厂、二钢轧厂、信息自动化部、中厚板公司等单位划拨1114名职工至能源科技分公司，为能源科技分公司的正常运转提供人力支撑。

△ 河钢唐钢下发《销售业务人员2017年绩效管理办法》，进一步激发销售人员工作积极性，引导销售人员加大重点产品、重点客户推介力度，实现以客户结构调整带动产品结构调整。

△ 河钢唐钢完成能源科技分公司业务整合，正式纳入非钢板块。

△ 河钢唐钢技术中心组织开发中厚板低硫管线钢X70M、大型铁道垫板钢DB40、高线结构用方钢AR355等新产品。

△ 河钢唐钢开展专家年度调整工作。共调整专家49人，其中晋升首席专家1人、

资深专家6人、增聘专业专家42人。

△　河钢唐钢深入推进一贯制质量管理体系建设，持续提升产线智能制造水平和过程质量管控能力，QMS系统数据完整性由年初的98.4%提升到99.3%，攻关成效显著。

△　河钢唐钢团委组织开展以“青春在奉献中闪光”为主题的“青年志愿者服务月”系列活动。

△　河钢唐钢中厚板公司一季度工程机械用钢销量达2.18万吨，是上年同期销量的12.6倍，创历史新高。

△　河钢唐钢不锈钢公司3号板坯连铸机成功试验新工艺——同一中包不同成分异钢种连浇，标志着该公司可实现多断面、多钢种、多规格零散订单低成本兑现。

4月

4月1日　河钢唐钢正式颁布实施《特殊仪表管理办法》。

△　河钢唐钢为长春南湖大桥翻建工程量身定制的1860吨新产品Q345QE-Z25，全部生产完毕并发往用户。

4月6—8日　河钢唐钢举行第四期中高层干部作业长制专题培训，42名中层干部参加培训。至此，公司中层干部作业长制专题培训累计达193人，实现了中层干部全覆盖。

4月7日　河钢唐钢顺利通过由北京国金恒信认证公司专家组进行的“两化”融合管理体系年度审核，继续保持体系认证资质。

△　河钢唐钢党委批准成立美锦煤化工有限公司党委，由河钢唐钢党委直属管理。

4月9日　河钢唐钢党委理论学习中心组开展专题学习，传达学习党中央、国务院设立河北雄安新区的通知精神，特别是习近平总书记关于规划建设雄安新区的重要讲话精神，省委、省政府关于推进新区规划建设的各项指示精神，以及集团领导班子学习有关坚决拥护和全力支持雄安新区的规划建设的意见和要求。公司党委书记、董事长王兰玉主持会议，总经理田欣及公司其他在家领导参加学习。

4月10日　河钢唐钢召开2017年信息化建设项目动员大会，对年度信息化项目的整体推进计划和重点内容进行发布启动。

4月11日　河北省总工会党组书记、常务副主席常增月一行就企业工会工作来河钢唐钢调研。公司党委书记、董事长王兰玉等陪同调研。

△　河钢唐钢独家供货的1500吨结构用钢发往大客户中建一局，用于2019篮球世界杯主场馆之一的佛山国际体育文化演艺中心建设。

4月12日　河钢唐钢举办“市场营销和技术研发”专题知识培训讲座。公司总经理田欣出席并主持讲座。各事业部负责人，各单位营销人员、技术人员、质量代表近200人参加培训。

4月12—14日　河钢唐钢党委对318名2017年度党员发展对象进行培训。

4月13日　“河钢唐钢智能制造试点示范项目”在2017中国自动化产业年会暨中国自动化产业世纪行活动中被评为“2016年度中国自动化领域十大最具影响力工程项目”，为冶金行业唯一入选企业。

△　河钢唐钢“转炉干法除尘技术创新与优化”“冶金企业面向智能制造转型的信息系统架构再造”和“冶金行业智能无人天车系统的研发与应用”项目，通过由中科院唐山中心组织进行的成果评价，三项成果均达到国际先进水平。

△　河钢唐钢完成河钢乐亭钢铁有限公司设立。

4月15日　河钢唐钢不锈钢公司钢渣

处理工程投产。

4月18日 河钢集团党委副书记李炳军率集团考核组来河钢唐钢，代表集团对公司领导班子及领导人员2016年度工作情况进行综合考核评价。公司党委书记、董事长王兰玉，总经理田欣等公司领导，中层干部和部分职工代表170余人参加考核评价大会。

4月20日 中国工程院院士毛新平率“我国钢铁工业近终形制造流程发展战略研究”专家团队来河钢唐钢调研。集团副总经理王新东，公司党委书记、董事长王兰玉，总经理田欣等在会议中心与专家座谈。

△ 河钢唐钢1.39万吨优质风电用钢Q345E发往唐山乐亭菩提岛海上风电场300兆瓦工程示范项目，用于风力发电机组塔筒、底座等关键部位制造，撑起国内最大海上风电项目建设。

4月21日 河钢唐钢召开作业长制推进调度会，对公司一季度优秀自主管理成果进行发布。

4月24日 河钢唐钢自主开发的“采购信息公示平台”正式上线运行。

4月25日 河钢唐钢整合郅易达、物联宝以及智郡三个服务平台，成立唐山惠唐物联科技有限公司。

4月28日 河钢唐钢二钢轧厂首批404吨30千克/米轻轨产品发往意大利用户，标志着公司轻轨产品首次实现定制出口。

△ 河钢唐钢生产的5200吨、涉及12~38毫米厚的100多个规格船板钢，在国内知名船舶制造企业——江苏扬子江船业公司上线使用，反馈良好。该批船板钢已通过中国船级社CCS、英国劳氏船级社LR两大船级社认证。

4月 河钢唐钢技术中心组织开发热轧耐大气腐蚀钢Q355NHE、酸洗搪瓷钢TTC300R、冷轧搪瓷钢TTC1、不锈钢高铝双相钢W780QX、高强汽车板镀锌双相钢HC600/980DPD+Z、中厚板低硫管线钢L290M及L360M、长材右旋锚杆钢筋MG400等新产品。

△ 河钢唐钢党委按照《关于加强基层党建和“两学一做”学习教育督导工作的通知》要求，对10个单位的基层党组织设置、党委工作制度落实、支部建设、党员教育管理等情况进行调研。

△ 河钢唐钢炼铁厂北区储焦系统及原料系统环境治理升级改造工程开工建设。该项目于上年5月立项，概算投资1.32亿元。

△ 河钢唐钢生产的低碳超低碳系列产品DC03、DC04在国内某知名汽车主机厂试模一次成功，为公司汽车钢批量直供汽车厂商奠定了坚实基础。

△ 河钢唐钢中厚板公司与国盈控股有限公司签订9200吨订单，产品首次出口阿联酋。

△ 河钢唐钢一钢轧厂生产Q345NQR铁道车辆用钢1372吨，环比增长3.8倍。

△ 河钢唐钢中厚板公司与中国船舶重工集团首次合作签订3000吨船板订单，其中部分产品发往“一带一路”的重要合作国家巴基斯坦。

△ 河钢唐钢房地产公司开发的钢城·春邑项目一期工程开工建设。

1—4月 卷板事业部累计生产、销售TTC1深冲级搪瓷用钢3003.79吨，是上年同期的2.3倍。

5月

5月4日 河钢唐钢召开五四表彰暨优秀青年代表座谈会，对十大杰出青年、十大青年营销先锋、十大青年技术标兵、五四红旗团委、青安杯竞赛夺杯单位进行了表彰。

△ 河钢唐钢二钢轧厂首次进行24毫米六角钢轧制试验，产品尺寸满足国家标准

要求。

5月5日 河钢集团对公司领导班子进行调整，张弛任河钢乐亭钢铁项目指挥部常务副总指挥，河钢乐亭钢铁有限公司党委书记、执行董事、总经理。

△ 河钢唐钢安全部修订下发《班组安全管理制度》。

5月6日 河钢唐钢350吨TTC1深冲级搪瓷用钢在卷板事业部冷轧薄板厂下线，准备发往浙江客户手中。

5月9日 河钢唐钢应邀出席在荷兰举行的“工业4.0——冶金企业数字化”全球经验交流大会，并作题为《中国制造2025——河钢唐钢怎样应对数字化》报告，公司智能制造成果受到国际同行关注。

5月10日 河钢唐钢与国内某知名钢管企业签订的9241吨管线钢合同中的首批产品——500吨管线钢，集港发货。这是公司近年来签下的管线钢最大订单。

△ 河钢唐钢二钢轧厂首次为直供用户阳泉煤业定制生产5米短定尺22千克级轻轨。

5月11日 河钢唐钢一钢轧厂通过CRCC铁路产品、CE产品认证审核。

△ 河钢唐钢中厚板事业部为全球顶级机械制造商小松（山东）工程机械有限公司生产的708吨工程机械用钢全部完成，准备发货。这是自中厚板事业部成立以来，与该客户签订的最大一笔订单。

5月12日 中共河北省委书记、省人大常委会主任赵克志，在省委常委、市委书记焦彦龙，市长丁绣峰陪同下，到河钢唐钢浦项（唐山）新型光源有限公司调研。公司党委书记、董事长王兰玉参加调研，并汇报了公司生产经营等工作。

△ 河钢唐钢1.6万吨桥梁钢产品成功中标崇贤至东湖路连接线工程。

5月13日 河钢唐钢一钢轧厂1810毫米生产线首次成功轧制1610毫米×3.0毫米规格高碳品种钢75Cr1和65Mn。

5月15日 普锐特（唐山）冶金技术服务有限公司揭牌仪式在河钢唐钢会议中心举行。河钢唐钢党委书记、董事长王兰玉，普锐特全球冶金服务总裁卡尔共同为普锐特（唐山）冶金技术服务有限公司揭牌。公司总经理田欣、总会计师赵丽树，普锐特中国首席执行官施耐德、首席财务官史睿博出席揭牌仪式，公司副总经理姚力主持。

△ 唐山惠唐物联科技有限公司揭牌仪式在会议中心举行。河钢唐钢党委书记、董事长王兰玉，总经理田欣共同为唐山惠唐物联科技有限公司揭牌。

△ 河钢唐钢不锈钢公司生产的第一卷冷成型用高屈服强度钢S700MC成功下线。

5月16日 塞尔维亚总理、当选总统武契奇专程访问河钢。塞尔维亚副总理米哈伊洛维奇、经济部部长克奈热维奇、农业和环境保护部部长奈迪莫维奇、教育科学和技术发展部部长沙尔切维奇、塞尔维亚驻华大使巴切维奇及相关人员，河北省副省长王晓东、中国驻塞尔维亚大使李满长、唐山市市长丁绣峰、外交部欧洲司副司长龚韬，河钢集团董事长于勇，河钢唐钢董事长王兰玉，河钢唐钢副总经理、河钢塞尔维亚公司CEO宋嗣海陪同武契奇参观河钢唐钢厂区。

△ 河钢唐钢重机装备有限公司首次生产的37.5吨含氮不锈钢钢锭发往沈阳用户，产品成分符合用户要求。

5月17日 河钢唐钢二钢轧厂首单L3W190×8毫米履带钢产品成功下线并发往用户，履带钢产品由此实现从新产品研发、量产到订货的实质性突破，标志着公司长材产品成功打入工程机械用钢领域。

5月18日 河钢唐钢召开2017年度专家和人才工作会议。公司党委书记、董事长王兰玉强调，要全面落实集团关于人才工作的要求，紧紧围绕“六条工作主线”，立足市场和产品，充分发挥专家和各类专业人才作用，弘扬工匠精神，求真务实、创新突破，努力开创公司转型升级新局面。

△ 河钢唐钢举办基层党务干部培训班。公司各单位党办主任、组织干事以及基层党支部书记160多人参加培训。

5月18—21日 河钢唐钢自动化信息公司作为集团智能制造领域唯一参展商，在2017中国廊坊国际经济贸易洽谈会·2017“大智移云展”上，展示了微尔云计算中心和无人天车系统等拥有自主知识产权的系统集成产品，公司信息自动化领域高端产品受青睐。

5月20日 河钢唐钢党委理论学习中心组专题学习习近平总书记关于推进“两学一做”学习教育重要指示精神，并对公司推进“两学一做”学习教育常态化制度化工作进行安排部署。公司党委书记、董事长王兰玉主持学习。公司总经理田欣以及其他在家领导参加学习。

△ 河钢唐钢设备机动部制定《设备能力指数CMK值测定管理规定》《设备FMEA管理办法》《知识管理办法》《供应商需求管理办法》《设备功能管理办法》《设备精度管理办法》《关键设备重大事故应急预案管理办法》。

5月22日 河钢唐钢党委制定下发《关于2016年度落实党风廉政建设党委主体责任、纪委监督责任考核方案的通知》。

5月23日 河钢唐钢举行外籍专家签约聘任仪式，意大利自动化专家马西姆加盟公司，这是公司聘任的第三位外籍专家。

5月28日 河钢唐钢为世界十大汽车制造商之一的欧洲某知名汽车制造企业定制生产的505吨高级别汽车板集港完毕。此前，公司与其签订了3130吨汽车板订单。

5月31日 全国第十六个“安全生产月”来临之际，河钢唐钢党委书记、董事长王兰玉，总经理田欣在《河钢·唐钢版》发表致公司广大职工及家属的一封信。

5月 河钢唐钢技术中心组织开发热成型冲压16MnAl、镀锌双相钢HC260/450DPD+Z、镀锌超低碳深冲钢FEP04，FEP05、热轧轻轨50SiMnP等新产品。

△ 河钢唐钢工会承办第五届全国冶金职工运动会“河钢唐钢杯”乒乓球比赛。

△ 河钢唐钢出资组织4.07万名职工参加唐山市第七期重大疾病医疗互助活动，470名患病职工获得147.55万元补助。

△ 河钢唐钢将3125名中厚板公司、不锈钢公司唐钢身份人员养老、失业、工伤、医疗、生育保险及公积金保险转入公司本部代缴工作，纳入政府“援企稳岗”社保减免政策范围。

△ 河钢唐钢以升级主体产线自动化控制系统、满足产品高端化需求为核心的智能制造工程项目建设全面铺开。该项目覆盖不锈钢、中厚板和高强汽车板生产区域。

△ 中国金属学会在北京组织召开河钢唐钢“宽厚板连铸坯重压下关键工艺与装备技术的开发及应用”科技成果评价会，认定该成果整体技术达到国际领先水平，对推动国家钢铁行业产品节能减排，提升国际市场竞争力等具有十分重要的现实意义和战略意义。

△ 河钢唐钢气体公司氧氮液体产品销量达2.1万吨，同比增长34%，干冰销售量78吨，创历史新高。

△ 河钢唐钢一钢轧厂生产高碳钢板卷6295吨，较上年同期增加2433吨，增幅达63%。

△ 河钢唐钢中厚板公司成功开发生产420兆帕级80~100毫米厚度规格高建钢，产品用于珠海横琴国际金融中心大厦建设，标志着公司钢结构系列用钢厚度规格实现新突破。

△ 河钢唐钢高强汽车板有限公司商品材产量、销售量均创历史最好水平，酸轧生

产线月产16.7万吨，首次突破16万吨大关。

6月

6月1日 河钢唐钢中厚板公司与中交第一公路工程局有限公司签订的2万余吨Q345qD板材合同产品，将直供首都地区环线高速公路工程。

△ 河钢唐钢一钢轧厂1700毫米生产线首次轧制1230毫米×1.4毫米极薄规格热轧带钢获得成功。

6月2日 河钢集团对河钢唐钢领导班子进行调整，免去王春东监事会成员职务，选举陶立国为唐山钢铁集团有限责任公司监事会成员（股东监事），高立秋不再担任职工监事，同意闫希才担任唐山钢铁集团有限责任公司职工监事，李迎昌担任公司监事不变。

6月5日 河钢唐钢党委制定下发《关于开展准则、条例贯彻执行情况监督检查专项行动实施方案》。

6月6日 河钢唐钢党委理论学习中心组进行专题学习，深入学习贯彻习近平总书记在“一带一路”国际合作高峰论坛上的重要讲话精神，省委书记赵克志署名文章《稳扎稳打系好雄安新区规划建设第一颗扣子》及中国共产党河北省代表会议精神。公司党委书记、董事长王兰玉主持学习，总经理田欣和其他在家公司领导参加学习。

6月7日 河钢唐钢党委制定下发《关于推进“两学一做”学习教育常态化制度化的工作方案》，并将重点内容和要求细化成21项具体任务，形成了任务分解表。

6月10日 河钢唐钢创元方大公司电缆产品集港完毕，准备发运赤道几内亚。这是创元方大公司响应“一带一路”倡议，对接沿线国家重点项目形成的第一笔订单。

6月13日 河钢唐钢自动化信息公司获得河北省通信管理局颁发的国家《增值电信业务经营许可证》，公司在许可经营内容范围内，可独立进行互联网数据中心（IDC）经营业务。

6月15日 陕西建设机械股份有限公司从河钢唐钢订购的422吨非国标120毫米角钢首次应用于工程施工用塔机制造，效果良好。

6月18日 河钢唐钢炼铁厂北区4号烧结机停机停产。

6月19日 河钢唐钢召开专题会议，学习贯彻集团于勇董事长在集团重点工作分析推进会上的讲话精神。公司党委书记、董事长王兰玉强调，要深刻领会集团于勇董事长讲话精神，统一思想，提高认识，增强紧迫感和危机感，把以客户结构调整推动产品升级作为核心工作来抓，坚定不移地在市场、产品和客户端上持续发力，明确方向，提高定位，实现新跨越。总经理田欣等公司领导，公司各单位厂部级副职以上领导干部参加会议。

△ 河钢唐钢团委举办第十一届“钢城之恋”青年集体婚礼，9对新人在公司领导的见证下携手迈进婚姻殿堂。

6月20日 河钢唐钢一批电池壳钢成功下线，即将发往客户手中，用于该企业旗下知名品牌新能源汽车制造。1—6月，公司累计为国内某知名品牌新能源汽车配件厂供应TDCK电池壳钢2117.6吨，具备了这一高端牌号汽车钢的批量供货能力。

6月21—22日 河钢唐钢党委领导带队对218名困难党员、31名新中国成立前入党老党员和5名优秀党员进行慰问，发放慰问金22.2万元。

6月22日 中华全国总工会副主席焦开河一行来河钢唐钢就新时期产业工人队伍建设改革方案落实情况进行调研。河北省总工会常务副主席常增月，公司党委书记、董事长王兰玉陪同调研。

△ 河钢集团智能制造项目推进会在河钢唐钢召开。

6月24日 河钢唐钢党建研究会成立仪式在唐钢大学举行。公司党委书记、董事长王兰玉，总经理、党委副书记田欣出席仪式并为党建研究会揭牌。

△ 河钢唐钢党委在不锈钢公司召开基层党建工作现场交流会。公司党委书记、董事长王兰玉出席会议并讲话。

6月25日 河钢唐钢不锈钢公司原料场改造工程建成并投入使用。该项目于2015年8月1日开工建设，概算投资4.04亿元。项目建成后，年减少粉尘排放量2058吨。

6月26日 集团非钢产业工作会议在河钢唐钢召开。集团党委书记、董事长于勇出席会议并讲话。

△ 河钢唐钢一钢轧厂成功开发铁路耐候产品Q345NQR1、Q450NQR2。

6月27日 集团党委书记、董事长于勇走访慰问河钢唐钢老党员和生活困难党员，为他们送去企业党组织的关怀和温暖，并向他们致以节日的祝福。公司党委书记、董事长王兰玉等陪同慰问。

△ 河钢唐钢完成唐山惠唐物联科技有限公司产权登记。

6月28日 河钢唐钢高强汽车板6号镀锌生产线建成投产。

6月29日 河钢唐钢团委和安全部联合举办的"幸福是树，安全是沃土"朗读者活动在唐钢大学举行。各单位团委书记、安全科长、相关安全管理人员以及优秀青年代表180余人参加活动。

6月30日 河钢唐钢召开庆祝建党96周年总结表彰大会。公司党委书记、董事长王兰玉发表讲话，总经理田欣主持。20个先进基层党组织、44个先进党支部、122名优秀共产党员、46名优秀党务工作者受到表彰。

△ 河钢唐钢召开2017年上半年"创效争先"立功竞赛贺功表彰会。公司党委书记、董事长王兰玉主持会议。公司厂部级干部，各单位党办主任、基层党支部书记、党员代表参加会议。公司领导为立功受奖单位颁发奖牌。

△ 河钢唐钢不锈钢公司烧结机系统扩建改造工程竣工投产。该项目于2015年10月开工建设，概算投资4.37亿元。

6月 河钢唐钢热镀锌钢带通过菲亚特克莱斯勒（FCA）认证中心检测，产品化学成分、物理性能、成型性能等11项指标均达到菲亚特克莱斯勒公司供货标准，具备了向菲亚特克莱斯勒供货资质。

△ 河钢唐钢高强汽车板有限公司通过菲亚特认证。

△ 河钢唐钢开展以"全面落实企业安全生产主体责任"为主题的"安全生产月"活动。

△ 河钢唐钢通过中铁检验认证中心关于Q345NQR2、Q450NQR1的认证。

△ 河钢唐钢失业保险企业缴费比例由1%下调至0.7%、个人缴费比例由0.5%下调至0.3%。

△ 河钢唐钢中厚板事业部品种钢销量19.14万吨，品种钢比例达82.19%，创当年新高。

△ 河钢唐钢技术中心组织开发薄规格低合金高强钢H420LA、模具钢1.2738、叉车门架用钢Q440M等新产品。

△ 河钢唐钢汽车板事业部上半年重点客户销量达129.4万吨，是上年同期的3.2倍，超额完成公司目标任务。

△ 河钢唐钢一钢轧厂转炉自动炼钢率达90%。

7月

7月1日 河钢唐钢开发的300多吨

Q370qD产品成功交付中铁山桥集团用户，用于世界单体重量最大的唐山北二环转体斜拉桥建设。

7月4日 河钢唐钢耐大气腐蚀热轧板（带）产品通过中铁检验认证中心（CRCC）技术审查，标志着公司获得铁道货车车辆生产厂供货资质。

△ 河钢唐钢二钢轧厂成功轧制 ϕ20 MG400材质螺纹肋和月牙肋锚杆用热轧带肋钢筋。

7月7日 河钢唐钢人力资源部（组织部、离退休职工管理部、就业指导管理中心）变更为人力资源部（组织部、老干部管理部、离退休职工管理部），企业文化部（宣传部）变更为企业文化部（宣传部、统战部、党校），工会（团委）变更为工会（团委、计划生育办公室），非钢事业部变更为非钢管理部，总工办变更为总工程师办公室，不锈钢有限公司变更为不锈钢有限责任公司，炼铁部变更为炼铁厂，热轧部变更为一钢轧厂，长材部变更为二钢轧厂，型钢部变更为型钢厂，冷轧部变更为冷轧薄板厂（高强汽车板有限公司），物流公司变更为物流分公司，重机装备公司变更为重机装备有限公司，生活服务有限责任公司变更为城市服务有限责任公司（行政福利处），房地产开发公司变更为房地产开发有限公司，检修工程公司变更为检修分公司，新事业发展公司变更为唐山惠唐新事业产业发展有限公司。

7月11—24日 河钢唐钢领导班子成员李茂广、张洪波、姚力、赵丽树、孙国平、高永春、谭文振、张小帅、陶立国，分别到高强汽车板有限公司、炼铁厂、二钢轧厂、检修分公司、能源科技分公司、物流分公司、行政福利处、一钢轧厂、不锈钢公司、唐银公司、中厚板公司看望慰问一线职工。

7月12日 河钢唐钢召开董事长、总经理联络员座谈会。公司党委书记、董事长王兰玉，总经理田欣出席会议。

△ 河钢集团对公司领导班子进行调整，刘铁力任河钢集团唐钢公司副总经理；张弛不再担任河钢集团唐钢公司副总经理职务。

△ 河钢唐钢党委制定下发《公司“不作为、乱作为、慢作为”问题专项清理工作方案》。

△ 河钢唐钢党委召开组织系统工作会议，落实中组部《关于进一步规范党费工作的通知》和《关于开展党组织和党员基本信息采集工作的通知》要求，安排布置规范党费收缴、党组织和党员信息采集工作。

△ 河钢唐钢一钢轧厂通过上汽二方认证审核。

△ 河钢唐钢安全部修订下发《有限空间作业安全管理制度》。

7月13—14日 主题为“智能协同、质造未来”的2017年中国钢铁工业智能制造协同创新发展论坛在河钢唐钢召开。本次论坛由中国金属学会、中国自动化学会、中国人工智能学会主办，河钢集团、中国金属学会自动化分会协办。中国金属学会理事长、中国工程院院士干勇，中国金属学会名誉理事长、中国工程院院士殷瑞钰，中南大学教授、中国工程院院士桂卫华，中国金属学会专家委员会主任王天义，中国金属学会副秘书长高怀，中国钢铁工业协会科技环保部副主任姜尚清出席论坛。集团总经理彭兆丰出席论坛并致辞，集团副总经理王新东主持论坛。公司党委书记、董事长王兰玉，副总经理张洪波以及来自宝武集团、鞍钢、首钢等钢铁企业的代表，中国自动化学会、人工智能学会、生产技术与科技咨询委员会的专家学者共150人出席论坛。

7月18日 河钢唐钢“职工创新大讲堂”活动第七讲在北戴河休养院开讲。公司各创新工作室、创新工作站、创新工作小组带头人或主要成员 130 人参加活动。

△ 河钢唐钢二钢轧厂 1300 余吨 100~160 毫米欧标角钢出口中东地区，用于铁塔制造。其中 435 吨规格 120 ~ 160 毫米、S355J2 欧标牌号角钢是首次生产。

7 月 19 日 唐山市委常委、政法委书记、市总工会主席刘建国等来河钢唐钢，到一线慰问高温酷暑中坚守岗位的干部职工。

7 月 20 日 河钢唐钢总经理田欣到炼铁厂 4 号高炉，慰问一线干部职工。

△ 河钢唐钢不锈钢公司与新开发的山东梁山某客户签订 800 吨 700L 顶级汽车钢订单，首次批量供货该地区。

7 月 22 日 河钢唐钢党委理论学习中心组专题学习中共中央《关于加强新形势下党的督促检查工作的意见》《关于加强党内法规制度建设的意见》和中共中央、国务院《新时期产业工人队伍建设改革方案》。公司党委书记、董事长王兰玉主持学习，总经理田欣及其他在家公司领导参加学习。

7 月 25 日 河钢唐钢党委书记、董事长王兰玉到高强汽车板有限公司，慰问生产一线干部职工。

7 月 27—28 日 河钢唐钢党委书记、董事长王兰玉，党委副书记张小帅到公司驻村帮扶地涞源县黑山村进行调研慰问。

7 月 28 日 河钢唐钢高强汽车板有限公司首次成功生产镀铝硅产品。

7 月 31 日 河钢唐钢职工在集团第八届“河钢杯”职业技能大赛上，夺得计算机程序员、化学分析工、电焊工 3 个工种第一名，总成绩位列集团第一。

7 月 河钢唐钢收到浙江吉利汽车研究院有限公司颁发的《生产用基本材料认可证书》，标志着公司材料标准和生产工艺要求达到了吉利汽车生产需要的能力，正式通过吉利汽车认证，成为吉利汽车供应商。

△ 河钢唐钢顺利通过上汽乘用车产线审核。

△ 河钢唐钢技术中心组织开发中型叉车门架用钢 Q420M、制动梁用方坯 Q460E 等新产品。

△ 河钢唐钢财务经营部制定《标准成本管理办法》。

△ 河钢唐钢时创高材公司生产的滑板砖和钢包砖在河钢塞尔维亚公司炼钢车间进行现场工业试验，取得成功。这是河钢塞尔维亚公司首次使用中国制造的耐材产品。

△ 河钢唐钢被奥克斯集团授予“优秀供应商”称号。

△ 河钢唐钢惠唐乐港分公司承接型钢厂 2 条锯切电极扁钢生产线，开始生产电极扁钢。

8 月

8 月 1 日 河钢唐钢与国外某知名企业签订 800 吨 HC260LAD+Z 汽车板订单，产品涉及四种规格，公司汽车板首次出口西班牙。

8 月 1—17 日 河钢唐钢团委组织 12 名青年志愿者于早、晚上下班高峰时段，在龙泽路长宁道口开展“文明出行 从我做起”文明交通志愿服务活动。

8 月 3 日 河钢唐钢将二钢轧厂中型分厂相关生产、管理职能及人员划拨至型钢厂，撤销原二钢轧厂中型分厂组织机构。

8 月 4 日 河钢唐钢召开 2017 年作业长制推进半年总结会。公司党委书记、董事长王兰玉强调，要以作业长制为抓手，全面提升产线效率，全力以赴实现集团下达的年度利润新目标。总经理田欣主持会议。

8 月 5 日 河钢唐钢中厚板公司 3 号 1580 立方米高炉顺利点火开炉。

8 月 7—10 日 河钢唐钢人力资源部组

织公司作业长研修会100余人参加北戴河研修活动。聘请宝钢专家团队现场授课，座谈交流。

8月9日 河钢唐钢召开事业部运行总结暨年中工作会议。公司党委书记、董事长王兰玉强调，要围绕事业部运行情况，认真总结公司推行“以产线为独立市场单元组织结构扁平化变革”以来的工作情况，进一步解放思想、提高认识，突出重点、持续完善，对接市场、对接客户，激发产线活力，提高运营效率，推动事业部体制高效运行，坚决完成集团下达的年度利润新目标任务，坚定不移当好集团改革发展的排头兵。公司总经理田欣主持会议，其他公司领导以及厂部级以上干部参加会议。

8月9—11日 河钢唐钢携电池壳用钢、淬火配分钢等十大类汽车用钢及其解决方案亮相“2017中国（上海）国际客车展”。公司凭借汽车新材料开发和轻量化设计等优势，获得“客车零部件创新产品奖”。

8月10日 河钢唐钢完成公司章程变更和备案登记，增加党建内容。

△ 河钢唐钢自主研发的烧结机专家系统成功应用于中厚板公司240平方米烧结机项目，实现了烧结生产信息自动化一体控制。

8月13日 河钢唐钢党委理论学习中心组专题学习习近平总书记在省部级主要领导干部“学习习近平总书记重要讲话精神，迎接党的十九大”专题研讨班上的重要讲话精神。会议强调，要认真学习贯彻习近平总书记“7·26”重要讲话精神，牢固树立“四个意识”，自觉在思想上、政治上、行动上同以习近平同志为核心的党中央保持高度一致，坚定不移地在市场、产品和客户端上持续发力，以优异的生产经营成绩迎接党的十九大胜利召开。公司党委书记、董事长王兰玉，总经理田欣，以及其他在家公司领导参加学习。

8月14日 河钢唐钢党委召开警示教育活动动员部署暨厂部级干部集体谈话会议。公司党委书记、董事长王兰玉强调，全体党员干部要牢固树立“四个意识”，坚定理想信念，以案为鉴、吸取教训，切实做到“忠诚、干净、担当”，以实际行动推动全面从严治党向纵深发展，为公司生产经营和改革发展营造风清气正、干事创业的良好环境，以优异成绩迎接党的十九大胜利召开。总经理田欣和其他在家公司领导出席会议。

8月15日 河钢唐钢作为第一起草单位编制《改善成形性热轧高强度结构用调质钢板》国家标准，助力国内热轧高强度结构用调质钢板参与国际竞争。

△ 河钢唐钢完成对普锐特（唐山）冶金技术服务有限公司的工商登记注册并领取营业执照。

8月16日 河钢唐钢先进模范代表座谈会在公司休养院召开。公司党委书记、董事长王兰玉指出，要大力弘扬先模精神，发挥先模示范引领作用，团结带领广大职工，爱岗敬业、争先创优，坚决实现年度利润新目标，在公司改革发展中争当先锋。总经理田欣出席会议。

△ 河钢唐钢创元方大公司投资并建设的屋顶分布式光伏发电项目，经国家电网公司验收合格，在高强汽车板有限公司正式并网发电，公司能源利用水平进一步提高。

8月17日 河钢唐钢党委召开党建研究会第一次会员代表会议，审议通过公司党建研究会第一届理事会成员名单。

△ 河钢唐钢党委召开基层党建工作座谈会，交流经验，探讨思路，进一步提升党建工作水平。公司党群部门负责人、各单位党委书记参加会议。

△ 针对集团调整河钢唐钢年度利润目标由年初设定的6.5亿元提高到15亿元，公司下达8—12月挖潜增效计划，确保全面

完成新的目标任务。

△ 河钢唐钢中厚板公司与国内某知名工程建设集团签订1.5万吨高建钢合同，产品用于亚洲基础设施投资银行（亚投行）总部建设。

△ 河钢唐钢修订下发《管理评审管理程序》。

8月18日 河钢唐钢修订下发《自主管理活动管理办法》，规范公司自主管理活动，明确管理原则、职责与流程。

8月19日 河钢唐钢党委书记、董事长王兰玉先后到设备机动部、美锦煤化工公司职工家中，慰问困难职工子女。年内，公司“金秋助学”活动共计发放助学金13.56万元，惠及59名困难职工家庭。

△ 河钢唐钢不锈钢公司余热余能综合利用工程建成投产。该项目于上年5月15日开工建设，概算投资6377.87万元。

8月21日 河北省副省长张古江一行来河钢唐钢调研。唐山市市长丁绣峰，集团党委副书记李炳军，公司党委书记、董事长王兰玉，党委副书记张小帅参加调研。

△ 河钢唐钢安全生产大检查综合督导活动正式启动。设立6个专业检查组，对金属冶炼、危险化学品、建筑施工、检维修、特种设备、人员密集场所等开展全面排查整治。

△ 河钢唐钢一钢轧厂1810毫米生产线首次成功批量轧制1100吨宽度规格1620毫米品种钢22MnB5，刷新品种钢轧制宽度规格纪录。

8月22日 河钢唐钢333吨高端家电板发往美的集团。此前，公司与美的集团签订5960吨家电板合同，订单总量创双方合作以来新高。

8月24日 省国资委督导调研组一行就警示教育活动和基层党建工作到河钢唐钢调研。省国资委督导调研组高度评价了公司警示教育和基层党建工作取得的成效。

△ 河钢唐钢不锈钢公司1580毫米生产线成品钢卷库天车定位及物流管理系统项目正式启动，这是国内首次在热轧成品库实施无人天车技术。

△ 河钢唐钢完成普锐特（唐山）冶金技术服务有限公司产权登记。

8月25日 河钢唐钢不锈钢公司颗粒物深度治理项目开工建设，概算投资3378.55万元。项目建成后，达到市环保部门要求，全面改善环境状况，颗粒物排放大幅降低。

△ 河钢唐钢与鞍钢、包钢、凌钢、本钢就设备管理工作举行交流会，签订《备件战略储备合作协议》。

△ 河钢唐钢设备机动部制定《生产工装管理程序》《建构筑物和相关设施管理程序》《备品备件采购管理程序》《设备管理程序》。

8月27日 河钢唐钢美锦公司焦炉烟气脱硫脱硝工程竣工并投入试运行。该工程于当年2月18日开工建设，概算投资5498万元。

8月29日 河钢唐钢正式与乐金电子（天津）电器有限公司签订300吨镀锌家电板DX52D+Z试用订单，公司产品首次供货知名合资家电企业。产品用于制造窗机空调外壳，出口北欧、北美市场。

8月30日 河钢唐钢中厚板公司被上海建工（江苏）钢结构有限公司授予“2016年度金牌供应商”称号。

8月31日 河钢唐钢高强度汽车板技术改造项目二期工程竣工投产。该项目于上年1月16日开工建设，概算投资14.75亿元。

△ 河钢唐钢惠唐乐港分公司1500吨Q235B深加工产品首次出口以色列。

△ 河钢唐钢1975吨矿工钢发至天津港集港完毕，装船运往南美地区。这是公司最大一笔矿工钢出口订单。

8月 河钢唐钢为国内某铁塔厂定制的欧标角钢S355J2、S235J2在公司大型线和中型线成功下线。该铁塔厂共订购产品3232吨，用于欧洲铁塔制造。公司已具备两牌号欧标角钢批量生产能力。

△ 根据省市安排，河钢唐钢为2.52万名退休人员进行待遇调整，人均增资165.26元，调整后人均月养老金3154.41元。

△ 河钢唐钢唐银公司产铁22.76万吨，产钢25.67万吨，产钢材25.67万吨，多项指标创历史最好水平。

△ 河钢唐钢中厚板公司污染深度治理项目开工建设。项目概算投资6119.35万元。

△ 河钢唐钢中厚板公司料场污染综合治理升级改造项目竣工。项目改造后，彻底解决物料扬尘飘洒污染环境问题，杜绝无组织排放。

△ 河钢唐钢一钢轧厂中板连铸坯厚度由150毫米增至180毫米工艺调整完毕，1700毫米生产线铸坯厚度实现统一，机时产量提高1.2倍，作业率显著提升。

9月

9月1日 美国Mrail公司销售总裁杰瑞·海因斯一行来河钢唐钢访问。公司党委书记、董事长王兰玉在会议中心会见杰瑞·海因斯一行。

△ 河钢唐钢开展以“聚焦产品提升和用户满意，践行规范管理和标准化作业”为主题的“质量月”活动。

△ 河钢唐钢与国内最大集装箱生产企业——中集集团旗下扬州分公司签订600吨高端汽车钢订单，与该集团的再次牵手为双方长期合作奠定了良好基础。

9月4日 河钢唐钢取得市环保局颁发的新排污许可证。

9月4日—10月21日 河钢唐钢分别组织三期公司优秀作业长代表共56人赴宝钢生产一线，与宝钢作业长深入交流，了解宝钢先进基层管理模式、方法，并形成见习报告。

9月6日 河钢唐钢召开职工岗位创新工作推进会。公司党委书记、董事长王兰玉发表讲话，总经理田欣等领导出席会议。部分单位党委书记、工会主席、创新工作室（站、组）带头人代表、第八届“河钢杯”职业技能大赛获奖选手、第十二届世界模拟炼钢挑战赛选手及一线青工代表，共130人参加会议。

△ 河钢唐钢召开第八届“河钢杯”职业技能大赛贺功表彰会。公司党委书记、董事长王兰玉发表讲话，总经理田欣等公司领导出席会议。会上，王兰玉宣布公司第三十一届职工技术比赛启动。

9月8日 河钢唐钢党委下发《关于做好“将国有企业党建工作要求写入公司章程”的通知》，进一步明确公司章程中党组织的法定地位，对公司内各子公司章程的修改提出了具体要求。

9月14日 河钢唐钢安全部制定下发《安全问责管理办法》。

9月16日 河钢唐钢党委理论学习中心组集中学习。公司党委书记、董事长王兰玉强调，要通过全面回顾党的十八大以来国家改革发展成绩，坚定信心、锐意进取，以安全、稳定、发展的良好局面，迎接党的十九大胜利召开。公司在家领导参加学习。

△ 公司第三十一届职工技术比赛理论考试在教育中心举行，标志着本届职工技术比赛正式拉开帷幕。

9月19日 河钢唐钢气体公司生产的60吨液氩产品分别发往越南和泰国。中断两年之久的液氩产品出口业务恢复，开辟了液氩出口新渠道。

9月20日 河钢唐钢惠唐乐港分公司首个外部市场订单、400吨Q345C钢结构深加工产品成功下线，用于内蒙古西乌珠穆沁旗体育馆建设。

9月21日 国家安全生产监督管理总局党组书记王玉普就安全生产大检查任务措施落实情况来河钢唐钢调研。公司党委书记、董事长王兰玉汇报了公司当前生产经营和安全管理工作。

△ 河钢唐钢冷轧薄板厂连镀作业区甲班“深化班组安全建设 夯实企业安全根基”成果、物流分公司铁路保障分厂机修作业区机械组“强化内燃机车维检隐患重点预控措施”成果获“全国钢劳联第33次年会班组安全建设优秀成果奖”。

9月22日 河钢唐钢召开信访稳定工作会议，传达中央、省委、省国资委和集团有关会议精神，并就十九大期间信访稳定工作进行安排部署。

9月24日 河钢唐钢党委召开领导班子警示教育活动专题民主生活会，深入贯彻省国资委党委和集团党委要求，以王社平等严重违法违纪案例为警醒，结合工作实际，认真查找自身存在的问题和不足，进一步明确努力方向和改进措施。公司党委书记、董事长王兰玉主持会议并作总结讲话。公司总经理田欣及公司领导李茂广、张洪波、姚力、赵丽树、武士勇、孙国平、高永春、谭文振、张小帅、陶立国、刘铁力参加会议。公司警示教育活动领导小组办公室成员列席会议。

9月25—27日 在唐山召开的“2017年钢铁冶金固废综合处理利用技术交流会”上，哈斯科（唐山）冶金材料科技有限公司被授牌“全国工业固废综合利用科技成果转化平台冶金渣综合利用示范基地”。

9月26日 唐山唐钢房地产开发有限公司党支部调整为直属党总支；唐山惠唐物联科技有限公司成立基层党支部，由物流分公司党委管理。

△ 河钢唐钢高强汽车板有限公司5号镀锌生产线首次成功生产0.3毫米极限薄规格镀锌产品。

9月28日 河钢唐钢召开决战四季度“创效益、争先锋”主题攻关立功竞赛誓师大会。公司党委书记、董事长王兰玉主持会议并作动员讲话，总经理田欣宣读《8月份挖潜增效记功嘉奖决定》。

9月28—29日 河钢唐钢举办大客户质量代表培训。公司党委书记、董事长王兰玉，总经理田欣等公司领导出席。

9月 河钢唐钢技术中心组织开发双相钢HC550/980DPD＋Z、低合金高强钢HC500LAD+Z和改进型冷硬捆带钢TKDBJ-1、桥壳钢Q460QK、汽车横梁用H型方钢A656G80-Y等新产品。

△ 河钢唐钢人力资源部按照公司将二钢轧厂中型分厂划拨型钢厂管理的决定，将中型分厂396名职工整体划拨至型钢厂，实现职能划转。

△ 河钢唐钢获得来自东北某泵业公司1900吨105毫米×225毫米电极扁钢合同，成为这家大型央企长期合作的“一对一”直接供货商。

△ 河钢唐钢与吉利汽车公司签下汽车板订单5348吨，数额创新高。

△ 河钢唐钢一钢轧厂1810毫米生产线生产2.0毫米以下薄规格带钢3.46万吨，同比提升121%。

△ 河钢唐钢冷轧薄板厂销售高端汽车钢7242.69吨，其中，QStE420TM接近上年全年销量，SAPH440、TCX510L分别同比增长97.4%和43.9%。

△ 河钢唐钢炼铁北区高炉冲渣水余热供市政供暖工程开工建设。项目概算投资4326.59万元。

10 月

10 月 1 日 河钢唐钢举行“升国旗、唱国歌、祖国在我心中”主题活动，庆祝新中国成立 68 周年。

10 月 5 日 集团党委书记、董事长于勇到河钢唐钢调研指导工作。公司党委书记、董事长王兰玉，总经理田欣和领导班子全体成员参加会议。

10 月 9 日 河钢唐钢召开厂部级干部专题会议。公司党委书记、董事长王兰玉强调，要深入学习贯彻集团党委书记、董事长于勇到公司调研讲话精神，进一步增强紧迫感、使命感，主动超前、全力以赴，创新管理、激发活力，更加关注市场、无缝对接客户，挖掘产品结构巨大潜力，加快产品升级和结构调整步伐，创造更好的生产经营业绩，切实发挥好集团核心企业示范引领作用，当好集团各项工作排头兵。总经理田欣及公司其他领导出席会议。

△ 河钢唐钢党委召开领导班子警示教育活动专题民主生活会情况通报会。公司党委书记、董事长王兰玉，总经理田欣及其他公司领导班子成员出席会议。

10 月 11 日 河钢唐钢直供 2022 年冬奥会重点基础设施配套项目建设的第二批长材产品在二钢轧厂顺利下线，第一时间发往工地现场。

10 月 11—12 日 河钢唐钢—东北大学合作项目交流会在公司召开。100 余人参加会议，围绕品种钢典型产品生产技术开发、无缺陷大矩形坯连铸技术研究、22MnB5 热冲压成型钢技术开发等课题展开交流。

10 月 16 日 河钢唐钢召开“三个违规”问题专项清理活动专题会议。公司党委书记、董事长王兰玉主持会议并提出要求。总经理田欣及其他公司领导，各单位厂部级副职以上领导干部参加会议。

△ 河钢唐钢团委组织 5719 名青年成为注册志愿者。

10 月 17 日 省建设建材工会主席张玉平来河钢唐钢慰问离退休困难劳模。

△ 河钢唐钢党委下发《公司基层党组织换届选举暂行规定》，进一步规范基层党组织换届选举工作。

10 月 20 日 河钢唐钢党委书记、董事长王兰玉以普通党员身份参加所在党支部第四季度党员大会。

10 月 21 日 河钢唐钢钢源冶金炉料有限公司 600 吨麦尔兹窑日产轻烧白云石 724.35 吨，创历史最高纪录。

10 月 23 日 河钢唐钢微尔云计算中心与唐山市互联网产业研究院签订战略合作框架协议，双方以信息共享、优势互补为原则，以建设新型智慧城市、提升云计算服务水平为目标，携手建立积极稳妥的业务支持和合作关系。

10 月 24 日 河钢唐钢总经理田欣以普通党员身份参加所在党支部第四季度党员大会。按照公司机关党工委的统一安排，公司其他领导将陆续参加所在机关党支部的党员大会。

△ 河钢唐钢高级计划排程系统 APS 全局计划管理覆盖及相关系统改造升级项目在冷轧薄板厂完成并正式切换上线。这标志着在全公司范围内实现了冷轧、热轧产能的全局统一计划排程。

10 月 25 日 河钢唐钢党委召开基层党支部书记交流座谈会，学习贯彻党的十九大精神，交流支部工作经验，部署学习贯彻十九大精神，加强基层支部建设工作。

△ 河钢唐钢一钢轧厂通过 SIRIM 马来西亚认证。

△ 河钢唐钢一钢轧厂 1700 毫米生产线成功轧制厚度为 2.3 毫米极限规格高强钢 SPFH590S，标志着该产线高端产品接单能

力进一步增强。

10月27日 河钢唐钢举办汽车板发展战略专题讲座。公司总经理田欣及其他公司领导出席讲座。公司总经理助理刁可山博士作专题报告。

△ 河钢唐钢修订下发《招投标管理办法》《非招标形式采购管理办法》《供应商管理办法》《评标专家及评标专家库管理办法》。

10月28日 河钢唐钢一钢轧厂转炉作业区日产炉数115炉，创历史最好水平。

10月29日 河钢唐钢党委理论学习中心组进行专题学习，迅速传达学习贯彻党的十九大精神。公司党委书记、董事长王兰玉，总经理田欣和其他公司领导参加学习。

10月 冶金工业质量经营联盟公布2017年度冶金行业“品质卓越产品”名单，河钢唐钢连续热镀锌钢带DX53D+Z产品榜上有名。

△ 河钢唐钢技术中心组织开发镀锌双相钢HC700/980DP、低温韧性角钢Q345D等新产品。

△ 河钢唐钢运营管控平台投入使用，实现所有销售服务中心一网管理。

△ 河钢唐钢人力资源部抽调公司190名业务骨干配置到河钢乐亭钢铁筹建项目，为河钢乐亭钢铁项目提供人才支撑。

△ 河钢唐钢顶级汽车钢批量供货亚洲知名汽车配件企业，600吨S700MC产品顺利交付客户使用。

△ 河钢唐钢首次成功轧制HC500LAD+Z，经检验，产品表面质量及力学性能均满足标准要求，标志着公司低合金高强钢产品已形成系列化。

△ 河钢唐钢在“2017奥克斯全球供应商大会”上，被评为奥克斯空调股份有限公司“2017年度优秀合作伙伴”。

△ 河钢唐钢500吨TYH焊丝钢直供大连某焊材公司，用于国家重点军工项目。从当月起，该企业所用TYH焊丝钢产品全部从公司采购，每月用量约500~800吨。

△ 河钢唐钢一钢轧厂钢产量45.35万吨，创当年月产最高纪录。

△ 河钢唐钢唐银公司取得钢铁企业长期排污许可证。

11月

11月1日 河钢唐钢能源科技分公司“转炉煤气柜自控系统V1.0”被国家版权局授予计算机软件著作权登记证书。

△ 河钢唐钢检修分公司撤销惠唐工业技术服务公司和设备技术检测中心。

11月2—27日 河钢唐钢人力资源部组织363人参加第六期作业长资格培训。其中，321人通过资格培训，合格率88.4%。

11月3日 集团副总经理王新东就市场和产品工作来河钢唐钢调研。公司总经理田欣等领导班子成员出席会议。

△ 河钢唐钢为华东某新能源汽车公司定制生产的800吨700兆帕客车骨架用高强钢在1580毫米生产线下线。这是该生产线首次成功开发此类产品。

△ 河钢唐钢制定《关于集团子分公司返回公司办理离岗休养（厂内退休）职级（岗级）、工资标准确定的管理规定》。

11月6日 河钢唐钢不锈钢公司智能制造项目开工建设。项目概算投资6090万元。

11月9日 河钢唐钢自动化信息公司获得河北省通信管理局颁发的国家增值电信互联网接入服务业务经营许可，该公司获得的国家增值电信业务许可范围涵盖河钢唐钢微尔云计算中心全部经营业务。

11月10日 河钢唐钢汽车用钢质量管理体系获得由英标管理体系认证有限公司（BSI）颁发的IATF16949:2016转版认证证

书，公司成为国内钢铁行业首批通过IATF16949:2016转版审核的企业之一，质量体系管理走在同行业前列。

△ 公司与国内知名工程建设集团签订2600吨产品订单。产品涉及高建钢、Z向钢等多个品种规格，用于浦东机场三期航站楼建设。

11月11日 河钢唐钢党委理论学习中心组进行第二次党的十九大精神专题学习。公司党委书记、董事长王兰玉，总经理田欣，以及公司在家领导参加学习。会议强调，要把学习宣传贯彻党的十九大精神作为首要政治任务，以习近平新时代中国特色社会主义思想为指导，迅速兴起学习宣传贯彻党的十九大精神热潮，确保党的十九大精神入脑入心、落地落实。

11月12日 河钢唐钢冷轧薄板厂（高强汽车板有限公司）首次成功为浙江某知名汽车配件企业定制生产超高强冷成型汽车用钢CR820/1180DP。

11月13日 河钢唐钢出口巴基斯坦的1.5万吨SPCC-1冷硬产品订单全部生产完毕，准备离港发运，产品各项性能指标均满足订单要求。

11月15日 河钢唐钢钢源冶金炉料有限公司全资子公司——钢源（斯梅代雷沃）有限公司注册成立，推进塞钢冶金石灰项目建设。

11月17日 河钢唐钢首批HRB400E抗震钢筋发往全国首批海绵城市试点——迁安市海绵城市项目工地。公司是该项目唯一棒材产品供货商。

11月20日 河钢唐钢党委发出通知，要求公司各级党组织认真学习宣传贯彻党的十九大精神，把公司广大党员和干部职工的思想行动统一到党的十九大精神上来，把力量凝聚到当好集团各项工作排头兵的目标任务上来，奋力开创公司发展建设新局面。

11月21日 河钢唐钢党委制定《关于学习宣传贯彻党的十九大精神系列活动的安排意见》，就学习宣传贯彻党的十九大精神作出安排部署。

11月22日 省剥离国有企业办社会职能督导调研组来河钢唐钢调研指导工作。集团副总经理迟桂友，公司党委书记、董事长王兰玉等陪同调研。

11月23日 省国税局局长卢自强一行来河钢唐钢调研。公司党委书记、董事长王兰玉在展示厅与调研人员座谈。

11月27日 河钢唐钢党委举行学习宣传贯彻党的十九大精神宣讲报告会。公司党委书记、董事长王兰玉作学习宣传贯彻党的十九大精神专题党课报告。总经理田欣及其他公司领导出席。公司各单位中层以上领导干部、公司级专家代表、党办主任、团委书记、董事长总经理联络员参加报告会。

11月28日 河北省青年文明号轮值活动在河钢唐钢成功举办。

11月 河钢唐钢组织开展以“关注消防，平安你我”为主题的消防安全月活动。

△ 河钢唐钢出台《推进以产线为独立市场单元的大部制改革实施方案》，进一步完善事业部运行模式。

△ 河钢唐钢冷轧薄板厂首次向葡萄牙批量出口5069吨S390GD+Z热基高强结构级镀锌板。

△ 河钢唐钢技术中心组织开发模具钢27MnTiB新产品。

△ 河钢唐钢高强汽车板有限公司重点品种占商品总量比例达63.46%，创历史最好水平。

12月

12月1日 河钢唐钢检修分公司中厚板维检中心业务划归中厚板公司管理。

12月5日 河钢唐钢安全部修订下发

《安全培训制度》《安全生产应急管理制度》《动火作业安全管理制度》《设备检修安全管理制度》《消防管理制度》《危险化学品管理制度》。

12 月 7 日 河钢唐钢二钢轧厂为雄安新区市民服务中心工程项目定制生产的首批优质 HRB400E 抗震钢筋发往用户，助力国家级新区雄安新区建设。该项目为雄安新区首个建设项目。

12 月 8 日 河钢唐钢职工健康体检结束，共有 3 万余名职工参加，体检率达 94%。职工健康体检活动于 2 月 15 日启动。

12 月 10 日 河钢唐钢为某知名汽车零件厂定制的 42.6 吨 S500MC 酸洗汽车钢发往客户手中。这批产品厚度达到 5.0 毫米，是该牌号酸洗汽车钢极限规格，标志着公司酸洗产线高端产品接单能力进一步增强。

12 月 11 日 河钢唐钢召开专题会议，传达贯彻集团 12 月 8 日召开的 2018 年重点工作分析说明会精神。公司党委书记、董事长王兰玉强调，要认真学习、深刻领会集团党委书记、董事长于勇的讲话精神，进一步明确工作方向，坚定路径自信；要以集团会议精神为指导，全面系统谋划 2018 年整体工作，以新思维、新视野、新方式，持续推进市场与产品、科技创新与管理创新、人才队伍培养、品牌建设等重点工作，在集团加快建设最具竞争力钢铁企业中，发挥好核心企业示范引领作用。总经理田欣及其他公司领导，各单位厂部级副职以上领导干部参加会议。

12 月 12 日 河钢唐钢能源科技分公司“布袋除尘智能反吹控制系统 V1.0”“汽轮机 SOE 智能诊断分析系统 V1.0”“污水处理集中控制系统 V1.0”等 3 套软件系统被国家版权局授予计算机软件著作权登记证书。

12 月 13 日 中共河北省委书记王东峰到河钢唐钢调研。省委常委、唐山市委书记焦彦龙，省委常委、秘书长童建明，副省长张古江陪同调研。集团党委书记、董事长于勇，公司党委书记、董事长王兰玉介绍情况。

△ 由河钢唐钢自动化信息公司负责实施的河钢承钢钒钛高强冷轧板中间库无人天车项目正式启动。这是该公司拓展的首个外部市场无人天车项目。

12 月 14 日 集团冷轧及涂镀汽车板对标交流会在河钢唐钢召开。集团副总经理王新东出席会议并讲话。

12 月 15 日 河钢唐钢中厚板公司储焦储矿系统污染治理升级改造工程竣工。项目概算投资 2.66 亿元。改造后，有效治理了环境污染。

△ 河钢唐钢不锈钢公司动力系统改造工程建成投入使用。该项目于上年 3 月 20 日开工建设，概算投资 4792.87 万元。

12 月 16 日 河钢唐钢党委在唐钢大学举办学习宣传贯彻党的十九大精神专题讲座。公司党委书记、董事长王兰玉，总经理田欣等公司领导，各单位厂部级副职以上干部和公司级专家 200 余人参加讲座。唐山市委党校副校长张朝民作了题为《新时代中国特色社会主义的行动纲领》的专题报告。

12 月 18—22 日 河钢唐钢通过北京国金恒信环境管理体系认证换版工作审核，成为首批通过新版环境管理体系认证的钢铁企业。

12 月 27 日 河钢唐钢党委书记、董事长王兰玉，总经理田欣率有关部室、单位主要负责人一行 25 人，到河钢石钢对标学习。

12 月 河钢唐钢连续热镀锌钢带 DX53D+Z、深冲用冷轧低碳钢带 DC04、低合金高强度冷轧钢带 HC340LA 三项产品获得 2017 年度冶金产品实物质量“金杯奖”。

△ 河钢唐钢在 2017 年度“实施用户满意工程”奖项评选中，公司连续热镀锌

钢带和冷轧低碳钢带两项产品被评为“全国用户满意产品”。

△ 河钢唐钢修订《职工休假管理办法》《专业技术人员管理办法》《作业长管理办法》，配套《专业技术系列岗位体系改革实施方案》，保护职工的切身利益，实现对专业技术岗位人员的有效激励，切实保证改革方案的落地。

△ 河钢唐钢制定下发《高端人才引进与管理办法》。

△ 河钢唐钢工伤保险费率由 1.93% 上调至 2.88%，并完成全年补缴。

△ 河钢唐钢财务经营部将所有收付款业务全部纳入移动审批平台。

△ 河钢唐钢中厚板公司磨具钢销量 2.38 万吨，是去年同期的 2.62 倍。

△ 河钢唐钢炼铁厂北区颗粒物深度治理项目竣工，概算投资 1.12 亿元。项目完成后，大幅度改善北区原料系统颗粒物污染状况，实现环保生产目标。

△ 河钢唐钢炼铁厂北区料场棚化升级改造工程完成主体施工，投入使用。此工程于上年 8 月开工建设。概算投资 1.96 亿元。

△ 河钢唐钢中厚板公司为高端大客户龙记集团生产 3000 吨 SM50-LK 模具钢，标志着中厚板公司已经完全具备为全球高端模具钢制造企业供货的实力。

△ 河钢唐钢中厚板公司为富士康 8K 项目生产 2.8 万吨产品，这是该公司与中国建筑一局（集团）有限公司进行的首次合作，订单价格超亿元，标志着该公司高端大客户群进一步提档升级。

△ 河钢唐钢高强汽车板有限公司通过 ISO14001、OHSAS18001、ISO9001：2015/IATF16949:2016 认证。

△ 省国资委督导调研组来河钢唐钢对十九大精神学习贯彻情况及党建重点任务进行督导调研。

△ 在河钢唐钢第 31 届职工技术比赛中，13 名职工获“技术状元”称号，26 名职工获“优秀技术能手”称号，24 名职工获“技术能手”称号。

2017 年 河钢唐钢产铁 1385 万吨，产钢 1507 万吨，产钢材 1424 万吨，实现营业收入 670 亿元，实现利润总额 13.29 亿元。

△ 河钢唐钢品种钢销量 720 万吨；品种钢比例 60.6%，同比提高 8.3 个百分点；累计开发高端直供用户 68 家，重点产品销量 420 万吨，重点用户销量 310 万吨，同比增长 180%。

△ 河钢唐钢非钢产业实现营业收入 225 亿元，利润 4.26 亿元；外部收入 73 亿元，超额完成集团下达的 43 亿元外部收入指标任务；消化人工成本 17 亿元，提前实现集团要求消化人工成本 75%的目标。

△ 河钢唐钢党委共有 33 个基层党委、3 个直属党总支、2 个直属党工委、377 个基层党支部；发展新党员 226 人，党员总数为 13753 人。

△ 河钢唐钢党委制定下发《厂部级领导班子和厂部级管理人员三年任期激励考核办法（试行）》《厂部级管理人员三年任期激励年度考核结果与薪酬、使用挂钩办法》，进一步深化激励约束机制。

△ 河钢唐钢人力资源部坚持推进作业长制现场辅导工作，组织专家团队和各职能部室深入现场对作业区进行检查辅导。全年，共组织现场辅导 9 次，累计时间 42 天。

△ 河钢唐钢发展规划部接受河钢乐亭钢铁项目在建工程代行监督的委托，对“河钢产业升级及宣钢产能转移项目工程”进行质量监督管理。

△ 河钢唐钢一钢轧厂药芯焊丝钢产销量 4 万吨，同比增长 35%。

△ 河钢唐钢冷轧薄板厂酸洗汽车钢产销量达 37.28 万吨，同比增长 33.14%，其中 420 兆帕以上级别同比增长 31.88%。

△ 河钢唐钢不锈钢公司实现“两升

一降”品种结构调整目标，低端镀锡基板、冷轧料产量较上年减少 43%；高强汽车钢、DR 材等高端品种同比分别增长 104% 和 14%。

△ 河钢唐钢降低铁耗攻关创效显著，吨钢铁耗从年初的 1000 千克降低到 830 千克，全年增加钢产量 121 万吨，增加效益 8 亿元。

△ 河钢唐钢自动化信息公司营业收入 1.24 亿元，其中外部市场收入 9815 万元，利润 2331 万元，超额实现年度目标。

△ 河钢唐钢炼铁厂北区颗粒物深度治理等 3 个项目获国家发展改革委大气污染防治专项资金 4000 万元。

△ 河钢唐钢高强汽车板技术改造项目二期工程获国家产业转型升级示范区建设项目专项奖励资金 3000 万元。

△ 河钢唐钢“宽厚板连铸坯重压下关键工艺与装备技术的开发及应用”项目获得河北省科技进步奖一等奖。

△ 河钢唐钢“冶金行业智能无人天车系统的研发与应用”成果获得河北冶金科学技术奖一等奖。

△ 河钢唐钢“中小型转炉一键式自动炼钢技术创新与应用”成果获得河北冶金科学技术奖一等奖。

项目建设

基础项目及环保项目建设

【焦化产能置换方案获批复】 2017年，唐山钢联焦化有限责任公司5号、6号焦炉环保搬迁工程焦化产能置换方案经河北省工信厅核准，获得批复。唐山钢联焦化有限责任公司5号、6号焦炉环保搬迁工程概算投资16.11亿元，主要是新建2×60孔JNX3-70-1式顶装式焦炉，年产焦炭130万吨，配套建设备（配）煤系统、干熄焦系统、筛焦系统、煤气净化系统和辅助生产设施、配套生活福利设施等。拟采用EPC方式进行建设。另外，煤气加压站、焦化污水处理站、工程桩基、地基处理、平土、边坡或挡土墙、围栏围墙、绿化及其他道路运输车辆，概算费用合计1.34亿元。其中，焦化污水处理站拟采用合同能源管理模式建设。

【焦炉烟气脱硫脱硝工程】 2017年8月27日，河钢唐钢美锦公司焦炉烟气脱硫脱硝工程竣工并投入试运行。该工程于当年1月与中冶焦耐（大连）工程技术有限公司签订总承包合同，2月18日开工建设，概算投资5498万元，由中冶焦耐（大连）工程技术有限公司设计和施工。工程主要是新建1套焦炉烟道气脱硫脱硝装置及配套的辅助设施，包括脱硫塔、除尘脱硝装置、喷氨系统、引风机、烟气管道、液氨站、氨原料气化系统以及相关配套公辅设施，采用“$NaCO_3$烟气脱硫+低温SCR选择性催化还原脱硝除尘”工艺处理焦炉烟道气废气，净化后的洁净烟气由烟囱排放。工程投入使用后，二氧化硫控制在30毫克/立方米以下，烟尘15毫克/立方米以下，氮氧化物150毫克/立方米以下，满足河北省大气污染特别排放限值要求，于当年11月12日通过环保验收。

【炼铁厂北区料场棚化升级改造工程】 2017年12月，河钢唐钢炼铁厂北区料场棚化升级改造工程完成主体施工，投入使用。此工程于上年6月13日获批立项，同年8月16日开工建设，项目概算投资1.96亿元，由唐山钢铁国际工程技术有限公司设计、承建。项目主要是封闭一次料场；改造熔剂汽车受矿槽并新建除尘器；改造烧结矿返回及输出系统；北区部分除尘灰采用吸排罐车运往烧结配料室，其余部分运至BH槽西侧新建除尘灰仓。项目建成后，有效控制一次料场内颗粒物无组织排放，避免物料损失，降低生产成本，达到国家环保要求。

【炼铁厂北区颗粒物深度治理项目】 2017年12月，河钢唐钢炼铁厂北区颗粒物深度治理项目建设完工。该项目于当年8月1日开工建设，概算投资1.12亿元，由唐山钢铁国际工程技术有限公司设计，河北钢铁建设集团有限公司、唐山天鸿建安、河北省安装工程公司等单位承包建设。项目主要对北区原料场东部除尘系统、BH槽除尘系统、筛分楼除尘系统、MST1除尘系统、MST8除尘系统、新干煤棚除尘系统、老干煤棚除尘系统、缓冲仓除尘系统、西院卸一除尘系统以及烧结矿地仓的除尘改造；北区4000米库煤场封闭，北区4000米库煤场、一次料场设洗车平台及监控；炼铁北区原料皮带建密闭通廊、南北区热风炉烟囱增设在线检测等项目。项目实施后，将有效降低污染物的排放，达到相关区域环保标准要求。

【炼铁厂北区储焦系统及原料系统环境治理升级改造工程】 2017年4月，河钢唐钢炼铁厂北区储焦系统及原料系统环境治理升级改造工程开工建设。该项目于上年5月立项，概算投资1.32亿元，由唐山钢铁国际工程技术有限公司设计，唐山瑞丰建业集团有限公司、河北钢铁建设集团有限公司、河北省安装工程公司等负责主体施工。建设内容主要包括新增焦炭贮运系统并新建除尘器以及PYT1除尘器异地新建等项目。截至2017年末，10个焦炭贮仓、焦炭通廊转运站土建部分完工，设备安装完成70%施工量。项目建成后，将有效缓解焦炭贮存场地问题，满足相关区域环保标准要求。

【炼铁厂南区烧结主抽风机变频改造工程】 2017年3月29日，河钢唐钢炼铁厂南区烧结主抽风机变频改造工程竣工投产。该项目于上年5月23日立项，同年11月10日开工建设，概算投资1575万元，由唐山钢铁国际工程技术股份有限公司设计，北京新佰奥科技有限公司承包建设。项目主要是采用一拖一控制方式，建设2套高压变频器及配套的高压进线开关柜、变频器出线柜、变频器同期柜、后台控制系统、变频器空-水冷系统、厂房施工安装及相关配套设施等。项目投产后，炼铁厂南区360平方米烧结主抽风机节能效果明显，年节约电费700余万元。

【炼铁北区1号高炉易地改造工程】 为提高产业集中度，优化钢铁主业布局，降低生产成本，河钢唐钢制定实施产能置换方案，将炼铁北区1号高炉迁至中厚板公司3号高炉易地重建，减量置换为1580立方米高炉。2017年8月5日，炼铁北区1号高炉易地改造工程即中厚板公司3号1580立方米高炉点火开炉。此前7月29日，该工程主要项目3号烧结机点火投产。项目于2014年9月25日立项，概算投资12.09亿元，由唐山钢铁国际工程技术有限公司设计，河北省安装工程有限公司、河北钢铁建设集团有限责任公司等单位承建。项目主要内容为新建1座1580立方米高炉及供料、喷煤系统、高炉循环系统等，利旧干法除尘系统，高炉鼓风机进口1台电机；新建1台240平方米烧结机及相关配套设施，新建1台铸铁机，新建35千伏变电站等。项目投产后有助于中厚板公司铁钢生产平衡稳定。

【炼铁北区高炉冲渣水余热利用项目】 2017年4月28日，河钢唐钢炼铁北区高炉冲渣水余热利用项目2号高炉部分完工，该部分于上年10月31日开工，概算投资2780万元；2017年11月15日，河钢唐钢炼铁北区高炉冲渣水余热利用项目3号高炉部分竣工，该部分于当年9月底开工，概算投资4326.59万元。炼铁北区高炉冲渣水余热利用项目采用合同能源管理模式，由唐山博格曼科技开发有限公司投资建设运营，公司从外售热费中分享效益，合同结束后，产权归公司所有。项目主要是建设炼铁北区高炉冲渣水余热回收利用系统，新建2号、3号高炉冲渣水换热站、北区汽暖改水暖、蒸汽补热系统及厂区内热网管线。其中2号高炉冲渣水用于北区汽暖改水暖，富余部分用于市政供热；3号高炉冲渣水用于市政供热。项目投入使用后，实现对高炉冲渣水的二次利用，为城市供暖多元化开拓新路径。

【中厚板公司料场污染综合治理升级改造项目】 2017年8月，河钢唐钢中厚板公司料场污染综合治理升级改造项目竣工。该项目于上年6月13日立项，2017年1月正式启动，概算投资4.23亿元，由唐山钢铁国际工程技术有限公司设计，河北省安装工程有限公司、唐山钢铁国际工程技术有限公司等单位承建。项目主要建设内容是采用单层压型钢板封闭形式对三期燃料料场，一、二、三期矿石地仓料场，竖炉料场进行封闭改造；新建矿石汽车受料槽，C型封闭料场，混匀配料槽，转运站、通廊等输出系统；对料场内部进行抑尘改造，新增固定式远程射雾器，配套建设照明、排水等设施。其中，竖炉料场封闭工程于上年9月19日开工建设，三期燃料料场封闭工程于当年10月19日开工建设，原料矿石地仓封闭工程于上年12月22日开工建设。项目改造后，彻底解决物料扬尘污染环境问题，减少无组织排放。

【中厚板公司储焦储矿系统污染治理升级改造工程】 2017年12月，河钢唐钢中厚板公司储焦储矿系统污染治理升级改造工程竣工。该工程于当年3月15日开工建设，概算投资2.66亿元，由唐山钢铁国际工程技术有限公司设计，唐山天鸿建安、河北省安装工程公司等负责主体施工。项目主要是新建焦炭汽车受料槽20个，以及输送到贮仓的运输系统；烧结矿、球团输送系统用于将成品矿仓的烧结矿、球团输送至贮仓，以及贮仓、汽车受料槽向高炉供料的运输系统，包括转运站、通廊；新建高架贮仓10个及配套除尘系统。项目投入使用后，中厚板公司炼铁块料全部进入高架贮仓，达到国家环保要求。

【中厚板公司钢轧系统400万吨配套项目】 2017年4月，河钢唐钢中厚板公司钢轧系统400万吨配套项目主体工程竣工投产。该项目于上年9月12日立项，11月22日开工建设。项目概算投资2899.8万元，由唐山钢铁国际工程技术有限公司设计，河北钢铁建设集团有限责任公司、东北大学、鞍山华宇电器有限公司、北京力通公司等单位承包建设。项目主要建设内容包括铁水预处理、3号LF炉、RH炉、转炉副枪，轧钢一线3号加热炉、粗轧机、超快冷、即时冷、预热矫、冷矫直机、压平机等主体设备等。项目建成后，实现铁、钢、轧产能均衡，缩短检修时间、加快了生产节奏。

【中厚板公司污染深度治理项目】 2017年8月7日，中厚板公司污染深度治理项目立项，同月开工建设。项目概算投资6119.35万元，由唐山钢铁国际工程技术有限公司设计，北京利德衡环保工程有限公司、唐山市远大建筑安装工程有限公司、唐山天鸿建安、河北省安装工程公司等单位施工。项目主要建设内容包括原料区通廊封闭、新增洗车机、西料场Z20转运站除尘治理；白灰窑料场棚化；烧结区通廊封闭、烧结机头电除尘器改造、铁料地仓除尘治理；高炉区通廊封闭，新增高炉煤气卸灰除尘治理设施、15号与18号转运站除尘治理设施、高炉热风炉烟囱环境监测仪器检修平台、热风炉烟囱在线监测系统；炼钢区转炉精炼炉除尘及三次除尘系统改造，钢包热修、炼钢辅料地仓、铁合金地仓加装钢门，钢渣处理车间厂房增设密封门等。2017年末，除3个洗车平台及1号、2号烧结机头电除尘改造项目外，其余工程全部竣工。项目投入使用后，将有效降低污染物的排放，满足相关区域环保要求。

【不锈钢公司钢渣处理工程】 2017年4月15日，河钢唐钢不锈钢公司钢渣处理工程投产。该项目于2015年11月17日立项，上年5月10日开工建设，概算投资4116.81万元，由唐山钢铁国际工程技术有限公司设计，唐山市远大建筑安装工程有限公司和北京首钢自动化信息技术有限公司等承建。项目主要是新建4座热闷池、钢渣磁选处理系统及附属的厂房除尘设施，钢渣运输至渣处理车间进行钢渣热闷处理，热闷后的钢渣进行筛分、磁选处理等。项目投产后，解决了高温钢渣产生大量烟尘问题，处理后的钢渣中金属铁回收率达85%以上，消除了废弃物不稳定因素，实现了钢渣“零排放”。

【不锈钢公司料场改造工程】 2017年6月30日，河钢唐钢不锈钢公司料场改造工程投产。该项目于2015年7月2日立项，同年8月1日开工建设，概算投资4.04亿元，由唐山钢铁国际工程技术有限公司设计，河北钢铁建设集团有限责任公司承建。主体设备由江阴大地装备股份有限公司、唐山神华有限公司、天津市宁河芦江机械厂、唐山佳信通用机械有限公司、北京欧凯富科技等单位供应。项目主要建设内容是与265平方米烧结机配套建设封闭式原料场，为132平方米及265平方米烧结机供料；建设焦炭及高炉含铁料贮仓系统，为1~4号高炉及下一步规划建设的高炉供料；建设干煤棚为3~4号高炉、下一步规划建设的高炉供应喷吹煤及给烧结供应白煤。项目采用封闭式料场、干煤棚、筒仓、料槽除尘运输系统。项目建成后，彻底取消露天存放物料方式，满足国家环保要求，并且减少厂内倒运降低物流成本。

【不锈钢公司烧结机系统扩建改造工程】 2017年6月30日，河钢唐钢不锈钢公司烧结机系统扩建改造工程竣工投产。该项目于2014年9月25日立项，2015年10月开工建设，概算投资4.37亿元，由唐山钢铁国际工程技术有限公司设计，河北省安装工程有限公司、河北钢铁建设集团有限公司等单位承建。项目主要建设内容是拆除竖炉及3号、4号高炉上料系统，新建1台265平方米烧结机及余热利用系统、烟气脱硫系统等相关配套公辅设施，配套增加建设除尘环保系统。该项目是为适应环保要求，淘汰落后产能而建，投产后铁前工艺配置更加合理，烧结矿完全满足高炉生产需求，环保配套设施更加完善，污染物排放达到河北省特别排放标准要求。

【不锈钢公司余热余能综合利用工程】 2017年8月19日，河钢唐钢不锈钢公司余热余能综合利用工程建成投产。该项目于2015年12月30日立项，上年5月15日开工建设，是不锈钢公司烧结机扩建改造工程配套项目，概算投资6377.87万元，由唐山钢铁国际工程技术有限公司设计，山东博宇锅炉有限公司、唐山瑞丰建业集团有限公司及河北省安装工程有限公司等单位承建。项目主要是对原有132平方米烧结机的环冷机进行改造，配套建设1台余热锅炉；为在建的265平方米烧结机环冷机配套建设1台余热锅炉；拆除原有的6兆瓦蒸汽发电机组，更换1台18兆瓦发电机组；配套公辅设施改造。项目建成后，充分利用烧结环冷机烟气余热发电，减少购电成本，年增加发电量0.58亿千瓦时，创效3000万元。

【不锈钢公司质量提升技改工程】 2017年3月12日，河钢唐钢不锈钢公司质量提升技改工程建成投产。项目于2015年11月17日立项，上年3月9日开工建设，概算投资3293.48万元，由唐山钢铁国际工程技术有限公司设计，河北省安装工程有限公司和北京首钢自动化信息技术有限公司承建。项目主要是对三座转炉实施炉后钢包底吹控制系统改造，3号连铸机增上结晶器自动加渣系统及增上中间包连续测温装置，增上1580毫米生产线1号、2号加热炉自动燃烧系统，增上1580磨辊间工作辊冷却装置等。项目改造后，板坯质量得到提高，夹杂降判比例由上年0.45%降至0.35%，当年4月创历史最好水平0.22%，品种比由74.64%提高至80.24%。

【不锈钢公司1号、2号高炉矿槽除尘改造工程】 2017年1月，河钢唐钢不锈钢公司1号、2号高炉矿槽除尘改造工程竣工投产。该项目于上年12月开工建设，概算投资1134.94万元，系国家环保验收建设项目，由唐山钢铁国际工程技术股份有限公司设计，泊头市环保机械有限责任公司、唐山瑞丰建业集团有限公司施工。项目主要建设内容是将不锈钢公司1号、2号高炉矿槽除尘器由静电除尘器改造为布袋除尘器。项目改造后，粉尘排放下降至8毫克/立方米以下，满足河北省大气污染物特别排放限值要求。

【不锈钢公司颗粒物深度治理项目】 2017年8月7日，河钢唐钢不锈钢公司颗粒物深度治理项目立项，同月25日开工建设，预计2018年2月竣工。项目概算投资3378.55万元，由唐山钢铁国际工程技术有限公司设计，唐山市远大建筑安装工程有限公司、唐山中亿建筑安装工程有限公司等单位承建，主体设备由唐山市赛沃机器制造有限公司、泊头市环保机械有限责任公司、唐山创元方大电气有限责任公司等供货，唐山三环工程建设监理有限公司监理。主要建设内容是1~2号高炉修包间增设集尘罩；高炉炉顶卸料增设集尘罩；矿槽返焦返矿增设集尘罩；出铁场残铁口增设集尘罩；一期、三期散装料两个半地下料仓卸料棚设计安装皮带倒流门帘；三精炼除尘改造；脱硫站兑铁除尘改造；一期2号转运站除尘器改造；132平方米烧结机成品仓增加除尘设施；新建干煤棚洗车台、污泥间洗车台、火车受料槽洗车台及钢渣库洗车台；1~4号热风炉增设在线烟气检测设备；1~3号转炉三次除尘增设在线粉尘检测设备；新建一个炼钢散状料库；部分皮带通廊、窗户封闭等。项目投入使用后，将全面改善不锈钢公司环境状况，降低颗粒物排放，达到唐山市环保部门关于冶炼工艺流程存在扬尘的厂房必须进行封闭并增加除尘设施的要求。

【不锈钢公司动力系统改造工程】 2017年12月15日，河钢唐钢不锈钢公司动力系统改造工程建成并投入使用。项目于2015年12月30日立项，上年3月20日开工建设，概算投资4792.87万元，由唐山钢铁国际工程技术有限公司设计，河北钢铁建设集团有限责任公司、唐山瑞丰建业集团有限公司承建。项目主要是对压缩空气系统改造；烧结及料场区域主给水管路系统改造；烧结及料场区域主排水改造；供电系统改造，是料场改造及265平方米烧结机工程重要的公辅项目，建成的设施为新建的封闭料场及265平方米烧结机投产提供水、电等能源介质，同时对原料及烧结区域主排水管线进行重新规划，保证排水通畅。项目建成后，全面提高不锈钢公司动力介质的供应能力。

【环境在线监测平台上线运行】 2017年，河钢唐钢加强污染源管理，利用信息化手段，对各条产线的水、气污染源在线监测数据进行整合、集成，建立一体化数据监控管理平台，构建数据共享、实时监控的环保管理大数据资源格局。1月20日，公司环境在线监测平台上线运行。该项目于上年9月启动，实施的主体厂包括炼铁厂南区和北区、不锈钢公司、中厚板公司，同时安装烟气在线监测仪及人工步梯，共安装调试涉及单烟气、全烟气、废水等在内的42套在线监测设备，23套原有工况系统数据集成，84套污染物排放数据采集，5套视频监控，9个点检站的建设，以及与市环保局数据对接调试工作。环境在线监测平台上线运行后，公司的生产排放实现24小时全面监控，全年在线监测数据达标率100%，为排放总量管理、总量控制提供基础依据，实现管理过程由被动发现向提前预防的转变，确保环保设施稳定运行。

【高强度汽车板技术改造项目二期工程】 2017年8月31日，河钢唐钢高强度汽车板技术改造项目二期工程竣工并投入使用。该工程于上年1月18日开工建设，概算投资14.75亿元，由唐山钢铁国际工程技术有限公司、中冶南方工程技术有限公司以及外方联合体等单位设计，河北钢铁建设集团有限责任公司承包建设，世界知名冶金设备供应商SVAI公司、ANDRITZ公司、MIEBACH公司等提供技术集成和关键设备。项目主要是新建2条连续热镀锌机组、1条重卷检查机组、1条半自动包装机组及相关配套的主厂房等配套设施，设计年产量65万吨。产品定位为国际一流水平的高强汽车板、深冲板和家电板，广泛应用于汽车结构、机械制造和高档家电等领域，产品规格为厚度0.18~3.0毫米、宽度850~1600毫米，产品最大抗拉强度780兆帕。该项目投产后，实现高强汽车板有限公司区域产能均衡，能够生产镀锌产品和铝硅产品，可持续发展能力进一步提升，为公司调整产品结构、提高竞争力和经济效益奠定基础。

【板材加工配送中心及钢结构加工项目】 2017年1月，河钢唐钢惠唐乐港分公司板材加工配送中心及钢结构加工项目建成投产。项目于 2015 年 12 月获批立项，2016 年 1 月 1 日开工建设，概算投资 7093.96 万元，由唐山钢铁国际工程技术有限公司设计，唐山市远大建筑有限公司、唐钢新事业金恒建设公司、河北钢铁建设集团、唐山东方建设公司、秦皇岛中兵基础公司承建。项目主要建设板材加工配送、钢结构加工制作厂房 1 座及其配套设施，建筑面积 1.97 万平方米，其中综合楼、食堂、浴室、宿舍 3125 平方米。项目建成后，对钢板进行任意几何形状自动切割，并且通过套料软件对所需切割的零件进行优化组合，生产出最高成材率的中厚板深加工产品。

信息化项目建设

【智能制造项目建设】 2017 年，河钢唐钢依据“中国制造 2025”标准，在创新搭建的智能制造五级架构模式下，构建重点生产区域纵向贯通、横向集成、协调联动、功能完善的信息自动化体系，支撑产线智能化转型，满足产品质量、品种和生产稳定性需求，为集团各子分公司智能制造工作推进起到示范作用。该项目由不锈钢公司智能制造、高强汽车板公司智能制造及中厚板公司智能制造 3 个子项目组成，概算投资 8601.6 万元，于 3 月 31 日经河钢集团批复。4 月 28 日，召开智能制造项目启动会，成立项目指挥部，实行项目经理负责制，明确项目周例会制度。截至 2017 年末，项目整体处于设计实施阶段，子项目之一的不锈钢公司 1580 毫米生产线一二级系统升级项目正式上线，整体项目预计 2018 年 4 月底前完工。

【高强汽车板公司智能制造项目】 2017 年 4 月 20 日，河钢唐钢高强汽车板公司智能制造项目开工建设。该项目于当年 4 月获批立项，概算投资 1054.71 万元，由普锐特冶金技术（中国）有限公司、上海宝信软件股份有限公司、西门子工厂自动化工程有限公司、唐山银通科技有限公司承建。主要建设内容为 5 号、6 号镀锌生产线设备在线诊断系统，磨辊间管理系统，增加 6 号镀锌生产线锌锅捞渣机器人，工控网络与信息安全等项目。该项目预计 2018 年 6 月完工。

【不锈钢公司智能制造项目】 2017 年 4 月 20 日，河钢唐钢不锈钢公司智能制造项目立项，11 月 6 日开工建设。概算投资 6090 万元，由唐山钢铁国际工程技术有限公司设计，百时宜信息技术（上海）有限公司、迁安首信自动化信息技术有限公司、北京京城鼎宇管理系统有限公司、普锐特冶金技术（中国）有限公司、湖南千盟工业智能系统股份有限公司、承德市五岳测控技术有限公司、西门子工厂自动化工程有限公司、唐山钢铁集团微尔自动化有限公司、渤海国信（北京）信息技术有限公司承建。主要建设内容为钢区 MSCC 功能扩充及相关信息化接口升级，钢区天车定位系统及物流管理系统，1580 毫米生产线一二级系统升级，1580 毫米生产线 3 套主传动升级，板坯库、成品钢卷库天车定位及物流管理系统等项目。该项目预计 2018 年 6 月完工。项目建成后，将提高生产工序智能化及自动化水平，降低人工操作失误，提升钢卷质量。

【中厚板公司智能制造项目】 2017 年 4 月 20 日，河钢唐钢中厚板公司智能制造项目开工建设。该项目于当年 4 月获批立项，概算投资 1456.89 万元，由北京冶自欧博科技发展有限公司承建，预计 2018 年 6 月完工。主要建设内容为中厚板公司 2 条 3500 毫米生产线冷区一二级系统升级，成品库天车定位及物流管理系统等内容。

【炼铁南区 600 吨轨道衡基础改造】 2017 年 7 月 12 日，河钢唐钢炼铁南区 600 吨轨道衡基础改造项目竣工。该项目于上年 8 月获批立项，2017 年 5 月 18 日开工建设，由唐山钢铁国际工程技术有限公司设计，唐山万达铁路工程有限公司承建。主要建设内容为拆除两端引道轨枕和垫层，新设钢筋混凝土整体道床，更换引道和轨道衡区段铁轨等工程。炼铁南区600吨轨道衡建于2007年，总长约35米，经长期铁路运行，轨道衡的计量结果不够准确，并给铁路运输造成安全隐患。改造完成后，提高火车运输的安全性和轨道衡计量精准度，减少因基础不稳定导致的计量异议、数据输出不稳定等影响生产经营现象的发生。

【中厚板公司400吨轨道衡改造】 2017年4月17日，河钢唐钢中厚板公司400吨轨道衡改造项目竣工。该项目作为中厚板公司2015年自动化及信息化建设项目的分项，于上年8月获批立项，2017年3月6日开工建设，由唐山钢铁国际工程技术有限公司设计，承德市五岳测控技术有限公司、唐山市远大建筑安装工程有限公司承建。主要建设内容为拆除并更换400吨轨道衡，秤台两端各浇筑15米长整体水泥道床等工程。中厚板公司原300吨动态铁水罐轨道衡投运已10余年，设备锈蚀严重，基础墩受力部分受损出现凹坑，不仅影响计量精度，而且对行车构成安全隐患。改造后，减少计量调校频次，节省因调校产生的费用。

【汽车衡改造项目】 2017年，河钢唐钢着眼于丰富废钢存储计量方式，相继组织实施商贸公司汽车衡光缆敷设项目和二钢轧厂汽车衡远程计量改造项目，为废钢业务结算提供数据支撑。这一年，根据公司生产经营计划，新建二钢轧厂一期连铸库房和商贸公司库房作为废钢存储场地，二钢轧厂磅房改造用于厂际计量，安装远程自助计量系统，二钢轧厂内倒磅用作废钢计量，保留二钢轧厂原内倒业务及原有系统。两项改造项目均由唐山钢铁集团微尔自动化有限公司承建，分别于8月、9月建成并投入使用。

【高强汽车板公司二期ERP、硬件及辅助系统改造】 2017年6月，河钢唐钢高强汽车板公司二期ERP、硬件及辅助系统改造项目完工。该项目于上年11月获批立项，12月开工建设，概算投资918万元，由渤海国信（北京）信息技术有限公司承建。主要建设内容为ERP系统改造，工厂数据库，物流管控系统、设备点检系统、计质量系统、能源系统配套改造，网络主机及存储升级等工程。

【APS系统全覆盖相关系统改造项目】 2017年4月，河钢唐钢APS系统全覆盖相关系统改造项目开工建设。该项目于当年3月获批立项，概算投资824万元，由索析统（上海）信息技术有限公司、渤海国信（北京）信息技术有限公司、唐山银通科技有限公司承建。主要建设内容为APS系统功能扩展，ERP系统配套改造，一冷MES系统配套改造，网络主机及存储系统等项目。该项目预计2018年7月完工。

【信息化深度应用扩展项目】 2017年4月，河钢唐钢信息化深度应用扩展项目开工建设，该项目于当年3月获批立项，概算投资556万元，由索析统（上海）信息技术有限公司承建。主要建设内容为订单跟踪管理系统，网络主机及存储系统等项目。该项目预计2018年9月完工。

【QMS系统新增功能扩展项目】 2017年4月，河钢唐钢QMS系统新增功能扩展项目开工建设。该项目于当年3月获批立项，概算投资390万元，由伊斯拉视像设备（上海）有限公司承建。主要建设内容为满足其他系统新增集成需求进行功能扩展，过程数据查看的弹窗功能，可在对话窗口勾选过程数据，可处理板坯硫印图片，在判定结束后封锁人工录入界面，基于产线数据、表检数据、人工录入数据判定钢卷等级等功能。该项目预计2018年9月完工。

科技创新

产品研发

【重点品种开发】 2017年，河钢唐钢坚持把品种结构优化作为产品升级主攻方向，以提高品种钢比例和高端产品产销研一体化为落脚点，加强研发能力建设，进一步提升对接市场和对接客户能力，努力使品种特色更鲜明、产品结构更合理、创效能力更强劲。全年，公司重点产品销量达420万吨，同比提升83%；品种钢销量720万吨，品种钢比例60.6%，同比提高8.3个百分点；高竞争性用户销量6.6万吨，比年度目标提高94%；转产新产品销量160万吨，超额实现全年114万吨目标。这一年，将产品结构调整、品种钢比例提升作为工作重心，着力强化技术支撑，加快推进公司品种结构优化，开发生产的船板、模具耐磨钢、容器板、桥梁板、高建钢、工程机械用钢、管线钢等重点品种钢产量达120.7万吨，6～80毫米370q、420q系列产品投产并实现产品质量稳定，高建钢实现Q460以下级别钢种全覆盖，其中高建Z向钢销量10万余吨，成为国内钢结构用钢品牌供应商；汽车板品种钢销量大幅提高，格力、奥克斯、美的等家电板以及深冲钢、加磷钢、低合金高强钢、双相钢等汽车钢增幅达57%，镀铝硅产品获得用户认可并实现批量化生产，电池壳钢逐步上量，结构钢、热冲压成型钢等产品实现从无到有并批量供货，抗拉强度780兆帕以上的高端双相钢达1.3万吨，热轧高端汽车用钢2.24万吨；耐候钢、药芯焊丝钢和搪瓷钢等品种的新用户数量不断增加，为持续提高品种产量形成有力支撑；大型产线品种比例同比提高19.14%，叉车门架用钢Q440m、Q420m、电极扁钢Q195市场不断拓展。

【新产品研发】 2017年，河钢唐钢紧紧抓住以技术进步推动产品升级主线，坚定不移走产品高端路线，以汽车板、家电板为重点，充分借助河钢东大产业技术研究院等科研力量，积极攻克制约产品升级的关键问题，加速高端产品研发生产，着力开发打造适应市场需求的红旗产品、特色产品、主打产品，积极推动装备和技术优势向产品优势转化。全年，开发新品种50个，研发型产品占比达84%。其中，汽车板事业部开发高端顶级新品种20余个，卷板事业部突出培育打造热轧薄规格、耐酸耐候钢、酸洗压缩机用钢、药芯焊丝钢、结构级镀锌、汽车用钢等六大特色品种，长材事业部成功开发履带型钢、铁道垫板型钢、叉车门架用钢、锚杆用钢筋、电极扁钢等8个系列新品种，并具备批量供货能力。

棒材方面：试制20毫米锚杆钢筋MG400Y，产品表面质量、尺寸精度满足标准要求，具备小批量生产能力。

型材方面：成功开发12～25型号S355J2、200毫米×28毫米热轧等边角钢Q345D，具备D级低合金角钢稳定供货能力；开发生产热轧电极扁钢1.5万吨，热轧40U型钢近1万吨，开发生产14英寸、14.75英寸、16英寸、18英寸4种规格20CuNi、DB40两个牌号铁道垫板3000余吨。轻轨市场高端用户开发工作取得新进展，轻轨用钢50SiMnP交付山西大同煤业集团首次使用。型材品种实现多样化批量稳定生产。

板材方面：本部热轧板材新产品有高强汽车用钢700L、热冲压成型用钢22MnB5、铁道用耐候钢Q355NHE、Q345NQR、Q450NQR等产品。其中，Q450NQR1通过中铁检验认证中心CRCC认证，具备向中国中车供货资格。

冷轧板材新产品罩退22MnB5经用户试

用，接到小批量订单；搪瓷钢 TTC300R、TTC1 与海尔电器进行技术对接并成功进入其采购流程，冷轧高端搪瓷钢 TTC1 持续供货苏泊尔主体配套商。高强汽车板公司新产品有双相钢 HC260/450DPD＋Z、HC280/450DPD+Z，菲亚特 FEP04、FEP05，冲压性能优异的铌钛复合产品 DC53D+Z；镀铝硅新产品 DC51D+AS、T1500HS+AS；连退新产品有超低碳钢 CR3，高强无间隙原子钢 HC260Y，热冲压成型钢 T1500HS。供海尔、格力、奥克斯、美的等家电用钢用户使用满意，且产量稳中有增；高端双相钢系列 780 兆帕级产品实现批量或小批量供货，980 兆帕级产品开发成功并实现小批量供货；开发用于供海尔家电的高端门壳板，供吉利和北汽福田主机厂的 DC01～DC06 等产品实现大批量供货。

不锈钢公司新增外售牌号 38 个，共涵盖 6 个钢种系列，主要包括高屈服强度汽车用钢 S700MC、S550MC、S500MC 等产品，实现从 355 兆帕到 700 兆帕全覆盖；汽车大梁钢 600L 实现从 420 兆帕到 700 兆帕强度产品系列化生产；二次冷轧用热轧带钢 TDR1～TDR5，全面供货冷轧镀锡、镀铬用户；铁路用耐候钢 Q345NQR2 首次生产，验证工艺可行性；开发生产热成型钢 HR1500HS、16MnAl、QP01 等产品，应用于汽车防撞梁、精冲用钢和热冲压成型用钢；高延伸率能源用钢 SG295 实现用户性能的特殊需求。

中厚板公司开发高强钢、桥梁钢、高强建筑用钢、模具钢等 6 个系列品种，新增开滦铁拓、中交华盛高强钢 Q550D 用户。高强钢 Q690 实现对广东富华 690 级鞍座用高强钢的小批量供货；高建及 Z 向钢 Q460GJ 和 420GJ 正火高建钢首次生产；成功开发模具钢 4140、1.2311、P20、1.2738，其中厚度规格为 14～110 毫米中高端模具钢 1.2311、1.2738 填补公司模具钢空白；耐候桥梁钢 Q370qNH、Q420qNH 试制成功。典型品种为中厚板建筑桥梁结构用钢 Q345GJ、Q390GJ、Q420GJ、Q460GJ，Q345q、Q370q、Q420q 等产品，应用于建筑桥梁结构的钢结构梁、柱及钢箱梁等项目，服务于东南网架、上海建工、杭萧钢构等大客户。

唐银公司开发气保焊丝用圆盘条 ER70S-6 及埋弧焊丝 H08A、H08MnA。其中，ER70S-6 年产 4.56 万吨，H08A、H08MnA 年产 6450 吨，质量稳定可靠，且按计划投放市场。

附表　2017 年河钢唐钢新产品开发一览

类别	品种	牌　号	规格/毫米	主要用途
棒材	锚杆钢筋	MG400Y	20	矿井巷道及地下工程支护用钢
型材	热轧等边角钢	S355J2、Q345D	120～250	铁塔结构用钢
	电极扁钢	Q195、TD06	198×130、225×105、190×100 等	阴极钢棒用钢
	热轧 U 型钢	Q470、20MnK	40U	矿山巷道支护用钢
	铁道垫板	20CuNi、DB40	14 英寸、14.75 英寸、16 英寸、18 英寸	铁道用钢

续附表

类别	品种	牌　号	规格/毫米	主要用途
本部热轧板材	高强耐候钢	Q450NQR1	(1.5~12.0)×(1000~1500)	铁路客货车车厢
	高强汽车用钢	700L	(1.2~8.0)×(1000~1500)	汽车结构、汽车大梁
	热冲压成型用钢	22MnB5	(1.8~5.0)×(1000~1500)	汽车结构
冷轧板材	结构级镀锌产品	G450、G500	(0.45~4.0)×(1000~1500)	建筑结构
高强汽车板公司板材	连退双相钢	HCT590X、CR420/780DP、CR550/980DP、CR340/590DP、CR340/600DP	(0.8~2.5)×(1000~1400)	汽车用防撞梁、前纵梁、A柱、B柱、门槛
	连退低合金高强钢	T280VK、HC380LA、HC300LA、HC460LA、HC500LA、T410LA、HC260LA、HC340LA、HC420LA	(0.65~2.5)×(1000~1480)	汽车用地板骨架、车顶纵梁
	连退超低碳深冲钢	DC03、DC04、DC05、DC06、CR3	(0.65~2.5)×(1000~1400)	汽车用外覆板、冲压件
	连退加磷高强钢	T250P1、T210P1、T170P1、HC180Y、HC220Y、HC260Y	(0.60~2.5)×(1000~1400)	汽车用底护板、加固件等
	高强IF钢	HC220YD+Z、HC180YD+Z、HC260YD+Z、菲亚特FEP04、FEP05	(0.60~2.5)×(1000~1400)	汽车用底护板、加固件等
	热冲压成型钢	T1500HS	(1.2~1.85)×(1095~1194)	汽车用B柱、车门防撞杆
	电池壳钢	TDCK	0.5×(1000~1350)	电动汽车电池外壳
	镀锌低合金高强钢	HC300LAD+Z、HC380LAD+Z、HC340LAD+Z、HC260LAD+Z、HC420LAD+Z、	(0.65~2.5)×(1000~1480)	汽车用地板骨架、车顶纵梁
	镀锌双相钢	HC340/590DP+Z、HC340/600DPD+Z、HC260/450DPD+Z、HC280/450DPD+Z	(0.8~2.0)×(1000~1400)	汽车用防撞梁、前纵梁、A柱、B柱、门槛
	镀锌超低碳深冲钢	DC54D+Z、DC56D+Z	(0.6~2.5)×(1000~1570)	家电板、汽车覆件
	镀铝硅热成型用钢	T1500HS+AS	(1.0~2.5)×(900~1600)	B柱、A柱、门槛、防撞梁等安全部件

续附表

类别	品种	牌号	规格/毫米	主要用途
不锈钢公司板材	热成型冲压钢	HR1500HS	(1.8~6.0)×(1000~1400)	精冲用钢
	二次冷轧用热轧钢带	TDR-1~TDR-5	(1.8~6.0)×(820~1440)	高端镀锡基板
	高强大梁钢	600L	(1.5~12.7)×(900~1400)	汽车大梁
	能源用钢	SG295	(1.8~10)×(1000~1400)	焊瓶用钢
	高屈服强度汽车用钢	S700MC	(1.8~10.0)×(1000~1300)	汽车结构件
	耐候钢	Q345NQR2	(2.0~8.0)×(1000~1400)	铁路用钢
中厚板材	高性能建筑用钢	Q460GJ	6~80	超高层建筑结构用件
		Q460GJZ15	6~80	
		Q460GJZ25	6~80	
		Q460GJZ35	6~80	
	桥梁用结构钢	Q345qC 及 Z 向	8~60	用于架造铁路或公路桥梁的钢板
		Q345qD 及 Z 向	8~60	
		Q345qE 及 Z 向	8~60	
		Q370qC 及 Z 向	8~60	
		Q370qD 及 Z 向	8~60	
		Q370qE 及 Z 向	8~60	
		Q420qC 及 Z 向	8~60	
		Q420qD 及 Z 向	8~60	
		Q420qE 及 Z 向	8~60	
		345qNH	8~60	
	塑料模具钢	4140	15~150	适用于注塑、吹塑模具，重载模具的主要部件，冷结构制件
		P20	15~100	
		1.2311	15~100	
		1.2738	15~100	
唐银公司新产品	焊接用钢盘条	ER70S-6	5.5	气保焊丝
		H08A	6.5	埋弧焊丝
		H08MnA	6.5	

技术创新

【技术支撑】 2017年，河钢唐钢着力强化技术支撑，为解决产线关键难题提供全方位的技术支持，为对接市场、服务客户提供体系支撑和基础保障，确保新产品稳定生产，质量不断提升。年内，组织技术中心核心力量，成立汽车板、卷板、中板、型线四个产品研究所，直接配置到各个产品事业部，共同推进品种开发、用户应用技术研究，联合攻关完成50毫米厚船板CCSE和CCSEH40试制，改善耐候钢SPA-H浇铸状态热相图性、解决防止1580毫米生产线热轧低合金和双相钢等品种钢边部翘皮缺陷等问题；注重发挥河钢东大产业技术研究院、普锐特、奥钢联等外部技术团队作用，围绕关键产线深化产学研合作，推动中厚板公司板坯连铸机在国内首次采用重压下技术，最大压下量35毫米，技术水平达到国际领先；自动炼钢技术在公司得到全面应用，不锈钢公司、中厚板公司指标领先；积极推进模型化工作，实现主要产线调研与需求上报，模型化攻关全面展开并在局部取得突破，高强汽车板公司成熟产品生产模型实现全覆盖；强化技术创新，大胆探索低铁耗、高废钢比条件下的炼钢生产，着力推动相关工艺进步，形成一批具有自主知识产权的核心科技成果。

【技术研究应用】 2017年，河钢唐钢强化基础性机理研究，努力抓好基于用户应用技术研究的定制化开发，不断开拓技术研究新领域，为高端产品研发和稳定批量生产提供可靠支撑。全年，为吉利汽车、北汽福田、上汽乘用车、广汽等汽车主机厂认证提供12个钢种牌号的成型FLC、可焊接性、可涂装性等非常规试验数据包制作，在二方认证中发挥了技术支持作用。这一年，积极做好用户现场技术支持，组织技术中心及事业部技术人员，现场跟踪吉利汽车两批次62个、北汽福田4个、上汽跃进13个、定州长安38个关键零件现场试模，现场解决问题涉及零件7个，获得用户认可；积极做好疑难问题热线技术支持，针对汽车板成型性、焊丝钢锈蚀、认证材料涂装性能、零件焊接、客户模具优化等12个技术领域疑难问题，提供详细的解决方案，为公司产品开发、支持汽车主机厂认证提供了有力支持。

【仿真与试验分析】 2017年，河钢唐钢利用汽车板研发与应用计算机仿真实验室，根据材料数据做好仿真与试验分析，获得高强钢回弹特性、成型性能评价，加速产品研发，为快速打入汽车钢领域提供基础保障。年内，开展6个汽车典型零件的成型仿真，开展3个高强钢种回弹仿真与试验分析；抓好焊接、涂装腐蚀、成型仿真相关机理研究，实现汽车板电阻点焊评价方法与试验手段全面贯通，为吉利汽车认证提供5个钢种焊接数据，涂装腐蚀初步完成连退板表面特征与涂装腐蚀对应关系研究，成型仿真形成闭环EVI分析模式，初步具备行业一流成型分析能力和零件与模具逆向研发能力。

【深化用户先期介入EVI工作】 2017年，河钢唐钢全面深化用户先期介入EVI工作，面向各事业部重点客户、高端客户及潜在大客户，积极走访、深入对接，充分了解客户对原材料性能的要求，为客户提供优质的产品和个性化服务。年内，先后走访一汽解放、东风汽车、吉利汽车等汽车主机厂，为客户详细讲解公司EVI服务项目与优势；充分利用汽车板制造和汽车板应用计算机仿真实验室建设，为客户提供产品设计、冲压成型和模具设计方案，实现与高端用户的对接，加速高强汽车板产品研发，大幅提高公司先期介入能力；与北汽新能源公司就C35BD纯电动紧凑性SUV车型开展EVI项目合作，完成北汽新能源老车系高强材料替换与应用、新车系中钢铝混合结构的相关研究，根据北汽新能源制造工程部及SE团队要求，进行了9个零部件（减重）的冲压仿真工作，为北汽新能源车体减重提供参考依据，用户先期介入EVI工作取得实质性进展。

【数据库建设】 2017年，河钢唐钢下大力气建设汽车板应用数据库，加快推进数据研究与应用，为全流程工艺过程提供数据分析，促进公司二方材料认证顺利开展。年内，新增时效性、FLD、扩孔性能、高速拉伸、疲劳性能等实验数据，初步搭建DC01、DC03、DC04、T280VK、DC51D等8个钢种用户使用性能数据库，其成型数据成功应用于吉利、上汽认证；拓展数据库研究范围，对工艺参数、化学成分、金相组织、力学性能、成型性能、厚度与表面特性、FLC、时效性能等内容进行研究，典型钢种具备高速拉伸、疲劳性能、二次脆性、可焊性、可油漆性等数据。年末，根据公司汽车板全品种数据库三年目标，数据库建设进度过半。

【产品亮相上海国际客车展】 2017年8月9—11日，河钢唐钢电池壳用钢、淬火配分钢等10类汽车用钢及其解决方案亮相上海国际客车展，并凭借汽车新材料开发和轻量化设计等优势，被授予“客车零部件创新产品奖”。展会由中国土木工程学会城市公共交通学会、上海市公共交通行业协会等机构主办，为亚洲规模最大、最具权威性的公交客车领域品牌展览会，以新能源公交为焦点，是国内专业的、具有影响力的客车展示盛宴。展会上，展出的十大类汽车用钢均为公司重点产品。其中，电池壳钢根据客户不同的使用要求，展开定制化服务和应用指导，具有高纯净度、高延展性、高表面质量等特点；淬火配分钢、热冲压成型钢满足新一代汽车高强化、轻量化发展方向等需求，并以高端化、专业化、绿色环保等特点，成为展会一大亮点。

【“宽厚板连铸坯重压下关键工艺与装备技术的开发及应用”成果】 2017年，河钢唐钢“宽厚板连铸坯重压下关键工艺与装备技术的开发及应用”成果获得省科技进步奖一等奖。该项目由公司与东北大学、中冶京诚工程技术有限公司共同完成。项目研发形成了具有完全自主知识产权的宽厚板连铸坯重压下装备、工艺与控制技术，并在中厚板公司投产首条宽厚板连铸坯重压下示范生产线，成为国际上首条可对全凝宽厚板坯连续、稳定实施大压下变形的连铸生产线，全面提升铸坯的致密度与均质度，形成替代模铸、真空复合焊接等传统母坯制备方法的高效、低成本特厚板生产新流程。应用连铸坯重压下技术，突破了轧制压缩比的严格限定，克服传统工艺金属收得率与生产效率低、吨钢能耗与设备维护成本高等局限性，大幅降低生产成本，提高运行效率，节能减排成效显著。该项目全面应用后，突破原产品规格极限厚度80毫米的限定，实现大批量稳定制备150毫米厚高建用钢、满足三级探伤要求的特厚板产品，以及高效、低成本生产120毫米厚高强工程机械用钢、高层建筑用钢、塑料模具钢等高附加值产品，对低于80毫米的中厚板同样能够缩短生产流程，降低成本，应用该技术已先后研发生产AH32高强船板钢、Q345GJ高层建筑用钢等品种，产品成功应用于北京新机场、上海前滩国际商务区、成都金融城、开滦矿新区等重大工程建设中。中国金属学会在北京组织召开“宽厚板连铸坯重压下关键工艺与装备技术的开发及应用”科技成果评价会，认定该项目整体技术达到国际领先水平，对推动我国钢铁行业产品的节能减排、提升国际市场竞争力具有十分重要的现实意义和引领作用。

【冶金行业智能无人天车系统的研发与应用】 2017 年，河钢唐钢“冶金行业智能无人天车系统的研发与应用”成果获得全国冶金科学技术奖二等奖。项目基于公司充分解读工业 4.0 和“中国制造 2025”战略部署，结合冶金行业特色，以实现数字化工厂和智能化物流为总体目标进行的智能制造工程研究与应用，针对国内外冶金企业物流管理大多采用人工记录、人工入库、人工出库、手动控制天车的物流模式，智能化和信息化不足问题，依据拉格朗日力学原理，建立天车摆动控制模型，开发出天车微摆动控制系统，提高天车的定位精度和系统运行的可靠性，研制出天车智能调度系统，实现天车集群协调控制功能。该项目研发的冶金行业智能无人天车系统属国内首创，通过对关键技术的自主创新与突破，形成具有自主知识产权的智能无人天车技术，于 2015 年 1 月在高强汽车板公司开始应用，实现厂区物流过程智能化，共创效 1851 万元。此外，课题组多次应邀赴河钢承钢、首钢京唐、山东日照钢铁、沙钢等集团内外部企业进行成果推广交流。该项目经推广应用，实现生产信息和物流信息同步、不落地，优化人员结构，降低人工成本；实现天车作业的标准化，并提高天车作业率；延长设备的维护周期，降低运行维护成本，全方位保障钢卷的吊运质量，避免钢卷因人为误操作造成的损伤，对推动智能控制系统落地于实体经济，特别是冶金行业有着重要的示范作用。

【公司年度科技项目】 2017 年，河钢唐钢强化科技进步对产线的技术支撑，在品种研发、质量提升、成本降低等方面开展课题研究和攻关，调动广大科技人员参与解决工艺技术、质量、生产和设备等难题的积极性，94 个项目获公司科技进步奖，其中高炉高比例球团矿冶炼技术研究、高洁净钢工艺技术研发平台的建立、汽车用高强钢铸坯质量控制研究、常规板坯流程热冲压成型用钢产品开发及关键工艺研究、桥梁结构用钢的工艺研究及质量提升、镀锡用二次冷轧原板（DR 材）的研究与开发、纯电动车用电池壳钢的开发与应用、汽车用双相钢工艺研究及系列产品开发、冷连轧过程轧辊偏心补偿控制模型研究与应用、棒线材轧辊技术的优化与创新、炼钢智能综合系统的研发与应用、冷轧产线物流设备集群控制系统研发及应用、钢铁行业 ODS 设计与实现、支撑河钢唐钢智能制造之冷轧—镀锌自动化系统升级改造、一体化脱硫除尘脱硝技术在焦炉烟道应用等 15 个项目被评为公司科技进步奖一等奖。

【产学研合作】 2017 年，河钢唐钢围绕产品升级与结构调整，结合关键产线，不断拓展科研内容，与北京大学、东北大学、河钢东大产业技术研究院、华北理工大学等开展产学研用技术合作，取得丰硕成果。全年，新增立项 5 个产学研合作项目，在研产学研项目达到 19 项，4 个项目完成第二阶段验收和结题验收，中厚板公司与东北大学技术服务团队的三年合作项目进展顺利，超快冷项目、重压下技术项目效果显著。这一年，积极适应市场需求，组织产学研项目由点散状向集成化发展，借助河钢东大产业技术研究院，与东北大学签订“基于唐钢原燃料的烧结—高炉配矿模型研究”等 6 项技术开发合同，与中国科学院过程工程研究所、北京科技大学、华北理工大学、辽宁科技大学等院校签订 7 项技术开发合同。利用产学研项目合作推动技术升级与技术创新，“基于烟气分析的模型化炼钢系统开发与应用”项目开发了无副枪、无烟气分析的中小转炉模型炼钢系统，成功应用于转炉生产，并自主开发基于炉口火焰光谱信息的转炉过程控制动态修正技术，一次拉碳 C、T 命中率达到 70%以上；“汽车板材料性能参数研究”项目研究冲压成型 9 种牌号材料，40 余种不同规格厚度，116 种 1300 余个冲压零件，冲压结果与主流钢厂一致；“转炉熔渣气化脱磷及循环利用的冶炼工艺开发”项目优化溅渣护炉操作，使气化脱磷率稳定在40%以上，石灰消耗降低5千克/吨，转炉冶炼留渣率达85%以上。依托东北大学全面完成中厚板产线全流程技术升级，实现铁水预处理脱硫能力硫含量控制在0.001%以下，自动炼钢使用率95%以上、终点碳温双命中率93%，采用板坯重压下压下量达到35毫米、铸坯C级品率提高50%达到92%，平面板形轧制使成材率提高近1%，结合板坯重压下和差温轧制产品厚度由60毫米提高到100毫米，超快冷技术的实施使合金加入量明显降低、吨钢成本降低近90元。此外，联合北京大学、东北大学，持续加快双相钢、高钛焊丝钢等系列品种研发步伐；与湖南大学、天津中国汽车研究中心合作，开展汽车板材料性能数据库研究和建设；与河钢东大产业技术研究院开展课题研究，解决制约产线升级的瓶颈问题。

【与东北大学进行项目交流】 2017年10月11—12日，河钢唐钢与东北大学合作项目交流会在公司召开。河钢集团钢研总院相关人员、东北大学专家、公司相关部室和单位共计100余人参加交流。参会人员围绕品种钢典型产品生产技术开发、无缺陷大矩形坯连铸技术研究、热冲压成型钢22MnB5技术开发等课题，在9个分会场展开交流。会议总结了合作项目进展情况、存在问题，并对下步工作作出安排。通过技术交流，进一步明确未来合作技术需求，为打造中高端产品、打入高端市场奠定基础。

【三项成果通过科技成果评价】 2017年4月13日，河钢唐钢“冶金企业面向智能制造转型的信息系统架构再造”“转炉干法除尘技术创新与优化”“冶金行业智能无人天车系统的研发与应用”三个项目通过省级科技成果评价，达到国际先进水平。此次评审由中科院唐山中心组织，东北大学、北京科技大学、华北理工大学、中国钢研科技集团等14位专家组成2个评审组，经过答辩、质疑和讨论，从技术性、创新性和应用推广等方面对项目进行评价，被评价的成果适应冶金工业可持续发展的要求，对推动冶金行业智能制造有积极的引领示范作用。“冶金企业面向智能制造转型的信息系统架构再造”项目在国内设计、实施、应用尚属首次，是支撑企业智能制造转型的有益尝试，工厂数据库开发应用属行业第一例，接口平台应用超越了国外现有技术，在成本和服务等方面具有很大优势，极具市场竞争力。“转炉干法除尘技术创新与优化”项目为钢铁冶金行业干法除尘技术进步提供支撑，满足了冶金工业可持续发展的要求，实现干法除尘系统的稳定运行与冶炼成本最优化、能源环保效益的最大化，加速冶金企业的绿色发展。“冶金行业智能无人天车系统的研发与应用”项目中，智能无人天车系统在国内开发并应用尚属首次，关键技术全部自主研发，打破了国外垄断，可以广泛应用到天车控制和冶金物流管理中，市场应用前景广阔，实现天车操作无人化、库区管理智能化，大幅提高天车作业率，提高抗击高速生产的物流效率阈值，降低货运车辆停待时间50%，节约了社会公共资源和企业成本，对推动智能物流“落地”于实体经济特别是冶金行业，有着重要示范作用。

【科学技术协会】 2017年，河钢唐钢科协充分发挥联系科技工作者的桥梁和纽带作用，不断搭建创新平台，建立健全常态性技术交流制度，在技术人员知识更新、拓展视野、把握技术发展方向、提高职工素质等方面发挥了积极作用。年内，组织参加第十一届中国钢铁年会，第一届河钢东大学术年会，热轧板带钢先进轧制技术、质量控制及产品开发高级研修班；组织参加河钢集团与东大联合举办的炼钢高级研修班，中国知识产权研究会举办的科技成果转移转化实际运用培训班，北科大全国轧钢系统专题讲座，中国金属学会钢铁企业创新方法培训班；组织参加2017年炼铁关键技术高级研讨会，2017年高效、低成本、智能化炼钢共性技术研讨会等大型学术活动及各类专题技术交流和专业会议36次，参会人员800余人次。同时，积极为中国钢铁工业协会、中国冶金学会、河北省冶金学会组织的各种知名学术会议开展征文活动，包括第十一届中国钢铁年会，冶金固废资源利用学术会议，2017高炉炼铁年会，全国冶金焦化节能减排关键技术研讨会，冶金安全环保、节能减排技术交流会，第一届可持续发展炼钢技术国际研讨会等会议的征文，全年为各种国内外会议提供征文215篇，营造浓厚的学术氛围，提升公司在国内钢铁学术界的知名度，开阔科技人员视野，提高科技人员的业务素质和水平。

【知识产权与专利成果】 2017年，河钢唐钢坚持贯彻实施《企业知识产权管理规范》，重视知识产权管理和保护，强化技术创新氛围营造，形成一批具有自主知识产权的核心科技成果。全年，挖掘专利提案500余项，申请专利300项，其中发明专利116项，专利总申请量同比增长67%，其中发明专利申请量同比增长121%；授权专利105项，其中发明专利20项。这一年，加强专利管理，修订完善《专利管理办法》，明确专利考核制度，专利申请量实现大幅增长；以提升专利质量、培育核心专利为重点，加大产品研发、技术改进宣传和引导，有43项涉及新产品研发，60余项涉及制造产品或为解决某个技术课题而研究开发的操作方法、制造方法、工艺流程等技术方案，形成多项具有自主知识产权的关键技术，专利申请数量和质量均创出新高。当年，公司通过国家知识产权优势企业复核。

附表　2017年河钢唐钢专利授权一览

序号	项目名称	类型	专利号	申请日	授权日	申请单位
1	一种转炉高位散装料秤的校准装置	实用新型	201620796973.5	20160727	20170118	二钢轧厂
2	一种伺服阀、比例阀在线故障检测仪	实用新型	201620858918.4	20160809	20170111	不锈钢公司
3	一种干熄焦高温金属膨胀节在线修复装置	实用新型	201620856547.6	20160810	20170111	炼铁厂
4	一种用于机械泵RH精炼炉的放散自动点火装置	实用新型	201620849175.4	20160808	20170111	不锈钢公司
5	密封垫片旋切装置	实用新型	201620849189.6	20160808	20170111	炼铁厂
6	一种热轧工艺润滑油量测量装置	实用新型	201620849216.X	20160808	20170111	不锈钢公司
7	一种防止热轧钢卷溢出边吊伤的天车夹钳	实用新型	201620849544.X	20160808	20170111	不锈钢公司
8	小口径管材拉伸试验专用塞头	实用新型	201620811961.5	20160729	20170111	技术中心
9	一种减速机输入轴密封端盖	实用新型	201620837758.5	20160804	20170111	炼铁厂
10	800兆帕级中碳高硅冷轧镀锌板及其制备方法	发明	201410470704.5	20140916	20170118	技术中心
11	棒线材用高速钢复合轧辊及其制备方法	发明	201410590301.4	20141029	20170201	重机公司

续附表

序号	项目名称	类型	专利号	申请日	授权日	申请单位
12	一种防止高拉碳转炉干法除尘系统泄爆的方法	发明	201510224461.1	20150506	20170201	二钢轧厂
13	一种拆卸高炉炉顶料流调节阀油缸销轴的工具	实用新型	201620949442.5	20160826	20170208	炼铁厂
14	一种烧结机台车梯形布料装置	实用新型	201620948837.3	20160826	20170208	炼铁厂
15	一种可以提高铁水渣清除率的捞渣铲	实用新型	201620948838.8	20160826	20170208	二钢轧厂
16	一种零位可调的塞棒驱动装置	实用新型	201620929855.7	20160824	20170208	一钢轧厂
17	一种耐磨损的转炉上料装置输料管	实用新型	201620948845.8	20160826	20170208	一钢轧厂
18	一种中间包安全预警系统	实用新型	201620981149.7	20160830	20170215	二钢轧厂
19	一种方坯连铸机中间包水口安装对中台架	实用新型	201620981157.1	20160830	20170215	二钢轧厂
20	一种改善超低碳铝镇静钢镀锌产品成型性能的方法	发明	201510040687.6	20150127	20170222	技术中心
21	接近开关定位装置	实用新型	201620981156.7	20160830	20170222	炼铁厂
22	高拉速薄板坯包晶钢连铸结晶器保护渣及其制备方法	发明	201510360712.9	20150626	20170301	一钢轧厂
23	一种步进式烧结机烟气收集装置	实用新型	201620965132.2	20160829	20170315	唐钢国际
24	支撑辊弧形垫拆卸小车	实用新型	201621055681.2	20160914	20170315	不锈钢公司
25	外置式激光传感器保护装置	实用新型	201621059254.1	20160918	20170315	自动化信息公司
26	钢卷库过跨车自动控制装置	实用新型	201621059810.5	20160918	20170315	自动化信息公司
27	一种基于 FTSC 薄板坯连铸生产超低碳钢的方法	发明	201410454691.2	20140909	20170412	技术中心
28	MRT-4 镀锡板用热轧带钢的生产方法	发明	201510344510.5	20150619	20170412	不锈钢公司
29	薄板坯连铸连轧生产低碳铌微合金化冲压用钢带的方法	发明	201510446797.2	20150728	20170412	技术中心
30	700 兆帕级薄规格高强钢带及其生产方法	发明	201510720054.X	20151030	20170412	技术中心
31	一种防止铸坯跑偏的辊道导向装置	实用新型	201621059253.7	20160918	20170412	不锈钢公司
32	用于打开阀门的人字形扳手	实用新型	201621059390.0	20160918	20170412	气体公司
33	内燃机闸瓦抗偏磨装置	实用新型	201621062269.3	20160919	20170412	物流分公司
34	一种汽轮机射水抽气系统	实用新型	201621071263.2	20160922	20170412	能源科技分公司
35	一种 LF 精炼炉喂丝导管连接装置	实用新型	201621083330.2	20160927	20170412	一钢轧厂
36	一种免于清理残渣的储槽体	实用新型	201621090961.7	20160929	20170412	炼铁厂
37	一种能够充分冷却的连铸扇形 I 段顶辊	实用新型	201621119330.3	20161013	20170412	型钢厂

续附表

序号	项目名称	类型	专利号	申请日	授权日	申请单位
38	一种方坯连铸保护渣自动加入装置	实用新型	201621126798.5	20161017	20170412	二钢轧厂
39	一种规避汽轮机启机过程中加热装置超温的结构	实用新型	201621130368.0	20161018	20170412	能源科技分公司
40	一种高压同步电动机励磁系统的供电结构	实用新型	201621131105.1	20161018	20170412	能源科技分公司
41	一种35兆瓦发电机出口10千伏直接并网的装置	实用新型	201621131116.X	20161018	20170412	能源科技分公司
42	一种分离和收集水中浮油的装置	实用新型	201621136290.3	20161019	20170412	能源科技分公司
43	一种低故障率的高炉泥炮控制拉杆	实用新型	201621136291.8	20161019	20170412	炼铁厂
44	一种铁水包和钢水包的包胎振动装置	实用新型	201621136548.X	20161019	20170412	二钢轧厂
45	一种连铸机水冷电机密封无损测试装置	实用新型	201621137389.5	20161019	20170412	二钢轧厂
46	一种轧辊磨床托瓦手动盘动装置	实用新型	201621140930.8	20161020	20170412	一钢轧厂
47	一种电阻点焊十字拉伸试样的焊接定位工装	实用新型	201621144879.8	20161021	20170412	技术中心
48	用于电阻点焊焊点十字拉伸实验的专用试样夹具	实用新型	201621145697.2	20161021	20170412	技术中心
49	一种用于连铸机扇形段打压试验的密封装置	实用新型	201621191825.7	20161028	20170412	不锈钢公司
50	一种横置式电除尘器的预荷电装置	实用新型	201621123086.8	20161014	20170426	能源环保部
51	一种天车静止自动报警断电的装置	实用新型	201621145085.3	20161021	20170426	一钢轧厂
52	一种高炉冷却壁漏水监测系统	实用新型	201621160148.2	20161025	20170426	唐钢国际
53	一种高效率、低成本的复合除尘装置	实用新型	201621160149.7	20161025	20170426	唐钢国际
54	一种散料抓斗天车自动控制装置	实用新型	201621164369.7	20161025	20170426	唐钢国际
55	一种皮带输送机的皮带调偏装置	实用新型	201621171052.6	20161026	20170426	炼铁厂
56	一种轴承座滚轮	实用新型	201621171121.3	20161026	20170426	冷轧薄板厂
57	一种天车登车保护装置	实用新型	201621171122.8	20161026	20170426	一钢轧厂
58	一种可防止热轧卷板扁卷的装置	实用新型	201621188604.4	20161028	20170426	不锈钢公司
59	一种热轧机机架设备喷淋装置	实用新型	201621190709.3	20161028	20170426	不锈钢公司
60	薄板坯连铸连轧生产集装箱板的方法	发明	201610000915.1	20160104	20170517	技术中心
61	一种在线清理焦炉煤气调压撬过滤器滤芯的装置	实用新型	201621130367.6	20161018	20170517	能源科技分公司

续附表

序号	项目名称	类型	专利号	申请日	授权日	申请单位
62	一种转炉二文喉口自动调节装置及调节方法	发明	201510636289.0	20150930	20170711	一钢轧厂
63	中板坯连铸生产700兆帕铁素体马氏体双相钢的方法	发明	201610372239.0	20160531	20170711	技术中心
64	一种交流接触器供电电压控制装置	实用新型	201720029261.5	20170111	20170714	能源科技分公司
65	一种高炉煤气余压透平发电的动力油冷却装置	实用新型	201720020066.6	20170109	20170728	能源科技分公司
66	一种改进的上向流斜板沉淀池	实用新型	201720029736.0	20170111	20170728	能源科技分公司
67	一种便于观察介质状态的冷却循环管道结构	实用新型	201720028795.6	20170111	20170804	能源科技分公司
68	一种内燃机车启动机油泵控制装置	实用新型	201720034697.3	20170112	20170804	物流分公司
69	一种便于维修的焦炉装煤孔用砖	实用新型	201720034698.8	20170112	20170804	炼铁厂
70	一种用于干熄焦装入的电动缸支撑结构	实用新型	201720035306.X	20170112	20170804	炼铁厂
71	一种运输机车轮对拆装装置	实用新型	201720040004.1	20170113	20170804	机械装备公司
72	一种铆钉试样拉伸性能试验辅助夹具	实用新型	201720051579.3	20170117	20170804	生产制造部
73	一种高炉区域变电站事故照明装置	实用新型	201720029511.5	20170111	20170811	能源科技分公司
74	一种防止大气污染的负压脱苯系统排渣装置	实用新型	201720047343.2	20170116	20170811	炼铁厂
75	一种无人值守天车的拟人控制方法和控制模块	发明	201610471509.3	20160624	20170815	自动化信息公司
76	一种精轧机联轴器与轴瓦之间的支撑装置	实用新型	201720039692.X	20170113	20170829	不锈钢公司
77	一种在线更换精轧AGC缸位移传感器的专用工具	实用新型	201720052174.1	20170117	20170829	不锈钢公司
78	厚规格热轧双相钢DP600的生产工艺	发明	201510023947.9	20150119	20171010	技术中心
79	煤矸石作为转炉抑渣剂的应用以及转炉抑渣的方法	发明	201510619822.2	20150925	20171010	不锈钢公司
80	一种抗拉强度390~510兆帕级超薄规格热轧冲压用钢的生产方法	发明	201510636182.6	20150930	20171010	技术中心
81	一种高碳弹簧钢钢带的生产方法	发明	201610288014.7	20160504	20171010	技术中心
82	一种高压变频器空水冷却装置	实用新型	201720071375.6	20170120	20170929	气体公司
83	一种循环水冷却系统的自动加药装置	实用新型	201720071374.1	20170120	20171003	气体公司

续附表

序号	项目名称	类型	专利号	申请日	授权日	申请单位
84	一种烧结机台车边缘压料装置	实用新型	201720087152.9	20170123	20171003	炼铁厂
85	一种安全节水的煤气管道排水器	实用新型	201720086792.8	20170123	20171003	能源环保部
86	一种防止高强钢退火过程中炉辊结瘤的装置	实用新型	201720091318.4	20170124	20171003	高强汽车板公司
87	一种加强大型钢带槽轧辊冷却效果的水冷激冷环	实用新型	201720129646.9	20170214	20171003	重机公司
88	一种具有吹氩功能的连铸中间包包盖	实用新型	201720135921.8	20170215	20171003	总工办
89	一种可替换天车副钩的专用吊钩	实用新型	201720140685.9	20170216	20171003	物流分公司
90	一种冷轧酸洗快速循环节能设备	实用新型	201720172183.4	20170224	20171003	生产制造部
91	一种热冲压成型用热轧钢带及其生产方法	发明	201610549906.8	20160713	20171124	技术中心
92	一种对高温金属膨胀节进行在线修复的方法	发明	201610647364.8	20160810	20171124	炼铁厂
93	一种深冲电池壳用钢的生产方法	发明	201610759731.3	20160830	20171124	技术中心
94	一种管式开工炉燃气处理系统	实用新型	201720166131.6	20170223	20171124	气体公司
95	一种获得稳定压力气体的减稳压调控装置	实用新型	201720185927.6	20170228	20171124	炼铁厂
96	脱硫反应槽混合气体压力平衡放散装置	实用新型	201720192194.9	20170301	20171124	炼铁厂
97	一种热轧辊磨削前水冷却装置	实用新型	201720245295.8	20170314	20171124	一钢轧厂
98	一种转炉上料装置中的胶带托辊架	实用新型	201720245291.X	20170314	20171124	一钢轧厂
99	一种混合机托辊锥套防松装置	实用新型	201720263809.2	20170317	20171124	炼铁厂
100	一种轻轨加工定长装置	实用新型	201720263810.5	20170317	20171124	二钢轧厂
101	一种带式输送机增面轮及改向滚筒的清料装置	实用新型	201720263812.4	20170317	20171124	炼铁厂
102	一种回收转炉烟气余热的干法除尘装置	实用新型	201720325877.7	20170330	20171124	河北华奥
103	铸钢轧辊细长辊头镶接结构	实用新型	201720342448.0	20170401	20171124	重机公司
104	一种无人天车空调冷凝水处理装置	实用新型	201720368316.5	20170410	20171124	自动化信息公司
105	一种转炉除尘炉口微差压控制装置	实用新型	201720378409.6	20170412	20171124	自动化信息公司

【铁前技术进步】 2017年，河钢唐钢依靠科技手段，推进铁前系统技术进步，广泛采用新工艺新技术，取得明显效果。中厚板公司3号烧结机引进赛默非舍尔烧结矿在线碱度监测技术，实现烧结矿碱度在线闭环检测、调整，提高烧结矿碱度稳定性，对改善

烧结矿质量和保证高炉稳定顺行具有双重意义；炼铁厂南区高炉应用炉顶料面雷达在线检测技术，实时呈现炉顶料面形状，为高炉布料制度调整提供参考依据，有力促进了高炉提产降耗；中厚板公司3号高炉引进高炉大数据技术，有效利用高炉数据资源，高炉智能化炼铁水平全面提升；基于高炉炉料结构优化的硫硝减排技术及示范，进行镁质酸性球团矿、镁质熔剂性球团矿生产，并在不锈钢公司1号高炉进行高比例熔剂型球团配加工业试验，球团配比由20%逐步提高到80%。

【系统优化】 2017年，河钢唐钢深入推进系统优化创效攻关，进一步优化工序指标，调整产品结构，提升产品质量，促进降本增效，推动技术进步，增强企业竞争力。全年，公司系统优化攻关创效1.96亿元。这一年，由总工程师办公室牵头，生产制造部、技术中心为专业管理部门，结合以产线为独立市场单元的组织结构扁平化变革，将炼铁厂、卷板事业部、型线事业部、汽车板事业部、中厚板事业部、能源科技分公司、信息自动化部等七个部门作为公司系统优化创效的主体单位，承担公司系统优化创效的主要任务。年初下达全年系统优化创效计划，将系统优化创效额按月向各承担单位进行分解，设立系统优化攻关项目并明确责任人，将铁前系统降低燃料消耗，钢轧系统品种钢提质增产作为主要攻关目标。在过程管控方面，强化对攻关项目实施的技术支持和跟踪检查，确保了系统优化攻关最大程度发挥创效作用。

【自动化炼钢技术】 2017年，河钢唐钢持续推动炼钢系统开展自动化炼钢技术应用攻关，以自动化炼钢技术应用倒逼公司基础管理再提升，促进产品工艺技术不断进步和品种结构持续优化。针对一钢轧厂转炉自动化炼钢过程中存在的问题，采用开发高马赫数氧枪、优化高马赫数氧枪吹炼模式、建立终渣自适应模型改善转炉脱磷效果，研究风机风量对终点命中率影响，控制废钢加入量等一系列措施，促进自动化炼钢工作稳步推进，当年6月以后，转炉自动炼钢率维持在90%之上，终点碳温双命中率呈逐月上升趋势，10月达到88.48%，直出比例达到76.09%。不锈钢公司自动化炼钢系统从开发模型、优化补热剂加入工艺、设备精度管理、使用半钢工艺、采用新型泡沫渣抑制剂、加强入炉原材料管理等方面进行深入研究，优化二级模型，开发建立高废钢比模型，进一步提高自动化的终点命中率，并最终打通转炉的直接出钢工艺，自动化炼钢指标在上年基础上得到进一步提升，转炉终点碳温双命中率（碳±0.012%，温度±12℃）达到91.6%，转炉直接出钢比例四季度达到86.92%。中厚板公司以副枪自动炼钢自带模型系数为基础，不断解决副枪使用过程中出现的问题，实现副枪平稳使用，同时结合炉况、底吹条件等实际，对动、静态模型参数进行优化，提高终点碳温命中率，降低合金消耗，自动炼钢副枪使用率稳定在96%以上，含碳量、温度命中率稳定在94%以上，直接出钢率稳定在88%以上。

特载

专文

企业概况

大事记

项目建设

科技创新

市场营销

生产经营与专业管理

战略管控平台

公共服务支撑平台

生产技术支撑平台

信息设备支撑平台

主业生产经营单元

平台外非钢单元

河钢集团直属单位

党群工作

附录

市场营销

市场化体系建设与营销管理

【体系建设】 2017年，河钢唐钢加强营销管理体系建设，将《市场营销管理程序》《售后服务管理程序》《顾客满意度测量管理程序》《钢材客户分级管理办法》《销售计划管理办法》《客户合作协议管理办法》《公司钢材产品销售订单系统录入及存档管理办法（试行）》《汽车板客户特殊要求管理办法》《高强汽车板有限公司原料卷采购管理程序》《高强汽车板公司原料卷采购管理办法》等纳入公司管理控制程序，进一步规范钢材销售流程，规范客户评价和审批流程，健全客户分级管理制度，确保提供满足顾客要求的产品和服务。

【营销管理】 2017年，河钢唐钢紧紧围绕“以客户结构调整推动产品升级”这一主线，以汽车用钢和家电用钢为突破口，明确高端客户开发目标，制定高效的客户开发计划，实施一支大客户经理团队对接一个高端客户的一对一专有服务，实现产品售前、售中、售后全流程跟踪，不断提升营销系统对高端客户的服务保障能力。全年，重点产品销量420万吨，同比提升83%；品种钢比例60.6%，同比提高8.3个百分点；汽车板、家电板产量分别达到171万吨、79万吨，同比分别增长94%和58%；重点用户销量实现310万吨，同比增长180%。这一年，公司以产品创效为中心，强化接单与排产衔接和沟通，优化订单结构，提高产线生产效率和创效水平；以客户管理制度为指导，每周组织召开营销协商会，市场部、河钢销售总公司唐钢分公司和各事业部配合，做好市场调研，形成日报表，及时通报客户开发、合同组织、排产发货任务、反馈等各种营销信息，做到快速响应；逐步深化大客户经理制，按照产线与用户群一一对应的原则进行渠道梳理，选取汽车钢、家电板、风电钢等产线高端优质产品，对应选定长城汽车、吉利汽车、海尔集团、华电集团等行业龙头企业为目标大客户，制定每月目标客户销售计划，全力进行攻关突破。

市场开拓

【提高直供用户销量】 2017年，河钢唐钢不断优化客户结构，有的放矢研究市场策略、用户策略，重点开拓终端直供户、重点用户，推动直供用户增量和客户群体高端化。全年，高端产品一对一直供用户开发97家，超额实现集团下达的72家开发目标；清理贸易商和三方直供用户107家；一对一直供比37.2%，同比提高13个百分点。这一年，公司进一步细化一对一客户开发目标与措施，落实过程管理，推进直供客户开发，提升一对一直销比例；推进客户分级管理，实现对客户精细化管理，提高专业化服务水平，不断提高重点合作用户的销量水平。

【优化合同管理】 2017年，河钢唐钢贯彻以客户为中心的售后服务方针，持续优化和规范合同管理，不断提高合同兑现率和客户满意度。全年，组织合同评审314.48万吨，其中出口179.30万吨，国内135.18万吨，处理客户询单66.39万吨，组织召开评审会11次，通过合同评审签订5份技术协议。这一年，根据事业部制运行需要，重新梳理和优化合同评审流程，明确部门责任和评审人员授权制度，规范评审操作流程，保障合同组织顺利进行；组织编制和完善客户需求识别及确定流程，强化客户需求信息的获取和识别过程，注重客户特定要求的评审和传递，补充客户需求信息表项目，整理、更新现有客户需求信息，建立客户特殊特性清单，确保交付产品与客户需求相符。

【改进质量异议处理机制】 2017年，河钢唐钢坚持以客户为中心，强化快速联动质量异议处理机制，积极处理各类质量投诉，为客户提供贴心服务。全年，处理成型质量异议36起，同比减少40%；质量异议处理周期同比缩短42%，处理速度同比提高58%。这一年，构建公司售后服务平台，按照IATF16949、VDA6.3质量管理体系及过程审核要求，对售后服务处理流程重新梳理，将投诉、抱怨、期望和服务、打假业务、咨询业务等纳入服务平台管理，整合市场部、事业部、生产制造部及技术中心服务力量，统一调度服务活动并监管服务过程，实现快速联动，为客户提供便捷、高效服务；新建包括售后服务管理程序文件，客户抱怨及期望管理办法，合作协议管理办法，交付阻断应急预案等管理文件和流程，优化质量异议管理办法，细化各环节时间节点和职责分工，添加NTF、事态升级等内容，提高投诉处理效率。

【市场开发】 2017年，河钢唐钢加大市场开发力度，以品牌知名度较高、具有长远合作前景的客户为重点，积极推行EVI先期介入模式，通过调研走访、完善终端客户高层互访机制、高端定制等方式，筑牢客户关系，在汽车、家电用钢等重点产品开发中取得突破性进展。全年，汽车用钢开发终端用户27家，其中全球知名汽车配件厂1家，一级配套厂10家，二级配套厂16家；家电用钢重点维护美的、海尔等国内顶级家电用钢企业，同时开发3家合资品牌，树立公司品牌影响力，家电产品重点用户销量达94%。这一年，加快品种钢市场开发步伐，积极布局华东市场，依托上海服务中心网点优势实现药芯焊丝钢TYH寄售货销售，成功开发全国最大药芯焊丝钢制造企业并实现批量稳定供货，与国内排名前十的大客户中的六家实现深度合作，客户群逐步稳固；成功实现中国中车高强耐候钢开发认证，使公司铁道车辆用耐大气腐蚀高强钢正式具备中车合作条件。

【深化大客户经理制】 2017年，河钢唐钢深化大客户经理制为支撑的营销模式，精准锁定和开发战略用户，创新业务方案，提升客户满意度。全年，大客户发货量223.59万吨，超额完成194.2万吨的年度销售目标任务，同比提高64.09万吨。深化及拓展大客户经理制营销模式使用范围，依托各事业部策划、组织、实施、管理大客户的开发和服务工作，筛选54家具有高端产品需求且较为知名的直供户为大客户，由事业部客户经理和质量代表等提供一对一全流程服务；不断开发和培育目标客户为公司的大客户，新开发吉利汽车、宁波可挺、淄博凯景等一批优质大客户，年末公司大客户累计达62家。

【强化价格体系管控】 2017年，河钢唐钢强化价格体系管控，以编制《价格信息日报》《钢铁市场周报》、周分析、公司各营销网点资源投放建议等方式，促进市场信息与价格管理有效衔接，开展对标分析、客户意见反馈、建立价格后评价机制方式，优化品种钢定价策略，满足公司高端产品市场开发战略需求，实现公司产品销售价格稳步提升。全年，公司整体综合售价同比提升130元/吨，其中热轧产品整体售价同比提升63元/吨；冷轧薄板厂冷轧产品同比提升90元/吨，镀锌产品同比提升107元/吨。

【独立实施汽车钢价格政策】 2017年，河钢唐钢独立实施汽车钢价格政策，使公司成功列入独立出台汽车钢价格政策的钢铁企业之一，有效提升了公司品牌形象。以汽车钢价格政策为基础，成功与吉利、北汽福田、上汽、南京跃进、增孚、钢宣等汽车主机厂或一级配套厂签订年度合作协议，减少公司产品市场流通环节资源，降低市场风险，提升公司产品创效能力。全年，高强汽车板有限公司品种产品综合售价与普材产品相比，连退产品同比提升115.28元/吨，镀锌产品同比提升247元/吨。

【完善销售人员绩效管理】 2017年，河钢唐钢根据事业部制运行方式，进一步完善销售人员绩效管理，针对派驻到事业部及事业部以外的销售人员分别设计绩效评价方案，明确各类销售人员的分工和绩效导向。新增各营销主体的组织绩效评价，根据每个事业部间不同情况，组织各事业部制定业务人员绩效评价标准，将重点产品、重点用户的销量视为重点考核项目，根据不同产品的市场开发预期和产品本身附加值不同，设定不同的产品提成，引导业务人员加大新用户新领域的攻关力度；根据用户开发难度、客户品牌及行业影响力制定客户系数认定标准，提高公司产品直供比和高端用户比例；分区域确定客户代表，使客户销量与客户代表直接联系，确保绩效管理公正性和激励性，严格核查各单位数据，促进业务人员绩效工作健康良性发展。

【推进主机厂认证】 2017年，河钢唐钢深入推进主机厂认证工作，加大与汽车主机厂对接，认证工作取得全面突破，完成菲亚特、吉利汽车、北汽福田、中国中车、上汽乘用车、上汽跃进、佛吉亚、西门子、三星电子、LG（天津）10家战略客户认证，其中7家客户已经实现批量供货，3家客户正在推进试模及小批量试用工作。这一年，深化客户服务合作，创新营销模式，为海尔、吉利、上海屹丰、北汽福田等战略客户配备专项服务小组，派驻大客户经理，技术代表、质量代表常驻客户产线，提供无间断服务，努力打造新型高端客户关系；与吉利汽车、北汽福田实现稳定合作，通过跃进汽车、上汽集团、上汽红岩材料认证和工厂认证，吉利汽车订单量由年初400吨逐渐提升并稳定在5000吨以上，公司成为吉利汽车核心供应商。

【大客户质量代表培训】 2017年9月28—29日，河钢唐钢举办大客户质量代表培训，以进一步发挥大客户质量代表在营销工作中的作用，促进公司与国际先进管理模式接轨。公司党委书记、董事长王兰玉，总经理田欣，公司领导武士勇、高永春、谭文振、张小帅、刘铁力出席。公司各事业部、市场部、生产制造部、技术中心，河钢销售总公司唐钢分公司等单位主管负责人、大客户质量代表和相关业务人员参加培训交流。德国蒂森钢铁公司前大客户质量代表、质量部长哈布鲁克，就客户质量代表与其他部门有效沟通、深入识别客户需求、处理客户投诉等方面内容进行授课，并就如何发挥好大客户质量代表作用，与各事业部大客户质量代表、技术人员、销售人员进行了深入交流。通过交流，大客户质量代表表示，将进一步加强专业学习，把理论和经验运用到实际工作中，更好地对接市场、对接用户，为公司实现更好更快发展贡献力量。

【提高顾客满意度培训】 2017年9月19日，河钢唐钢举办“以顾客为关注焦点，提高顾客满意度”主题培训活动，引导销售人员创新营销模式，优化客户结构，在开拓市场、对接客户方面持续发力。培训围绕强调以客户为关注焦点、加深对客户满意度的理解、多举措提高客户满意度三个方面入手，理论结合案例，引导销售人员树立以客户为中心理念，进一步增强维护客户信心，帮助销售人员深入分析如何了解高端客户需求、打开高端客户大门和培育牢固客户关系。通过培训，销售人员理论素养和实践能力得到进一步提高。

生产经营与专业管理

生产制造与质量管理

【管理体系建设】 2017 年，河钢唐钢加强生产制造体系建设，结合 IATF 16949:2016 质量体系换版，进一步梳理完善生产管理制度，积极打造以用户为中心的生产制造管理体系，修订《产品不合格品管理程序》《协商与信息沟通管理程序》《管理体系审核管理程序》《数据分析管理程序》《生产组织与产销衔接程序》《产品标识和可追溯性管理程序》《应急计划管理程序》《过程审核管理程序》《产品监视和测量管理程序》《原材料管理程序》《产品审核管理程序》《制造过程控制程序》《产品一致性控制管理程序》等体系文件，完善部门职责和工作流程，加强公司内外部协商与信息沟通管理，明确不合格品处置流程，确保生产经营有序高效运行。

【生产经营】 2017 年，河钢唐钢认真学习借鉴加拿大多法斯科工厂管理经验，积极倡导并建立快节奏、高效率生产经营模式，科学合理调配各种资源，稳健管控各项生产要素，保持紧张有序、稳定顺畅的生产局面，提升企业生产制造管理水平。全年，产铁 1385.70 万吨、产钢 1507.04 万吨、产钢材 1428.18 万吨，分别同比增长 4%、15.3%、15%；库占资金月均 55.1 亿元，生产系统归口费用 3.02 亿元，较指标降低 2020 万元，经营费用大幅削减。这一年，生产系统进一步优化生产组织，大力开展技术攻关，组织铁前系统开展工艺技术对标，改善高炉利用系数，保持铁前稳定生产；组织炼钢系统把降低铁耗、增加废钢添加比例作为首要任务，全力开展提高废钢比攻关，打通低铁耗条件下的炼钢工艺路径，累计消耗废钢 170 万吨，吨钢铁耗从年初 1000 千克降至 830 千克，以增加废钢使用量举措保证了钢产量提高 125 万吨；轧钢系统践行“装备必须按设计能力高效率生产”理念，开展机时产量攻关，努力提高产线作业率，三条热轧卷板产线机时产量同比提高 30～50 吨。加强产线事故管理，优化事故抢修与分析，监督、检查事故整改落实情况，提升事故闭环率，D 级以上成型事故同比降低 47%。积极应对环保限产等不利影响，完善生产组织预案，提前谋划采暖期错峰生产，科学调整年修计划，执行环保响应 37 次，累计 2229 小时，未出现因环保限行、限产造成的生产中断事故。加强防雨、防汛及防寒、防冻应急管理，利用检查督导、薄弱环节回头看及值班保驾等手段，实现了汛期、寒潮期生产稳定顺行。

【生产计划与调度管理】 2017 年，河钢唐钢以效益最大化为原则，根据产品边际利润，合理编制生产经营计划，系统做好铁钢平衡，组织调整日常生产，实现资源优化创效 1.21 亿元。年内，进一步优化生产资源平衡，将产能资源向高效益产线倾斜，从中厚板公司调板坯到不锈钢公司 31 万吨，到一钢轧厂 1.37 万吨，调方坯到二钢轧厂 5.05 万吨，到中型线 9.6 万吨，减少冷轧薄板厂本部镀锌产品产量与高强汽车板公司连退产品产量，增加一钢轧厂产品外售产量。根据市场形势变化，于当年 3 月 4 日组织二棒生产线复产，10 月组织高线生产线复产，取得预期经济效益；遵循精细化管理理念，牢固树立“零事故”意识，规范事故处置流程和事故分析程序，不断强化事故责任管理，提高事故抢修效率，最大限度减少由事故带来的损失，稳定了公司生产经营秩序。

【提升订单兑现能力】 2017 年，河钢唐钢深入对接重点用户需求，推进按单生产模式，重点做好产销衔接，合同交付能力实现全面提升。当年，合同兑现率达到 98.45%，同比提高0.3%。这一年，进一步优化重点客户、战略客户交期管理，全程跟踪合同，按照交货期要求实施定制生产和定制管理，为汽车主机厂吉利供料2.4万吨，北汽福田供料0.28万吨，家电板海尔钢完成5.1万吨，镀铝硅1.75万吨；加大与终端用户对接，访问包括广东富华机械装备制造有限公司、保定长城汽车、保定铭锐汽车部件制造有限公司、天津大桥焊材集团、天津乐金电子、中国中车沈阳机车车辆有限公司、美的集团股份有限公司、朴田电器有限公司等在内的36家用户，深度了解用户需求和工艺；抓好合同评审管理，从预评审角度规避合同欠交风险；推行周合同兑现刚性管理模式，提升产线对市场的保障能力；利用信息化系统，确保订单交付准确性，当年10月冷轧薄板厂信息化系统改造上线，标志着APS高级排程系统实现板材系统全覆盖，合同交付周期同比缩短2天以上，提升了合同交付能力。

【质量体系建设】 2017年，河钢唐钢植入标准化管理理念，深入推进质量体系建设、运维和改进，提升产线过程控制能力，实现高端产品稳定生产。重点组织实施ISO9001:2015与IATF16949:2016质量体系换版，成功导入实施新版标准和VDA6.3标准两条主线，并在全公司推进落实；组织全员质量管理体系培训，开展工厂综合质量体系运行评价，实施产品制造过程审核与产品审核，推进PDCA工厂质量保证平台建设，促进全员质量意识提升及对质量管理和保证方法与工具的理解和掌握，当年万余人接受培训，梳理定义、修订管理文件近2000次，解决问题700余项，推进调度会20余次；组织实施多家汽车主机厂二方认证和三方认证，按照新版标准完成BSI国内钢铁首家三方认证，通过上汽乘用车、北汽福田、吉利等二方工厂认证，并以此植入汽车厂先进实践方法，将质量体系落实到产线的过程管理与控制；建立内审员团队，成立公司推进组及5个厂部级领导干部任组长的内审组，吸收各单位业务科长作为内审员，明确推进组、内审组和各单位基本职责，当年实施二轮审核，营造了全员学习和贯彻标准的氛围。

【IATF16949:2016转版认证】 2017年11月，河钢唐钢汽车用钢质量管理体系获得由英标管理体系认证有限公司（BSI）颁发的IATF16949:2016转版认证证书，公司成为国内钢铁行业首批通过IATF16949:2016转版审核的企业之一，质量体系管理走在行业前列。本次认证历时5天，审核组对质量管理体系转版工作以及顾客与体系要求给予高度肯定，满足IATF16949:2016转版认证标准和审核报告中列出的准则要求，管理体系持续达成预期结果。此次通过转版认证，表明公司在供应链质量体系管理中关于持续改进、强调缺陷预防以及减少变差和浪费的质量管理等工作上升到一个新高度，具备稳定提供满足汽车板顾客要求以及适用法律法规要求的产品和服务能力。

【认证管理】 2017年，河钢唐钢加强产品认证管理，获得多项进入国际、国内市场的通行证。年内，铁路货车用耐大气腐蚀热轧钢带产品Q345NQR2、Q450NQR1通过中铁检验认证中心CRCC认证，获得CRCC技术审查合格通知书，标志着公司取得铁道货车车辆生产厂供货资质；实现压力容器用热轧、酸洗钢带SPHC、SPHD、SPHE的欧盟PED认证；建筑用热轧热板和钢带通过CE认证监督审核；热轧热板和钢带通过TISI泰国认证；高强汽车板有限公司退火、镀锌产品通过中冶检测认证有限公司的绿色产品认证；冷轧、镀锌钢带通过出口马来西亚SIRIM认证；完成热轧带肋钢筋生产许可证换证及钢筋生产许可证扩项准备，盘螺增加抗震牌号、规格扩展到12毫米；完成国家电网角钢供应商资质能力核实内部策划和准备；船用角钢获得 CCS 工厂认可证书。

【二方认证工作】 2017 年，河钢唐钢大力开展二方产品认证，不断完善管理流程和制度，取得显著成效。全年，通过佛吉亚、吉利汽车、菲亚特（第一阶段）、北汽福田、上汽、河北红星、长安跨越等 7 家汽车主机厂认证；43 家配件厂用户试用合格。年内，深入对接主机厂，了解主机厂认证流程以及对产品特性、检测项目和检测方法要求，确保主机厂认证规范有序进行；认真策划认证整体工作安排，组织认证产品试生产、内部预检验、取样，共接收到包括主机厂在内认证需求 90 例，全部完成样品准备技术方案、生产方案、取样方案、检测方案的策划以及提供给用户数据包的准备策划，完成样片、数据包提供 73 例。

【通过吉利汽车认证】 2017 年，河钢唐钢收到浙江吉利汽车研究院有限公司颁发的生产用基本材料认可证书，标志着公司材料标准和生产工艺要求达到吉利汽车生产需要的能力，正式通过吉利汽车认证，成为吉利汽车供应商。此次认证自上年 3 月开始，获认可的材料清单为 DC01、DC04、HC340LA、T280VK、HC340/590DP。公司成立吉利汽车认证团队，不断走访客户，了解客户材料标准和工艺要求，针对认证工作高标准要求，组织各部门协同合作，不断优化工艺，严格执行标准化生产，积极配合客户到公司调研交流，最终顺利通过认证。

【通过菲亚特克莱斯勒认证】 2017 年，河钢唐钢热镀锌钢带成功通过菲亚特克莱斯勒（FCA）认证。经检测，产品化学成分、物理性能、成型性能等 11 项指标均达到菲亚特克莱斯勒公司供货标准，具备了向菲亚特克莱斯勒供货资质。此次认证自上年 6 月开始，CR06 GI（60/60）U、LAC420Y480T GI（60/60）U、DPC330Y590T GI（60/60）U 三大系列 12 个牌号获得认可。针对客户个性化要求，相关人员与客户深入交流，明确产品性能指标及检验标准，优化工艺设计，推行标准化作业，全流程跟踪生产，圆满完成产品试制。

【汽车结构用热轧产品实施企业标准】 2017 年 3 月 1 日，河钢唐钢汽车结构用热轧产品企业标准发布实施。按照国家和河北省关于企业标准管理的有关规定，公司产品标准管理由“国家标准、行业标准+技术条件、技术协议”转为“企业标准+技术协议”管理条件日益成熟。上年 12 月，成立标准起草小组，深入一钢轧厂、不锈钢公司、冷轧薄板厂了解酸洗设备状况及生产能力，充分掌握汽车结构用产品的市场需求、生产工艺和原料要求，同时查阅、收集、整理国内、国际最新版本相关标准，形成审定稿。

【质量管理体系培训】 2017 年，河钢唐钢举办质量管理体系培训 70 余场次，对质量管理工作稳步提升起到积极促进作用。这一年，创新性地开展由多个部门联合组织的培训模式，由人力资源部确定培训师资，签订培训合同，对培训效果进行总体评价；生产制造部负责培训项目总体策划，确定培训内容、人员、方法，开展培训技术内容辅导及答疑解惑；唐钢大学督导总体培训进程。培训过程采用内训与外训相结合方式，既外请专家学者进入企业授课，又安排不同层面的外委学习，加强内部讲师培养，依靠骨干力量培训一线职工，围绕技术质量工作薄弱环节，开展实操培训，组织专题案例讨论活动，提高职工分析问题、解决问题的能力。质量管理体系培训的开展，有利于提高经营管理层战略思维，有利于提升技术管理层跨部门、跨厂部沟通与协作的能力，有利于提升职工对质量体系标准、日常行为规范等内容的领会。

【产品审核与专项审核】 2017 年，河钢唐钢加强产品审核与专项审核，强化工艺过程管控，规范相关管理规定，促进作业区规程落地，进一步减少制度不完善等因素对生产以及产品质量造成的影响，全面提升管理水平，确保产品满足客户及规范要求。当年，抓好产品审核，采用观察、验证等方式，按月度计划对生产批次取样审核，通过热轧产品510L、TC420L、TC510L及酸洗产品TCX420L、TCX510L、QStE340TM、QStE380TM审核；启动专项审核，按照相关技术规范和标准，采取专题会议与现场审查相结合方式，重点对相关单位规程制定、指标管理等进行全流程梳理，共组织5次专项审核及4次不合格项验证，包括热轧炼钢钢水脱氧专项审核，冷轧薄板厂轧辊专项审核，冷轧薄板厂物流管理专项审核，一钢轧厂轧辊管理、使用专项审核，2号镀锌生产线锌层粘附性保证措施验证，酸轧机组避免钢卷出现欠酸洗保证措施验证，一钢轧厂轧辊专项审核不合格项验证等，针对审核发现的问题立行立改、限期整改，效果显著。

【产品质量管理】 2017年，河钢唐钢瞄准生产经营目标任务，稳步推进产品质量管理，取得明显成效。当年，废次降发生率0.51%，一次检验合格率达到96.67%。年内，加强部门督导和产线辅导，运用PDCA循环管理分析和验证环节跟进督导落实，检查改进问题与FMEA和控制计划完善的结合，促进质量体系运行水平再提升；按照《2017年技术质量专业管理考评办法》，重新修订质检一次合格率统计范围，并制定按月修订指标管理模式，确保指标稳定；针对各产线明确的重点产品，抓好用户要求、工艺展开、设备功能完善、关键岗位等要点，不断总结和分析生产结果，使每条产线、每批次产品都有明确质量要求，促进产品质量提高。

【深化品种质量设计】 2017年，河钢唐钢面向终端用户需求，依托质量代表制，深化品种质量设计，建立终端汽车厂用户需求质量档案84份，完善12个牌号工艺优化，转化58个尺寸特殊要求、18个特殊涂油重量要求，针对主机厂建立14个钢种、74个规格的特殊性能，为满足用户需求打下良好基础。这一年，建立客户需求调查表单，保证用户需求调查全面性；对用户设备、工艺、公司产品使用情况及与其他企业的对比情况等进行分析，形成完整的用户调查报告；针对用户需求，组织工艺优化，并进行质量需求转化和质量设计，保证持续满足用户要求；跟踪识别终端用户表面使用情况，转化为内部质量等级进行控制。

【开展“质量月”活动】 2017年9月，河钢唐钢紧紧围绕“聚焦产品提升和用户满意，践行规范管理和标准化作业”主题，深入开展“质量月”活动，强化市场和用户意识，促进公司产品质量和质量管理水平双提升。当月，采用报纸、电视、网络、板报、标语和主题班会等形式，组织宣传内容387项，提升职工全员全方位用户意识、工序服从意识、质量责任和体系意识，为实现管理规范化和作业标准化提供保障；加强重点产品跟踪和重点用户访问，组织市场部、技术中心、生产制造部和各事业部技术人员137人，走访LG电子（天津）工厂、海尔、格力等52家用户，跟踪掌握重点产品在用户的质量表现，进一步明确用户对产品和服务需求；推进质量体系建设，重点组织质量管理体系手册和程序文件会签发布、学习贯彻，策划实施质量体系覆盖所有过程活动和所有部门的内审计划，围绕重点体系落地问题改进，梳理以往体系存在的问题，建立整改跟踪档案，组织编辑86个典型课件，开展3场次培训，提升岗位质量意识；开展班组QC小组竞赛活动，激发岗位创新和班组自主改善热情，在基层班组导入和实施PDCA管理方法，促进作业区和班组管理水平提高，作业区班组进行QC小组活动176项，自主发现问题并落实改进91项。

【优质名牌产品】 2017年，河钢唐钢连续热镀锌钢带DX53D+Z通过冶金工业质量经营联盟网上公示，获得冶金行业“品质卓越产品”；连续热镀锌钢带DX53D+Z、深冲用冷轧低碳钢带DC04、低合金高强度冷轧钢带HC340LA三项产品获冶金产品实物质量“金杯奖”；连续热镀锌钢带和冷轧低碳钢带两项产品被评为“全国用户满意产品”。年末，公司获冶金产品实物质量“金杯奖”产品增至24个，冶金行业“品质卓越产品”增至22个。

【国家与行业标准管理】 2017年，河钢唐钢主持或参与国家标准、行业标准的制修订，主持起草3个国家标准、1个行业标准，参与起草8个国家标准、2个行业标准，为提升企业竞争力和话语权创造了条件。年内，作为第一起草单位，完成《型钢验收、包装、标志及质量证明书的一般规定国家标准》（GB/T 2101—2017）、《矿山巷道支护用热轧型钢国家标准》（GB/T 4697—2017）、《改善成形性热轧高强度结构用调质钢板国家标准》及《冷轧酸性废水处理工艺技术规范行业标准》。参与起草《热轧型钢国家标准》（GB/T 706—2016）、《汽车用高强度冷连轧钢板及钢带　第9部分：淬火配分钢国家标准》（GB/T 20564.9—2016）、《优质碳素结构钢热轧厚钢板和钢带国家标准》（GB/T 711—2017）、《碳素结构钢和低合金结构钢热轧厚钢板和钢带国家标准》（GB/T 3274—2017）、《低合金高强度结构钢国家标准》（GB/T 1591）、《载重汽车车厢厢体用钢板和钢带国家标准》《铁塔用热连轧钢板和钢带国家标准》《汽车用热冲压钢板及钢带国家标准》及《连铸钢板坯低倍组织缺陷评级图行业标准》（YB/T 4003）、《捆带钢用冷轧钢带行业标准》。

【内控标准管理】 2017年，河钢唐钢完善内控标准管理，实现内控标准系列化。全年，制修订产品企业标准31个、化学分析方法企业标准35个、物理试验方法企业标准3个、原材料企业标准8个；制修订产品技术条件9个、炼铁用原辅材料技术条件5个、炼钢用原材料技术条件11个、化学分析方法9个；制修订钢材产品内控规定共90个（次）。年内，下发《钢材产品质量分级和判定规定（试行）》（TG 023—2017），包括连铸坯、热带、冷轧、酸洗、镀锌、产品制造各工序表面质量对应关系，以此作为产品从连铸、热轧到成品工序产品质量等级一贯制设计的总纲；扩展控制计划功能，在产品设计中用最终用户和最终用途来索引用户的特殊要求，并将设计内容纳入公司三级标准的内控标准和控制计划中，满足高端客户和高端产品个性化要求；组织制修订炼钢、热轧、冷轧、长材控制计划共计824个，其中炼钢控制计划274个，热轧控制计划272个，热轧基础控制计划5个，冷轧控制计划216个，冷轧基础控制计划12个，长材炼钢控制计划29个、长材轧钢控制计划16个；接收用户特殊需求申请共计91个，包括尺寸特殊需求31个、包装特殊需求8个、性能与成分等特殊需求52个。

【原辅料管控】 2017年，河钢唐钢加强原辅料管控，建立完善钢后原辅料质量管理体系，规范原材料进厂和供应商标准，促进原辅料管理水平进一步提升。明晰相关单位职责，对生产制造部、河钢采购总公司唐钢分公司、检修分公司及各生产单位，从原材料供应商准入、原材料采购、原材料质量管理、供应商再评价和供应商开发及质量体系开发进行详细规定，使各项工作开展有章可循；建立原材料管理相关制度，在IATF 16949:2016质量管理体系换版过程中，依据过程方法和基于风险思维，建立完善原材料质量管理体系文件24份，其中程序文件1份，管理办法11项，相关支持文件12份；全面开展供应商二方审核，对供应商、生产过程控制、设施设备、产品检验、人员配备、质量管理等进行审核，共开展原辅材料供应商二方审核31家，开具整改项189项，促进供应商规范管理和过程提升；加强钢后原辅材料试验管理，全面审核使用单位提出的113项钢后原材料试验申请项目、78项耐材试验申请项目，主要包括申请理由、试验总结、试验数量、试验周期等内容，签订和下发191份包括耐材在内的原材料试验技术协议；加强钢后原辅材料质量检验管理，梳理完善冷轧合金介质等检验判定流程4项，将硅铝锭和锌锭以及压延油等纳入质量检验范围，确保供应冷轧原材料质量，对一家合金供应商涉嫌弄虚作假进行停止供货处理，收到警示教育作用，原料供应商质量明显提升，全年合金一检合格率96.35%，石灰一检合格率95.7%，均达到目标要求。

【信息化系统建设】 2017年，河钢唐钢全面抓好生产制造信息化系统建设，快速提升制造管理水平。完善APS系统业务流程，实现卷板产品全覆盖、全流程按单生产，工艺参数直接参与控制，提高产品质量稳定性，当年卷板产品半成品、成品数据全部纳入APS系统实现可视化库存管理；在用好ODS知识库功能基础上，重点开展管理领域功能提升，包括合同质量自动评审、生产质量KPI目标值管理、产品难度系数管理、产品内部质量分级管理、设计开发FMEA在线管理等功能，将ODS系统打造成综合管理数据平台；完善QMS系统，实现卷板产品全部产线过程工艺参与判定，构建面向用户的服务型全流程产品质量管控平台，实现在线产品质量监控、产品质量放行、过程质量追溯、大数据质量分析和内外质量改善闭环管控；启动OTS订单跟踪系统，实时跟踪订单全生命周期，动态收集意向订单评审与正式订单创建、设计、计划、生产、判定、成品发货过程发生的各种事件，实时掌握合同进程，反映合同变化，达到了解合同执行情况、控制生产节奏、合理组织计划的目的。

【完善全流程工艺质量报告系统和质检系统】 2017年，河钢唐钢进一步完善全流程工艺质量报告系统和质检系统，报告系统由以往640余个精简归并为180余个，剔除使用率低等冗余报告，增加公司各厂钢卷一检及时率报表、钢卷终检及时率报表、钢卷废次降统计报表、全流程收得率报表、一检缺陷统计报表等管理性报告和图形化报表等，并增加自定义报告，有力保障工艺质量从产线、作业区、厂部到公司的各级KPI自动评估管理。不断优化质量和过程参数等数据，优化判定和匹配业务流程，提升系统与业务契合度，保证质量管理人员更有效地进行质量监控。深入追溯相关配套产线质量数据、过程参数等，通过计算QMS报告中单卷与多卷工厂数据库采集曲线符合率，将QMS报告计算数据与TPQC中曲线数据进行比对分析，对轧钢关键工艺参数的评估提供有效追溯，便于质量管理人员用大数据分析手段分析产品质量，为高端产品稳定生产提供大数据支撑。当年，全流程工艺质量报告系统和质检系统在一钢轧厂、高强汽车板公司、不锈钢公司三个区域集成各种类型质量数据4.21亿项。

【LIMS-实验室信息化系统建设启动】 2017年4月10日，河钢唐钢LIMS-实验室信息化系统建设启动。由公司生产制造部与信息自动化部联合开发建设，在考察先进企业LIMS建设情况基础上，对业务需求进行充分调研，制定合理的整体开发进度。系统主要是通过建立以实验室为中心的分布式管理体系，实现各类分析仪器设备数据合理整合，便于实验室数据有效支撑生产工艺改进；根据科学的实验室管理理论和计算机数据库技术，实现检验数据网络化共享、无纸化记录与办公、资源与设备管理、人员量化考核，为实验室管理水平整体提高和实验室全面管理提供先进的技术支持，真正实现信息资源共享，提高工作效率和实验室自动化程度；通过归并整合及作业流程优化，达到高强钢汽车板和高附加值产品检验和认证能力，使实验室高度专业化、智能化和系统化。年末，LIMS 系统主要实现了收样、审核、传输和查询主业务流程功能，制定了人员管理、精度管理、库房设备管理功能方案。

【标准化作业】 2017 年，河钢唐钢实施标准化作业，导入可视化看板，强化生产岗位职工的规程、规范意识，加大工艺质量标准化跟踪检查，促进作业区运行水平大幅提高。全年，检查跟踪公司级标准化作业 1658 项，整改率 95.1%；检查厂级标准化作业近 3 万项，整改率 96.97%；完善规程 1500 余项；组织现场辅导和专题培训 32 场次，标准化相关培训 1620 人次。年内，设立生产作业区岗位“红线”，识别提炼关键控制要求，并以看板形式直接贯彻到岗位，突出关键作业步骤，岗位“红线”和标准化作业看板实现生产作业区全覆盖；组织各生产厂落实《厂部级规程完善流程制度》，其中冷轧薄板厂将原 72 个岗位规程优化合并为 55 个，促进规程体系制度化运行；持续提升标准化作业检查的有效性和效率，建立和实施厂级标准化作业管理运行制度，实现公司、厂部和作业区三级标准化检查贯通；创新岗位质量意识培训，编制 86 个案例教材，深入作业区试讲 2 次，进行岗位质量意识培训 20 余次，确保用户要求直接普及贯彻到岗位。

【QC 小组活动】 2017 年，河钢唐钢积极开展 QC 小组活动，激发产线职工岗位创新和班组自主改善热情，营造全员质量管理的浓厚氛围，助推公司全年生产经营任务的顺利完成。全年，组织炼铁厂、一钢轧厂、冷轧薄板厂、二钢轧厂等单位注册 QC 小组 147 个，成果立项 120 项，获全国、省市优秀成果 13 项，冶金行业不同等级成果 12 项。

【产品检验管理】 2017 年，河钢唐钢加强产品质量检验管理，深入推进作业长制标准化作业，提升质检工操作技能，落实表检攻关，提升表检一致性和规范性水平，促进产品检验水平进一步提升。年内，组织技术人员派驻各个质检作业区，建立在线质检工、在线产品质量工程师和日班产品质量工程师的质检决策团队，促进质检队伍能力提升；加强在线表检管理，进一步完善表检设备及运行环境，提升表检系统对缺陷检测的有效性和准确性，全流程对照完善缺陷数据库，提升表检“两率”和全流程分析能力；针对 FD 汽车外板拉练和镀铝硅产品生产，建立特定 FD 产品和镀铝硅产品检测 SPC；制定《表面分级判定》，针对不同表面等级需求的客户，提供切实可行的分级判定依据，同时利用不同客户用途，在各等级内分出子项，针对彩涂、喷涂家电，冲压、电镀类汽车板，主机厂与非主机厂，表观件与内部件等客户重点关注问题进行逐条阐述和拆解，保证判定标准准确、可操作；高强汽车板公司实现镀锌、连退集中关键参数过程曲线参与判定，为汽车板生产和质检工作奠定坚实基础和判定依据。

【深入开展重点工艺质量攻关】 2017 年，河钢唐钢深入开展技术进步和重点工艺质量攻关，组织 17 项质量攻关活动，取得显著效果。开展冷轧薄板厂 3 号镀锌生产线家电板表面质量攻关，产品表面质量、耐腐蚀性等大幅提高，并开发出多个家电板客户，全年生产 FB 等级家电产品 4164 吨；组织 O5 汽车外板全流程拉练，建立生产设备功能保证项目 83 项、工艺保证项目 66 项控制清单，全年组织拉练 6 次 3060 吨；开展 HRB500E 抗震钢筋性能与冶炼成本攻关，优化生产工艺，促进该产品强屈比提高 0.03，成本降低 12 元；组织中厚板公司供不锈钢公司 SPHC 钢坯冶炼控制攻关，促进该品种连浇炉数从 2 炉提高至 20 炉以上。此外，推进“缩窄化学成分、优化工艺，提高成品性能的稳定性”“Grade50 厚规格卷形、卷取温度符合率攻关”“酸洗压缩机用钢性能优化”“三镀锌 Z450 锌层镀锌产品技术攻关”“罩退冲压开裂攻关”“酸洗中高强度钢种提速工作攻关”等课题，达到良好效果。

【理化检验中心工作】 2017 年，河钢唐钢强化理化检验中心管理，依据国家实验室认可标准规范工作流程，重点从数据及时准确、文件与记录规范，提升冶金产品、原材料综合检测能力，促进实验室检化验综合能力提升。全年，检测及时率和标准化率均为 100%。年内，参加中实国金组织的测量审核活动，结果均为满意；邀请宝钢实验室专家进行针对性培训和资料移交，提升规范操作能力；组织实验室内审，对各个作业区现场管理、日常记录等做详细全面的审核和整改，经过运行改进，实验室设备、环境、记录、人员全面达到 CNAS 管理标准。

财务经营管理

【财务共享体系建设】 2017 年，河钢唐钢深化财务共享体系建设，优化财务共享流程，提升财务管理信息化水平。当年 4 月，启动财智云项目，制定实施方案，对原有财务共享中心升级，推进财务共享硬件平台、基础平台、移动审批平台和商旅服务平台建设。12 月，实现资金统管单位在移动审批平台全部上线，从根本上改变财务审批方式，使业务审批从发起到结束平均缩短到 5 小时，杜绝因外出无法审批情况。审批后的数据进入财务核算环节，形成财务付款数据源，使整个业务形成闭环，极大提高了审批效率。至当年底，财智云项目试运行系统已开通用户 4703 个，填报、存储费用报销单据 2936 张，挂账单据 10659 张，付款单据 7367 张，对外付款 6147 笔，其中涉及线上审批单据 1500 余张，每月约有 5000 笔业务通过财智云系统共享任务平台处理。共享平台的应用，实现了公司数据集中与透明化、流程制度化、内部管控合理、外部服务高效，对规范财务业务流程、提高工作效率、控制公司经营风险和财务风险起到显著效果。

【产线成本管理】 2017 年，河钢唐钢积极顺应公司管理体制变革要求，打造适应事业部运行的财务管理模式，把产线作为深化财务管理的主渠道，深化产线成本管理。这一年，建立高素质成本管理人员下产线机制，梳理派驻财务人员岗位设置，重新定位工作职责和任务，对内抓成本，对外盯效益，切实发挥财务人员作用；积极参与作业长制推进工作，通过派团队到宝钢学习和聘请宝钢专家指导等方式，对作业长进行成本管理培训辅导，制定《作业区成本管理办法》，加强作业区目标值管理，完善作业区 KPI 指标体系，规范 KPI 指标名称，建立指标库、规范分析方法，压减无效 KPI 指标；分析评价作业区成本完成情况，每月根据作业区实际完成情况与设定的绩效指标进行对比，对作业区绩效进行评价；开展对标交流，针对不同产线，除在公司内部产线之间对标外，选取不同标杆企业进行对标，先后与文丰公司、首钢京唐、马钢等开展价格和品种结构、专项成本对标，查找解决成本管理中存在的问题。

【标准成本管控】 2017 年，河钢唐钢不断加强标准成本管控，持续强化标准成本考核，抓好日清日结系统的应用与完善，细化到每条产线、每道工序成本构成，各产线标准成本符合率得到全面改善，公司钢铁主业成本管控工作取得重要进展。年内，成立公司标准成本管理委员会，建立标准成本管理专业人才小组；重新梳理公司标准成本体系，参照行业先进企业水平和自身企业装备及工艺水平，对标准成本BOM值进行修订，建立一套对生产工艺具备指导意义的标准成本，并按公司要求实施标准成本符合率考核；每月召开成本分析会，主管技术、能源、费用具体管理人员参加，围绕关键问题，寻找办法，制定措施、限期整改，对标准成本中的专业成本核算进行规范。

【资金运营管理】 2017年，河钢唐钢创新融资模式，增加资源储备，提升资金管控能力，防范经营活动资金风险，确保资金链安全。坚持不挪用生产资金，不形成新增贷款，制定下发《关于落实河钢集团资金管控的实施细则（试行）》，严控非预算、超预算项目支出，资金管理工作进一步加强。拓宽融资渠道，在行业规模严格受限环境下，积极增加银行授信储备15亿元。调整融资结构，增加长期融资40亿元，降低短期偿债风险。加强外汇市场分析，优化外汇使用结构，尽力规避汇率风险，全年形成汇兑净收益8682万元。建立快速付款通道，对公司紧缺物资优先提供资金保障，维持稳定的原料结构。充分发挥资金共享优势，全年通过资金统管累计对子分公司下拨资金727.25亿元，子分公司累计上划资金748.49亿元。以完成采购降价率指标为目标，对公司“互联网+”项目的网上现款采购提供资金支持，初步完成备件采购现金支付接口开发工作。

【预算管理】 2017年，河钢唐钢全面加强预算管理，对价格、成本、费用和盈利水平实施全方位监控，加大降费攻关力度，为生产经营持续优化提供支撑。11月，公司调整预算管理委员会组织机构和工作职责，预算管理办公室设在财务经营部，负责预算编制和预算管理日常事务，确保全面预算得到更好实施。牵头编制公司生产经营预算，结合集团下达指标及市场经营变化情况，从强化生产组织，提高设备运行效率，进一步深化市场和产品工作，规范管理流程等方面深挖潜力，重新编制8—12月挖潜增效计划。根据集团下达的生产经营任务，本着先进、科学、合理原则，编制公司2018年生产经营预算。严格控制非预算、超预算项目支出，继续压减非生产性开支，全年公司主要归口费用支出同比降低7.6亿元。多维度做好财务经营状况分析，分单位、分区域、分工序、分专业查找问题，并在每月的成本分析会上通报各单位的指标差距，包括各单位成本利润、归口费用、炼铁成本、库存、购销部门及重点专业管理工作完成情况，明确改进措施，并抓好贯彻落实。

【下达公司8—12月挖潜增效计划】 2017年8月，由于河钢集团对各子分公司年度利润目标进行调整，河钢唐钢年度利润目标由年初设定的6.5亿元提高到15亿元，新增8.5亿元的利润指标。为更好地完成目标任务，公司制定下达《8—12月挖潜增效计划》《8—12月挖潜增效措施及奖励办法》，进一步明确炼铁降成本、炼钢系统降低铁耗及轧钢系统提产等九大项目挖潜增效目标、措施、负责单位及考核奖励办法，强化生产组织，提高运行效率，进一步深化市场和产品工作，规范管理流程，提升各项工作水平，完成预定目标。

【财务经营管理】 2017年，河钢唐钢将经营管理细化落实到产线，推进产品升级和市场开拓，实现全流程创效。这一年，密切跟踪市场价格，严把价格关，与市场部、事业部结合，对板材实施日定价，对长材产品实施旬定价，努力提升公司产品价格；制定、下发价格文件，对拍卖过渡材、品种钢、废旧物资、钢铁副产品、球团、运输及关联交易等制定价格，当年制定价格文件1113份，同比增加7.2%；每周对产品分不同产线、品种、规格及区域进行效益测算，提出产线和产品增减产建议，根据公司7个主体产品效益高低情况，与生产系统沟通优化产线排产，促进高盈利产线增产，实现公司效益最大化；严格控制主辅料采购价格和采购节奏，合理有效控制运费和辅料价格，针对“2+26”城市采暖期错峰生产后供需关系变化和市场变化，向公司提报生产结构调整和库存结构调整建议；建立销售订单效益预测模型及销售订单后评价机制，指导销售人员接单，对业务人员和客户订单创效水平进行总结分析；紧密协调河钢国际唐山分公司、炼铁厂，根据市场波动，灵活调整进口矿库存数量，当年3—4月，预测进口矿价格有较大幅度下跌态势，对前期低价采购的进口矿集中高价销售40万吨，创效3000万元以上；与河钢采购总公司唐钢分公司、四大事业部合作，拓宽废钢采购渠道，搭建废钢采购流程，增加直供厂家优质废钢资源量，全年采购废钢173万吨，创效7.3亿元。

【落实税收优惠政策】 2017年，河钢唐钢深度研究税收政策，实行税务集中统管，做好纳税筹划，根据生产经营实际情况，将企业所得税优惠政策落实到位。加强税务管理工作，制定下发《关于明确营改增有关征管和发票问题的通知》，对相关问题进行规范，全面做好营改增工作；按照新规定对公司减免税业务进行备案，降低税务风险。在上年度企业所得税汇算清缴工作中，通过申报技术开发费，公司有17个新产品减免企业所得税2113万元，利用能源综合利用项目，减免企业所得税983万元，两项合计减免企业所得税3096万元。做好出口退税工作，全年共收到出口钢材退税款9.1亿元，减少了资金沉淀。

【财务基础管理】 2017年，河钢唐钢推进财务基础管理工作创新和提升，完善管理体系，推动全员绩效管理，实现各项管理工作良好运行。结合财务共享平台建设，完善财务制度体系建设，建立并规范财务管理流程图。参与对重点投资和基建项目的效益评估和风险评估工作。建章立制，搭建财务共享体系各项规章制度，编制和修订管理办法22个。完成商旅平台信息系统接口对接，规范发票单据，降低财税风险，为深化细化财务管理和应用扩展预留空间。

设备管理

【体系建设】 2017年，河钢唐钢加强设备管理体系建设，初步搭建与“五体一制”深度融合的设备管理体系，编制体系建设总体方案、体系手册及50个作业文件，为实现“五体一制”深度融合奠定坚实基础。完善设备管理指标体系，在设备管理中导入设备综合效率OEE、平均故障时间间隔MTBF、平均维修时间指标MTTRM，通过统计分析指标，找出风险较高设备，有针对性地进行维护，降低设备隐患；深度应用设备全生命周期管理系统，实现全系统、全设备、全人员、全业务流程闭环管控，提高工作效率；制定《设备能力指数CMK值测定管理规定》《设备FMEA管理办法》《知识管理办法》《供应商需求管理办法》《设备功能管理办法》《设备精度管理办法》《关键设备重大事故应急预案管理办法》等，修订完善《备品备件不合格品管理程序》《备品备件采购管理程序》《设备材料、备品备件修复管理办法》等管理体系文件，加强设备材料、备品备件和轧辊修复等管理，为生产顺行及产品质量提升提供可靠保障；坚持每月下发《设备管理月报》，及时通报反馈管理信息与工作动态，各单位产线设备掌控能力明显提升。

【主要指标】 2017年，河钢唐钢强化设备基础管理，不断完善各生产线设备功能，提升设备精度，严格控制设备采购资金，降低资金占用，保证了各生产线设备稳定运行。全年，采购资金9.96亿元（含不锈钢公司和中厚板公司），其中工艺件费用发生2.45

亿元；资金占用8708万元；机械电气类事故故障时间431.39小时；功能精度达标率98.5%，为产品质量提升和品种结构优化保驾护航。

【设备检修管理】 2017年，河钢唐钢改变传统设备维修模式，推进集设备、生产、销售为一体的动态管理模式，以年计划为基础，按照检修周期执行月计划、周调整，加强设备检修管理，确保设备状况可控。全年，组织大修18次，定修545次，包括一钢轧厂1700毫米生产线等42条主要生产线大修以及二钢轧厂二棒生产线、2号高线生产线、1号高线生产线复产任务；内部单位检修费用4.86亿元，特殊资质费3265.55万元（包括滦县至唐钢焦炉煤气管道改线410.63万元）。这一年，强化内部检修管控，加大检修执行情况考核力度，激励内部检修单位和生产岗位更多地承担设备维检任务，降低外委费用；梳理设备功能精度项目，其中设备功能项目1520项，设备精度项目4510项，实现了关键设备功能精度达标率（A类）100%；在以预防性维护为主基础上，增加状态维修，保证设备不欠修、不过修；开展季度性设备联查活动，检查发现设备隐患299项，对重点隐患项目进行追踪管理，保证了设备稳定运行。

附表 2017年河钢唐钢设备大修情况一览

大修名称	起止时间	工期/天	大修产线	备件费/万元	检修费/万元	总投资/万元
中厚板公司轧钢二线大修	2016.12.25—2017.1.15	21	轧钢二线	1352	1248	2600
不锈钢公司2号转炉大修	2.22—2.28	6	2号转炉、2号连铸机	373.33	675.83	1049.16
二钢轧厂二棒生产线复产大修	3.15—3.21	6	二棒生产线	327.87	89.85	417.72
不锈钢公司3号转炉大修	3.27—4.3	7	3号转炉、3号连铸机	365.56	544.69	910.25
中厚板公司3号转炉大修	3.15—3.25	10	3号转炉	350	595	945
高强汽车板公司清炉大修	3.31—4.13	13	连退、酸轧、4号镀锌生产线	353.6	248.07	601.67
一钢轧厂1700毫米生产线大修	4.21—5.10	19	1号转炉、2号转炉、1号连铸机、1700毫米生产线	2065.84	1853.83	3919.67
冷轧薄板厂酸轧大修	4.24—5.7	13	酸轧、一镀锌、三镀锌、罩退、平整、重卷生产线	800	393	1193
一钢轧厂平整大修	5.7—5.15	8	一平整、二平整生产线	116	37	153
中厚板公司1号转炉大修	6.5—6.20	15	1号转炉	313	582	895
二钢轧厂1号转炉大修	6.28—7.12	13	1号转炉、中型生产线	225.5	293.9	519.4
冷轧薄板厂二酸洗大修	8.2—8.16	14	二酸洗、二镀锌生产线	200	176.5	376.5
二钢轧厂2号高线复产大修	8.1—9.15	45	2号高线生产线	1536.97	1075.49	2612.46
二钢轧厂1号高线复产大修	8.29—10.15	47	1号高线生产线	3537.62	1552.37	5089.99
一钢轧厂2号连铸机大修	8.29—9.6	8	2号连铸机	118.5	197.5	316
二钢轧厂3号转炉大修	9.23—9.29	6	3号转炉	79.52	44	123.52
高强汽车板公司大修	11.5—11.16、11.24—12.7	24	连退、4号镀锌、酸轧生产线	702.22	448.2	1150.42

续附表

大修名称	起止时间	工期/天	大修产线	备件费/万元	检修费/万元	总投资/万元
不锈钢公司1580毫米生产线大修	11.24—12.5	12	1号转炉、2号连铸机、1580毫米生产线	3181.11	4329.15	7510.26
一钢轧厂1810毫米生产线大修	12.11—12.27	17	3号转炉、3号连铸机、4号连铸机、1810毫米生产线	3499.66	1639.67	5139.33
合　计				19498.3	16024.1	35522.35

【特种设备管理】 2017年，河钢唐钢加强特种设备管理，加大操作岗位人员培训力度，提升操作技能水平，确保特种设备运行安全。全年，检验起重设备561台，28台新装起重设备办理使用登记；检验锅炉以及水质化验水处理设备58台；检验压力容器195台，为42台新装压力容器办理使用登记；检验管道7.57万米；组织特种设备作业人员培训取证，其中起重操作人员95人，锅炉操作人员16人，特种设备管理人员9人，复审锅炉操作人员100人，复审起重作业人员1334人，复审特种设备管理人员23人，复审压力容器操作人员244人，复审锅炉水质操作人员39人。加大专项检查和整治，开展特种设备安全大联查，重点对压力管道、起重机械、压力容器、煤气柜及锅炉进行检查，对检查发现的问题及时反馈，责令相关单位整改；组织检查测量不锈钢公司、一钢轧厂等不同型号天车，对出现的问题会同厂家共同制定解决、改造方案，为特种设备有效运行提供技术支持，消除事故隐患10余起。

【环保设备管理】 2017年，河钢唐钢加强环保设备管理，加大对环保设备现场检查力度，各区域环保设备运行良好，各种排放达到国家环境保护标准，满足绿色环保生产要求。组织各生产单位开展全方位摸底排查，不定期检查环保设备状况，摸清公司环保设备底数，发现问题及时整改；加强对环保设备点检维修管理，严格按照点检标准及点检周期对环保设备、设施进行日常巡检及专业点检，对于检查出的问题，有针对性地制定检修计划和措施，特别是加强重点环保设备检修，做到专人负责监督、检查，确保其正常运行。在出现环保设备故障时，及时启动相应应急预案，确保环保设备与主体设备同步运行率100%。

【物资采购管理】 2017年，河钢唐钢加强物资采购管理，修订《招投标实施细则》《非招标形式采购实施细则》《供应商管理实施细则》，加强计划采购，确保备件及时供应，降低采购成本，实现设备稳定运行。全年，采购费用同比减少6675万元，组织采购系统招标5021次，做好河钢集团轧辊、阀门联采招标组织工作。这一年，严控采购计划管理，利用设备全生命周期管理系统，跟踪备件上下机管理，严控需求计划申报，从源头上遏制采购费用增加；加强机旁备件管控，利用系统上、下机模块，监控备件库存状态，有效盘活库存资金，提高利库物资使用率；集中管理检修施工、工程项目采购、备材采购及修复供应商，办理供应商开户137家，考察新准入采购供应商37家，复查在用供应商25家，并对新开户供应商进行风险评估，降低采购风险；科学研判市场行情，在价格大幅上涨之前抢定轧辊采购合同，节省轧辊采购资金4000多万元；利用物联宝电子商务平台，规范招投标工作流程，推行备件材料公开招标，扩大招投标比例，降低采购价格。

【备品备件修复管理】 2017年，河钢唐钢加大备品备件修复管理，继续优化备件修复流程，提高备件修复比例，最大限度减少新件采购。全年，备件修复率（含内部修复）40.88%，备件修复产值3.21亿元，其中内部修复由重机装备公司完成9013万元，检修分公司完成2232万元。这一年，提升非钢单位备品备件修复能力，重点增加检修分公司、新事业公司修复量，充分发挥检修分公司在设备维修、备件制造和备件修复中的优势，不断挖掘可修复设备和备件种类，实现备件修复过程可控管理，提升修复质量及产值。

【基建项目设备供应】 2017年，河钢唐钢树立设备全过程管理理念，全面做好基建项目设备采购，确保基建项目保质按期完工并顺利投产。年内，本年度立项工程项目64项，往年结转项目53项，已完工55项；签订设备订货合同679份，合同总额10.43亿元，其中涉及环保项目27项，合同260份，合同总额2.46亿元。进一步完善《工程项目设备采购管理办法》，对设备招投标管理、合同管理、设备监制与催交、设备收货、设备验收严格管控；积极为公司各项目建设单位提供优质服务，主要完成不锈钢公司265平方米烧结机系统扩建改造工程、高强度汽车板技术改造二期工程及公司环保项目改造等主体设备采购工作。

【点检管理】 2017年，河钢唐钢进一步强化点检管理和事故管控，加大对岗位点检管理力度，以点检素质提升为切入点，以信息化管理为基础，以点检标准化作业为抓手，组织完善岗位及专业点检标准，升级点检管理系统，为点检管理提供有效支撑。当年，点检人员月平均点检条数130万条；漏检3168条，漏检率0.02%，8小时点检异常处理率99.28%，点检质量有较大提高。年内，编发《钢铁冶金设备点检员系列丛书》一套，并组织1400名点检员进行学习，为下一年度取证考试做好准备；升级点检管理系统，新增岗位点检模块，进一步规范岗位点检，优化已有点检标准，使点检员有充分时间用于重点部位点检、设备劣化趋势分析、费用控制，确保满足设备安全生产要求。

【设备全生命周期管理系统上线】 2017年2月1日，河钢唐钢设备全生命周期管理系统在公司全面上线运行，实现设备系统闭环管控，提高工作效率，确保数据完整、真实、及时、有效，为强化设备基础管理提供数据支撑。系统于上年4月开工建设，由设备机动部开发设计，中国惠普有限公司实施，将设备从规划、设计、选型、制造、购置、安装、使用、维护、维修、改造、更新直至报废整个过程有机联系在一起，形成完整的设备全生命周期管理体系。系统上线后，实现备件计划、机旁备件、备件修复在线管理，多级审批在线完成，工作效率大幅提高；加强设备功能与精度指标管理，对功能投入率和精度达标率进行分析，对关键设备、关键部位实施在线监测，实施传输和汇总分析运行数据，为预防设备事故的发生提供依据。

【共享库存联合储备】 2017年，河钢唐钢与鞍钢、包钢、凌钢、本钢就设备管理工作在本钢举行交流会，共同签订《备件战略储备合作协议》，共享库存联合储备。本着相互信任、利益共享、风险共担原则，公司与四家钢企在备件联储和深度对标工作上达成共识，建立长期、紧密的战略合作伙伴关系，以降低备件储备成本，提升设备运行指标，提高设备管理效率为目标，实现合作共赢。此项协议明确各方职责，建立协调管理机制，磋商详细管理流程；健全统一模式的库存档案，形成虚拟状态下的集中库存；明确共享范围，按统一标准、相当品质建立物资库存战略合作伙伴关系。共享库存联合储备的建立，对充分发挥联合储备资源优势，互利互助，全力以赴保生产、降成本有积极意义。

【经验交流】 2017年3月28—29日，河钢唐钢与中设协在唐山市召开第六届中国钢铁发展合作交流高端论坛，以“绿色发展、智能制造、创新驱动”为主题，分别就“十三五”期间钢铁行业发展趋势分析、钢铁企业加快实施结构调整与转型升级、装备再制造及冶金企业品牌建设、节能减排和智能制造新技术应用与推广等内容进行广泛交流和深入研讨。公司作为设备管理信息化应用的典型单位，就设备管理架构、管理理念、信息化进程和以“设备全生命周期管理”为代表的先进设备管理经验作了专题报告。公司相关单位分别对铁、钢、轧全流程智能制造技术，焦化生产节能减排技术，以及耐火材料新技术等在应用推进过程中的设备管理经验和管理成果进行了分享。在与论坛同场举行的2017钢铁行业“工匠精神奖”颁奖典礼上，公司71名职工获得“最具工匠精神奖”。

附表　河钢唐钢获“中设协最具工匠精神奖”一览

单　位	姓　名	单　位	姓　名
型钢厂	白晓卫	一钢轧厂	尚玉滨
炼铁厂北区	蔡福明	中厚板公司	史东生
炼铁厂北区	陈俊宁	检修分公司	孙　超
不锈钢公司	陈宗艳	一钢轧厂	孙文涛
中厚板公司	冬卫平	检修分公司	谭海钧
物流分公司	董国辉	炼铁厂北区	田　密
能源科技分公司	董久云	检修分公司	佟　秋
检修分公司	杜连江	冷轧薄板厂	王　超
中厚板公司	甘路伟	不锈钢公司	王建刚
信息自动化部	高志勇	能源科技分公司	王书江
炼铁厂北区	葛祥仑	一钢轧厂	王学壮
二钢轧厂	谷海波	能源科技分公司	吴玉峰
信息自动化部	谷秋成	信息自动化部	夏振浩
炼铁厂南区	顾桂萍	一钢轧厂	肖国富
能源科技分公司	郭　毅	物流分公司	闫　良
信息自动化部	韩　雷	一钢轧厂	杨丛龙
中厚板公司	贾　锋	能源科技分公司	于国中
中厚板公司	贾　旭	炼铁厂北区	于浩淼
炼铁厂不锈钢区	蒋晓明	二钢轧厂	王振刚
不锈钢公司	解代军	二钢轧厂	赵树鑫
炼铁厂北区	金　滨	炼铁厂中厚板区	赵忠政
冷轧薄板厂	孔凡林	不锈钢公司	张士慧
高强汽车板公司	李连明	型钢厂	张旭光
型钢厂	李顺林	二钢轧厂	张永堂
冷轧薄板厂	李体华	不锈钢公司	刘海波

续附表

单　位	姓　名	单　位	姓　名
冷轧薄板厂	李晓东	一钢轧厂	张　波
冷轧薄板厂	李晓伟	冷轧薄板厂	郑清海
能源科技分公司	梁宏书	检修分公司	朱英魁
物流分公司	刘　洋	型钢厂	訾文胜
高强汽车板公司	林跃刚	炼铁厂南区	张　浩
炼铁厂不锈钢区	戚　健	高强汽车板公司	王春虎
能源科技分公司	齐继云	高强汽车板公司	王庆丰
不锈钢公司	马永乐	高强汽车板公司	谢庆新
中厚板公司	孟祥亮	高强汽车板公司	王聪国
炼铁厂中厚板区	孟　勇	炼铁厂北区	秦玉杰
二钢轧厂	秦敏勇		

安全管理

【安全生产目标】 2017年，河钢唐钢安全生产目标为“7021”。“70”为重伤、工亡、新发职业病、生产A级事故、重大设备事故、重大交通事故、重大火灾事故为零，“2”为年千人负伤率小于等于2，“1”为争创冶金行业安全管理一流水平。年内，公司以管理体制变革为主线，深入推行职业健康安全管理体系常态化运行，推进安全管理在产线落地，夯实安全基础，强化较大危险作业安全管控，千人负伤率比目标值降低0.57；安全归口费用实际比预算减少73万元，降低2.5%，实现长周期安全生产。

【安全管理体系运行】 2017年，河钢唐钢不断加强安全管理体系建设，遵循“一切安全事故、隐患可防可控”安全理念，初步构建起安全风险分级管控和隐患排查治理“双控”机制。1月17日，召开当年第一次安全生产工作会议，公司党委书记、董事长王兰玉主持会议并讲话，总经理田欣等公司领导出席会议。加强对安全管理的组织领导，根据人员变动和工作需要于当年2月、8月两次调整安全生产和消防委员会成员，其办公室设在安全部，负责公司安全生产和消防委员会的日常管理工作。这一年，制修订《安全生产应急管理制度》《危险化学品管理制度》《消防管理制度》《设备检修安全管理制度》《动火作业安全管理制度》《班组安全管理制度》《有限空间作业安全管理制度》《安全培训制度》等管理制度，并纳入公司管理控制程序，有效遏制各类安全生产事故。

【推进安全履职尽责】 2017年，河钢唐钢全面推进全员安全履职尽责，强化安全红线意识和底线思维，按照《河北省安全生产条例》等相关规定，修订完善公司《安全生产责任制度》，进一步明确尽职免责、失职追责的规定，推行安全履责清单，为各级人员更好地履行安全责任奠定基础。加大安全生产事故的问责力度，制定发布《安全问责管理办法》，重点对厂部级领导、专业科室人员、作业长、班组长等各级管理人员进行安全履责检查与考试；通过检查督导、严肃问责，督促和推动各级领导干部践行“党政同责”“一岗双责”“管业务必须管安全”等基本原则，带动全员安全意识的提高；每月对各单位安全管理情况进行评价，促其强化安全管理。全年，检查厂部级领导、专业科室人员、作业长、班组长1162人，对198名履责不合格人员进行了考核；组织514名厂部级领导、科级管理人员进行安全履责考试，对不及格人员安全约谈后再考试，形成全体领导干部齐抓共管的大安全格局，岗位员工自我防护意识和安全履责意识进一步提升；加大安全追责力度，对发生事故、存在隐患和违规行为的相关责任人进行严肃处理，其中厂部级领导18人、科级人员72人、班组人员107人。

【安全预防体系建设】 2017年，河钢唐钢持续完善安全预防体系建设，遵循“有变则辨，动态抓安全”安全预防工作原则，完善危险源辨识管控及专项整治，提高企业本质安全水平。这一年，重点对新技术、新工艺、新材料、新设备等进行辨识，新增A级风险40个、B级风险910个、C级风险7730个、D级风险632个，编制较大风险因素告知卡2332个，制定高危场所安全禁令156项，形成以危险源辨识为基础、控制较大风险为重点、遏制重特大事故为目标的安全预防机制；不锈钢公司、中厚板公司、高强汽车板公司顺利通过职业健康安全管理体系认证，公司本部顺利通过职业健康安全管理体系外审；积极推进安全标准化一级企业复评，对烧结、炼铁、炼钢、轧钢、煤气单元开展预评估，进行问题整改，进一步提高公司安全标准化管理水平；加强日常监测监控危险源，对公司63个重大危险源定期进行评估，及时消除各类隐患，确保重大危险源有效受控；实施应急标准化示范企业创建工作，对应急预案修订完善，形成以综合预案、专项预案、现场处置方案、岗位应急处置卡为主要内容的应急预案体系，并积极组织应急预案演练和岗位应急拉动，提升岗位应急处置能力。

【作业区和班组安全管理】 2017年，河钢唐钢全面推进安全管理工作在产线基层的迅速落地，不断深化作业区和班组安全管理，与宝钢作业长辅导团队形成合力推进作业区安全建设，制定作业区安全检查评价细则，加大作业区安全检查力度，提升基层风险管控和隐患自查自纠能力。年内，组织726名作业长参加任职资格和在职安全培训考试，对上年发生工伤事故的72名责任作业长、班组长进行警示教育，提升作业长和班组长队伍的安全意识和安全素养，将作业区打造成公司安全生产的坚强堡垒；对568名在职作业长进行安全评价，每月组织1658个班组开展安全评比，对评价不合格的作业长和班组长，采取重点帮扶、约谈和绩效考核等形式帮助其尽快达标；启动干部包保班组活动，监督指导班组开展现场实操培训、应急演练等工作，为提升班组安全管理水平提供支撑。

【隐患排查治理】 2017年，河钢唐钢加强事故隐患的排查治理，认真开展日常安全检查，保障职工安全健康，确保安全生产。全年，组织6轮隐患排查治理，查出各类问题5790项，及时整改5725项，整改率达98.88%。这一年，公司各单位厂部级领导带队组织检查，专业科室、作业区和班组认真开展自查，实现安全检查工作常态化运行。8月，由公司各职能部门组成6个综合督导组，对公司各单位进行全覆盖式安全生产大检查，发现各类问题736项，下发隐患整改指令书28份，促进了隐患排查专业管理水平提升。结合冬季环保限产、废钢使用等生产组织变化，开展专项安全检查，并在党的十九大、节假日等期间开展反“三违”检查，确保公司关键环节和重点时段的安全生产。投入资金4269万元，提升一钢轧厂非冶金铸造起重机和能源科技分公司煤气系统安全性。同时，开展煤气、高温熔融金属、有限空间、涉爆粉尘等专项整治，促进专项领域隐患排查治理水平提升。

【安全教育培训】 2017年，河钢唐钢加强安全教育培训，采取分期培训、集中考试、教考分离方式，严格培训课件审核，严肃培训过程组织，狠抓全员安全培训质量，确保培训效果。全年，举办全员安全培训班481期，3.45万名职工参加培训考试，公司各单位282名主要负责人和安全管理人员通过年度安全资格培训考试，组织1480名特种作业人员进行起证和复审培训。通过现场实操培训促进标准化作业，不断细化培训内容，将安全融入实际作业过程，提高职工自我防护能力；深入开展安全专项培训，对213名厂部级领导、安全管理人员、作业长进行职业健康安全管理体系培训，同时组织开展危险源辨识、有限空间作业、消防、职业卫生等培训，有效提升了全体干部职工安全素质。

【职业卫生管理】 2017年，河钢唐钢加强职业卫生管理，高度关注职工健康，促进职业卫生管理水平进一步提升。全年，对22个有职业危害因素的单位进行年度检测，组织2.47万名接害职工进行年度职业健康体检，与930名新入厂和转岗接害职工签订职业危害告知书，更新并完善作业场所职业卫生公告栏249个、职业危害告知卡522块，职业危害因素检测率、职业健康体检率、职业危害告知率均达到100%。

【消防管理】 2017年，河钢唐钢认真执行国家《消防安全责任制实施办法》，进一步健全消防安全责任制，强化消防管理，有效防范火灾事故的发生，力保公司消防形势持续稳定。加强易燃易爆场所和人员密集场所等重点岗位消防培训，组织53名消防员和消防值守人员进行专项培训，提高其业务水平和管理能力。对煤气区域、液压站等危险性较大部位动火作业进行重点管理，做到52项特级动火作业现场监护。强化重点防火部位管控，进一步确保建筑消防设施完好有效。11月，结合“119”全国消防宣传日，组织开展以“关注消防，平安你我”为主题的消防安全月活动。期间，公司及各单位组织消防培训考试132场次，火灾应急救援疏散演练66场次，火灾隐患排查治理27次。

【高危作业管理】 2017年，河钢唐钢针对大中修项目较多、重点项目建设工期紧张等状况，严控高危作业管理。全面加强检修安全管理，实施检修及施工前危险预知，制定各项目专项预案，属地单位、检修单位、设备专业部门严格落实安全职责，加大现场检查和考核力度，实现各项检修任务顺利完成。强化外委施工安全管理，抓好高强度汽车板二期、环保深度治理等工程安全监督检查，加大考核力度，清退违章作业人员66人、清理出厂隐患设备19台（套）。对二钢轧厂高速线材生产线复产、中厚板公司3号高炉投产、不锈钢公司烧结机拆除等危险性较大作业项目，制定专项方案，强化措施落实，确保作业过程安全。

发展规划管理

【基建技改工作】 2017年，河钢唐钢认真贯彻集团严控基建技改投资各项要求，依据基建技改固定资产投资计划工作部署，强化基建技改投资管理，加强投资风险管控，全面开展项目后评价工作，严格控制项目投资。始终坚持投资项目必须符合国家产业政策，必须符合公司发展规划需求，必须科学论证，不断优化方案设计的原则，科学安排公司基建技改项目建设，实施项目建设全过程精细化科学管理，确保重点工程项目的投资、工期、质量、进度，使公司所有在建工程均在可控状态下进行，重点投资项目建设按公司计划要求基本完成，并实现投资安全高效。全年，共投资立项96项，项目投资7.51亿元，其中公司本部立项46项，子分公司立项50项，上年结转22项；共计竣工66项，未开工14项，在建38项。项目总投资19.19亿元（未包含大发电项目立项8.47亿元），已开工项目计划投资18.35亿元，实际完成投资17.43亿元。结合环保形势，加大环保治理项目的组织力度，按期、保质、安全实施公司本部、不锈钢公司、中厚板公司的环保治理项目，重点环保项目投资，上年结转环保项目3项，投资8.22亿元；第二批环保项目35项，投资4.03亿元；第三批环保项目8项，投资3738万元，累计投资12.62亿元。同时，积极配合河钢乐亭钢铁项目建设，及时组建乐钢公辅系统建设服务指挥部，以投资、建设、运营为主要方式建设乐钢的环保、气体、焦化、石灰、钢渣、水渣等项目，按节点逐步完成河钢乐钢公辅系统项目各项可研报告、融资及合同签署等工作。

【压减产能验收工作】 2017年，河钢唐钢不折不扣贯彻落实国家产业政策，积极做好压减产能过程中涉及的相关手续报批、审核、备案、验收等各项工作，落实河北省发展改革委组织省市工信、环保等部门及省钢铁行业协会专家，对全省2014—2015年化解钢铁过剩产能过程中的封存装备进行统一正式验收工作，当年3月23日，炼铁北区1号2000立方米高炉通过正式封存验收。早在2015年11月15日，按照《钢铁行业化解过剩产能验收办法》规定的设备封存标准，公司炼铁北区1号2000立方米高炉封存，并断水、断电，在唐山市政府及市工信局等有关部门的监督下，拆除高炉鼓风系统、TRT发电系统、煤气管道等设备，使其不具备复产条件，完成了化解钢铁过剩产能任务。至此，2015年以来公司化解钢铁过剩产能验收工作结束。

【项目前期投资规划】 2017年，河钢唐钢严格执行国家产业政策和投资管理相关规定，认真做好项目前期投资规划等工作，及时办理投资项目前期相关手续，科学制定投资规划，确保公司投资项目合法、科学、规范有序进行。当年，经省工信厅、省发展改革委办理河钢产业升级及宣钢产能转移项目产能置换方案获得批复、备案批复；炼铁北区1号高炉易地改造项目产能1∶1.25倍减量置换方案获得批复、恢复备案批复；河钢唐钢化工园区项目，唐山钢联焦化有限责任公司5号、6号焦炉环保搬迁工程焦化产能置换方案获批；协助办理河钢产业升级及宣钢产能转移项目、炼铁北区1号高炉易地改造项目环评的批复工作。同时，高强汽车板公司智能制造项目、不锈钢公司智能制造项目、中厚板公司智能制造项目、河钢塞尔维亚公司技术改造项目等重点工程通过集团审批。

【项目创效】 2017年，河钢唐钢以国家产业政策为指导，大力推行新技术、新工艺，用足用好国家有关奖励政策，办理相关项目申报奖励资金手续，争取获得最大资金奖励。当年，对炼铁北区烧结机机头脱硝项目、炼铁北区颗粒物深度治理项目、炼铁厂高炉煤气高效回收利用项目申报2018年国家发展改革委大气污染防治专项资金奖励，获得奖励资金4000万元；申报高强度汽车板技术改造项目二期工程2018年国家产业转型升级示范区建设项目专项资金奖励，获得奖励资金3000万元，为公司产品升级、结构调整、环境保护提供支持。

【工程招投标管理】 2017年，河钢唐钢遵照国家工程建设招投标有关法律法规及公司工程建设招投标有关规定，强化招投标、合同、造价管理，严格履行项目招投标管理程序，确保公司工程施工招投标管理工作合法有序进行。全年，组织工程招标186项，其中高强度汽车板技术改造项目16项、不锈钢公司项目38项、炼铁北区项目35项、美锦煤化工有限公司项目6项、中厚板公司项目57项、青龙炉料项目3项、惠唐乐港项目2项、其他项目29项，应招标投标率达100%；签订工程施工合同238项，合同补充协议87项，合同履约率达100%，保证了工程建设的顺利进行。这一年，坚持以工程施工招标、施工合同管理、工程造价、实调材料价格管理为重点，以优化、比选、公开、公平、公正为原则，强化投资控制与管理，积极推行工程建设招投标制度。在工程招标中，严格组织审查潜在投标人的投标资格及签订工程承发包合同，工程招标基本覆盖全部建设工程的发包过程。结合工程建设条件的具体情况，采用总价招标、单价招标、工程结算系数招标等多种形式，从严从紧控制工程造价。

【工程质量监督】 2017年，河钢唐钢加强工程质量监督与管理，加大对新开工工程质量监管力度，确保工程质量安全，项目平稳高效推进。全年，深入现场检查100余次，组织大规模质量检查5次，发现质量问题200多项，下发简报5期，下发整改通知单1次，工程质量得到有效控制。这一年，严格按国家标准规范进行工程质量监督检查，认真编制质量监督方案，完善工程质量监督档案，坚持季度检查与日常检查相结合，深入施工现场，加强工程技术数据核验，确保工程技术数据合法有序备案。强化工程监督检查，以抓工程参建各方行为监督为基础，以工程实体质量监督为重点，严格审查各责任单位报监手续，对质保体系的建立与运行情况进行检查。抓好钢结构制作、安装工序质量控制，针对公司工程建设中钢结构制作量大、安装工序较复杂实际，对工序质量提出明确要求，钢结构出厂前由建设单位、施工单位、监理单位、监督部门进行检查验收，针对问题限期整改，经监理单位复查合格后批准进厂，杜绝不合格构件出厂，钢结构安装前严格审批施工方案，注重工序交接确认工作，严格控制偏差范围，使钢结构制作、安装质量得到有效控制。当年，重点监督检查高强度汽车板二期主体结构工程、炼铁北区料场棚化升级改造工程及筒仓建设、南区一次料场工程、不锈钢公司工程、中厚板储焦储矿系统污染治理升级改造工程、汽车受矿槽工程和冷却塔易地改造工程等项目，确保了项目建设质量和结构安全。接受河钢乐亭钢铁集团在建工程代行监督的委托，根据《建设工程质量管理条例》有关规定，对河钢产业升级及宣钢产能转移项目工程进行质量监督管理，为保证工程质量提供人才和管理支撑。

【工程预算审批与编制】 2017年，河钢唐钢强化基建技改工程年度全面预算管理，修订并严格执行全面预算管理规定，加强工程预算编制与审批，严格投资控制，防止概算超支，降低工程投资，保证公司项目投资安全高效。全年，按单项合同计，完成工程预算审核131项，预算审定额7.49亿元，审减额4570.66万元，审减率约6.1%，单项工程合同结算134份，结算额4.08亿元，工程结算上报审计80项，报审金额5.08亿元；完成编制标的63项，编制标的额1.32亿元。这一年，严格执行国家定额编制和公司各项规章制度，着力加强工程预算编审和编制，对预算工作进行重大调整，将原有单一的预算审批工作，调整为预算工作参与整个项目费用控制全过程，对工程项目论证的费用调整、工程招标的标的编制、工程预算审批、工程结算、工程进度款的控制到建安费报审等每个环节进行严格管理，为公司节约大量资金。强化对工程预算人员的管理，针对图纸不详或有争议部分问题，积极与设计、监理部门沟通，深入施工现场核实，公平合理解决问题，对较大及有特点工程项目进行经济指标分析、对比，为公司领导对重大项目决策提供可靠依据。

信息化管理

【**信息化项目建设**】 2017年，河钢唐钢以国家智能制造发展规划为指导，持续推进信息化和工业化的深度融合，充分利用信息技术在产品设计、制造、管理、服务等方面的综合集成应用，最大限度地挖掘、释放产线潜能，为“两个结构”调整提供强力支撑。4月10日，召开2017年信息化建设项目动员大会，对年度信息化项目的整体推进计划和重点内容进行发布与启动。该项目建设内容包括高强度汽车板二期信息系统的功能扩展、冷轧薄板厂APS覆盖及相关系统改造、完善优化高强汽车板公司MES系统和QMS系统等改造项目，以及订单跟踪系统、实验室管理系统（LIMS）、耐材二期、机加工工程等新建项目。其中，高强度汽车板二期信息系统功能扩展项目的顺利实施，为高强汽车板公司新增5号、6号生产线与上游工序的无缝衔接奠定坚实基础，有效支撑汽车板事业部的生产顺行；冷轧薄板厂APS覆盖及相关系统配套改造，构建面向卷板事业部、汽车板事业部全部产能的钢轧一体化管理模式，实现了全局生产资源、作业计划的统筹协调；进一步优化订单组织及生产排程效率，订单跟踪系统实现从询单录入到销售合同关闭的合同全生命周期管控，为基于订单执行及交付情况的运营管理提升提供支撑；实验室管理系统（LIMS）以ISO/IEC17025、ISO9001和TS16949等标准化管理规范为基础，建立完整的实验室综合管理和质量监控体系，使实验室综合管理水平满足各类产品的认证需求。年内，强力推动各单位部室深化信息化运用，财务报表优化、OA审批流、邮件及电子印章系统、ODS二期等项目相继上线，实现了公司涉及审批业务的全流程在线监控和掌上移动办公。

【**“两化”融合管理体系建设**】 2017年，河钢唐钢按照国家工信部“两化”融合管理体系新版标准的要求，结合公司“两化”融合管理体系运行情况，强化公司网络管理，优化办公资源配置，清理OA系统、外网、VPN无效用户404个，进一步明确管理体系总体架构，制修订《信息化管理办法》《信息化专业工程项目管理办法》《信息化系统管理办法》《系统用户及权限管理办法》等管理制度，明确标准要求，并抓好贯彻落实，4月7日，顺利通过北京国金恒信认证公司“两化”融合管理体系年度审核，继续保持体系认证资质。这一年，广泛组织“两化”融合体系培训、体系内审和管理评审，并在8—12月对17个相关部室单位开展“两化”融合管理体系专项检查，内容涵盖信息化组织架构搭建、岗位职责设置、应急预案制定及演练记录、信息化系统培训及记录评价等，编撰“两化”融合现状评估报告，提出整改建议，加大整改督促力度，保证制度体系扎实落地，促进了“两化”融合管理体系的有效运行。年内，结合“两化”融合管理体系推进需要，自主开发并上线“两化”融合管理平台，对体系要求的项目管理、运维管理、事故管理、数据管理、信息化系统管理等内容进行集中管控，实现“两化”融合管理体系精细化、透明化管理。

【**信息化系统升级改造**】 2017年，河钢唐钢充分挖掘信息自动化系统应用价值，以智能工厂建设为推手，开展系统改造项目206项，升级SAP系统、质保书打印系统等信息自动化系统，重点实施一钢轧厂1700毫米生产线卷取传动系统、轧机主电机润滑系统、轧机换辊地面站等改造项目和高强汽车板公司二期工厂数据库建设项目，进一步满足产线稳定生产、产品质量提升及高端产品研发等方面需求。这一年，调整SAP系统运行参数，将月结时间控制在48小时之内，月结效率进一步提升；完善质保书打印系统功能，增加模板条件选项，成功解决工厂配置信息无法区分的问题，特殊用户质保书实现远程打印；与西门子公司多次讨论制定1700毫米生产线卷取传动系统改造方案，采用光纤通信，对卷取一级通信内容及控制方式全部更新，解决原设计中卷取传动系统装置容量较小的不足，卷取传动的速度、电机同步性能得到大幅改善；结合1700毫米生产线轧机主电机润滑系统现场实际状况，自主承担硬件设计、画面开发、软件编程、现场调试等全部改造内容，研发配备实时数据监控系统、备用泵稳定切换、全面数据记录、监控数据可视、可查等功能的操作系统，降低事故风险，事故处理时间明显缩短；采用虚拟机+KVM远距离传输信号+显示器配套方式，对1700毫米生产线轧机换辊地面站进行改造，消除控制系统老化死机隐患，提升系统响应速度，降低后期维护费用。年内，高强度汽车板二期工厂数据库项目整体建设竣工，该项目涵盖采集5号、6号镀锌线PDA质量判定数据280组，涉及能源仪表96块，其中包括5号、6号镀锌线能源仪表，废水站流量仪表，新浴室仪表，高压电表，低压电表，并根据QMS数据实际需求匹配数据、开发程序，为二期产品的质量判定提供数据基础。

【健全自动化管理体系】 2017年，河钢唐钢以产品认证为契机，持续完善自动化专业管理体系。这一年，修订《自动化专业管理办法》，根据公司组织架构变化，及时对各单位管理职责进行修改，新增自动化点巡检管理具体内容，制定《自动化系统点巡检管理办法》《自动化设备备品备件管理办法》《自动化运维与隐患管理办法》《自动化事故故障管理办法》等7项管理制度，公司自动化专业管理系统性进一步提高。

【测量管理体系建设】 2017年，河钢唐钢不断提高对测量管理体系与产品认证关联度的认识，借助信息化技术加强测量设备及测量过程管控，持续健全测量管理专业标准。全年，公司校准实验室共为二级单位检定计量器具2792台（套），外送检752台（套），周检率均达到100%，为设备受控及产品认证提供标准保障。扎实落实设备周期检定、新进设备首检等制度，加强计量人员专业资格培训，保证设备的测量精度和数据准确可靠。结合国家标准及现场实际，编制《X射线基板测厚仪校准规范》《测宽仪校准规范》《冶金专用镀层测厚仪校准规范》，为特殊仪表溯源提供有效依据，解决了特殊仪表无通用校准规范难题。是年，组建测量—质量—能源管理体系执行小组，负责体系推进落实和认证相关工作。结合上汽认证推进计划和VDA6.3、IATF16949标准的要求，先后对高强汽车板公司、不锈钢公司、一钢轧厂、生产制造部、技术中心实验室等单位进行多轮次专项检查，督促相关单位及时整改问题，提升各单位记录文件完整性、现场操作规范性、计量确认标识准确性及测量专业人员业务素质，为产品认证及后续工作顺利开展提供重要保障。

【特殊仪表管理】 2017年，河钢唐钢持续加强开拓高端市场、服务高端客户、开发高端产品的推进力度，不断强化对直接影响产品质量的测厚仪、板型仪等高精度特殊仪表的管理，为产线走高端路线提供标准规范和制度保障。在总结多年产线特殊仪表运维经验的基础上，于4月1日制定《特殊仪表管理办法》，并根据产线实际情况和特殊仪表的种类，分别编制点巡检标准和运维标准，压实各部门职责，强化公司特殊仪表规范化管理，保证特殊仪表稳定性和测量精度，为公司产品高端路线提供标准规范和制度保障。

【物资能源计量管理】 2017年，河钢唐钢高度重视物资能源计量管理，严格执行定期校准、点巡检制度，加强服务窗口建设，抓好日常计量检斤，完善能源管理网络，助力绿色发展。一方面，抓好物资计量设备管理，组织实施中厚板公司400吨轨道衡、炼铁南区600吨轨道衡、不锈钢公司一期铁水轨道衡，以及商贸公司、二钢轧厂汽车衡改造项目，提高运输的安全性和衡器计量的精准度。另一方面，相继开展中厚板公司能源网改造、3号炉投产前仪表首检、高强汽车板公司光伏发电项目计量仪表联网、中润煤气置换项目关键仪表数据采集传输等能源计量网络建设工作，有效提升了厂际能源仪表运行稳定性和计量数据准确性，为公司能源成本控制和环保工作提供数据支撑。全年，公司能源产用差量控制在3%以内，因设备原因造成的物资计量异议为零，仪器仪表运行完好率达99.57%。

【支持乐亭钢铁信息化建设】 2017年，河钢唐钢组织专业部室认真梳理各工序信息化、自动化、计量控制三大专业管理状况，重点结合信息自动化系统实际，积极参与项目建设前期专业技术交流，编制了涵盖各系统管理范围、管理主线、相关设备选型标准等内容的三大专业规划方案设计、投资预算，以及设计标准规范技术要求，为乐亭钢铁项目建设提供技术支撑。

【信息自动化国际合作】 2017年，河钢唐钢立足解决产线实际问题，同西门子公司、普锐特公司进行务实合作，不断加强信息自动化技术在企业的推广应用。这一年，开展了1700毫米生产线卷取传动改造、1810毫米生产线摆剪传动、冷轧薄板厂2~3号镀锌线传动系统升级改造、不锈钢公司1580毫米生产线改造项目等技术攻关，在不锈钢公司1580毫米生产线、一钢轧厂1700毫米生产线应用热轧模型研究成果，优化生产模型，有效提升了产线的功能精度。

【信息技术支撑非钢发展】 2017年，河钢唐钢充分发挥信息和互联网技术优势，组织推进公司“互联网+”项目建设，结合非钢单位生产实际需求，自主实施了检修分公司耐材管控平台、机加工系统建设等项目，为非钢单位加强业务、材料、设备周期管理，提升整体管理水平，提供专业技术支持。这一年，加大技术推广创效工作力度，与马钢签订测量体系管理系统建设服务协议及合同，实现信息化建设成果首次向集团外输出。

【举办智能制造创新模式研讨会】 2017年3月23—24日，河钢唐钢举办智能制造创新模式研讨会。本次大会主题为“发展智能制造，提高企业核心竞争力”，来自国内外40余家知名企业、科研院所、高校的高管人员，信息化、自动化和计量方面的技术专家、厂商及公司各单位技术人员等120余人参会。会议对企业制造向智能制造跨越，寻求应对市场和时代新挑战的途径进行交流探讨，与会者结合公司在智能制造方面成功案例作专题讲座，进一步加深钢铁企业对智能制造的认知和理解，增强了公司信息自动化技术成果的影响力。

【承办2017年中国钢铁工业智能制造协同创新发展论坛】 2017年7月13—14日，2017年中国钢铁工业智能制造协同创新发展论坛在河钢唐钢召开，论坛主题为“智能协同、质造未来”。本次论坛由中国金属学会、中国自动化学会、中国人工智能学会主办，河钢集团、中国金属学会自动化分会协办。中国金属学会理事长、中国工程院院士干勇，中国金属学会名誉理事长、中国工程院院士殷瑞钰，中南大学教授、中国工程院院士桂卫华，中国金属学会专家委员会主任王天义，中国金属学会副秘书长高怀，中国钢铁工业协会科技环保部副主任姜尚清，河钢集团总经理彭兆丰、副总经理王新东，公司党委书记、董事长王兰玉，以及来自宝武集团、鞍钢、首钢等10余家钢铁企业的代表，中国自动化学会、人工智能学会、生产技术与科技咨询委员会的专家学者共150人出席论坛，就新形势、新常态下钢铁工业推进智能制造的着力点和途径进行研讨，交流借鉴相关行业智能优化技术体系建立的实践。公司在会上作了题为《河钢唐钢智能制造信息系统架构》的报告。

【智能化产线建设】 2017年，河钢唐钢紧贴智能化产线建设的需要，重构信息系统架构，对信息系统进行建设、完善、改造、升级，实现一贯制质量设计及一体化产销计划的全面覆盖。一方面，围绕一贯制质量设计开闸系统建设及改造，包括企业资源计划系统、公司级订单设计系统、公司级质量管理系统、高强汽车板公司制造执行系统、冷轧薄板厂MES系统、工厂数据库，及相关辅助信息系统，建立起一体化产品质量管控模式，全面实现产品订单质量设计、制造过程质量的一贯制管控。另一方面，围绕一体化产销计划实施系统建设及改造，对销售合同、销售订单、生产订单、生产计划、作业计划的全过程进行一体化计划管控。当年，“面向冶金企业定制化生产的智能制造信息系统构建”获得河北省科学技术成果证书。

【新技术应用与开发】 2017年，河钢唐钢在倡导模型化生产的背景下，紧盯信息化前沿技术在现代制造企业的应用与发展，开展虚拟化技术的研究，自主开发冷轧薄板厂生产线二级系统和烧结机专家系统，以新技术驱动产线进步。这一年，先后在冷轧薄板厂平整生产线、酸轧生产线，中厚板公司2号轧线，一钢轧厂1700毫米生产线开展虚拟化迁移测试，并在11月与普锐特公司配合，实现不锈钢公司1580毫米生产线的一二级虚拟化系统上线，解决了产线控制系统硬件更新后与软件的兼容问题；参照高强汽车板公司的二级系统，自主开发的冷轧薄板厂1号镀锌线二级系统在2月顺利上线，新系统具有设定值下发、班组管理、产出管理、停车统计、钢卷跟踪等信息化功能，并于4月应用到一钢轧厂平整生产线，取得预期控制效果；自主研发生产信息自动化一体控制的烧结机专家系统，当年8月，系统成功应用于中厚板公司240平方米烧结机项目，节省软件外购费用400万元，实现了产线的信息自动化一体控制，为烧结生产操作、管理和决策提供有力的技术支持。

科技研发管理

【研发体系建设】 2017年，河钢唐钢加强研发体系建设，使其成为公司质量管理体系的核心支撑，为公司贯彻汽车板文化、提升汽车板等品种质量、开拓关键战略用户奠定坚实基础。年内，完善《APQP项目管理程序》《PPAP管理程序》《知识管理程序》《专利管理办法》等制度，建立有关项目管理、顾客要求识别、可行性分析、变更管理、评审管理、特殊特性、FMEA、控制计划、产品安全等作业文件体系，鼓励和调动职工参与技术创新，加快推进公司科技创新和技术进步，共下发各类技术文件1012份，标准文件114份，规范832份技术文件评审，实现了研发体系与生产组织全面对接；配合汽车整机认证，组织进行IATF16949—2016标准转版培训、VDA6.3标准培训、FMEA和SPC工具等体系培训和全体技术人员的标准培训，强化研发人员体系意识，把体系理念和思维真正导入生产组织全过程，保证了体系贯彻执行。

【科研管理】 2017年，河钢唐钢以科研课题为工作主线，不断加强科研管理和科技成果评价组织工作。全年，2项成果获全国冶金科学技术奖，3项成果获省科技进步奖，1项成果获省技术发明奖；10项成果获河北冶金科学技术奖，其中，一等奖2项、二等奖2项、三等奖6项；1项成果获市科技进步奖，1项成果获市技术发明奖；“面向智能制造的钢铁企业‘两化融合’实践”项目成功立项省科技计划，并获得专项经费资助60万元。这一年，依托科研课题（项目）过程管理，建立科技成果全流程培育机制，规范前期规划和过程管理，完善奖励评价细则，加大前沿技术和应用潜能的自主知识产权保护力度，成果质量进一步提升；积极争取并用好国家专项资金，推进重点科研项目的开展；探索创新合作模式，发挥好产学研合作对公司关键技术和生产应用的支持作用；建立以专家讲座为主体、多形式多层次的技术交流机制，发挥专家团队的技术引领作用。

附表　2017年河钢唐钢科技成果一览

序号	项目名称	全国冶金科学技术奖	省科技进步奖	省技术发明奖	省冶金科学技术奖	市科技进步奖	市技术发明奖
1	高强汽车钢冷轧生产工艺技术创新			三等奖			二等奖
2	中小型转炉干法除尘技术创新与优化					二等奖	
3	冶金行业智能无人天车系统的研发与应用	二等奖			一等奖		
4	宽厚板连铸坯重压下关键工艺与装备技术的开发及应用		一等奖				
5	中小型转炉一键式自动炼钢技术创新与应用	三等奖			一等奖		
6	高钛合金焊丝用钢质量控制及生产技术研究				三等奖		
7	烧结稳态过程控制与节能技术研究				三等奖		
8	CR12MOV矫直辊生产工艺的优化与创新				三等奖		
9	冶金设备物流平台“物联宝”的开发与应用				三等奖		
10	镀锌高表面质量控制技术研发与优化				三等奖		
11	低碳AI镇静汽车用罩式退火生产技术与创新				二等奖		
12	FASCN等在肾、膀胱、前列腺肿瘤中的表达及相关性				二等奖		
13	高强热镀锌产品开发及锌层粘附性控制技术与应用				三等奖		
14	重型装备用超大型高品质铸件的近净成形制造技术		三等奖				
15	钢铁企业废渣/余热利用技术研究及应用示范		二等奖				

【检测分析管理】 2017年，河钢唐钢加强检测分析管理，夯实实验室管理体系，规范试验方法标准，严格操作标准流程，提升检测分析能力。全年，出具试验报告103份，接收内部试验委托482份，质量异议分析试验63次，配合产品科研攻关、工艺研究、质量及异议分析，检测项目4.8万余个，满足了生产要求。这一年，加强实验室建设，利用与吉利集团共建实验室契机，深入开展汽车用钢、各类结构用钢微观机理研究，多项目多领域开展实验室试验，并对原有实验室水电气等公辅设施进行改造，新引进5台（套）大型设备，提升理化检测、机理研究水平。

【科技信息管理】 2017年，河钢唐钢加强科技信息管理，紧贴技术发展趋势和市场需求，围绕生产经营及研发重点，实时追踪搜集、筛选、上传行业内外各类信息，为公司新技术新工艺应用、新产品研发以及生产经营决策发挥信息支撑作用。全年，在各相关网站检索、筛选、整理、上传有关国外钢铁热点资讯、市场分析、节能环保、科技创新、专题技术等信息5200余条；为《国内外钢企动态》提供精简信息1300余条；在公司科技信息交流群分享科技信息1700余条。年内，坚持跟踪国外信息资源，浏览日本钢企官网及日本各大门户网站有关政策法规、节能环保、企业经营理念、动态、投资方向、产品研发等方面信息，从中筛选有价值信息进行翻译、纠正、整理，翻译日文信息约500条；开设科技信息委托查询服务，提供科技信息专题跟踪查询资料480余篇，为科技研发提供了信息支持。

【编辑出版时效性刊物】 2017年，河钢唐钢精心抓好《信息快报》《连铸网讯》《钢铁技术》《唐钢科技》等时效性刊物编辑出版工作，紧跟国内外钢铁领域最新动态，及时搜集国内外各种技术信息，为公司和专业技术人员提供信息支撑。全年，围绕国内外重点钢企进行搜索，注重其发展动态，并对收集的信息进行精简整理加工，出版《信息快报》50期，提供信息1000多条40余万字，并上传公司OA网站。出版《连铸网讯》12期，登载240余条最新连铸动态信息及全国重点钢铁企业连铸指标等情报12万余字，加强“全国连铸信息网”的日常管理与维护，更新信息750余条，充分发挥了全国连铸信息网网长的作用。出版《钢铁技术》4期，根据公司技术发展需求，锁定专题检索方向，围绕国内外海洋工程平台用钢的现状及发展趋势、铁道车辆用钢的研究现状及发展趋势、汽车板电阻点焊工艺发展、新能源汽车发展及其重点用钢研发等主题，登载新工艺新技术相关信息80条、新产品信息90条，促进科技人员了解钢铁前沿技术，拓宽思路，加快各项科研项目节奏。出版《唐钢科技》4期，并为《河北冶金》推荐《唐钢科技》已发表稿件9篇，进一步发挥了学术交流窗口、学术研究园地和培养学术人才的作用。

【档案管理】 2017年，河钢唐钢不断加强档案管理，夯实基础，精心服务，做好档案整编著录，加大公司改扩建工程项目竣工档案验收力度，进一步推动公司档案管理标准化、规范化、现代化建设，发挥企业档案的利用价值和史料价值。全年，接收各类档案2011卷2795件，其中接收设备档案45项202卷、基建档案76项457卷、会计档案721卷、产品档案106卷、科研档案506卷、新闻书稿档案10卷、数码照片5564张、新闻硬盘1卷246G、光盘3张。按照《唐钢档案分类编号规则》要求，整理各类档案1835卷2043件，其中整编设备档案70项369卷、基建档案72项510卷；录入产品档案10条，科研档案297条上传电子版并挂接197项，装订97卷；整编、系统著录会计档案493卷。截至2017年末，公司档案库区馆藏各类纸质档案已达10.28万卷、文件1.9万件，底图13万多张、照片

1.53万张、新闻录像带396盘、光盘946张，公司档案基础资料更加翔实健全。

【档案利用】 2017年，河钢唐钢注重档案开发利用工作，不断拓展信息档案服务效能，为公司大中修技改项目、产品研发和生产经营提供有力服务和支持。全年，提供档案查阅利用849卷184人次，复印5200余张。其中设备档案查阅利用67卷17人次；基建档案查阅利用241卷47人次，复印1225张，扫描58张；会计档案查阅140卷19人次；产品档案查阅利用2卷1人次；科研档案查阅利用31卷10人次，拍照15张，扫描18张，复印46页，拷贝扫描件29页；文书档案查阅利用386卷90人次，复印3736张。

【专家（重点）课题管理】 2017年，河钢唐钢贯彻落实创新委员会决策部署，加强专家课题管理，重新修订《专家课题管理办法》，发挥专家作用，强化课题过程控制，推动公司科技进步，年内发布实施公司重点课题20项，专家课题116项。这一年，运用季汇报、重点调研、年中评价等管理手段，对专家（重点）课题进行全程跟踪，召开专家代表座谈会，征求专家工作的改进意见，根据运行情况及时调整管理方式，保障课题管理工作顺利开展；从专家委员会中遴选专业专家，对公司重点课题和专家课题进行全面评审，评价结果为优秀18项、良好41项、合格64项、待改善10项、不合格3项。

【规范铁前技术规程】 2017年，河钢唐钢推进铁前标准化作业体系建设，建立较完善的铁前规程体系，为推进作业长制及标准化作业奠定基础。年内，由总工程师办公室与生产制造部联合，制定《工艺规程和技术规程管理办法》，分区域编制铁前各工序工艺规程并下发执行；组织审核论证炼铁厂本部、炼铁厂不锈钢区域、中厚板公司编制技术规程，并指导岗位规程编制；加大铁前工艺抽查力度，对铁前工艺规程执行情况进行抽查，重点检查工艺参数控制、工艺违规操作、工艺标准执行情况等内容，每月抽查次数不少于4次，并组织工艺飞检，对检查出的问题督促落实整改，有效推动了铁前工艺规程和标准化作业落实。

【铁前工艺消耗件管理】 2017年，河钢唐钢加强铁前工艺消耗件管理，进一步分解费用指标，明确各单位管控目标，加大费用管控力度，费用控制取得明显成效。全年，铁前工艺件费用2479.4万元，同比降低342.7万元；吨铁完成2.11元/吨，较计划降低0.57元/吨。这一年，根据公司费用计划，按月分区域、分品种进行指标分解，制定并落实详细控制计划；改进铁前工艺消耗件采购管理，严格控制维护、修旧利废措施，严格审核月领用计划，做好库存及使用量化管理；加强与外单位对标交流，借鉴先进经验，完善工艺件费用管控考评机制，将其纳入公司铁前绩效考评，确保工艺消耗件费用降低。

【高炉长寿管理】 2017年，河钢唐钢抓好高炉长寿管理，加强高炉长寿理论研究，建立跟踪监测机制，确保高炉长周期稳定生产。这一年，为每座高炉建立长寿档案，跟踪炉缸炭砖温度、炉缸热流强度、炉缸水温差等参数，全面及时掌握高炉炉缸侵蚀状况，针对中厚板公司1号高炉和不锈钢公司1~3号高炉炉缸存在的长寿问题，采取配加钛球、加长风口、强化冷却、堵风口等综合护炉措施，高炉炉缸局部侵蚀均得到有效控制；为部分高炉增设炉缸侵蚀在线监测系统，提升炉缸侵蚀监测能力，为高炉长寿管理提供有效保障。

能源环保管理

【能源管理】 2017年，河钢唐钢树立持续改进能源管理绩效理念，进一步提高能源管理体系标准，加强能源管理，完善能源管理制度，细化各项能源管理措施，实施节能技术和节能改造项目，深入挖掘节能减排潜力，持续开展峰谷用电攻关，提升循环水循环倍率，降低新水补水率，能源成本进一步降低。全年，吨钢综合能耗 568.41 千克标准煤，同比降低 21.97 千克标准煤，处于行业先进水平；综合能源成本 614.15 元/吨，同比降低 21.49 元/吨，降低率 3.38%；吨钢新水消耗 2.18 吨，同比降低 0.26 吨，较行业平均水平低 29%；自发电量 28.41 亿千瓦时，同比增长 8902 万千瓦时，完成公司下达的各项指标任务。这一年，密切关注峰、平、谷电价情况，对避峰、错峰生产进行跟踪分析，保证每日峰谷差电量差为负值，确保成本电价持续降低，当年本部外购电峰谷差同比增加 2%，节省电费 755.83 万元，中厚板公司、不锈钢公司和唐银公司外购电峰谷差年节省电费分别为 363.77 万元、405.22 万元和 381 万元，实现峰谷用电攻关目标；积极开展多方案效益测算和预案研判应对，分析外部电力市场变化及发展趋势，落实集团直购电管理措施，确定最优购电策略，准确预估直供电交易电量，缩短偏差考核范围，通过直购电减少外购电费，当年组织高强汽车板公司、重机装备公司、青龙炉料公司、钢源冶金炉料公司、唐龙（唐昂）公司 5 家单位进行直供电交易，交易期 4.5 个月，节省电费 278.37 万元，突破降低外购电费 200 万元目标。

【环保体系建设】 2017 年，河钢唐钢坚持完善公司环境管理体系建设，进一步加强公司环保管理，不断适应环保新常态，及时修订相关环保管理体系文件，组织对新版环境管理体系工作培训及体系内容进行修改，推动中厚板公司、不锈钢公司环境管理体系建立和本部环境管理体系换版工作，并全部通过环境管理体系资格外审。当年 9 月 4 日，公司获得市环保局颁发的新排污许可证；10 月 16—20 日，公司对环保管理体系进行内部审核；12 月 18—22 日，北京国金恒信对公司环境管理体系进行认证换版工作，公司成为首批通过新版环境管理体系认证的钢铁企业。其中，围绕环境体系资格要求，建立新版环境手册 1 部、程序文件 26 份、作业文件 25 份，为公司环境管理水平提升提供了制度支撑。

【环保管理】 2017 年，河钢唐钢顺应环保新形势，严格执行国家环境保护法律法规和当地政府环保要求，进一步加强环保管理工作，落实环保管理各项制度，不断提升企业环保管理水平，确保各项指标达标排放。全年，COD 排放量 229.36 吨，同比降低 36.74 吨，降低率 13.8%；氨氮排放量 11.37 吨，同比降低 0.17 吨；二氧化硫排放量 1913.57 吨，同比降低 592.82 吨，降低率 23.65%；颗粒物排放量 2740.91 吨，同比降低 864.12 吨，降低率 23.97%；氮氧化物排放量 6478.55 吨，同比降低 46.67 吨，降低率 0.7%，均超额实现公司主要污染物排放量指标。这一年，将环保管理与作业长制相结合，充分发挥作业长制在环保管理中的作用，明确并完善部室与生产厂作业区、产线之间的界面与职责，技术管理人员直接服务产线，对环保指标实行严格控制。以作业长制为依托，由区域专管员指导生产单位完善岗位规程中的环保管理相关内容，并进行督导检查，努力改善现场环境水平。建立各区域环保设备岗位点检制度，加强现场环保设备管控；建立环保月度联查及考核机制，确保所有管理制度落地；执行环保月度例会制度，及时有效将环保政策信息传递至各二级单位，传达至每名职工。当年，现场未发生环保事故，环保设备完好率及同步运行率均为 100%。

【环保工作】 2017 年，河钢唐钢切实抓好环保工作，严格按照唐山市政府要求，建立相应的环保保障组织机构，制定大气质量保障管理措施及应急预案，坚决执行停限产措施，加强现场环保检查，高质量完成市重大活动期间空气质量保障工作，促进了公司环境保护水平的提升。加强环境治理，坚持对不符合环保要求的项目进行整改，使其达到国家环保要求；对于新开工项目严格执行环保建设项目“三同时”，并完善各种环保手续，进一步规范了排污许可管理。围绕提高职工环境保护意识，常态化开展环境管理教育培训，组织清洁生产、排污许可证、辐射知识、环境管理体系内审员等培训千余人次，通过强化培训及网络信息化平台的使用等多种途径，全方位宣传国家环保法律法规及相应的政策精神，提高专业人员及各级环保人员的执行能力，突出易出现问题的管控与消缺，有效避免环保事故发生，实现对污染物排放的全过程控制。

【入选全国首批绿色工厂】 2017 年 9 月 1 日，国家工业和信息化部办公厅公布 2017 年第一批绿色制造体系示范名单，河钢唐钢入选全国首批绿色工厂。这一年，公司积极贯彻落实“中国制造 2025”和《绿色制造工程实施指南（2016—2020 年）》，率先成为首批绿色制造先进典型，发挥示范带动作用，响应工信部在钢铁、有色金属、化工等重点行业选择一批工作基础好、代表性强的企业开展绿色工厂创建工作的部署。始终坚持绿色发展理念，建立物质循环、能源循环及废弃物再资源化生产体系，全面推进节能、节水、降耗及资源综合利用等方面的技术进步，使资源和能源利用效率及污染物排放等指标达到业内先进水平。以此为目标，提出绿色工厂长远发展行动目标，到 2020 年，将形成系统化、规范化、标准化的绿色工厂管理体系，体系系统将综合节能、环保、低碳、计量、质量、社会责任等各项职能。此次评选过程中，公司指标全部达到《绿色工厂评价要求》所提出的国家级绿色工厂评价要求，符合预期性要求条件。

【节能改造项目】 2017 年，河钢唐钢高度关注绿色节能技术发展趋势，积极推广节能新技术，实施节能改造项目，全年投入节能改造费用 2.63 亿元，促进能源成本进一步降低。当年 3 月 29 日，炼铁厂南区烧结主抽风机变频改造工程竣工并投入使用，项目于上年 11 月开工建设，概算投资 1575 万元，改造后年节电 1654.4 万千瓦时，减少外购电费 827.2 万元；8 月 16 日，由创元方大公司投资并建设的屋顶分布式光伏发电项目，经国家电网公司验收合格，在高强汽车板有限公司正式并网发电，该项目装机容量 3.61 兆瓦，年发电量 400 余万千瓦时，年节约标准煤近 2000 吨，减少二氧化碳排放 4000 余吨，减少二氧化硫排放 100 余吨，减少外购电费 368 万元；实施高炉冲渣水余热利用工程，对外供热 300 万平方米，创效 600 万元。

【推进能源一贯制管理】 2017 年，河钢唐钢深入践行能源管理深入产线理念，全面推进产线能源管理精细化，实施中厚板公司、不锈钢公司集中能源一贯制管理，实现能源管理对工序和产线的全覆盖。这一年，根据公司产线工艺特点，结合作业长制推进，修订完善能源管理岗位规程，建立能源使用标准。针对转炉降低铁水消耗，持续优化转炉冶炼制度，合理控制转炉烟罩高度及风机转速，实现转炉煤气质量提升。探索尝试在炉内加入适量焦炭等补热剂，在确保炉内热量供应的同时增加煤气回收量。全程跟踪二钢轧厂二棒材、二高线复产，密切跟踪高强汽车板公司 5 号、6 号镀锌生产线建成投产，参照同行业水平建立其能源消耗基准，进一步优化能源指标，促进能源成本降低。

【固体废弃物管理】 2017 年，河钢唐钢进一步加强工业固体废弃物管理，完善公司《工业固体废弃物管理办法》，遵循发展循环经济和清洁生产原则，以工业固体废弃物

“减量化、资源化、无害化”为防治措施，坚持贯彻工业固体废弃物检查、督导及考核制度，修订固体废弃物管理应急预案，努力提高固体废弃物的再循环利用，实现工业固体废弃物规范管理和综合利用。这一年，通过行业对标交流及新技术的开发应用，借鉴其他企业的先进做法及管理方式，开展固体废弃物利用方法研究，从而对固体废弃物进行更好处置。实施油桶压块项目，解决了废弃物油桶的处置去向，节省处置成本约420万元；根据市场变化，及时调整部分固体废弃物价格，针对锌渣价格上涨的情况，重新签订外售锌渣处置协议，上调锌渣价格，年增效100万元；加强钢渣、水渣、污泥等工业废弃物管理，年创效近300万元，公司固体废弃物管理实现环保创效双赢。

【公司南区中水管道改造】 2017年5月4日，河钢唐钢南区生产用中水管道改造竣工，市北郊排水公司开始向公司供水，工程用时60小时，比原计划提前12小时。当年，唐山市区地下综合管廊一期工程开工建设。期间，对公司南区原有生产用中水管道进行断水移位改造，预计工期72小时，市北郊排水公司在改造后停止向公司供应生产用水。公司积极配合市基础设施建设，制定多项保证措施，启动中水全停南区保供方案及应急预案，紧急启用备用供水设备，将南区及高强汽车板厂区所有水系统提升至最高液位，所有系统停止水质置换，保障公司生产在中水管道改造期间不受影响以及系统安全运行，并积极与市相关管理部门和建设单位沟通协调，指派专人负责监督施工进度，确保改造工程按时完工。

附表1 公司能源环保指标（含中厚板公司、不锈钢公司）一览

指标名称	单位	完成情况
能源消耗总量（以标煤计）	吨	8566134
万元产值能耗（以标煤计）	吨	1.80
万元增加值能耗（以标煤计）	吨	13.67
吨钢可比能耗（以标煤计）	千克	486.11
吨钢综合能耗（以标煤计）	千克	568.41
吨钢耗新水	吨	2.18
吨钢耗电	千瓦时	504.88
自发电量	亿千瓦时	28.41
节能改造费用	万元	26300
排污费	万元	8544
环保日常监测运营费	万元	1468.48
容量基本电费	万元	5301
工业废水排放处理率	%	100
工业废气排放处理率	%	100
污染物综合排放合格率	%	100

附表2 公司污染物吨钢排放量指标（不含不锈钢公司、中厚板公司）一览

指标名称	完成情况/千克	目标值/千克	降低率/%
颗粒物	0.63	0.66	6.06
二氧化硫	0.64	0.67	4.48
氮氧化物	1.31	1.4	6.43
COD	0.0394	0.04	5.50
氨氮	0.0018	0.0019	10.53

物流管理

【发展创新】 2017年，河钢唐钢加强物流管理，将全员绩效管理、人力资源管理、设备全生命周期管理、体系运行管理，以及视提供物流服务为推销“产品”的理念付诸生产实践，为推动工作、引领发展提供有力支撑。结合物流发展长远规划与“互联网+”新业态，对“郅易达”平台迭代开发，为惠唐物联科技有限公司跻身集团新兴产业发展，筑牢技术基础；大力推进以盘活老焦化闲置资产为代表的物流园区模式、大唐热电合作项目、美锦煤化工有限公司铁路园区规划等重点工作，助力郅易商贸有限公司独立运营，为实现跨越发展提供路径支撑。

【采暖季物流组织】 2017 年，河钢唐钢积极应对国家环保限行带来的运输组织压力，坚决执行重污染天气错峰运输政策，保证采暖季及限行期间物流秩序稳定。定制煤炭公路转铁路和进出厂车辆强制监测等物流方案，有效降低公路市场变化无常的工序保产压力，全年，公路转铁路运送煤炭 86.21 万吨。针对 3 月开始的常态化环保督察、9 月港口新政，先后协调开通曹妃甸矿石码头到公司本部、京唐港到中厚板公司的铁路运输，实现产品环保发运。优化铁水热供组织，转变空、重铁水列车列检方式，高质量满足公司铁、轧生产需要，实现保产与降耗双赢。与环保限产同步，压减运行机车 6 台，进一步降低生产费用。

【优化物流发运】 2017 年，河钢唐钢围绕“以效定产”的营销原则，综合公司生产计划及客户需求，有序衔接库存资源与合同订单，优化物流发运环节，确保仓储库存合理。强化与公司各部门的统筹协同，以合同订单预下待发的举措，缓解产能增量造成仓储不足的难题，实现可发资源第一时间装车发货。对集港移库资源，全程关注计划轧制批次，同步调整运输组织方式，调度安排铁路运输装载，保证车源及产品外发；对子分公司订单，积极协调客户，依据订单结构，均衡订单下传，提升接货能力；对京津地区客户，加快资源与订单的响应速度，及时组织车辆起运；对部分运输距离短，接货速度快的客户，合理安排承运时间，加快车辆周转速度。

【提前完成“路企互保”发运任务】 2017 年，河钢唐钢紧盯全年铁路运输发货目标，充分发挥铁路运输的绿色优势，将铁路运输作为客户合同订单首选运输方式，加强产成品铁路运输外发组织，提前一个月实现原燃料供给与产成品外发“路企互保”铁路运输 100 万吨的发货目标。强化重点区域铁路运输组织，精准匹配铁路车源供给计划与发运需求，密切关注合同订单执行进程，加大对产成品铁路运输资源的掌控，根据水陆联运集港货物的发运方式，结合产成品仓储库存结构状况，优先组织铁路运输，路企双方相互协作，实现了双方优势资源共享。

【开辟天津港铁运新线路】 2017 年，河钢唐钢积极与天津港港区物流组织部门协调沟通，开辟公司出口货物新通道，解决环保限行带来的汽运运力不足的瓶颈。集港货物铁运线路开通后，紧盯排产计划与合同订单的时间安排，加强与公司销售业务部门的联系，配合完善交货单下传信息，合理组织仓储库存，缩短货物至港时间。协同公司出口业务部门做好货物布港区域的统筹安排，消除航线差异，交期兑现率达 100%。

【废钢保供】 2017 年，河钢唐钢按照降铁耗生产组织模式转变，克服废钢增量以及环保限行压力，动态协调废钢进厂保供节奏，保证废钢供应的连续稳定。全年，外进废钢入库 81.2 万吨、出库 79.7 万吨、直供 8.3 万吨，废钢供应量同比增加 10 倍，创历史最高水平。加强废钢质量、安全及过程管控，开展“废钢检验知识进货标准”等知识培训，向货运司机发放安全告知书，及时查纠现场人员违章、车辆超限装载等行为，做好危爆品、封闭物和放射源检查检测，及时沟通解决接卸发运环节问题，确保废钢装卸安全有序。强化装卸与运输安全管理，合理规划设计转储场地、运输路径等保产方案，开辟新库区，修复装卸设备，安装调试车辆、计量设备及 ERP 系统，新增废钢库存能力 4 万吨。优化运输组织，实现一钢轧厂、二钢轧厂废钢直供。

【重点创效项目推进】 2017 年，河钢唐钢科学研判市场变化，拓宽创效新渠道，重点推动3个铁路创效项目，其中盘活老焦化闲置资产和不锈钢铁路线路改造项目，通过加快调研规划、施工建设节奏，如期建成投入运营；与山西大秦物流有限公司合作运营的美锦煤化工有限公司铁路项目，在转变运作模式后，各项稳步推进，预计2018年实现简易通车。

【信息化建设】 2017年，河钢唐钢着力加强物流信息化系统建设、功能完善和运营维护，加大对信息化建设软硬件技术支持力度，将物流信息管控向供应链上游延伸，自主新建高强汽车板二期物流系统、承运商外库管理和路用车停时分析系统，开发机车曲线自动喷油系统、港口数据交互平台，升级天车定位手持终端，“三化”融合取得新进展，专业管理和作业效率大幅提升。

【开发“郅易达”平台增值服务】 2017年，河钢唐钢加速智慧物流项目“郅易达”平台的后续建设，开发汽车后市场和金融运营相关服务项目，拓展互联网线上增值服务，为物流创效提供技术支撑。全年，线上交易总额达2.78亿元，其中现金支付2.08亿元、承兑7000万元。这一年，“郅易达”平台新增金融服务功能，进一步完善运力发布功能，将采购及销售物流业务、中厚板公司钢材销售“一票制”汽车运输、水陆联运业务、惠唐乐港有限公司物流业务转为线上运行，推动公司中型材“一票制”、中厚板公司业务实现平台现金结算，引入开滦中润“一票制”采购业务资源，平台由对接内部业务向承揽外部业务成功转型。

【设备管理】 2017年，河钢唐钢转变管理思路，加大物流设备基础管理工作力度，确保各类设备高效、经济、零缺陷运行。着力加强设备倾向性管理，深入推进点检定修制，修订完善设备管理制度，建立健全各项规程标准，规范设备重要参数采集及检修项目验收确认，明确专业点检职责，强化日常岗位点检、专业点检，坚持专业点检与岗位点检相结合，构建操作、点检、检修“三位一体”的设备管理模式。注重设备保障能力管理，组织设备消缺整治，保证设备处于良好运行状态。扩大自主检修范围，提高检修质量，实现内燃机车柴油机缸套总成自主更换。燃油采购在中石油、中石化、中海油直采直供、享受重点大客户优惠的基础上，市场化促成价格再优惠100~200元/吨。

【提升物流服务能力】 2017年，河钢唐钢强化服务保产意识，加强资源匹配，加快库存周转，细化发运组织，持续提升与产线生产无缝对接能力，提高服务质量，为四大事业部做好物流服务保障。着力满足客户个性化、差异化需求，将保交期作为自我约束指标，以拥有高端客户群的高强汽车板为切口，高标准推出菲亚特汽车钢物流保障措施、吉利汽车板列车时刻表式供货模式，优化美的用钢水陆联运路径，健全高端产品服务档案，用“一站式”“门对门”“专人盯”等方式，全程跟踪订单执行进程，全流程确保物流质量，高效服务公司高端产品市场开拓。依托仓储管控信息化手段，借助“河钢云商”“欧冶”等信息化平台，密切关注货物数量、业务部门下单时间、承运方车源供给等关键信息，提高物流响应速度，实现日单日清。

【定制吉利专属物流方案】 2017年，河钢唐钢深入对接客户，为吉利汽车用钢量身打造从订单生成到按指定目的地送达的全物流链服务方案。针对吉利汽车合同订单薄规格产品多、宽度尺寸多等需求，开辟装载作业绿色通道，盯紧订单排产计划及下传流程，紧密联系市场部、生产制造部及生产单位，积极协调承运方专属运输服务车辆。以合同订单交期为刚性约束，加强仓储和发运环节的标准化作业，加快储运响应速度，做到产品从下线到出厂全流程高效有序。

【物流创效】 2017年，河钢唐钢发挥物流资源优势，在各环节拓展创效业务，努力提高创效能力，将物流链打造成为价值链。一方面，改变不锈钢公司物料运输进厂模式，实施集装箱运输；拓展物流业务，对老焦化场地进行开发利用；独立承担公司所用车辆的维护保养，实现节支创收；克服作业现场环境不利因素的影响，承接公司首批6辆吸引压送罐车的运营管理工作，承担不锈钢公司除尘灰运输任务，实现收入176万元。另一方面，对接市场提升自身价值创造能力，利用检修、专业技术和设备资源，率先走出去、参与市场竞争，积极承揽社会铁路设备检修和钢材代储代运业务；创新港口物流管理，推行进口矿和钢材内贸自主货代业务，全年，实现市场化对外创效997.55万元。

【物流成本攻关】 2017年，河钢唐钢从提升物流运行效率与降低物流费用两方面，开展物流攻关，推行全物流链精细化管理，大力挖掘优化空间，物流成本继续保持集团排头兵地位。在提升效率方面，合理选择港口优化布港，缓解公路运输压力，于当年9月打通秦皇岛港进口矿布港和铁路疏港通道，将完船损耗控制在0.32%；精准把握合同订单资源流向，以交货期为产品发运组织重点，时刻关注公司产、销、运各环节需求，合理匹配公路、铁路运输方式，强化汽车钢、家电钢、专用钢等高端产品物流过程管控；提高物流响应速度，做好产成品发货组织。在降低物流费用方面，优化接卸流程，压减对外管理付费，严格管控铁路延时费、服务费和厂内汽车二次倒运费，炼铁南区焦炭直供率达87.7%，同比提高12%；重点跟踪炼铁南区烧结矿排料溜槽改造、北区二次料场棚化改造工程等项目进展，及时调整运输业务，全年，降低运费1483.21万元；建立运价市场化灵活调整机制，先后下调钢材运价3.5%和2.3%，降低进口矿疏港单价5%~24.4%。

【降低机车燃油消耗】 2017年，河钢唐钢将加强基础管理摆在突出位置，从优化管理模式着手，进一步降低厂区内37台运输机车的燃油消耗，实现物流效率、效益最大化。对机车燃油实行精细化管理，严格油品质量把关，根据机车设备运输特点，量化机车燃油费用指标，在加油环节采取双向记录，定期进行燃油化验；结合生产运输需求和作业量，调整机车调度作业计划，合理分配运输机车，延长机车作业周期，避免机车无效作业，实现单位作业油耗下降。

【质量管理体系建设】 2017年，河钢唐钢以IATF16949—2016汽车行业质量管理体系和VDA6.3德国汽车工业联合会的推进为工作主线，梳理物流分公司体系架构，完善受控文件，健全质量管控体系。于4月建立周检查督导机制，推动体系运行与现场作业有效融合，确保现场管理和制度的扎实落地，促进物流质量进一步提升。

【统筹推进乐亭钢铁配套物流项目规划建设】 2017年，河钢唐钢着力抓好河钢集团乐亭钢铁配套物流项目建设的管理架构搭建、关键岗位配备、技术交流合作、设备招标等工作，筑牢2018年基础设施建设顺利推进的根基。统筹推进厂内铁路及接轨方案、料场接口和成品库建设方案、信息化项目等重点工程的规划设计，做好顶层设计与项目实施。

【不锈钢公司铁路接卸集装箱改造项目】 2017年2月14日，不锈钢公司铁路接卸集装箱改造项目获批立项，这是河钢唐钢首个集装箱龙门吊装卸站场项目，概算投资973.53万元，标准集装箱门吊由河南豫中集团设计制造，普通龙门吊由河南新乡起重机公司设计制造，由唐山瑞丰建业集团有限公司和河北省安装工程有限公司承建。项目主要建设内容为拆除旧龙门吊、新建集装箱龙门吊、新建龙门吊内公路、龙门吊防护栏、龙门吊配电设施等。项目于2018年3月竣工投产，实现了不锈钢区域原料铁路集装箱装卸作业。

【不锈钢公司铁路外运钢材改造项目】 2017年2月14日，不锈钢公司铁路外运钢材改造项目获批立项，项目概算投资871.55万元，由中铁十六局集团第二工程有限公司、唐山万达铁路工程有限责任公司和河北省安装工程有限公司承建。项目主要建设内容为改造动力管线、采暖管线、给排水管线、铁路道口无人值守系统、集装箱式磅房现场设备间、无人值守磅房设备搬迁、拆迁汽车衡、拆迁及新建道路、新建铁路等。2018年3月，项目竣工投产，解决了汽车港口运输限载限行问题，保证了不锈钢公司原燃物料供给和钢材发运的正常运行，提高铁路运输比例，大幅降低物流运输成本。

【门式车载废钢辐射监测项目】 2017年12月，河钢唐钢物流分公司门式车载废钢辐射监测项目竣工投产。该工程于当年11月7日获批立项，由上海何亦仪器仪表有限公司和唐山万达铁路工程有限责任公司设计承建。项目主要建设内容为在设备机动部院内汽车衡和公司北门汽车衡各安装一套门式车载废钢辐射监测装置。项目建成后，集视频监控和辐射强度检测于一体，对装载废钢车辆的辐射强度进行测量分析，准确抓拍车辆图像，实现对装载废钢车辆全天候放射性监测，保证废钢安全性，为公司绿色发展及职工职业健康护航。

【高线库区天车改造项目】 2017年9月，河钢唐钢物流分公司高线库区天车改造项目竣工投产，该项目于当年8月27日开工建设，由河北兴隆起重设备有限公司设计并承包建设。项目主要建设内容为将高线库内6号、7号天车改为电磁挂梁起重机，用于高线卷吊装作业。项目建成后，取消挂钩作业，人工成本进一步降低，提高了安全作业水平。

检修管理

【设备维检】 2017年，河钢唐钢在钢铁去产能和环保限产，检修节奏加快的背景下，推进点检定修制，严控外委费用，全年组织联合设备大修20次，定修590次，单体设备大修10台（套），日历天数328天，协调定修、大修内部支援21.7万工时，努力实现设备维检的区域化、专业化、标准化、规范化。是年，以维修作业标准确认表为抓手，进一步完善技术、质量管控网络，实现全过程维检工作质量管控，建立并推行车间、管理科室、厂部三级沟通反馈机制，提升服务质量，运用定修模型，实施支援检修管理办法，加大支援力度，严控外委费用。9月，制定《外委结算管理办法》，加快外委结算工作。

【结晶器振动稳定性调整项目】 2017年，河钢唐钢在一钢轧厂1810毫米生产线联合大修中，进一步提高连铸机振动单元体精度，连铸机结晶器的检修能力取得长足进步。当年，不锈钢维检中心首次承接一钢轧厂3号、4号连铸机液压伺服振动精度恢复调整项目。检修后，曲线效果大幅改善，满足了最高设计拉速生产需求，有效改善了铸坯裂纹偏析现象，连铸机拉速稳定在4.5~5米/分，为一钢轧厂产能提升、板型和卷型的改善、设备稳定运行，提供了强有力的设备保障。

【搭建信息化管控平台】 2017年，河钢唐钢推进设备离线修复信息化管理平台和耐材管控平台建设，为实现设备和耐材管理延续化、精细化提供数据支撑。设备离线修复信息化管理平台设置了制造数据管理、计划排程管理、生产调度管理、库存管理、质量管理、人力资源管理、设备管理、工具工装管理、采购管理、成本管理、项目看板管理、生产过程控制、底层数据集成分析、上层数据集成分解等管理模块，2月初，启动项目建设，设计三级流程界面，搭建基础架构。之后完成平台所有界面设计及模拟测试，12月27日，平台试运行测试完毕，具备上线能力。耐材管控平台由终端采集耐材使用相关数据，整合唐钢冶金系统及相关数据资源，与MES系统、SAP系统及公司其他现有系统进行无缝对接，将耐材线下分散式管理转变为线上集中管理，实现所有耐材从采购到结算各个环节的信息化管理，正式在一钢轧厂区域进行耐材采购、耐材入厂、耐材使用、耐材跟踪、库存跟踪上线运行。

【耐材管理】 2017年，河钢唐钢稳步推进耐材的规范化管理，发挥耐材管理与施工的双职能作用，深度服务产线，建立耐材技术研发体系，对标行业关键数据、使用耐材信息系统、聘请高级专家和践行标准化作业等措施的推行，透气性、自开率、钢包包龄等指标持续向好，钢包塞棒使用时间达到业内领先的17.5小时，钢包透气性实现常态化100%透气。是年，以汽车板认证和体系外审为契机，梳理管理流程，更新文件管理及记录，主导修订完善涉及岗位、供应商管理评价、检验、采购、试验等内容的多项管理办法；制定《耐火材料采购风险管理和控制及应急预案管理办法》，对采购业务进行风险识别；建立4个台账，对作业区耐材的砌筑统一记录；编制各区域耐火材料技术手册、耐火材料异常情况图册，对钢包用耐火材料、连铸干式料和浇注料的技术标准进行修订，统一了公司钢包和连铸机干式料的技术指标。

【攻克明弧焊堆焊技术难题】 2017年，河钢唐钢积极改造导电嘴，解决明弧焊堆焊技术难题。导电嘴是明弧焊焊头主要零部件，堆焊过程中焊渣达到一定厚度及重量后脱落，进入熔池，形成夹渣缺陷，造成人工和材料浪费，严重影响连铸辊辊面质量，成为困扰连铸辊生产和质量的难题。技术人员反复查阅资料，改变导电嘴出口截面积，适当增加导电嘴长度，新型导电嘴经过试验并投入使用后，飞溅沉积面积减小到原来的21%，减少了飞溅渣的沉积现象，消除了渣块脱落掉入熔池状况，同时可在更换基辊时清理导电嘴沉积渣，彻底清除因飞溅渣脱落造成的夹渣缺陷。

【自主制造助卷器】 2017年，河钢唐钢更新理念、提高标准，将提高检修系统技术能力作为提升竞争力的必要手段，助力高端产品研发。冷轧薄板厂2号镀锌线助卷器是板带成卷关键设备，系德国进口，加工精度达到百分之一毫米，因设备老化和工艺升级要求，需要整体更换。是年2月，开展自主制造助卷器攻关，组织攻关团队翻译外文图纸，搜集相关资料；实行高精度现场测绘；采用高精度数控车床，创新使用分段加工的施工方法，解决了助卷器抱紧结构不稳定、地脚强度不足等问题。8月4日，自主制造的助卷器安装到位，运行情况良好。经测算，约为整套进口成本的60%。

【研发火焰重熔工艺】 2017年，河钢唐钢面向内外部市场，依照用户需求推进关键技术研发。层冷辊应用于产线轧机出口，工作环境近1000℃，辊面需具备高硬度、高抗氧化性以及抗热冲击性能。由于工艺限制，只能对层冷辊分段加热后再另行焊接组装，导致修复周期延长和材料浪费。经过技术考察与现场试验，摸索工艺流程，自制火焰重熔设备，解决火焰温度控制问题，修复后的层冷辊表面质量、硬度和热屈服度等各项参数均达到用户要求，修复费用较研发前降低30%。

【开拓外部市场】 2017年，河钢唐钢围绕“市场”和“产品”两大核心，加快产销研一体化运行步伐，以测量业务为切入点，逐步开拓连铸机和轧机的维护、轧机在线加工、设备激光熔覆等业务，形成拳头技术产品。利用高精度空间测量技术，不仅全部承担了公司及各子分公司的测量业务，还扩展到外部多家钢铁企业，衍生出连铸机安装、烧结机纠偏和轧机安装、在线加工等多项业务，先后承接寿光特钢、日照、文丰、黄骅中铁、天津联合特钢等项目。激光跟踪仪技术，在连铸机对弧项目、轧机机架修复、烧结机头尾星轮同轴度调整、环式冷却机调偏项目上广泛应用；液压润滑系统清洗技术，形成一套科学完整的清洗循环作业流程，油品清洁度等级达到 NAS6 以下，延长油品的使用寿命，减少设备故障率，2 项技术已具备推向市场的能力。

【质量管理】 2017 年，河钢唐钢加强检修技术质量管理，围绕设备服务产线，做好全过程质量管控。全年，制定管理办法 7 项，重新编制流程 4 个，编制适合实际产品生产需要的记录样板 62 块，内部质量问题同比下降 26%。制修订《计量器具维修、检定管理办法》《特种设备管理办法》《质量异议处理管理办法》，完善设备管理体系；严格执行《质量管理控制办法》《机加工件检验规程》，强化工艺流程管控，对机加产品实行 100%检验，形成生产记录文件和检验记录，实现生产流程的可追溯性和产品质量的可控性；强化液压产品的工序检验、材料入库验收等环节，二次复检所有外采的非标产品，全面提升维检质量；9 月 20 日，成立 TPM 推行办，在机加板块 5 个单位推行 TPM 活动，完成 TPM 小组负责人和推行员培训，开展 TPM 小组活动 16 次。

【安全体系建设】 2017 年，河钢唐钢围绕强化基础管理，加强检修系统安全管理体系建设，提升安全管理水平，培养职工精细化、标准化、规范化作业习惯，确保作业安全。组织梳理、修订安全管理制度，制定准时工作制和安全作业标准确认表。准时工作制涵盖日常安全管理的全部内容，按照不同时间频率，明确各级干部职工岗位安全职责。安全作业标准确认表以《维修作业标准》为依据，针对各项检修工作对应的危险因素，制定相应的预防措施，将安全确认细化到每道工序，明确相关责任人，督促职工将安全预防措施落实到位，避免事故发生。

【创新绩效评价模式】 2017 年，河钢唐钢检修分公司建立与事业部关联的绩效管理体系，强化科室与科室、板块与板块之间的协调联动机制，有效平衡四大板块和各科室之间的协同关系，提高资源配置和运营效率。维检板块的组织绩效加入为主业产线服务的绩效指标，将重心放在配合点检做好设备的同期管理，以设备故障时间、检修及时率、巡检命中率和各类消耗作为绩效评价的重点，分为经济指标 70%、产线指标 27%、管理指标 3%；机加板块的组织绩效加入对修复备件使用周期的管理指标及发生质量异议、提前下线的考核指标，分为经济指标 77%、产线指标 20%、管理指标 3%；耐材板块的组织绩效指标由耐材采购成本、物料备件消耗和质量标准化作业指标构成，分为经济指标 50%、产线指标 40%、管理指标 10%；惠唐板块的组织绩效指标分为经济指标、管理指标，经济指标在固定利润和产值的基础上，加入内部业务指标、外部业务指标和技术研发指标；管理科室的组织绩效考核指标分为经济指标、专业管理指标 2 项。新的绩效考评体系，发挥了指挥棒作用，实现职能科室与板块之间互为支持、相互促进的绩效管理模式，为运营效率的提升奠定了基础。

自动化信息管理

【市场开拓】 2017 年，河钢唐钢围绕提升外部市场创效能力这一工作重点，主动适应管理体制变革带来的职能和人员变化，在市场、产品和客户端等方面持续发力，通过研发推广自主知识产权产品、开展云计算业务等多种途径，着力打造价值创造单元。全年，实现外部市场收入9815万元，利润2331万元。这一年，大力推广无人天车及智能调度系统、无人值守远程计量系统、设备点检系统等智能化产品，组织实施了高强汽车板公司物流、不锈钢公司板坯库智能管理、河钢石钢智能物流等智能物流项目，在河钢唐钢、河钢承钢、河钢宣钢、黄骅港、曹妃甸港部署智能计量系统；与中冶京诚工程技术有限公司共同开发车辆识别系统；加大云服务产品推介力度，参加2017中国廊坊国际经济贸易洽谈会“大智移云展”、第十六届（北京）中国互联网大会、北京2017年中国行业云计算（金融云）峰会、华为产品全国巡展等活动，提升产品知名度，相继与陕西中光电信、招商银行等客户签订服务合同，并借助唐山市公安局路北分局的社会视频资源整合项目，进军“政务云”市场，创效能力进一步提高。

【开拓云服务市场】 2017年，河钢唐钢依托云计算中心全力整合河钢唐钢“互联网+”力量，深入研究市场需求和前沿发展，努力实现从依附主业向打造全产业链创效单元的角色转化。当年2月，云计算中心正式投入运营，3月15日，公司物联宝、郓易达、城市智慧服务等3个“互联网+”项目平台顺利入驻。年内，同中国联通、腾讯公司、浪潮公司和唐山市互联网产业研究院达成战略合作，先后与陕西中光电信、招商银行唐山分行等多家企业签订IDC托管合同，迈出云计算产业创效的坚实步伐；根据公司发展实际需求，开发设备管理云平台和环境检测云平台，进一步推动公司信息化发展。

【获增值电信业务经营许可证】 2017年6月13日，河钢唐钢自动化信息公司获得河北省通信管理局颁发的国家增值电信业务经营许可证，在许可经营内容范围内，可独立进行互联网数据中心（IDC）经营业务，企业创效能力进一步提升。电信业务经营许可证是我国电信业务经营者进行电信业务经营的法定凭证。增值电信业务经营许可证的取得为公司云计算产业开展对外经营业务提供支撑，有利于广泛拓展外部市场，服务市场的能力显著加强。

【开发无人天车项目】 2017年，河钢唐钢聚焦智能制造工程和智能物流在实体经济中的具体应用，开发无人天车及智能调度系统，实现关键技术自主研发，打破国外垄断，助力公司智能化建设。该系统为国内首创的冶金行业智能无人天车系统，具备天车自动找卷、吊卷、放卷等多项功能，可以全面优化物流工艺流程和人员结构，大幅提升天车运行安全系数和作业效率。当年6月，该系统在高强度汽车板工程二期项目部署完毕，5部天车实现无人值守；8月，在不锈钢公司开展无人天车技术国内热轧成品库的首次应用；12月，在河钢承钢新建冷轧线中间库推广实施无人天车项目，系国内首次自主实施的板坯库无人天车项目。此外，紧密贴合用户使用习惯，开展手持终端APP攻关，相关产品于9月6日在高强汽车板有限公司无人天车成品库成功投入使用，系统的便捷性更具保障。

【启动国内首个热轧成品库无人天车项目建设】 2017年8月24日，河钢唐钢正式启动不锈钢公司1580毫米生产线成品钢卷库天车定位及物流管理系统项目，该项目是公司当年智能制造重点项目之一，系热轧成品库无人天车技术在国内的首次实施。该项目对1580毫米生产线原有出口步进梁跟踪系统进行升级，安装车辆识别装置4套，将成品钢卷库2跨5部天车中的3部天车改造为无人天车，其余2部改造为定位天车，预计2018年3月完工，将打通1580毫米生产线生产与物流间的信息瓶颈，推进该生产线成品库区的智能化管理，库区管理更加安全高效，智能制造水平进一步提升。

【参加“大智移云展”】 2017 年，河钢唐钢自动化信息公司作为河钢集团智能制造领域唯一参展商，参加了 5 月 18—21 日举行的 2017 中国廊坊国际经济贸易洽谈会 ·“大智移云展”。展会以文字图片及视频等形式，对云计算业务，以及无人天车及智能调度系统、智慧计量系统、智慧物流综合管控与执行系统等拥有自主知识产权的系统集成产品进行推介，由技术人员进行现场讲解，取得了良好的产品宣传效果。本次展会聚集了微软、中兴等“大智移云”领域的 49 家国内外优势企业及河北省 21 家重点企业，2000 多位来自政府、机构及知名企业的嘉宾代表出席，集中展示大数据、装备智能化、移动互联网、云计算等领域新成果，为参会企业精准对接、寻求合作搭建更多平台。

【产线服务】 2017 年，河钢唐钢紧盯产线生产需求，积极参与产线自动化系统的大修、抢修、技改项目等工程。当年，组织实施一钢轧厂 1810 毫米生产线、1700 毫米生产线自动化设备维护维修，二钢轧厂 1 号高线、2 号高线复产建设中自动化设备的检修工作，参与冷轧薄板厂、中厚板公司和不锈钢公司自动化设备的大修工作，开展 1700 毫米生产线加热炉、卷取机改造和主电机润滑系统、地面站技改等项目，公司产线自动化水平进一步提升。

【智能产品应用】 2017 年，河钢唐钢借助“两化”融合契机，加大无人天车等智能系统的推广力度，先后组织实施高强汽车板公司设备点检系统项目和 5 号镀锌产线控制系统工程、高强度汽车板二期 5 部无人天车项目、河钢唐钢环境监控系统项目、不锈钢公司 265 平方米烧结工程项目、中厚板公司一卡通项目、河钢承钢设备管理系统二期项目、河钢宣钢计量无人值守系统项目、唐山市检察院信息化管理系统二期项目，智能产品市场得到持续拓展。

【科技攻关】 2017 年，河钢唐钢强化市场观念和服务意识，从产品质量、技术服务等环节着手，加强科技攻关，加大产品推广力度，树立企业良好的品牌形象。这一年，以无人技术、智慧物流、设备点检等多项技术产品为抓手，借助在河钢唐钢、河钢承钢、河钢宣钢、重庆钢铁等多家钢企，以及河钢物流黄骅港、曹妃甸港等港口物流领域项目实施的经验，不断提升产品技术水平。当年 10 月，“一种无人值守天车的拟人控制方法和控制模块”成果被国家知识产权局授予发明专利。截至 2017 年末，拥有涵盖微尔智能、铁、钢、轧、动力、云计算服务等六大系列 39 种拥有自主知识产权的产品，拥有国家发明专利 8 项，实用新型专利 50 项，版权 153 项。

综合事务管理

【文稿起草】 2017 年，河钢唐钢文稿起草工作在遵循公文格式、结构和语言规范性要求前提下，突破程式化思维，提升文稿质量和水平，使公文结构、观点和语言富有新意。全年，撰写重要汇报、讲话、致辞等文稿材料逾 200 篇。及时高效起草公司主要领导在智能制造创新模式研讨会、第六届全国钢铁工业发展合作交流高端论坛会以及上级领导来公司调研时的材料文稿；撰写公司党委向集团巡察督导组关于党风廉政建设主体责任等三项巡察内容的综合汇报材料及在十九大宣讲报告会上党课等材料；高质量起草公司职代会年度会议、总结表彰暨全员创新大会、事业部运行总结暨年中工作会议、庆祝建党 96 周年总结表彰大会、公司警示教育活动动员部署暨厂部级干部集体廉政谈话会议、公司2016年度总结表彰暨挖潜增效全员创新推进大会、历次月中月末工作例会等会议涉及材料，为公司重要会议高质量召开发挥了支撑保障作用。

【信息编发】 2017年，河钢唐钢扎实推进综合信息搜集整理和上报工作，编发《唐钢信息》《工作简报》《唐钢通讯》《国内外钢企动态》《唐钢政工信息》《班组活动日情况报告》六大信息刊物，及时反映公司生产经营和党群工作重要信息，为公司领导决策提供科学依据和重要参考。全年，编发《唐钢信息》92期、《工作简报》101期、《唐钢通讯》48期、《国内外钢企动态》25期、《唐钢政工信息》32期、《班组活动日情况报告》12期。其中，向省国资委党委办公室、市委信息中心等报送党群信息及生产经营信息150余篇次，其中40多条被省国资委简报、市委信息中心《唐山快报》采用，使党群信息切实发挥辅助党委决策、交流党建经验、指导党建工作作用。公司信息工作在省国资委党委、市委考核中始终保持先进水平，被评为“唐山市党委系统信息工作先进单位”。

【会议组织】 2017年，河钢唐钢按照“服务一流，规范有序，安全文明”原则，从严从细抓好会务组织和服务保障工作，狠抓关键过程和细节，做到有条不紊、不出纰漏，确保各类会议和活动的顺利进行。全年，组织党委常委会35次、董事会44次，经办会41次；月中、月末工作例会24次，各种专业会议350余次；国际视频会议、省国资委及集团公司视频会议50余次；大型会议和公司重点活动60余次。

【接待服务】 2017年，河钢唐钢高标准做好接待服务工作，不断完善思路、创新举措，全面推进接待工作制度化、标准化、精细化，确保了接待工作规范、有序、高效。全年，接待检查、调研、中外宾客来访等490批次4900人次，出色接待塞尔维亚总理、当选总统武契奇一行来访，以及瑞士德高、韩国浦项、普锐特、哈斯科等国际友好人士来访，以良好服务赢得国内外来宾广泛赞誉，充分展示公司良好形象。

【外事活动】 2017年，河钢唐钢按照省外办、省国资委《关于对省国资委管理的部分企业因公出访审核审批程序调整的通知》及集团公司外事有关文件要求，做好外事管理工作。全年，办理公司外事出访团组43批137人次，跨单位团组5批28人次，外协团组10批19人次，商务部培训团组3批22人次，为公司加强国际交流与合作提供了保障。在因公出访审核、审批过程，坚持把规矩和纪律挺在前面，对各单位上报的出访计划严格把关，未发生一起违规出访问题，并针对出国手续办理时间紧、团组较多等情况，主动与省外办协调沟通，从速办理各种手续，保证公司各项出访按计划成行，未出现时间偏差、违反程序等问题。在对外邀请函办理方面，为冷轧薄板厂、技术中心、不锈钢公司等单位及时办理外国技术专家入境邀请函123件241人次，保证了公司相关生产设备安装、调试、维修，技术指导、培训等工作按时进行。

【印章管理】 2017年，河钢唐钢印章管理工作严格执行公司《印章管理标准》，根据公司机构变化及时启用或废止印章，按规定使用加盖印章，确保规范管理、正确使用。全年，加盖各类印章约3万份，刻制、启用党群系统印章6枚、废止5枚。2月，启用“中共河钢集团唐钢公司能源科技分公司委员会”印章，原“中共河钢集团唐山钢铁集团有限责任公司动力厂委员会”印章废止。5月，启用“中共唐钢美锦（唐山）煤化工有限公司委员会”印章。8月，根据《关于规范公司组织机构及部门管理职责的通知》精神，启用“河钢股份有限公司唐山分公司一钢轧厂”“河钢股份有限公司唐山分公司二钢轧厂”“河钢股份有限公司唐山分公司型钢厂”“河钢股份有限公司唐山分公司冷轧薄板厂”印章，原“河钢股份有限公司唐山分公司热轧部”“河钢股份有限公司唐山分公司长材部”“河钢股份有限公司唐山分公司型钢部”“河钢股份有限公司唐山分公司冷轧部”印章废止；启用“唐山钢铁集团有限责任公司非钢管理部”“唐山钢铁集团有限责任公司一钢轧厂”“唐山钢铁集团有限责任公司二钢轧厂”“唐山钢铁集团有限责任公司型钢厂”“唐山钢铁集团有限责任公司冷轧薄板厂”印章，原“唐山钢铁集团有限责任公司非钢事业部”“唐山钢铁集团有限责任公司热轧部”“唐山钢铁集团有限责任公司长材部”“唐山钢铁集团有限责任公司型钢部”“唐山钢铁集团有限责任公司冷轧部”印章废止。

【公文管理】 2017 年，河钢唐钢进一步规范公文处理规则、标准和流程，严格执行公司《公文处理办法》，从文种使用、行文流程、文件内容、遣词造句、逻辑结构、文件格式等方面严格把关，努力提高公文质量，确保行文规范、准确，发挥好公文沟通上下、协调内外作用。全年，制发各类文件近 500 份，做好公文流程催办工作，确保文件发放及时。

【北京唐钢宾馆】 2017 年，北京唐钢宾馆围绕“宾客至上，服务第一”宗旨，进一步提升服务理念，主动做好对外联络、对内服务，全面提高管理水平，圆满完成集团和公司交办的各项服务和接待任务。全年，接待入住宾客 7122 人次，接待集团和公司召开的会议共计 18 次，火车站、机场接送相关领导 100 余次，安全行车 14 万千米，接待外宾 30 余人次，承担全国“两会”维稳、宣钢搬迁河钢产业升级研讨会等重要活动的对外联络和接待任务。

企业管理

【绩效管理】 2017 年，河钢唐钢持续优化绩效管理，充分发挥绩效指标导向与牵引作用，通过绩效管理协同，引导资源向产线配置，促进公司管理体制变革有效落实，企业活力实现不断激活和释放。年初，制定下发公司年度《经营绩效管理方案》，对各单位（部室）组织实施绩效管理，确定其主要经营指标为绩效评价标准，突出对关键绩效指标的评价；坚持差异化考核原则，积极调整营销系统绩效激励机制，将产品售价、重点产品销量作为营销系统的关键绩效评价指标进行考核，促进营销系统实现专业化、系统化管理，并加大对销售业务人员考核力度；建立与事业部协同机制相适应的绩效评价模式，制定下发《事业部制全员绩效管理指导意见》，明确事业部制内部组织和员工绩效管理思路，绩效注重过程和结果，协同绩效直接与员工个人绩效挂钩；编制下发《年度重点攻关计划》，依据每月攻关指标完成情况进行分析，实施攻关奖励；强化作业区绩效管理，制定下发作业区绩效管理体系运行评价表、作业区全员绩效管理体系改进跟踪表，细化、量化评价标准，针对运行评价检查出的问题，明确改进目标、改进措施、负责人、验证人、验证结果等内容，为各单位系统诊断作业区绩效管理存在问题提供工具与方法，促进了作业区绩效管理水平提升。

【管理体系建设】 2017 年，河钢唐钢进一步健全完善管理制度建设，加强体系运行监督，强化制度管控，使管理体系有效贯彻落实到岗位。年内，严格审核各部门起草、变更、废止的各类管理文件，规范管理文件，组织各单位对制度落实情况进行自查，发现问题及时上报，反馈意见和建议；制定下发公司《管理评审管理程序》，规范公司综合管理体系评审流程，于当年10月组织召开2017年度管理评审会议，通报公司管理体系运行情况，明确公司后续管理工作重点；规范管理体系文件发布流程，所有已发布的公司级管理文件均上传至管理平台，便于广大职工浏览、查询，进一步增强了管理文件的宣贯力度，为公司高效规范开展各项工作提供了制度遵循。年末，管理制度体系共有公司级管理文件512个，分为20个专业，62个管理类别。

【5S管理】 2017年，河钢唐钢将5S管理融入产线，利用检查考评、整改落实和跟踪督导等多种方式，促进公司现场管理水平进一步提升，打造行业一流的生产作业环境。年内，按照《5S管理星级考评办法》要求，坚持日常检查与季度联查相结合，对厂容现场工作机制的建立完善情况、产线区域5S管理整体情况、生产设备运行状态、现场各类安全隐患的消除治理情况和自主管理、OPL教程、改善提案等在班组中推行情况等内容进行检查考评，下发联查考评通报，对查出的问题限期整改和跟踪督导；修订下发《5S可视化标准》，包括线位标识标准、仪器仪表电机设备标识标准、安全防护标识标准、管道容器介质标识标准、办公区域标识标准等20项5S可视化标准，并结合公司新标识使用规定，对相关内容进行完善；加强与河钢塞钢人员5S管理交流，接待河钢塞钢人员来公司进行5S学习培训，组织人员赴河钢塞钢进行现场专业指导，促进公司基础管理水平进一步提升。

【自主管理活动】 2017年，河钢唐钢积极开展自主管理活动，鼓励并支持职工围绕公司生产经营方针、目标和现场存在的问题，运用科学的管理方法和专业知识，选题立项，攻坚克难，提升团队意识和创新能力，确保现场生产顺行，产品质量稳定提高。全年，组织973项自主管理课题，全流程在自主管理活动管理系统上申报、审批、评审和发布。年内，修订下发《自主管理活动管理办法》，进一步规范线上管控流程和步骤，制定详细的成果评审标准，完善激励机制；积极跟踪各单位自主管理活动情况，关注培训需求，深入现场进行专项辅导，不锈钢公司、炼铁厂、物流分公司、二钢轧厂、一钢轧厂等单位自主管理活动保持良好态势，形成了浓厚的自主创新氛围。

【班组建设】 2017年，河钢唐钢加强班组建设，按照公司《创建精品班组实施意见》，深入开展OPL要点培训及“改善之旅”活动，营造浓厚的全员持续改善氛围，促进基层管理水平提升。按照公司厂部级领导班组活动日工作安排，每月到有关单位调查了解班组管理情况，总结整理各单位厂部级领导班组活动日有关情况，及时提报公司有关部门。全年，公司各单位厂部级领导深入2613个班组宣讲2100多场次，参与宣讲职工8万人次，实现了厂部级领导参加活动100%，对职工宣讲覆盖面达100%。

【现代化管理创新工作】 2017年，河钢唐钢现代化管理创新工作以管理创新课题为载体，着眼整体，聚焦重点，围绕公司工作重心发现问题、解决问题，提升公司现代化管理水平，保证课题在促进企业提质增效方面起到良好的支撑作用。全年，33项管理成果获得省级企业管理现代化创新成果奖，其中一等奖9项、二等奖13项、三等奖11项；6项管理成果获得全国冶金企业管理现代化创新成果奖，其中二等奖2项、三等奖4项；1项管理成果获全国企业管理创新成果二等奖。年内，制定下发年度企业管理现代化创新课题申报立项通知，结合公司重点工作，制定管理创新方案，运用现代管理方法手段，提报企业管理创新重点课题387项，经三轮评审，确定200项课题作为公司级管理课题；建立健全跟踪指导、课题服务机制，对重点课题立项及推进情况进行检查指导，挖掘管理亮点，促进服务项目有效落实；组织召开企业管理现代化创新成果优选课题答辩会，10 项优选课题主要负责人与实施者，以及管理课题立项人员共计 100 余人参加，优选课题涉及公司体制机制变革、专业管理、市场与营销管理等方面，评委由公司管理创新评审组各专业主要负责人担任，结合公司生产经营需要，从课题的目的性、科学性、先进性、创新性等七个方面对各课题提出修改意见和建议，以此规范申报流程，促进企业创新成果全面反映企业管理现代化创新成果水平。

附表　2017 年河钢唐钢获得省级及以上管理创新成果奖一览

项目名称	单位	获奖等级		
		省企业管理现代化创新成果	全国冶金企业管理现代化创新成果	全国企业管理创新成果
大型钢铁企业以供给侧为导向的管理体系改革	运营改善部	一等奖	三等奖	二等奖
设备全寿命周期管理体系建设	设备机动部	二等奖	二等奖	
基于精细控制的铁前物料平衡体系优化与实践	炼铁厂	三等奖	二等奖	
以业绩提升为目标的基层组织扁平化管理创新	人力资源部	一等奖	三等奖	
钢铁企业高级自动排程系统管理应用	信息自动化部	二等奖	三等奖	
钢铁企业以市场、产品为导向的技术创新管理	不锈钢公司	三等奖	三等奖	
公司自主管理活动平台的构建与实施	运营改善部	一等奖		
钢铁企业标准成本体系的构建和实施	不锈钢公司	一等奖		
构建适应钢铁企业转型发展的薪酬分配机制	人力资源部	一等奖		
推动大客户经理制 促进销售模式转变	市场部	一等奖		
利用“互联网+”实现唐钢传统物流业务的改造与升级	物流分公司	一等奖		
生产物流管控体系流程再造	物流分公司	一等奖		
全员绩效管理体系的构建与运行	运营改善部	一等奖		
把握钢铁行业发展新方位 创新定价模式提升创效水平	市场部	二等奖		
深化河钢唐钢供应链管理深度 挖掘钢铁物流产业价值	物流分公司	二等奖		
聚焦用户和过程 搭建质量管理 QMS 信息化平台	生产制造部	二等奖		
“三条主线，两翼展开”提升 TS 体系运行的有效性	生产制造部	二等奖		
推进“作业长制”在质量管理体系框架内高效运行	一钢轧厂	二等奖		
推进信息系统日清日结工作 提升企业精细化管理水平	信息自动化部 财务经营部	二等奖		
钢铁企业以作业长制为核心的管理提升	不锈钢公司	二等奖		
依靠信息化平台建设具有唐钢特色的法律事务闭环管理体系	法律事务部	二等奖		
实施“三星计划”探索人才培养新模式	人力资源部	二等奖		
基于创新管理模式的人事制度改革与实施	人力资源部	二等奖		
开展医院重组改革 激活医院发展动力	运营改善部	二等奖		
创新外汇融资管理 控制利率汇率风险	财务经营部	三等奖		

续附表

项目名称	单位	获奖等级		
		省企业管理现代化创新成果	全国冶金企业管理现代化创新成果	全国企业管理创新成果
探索作业区安全管理模式 为作业长制建设服务	安全部	三等奖		
提高创新管理水平 提升动力系统核心竞争力	能源科技分公司	三等奖		
以班组课题为载体建立作业区自主管理新模式	二钢轧厂	三等奖		
应用工业工程理论优化1580线汽车用钢生产工艺	技术中心	三等奖		
“互联网+”在钢铁行业备品备件采购中的应用	设备机动部	三等奖		
中厚板统计制程控制系统的建设与创新	中厚板公司	三等奖		
打造“互联网+”平台经济 激活非钢发展新生活力	非钢管理部	三等奖		
建设公司非钢产业对标管理体系 提升企业核心竞争力	非钢管理部	三等奖		

【招投标管理】 2017年，河钢唐钢加强招投标全过程管理，全面规范招投标流程，堵塞招投标管理漏洞，确保公司招投标过程合法、合规。年内，加强开标、评标现场监管，参加A、B类招标项目开标评标485次，现场解决、处理各种问题500余项，形成投标人和工作人员有序开标、评标委员会诚信评标、监督部门依法监督的氛围。完善招投标管理制度，依据《中华人民共和国招标投标法》《中华人民共和国招标投标法实施细则》等法律法规，修订下发《招投标管理办法》《非招标形式采购管理办法》《供应商管理办法》《评标专家及评标专家库管理办法》等制度，监管招投标主责部门依法招投标，使公司各部门招投标业务统一管理，有据可依。健全维护评标专家库和采购信息公示平台，设计搭建公司内部采购信息公示平台，发布公司线下招标及采购结果信息，使采购结果公开化、可视化，当年采购信息公示平台共公示招标项目信息556项、非招标项目信息391项。组建公司级评标专家库，以不同专业和不同部门作为分类依据，专家库内共收录专家688人。组织招标业务培训2次，邀请中国招标投标协会专家进行“招标投标实务操作常见误区辨析与风险防范措施”培训，对招标采购流程、相关法律法规、风险防范及异议处理相关知识等内容进行培训，提高全体招投标管理人员的业务素质，在实际招投标过程中处理突发情况的能力得到提升。

【采购信息公示平台上线】 2017年4月24日，河钢唐钢采购信息公示平台正式上线运行，公司范围内部分单位采购项目信息纳入，其中所有内网计算机均可访问并查看信息。该平台由运营改善部招投标管理办公室自主开发并管理，系统架构采用B/S模式，方便访问与使用，公示项目包括招标项目和非招标采购两大类，公示时限为2个月。其中，招标项目可查看项目名称、项目编号、开标时间、参与投标的供应商名称以及最终中标的供应商名称等信息；非招标采购可查看项目名称、项目编号、采购时间、参与此项目的供应商名称及最终采购的供应商名称。平台上线后，借助信息化手段，公司范围内大部分涉及采购项目的信息在公司内网上予以公示，从而接受公司各部门以及全体职工的监督，极大增强了采购流程的透明度和专业管理的规范性，是公司信息化技术手段应用于企业管理的又一创新实践。

【厂容环境管理】 2017年，河钢唐钢加强厂容环境管理，深入贯彻执行日检查、周通报、月考核、季联查与评比排名的科学管控模式，注重厂容管理整体性、动态性，改善管理标准，进一步提升厂容管理水平。年内，预防环保风险，开展厂容专项治理，制定公司《厂容现场环境监察实施细则》，对公司本部、中厚板公司、不锈钢公司、唐银公司、美锦煤化工公司等厂容现场进行日常检查，规范整改项目；加强厂容基础管理，组织参观沿线新标识更换，做好厂容治理清洗粉刷，督导中厚板公司、不锈钢公司重污染天气期间的厂容现场管理，制定并落实铁前环保检查区域沿线的综合治理计划，组织做好唐山市区综合管廊一期工程滨河路段断交期间公司车辆绕行工作，协调滨河路管廊施工单位清理能源科技分公司主厂区两个防洪涵洞。

【绿化管理】 2017 年，河钢唐钢全面贯彻“生态优先、绿色发展”战略决策，以打造“绿色企业、生态企业”为目标，全面建设“厂在林中、景在厂中、生态和谐、社企共融”的生态园林企业，加强绿化管理，打造与城市和谐共融的科学发展示范企业，厂区绿化品质不断提升和改善。全年，增加绿地面积 6.2 万平方米，栽植各类乔灌木 1.24 万株，改造整治美锦煤化工公司、公司主厂区 2 个庭院绿化。年内，持续丰富和提升厂区自然式生态园林景观，在绿地内提升栽植各类乔灌木约 1200 株，色块 2500 平方米，栽植白玉簪、鸢尾等地被植物 1.1 万平方米，播种野花组合、白三叶 1 万平方米，补播冷季型草坪 8000 平方米，栽植四季海棠、串红、孔雀草、羽衣甘蓝等各色草花 19 万盆。在对公司主厂区绿地景观完善的同时，加强新建、改建项目的绿地景观建设，对高强汽车板有限公司二期项目绿地与建筑工程进行同步规划、同步设计、同步施工，建成投入使用林荫停车场，栽植法桐 280 株、黄杨绿篱 1700 平方米，在厂区内播种冷季型草坪 6.2 万平方米；对中厚板公司新建 3 号高炉、3 号烧结及周边区域，平安大道西侧，型钢道北侧等区域进行绿化，厂地平整和排盐设施铺设工作顺利完工；在不锈钢公司厂区内新植树木 1202 株，包括栽植速生杨 298 棵，黄金柳 867 棵，补植行道树法桐 25 棵，厂前区栽植黄杨球 12 株，栽植玉簪 350 米，补植地被 150 平方米。

【资本运营管理】 2017 年，河钢唐钢强化公司投资决策管理，从源头防范决策风险，提升公司投资水平。年内，严格按照公司《对外投资管理办法》《董事会议事规则》，强化董事会前期决策管理，对银行融资、对外担保、对外投资、资产处置等需董事会决策的事项，严格按照流程组织相关部门进行事先审核并形成书面意见，反复论证，从源头上防控决策风险。加强对外投资及资本运营管理，开展与普锐特合资合作连铸机项目，组织相关单位与普锐特进行合资合作商务谈判，审核、沟通、修改合资文件，于当年 8 月 15 日完成对普锐特（唐山）冶金技术服务有限公司的工商登记注册并领取营业执照，完成老挝、印尼钢铁项目、尼日利亚钢贸项目投资可行性论证，整合物联宝、郅易达、智郡业务 3 个“互联网+”平台，注册成立唐山惠唐物联科技有限公司，组织开展重整佳华工作，并成为重整方。

【工商管理】 2017 年，河钢唐钢按照《公司法》《工商登记条例》等有关法规，及时变更公司工商证照，规范公司证照使用程序，协助、指导并监督各子分公司的工商管理。1 月 9 日，完成公司职工董事变更登记工商备案。2 月 4 日，完成唐钢能源科技分公司工商变更。3 月 29 日，完成唐山惠唐物联科技有限公司设立。4 月 13 日，完成河钢乐亭钢铁有限公司设立。6 月 14 日，完成公司监事变更。5 月 23 日，完成唐山钢铁集团公司和河钢股份有限公司唐山分公司 2016 年度企业年度报告公示。8 月 10

日，完成唐钢集团公司章程变更和备案登记，增加党建内容。10月18日，公司经营范围增加金属废料和碎屑加工、销售。协助对外投资单位办理工商变更14次。

【产权管理】 2017年，河钢唐钢规范产权管理，加大产权监管力度，有效保证公司决策的规范性和科学性。年内，严格执行《产权登记管理办法》《国有产权转让管理办法》，加强对公司产权登记管理、资产评估管理、非上市公司国有产权变动管理、上市公司国有股权管理、企业发行债券管理、资产处置管理、企业对外担保管理等事项，严格履行内部决策程序；规范产权登记管理，全面自查、梳理公司有关对外投资及产权管理事项的实施情况、决策审批程序、产权登记、过程文件等内容，建立完善产权管理台账及档案，及时更新完善省国资委产权登记管理信息系统数据，确保产权系统数据准确无误，完成唐山惠唐物联科技有限公司、普锐特（唐山）冶金技术服务有限公司产权登记。

【完善公司治理结构制度】 2017年，河钢唐钢完善公司治理结构制度，强化对重要事项决策的管控。年内，在完善《公司章程》和议事规则基础上，督导各子公司建立完善对外投资管理制度、关联交易管理制度、全面预算管理制度、内部控制管理制度等基本管理制度，保障权属公司、管理权公司治理结构中各层级科学、高效决策和顺畅运行，在中厚板公司、华冶公司、唐龙（唐昂）公司、弘慈医院等单位建立完善公司治理结构，使外派董事、监事通过董事会、监事会严格监督其重大事项的执行。

【外派董事行权管理】 2017年，河钢唐钢进一步优化外派董事行权管理流程，充分调动外派董事、监事履职积极性，发挥其作用，维护公司合法权益。年内，制定《外派董事管理办法》，建立外派董事行权联审汇报机制，对各投资企业提交的议案进行联审并形成审核意见后，提交公司董事会审议并形成表决意见，出具外派董事行权意见书，使外派董事依法合规行权，有效规避行权风险，保证对外投资权益不受损害。全年，公司对外投资单位共召开会议56次，其中股东会30次、董事会37次，会议所有议案均已履行严格审核和决策程序。

【全面风险管理】 2017年，河钢唐钢加强全面风险管理，构建全面风险管控体系，有效化解并控制各种风险，促进公司风控管理水平不断提升。年内，修订下发《风险管理程序》《相关方管理程序》及相关配套文件，对公司内、外部相关方进行全面管理，按照体系策划的29个管理过程进行全面风险分析，将风控管理思维融入到质量管理体系；持续完善风险数据库，收集风险信息并进行识别与评估，调整风险预警指标，改进与优化风险应急预案及应对措施；组织编制风险管理工作报告，分别于年初和年中编制公司《2016年度全面风险管理工作报告》《2017年上半年全面风险管理工作报告》，对公司风控管理工作进行全面总结；组织梳理运营改善部、发展规划部等13个部门的主要管理流程、工作流程，绘制流程图并编制《内控管理手册》182个，识别各类风险点400余个，制定对应风险控制点800余个，做到风险和内控有效结合。

【土地资源管理】 2017年，河钢唐钢规范土地资源管理，依法办理土地项目手续，实现土地收储、转让、使用、抵押、租赁等规范化管理。全年，办理乐钢项目用地审批，完成224.99万平方米土地供地手续，登记办理土地证3个；完成国土厅关于公司、钢联焦化及宣钢焦化产能核实土地合法性审查，出具相关文件；完成惠唐乐港7.13万平方米土地招拍挂工作，领取不动产登记证；办理美锦焦化项目用地手续，完成1.62万平方米土地招拍挂竞买手续。

【经营管理模式试点改革】 2017年，河钢唐钢以中厚板公司为试点，探索混合所有制企业经营管理方式，增强企业内生动力和活力。7月29日，制定中厚板公司《董事会议事规则》《监事会议事规则》《总经理办公会议事规则》《对外投资管理制度》《关联交易管理制度》《全面预算管理制度》《内部控制管理制度》等基本制度，在制度上保障中厚板公司规范运作；进一步明确中厚板公司党委会、董事会、监事会和经理层的职责和权限，明确决策规则、工作程序，为公司在其他企业推行混合所有制改革和市场化改革提供借鉴。

人力资源管理

【持续推进组织结构扁平化变革】 2017年，河钢唐钢以构建产线为独立市场单元的组织结构扁平化为主导，以产线事业部建设为核心，以作业长制推进为基础，建立以价值创造为导向的资源配置方式和生产经营模式，全面激发产线活力，提升产线效率，有力提升了企业管理效率和核心竞争力。这一年，根据公司整体布局，优化调整组织机构，重点核定检修分公司、信息自动化部等单位机构设置方案，并根据其对接生产一线性质，具备条件逐步撤销分厂，实现机构再扁平，以保证生产、精干高效、责权明确、集中一贯、工序服从为原则，设计以作业区为核心的组织机构；完成能源科技分公司、唐山惠唐物联科技有限公司的组建及人员划拨，做好高强汽车板公司二期项目、炼铁厂中厚板区及不锈钢区原料场改造项目、炼铁厂中厚板3号高炉铸铁系统、能源科技分公司中厚板区及不锈钢区脱硝项目、不锈钢265平方米烧结改扩建项目、机关党工委、不锈钢客服中心、二钢轧厂型钢定员核定及部分外委项目核定；8—12月，对惠唐新事业产业发展有限公司、保卫部（武装部）、城市服务有限公司等单位内设机构按照作业长制模式，重新优化调整，规范整合组织机构。

【推进作业长制】 2017年，河钢唐钢深入推进作业长制，以“关注体系、推动变革，分层推进、全面展开，定期总结、持续优化，分享经验、共创共赢”为整体思路，在23家单位开展推进工作，其中主体单位9家，非钢单位14家，覆盖职工总数3.09万人，在聘作业长570人。这一年，重新修订《示范作业区评选管理办法》《职能部室与作业长制推进单位双向评价管理办法》，进一步规范示范作业区评选，有效提升现场基础管理水平；广泛普及“五制配套”管理思想，加强职能部室对基层的专业化服务支撑，对新纳入作业长制管理的检修分公司、信息自动化部以及其他非钢单位强化推进意识、理念贯彻，促进其在体系搭建、队伍培养、推进机制创新、作业区建设等多项重点工作实现既定目标，8家重点推进单位的基层管理水平稳步提升；进一步完善作业长制培训体系，对193名中层干部进行作业长制全脱产专题培训，组织两期共计783人作业长资格培训、570名作业长素质提升培训，辅导210个作业长推进单位作业区，对32个作业区进行抽查评比及职能部室双向评价工作，组织12期作业长研修会、暑期研修及2期宝钢见习考察活动，实现员工素质和基层管理双提升，达到工作重心下移的目的，由“管工厂”转移到“服务产线、服务作业区”；采取建立作业长素质模型等管理手段，不断强化作业长队伍建设，鼓励各单位采用作业长竞聘上岗、择优录用的方式，优化作业长队伍结构，完善作业长资格、能力提升培训体系，凸显作业长选拔、任用、培训和评价的科学性与公平性。

【高端人才引进】 2017年，河钢唐钢努力探索人才引进、人才培养、人才使用新模式，最大限度发挥专业人才优势，努力打造高素质人才队伍，为企业发展提供支撑。年内，进一步完善《高端人才引进管理办法》，创新人才引进与选拔方式，实行市场化引进人才机制，坚持以用为本原则，将专业特长与产线实际紧密结合，加速高层次人才智力聚集，注重在人才选拔过程中严格遵循招聘流程、用人单位参与人员选拔面试过程，关键高端人才由公司领导班子把关，引进宝钢专家刁可山、外籍专家马西姆等数十名急需的高端人才，为公司产品升级、产线创效、产线“三化”融合，以及公司高精尖技术人才的培养提供了强有力的人才、技术、管理支撑；坚持引得进、用得好、留得住，体现公司的吸引力和凝聚力，营造良好的用人环境，在集团范围内起到示范作用。

【人力资源优化配置】 2017年，河钢唐钢强化人员优化配置，通过科学合理配置，实现人岗匹配和高素质人员向产线转移，最大限度发挥人力资源优势，提高生产效率。全年，实现人员优化3000余人。全力支持河钢集团沿海项目建设，根据项目人力资源供需计划，统筹分析钢铁行业特点和现代用工形式，积极完善河钢乐亭钢铁项目定员及人员配置，以利用原有资源、最大限度发挥产线能力为目标，在摸清人员结构、素质和数量等底数基础上，按照年龄形成梯次结构、职务形成层级结构、来源形成多元结构原则，有针对性制定配置方案，协调、抽调3个批次共计190名业务骨干配置到河钢乐亭钢铁筹建项目，并深入开展人力资源规划，拟定后续人员的抽调和配置计划，切实保证河钢乐亭钢铁项目人员需求。采用公司内部招聘方式，满足惠唐乐港金属科技分公司和普锐特合资公司新项目人员需求，抽调36名技术人员和产线优秀职工配置其中，保证公司战略有效落地。根据部门职能调整，优化人力资源，当年1月，按照公司对二钢轧厂高线车间人员划拨安置方案，对247名在岗职工进行优化、转岗，实现了生产和人员流动顺利过渡，为事业部人员优化与配置提供保障；3月，做好能源科技分公司人员配置、划转工作，从不锈钢公司、检修分公司、炼铁厂、一钢轧厂、二钢轧厂、信息自动化部、中厚板公司等单位划拨1114名职工调入能源科技分公司，为其正常运转提供人力支撑；8月，按照公司将二钢轧厂中型分厂划入型钢厂管理决定，将中型分厂396名职工整体划拨到型钢厂，实现职能划转。

【人员动态调整机制】 2017年，河钢唐钢贯彻落实集团人才战略部署，深化行政管理、专业技术、操作维护三支队伍人才建设，打破传统人才培养观念，拓宽成长通道，建立人员动态调整机制，为各类人才梯队建设搭建有效平台，激发人才活力。这一年，严把选拔流程和聘任标准，修订完善《专家人员管理暂行办法》《科级人员管理办法（补充规定）》《作业区及作业长队伍管理办法》《专业技术人员管理办法》和《操作技能人员管理办法》；加强对管理序列、技术序列、操作序列三支队伍管理、监督与考核，将考核结果纳入人才培养、职位晋升、聘任免考察指标中，科学遴选人才，真正实现人才“能上能下、能进能出”动态调整机制。当年，聘任科级管理人员363人，其中正科级171人，副科级192人，其中新提拔80后科级管理人员123人，占比达33.88%。

【专业技术人员管理】 2017年，河钢唐钢加强专业技术人员管理，严把聘任标准，严格落实年度考核结果，专业技术人员素质不断提升。年内，按照《专业技术人员管理办法》要求，对公司各单位专业技术人员的聘任指数和聘任标准进行严格控制，保证在聘专业技术人员符合聘任及岗位要求；结合年度考核结果，对未能胜任本岗位的专业技术人员进行调整，实现了专业技术人员动态管理。截至年末，专业技术人员资格审核聘任466人，其中主任师43人、主管师90

人、专业师 135 人、一级协理 192 人、二级协理 6 人。

【人力资源信息化管理】 2017 年，河钢唐钢依托信息化系统，完善人力资源管理信息化管理体系，形成由 SAP-HR 系统、唐钢招聘网站、职工考勤系统、人力资源培训开发精确管控系统、唐钢微信平台组成的人力资源信息化管理系统，实现了人力资源日常业务线上规范运行。年内，根据公司发展，进一步完善配套管理制度的界面衔接，对公司机构名称、岗位职责、人员聘任、职工休假、劳动合同、社会保险、薪酬福利等管理制度进行系统梳理，建立人力资源信息化管理平台，实现人力资源规划、招聘与配置、培训与开发、薪酬福利管理、劳动关系管理等业务更加规范高效，初步形成标准化、流程化的现代人力资源管理体系；严格按照《“两化”融合管理体系》要求，注重业务流程关联度及连贯性，人力资源信息化管理系统覆盖公司机关部室，钢铁主业，非钢及子公司和改制单位，实现人事、组织、党务、招聘、培训、技能鉴定、考勤、薪酬、保险等实际业务在系统中流转；遵循服务企业、服务职工理念，精心运维微信平台，职工关注微信人数达 1.91 万人，累计推送各类人资信息 520 条，为职工提供及时便捷服务，充分发挥了公司人力资源窗口作用。

【人力资源培训】 2017 年，河钢唐钢高度重视人力资源培训工作，推进各层级精准培训，切实提升全员能力素质，不断适应企业发展需要。全年，共计培训 516 项 2.65 万学时 8.5 万人次，培训计划完成率 95.9%。这一年，加强培训管理，制定下发《培训体系建设和全员素质提升培训实施方案》《关于进一步加强培训实施管理工作的通知》《员工外送培训管理办法》，进一步规范员工外出培训行为，不断优化培训有效性评价方法，形成 PDCA 循环管理模式，提高培训工作投入回报率；积极推进自主选学和网络在线学习，充分发掘内部教育资源，围绕中高层管理干部作业长制专题培训、作业长资格培训、作业长素质提升培训、质量体系转版培训、三星计划、专家讲堂等开展系列培训工作；抓好海外培训，为河钢塞尔维亚公司开展培训 8 期，涉及质量管理、人力资源管理、现场管理、新品种开发管理、能源管理以及铁钢轧全工艺管理、设备改造、信息化建设等内容，共计培训 1520 人，为河钢塞钢员工队伍能力建设提供了支撑。

【社会保险管理】 2017 年，河钢唐钢贯彻执行国家、省、市有关养老保险政策规定，坚持面向职工、服务职工、方便职工宗旨，努力做好养老保险、医疗保险、失业保险、工伤保险、企业年金管理等工作，为职工提供精准服务。年内，根据省市安排，为退休人员进行待遇调整，人均增资 165.26 元，调整后人均月养老金 3154.41 元，并为离退休人员发放企业补贴 2650 万元，保证了离退休人员按月享受待遇；及时核定调整养老、失业、工伤、医疗、住房公积金、生育保险等各项保险缴费基数，按时足额缴纳各项社会保险 8.53 亿元；及时调整相关险种缴费比例，当年 6 月失业保险企业缴费比例由 1%下调至 0.7%、个人缴费比例由 0.5%下调至 0.3%；加强工伤、医疗保险管理，积极申报审批公司工伤职工门诊就医及待遇，上报慢病初审 379 人次，确保门诊慢病职工及时享受特殊门诊报销待遇；积极推进企业年金管理，于当年 10 月组织召开企业年金管委会年度工作会议，调整年金管委会成员，通过上年度企业年金计划受托工作及投资分析报告和企业年金账户管理工作汇报，中止上年度在职职工企业年金缴费方案，继续为离退休人员发放上年度企业年金补贴、补助方案等事项；充分利用国家政策，争取稳岗补贴和奖补资金约 2.66 亿元，对不锈钢公司、中厚板公司社会保险实施公司本部代缴业务，提高了稳岗补贴额度，成功申报稳岗补贴 7595 万元。此外，组织制定的公司《去产能富余职工安置方案》作为全省样本得到推广。

【薪酬管控与薪等调整】 2017 年，河钢唐钢强化年度薪酬总额管控力度，严格执行各项费用管理制度，实行年度预算与月度预算双调控措施，坚决杜绝超预算使用现象。不断完善工资总额管控机制，按照《工资总额预算管理考核暂行办法》，对利润与效益挂钩试点单位进行挂钩基数、挂钩浮动比例核定，并将挂钩薪酬总额基数按照月度、季度进行分解，制定《非钢单位 2017 年工资总额预算管理考核实施细则》，充分体现工资与效益的关系和对工资总额的整体统筹和动态管理，公司工资总额管理得到有效控制。贯彻落实薪酬分配制度改革，首次实施薪等调整，下发《关于做好年度岗位薪等调整相关工作的通知》，并同步改造升级 HR-SAP 系统，共涉及在岗职工薪等晋升指标 5312 个，薪等降低指标 138 个，增加岗位工资 447 万元，劳务派遣职工薪等晋升指标 654 个，降低指标 19 个，增加 54.87 万元，有效实现了优者升、尾者降激励机制。

【组织作业长研修会专题活动】 2017 年，河钢唐钢充分发挥作业长研修会作用，通过优秀作业长示范效应，打造学习交流互助平台，实现成果共享。年内，坚持每月开展作业长研修会专题活动，由会长主持，生产制造部、运营改善部等部室和生产厂作业区作业长，介绍岗位规程管理办法和岗位规程持续完善管理制度、绩效管理理念和作业区绩效管理知识等内容，分享作业长制工作经验，针对作业长制推进过程中存在的问题、难点与困惑进行交流与解答，并就下一步工作进行安排部署。开展暑期研修及宝钢见习考察活动，8 月 7—10 日，组织作业长研修会 100 余人参加北戴河研修活动，聘请宝钢专家团队现场授课，并与专家团队座谈交流；9—10 月，组织优秀作业长代表 56 人赴宝钢生产一线，与宝钢作业长深入交流，了解宝钢先进基层管理模式、方法，并形成见习报告；12 月 15 日，组织优秀作业长赴宝钢见习考察，并进行经验分享。

【推进“三星计划”】 2017 年，河钢唐钢坚持推进“三星计划”，激发大学生员工成长成才热情，加快公司人力资源结构优化步伐。年内，加强三星学员培训教育，进一步完善课程设置，岗位之星侧重知识储备，课程内容涉及职业技能、团队管理、运营管理等多个方面，岗位银星侧重技能深进，围绕公司重点工作，立足工作实际，设置课题立项；增设“云学堂乐才线下学习平台”，实现线上线下同步学习互动，提升课程实效性，促进三星学员尽快成长。年末，第一期 50 名岗位之星，有 16 人成长为科级干部或作业长，晋升比例 32%；第二期岗位之星，有 9 人成长为科级干部或作业长，晋升比例 18%。

【专家管理】 2017 年，河钢唐钢强化专家管理，完善专家队伍建设，践行以技术进步推动产业升级和以管理创新推动企业流程优化，进一步发挥专家创新引领作用。年内，调整专家 49 人，其中晋升首席专家 1 人、资深专家 6 人、增聘专业专家 42 人。年末，公司共有专家（总监、专员、作业师）138 人，其中首席专家 7 人、资深专家 6 人、专业专家 125 人，专家队伍呈现年轻化、专职化、学历高等特点。这一年，加强专家工作管理，召开公司专家和人才工作会议、高层次人才座谈会，强化高端人才在公司技术和管理创新中的核心作用，搭建开放共享自主学习、跨界交流研修平台，促进专家作用发挥、前沿知识共享与整合。7 月，开展公司专家研修活动，根据公司重点工作、生产经营需要，组织 42 名专家围绕如何改善与提升高炉指标、钢水洁净度及夹杂物控制、汽车用钢开发中存在的问题、如何发挥精密点检在设备管理中的作用、如何发挥信息自动化方面的作用等五个主题进行研修，并形成专家研修报告，在解决公司产品研发、工艺技术瓶颈等问题中发挥了重要作用。

【专家讲堂】 2017年，河钢唐钢积极推进专家讲堂，进一步转变授课模式，扩大授课群体，建立专家知识库，发挥专家引领作用，取得良好成效。全年，举办13期专家讲堂，54名专家进行授课，优秀课程以微课形式上传公司在线视频学习平台，点击量达到1419次，专家讲堂线下参训人数1881人。这一年，将以往摊派式模式调整为线上选课、线下授课、录制微课模式，上传专家拟讲课程、专家介绍、研究领域等信息至公司HR微信平台，员工结合岗位需求、知识需求进行自主报名，由专家授课；扩大授课群体，将近年公司引进的高端人才、外籍专家、外聘专家纳入专家讲堂，开展高端人才上讲堂、外籍专家上讲堂等系列活动，进一步推动知识传承与分享；根据课程效果数据采集，改变原有单一集中授课方式，增加课后技术交流环节，提高课程吸收，促进知识转化，助力课程实际应用；充分利用HR微信平台，将现场录制的课程制作成微课，上传47个专家讲堂课程至HR微信平台，提高职工学习灵活性、实效性。

【推进专业技术职务岗位化改革】 2017年，河钢唐钢扎实推进专业技术职务岗位化改革，落实“专业技术职务岗位化”，实现队伍管理科学化、标准化、梯队化。制定《开展“专业技术职务岗位化”暨技术岗位梳理工作方案》，梳理各单位组织机构图，汇总单位管理及技术岗位编制台账与实配统计表，制定公司岗位体系图，按岗位体系图规范冷轧薄板厂、一钢轧厂、二钢轧厂技术岗位设置，制定初步方案；梳理各单位专业技术岗位编制表，统计各单位主要设备情况，核定各单位专业技术职务岗位化的组织机构编制表初步优化方案，制定工作实施方案及细则；完成公司各单位专业技术职务岗位化组织机构编制表优化方案，广泛征求各专业系统专家意见，完善产线技术、市场营销、技术研发、动力系统等各专业的梯队化设置标准，组织讨论改革实施方案，不断完善方案和梯队化设置标准，确定各单位改革后的组织机构编制表，形成全公司各单位专业技术岗位编制统计表，于2018年1月19日，下发实施《河钢集团唐钢公司专业技术系列岗位体系改革实施方案》。

法律事务管理

【体系建设】 2017年，河钢唐钢加强法律事务体系建设，强化制度落实，按照《2017年法律事务专业管理考评办法》，将法律事务管理工作纳入专业管理考评体系，指导各子分公司完善法律事务管理制度，实现公司法律事务管理体系全面覆盖。根据公司生产组织模式调整，将公司各二级单位及全资、控股和有实际控制权的公司，划分为60个法律事务管理单位，在各单位明确法律事务管理部门，设立专（兼）职法律事务管理人员；建立在法律事务部集中监管下的业务归口、分级管理的全方位网格式法律事务管理体系，采取深入基层现场办公、合同检查和定期召开研讨会等方式，加强法律事务管理体系运行情况的跟踪、督导、检查，实现管理体系有效落地，实现“事前防范、事中控制”各类法律风险的目的；依靠信息化平台，推动法律事务闭环管理，梳理新纳入管理体系的子分公司原有规章制度，调研驻外销售网点的销售模式及流程，审查规范涉及的买卖合同、物流合同、仓储合同及其履行过程中提货函、保单等文件，管理流程实现规范化。

【加强内控管理】 2017年，河钢唐钢加强法律事务内控管理，根据《法律事务管理办法》《合同管理办法》《合同预评审管理办法》《案件管理办法》等要求，重新梳理以合同管理为核心的工作流程，形成11个法律事务管理流程，编制内控手册，实现法律事务精细化管理。其中，合同管理内控手册，包括合同签订授权管理流程、合同印章管理流程、重大合同预评审管理流程、合同评审管理流程、合同动态监管流程，每一内控手册下设控制目标、适用范围、流程图、风险控制矩阵、风险数据库、相关执行文件及目录、修订记录等部分，全面识别合同管理中的法律风险点并进行评估，提出针对性对策，在控制风险过程中不断改进完善。

【参与重大投融资项目】 2017年，河钢唐钢重视重大投融资业务，由法律事务部参与前期结构设计、尽职调查、风险评估与论证、参加谈判、起草审核交易文件、公司章程及相关行政制度，提供专业法律服务，保障项目建设合法合规，促进建设项目目标顺利实现。全年，参与普锐特检修连铸项目、老挝第一钢铁项目、唐山钢源冶金炉料有限公司关于在河钢塞钢技术改造项目中投资建设冶金石灰工程等18个项目，针对履行中遇到的问题及时进行分析、论证，积极为公司提供建设性法律意见和建议，从源头上防范法律风险，为公司重大经营决策提供法律保障。

【合同管理】 2017年，河钢唐钢扎实开展合同管理工作，重点加强合同审查流程，建立合同动态跟踪监督管理机制，确保合同管理流程化和规范化运行。全年，规范审查合同1326份，其中重大预评审合同45份，出具法律意见书88份，动态监管合同11248份。这一年，加强基础管理工作，全面审核合同文本，推行标准文本，完善授权管理，严格按照公司《合同管理办法》《合同预评审管理办法》相关规定，出具法律意见书，提示法律风险；动态跟踪重大合同签订与履行，以便发现问题、及时预警，对履行异常合同，提前介入纠纷处置，为公司减损增效；强化考核，结合公司经济责任制考核办法进一步完善考核机制，针对各单位日常管理情况，建立合同日常管理档案，以此作为考核依据，使法律事务管理更加规范化、制度化；对公司本部及子公司共计45家单位，开展年度法律事务管理体系运行情况检查工作，抽查合同文本及相关材料900余份，公司法律事务管理体系运行良好，各单位严格落实公司法律事务管理制度，法律风险得到有效防范。

【规范案件管理】 2017年，河钢唐钢规范案件管理，切实建立案件纠纷解决联动机制，最大限度维护公司合法权益，多起案件取得突破性进展。全年，代理诉讼案件19起，结案11起，直接避免损失700余万元，其中新发案件7起。这一年，坚持案件研讨会制度，针对实际工作中遇到的案例，集思广益，展开讨论，理清案件思路，保障公司合法权益；提升各业务单位诉讼风险意识，对可能涉诉的债权债务纠纷及时预警，提前介入，采用多种手段在诉前化解部分矛盾，有效遏制欠款纠纷的发生。

【法治宣传】 2017年，河钢唐钢建立法律宣传与培训长效机制，以报纸、信息化平台、普法培训等方式加强法制宣传教育，普及国家最新出台的政策法规，学习理论基础知识及实践经验，提升全员法律意识，培育企业法治文化。全年，组织普法培训9场，其中大型培训4场，培训达1900人·时；解答各类法律咨询2400余次；发表普法宣传类稿件18篇，OA系统上传稿件42篇。当年2月，制定下发《公司“七五”普法工作计划》，指导各单位按照普法规划及2017年具体计划要求做好普法工作。6月16日，组织开展法律法规培训，邀请专业律师，从败诉案件角度为职工解读企业法律风险防范问题，取得良好效果，为各单位法律事务有效管理、化解法律风险打下理论基础。12月，结合第四个“国家宪法日”暨第十七个“全国法制宣传日”，举办以宣传宪法为主题的系列法制宣传活动，通过展示宪法知识宣传图片，发放宣传资料，在电视、报纸、网络等媒体平台发布法制宣传信息和提供法律咨询等多种形式，向广大干部、职工普及宪法、法律知识，提供现场法律咨询，弘扬社会主义法治精神，共发放宪法法条读本300余份。

【法人授权考试】 2017年1月7日，河钢唐钢举办年度法律知识培训和法人授权考试，各单位法律事务主管领导、法律事务管理人员以及合同业务人员200余人参加培训和考试。法律事务部向各单位通报上年度合同管理检查情况，组织专业律师作题为“如何防范企业法律风险”讲座，并组织法人授权考试。通过培训和考试，合同业务人员取得授权资格，业务水平进一步提升。

非钢产业管理

【非钢产业经营】 2017年，河钢唐钢以集团非钢产业发展纲要为指引，紧紧抓住“以市场化、平台化推动全流程全产业链创效能力”主线，在非钢系统完善管控体系、体制机制创新等方面积极探索和实践，促进非钢产业创效能力和经营业绩实现新提升。全年，实现营业收入226亿元，利润4.26亿元；外部收入73亿元，完成集团下达的43亿元外部收入指标；消化人工成本17亿元，提前完成集团要求消化人工成本75%的目标。

【管控体系建设】 2017年，河钢唐钢加强非钢系统运营管控体系建设，着力完善“一厂一策”管控体系，对所有非钢单位原有体系实施过程监控，采用实地调研、作业长制现场辅导、操作规程完善等，重点对重机装备公司、钢源炉料公司、检修分公司等管理链条延伸到作业区，现场督导唐龙（唐昂）公司过程文件管理、执行痕迹记录，确保体系落地实施；重点辅导新组建或新投运单位，针对惠唐乐港公司钢结构等新业务，组织相关部门联审和专题研讨，并对管控体系进行完善，指导惠唐物联公司管控体系建设重点“互联网+”和单位实际以及市场化运作，最大限度地满足行业特点，确保其合法合规运行。

【作业长制推进】 2017年，河钢唐钢在12家非钢单位推进作业长制，构建服务标准体系，取得明显成效。这一年，鉴于非钢产业涉及类型多、行业范围广等特点，深入宝钢现场，与宝钢非钢推进人员座谈，并组织推进单位研讨，根据非钢单位实际情况，确定了差异化、定制化推进“五制配套”管理体系，同步推进服务标准体系建设思路，推进重点放在机构扁平化变革、计划值管理、成本管控、岗位规程等方面。当年，钢源炉料公司、重机装备公司、唐龙（唐昂）公司、检修分公司等单位初步建立五制配套管理体系；梳理非钢单位核心业务75项，针对每项业务划分服务型、制造型和生产服务型三种类型，建立相应的服务标准，有效提升非钢单位职工的市场意识、竞争意识和服务意识，为非钢单位参与外部市场竞争创造良好条件。

【绩效管理】 2017年，河钢唐钢加强非钢系统绩效管理，以全产业链价值创造为核心，以管理体制变革为抓手，以产品升级和结构调整为切入点，引导非钢单位完成自身价值链创造任务，全面提高非钢单位市场化运营、自主管理平台化运作水平和能力，创效能力进一步提升。当年，外部收入、利润均超额实现年度目标。创新非钢单位绩效管理机制，建立健全适合公司化、市场化运营的非钢单位经营绩效评价管理方案，将出口量、产品结构、外部收入等作为重点指标，引导非钢单位主动参与社会竞争，开发社会市场；将新产品研发设为引导性奖励指标，鼓励各单位研发新产品，增强创效能力；对营销系统实施重奖重罚，增强各单位市场开发的积极性；针对不同单位性质和发展阶段，差异化设定指标体系，为惠唐物联公司设计符合互联网行业性质的绩效管理方案，动态调整城市服务公司、青龙炉料公司主要绩效指标，最大限度地发挥绩效管理的激励和导向作用。

【组织结构变革】 2017 年，河钢唐钢推进非钢单位组织结构扁平化变革，将非钢单元传统的依附于主业的辅助单元，重新定位到独立面对内外部竞争的市场单元，推进非钢各单位进行组织架构设计，实现垂直管理、科室优化设置，精简管理科室 18 个，进一步优化人员配置，16 家非钢单位向产线输送各类人员 190 余人。

【对标管理】 2017 年，河钢唐钢加强非钢单位对标管理，持续优化各项经营指标，选树标杆，明确追赶目标，督导各单位外与对标单位比，内与兄弟单位和同机组及本单位历史最好水平比，按月分析并持续跟踪改进，促进非钢单位各项指标持续改善。全年，通过对标，选取 91 项指标，持续优化改善 66 项，占总指标的 72.5%，创效达 1300 余万元。

【市场化运营】 2017 年，河钢唐钢加强非钢系统体制机制创新，有效加快非钢系统市场化进程，企业创效活力得到持续增强。当年，气体公司实现利润 1 亿元，同比增加 3500 万元，被认定为国家高新技术企业；唐龙（唐昂）公司成功实现扭亏为盈，实现利润 539 万元，同比增加 580 万元；能源科技分公司实现能源和动力系统公司化、市场化运营体制转变，降本增效成果显著；惠唐物联公司快速打开外部市场，实现外部交易额 10 亿元。这一年，公司探索试行工资总额预算管理，适度下放气体公司和唐龙（唐昂）公司薪酬管理自主权；推进公司能源、动力系统资源整合，设计公司能源和动力系统整合方案，组建能源科技分公司；探索推行职业经理人制度，在惠唐物联公司试行市场化独立运营管理机制，带动新兴企业迈入发展的快车道。

【开辟新产业】 2017 年，河钢唐钢积极探索培育新产业、新业态、新模式，推动非钢产业升级和结构优化，为非钢发展培育新的创效增长点、注入新的动力。优化布局“互联网+”产业，整合物联宝、郅易达、智郡社区等项目资源，成立惠唐物联公司，协同推进大宗物流、城市服务、备品备件等核心业务开展，公司工程项目线上招标降费超过 30%，汽运业务线上招标降费 1.33%~41.49%，综合降费达 4.4%；积极发展大智移云产业，以微尔云计算中心投入运营为契机，与苹果公司、浪潮集团、腾讯公司等一批国内外知名企业、机构开展合作，主动融入智慧唐山建设，积极开拓基础数据服务、智慧医疗、智慧政务、智慧物流、普惠金融、企业信息化等业务，多领域云计算产业链条逐步形成；布局智能制造产业，以“中国制造 2025”为导向，以《国家智能制造标准体系建设指南》为蓝本，控股渤海国信公司，同时整合信息自动化部、微尔自动化公司资源优势和技术优势，打造具备五级信息化实施能力的工业企业信息化整体解决方案服务商，为高强汽车板公司、冷轧薄板厂、不锈钢公司建成一批信息化和智能制造项目，特别是无人天车值守及智能调度系统首次成功应用于热轧成品库，有力支撑钢铁主业转型升级。

【国际市场开拓】 2017 年，河钢唐钢加快非钢板块国际市场开发力度，推动非钢单位抢抓国家“一带一路”建设机遇，充分利用河钢塞钢等平台，编制入驻中塞友好工业园区项目的推进计划及现场考察计划，引导各非钢单位加大非钢产品及服务国际市场开发力度，出口创收水平进一步提高。钢源炉料公司通过塞钢争取矿山开采权，在中塞友好工业园区设立分公司；唐龙（唐昂）公司出口超细粉 42.8 万吨，创效 5908 万元；时创高材公司 2000 多吨耐材产品远销欧洲、东南亚、韩国等国家和地区，创效 3689 万元，其中滑板砖和钢包砖通过河钢塞钢现场工业试验；重机装备公司出口印度、俄罗斯等轧辊 2000 多吨，创效 2097 万元；惠唐乐港公司钢材深加工产品远销以色列、新西兰、澳大利亚等多个国家。

【乐钢公辅系统建设】 2017 年，河钢唐钢依托非钢系统抽调各方力量，成立河钢乐亭钢铁项目公辅系统建设服务指挥部，下设项目管理组、业务协同组、纪检监察组以及环保项目部、气体项目部、焦化项目部、石灰项目部、钢渣项目部、物流项目部，负责河钢乐亭钢铁公辅项目建设组织，确保乐钢公辅系统建设项目合法合规、按期保质、安全高效完工。这一年，建立项目推进、协调、实施的组织保障体系，成立指挥部和管理专业组；组织公辅项目承接单位与乐亭钢铁相关部门开展对接交流，促进工艺技术方案、可行性研究和相关协议等项工作开展和落实；积极寻求社会资本和力量参与乐钢公辅系统建设，广泛与潜在合作伙伴、投资人、金融机构等进行接触、交流，就项目合作的可能性、合作方式进行对接，筛选各个项目的合作伙伴、投资人，落实项目资金来源，助力公辅项目建设。

【风险管理】 2017 年，河钢唐钢加强非钢系统风险管理，有效开展非钢运营监管工作，及时发现业务管理问题，堵塞企业经营管理漏洞，实现非钢成本及各项经营指标优化。全年，实现管理创效 3126 万元。这一年，开展经营活动月度分析，每月对非钢单位经营数据进行汇总、整理、分析，重点监控库存占用资金、应收账款、生产经营性资金等指标，预防经营风险；开展非钢内部审计，堵塞经营管理漏洞，经过内部审计共提示 61 项问题，下发《关于对非钢单位 2016 年度审计反馈意见限期整改的通知》，督导各单位逐项整改落实，取得整改成效。

【业务协同】 2017 年，河钢唐钢积极发挥非钢系统业务协同效应，开展项目协同和资源协同，弥补直线职能式组织结构的不足，加强信息横向传递，提升管理响应速度，支撑非钢系统业务顺利运行。组织召开各类项目建设、运营推进会与协调会，特别是在互联网项目运营和整合以及云计算中心迁移及运维环境恢复方面，及时消除隐患并节约大量费用。此项工作的深入推进，为各非钢单位在新项目筹建和成长阶段搭建有效解决问题的平台，保障新项目建设和经营尽快步入正轨，确保公司非钢产业规划的顺利实施。

【能力素质提升培训】 2017 年，河钢唐钢抓好非钢系统能力素质提升培训，针对业务及管理团队任职变化，广泛调研、研究和探讨，量身定制素质提升培训课程，以实战案例拓宽经营管理团队视野，从企业战略和企业运营管理两个层面勾勒立体全面的知识结构图，并传授相关管理工具运用方法，促进业务人员素质进一步提升。当年，累计培训经营管理人员 24 课时 129 人次。4 月 14 日，开展非钢经营团队素质提升第一期培训，培训主题为“战略决策与企业突围”，主要讲授战略演变、战略思维、产业研判、企业成长等专题内容，并开展战略规划制定与实施的实操演练。10 月 28 日，开展非钢经营团队素质提升第二期培训，主题为“公司多元产业运营管理及服务标准体系应用与实践”，以宝钢餐饮发展历程为主线，为非钢经营团队系统性传授企业运营管理实务知识，进一步夯实经营团队运营管理的理论基础。

国际化经营

【印尼钢铁项目合作】 2017年，河钢唐钢创新投融资方式，以合理利用公司产品结构调整过程产生的关停、封存优质资产以及管理资源、技术实力投入为理念，加快推进印尼钢铁项目合作，完成项目可研论证工作。该项目于2015年6月8日签署战略合作意向书，7月31日签订战略合作协议，与富海集团合作在印尼合资建设钢铁厂。2016年6月30日，与富海集团及秦皇岛港股份公司签署战略合作意向书并签署保密协议。印尼富海集团工业园区的钢铁项目设计产能750万吨，一期计划年产200万吨，设计产品有螺纹钢、型钢、宽厚板。年内，重点推动与富海印尼钒钛磁铁矿方面商讨合作意向，全力开展富海钢铁生产技术可行性和工艺路线确认；对在当地建设钢厂所需动力介质、燃料、交通等基础建设条件进行详实的补充性调研，为公司决策提供依据；同印尼富海钢铁项目进行交流，由富海公司提供可研委托书，并规定可研主要内容。

【老挝钢铁项目合作】 2017年，河钢唐钢深入推进老挝钢铁项目合作，对在当地建设钢厂所需的前提条件进行补充调研，督促合作方提供补充勘探报告、可研报告；协调河钢矿业公司提供老挝矿山样品选矿方式的实验结果，为公司决策提供依据。双方合作始于2013年7月，公司曾与老挝签订战略合作协议，围绕铁矿石交易、钢厂技术管理支撑及钢材配送服务三个方面展开合作。2014年2月26日，与老挝第一钢铁公司签署股份转让合同和技术服务合同。2016年1月20日，与老挝第一钢铁有限公司签署国际产能合作协议。

【运营管理塞钢】 2017年，河钢唐钢加强对河钢塞钢运营监管与服务，协助其充分利用公司内部技术、管理与人才优势，深入挖掘企业潜力，为塞钢健康发展注入强劲动力。全年，助力塞钢完成钢产量148万吨、钢材125万吨，实现营业收入7.5亿美元，同比增长51.8%，实现利润2亿元，向政府缴税3900万美元，对塞尔维亚GDP贡献率达1.8%。利用前期建立的高效畅通联络渠道和信息沟通机制，定期收集、监管塞钢生产情况，采用每周生产情况总结和月度情况汇报，对塞钢日产量，设备检修情况，销售库存等情况进行整理汇总，确保掌握塞钢日常生产运营情况，遇到问题第一时间协调解决；积极协助塞钢做好欧盟反倾销应诉，及时跟进塞钢反倾销进展，当年7月欧盟委员会将塞尔维亚从反倾销调查名单中剔除；协调塞钢充分利用并发挥河钢全球资源掌控配置能力和成熟的营销网络，从原料采购、产品营销等多个方面，助力塞钢降低采购成本、提高产品售价、开拓广阔市场，保障塞钢生产运营稳定顺行，支持塞钢经营业绩持续提升；协助塞钢构建国际化先进管理平台以达到责任清晰和运行高效，在组织机构上构建以责任人为结点，自上而下、逐级负责的扁平化管理网络，在生产运行上实现高度计划性和严格标准化，在采购、销售等商业行为上实现平台化、流程化、信息化、自动化，达到准确、高效、规范运行；利用两国政策，推进塞钢职工培训管理，协助塞钢制定双边合作培训计划，针对质量管理、人力资源、现场管理、工艺设备改造等开展培训，进行2批次人力资源开发项目培训，组织塞钢4批次人员来公司学习。

【技术支撑塞钢】 2017年，河钢唐钢积极协助塞钢做好产品升级改造、技改投资建设，确保项目按计划有序推进，提升塞钢工艺技术装备水平，促进塞钢产品产量、质量，产品结构以及节能减排实现大幅度提升。全年，新建180平方米烧结机1台、全烧高炉煤气蓄热式加热炉 1 座、20 万立方米煤气柜 1 座，并实施煤气管网以及高炉热风炉技术改造等。这一年，积极协调唐山钢铁国际工程技术有限公司、塞钢技改项目部以及总包方中冶建工等单位，针对设备拆除、修复等事项确定方案、进度；按照指挥部要求，每周收集整理中塞两地项目进展情况，向指挥部汇报并通报各相关部门；定期召开视频协调会，对项目实施过程中出现的问题及时协调相关部门解决；按指挥部指示，督促各相关单位加快建设进度，加强与塞钢沟通，避免协调不及时影响设计、施工进度，确保塞钢技改工作按照节点计划顺利进行。

【开拓国际合作新项目】 2017 年，河钢唐钢积极寻找“一带一路”建设沿线国家新合作伙伴、合作机会，加快推进公司国际化步伐，为公司“走出去”开拓新机遇。同泰国 GJSteel 公司高层交流会晤，了解泰国及周边地区存在的钢铁需求以及泰方对于先进生产、技术、管理团队的需求，表达其扩大产能、促进泰国钢铁业发展的愿望，就泰国钢铁需求来源、钢种、双方具备的优势等问题深入交换意见，密切关注泰国及周边地区的钢铁行业动态，关注其国家政策变化；密切关注巴基斯坦，同伊斯兰开发银行就直接还原铁项目进行沟通；组织同尼日利亚合资贸易公司的前期工作，上报河钢集团，做好集团报批之前的工作；全面开展对赞比亚及缅甸投资环境的调研。

保卫工作

【安保服务】 2017 年，河钢唐钢认真贯彻安保工作法律法规，落实安全保卫责任制，圆满完成包括全国冶金职工运动会乒乓球比赛、塞尔维亚客人来访、对标交流、参观、考察及公司青年集体婚礼等大型活动、会议期间的安保警戒任务 129 次，其中一级 21 次、二级 71 次、三级 37 次。针对重点和敏感时段，统筹警力，协同办公室做好十九大期间的维稳工作。全年，无任何治安隐患和事件发生。

【治安稳定】 2017 年，河钢唐钢持续深化“两区建设”活动，充分发挥生产保卫和监控指挥“两大中枢”作用，增强要害岗位人员尽职尽责、加强治安防范工作大局意识和责任意识，深化治安防范综合治理，严格落实各二级单位治安防范主体责任，确保公司财产安全和厂区交通秩序长周期稳定顺畅。全年，实现 16 个辖区重特大案件、交通事故、重点易发案部位及剧毒化药案件为零的目标。围绕日常检修、年度大中修和改造工程等施工项目，运用多种综合打击手段，做好现场治安保卫工作，调查处理案事件 6 起，其中盗窃案件 3 起、非盗窃事件 3 起，为公司挽回直接经济损失数万元，确保了公司财产安全。

【创建大保卫职能】 2017 年，河钢唐钢以服从服务公司生产经营建设为宗旨，不断强化服务意识，建立健全勤务处置能力、勤务业务质量和勤务服务质量不断提升的长效工作机制，积极创建内涵丰富的大保卫职能，为保卫工作实现新突破奠定坚实基础。当年 3 月，组织开展“解放思想，快速突破，各项工作走在集团前列”大讨论活动，主动与各二级单位开展业务对接和信息共享两结合活动，组织基层科队超前做好服务保障工作，主动深入被服务单位，积极对接业务，调整工作流程，扩大主体业务外延，以主动超前理念为公司生产经营保驾护航，实现了保卫工作与生产经营的有机融合和无缝对接；高效推进“三大管控平台”建设活动，进一步加强出厂物料在装载运输过程中的管控能力，制定实施《出厂外销物料管理办法》；利用网络构建信息指挥管控平台，实现职能管控全覆盖；积极探索互联网服务工作新方式，创建微信交流群工作平台，服务于日常工作，提升整体服务能效；主动跟进大中修及各施工现场，牵头组建联合工作小组，值班人员24小时服务在现场，加强对大修施工现场交通秩序及施工人员的管控力度，及时开辟绿色通道，主动协调办理人员及车辆出入卡，确保大修期间人流、物流畅通和治安秩序稳定。全年，为施工单位办理人员绿色通道、发放占道牌50余次，协调解决现场各类临时问题80余次；消防大队共出警22次，对各大修现场的动火点实施现场监护15次，保公司生产生活用水2155吨。

【交通管理】 2017年，河钢唐钢以打造一流交通秩序为目标，进一步发挥交通综合管控职能，加强交通联查工作，开展交通环境整治活动，实现厂区交通秩序安全、稳定、顺畅。全年，组织公司370名公务车驾驶员进行交通安全培训考试，检查车辆1.8万余台次，发现不加盖苫布、矿粉飘洒、车辆漏油、散碎料掉落、车容车况不整等影响厂容问题250余项，以及超速、违章停车等问题，罚款4万余元，确保了厂区交通环境良好。这一年，以“源头控制、现场巡查、重点整治”为手段，开展以平安厂区建设，实现降事故、保安全、保畅通为目标的交通治理专项活动，以及机动车在厂区道路上发生飘洒、溢漏等专项整治行动，加大进出厂车辆检查力度，实行24小时路面巡视检查制度，组织人员加强治理夜间运输物料车辆违规行为，严防飘洒、溢漏现象发生。加强对公司公务车、职工通勤车、生产外雇车等厂内运行车辆检查，排除安全隐患，对各用车单位交通管理基础制度、基础台账、车辆“三检制度”、驾驶员安全教育培训等进行实地检查，针对发现的安全问题下达整改通知书，限期整改，并对整改后的情况进行回头看，确保安全隐患整改率100%。

战略管控平台

运营改善部（董事会办公室）

【概况】 运营改善部（董事会办公室）是河钢唐钢管理体系建设、5S 管理、全员绩效管理、管理创新、招投标管理和厂容绿化的管控部门，同时是公司战略实施、集团管控、对外投资、资本运营、国有产权管理、投资企业监管、土地资源管理、全面风险管理以及董事会日常事务管理的战略管控部门。2017 年末，运营改善部（董事会办公室）设部长 1 人，副部长 1 人；下设企业管理科、绩效管理科、系统创新科、厂容绿化科、招投标管理办公室、投资管理科、产权管理科、全面风险管理科、土地管理科和证券部（挂靠），共有职工 38 人。

【主要工作】 2017 年，运营改善部（董事会办公室）深入贯彻落实公司决策部署，积极构建以价值创造为导向的全员绩效管理体系，推进管理创新，规范招投标管理，优化公司董事会决策程序，强化对外投资管理、产权监管和土地资源管理，深化公司风险管控，持续改善各项管理工作，推动公司整体管理水平不断提升。

人力资源部（组织部、老干部管理部、离退休职工管理部）

【概况】 人力资源部（组织部、老干部管理部、离退休职工管理部）是公司人力资源规划、招聘、劳动组织、薪酬管理、人才培养、教育培训、职业技能鉴定管理，公司党组织建设和干部队伍管理、领导班子建设、专家与离退休职工管理以及就业指导等综合职能管理部门。

2017 年末，人力资源部设部长 1 人，机关党工委书记 1 人，副部长 4 人；下设员工管理科、薪酬管理科、规划创新科、科技培训科、劳动保险科、博士生管理科、就业指导管理中心综合科、就业指导管理中心服务管理科、就业指导管理中心人力开发科、组织科、干部科、综合办公室（关工委）、离退休干部管理科、退休工人管理科、机关党工委办公室共 15 个科室。共有职工 154 人，其中干部 123 人，工人 31 人；行政管理人员 21 人，专业技术人员 61 人，操作岗位职工 27 人，派驻各单位人力资源科 39 人。

【主要工作】 2017 年，人力资源部（组织部、老干部管理部、离退休职工管理部）认真贯彻落实集团和公司各项重要工作部署和要求，紧紧围绕集团“六条工作主线”，全力聚焦市场和产品，积极实施以产线为独立市场单元的组织结构扁平化变革，通过落实高端人才引进与培养；扎实推进作业长制与产线深度融合，持续优化人力资源配置，加强职工培训、规范业务流程等各项基础管理，努力为公司实现可持续发展提供强大的人才支撑，为公司持续增强核心竞争力，推进健康发展和跨越提升提供坚强的人力资源保障。

发展规划部

【概况】 发展规划部是公司固定资产投资计划、发展规划及基建技改固定资产项目招投标合同管理、施工预算管理、工程施工管理、工程质量监督等职能管理部门。

2017 年末，发展规划部设部长 1 人，副部长 1 人；下设综合管理科、规划科、工程管理科、合同科、预算科、工程质量监督科等6个科室，共有职工45人。

【主要工作】 2017年，发展规划部认真贯彻执行上级各项方针政策及公司一系列工作部署要求，坚持科学发展，积极转变观念，持续创新提升，以强化投资控制为原则，加强公司基建技改项目管理，严把工程安全、质量、投资、进度关口，保证公司基建技改项目的顺利实施。

法律事务部

【概况】 法律事务部是公司合同管理、案件管理、法律审核、普法宣传等法律事务管理的综合职能部门，负责管理、协调、审核公司各类法律事务工作，正确执行国家法律法规，构建公司法律风险防范管理体系，有效预防、控制公司生产经营管理过程中的各类法律风险，依法维护公司合法权益。2017年末，法律事务部设部长1人；下设合同管理科、案件协调科、法律审核科3个科室，共有职工8人。

【主要工作】 2017年，法律事务部深入贯彻执行国家法律法规，以法律审核和合同管理为重点，积极做好法律事务工作，实现法律风险防范关口前移，将大量纠纷化解在诉前。积极参与公司对外整合、投融资、担保、租赁、产权转让、改制、重组等重大经济活动和谈判项目，草拟、审查相关法律文件，从法律角度分析合法性、可行性，出具法律意见，维护公司合法利益和运营管理秩序，保障公司生产经营各项活动依法健康运行。开展法制咨询、宣传与培训，以更高的标准、更细化的管理切实保障普法工作取得实效，努力营造和谐、开放、法治的企业运营环境。

公共服务支撑平台

办公室（党委办公室）

【概况】 办公室（党委办公室）是负责公司综合文稿、会务组织、接待服务、外事管理、信访稳定、机要保密管理，以及公司办公费用等归口管理，服务上级部门、公司领导和基层单位，为上级和公司领导决策部署贯彻落实起参谋、助手、智囊等服务保障作用的综合职能管理部门，同时协助党委领导处理日常工作，贯彻执行公司党委指示、决定，协调党群系统开展工作，实施党群系统绩效管理与考核，进行调研督导、编纂党史厂志等。2017 年末，公司办公室（党委办公室）设主任 2 人、副主任 2 人，下设综合科、秘书科、接待科、信访科、调研督导科、党群工作科、北京办事处（北京唐钢宾馆）7 个科室，共有职工 39 人，其中干部 33 人，工人 6 人。

【主要工作】 2017 年，办公室（党委办公室）坚持围绕中心，主动服务大局，充分发挥办文、办会、办事等职能作用，积极协助公司领导向上级部门准确汇报重点工作开展情况，创新推进党群系统绩效管理与考核，调研督导公司重要决策部署的贯彻落实，一以贯之抓好文稿起草、接待服务等项工作，服务保障公司生产经营、改革发展及党的建设，综合管理水平不断提高。

财务经营部

【概况】 财务经营部是公司财务运作及生产经营谋划的专业管理部门，其主要职责是反映公司生产经营活动及经营成果，施行全成本控制，谋划、组织、改善公司经营运作的各项措施，为公司领导提供决策依据，促进企业生产经营持续改善。

2017 年末，财务经营部设部长 1 人，副部长 3 人；下设成本科、资金科、结算中心、费用科、会计科、经营科、综合科、基建科、风控办公室、设备机动财务科、进出口结算科、销售结算科、采购结算科 13 个科室；统管炼铁厂、一钢轧厂、二钢轧厂、冷轧薄板厂（高强汽车板有限公司）、能源科技分公司、型钢厂、生产制造部、信息自动化部、市场部、物流分公司、城市服务公司、重机装备公司、检修分公司、教育中心、中厚板公司、不锈钢公司、唐龙（唐昂）公司、惠唐新事业公司、钢源炉料公司、房地产公司、自动化信息公司、青龙炉料公司等 22 家单位的财务科。共有职工 135 人。

【主要工作】 2017 年，财务经营部严格遵守国家企业会计准则及相关法规，秉承“共享、服务、风险、创新”基本理念，推进财务共享体系建设，以市场和产品为中心，狠抓资金和成本管控，加强产线成本管理，持续强化标准成本考核，实施全面预算管理，落实税收优惠政策，深化挖潜增效和降费攻关，做好营销后评价分析，为客户结构调整提供数据支撑，促进公司生产经营指标持续改善。

安全部

【概况】 安全部是公司安全管理、职业卫生和消防管理的综合职能管理部门。2017 年末，安全部设厂部级干部 1 人，下设综合科、监督科、技术科、消防科 4 个科室，有在岗职工 26 人，其中干部 23 人，工人 3 人；专业专家 1 人，科级干部 7 人；高级职称 5 人，中级职称 14 人。

【主要工作】 2017年，安全部面对钢铁行业去产能、环保限产、设备大中修等安全因素增加带来的不利影响，认真贯彻落实国家、省、市以及河钢集团关于安全生产的各项工作部署，全面推进安全责任落实，有效运行安全管理体系，持续开展安全生产隐患排查治理，突出抓好安全教育培训，为生产经营起到保驾护航的作用。公司被河北省安全生产协会授予“2017年度安全生产先进单位”称号。

市场部

【概况】 市场部是负责公司营销管理、销售价格管理、市场开发、合同管理、客户服务等业务的综合管理及服务部门。

2017年末，市场部设部长1人（由公司级领导兼任），党委书记1人，副部长2人；共有职工145人，其中干部122人，工人23人。下设综合办公室、营销管理科、合同管理科、价格信息科、汽车板营销中心、家电板营销中心、品种板营销中心等7个科室，上海销售服务中心、广州销售服务中心、重庆销售服务中心、山东销售服务中心、杭州销售服务中心、唐山销售服务中心等6个销售服务中心，营销业务范围覆盖华北、华中、华东、华南和西南地区，涵盖汽车用钢、家电类用钢、大型基建和生产装备制造用钢等领域。

【主要工作】 2017年，市场部紧紧围绕市场与产品两大主题，持续打造向市场靠拢、向客户靠拢，能够适应小批量、多批次、定制化市场形势需求的全新营销模式，不断强化市场服务功能，提升营销管理水平，推进客户结构调整，拉动产品升级快速提升。全年，各营销中心开发重点客户51家，品种钢销量101.1万吨，其中直供（三方直供）品种钢78.2万吨，直供比77%；各服务中心产品销量92.62万吨，其中品种钢销量45.04万吨，品种比48.6%。成立营销系统质量管理团队，按照IATF16949、VDA6.3标准要求梳理营销系统全流程，推进汽车主机厂认证，与吉利汽车、北汽福田、跃进汽车、上汽集团、上汽红岩、长城汽车、长安客车、国能汽车等主机厂建立合作。同时，加大与国内龙头家电企业合作，高端产品占比逐步提升，美的、海尔、格力、奥克斯四大家电品牌用钢比例达到48%，被海尔特钢授予“创新保障奖”，被奥克斯授予“优秀合作伙伴奖”，提升了公司品牌形象。

【党群工作】 2017年，市场部党委以加强党的政治建设、组织建设为重点，不断提升基层党组织建设科学化水平，并以党建带工建、党建带团建，使党群工作面貌焕然一新。强化宣传思想工作，采取多种形式对干部职工宣讲24次，发表宣传报道稿件130余篇；完善基层党支部设置，根据驻外服务中心党员分布情况，重新设立党小组，按标准规范程序进行党委、党支部换届改选；完善党建各项管理制度，建立健全基础管理工作档案和党建工作台账，实现“三会一课”等制度的刚性落实，设置党员活动室，打造党员教育、管理、活动新阵地；确立党员活动日制度，以多种方式进行党的理论学习和讨论、组织全体党员开展义务劳动、党员“一帮一”谈心等活动；持续健全完善三级廉政责任体系，定期对各驻外服务中心的工作进行检查督导，该部党委被评为2016年度“河钢唐钢宣传思想工作先进单位”。

能源环保部

【概况】 能源环保部是公司能源环保专业管理组织架构编制、发展战略规划编制、体系管理、标准和指标管理及节能减排管理、能源平衡管理、固体（危险）废弃物管理、行政审批（或许可）等管理的综合职能部门。2017 年末，能源环保部设部长 1 人，副部长 1 人；下设项目管理科、环境监控科、环保管理一科、环保管理二科、能源管理一科、能源管理二科等 6 个科室，共有职工 49 人。

【主要工作】 2017 年，能源环保部坚持绿色发展理念，强化能源环保管理，健全完善能源环保管理体系，提高工作标准，不断提升能源环保管理水平，全面推进节能、节水、降耗及资源综合利用等方面技术进步，使公司资源和能源利用效率及污染物排放等指标位居行业先进水平。年内，公司入选 2017 年全国首批绿色工厂。

企业文化部（宣传部、统战部、党校）

【概况】 企业文化部（宣传部、统战部、党校）是负责政治理论学习研究、形势任务教育、新闻宣传工作、企业文化建设、精神文明建设、对外宣传、意识形态、统一战线工作的综合性职能管理部门。2017 年末，设部长 1 人、副部长 1 人，下设宣传科、外宣科、新闻中心、统战科 4 个科室，有干部 27 人、工人 7 人。

2017 年 7 月 7 日，企业文化部（宣传部）更名为企业文化部（宣传部、统战部、党校）。

【主要工作】 2017 年，企业文化部（宣传部、统战部、党校）以党的十八届六中全会和十九大精神为指导，紧紧围绕集团和公司中心工作，坚持政治理论学习、加强新闻舆论宣传、深化形势任务教育、开展企业文化和精神文明建设，在统一思想、凝聚力量、展示形象、营造氛围等方面发挥了重要作用，为公司生产经营和发展建设取得新成绩提供了有力的思想保证、精神动力和文化支撑。

监察部（纪委）

【概况】 纪委与监察部合署办公，实行一个机构两块牌子，是公司党的纪律检查和行政监察职能部门，对公司党委负责，在公司党委和河钢集团纪委的双重领导下开展工作。2017 年 6 月，增设信访审理室。当年末，公司纪委设书记 1 人，由公司级领导担任；监察部（纪委）设副书记、监察部部长 1 人，副部长 1 人。下设纪律检查室、效能监察室、信访审理室、办公室 4 个科室，有专职纪检监察干部 9 人。

【主要工作】 2017 年，监察部（纪委）认真学习贯彻党的十八届六中全会、十九大，十八届中央纪委七次全会和省纪委九届二次全会精神，紧紧围绕公司中心工作，认真履行监督执纪问责职责，践行监督执纪“四种形态”，落实中央八项规定精神，驰而不息纠正“四风”，持续推进党风廉政建设，全年未发生党员干部因腐败和“四风”问题违法和严重违纪现象，为公司生产经营和改革发展提供坚强的纪律保证。

工会（团委、计划生育办公室）

【概况】 工会（团委、计划生育办公室）是在公司党委领导下，独立负责地开展工会、共青团、计划生育管理各项工作。工会是公司党委联系职工群众的桥梁和纽带，是维护会员和职工利益的代表，在公司党委和上级工会领导下，按照《中国工会章程》独立开展各项活动。2017 年 2 月，根据公司机构人员变动情况，对计划生育委员会成员进行调整。年末，公司工会（团委、计划生育办公室）设主席 1 人（公司级领导）、常务副主席 1 人（正处级），副主席 1 人，副厂部级 2 人；工会下设办公室、生产保护部、生活女工部和文体部 4 个部室，有在岗职工 14 人，其中干部 13 人，工人 1 人；团委设副书记 1 人，干事 1 人；计划生育办公室设干部 3 人。

【主要工作】 2017 年，工会紧紧围绕公司确定的工作主线，不断加强自身建设，积极深化民主管理工作、参与企业改革创新，依法维护职工权益，深入开展职工岗位创新、劳动竞赛、技术比武、文体活动等，广泛凝聚全体职工智慧和力量，充分调动职工积极性和创造力，团结带领广大职工攻坚克难，全力以赴挖潜创效，为圆满实现全年利润目标作出重要贡献。年内，公司获得“河北省厂务公开民主管理示范单位”“河北省先进企业文联”等称号。

2017 年，团委在公司党委和上级团委的正确领导下，紧密围绕公司生产经营中心，以“一团一品”创建工作为主线，以思想建团、制度促团、基础强团为理念，以载体创新、品牌创建、典型选树、队伍建设为手段，倾力打造思想引领、岗位建功、创新创效、素质提升、安全保障、关爱青年、志愿服务等七大工程，切实发挥团组织服务企业生产经营、服务青年成长成才作用，团结带领广大团员青年积极应对市场挑战，主动投身公司生产经营实践，助力公司全年各项任务目标顺利实现，获得“全国钢铁行业五四红旗团委”“省国资委五四红旗团委”称号。

2017 年，计划生育工作在党的十八届六中全会和十九大精神指导下，全面落实国家、省、市有关人口和计划生育工作会议精神，以“落实全面两孩生育政策，提高职工家庭发展能力”为目标，聚焦公司市场和产品两大主题，加强品牌服务等工作，实现了公司人口和计划生育工作转型发展，为完成公司生产经营任务营造和谐的人口环境。全年，男女职工生育 600 人，其中一胎生育 280 人，二胎生育 314 人，照顾三胎生育 6 人；男女职工符合人口政策生育率、奖励政策落实率、综合节育率、育能女职工普查率均达 100%，超额完成市委、市政府下达的人口和计划生育责任目标任务；落实独生子女父母奖金 122.1 万元、退休一次性奖励 1368 人 410.4 万元。

非钢管理部

【概况】 非钢管理部是贯彻落实公司战略部署，制定非钢产业发展规划，协调非钢产业资源，负责非钢产业运营管理，监督非钢企业合法合规经营，监控非钢企业经营风险，推动非钢产业体制机制创新的综合管理部门。2017 年 7 月 7 日，非钢事业部更名为非钢管理部。年末，设部长 1 人，副部长 2 人；下设企划发展科、业务协同科、运营管理科 3 个科室；有在岗职工 11 人。

【主要工作】 2017 年，非钢管理部紧紧围绕集团和公司非钢产业发展部署，持续加快非钢单元市场化进程，实现非钢板块市场和产品结构优化快速提升；科学制定非钢发展支撑措施，不断建立和完善外部高端急需人才引入机制，深度激活非钢单元企业运营活力；以效益为核心，强力拓展国际市场，出口创效成果显著；全面提高非钢产业发展质量和创效能力，以打造独立市场单元为目标，将非钢单元由传统依附于主业辅助单元，重新定位到独立面向内外部竞争的市场单元，并以标准化服务为抓手，持续提升非钢产业全链条创效能力。

国际合作部

【概况】 国际合作部是公司对外联系，进行技术交流、合作、国际市场开拓等相关事务及公司实施对各海外企业运营监管职能的归口管理部门。负责开拓、组织公司跨地区、跨行业、多层次的国际合作，为公司多元化发展搭建国际合作平台，同时负责组织海外资金、技术、项目引进。2017 年末，国际合作部设部长 1 人，副部长 2 人；下设业务拓展科、经营管理科 2 个科室；有在册职工 6 人。

【主要工作】 2017 年，河钢唐钢国际合作部抓住并用好国家“一带一路”建设和国际产能合作重大机遇，深入推进公司国际化发展战略，积极跟进老挝及印尼钢铁项目，密切关注泰国及周边地区等钢铁行业动态，进一步拓宽国际合作项目；对接河钢集团相关部室，对河钢塞尔维亚公司（简称塞钢）日常运营进行监管协调、提供支撑服务，协助其利用好河钢全球化资源配置能力、国际化营销管理经验，实施产品升级改造、技改投资建设，确保项目按计划有序推进，生产经营目标顺利实现。

保卫部（武装部）

【概况】 保卫部（武装部）属同一机构、两块牌子，是公司门禁管理、综合治安管理、厂区交通管理、武装工作的专业部门。保卫部系非钢板块单位，武装部是承担公司民兵组织建设、政治教育、民兵军事训练、武器装备管理、人防管理、拥军优属、国防教育等职能的党群部室。

2017 年末，保卫部（武装部）设厂部级干部 2 人；下设综合办公室、生产保卫科、综合管控中心、宣教室、作训人防科、政工动员科等 6 个机关科室以及消防大队等 19 个科队；共有职工 900 人，其中男职工 845 人，女职工 55 人；中共党员 496 人；干部 32 人，其中科级干部 26 人；专业技术职工 8 人，其中高级职称 1 人，中级职称 7 人。职工中有研究生 3 人，大学本科 69 人，大学专科 195 人，中专 166 人，高中及以下 467 人。

【主要工作】 2017 年，保卫部（武装部）紧密围绕公司坚持求新求变求突破工作主基调，以技术进步和管理创新为核心，牢牢把握“六条主线”，以服从服务于公司生产经营建设为宗旨，以优化厂区服务环境为重点，高效推进“三大管控平台”建设活动，坚持开展“抓干部作风、树岗位新风”活动和两级班子“作风建设与作风整顿”活动，积极实施组织结构扁平化变革，全面推行全员绩效管理，不断强化资金和成本控制，进一步加强和改善基础管理等重点工作，实现年度工作目标。

【安全环保工作】 2017 年，保卫部以实现清洁生产、确保安全环保双达标为目标，全面加强危险源点风险防控和应急处置演练，定期开展环境专项整治行动，坚持重要时段及季度联查、安全隐患排查等活动，保持厂容和现场一流水准。全年，对公司 29 个单位要害部位、危险源点、剧毒化药、易发案部位及治保会运转等情况进行检查，发现问题 80 项，其中立即整改 35 项、限期整改 45 项，整改率 100%。这一年，加大安全责任制执行力度，制定完善安全管理、应急预案等规章制度，组织开展全员职工安全教育培训，覆盖率达 100%。加大安全隐患排查力度，针对不同时期特点，制定下发春季防火、夏季防暑降温、防雷防汛、交通安全、执勤安全、冬季防寒防冻等注意事项，在元旦春节期间下发《关于禁止在厂区内燃放、携带烟花爆竹的通知》，并进行跟踪落实，重点对能源科技分公司、气体公司、一钢轧厂、二钢轧厂等单位的要害、易发案重点部位进行检查，确保要害部位无隐患、排查整改无死角；贯彻落实公司安委会《关于开展安全生产大检查的通知》精神，与能源环保部协同于8月21日至9月28日对公司人员密集场所、道路交通、要害部位、易发案部位、危险化学品、放射源等进行全面检查，完善防汛抢险任务、汛期安全预案、演练工作预案，共检查单位22家，查处隐患81项，其中重大隐患4项，全部进行了整改。

【党群工作】 2017年，保卫部党委贯彻落实公司党委决策部署，深入学习贯彻党的十八届六中全会和党的十九大精神，做好党群各项工作。推进“两学一做”学习教育常态化制度化，全面推动基层党建规范化，强化党的组织服务保障作用；积极开展“3X+1”宣讲活动，厂部级干部、科级干部及班组长对所分管区域、班组，每月至少进行一次形势任务宣讲，形成一级讲一级、层层抓落实的活动机制；坚持每季度至少打造一个“示范党支部”，并与“金牌科队”“标杆中队”“红旗班组”“明星警员”评比活动相结合，突出其引领作用；抓制度、强机制，不断完善党员、干部绩效考评机制，细化考核内容、量化考核标准，健全业绩考核档案，加大科队业绩与科队管理人员挂钩考核力度，最大限度调动科级管理人员的积极性；针对廉政风险高危岗位多特点，注重日常廉洁文化建设，在全体党员干部中坚持开展反腐倡廉教育和警示教育，以教育促正风，以警示助推思想觉悟上层次，建立部、科队、中队、岗位四级廉政体系，形成横到边、竖到底的责任包保体系，并逐级签订廉政责任书，确保每个岗点的廉政风险落实到位；多措并举深入落实党委主体责任，从健全组织领导、工作制度、制定责任项目、提升思想认识等多方面着手，立体部署党风廉政建设工作，做到压力层层传递、责任层层落实、工作层层到位。

生产技术支撑平台

总工程师办公室

【概况】 总工程师办公室是公司科技发展战略规划、重大技改项目论证的参谋部门，承担公司创新管理、铁前工艺管理、品种升级及结构调整、产线对标、新技术推广、系统优化创效、专家课题管理等职能。2017年末，总工程师办公室设主任1人，副主任1人；下设铁前工艺科、系统优化科、新技术推广科和战略发展科4个科室，有职工17人，公司创新委员会办公室设在总工程师办公室。

【主要工作】 2017年，总工程师办公室积极创新管理理念，深入贯彻落实公司创新委员会决策事项，加强专家课题管理，组织铁前系统工艺技术研究与管理，牵头公司新工艺及新技术推广与应用，按照公司发展战略和市场需求牵头编制产品升级和结构调整方案，参与管控系统优化与创效及铁前工艺消耗件管理，为品种研发提供技术支持，推动新工艺、新技术、新材料的应用，充分发挥自身职能作用，为公司解决关键问题提供技术支持。

生产制造部

【概况】 生产制造部是公司生产组织、计划安排、工艺质量的主管部门，同时兼负质量检验和理化实验室等生产工作，具有生产及管理工作的双职能部室，系公司实现大规模生产定制过程中，为确保最终产品满足市场和用户需求而对整个生产过程实施实时、统一管控的职能部门。2017年4月，一贯制长材料更名为一贯制中厚板科，增加对中厚板公司轧钢系统技术质量管理职能。

2017年末，生产制造部设部长1人，党委书记（纪委书记、工会主席、副部长）1人，副部长2人；下设综合（安全）科、总调值班室、生产计划科、检验技术科、生产技术科、质量标准科、一贯制板材料、一贯制汽车板科、一贯制中厚板科、工艺管理科、信息化管理科、炼钢辅料检验作业区、铁水检化验作业区、长材质检作业区、热板质检作业区、冷板质检作业区、化验检测作业区、物理检测作业区等18个科（作业区）；有在岗职工551人，其中干部159人，工人392人。

【主要工作】 2017年，生产制造部围绕公司用户升级和品种结构调整等核心工作，树立零事故理念，强化合同刚性管理，抓好稳产高产，提升产销一体化水平；突出抓好质量管理体系落地和作业长制标准化工作，全面应用升级智能制造信息化系统，从生产效率、质量稳定、品种升级、成本改善、准时交付等方面，打造钢铁行业一流的制造管控能力。

【党群工作】 2017年，生产制造部党委以党的十八届六中全会和党的十九大精神为指导，深刻领会习近平新时代中国特色社会主义思想，重点推进党群各项工作，为部门工作再上新水平奠定坚实基础。解放思想、创新思维，扎实有效加强和推进宣传思想工作，不断提高工作标准和工作质量，为圆满完成生产组织、质量管控、检化验等重点工作提供有力支撑。组织全体职工开展学习十九大精神知识竞赛，针对支部和党员分布点多面广、人员分散问题，从基础工作制度化和加强督导检查两方面开展党建工作，制定和完善《关于推进“两学一做”学习教育常态化制度化的工作方案》，组织党务工作者对党费账册和换届选举材料等进行规范化管理，派专人检查各支部警示教育、党员特色活动等落实情况。加强党风廉政建设，制定落实党风廉政建设主体责任实施方案，从一岗双责、落实机制、检查整改等多个角度部署实施，组织廉政党课和节期党风廉政教育7次，与20个科室作业区负责人签订党风廉政建设责任书。围绕生产组织和质量管控方面开展劳动竞赛，设立李月林汽车板工艺技术创新工作室；做好职工大病医疗互助、“金秋助学”、困难职工帮扶和慰问；依托公司团委“一团一品”活动，开展“妆点知识羽翼，放飞青春梦想”活动；高度重视矛盾纠纷排查工作，坚持日常排查、专项排查和重点时期集中排查相结合，努力把各种矛盾化解在萌芽状态，营造和谐稳定氛围。

技术中心

【概况】 技术中心是公司新产品研发的核心单位和科研课题与知识产权管理、信息档案管理的归口管理部门，是公司推进品种结构调整、科技进步、高层次技术人才培养的战略支撑与管理部门。

2017年末，技术中心设常务副主任1人（由公司领导兼任），副主任1人（享受正厂部级待遇），党委副书记（纪委书记、工会主席、副主任）1人，副主任2人；下设汽车板研究所、板带研究所、中厚板研究所、型线研究所、工艺产品研究所、用户应用技术研究所、检测技术研究所、新产品推进科、科研与知识产权科、信息档案科、综合办公室共11个科室。有在岗职工153人。

【主要工作】 2017年，技术中心认真落实公司“把优势资源配置到产线上”的战略部署，聚焦市场和产品，扎实履行专业职能，强化全员体系意识，大力支持事业部运行，着力推进高端战略品种研发，持续提升用户应用技术研究水平，为公司生产经营提供强有力技术支撑。

【党群工作】 2017年，技术中心党委认真学习贯彻党的十八届六中全会和十九大精神，着力加强和改进党群各项工作，为中心健康发展提供有力保障。加强政治理论学习，坚持理论学习中心组学习制度，组织开展十九大精神专题讲座，学习党章党规、《习近平谈治国理政》等一系列精神及公司各阶段工作部署要求，提高党员领导干部及广大党员宗旨意识、争先意识、责任意识；积极推进“两学一做”学习教育常态化制度化，开展“争先锋创佳绩、做合格党员”主题活动，引导广大党员立足岗位当先锋、作贡献；落实公司党委“六个一”党建要求，夯实党建基础，坚持“三会一课”等组织生活制度，规范党员发展及档案管理，建立党员活动室，党员队伍管理和党建管理创新不断深化，党建工作水平得到全面提升；认真履行“两个责任”，完善责任清单，持续开展职业理念教育和反腐倡廉教育，纠正“四风”问题，打造品行端正、科学严谨、认真负责、信念坚定、真抓实干、奋发有为的团队文化，营造风清气正的良好氛围；推进职工岗位创新，不断丰富劳动竞赛、职工创新工作室、季评先进、职工技术大讲堂等工作内容，充分调动职工积极性，认真听取职工意见和建议，及时解决反馈职工诉求，坚持开展职工健康体检、“暑期双服务”“送温暖”等活动，职工凝聚力进一步增强。

物流分公司

【概况】 物流分公司是公司物流保产作业单位，主要负责原燃物料进厂、厂内生产保障和产成品外发环节的物流组织，并承担公司物流业务优化、物流费用管控及物流项目发展规划的管理职能，是物流运行和管理的主管部门，同时对外承接物流业务，企业固定资产总额4.17亿元。

2017年4月25日，郅易达平台划归河钢唐钢惠唐物联科技有限公司运营管理。

2017年末，物流分公司设厂部级干部5人；下设管理科室7个，分厂5个，作业区23个。共有职工1920人，其中男职工1716人，女职工204人；中共党员820人，共青团员39人；干部137人，其中科级干部37人，作业长54人；管理及专业技术职工165人，其中专业技术职工67人，高级职称1人，中级职称14人；工人1755人，其中技术工人1467人，高级技师2人，技师40人。职工中有研究生18人，大学本科135人，大学专科274人，中专68人，高中及以下1425人。

【生产经营】 2017年，物流分公司克服物流行业限载、限行等不利因素的影响，敏锐捕捉长远发展机遇，强化以作业长制为核心的扁平化管理体制，实现由物流费用单元向创效单元的转变。全年，在消化钢铁产能压减，影响生产收入的情况下，较上年同口径增利1845.95万元；实现现金流2410.62万元，同比增加1734.12万元；实现挖潜增效4.18亿元；吨钢物流成本322.3元，继续保持集团领先水平。

【安全环保管理】 2017年，物流分公司落实安全发展责任，以吊装作业岗位规程优化为切口，对各工种规程进行修订，组织开展全员危险源辨识、常态化安全大检查活动，全面治理隐患，确保标准化作业落地。环保管理方面，深入贯彻公司绿色制造理念，对外雇车辆进行有效管控，丰富废钢供应环保检测手段，规范承运方办理厂内废钢倒运车辆环保管理，增设废钢辐射检测系统，全年，淘汰公司自有黄标车51辆，以新能源电动汽车替代燃油车132辆。

【深入推进作业长制】 2017年，物流分公司围绕公司产品结构升级、客户结构调整，坚持集中一贯、工序服从，将作业长制不断深化，为提高产线运行效率提供高效物流服务支撑。组织优秀示范作业区评选、内训师培训和研修会活动，坚持周例会推动、月度现场辅导，完善作业长制体系建设，助力作业长制在基层落地生根。着力发挥绩效管理牵引作用，利用作业区和班组的全员绩效激励，深化五制配套管理，将标准化作业、点检定修制、计划值管理以及自主管理等活动，融入到职工日常作业，推动作业长制向班组延伸。充分发挥示范作业区的引领作用，在各作业区复制推广工作经验，促进作业长制与现行制度体系相互融合，作业区的基础管理进一步夯实，为提高服务事业部的协同保产能力打下坚实基础。

【自主管理活动】 2017年，物流分公司继续全面推行自主管理活动，搭建以推进办为主导，各职能科室为支撑，职工全员参与的双向交流平台，着重培养职工自主管理意识。围绕提升产品质量，降低物流费用，降低事故时间等方面组织开展焦点课题攻关、改善提案等活动，将课题质量摆在首位，完善专家团队评审机制，强化专业性、经济性评审，使自主管理活动与企业管理相融合。全年，申报自主管理课题283项，课题实用性和质量均有较大提升。

【职工岗位创新】 2017年，物流分公司以创新发展为主线，以创新工作室为载体，全力服务企业生产经营。全年，建立创新工作室3个、创新工作站4个、创新工作小组10个，实现职工岗位创新工作全覆盖。依托自主管理活动、大学生创新工作室等重要平台，加强新工艺、新技术的引入推广，大力推行自主改善、技术攻关，相继完成高强汽车板二期天车轨道加装涂油器、不锈钢区铁水车过渡心盘设计改造等焦点课题，“利用‘互联网+’思维 实现物流业务的改造与升级”“冶金企业生产物流管控体系的突破与再造”获省级企业管理现代化创新成果一等奖。充分发挥创新工作室技术创新催化剂作用，重点围绕设备保障、铁路运行系统、互联网等方面开展技术创新，当年，成功破解鱼雷混铁车轮缘偏磨技术难题，延长轮对使用寿命；填补内燃机车集成电路板检修工艺空白，有效降低备件费用；自主研发无线电中继台，实现行车调度计划远程接收；整合现有物流信息系统，实现运输物品全程跟踪。以创新工作室为孵化器，制定学习工作计划，设定学习效果和工作目标，营造创新工作有始有终、良性循环的氛围。

【党群工作】 2017 年，物流分公司党委按照“融入、务实、创新”工作主基调，深入推进“两学一做”学习教育常态化制度化，开展形式多样的宣传教育活动，不断加强党的建设工作，从严从实抓好党风廉政建设，推动全面从严治党向基层延伸。组织全体党员干部认真学习贯彻党的十九大精神和习近平总书记系列讲话精神，牢固树立“四个意识”，坚定“四个自信”，进一步增强党员领导干部政治理论水平及党性修养；深化“3X+1”形势任务宣讲活动，引导广大干部职工解放思想，转变观念，创新物流链创效模式，为从依附主业转变为面向社会、实现价值创造主体打下基础；结合机构人员变化，规范基层支部设置，对所属大支部进行拆分，由 14 个支部拆分为 21 个支部，各支部的“三会一课”及党员活动开展更为及时灵活，基层党支部建设水平进一步提质，全年培养预备党员 20 人，入党发展对象 22 人，入党积极分子 18 人；针对公司党委督导巡察反馈的整改建议，制定整改措施，增强制度约束，进一步改进提升各项工作；加强预警预防，查找管理工作中存在的漏洞，制定行为规范，扎牢制度笼子；开展廉政教育，剖析典型案例，提高党员领导干部红线意识；成立效能监察项目领导小组，突出监督检查和考核评价职能，强化公务车管理、物流费用攻关、废钢供应保障及招投标管理等重点项目过程监督，为物流业务规范运行提供监察保障。

能源科技分公司

【概况】 能源科技分公司主要担负公司钢铁主业水、电、压缩空气、煤气、蒸汽、高炉鼓风等能源产品的输送、再加工服务和二次（三次）除尘、脱硫、脱硝运行，以及能源环保综合利用技术的研发、推广和咨询等职责。2017 年末，共有设备 1.46 万台（套），总质量 17.5 万吨。南区（钢后）装备：5 套锅炉发电机组和 1 套低温余热发电机组，总装机容量为 14 万千瓦，年发电总量约 10 亿千瓦时；水处理中心系统；10 万立方米焦炉、高炉煤气柜各 1 座，8 万立方米和 5 万立方米转炉煤气柜各 1 座；空压机站 3 座；变电站 3 座，其中滨钢 220 千伏变电站、铁北 110 千伏变电站为中央站系统，总装机容量为 36.6 万千伏安。南区（铁前）动力装备：综合供水泵站 1 座，其中采用国内先进技术的纯水密闭循环系统，水重复利用率达 99.99%以上；鼓风机站 1 座；烧结余热发电站及 TRT 发电站各 1 座，其中南区 3200 立方米高炉干式 TRT 发电系统，日均发电 32 万千瓦时左右，年发电量超过 1 亿千瓦时；供电系统 1 套，均采用双路供电方式。北区动力装备：TRT 发电机组 2 套，日发电总量约 3.7 万千瓦时；15 万立方米高炉煤气柜 1 座；空压机站 1 座；燃料为高炉煤气锅炉 10 台；220 千伏中央变电站 1 座；锅炉发电机组 5 套，总装机容量为 11.2 万千瓦，年发电总量 8 亿千瓦时，发电量占总供电量的 80%。不锈钢动力装备：鼓风机 5 台；TRT 透平发电机 4 台；高炉循环水泵站 4 座；变电站 4 座；130 吨/时锅炉 2 台；5 万立方米转炉煤气柜 1 座；空压机 11 台，日供应压缩空气 100 万立方米。2017 年，能源科技分公司拥有固定资产原值 58 亿元，净值 28 亿元，设备运行状态良好，煤气回收、自发电等指标继续保持行业领先水平。

2017 年 1 月 12 日，动力部按照公司《关于调整能源科技分公司职能的通知》精神，整合公司能源、环保系统，更名为能源科技分公司；是年 3 月，接收来自检修分公司、信息自动化部、炼铁厂、中厚板公司、不锈钢公司等 5 家单位运行维护人员 1108 人，接收环保系统配套设备设施 223 套，生产经营范围扩展为动力介质供给、环保设施运营、节能及新材料技术推广服务、合同能源管理服务等项目；同年 12 月，314 名职工划归中厚板公司。

2017 年末，能源科技分公司设厂部级干部 6 人；下设科室 6 个，分厂 2 个，中心 2 个，作业区 17 个。共有职工 1969 人，其中男职工 1566 人，女职工 403 人；中共党员 620 人，共青团员 8 人；干部 143 人，其中科级干部 53 人；管理及专业技术职工 84 人，其中高级职称 8 人，中级职称 43 人；工人 1856 人，其中高级技师 21 人，技师 169 人。职工中有博士 1 人，研究生 12 人，大学本科 188 人，大学专科 324 人，中专 464 人，高中及以下 980 人。

【生产经营】 2017 年，能源科技分公司以动力、能源、环保整合为契机，遵循服务、保供理念，不断优化生产组织模式，扎实开展节能降耗攻关，提高动力介质供应经济稳定性，积极实施组织结构扁平化变革，于 3 月实现能源环保系统市场化运营，动力介质保供能力和产品创效水平持续提升，3—12 月，实现利润 1.98 亿元。全年，累计外供电 47.65 亿千瓦时；回收利用高炉煤气 129.89 亿立方米，转炉煤气 7.83 亿立方米，焦炉煤气 3.32 亿立方米；生产压缩空气 13.88 亿立方米；外购电 27.26 亿千瓦时；发电 20.48 亿千瓦时；外购水 3735.38 万吨，其中中水 1725.29 万吨，矿井水 266.21 万吨，自来水 437.73 万吨，原水 350.98 万吨，宏源污水 624.98 万吨，广信深井水 101.08 万吨，广信疏干水 229.11 万吨；南区水循环利用率达 99.1%，吨钢新水消耗 2.79 吨，反渗透膜脱盐率大于 98%，标准化产水量大于 1.5 立方米/时，节省深井水、地表水水费和药剂费用 1900 余万元。

【管理体系建设】 2017 年，能源科技分公司强化能源动力管理，围绕管理思路明晰化、工作流程系统化、任务目标精细化、绩效考核全面化工作目标，进一步夯实管理基础，梳理管理流程，规范制度体系，开展以引导资源向产线配置、提升企业竞争力为主题的一系列管理活动，建立以市场单元为责任主体的目标管理和以价值创造为导向的绩效管理体系，推动运营体系规范化、标准化。当年，重新梳理各项管理体系文件共 35 大类 608 项，其中，单位内部体系 18 类 148 项，国标体系 2 类 31 项。制定《能源科技分公司证照管理办法》《能源科技分公司合同管理办法》等 6 项管理制度。办理能源科技分公司营业执照负责人及营业范围的变更，扩展了二次能源利用、检修、自动化等对外业务范围。按照提高能源供给效率、降低主业能源环保成本原则，建立动力介质指标监控体系，确定相应的能源消耗指标，抓好指标分解与任务落实，保障动力介质稳定供应。

【环保达标排放】 2017 年，能源科技分公司积极适应新的生产经营任务要求，夯实环保各项管理基础，环保管理水平不断提升，保证了固体废弃物处置更加规范和污染物稳定达标排放。这一年，推进公司能源、环保系统整合工作，接收环保系统配套设备设施 223 套及运行维护人员，并同公司主业单元签订了环保服务合同。整合、完善、修订环保基础管理资料，先后对操作规程、工艺流程图、生产记录等按照统一模板与专业标准进行修订。实施设备改造，针对重点管控环境敏感区域，实施环保深度处理，改造南区1.1万平方米除尘风机、1.8万平方米顶吸和侧吸除尘风机冷却水管道，南区烧结机尾、整粒、矿槽除尘系统，中厚板公司竖炉脱硫管束除尘系统，新建不锈钢公司265平方米烧结机脱硫系统，推动惠唐新事业公司污泥压饼项目投入运行，配合炼铁厂对除尘点及脱硫系统灰仓进行排灰处理。制定各类环保应急响应预案，在保持连续生产同时，确保环保约束性指标、管理目标实现和环保主要指标达标。

【供电管理】 2017年，能源科技分公司加强能源精细管控，严格对各作业区执行节电管理措施情况进行监督，根据产线生产实际，合理匹配动力设备运行数量，杜绝过剩供应，降低电能消耗。当年，月吨钢动力耗电107.06千瓦时，同比降低8.24千瓦时。这一年，做好高强度汽车板二期新建5~6号镀锌线高压供电系统的定值计算、送电投运，优化高强度汽车板变电站运行方式，隔离生产与调试负荷，有效保证高强度汽车板一期生产用电安全。加强一钢轧厂1700毫米生产线大修及冷轧薄板厂大修供电系统负荷平衡、电气设备停送电预试，为大修顺行创造条件。年内各项关键技术指标与中钢协列统的全国80家大中型钢铁企业相比，排名有所提升，其中供电线损率为0.68%，位居第二；吨铁发电54千瓦时，名列第三；压空电耗0.1207千瓦时/立方米，吨钢发电263.03千瓦时，分列第五位、第九位。

【水系统管理】 2017年，能源科技分公司以提高供水水质为目标，根据各循环水系统生产实际，常态化抓好水质调控，保证给水质量，减少新水消耗量，为产线提供优质水资源。年内，组织公司自来水管网检查，严防跑冒滴漏，避免自来水资源浪费，节约自来水费用40万元，降低软水量3.36万吨；吨钢耗水2.8吨，同比降低3.5%。配合做好唐山市地下综合管廊一期工程滨河路自来水管道、中水管道改线合口施工，制定《自来水停水预案》《中水全停唐钢南区水平衡措施》和《中水全停唐钢南区保供方案及应急预案》，合理安排停水流程，确保停水期间公司南区生产安全、稳定。

【颗粒物深度治理项目】 2017年，能源科技分公司在严峻的环保形势下，紧紧围绕上级和公司环保工作部署要求，根据市环保局下发的《唐山市钢铁行业污染深度治理方案》精神，积极推进颗粒物深度治理项目建设，进一步提升项目建设质量和层次。统筹安排，淘汰北区、中厚板作业区和不锈钢作业区老旧、低效除尘设备15台（套），新建除尘设备8台（套），改造除尘设备12台（套）。项目投入使用后，全面改善了企业环境状况，颗粒物排放大为降低，满足国家环保排放要求。

【质量管理】 2017年，能源科技分公司着力优化动力介质质量，满足用户生产需求。按照ISO9001、IATF16949以及VDA6.3标准，进一步健全质量管理体系，制定落实《动力介质质量目标管理办法》，完善作业文件39份、记录文件51份，根据用户不同需求，建立动力介质指标监控体系和质量跟踪服务制度，严格落实质量管理各项标准，实现全员全过程管理。加强重点质量指标动态管控，针对不同系统、不同工艺要求，修订控制指标，保障供应用户动力介质质量。瞄准行业最优指标，开展降低浊环水悬浮物、提升压缩空气质量、降低煤气管道腐蚀等课题攻关，助力动力介质产品质量进一步提档升级。加大设备巡检维护力度，及时对各区域冷却塔进行大修、定修，为轧钢、炼钢、高炉等生产水系统夏季稳定运行提供可靠保证，重点做好一钢轧厂1700毫米生产线水系统大修，更换化学除油除污器填料，确保1700毫米生产线生产用水质量达标。

【中厚板公司8万立方米煤气柜安全改造项目】 2017年11月，中厚板公司8万立方米煤气柜安全改造工程竣工。该项目于当年5月12日立项，9月开工建设，概算投资890.75万元，由唐山钢铁国际工程技术有限责任公司设计，鞍钢金属结构有限公司供应设备并负责施工，主要建设内容是对活塞顶板、1~11带侧板、活塞底板等与煤气接触部分进行重新铺设、更换气柜胶帘、配套附属设施的检验、检查等。该项目投入使用后，解决了8万立方米煤气柜转炉煤气管道冷凝水排水器喇叭口、下降管和柜底部侧板、底板、煤气管道人孔、波纹管、活塞等腐蚀泄漏问题，确保安全生产。

【5号锅炉改造项目】 2017年10月31日，能源科技分公司北区5号锅炉改造项目竣工。该项目于9月26日获批立项，概算投资509.34万元，由唐山钢铁国际工程技术有限责任公司设计，河北钢铁建设集团有限责任公司承建。主要是对北区5号锅炉本体及相关管道阀门等进行改造。项目改造后，5号锅炉由全烧高炉煤气转变为全烧焦炉煤气锅炉，满足了限产状态下北区高炉生产的需要。

【高架源监测项目改造工程】 2017年10月28日，能源科技分公司高架源监测项目改造工程竣工。该项目于9月14日立项，当月22日开工建设。项目概算投资363万元，由唐山钢铁国际工程技术有限公司设计，唐山瑞丰建业集团有限公司供应设备并负责施工。该项目为环保项目，主要建设内容是在南区1~3号130吨/时燃气锅炉、北区1~6号75吨/时燃气锅炉、北区7~10号130吨/时燃气锅炉各安装废气在线监测设备1套；在南区废水排口、北区废水排口各安装pH计1套。工程投入运行后，实现环保排放数据实时监控，满足国家环保要求。

【不锈钢公司高架源监测项目】 2017年9月14日，不锈钢公司高架源监测项目立项。项目概算投资255万元，主要建设内容为1号、3号、4号煤磨废气烟囱及1580毫米生产线1号加热炉空气侧烟囱安装在线废气监测设备1套，上述位置及1580毫米生产线1号加热炉煤气侧、2号加热炉空气侧煤气侧、板坯修磨除尘烟囱爬梯及检测孔改造，污水排放总口安装检测外排水pH值、COD、氨氮等污染物在线设备1套。

【改善炼铁南区TRT发电运行模式】 2017年，能源科技分公司围绕能源管理项目，进一步深挖设备潜能，加强对标准化作业的监督检查及各系统工艺运行参数的监测分析，确保设备经济运行，实现能源消耗大幅降低。当年，通过改善炼铁南区TRT发电运行模式，创效近千万元。TRT主要利用高炉炉顶煤气压力与热能推动透平机做功发电，以增加TRT机组发电量作为节能降耗工作重点，成立改善南区TRT发电运行模式项目攻关组，提出在高炉炉况允许条件下，TRT采用自动运行模式，高炉炉况异常时采用手动模式，扩大透平机静叶角度，增加透平机煤气进气量，提升发电量改善方案。同时，加大TRT机组点巡检频率，加强设备维护和运转管控，开展煤气超温度、超流量应急处理培训，提升职工操作水平。采用新模式运行后，8—12月，TRT机组月均发电量达929.3万千瓦时，较1—7月月均发电量增加135.1万千瓦时，TRT机组实现高效运行。

【提高检修效率】 2017年，能源科技分公司充分发挥专业化管理优势，以最少的费用和人力投入，获取最长、最好的设备运转周期为目标，完善设备管理标准，强化设备劣化趋势管理，持续提高设备检修效率和检修质量，为设备正常运行提供支撑。全年，发现处理设备缺陷6186项，关键设备完好率和综合消缺率均达100%。这一年，加强检修组织与管理，将检修工时定额纳入绩效考核，推行设备倾向性管理，做好事前控制和预防维修，减少非计划检修，促进设备管理由事故维修向预防性生产保全转变。注重提高职工检修技术水平，扩大检修中心承接业务范围，加大设备修旧利废力度，严格管控外委，自行承担空调维保、检修工作，节省外委检修费用96万元。当年，原动力部检修工时结算4390万元，新接收环保系统工时发生343万元，11—12月，原动力部发生检修工时80.08万小时，类比上年同期增加20.06万小时，新接收环保系统工时发生6.28万小时。

【安全管理】 2017年，能源科技分公司紧密围绕生产经营工作中心，不断增强职工安全意识，加强隐患排查治理和安全风险管理体系建设，夯实安全管理基础。积极推进遏制重特大事故禁令和较大危险因素告知卡，建立遏制重特大事故禁令10项、较大危险因素告知卡29张，提升职工安全防范能力。加强安全宣传教育，组织职工辨识岗位危险因素，普及作业岗位危险源、易发生事故类型、主要防范措施以及应急措施等安全知识，开展全员安全培训2113人次，班组实操培训2000余次，电工、煤气特种作业培训281人次，特种作业持证上岗率达100%。加强安全消防管理，对各类防火部位、要害部位及检修施工现场开展火险隐患排查，消除火灾隐患。针对动力介质供应特点，在完善各个系统应急处置及事故抢修预案基础上，组织职工开展火灾、触电、煤气中毒等突发事故应急演练178次，治理安全隐患766项，为动力介质安全稳定供应提供有力保障。

【推进作业长制】 2017年，能源科技分公司以动力、能源、环保系统整合为契机，以产线分布为原则，优化基层组织架构，以《公司示范作业区评定细则》为基础，按照推进一个作业区验收一个作业区原则，扎实稳步推进作业长制，并将示范作业区评定纳入月度绩效。全年，共有7个作业区通过示范作业区评定，作业区评分由年初的平均92.53分提高至97.04分。同时，严格按照公司作业长聘任条件，加强年轻干部培养使用，聘任“80后”作业长14名，管理团队结构实现优化。

【绩效管理】 2017年，能源科技分公司充分发挥绩效管理激励约束作用，在与业内先进企业对标的基础上，着力增强考核科学性、系统性，修订科室、作业区、职工绩效管理考核指标，细化考核内容和标准，严格执行早会生产通报，晚会财务分析，月中月末全面讲评的绩效管理制度，年内检查整改基础管理问题点2182项，考核16.19万元。围绕优化生产组织、运行方式、操作方法，加强能源管理，提高运行操作人员技能等方面开展自主管理活动，建立自主管理课题147项，提出改善提案1.99万项，有力促进生产经营各项工作有序进行。

【职工技术创新】 2017年，能源科技分公司积极适应生产系统设备工艺变化，坚持推进新技术、新工艺应用与创新，组织开展小发明、小创造、小革新、小设计、小建议等活动，引导职工立足岗位，在生产和管理实践中发挥聪明才智，职工技术创新成果显著。当年，“一种汽轮机射水抽气系统”等11项新技术工艺创新项目获得国家实用新型专利；转炉煤气柜自控系统V1.0、布袋除尘智能反吹控制系统V1.0、汽轮机SOE智能诊断分析系统V1.0、污水处理集中控制系统V1.0等4套软件系统获得国家版权局授予的计算机软件著作权登记证书；职工创新小组不断解决日常生产工作中的难题，总结出风机工况点一勤二稳三调整操作法等5项先进技术操作法，落实小革新23项，创造了预期效益。

【党群工作】 2017年，能源科技分公司党委认真学习宣传贯彻党的十八届六中全会和党的十九大精神，按照公司党委统一部署，扎实推进党群各项工作，为生产经营提供坚实保证。加强政治理论学习，着力增强领导干部的政治定力、党性意识、宗旨意识、大局意识和本职工作能力。深入推进“两学一做”学习教育常态化制度化，坚持开展“3X+1”宣讲活动，引导职工及时了解公司推进市场、产品、实施组织结构扁平化变革等重点工作的目的和意义，统一思想，进一步调动广大职工的积极性。注重发挥党员和劳模示范引领作用，通过党员先锋岗、党员责任区等活动，激发广大党员的聪明才智和创新创造热情，组织党员开展创新课题攻关58项，创效600余万元，其中两个党员劳模创新工作室，围绕重大课题进行攻关，创效280余万元。加强党风廉政建设，认真落实“两个责任”，坚持一岗双责，健全完善党风廉政建设责任体系，制定《领导班子和领导干部党风廉政建设责任制考核办法》《作业区（科室）党风廉政建设责任制考核办法》，年内开展廉政党课20余次。加强对材料备件采购、基建技改项目建设、招标等廉洁风险易发领域的防范管控，强化效能监察，围绕生产经营中心，加大监督监察力度，严肃工作纪律和政治纪律，确保政令畅通和各项工作高效运转。发挥工会组织作用，全力为职工帮扶解困，建立职工重点帮扶对象档案，借助公司大病帮扶及市大病互助保险平台，坚持常态化救助帮扶，当年为54名职工办理大病互助保险，定期走访慰问困难职工、退休劳模、离退休职工，企业凝聚力不断增强。

信息设备支撑平台

设备机动部

【概况】 设备机动部是公司设备综合管理部门，负责机械、电气、动力设备和工业建筑运行维护管理，以及公司固定资产、生产备品备件、基建技改项目设备采购供应和管理，同时负责公司备品备件库房管理等，系双职能部室。位于唐山市路北区东工房11段，南靠路北区东工房居民生活区，北邻开滦矾土矿，西接唐山天马物流有限公司车队，东至唐山市开平区国各庄，占地面积9万平方米，建筑面积2.29万平方米。

2017年末，设备机动部设部长1人，党委书记（纪委书记、工会主席）1人，副部长4人；下设科室16个、班组37个。共有职工244人，其中男职工153人，女职工91人；中共党员128人，共青团员4人；干部93人，其中科级干部25人；管理及专业技术职工93人，其中专业技术职工62人，高级职称29人，中级职称22人；工人136人，其中技术工人57人，高级技师3人，技师4人。

【主要工作】 2017年，设备机动部继续秉承“受控、高效、零缺陷”设备管理理念，梳理完善设备管理制度及流程，逐步建立系统化、流程化、科学化、信息化的设备管理体系，将岗位职责、规程、标准固化到流程中，满足新品种开发、高档次产品生产需要；规范计划、采购管理，降低采购费用，确保备件采购质量；全面应用设备全生命周期管理系统，实现运行设备处于受控状态、检修设备处于计划状态、备用设备处于完好状态，保证各生产线设备稳定运行。

【职工业务素质提升】 2017年，设备机动部重视并做好内部设备管理经验交流及职工业务培训，组织点检标准编写、事故故障案例分析、点检系统及PM系统业务操作、点检知识、特种设备相关知识、电气设备管理知识等培训，促进职工业务素质进一步提升，为公司建立系统化、流程化、科学化、信息化的设备管理体系，切实提升公司设备管理水平提供智力及人才支撑。年内，组织设备全生命周期管理系统应用、招投标相关管理办法、各类事故故障分析等系列培训讲座10余次，培训对象涵盖产线各级管理、点检操作、技术维修人员及系统关键用户等，近1000人参加。组织各专业设备专家对公司点检员进行专业培训7次，包括点检标准编制、电气管理、设备事故分析、液压润滑管理、设备信息化系统应用等内容，共有1500余人次点检人员参加培训，收到良好效果。组织开展电气设备技术管理培训，由多名电气专家主讲，公司各事业部设备管理人员、电气点维检人员共100余人参加培训，旨在提高相关人员电气设备管理水平，强化电气设备点维检技能，为公司产品结构升级和产线定制化生产提供支撑。

【党群工作】 2017年，设备机动部党委贯彻落实党的十八届六中全会及十九大精神，深入推进“两学一做”学习教育常态化制度化，发动和引导全体党员争做“四讲四有”合格党员。利用党委理论中心组集中学习、党委书记主题宣讲、各支部“三会一课”以及微信群分享、党群工作通讯等形式，深入宣贯党的十九大精神，确保全体职工思想统一，工作目标明确；开展“服务产线党员争先”“质量检验先锋行”活动，充分发挥党员骨干作用，凝聚合力冲刺全年工作目标；高度重视廉政教育，全面加强党风廉政建设工作，坚持每季度召开一次党风廉政教育大会，组织观看《永远在路上》《巡视利剑》等多部反腐倡廉教育警示片，通过以德倡廉，以儆效尤，发挥警示教育作用；深入开展工会服务保障工作，组织“送清凉”下班组等活动，为一线职工做好全方位的后勤服务。

信息自动化部

【概况】 信息自动化部是公司双职能部室，负责公司信息化、自动化、计量控制等三大专业的管理及运维工作，承担三大专业相关工程项目的整体规划、设备选型及费用归口管理，履行公司测量管理体系、“两化”融合管理体系等职能。

2017年3月，根据公司机构变化，原信息自动化部动力维检站整体划归能源科技分公司。年内，按照公司作业长制推进计划，在高强汽车板公司维检站、不锈钢公司维检站开展作业长制试点工作，将所辖高强汽车板公司维检站、计量维修站、炼焦维检站、炼铁厂维检站、一钢轧厂维检站、冷轧薄板厂维检站、二钢轧厂维检站、中厚板公司维检站和不锈钢公司维检站等9个维检站，拆分成31个作业区。

2017年末，信息自动化部设部长1人，党委书记兼纪委书记、工会主席1人，副部长3人；下设综合管理科、生产计划科、信息化管理科、自动化管理科、计控管理科、传动模型室等管理科室6个，信息中心、数据中心、校准实验室等运维车间11个，炼铁北区高炉作业区、炼铁南区作业区、高强板连镀作业区、冷轧酸轧作业区、一钢炼钢作业区、二钢炼钢作业区、不锈钢信息化作业区、中厚板信息化作业区等31个作业区。共有职工828人，其中男职工649人，女职工179人；中共党员305人，共青团员35人；干部412人，其中科级干部52人（含作业长34人）；管理及专业技术职工271人，其中高级职称52人，中级职称224人；工人416人，其中高级技师8人，技师65人。职工中有研究生64人，大学本科354人，大学专科128人，中专23人，高中及以下259人。

【主要工作】 2017年，信息自动化部坚持支撑、服务、担当的工作思路，以推进智能制造试点为重点，围绕促进信息化、自动化、计控专业有效融合，推进三大专业技术深度应用，持续加强专业体系和服务平台建设，为产线功能精度提升提供强力支撑。这一年，大力挖掘智能制造潜能，全面推进信息化项目建设、自动化系统建设和智能制造项目，助力公司信息自动化支撑体系建设。积极贴近产线，寻求专业管理、系统运维与生产的契合点，与各事业部紧密协同配合，推进产线系统优化升级、技术改造和隐患治理，为事业部高效运营提供良好服务。以体系化建设和认证工作为抓手，不断完善专业管理制度和流程，制定专业规范和标准，加大制度执行情况的监督检查力度，专业管理标准化、精细化水平进一步提升。加强费用控制，强化过程控制和经济责任制考核，部门费用和专业归口费用均得到有效控制，较好地完成了各项费用预算指标，部门费用实际发生4174万元；专业归口费用实际发生1425万元，较计划指标节约245万元，其中通信费用支出505.5万元，检定费支出237.7万元，信息化功包费和计算机运行维护费分别支出212.6万元和469.6万元。

【基础管理】 2017年，信息自动化部以深入推进作业长制为抓手，积极推进技术创新、管理创新，加强安全、5S管理及生产组织，助力公司可持续发展。这一年，加大作业长制理念宣贯、作业长资格培训力度，重点针对九大维检区域的管理模式、职责分工，进一步健全完善五制配套相关内容，做好推进工作的组织实施；全面落实安全生产责任，注重全员安全培训，推进安全联保互保体系建设，实施机关干部包保班组制度，加大安全隐患排查治理和检查考核力度，抓好班组安全基础管理和大中修期间的安全管理，提升职工安全意识和自我防范能力；修订完善5S管理考核标准，坚持生产现场及办公区域的5S常态化检查，提升5S管理整体水平；加强与产线的交流沟通，持续完善生产调度和信息反馈机制，全年利用大修和日常检修实施技术改造、程序和控制参数修改、功能优化、隐患整改等项目120余项，推行24小时值班制度，及时掌控生产运行状况，提升了生产事故、故障的响应速度和应急处置能力。

【党群工作】 2017年，信息自动化部党委全面加强党群工作，为中心工作有效开展提供组织保障和精神动力。深入推进“两学一做”学习教育常态化制度化，借助内部网站、微信等平台，利用党员活动日、班组活动日等载体，积极开展十九大精神宣贯、“3X+1”形势任务层级宣讲活动，持续加强思想政治和形势任务宣传教育。健全完善党建制度和考核体系，建设党员标准活动室，开展支部对标、党史知识竞赛、党委书记讲党课、“争当党员示范岗、做好服务支撑担当、迎接党的十九大胜利召开”岗位竞赛等活动，推动基层党建工作制度化规范化。压实“两个责任”，组织学习《中国共产党廉洁自律准则》《中国共产党纪律处分条例》等党内法规，严格贯彻落实中央八项规定精神，突出重点人群、关键岗位的管理和重点时期警示提醒，做好“三重一大”事项决策和物资采购等重点工作的执纪监督检查，促进干部转变作风，为各项工作的顺利进行提供纪律保障。坚持开展合理化建议、献计献策、送温暖、困难帮扶、金秋助学等活动，全年慰问职工124人次，将企业温暖传递给职工，为日常工作开展提供坚实保障。

检修分公司

【概况】 检修分公司是主要负责向公司提供设备维修服务的主管单位，业务涵盖设备维护、备件修复及耐材维护工作。具备机电安装工程施工总承包二级资质，是公司非钢产业创效企业之一。

2017年1月4日，合并合金铸件厂和铆焊维检中心，增设铆焊车间。7月，增设生产计划科、合金铸件车间、液压缸车间。9月，合并财务科与经营科，设立财务经营科。

2017年3月1日，检修分公司动力维检中心426名职工整体划归能源科技分公司。10月，完成扇形段一车间、扇形段二车间、扇形段三车间与普锐特公司的交接工作。11月1日，撤销惠唐工业技术服务公司和设备技术检测中心。12月1日，中厚板维检中心业务正式划拨到中厚板公司。

2017年末，检修分公司设厂部级干部6人；下设办公室、人力资源科、财务经营科、安全科、工程科、设备技术科、生产计划科等7个科室，炼铁维检中心、炼钢维检中心、热轧维检中心、冷轧维检中心、焦化维检中心、不锈钢维检中心等6个固定维检中心，型钢维检中心、机械维检中心、制修维检中心、电气维检中心等4个机动维检中心，铆焊车间、机加工车间、表面工程车间、合金铸件车间、液压缸车间和工业炉窑公司。共有职工4107人，其中男职工3676人，女职工431人；中共党员582人，共青团员48人；干部202人，其中科级干部48人，管理及专业技术职工154人，其中高级职称37人，中级职称52人；工人3905人，高级技师29人，技师306人。职工中有研究生24人，大学本科225人，大学专科341人，中专125人，高中及以下3392人。

【生产经营】 2017年，检修分公司依托维检、机加、耐材及惠唐四大板块，明确“以最低的费用保持生产中设备的功能和精度，做产线设备管理商，为公司产品和市场作出贡献”的发展定位，聚焦产线维保和装备再制造两大专业，打造高端产品、深度服务用户，向价值创造单元快速迈进。这一年，设备维检加强预防性维修，减少抢修，延长设备运行周期，实现设备长周期稳定运行；机加业务结合产线提供成套服务，提高创效能力。维检业务全年实现产值 4.30 亿元，利润 3788.14 万元；机加业务全年实现产值 1.38 亿元，利润 3404.60 万元；耐材业务开展 10 余项技术攻关，实现了严控成本、保产保供的管理提升目标；惠唐板块方面，向日照钢铁、河钢舞钢、通化钢铁等国内龙头钢铁企业推广高精度测量、大型设备在线增减材等技术服务，实现外部创效。

【人才培养】 2017 年，检修分公司完善人才培养体系，在开展人员结构调研和人才需求预测的基础上，按照“开发培养并行、尊重成才规律、持续跟踪评价”原则，建立覆盖科级以下全体职工的人才培养计划，筛选优秀管理人才和高技能操作人才，为主业迈向高端发展提供持续有力的人才支撑。实施人才沟通服务机制、人才工作会议制度和“积分制、档案制”人才使用管理体系等举措，完善培养方法，搭建公平、公开的职业上升平台。将大学生员工培养分为四阶段，重在有效发挥专业技术能力、培养综合管理能力。入职新员工需要经历培训、1 年实习期和 2 年跟踪培养期。由高级技师一对一培养，进入车间技术组参与现场检修，增长设备维修硬本领；参与职能科室轮岗实习，掌握安全与质量管控要点，同步进行综合评价与实时跟踪。对操作岗员工，以师带徒和技能培训方式提供锻炼平台。年末，8 名大学生走上作业长岗位，15 名操作员工考取国际认可的振动分析师资格证。

【深入推进作业长制】 2017 年，检修分公司以作业区为单位，将管理重心和优势资源向产线靠拢，全面提升管理和技术能力，队伍建设水平进一步提高。结合自身业务板块设置，设立冷轧维检中心、工业炉窑公司、表面工程车间 3 个试点单位，按照“试点集中推进、全面深入推广、巩固完善提高”的作业长制推进计划，在其他单位同步开展作业长制推进工作。建立作业长巡检、特色班前会、现场可视化管理等管理体系，作业长直接参与质量、安全、现场等管理，现场的问题直面各专业部门，工作效率显著提高。将自主管理活动纳入一级组织绩效，设定占比 3%的考核指标权重，开展涉及设备改造、管理革新、劳效提升的自主管理课题攻关，一批提效降费的管理课题被应用到产线设备维保中，实现了技术研发资源的合理配置。当年，组织梳理、修订完善八大专业体系 100 余项管理制度，新增管理制度 17 项，参加作业长资格培训人员 92 名，为作业长制深入推进提供支撑。

【技术攻关】 2017 年，检修分公司加快新技术研发步伐，从职工自主创新和公司级技术创新两方面开展科技与技术革新工作，提高核心技术的掌控能力。全年，成立攻关小组 19 个，立项焦点课题 4 项，攻关课题 20 项，成功掌握堆焊、激光熔覆、热喷涂、气密箱等大型备件修复、高精度逆向测绘、高精度组装和仿工程测试等技术，提升了服务产线和开拓外部市场的能力。

【班组建设】 2017 年，检修分公司深化班组建设工作，提升班组自主管理水平，开展职工细节教育活动，从安全、生产组织、技术创新、优秀职工评选四方面实施正向激励，将管理的触角延伸到每一名员工。编制炉窑、维检通用岗位规程，建立健全作业区各项管理制度，提高职工标准化作业水平和安全意识；公示安全管理、经营目标、实绩分析、绩效评价等内容，班组管理规范化、公开化、透明化；推行作业区自主管理创新，组织开展包含自主管理活动、合理化建议、改善提案等各种形式的创新活动，设立厂级自主管理成果奖励基金，鼓励职工自发寻找问题，发挥团队精神，群策群力解决问题；以“自我提升、持续推进，分享经验、建立习惯，在细节上做到极致”为主题，开展职工自我细节教育活动，设置看板104块，营建从小事做起、从点滴积累的企业文化氛围。

【党群工作】 2017年，检修分公司党委认真贯彻落实党的十八届六中全会和党的十九大精神，围绕中心、服务大局，定期开展不同主题、不同内容的竞赛活动，引领党员在工作岗位上求新求变，提升专业素质，为全面打赢生产经营攻坚战、助力各项工作跨上新台阶提供有力保障。这一年，根据机构合并情况，重新调整设置18个党支部，将机关党支部和冷轧维检中心党支部党员活动室打造成标杆活动室，制定并完善党群工作绩效管理与考核工作实施细则，提升党群工作科学化水平；紧紧围绕公司工作主线，开展“4+4+X”竞赛活动，以“提升”和“创新”为竞赛主基调，重点瞄准技术进步和管理创新两大核心任务，在维检、耐材、惠唐、机加四大板块开展攻关创新竞赛、献计献策“金点子”、党支部最佳活动方案设计竞赛、决战四季度竞赛四大主题竞赛活动，并结合不同时期重点工作开展形式多样的专项竞赛；组织全体党员参加“学党章党规、学系列讲话、迎庆党的十九大”知识竞赛活动，进一步提高党员的党性修养和党性意识；建立支部书记季度谈话工作机制，对职工反映的问题制定相关措施，全年共收到意见13条；对20户特困职工进行走访慰问，为20余名职工办理唐山市大病互助及帮困基金的申报审批。

自动化信息公司

【概况】 唐山钢铁集团微尔自动化有限公司（以下简称自动化信息公司）是河北省科技厅认定的高新技术企业、河北省工业和信息化厅认定的软件企业，负责公司自动化设备的大修和技改、通信设备维检、自动化系统工程建设，解决产线自动化疑难问题，业务范围覆盖计算机信息系统集成、云计算服务、机电工程安装、设计实施通信网络、建筑智能化系统等具有知识产权的应用软件和信息化系统，生产和研发工业快速热电偶、工业线圈、钢水取样器和定氧探头等产品。2017年末，自动化信息公司注册资本5000万元，具备设备维修企业专业类一级资质、咨询类一级资质、计算机信息系统三级资质以及机电设备安装工程承包二级资质，通过ISO9001质量管理体系认证。

2017年，自动化信息公司针对职责和经营形势的变化，调整内部组织架构和分工，撤销系统部、技研部、炼铁部、钢轧部、云中心，成立智能制造事业部、信息化事业部、自动化事业部、云事业部、云运维中心等部门。

2017年末，自动化信息公司设厂部级干部5人；下设科室9个，中心3个，以及电子设备厂。共有职工246人，其中男职工179人，女职工67人；中共党员112人，共青团员10人；干部145人，其中科级干部27人；管理及专业技术职工110人，其中正高级职称1人，高级职称30人，中级职称85人；工人101人，其中高级技师1人，技师10人。职工中有研究生25人，大学本科141人，大学专科35人，中专5人，高中及以下59人。

【生产经营】 2017年，自动化信息公司牢固树立服务产线理念，明确自身定位和发展目标，强化基础管理，提升技术研发水平，增强对外创效能力，全年实现营业收入1.24亿元，创效2331万元，圆满完成公司下达的创效任务。这一年，逐级细化分解创效指标到每名职工，提升职工市场竞争意识；加强技术攻关，推动企业产品在无人天车技术、智能物流、车辆识别系统开发等领域突破技术瓶颈，优化产品功能，丰富产品种类；稳步推进云计算产业发展，进一步拓展企业增效渠道。

【安全管理】 2017年，自动化信息公司强化安全管理，不断提高工作标准，抓好自身安全工作，组织厂级应急演练活动3次，开展危险源辨识培训20余次，提升职工对突发事件的应急能力和处置能力，确保安全生产。严格落实安全管理“一岗双责”，逐级签订安全生产承诺书与责任状，形成安全责任逐级负责制，每月对各车间班组进行考评，在安全会议上对月度考评不合格班组予以点评考核。以车间为单位开展全员安全教育，通过播放视频、案例教育、法律法规教育、车间主管工程师或班组长讲解现场安全隐患和危险预知，提升职工安全意识，全年举办全员安全教育培训班7期，培训人员242人，30名职工参加了特种作业复审培训，4名职工取得特种作业操作证。持续开展隐患排查，共组织安全检查72次，对职工应知应会掌握情况、车间危险源辨识工作开展情况、职工违纪现象、车间班组安全基础管理以及现场安全情况进行检查并督促整改。加强外委施工安全管理，与8家外委施工单位签订安全管理协议，为260余名外委施工人员办理安全作业许可证，构建内外部人员全覆盖的安全管理机制。

【升级绩效考核系统】 2017年，自动化信息公司升级原有的绩效考核系统，在确定创效指标完成情况、重点工作完成情况占比60%、40%的基础上，开发职工工作自评价系统，进一步激发职工潜能，促进自主管理，提升全员绩效管理水平。新系统将部门及职工的工作安排划分为年度计划、月度计划、日计划三大模块，自上而下进行任务分解，确保职工各阶段责任清晰，每项工作结束后，职工根据自己工作内容完成情况进行自我评价，自评价结果逐级审核确认，实现职工自觉遵守考评标准，自主管理意识不断增强，工作执行力大幅提升。职工工作自评价系统还与人脸识别系统相连通，考勤数据与自评价情况结合，企业现代化管理水平不断提高。

【党群工作】 2017年，自动化信息公司党委通过推进“两学一做”学习教育常态化制度化，引导干部职工牢固树立创新意识、市场理念、服务意识，为完成公司下达的各项任务提供保障。以党委中心组理论学习为抓手，组织党员干部认真学习党的十九大精神、《关于新形势下党内政治生活的若干准则》《中国共产党党内监督条例》《国有企业领导成员廉洁从业若干规定》《中国共产党章程》《中国共产党问责条例》等内容，提升党员干部的理论素养，增强政治站位和政治自觉，进一步改进工作作风，提高工作效率和标准。结合自身实际情况，围绕非钢产业发展大局，创建服务型党组织，为企业生产经营提供组织保证。深入研究容易产生违反规定行为的主要表现形式和易发生的违纪行为，制定有效措施，坚定执行领导干部个人有关事项报告制度，推动全面从严治党“两个责任”向纵深发展。强化党风廉政建设，深入推进纪检监察工作，按照年初制定的党风廉政建设规划，组织全体干部及关键岗位人员开展廉政承诺，提高党员干部的廉政意识，全年没有违反党规党纪的现象发生。坚持开展节期“送温暖”和暑期“双服务”等关爱职工活动，及时传递企业对职工的关爱。

主业生产经营单元

唐钢美锦（唐山）煤化工有限公司

【概况】 唐钢美锦（唐山）煤化工有限公司（以下简称美锦公司）是以生产焦炭为主要产品的生产单位，其生产工序由备煤、炼焦、干熄焦、回收组成。位于滦县循环经济园区，于2012年8月由河钢唐钢与山西美锦焦化有限公司共同出资组建，注册资本7亿元，其中河钢唐钢持股45%，山西美锦焦化有限公司持股55%。

美锦公司系利用唐山德盛煤化工有限公司环保搬迁手续建设的年产焦炭150万吨的独立焦化厂，项目概算投资38亿元，建设280万吨焦化项目，分两期建设。一期焦化项目，占地80万平方米，概算投资22亿元，于2011年4月开工建设，2014年6月建成投产，项目整体建设2座65孔7米型焦炉，配套190吨/时干熄焦设施1套及25兆瓦发电机组，以及备煤、筛贮焦、煤气净化、除尘、脱硫、化产回收、苯精制、煤气深加工公用辅助设施等，设计年产焦炭150万吨、焦油5.3万吨、轻苯1.8万吨、外送煤气3.18亿立方米，产值达20亿元。二期130万吨焦化项目，占地40万平方米，概算投资16亿元，主要建设2座JNX3-70-1型焦炉，配套建设干熄焦余热发电系统，年发电1.9亿千瓦时，配套建设萃取精制苯项目和唐钢气体公司LNG项目。

2017年4月7日，成立唐钢美锦（唐山）煤化工有限公司党委、纪委，由河钢唐钢党委直属管理。威立雅水务公司党员组织关系从气体公司党委划出，转入美锦公司党委管理，根据实际设立基层党支部。

2017年末，美锦公司设厂部级干部6人；下设科室10个，车间6个，班组32个。共有职工710人，其中男职工635人，女职工75人；中共党员282人；干部40人，其中科级干部22人；管理及专业技术职工24人，其中专业专家1人，主任师1人，主管师5人，专业师16人，一级协理1人；技术工人628人，其中高级技师3人，技师49人，高级工158人，中级工72人，初级工346人。职工中有研究生11人，大学本科38人，大学专科47人，中专26人，高中及以下323人。

【生产经营】 2017年，美锦公司聚焦市场和产品两大核心任务，强化基础管理，科学高效组织生产，制定并落实适用环保要求的生产组织方案，降低能源消耗，确保满足公司煤气需求和冶金焦炭产量，取得了较好的经营业绩。全年，生产焦炭147万吨，焦油5.35万吨，硫铵2.3万吨，轻苯1.76万吨，外售煤气3.12亿立方米，自发电1.66亿千瓦时；实现利润3700万元。这一年，面对市场形势和环保新常态，及时调整配煤结构，积极开发炼焦煤新资源，确保焦炭质量满足炼铁要求，配煤成本实现计划目标；以稳定生产秩序、优化能源介质利用为抓手，落实岗位责任，减少环保治理对生产的影响；遵循铁前大成本理念，按照高炉要求提高焦炭冷热强度，焦炭质量灰分、硫分、M40、M10、CSR分别为12.75%、0.89%、90.32、5.72、67.82，均达到公司设定的目标，有力保证了高炉生产；加强营销管理，不断更新理念，坚持市场分析，加大与周边焦化企业对标力度，降低采购成本，提高外销产品市场定位，实现经济效益最大化；关注原油价格及运输市场变化，测算物流运输成本，多措并举不断降低物流运输费用，保障生产经营顺行。

【VOCs尾气治理工程】 2017年10月28日，美锦公司VOCs尾气治理工程竣工，同月30日整体试车调试成功。该项目于当年8月18日开始施工，概算投资850万元，由河北钦川环保设备有限公司设计施工。主要建设有机废气处理装置2套：冷鼓系统挥发性有机废气处理装置1套，处理风量为4000立方米/时；粗苯及库区系统挥发性有机废气处理装置1套，处理风量为3000立方米/时。项目采用“油洗+酸洗+活性炭吸附再生+UV光氧（备用）”技术对鼓冷区域各槽罐产生的VOCs气体进行收集净化处理；采用“油洗+水洗+活性炭吸附再生+UV光氧（备用）”技术对粗苯区域及库区各槽罐产生的VOCs气体进行收集净化处理。项目投入使用后，各项污染物排放均满足《炼焦化学工业污染物排放标准（GB 16171—2012)》中特别排放限值要求。当年12月6日，VOCs尾气治理工程通过市环境保护局验收。

【二期焦化项目筹备建设】 2017年，美锦公司积极开展二期焦化项目筹备建设，多次组织各专业人员与中冶焦耐等设计单位进行技术交流。充分考虑焦化发展趋势及一期工程实际，采用新技术、新工艺、新设备，推进美锦二期焦化项目技术方案的制定和论证工作，针对环评、二路电、二期用水、土地使用等问题积极与政府相关部门协商解决。美锦二期130万吨焦化项目，占地40万平方米，概算投资16亿元，主要建设2座65孔JNX3-70-1型焦炉，配套建设干熄焦余热发电系统和萃取精制苯项目及唐钢气体公司LNG项目。

【提高焦炭冶金焦率】 2017年，美锦公司采取多项措施提高焦炭冶金焦率，焦炭冶金焦率由90.1%提高到91.79%，同比提升1.69个百分点，创效108万元。这一年，成立攻关小组，深入研究提高焦炭冶金焦率方法，从提高煤的堆密度，保证焦炭成熟均匀两方面入手，通过实验寻求配合煤细度与煤的堆比重间关系，改变粉碎锤头保证合理配合煤细度，严格控制装煤、平煤操作，确定合理的平煤时间，提高装平煤质量，保证入炉煤堆密度。建立焦炉温度分布场，加强焦炉热工管理，使焦炉温度控制在焦炭成熟的最佳工况条件之下。加强设备点检，保证设备长周期高效安全生产，为焦炭冶金焦率提升创造有利条件。

【优化配煤结构】 2017年，美锦公司根据煤炭市场变化，在保证焦炭质量同时，不断优化配煤结构，加大性价比高的煤配比，降低焦炭灰分，减少高炉燃料消耗，实现成本同比降低1166.6万元。年内，结合进口焦煤结焦性能良好特性，运用焦炭质量预测公式计算及焦炉实验验证，制定实施增加进口焦煤配比的具体方案，使用两种进口煤种替代寨崖底煤和高硫焦以及1/3焦煤，确保焦炭冷、热强度稳定，灰分大幅降低，进口焦煤使用配比达23%以上，比原配比增加6%，在满足焦炭质量的同时，最大限度降低生产成本。

【脱硫催化剂消耗量攻关】 2017年，美锦公司针对脱硫催化剂消耗开展技术攻关，加强过程控制，在保证煤气净化效果基础上，脱硫催化剂日消耗量由60千克降低到35千克，创效显著。脱硫工序是煤气净化的关键，该公司3台脱硫塔，煤气处理能力为7.2万~7.8万标准立方米/时，针对脱硫塔效率变低，硫泡沫分离效果差，单塔阻力升高等问题，组织技术人员加强攻关，提高工作标准，改变脱硫剂添加方法，严格控制再生塔空气量，定期清洗脱硫塔捕雾器，同时控制母液温度，使脱硫剂浓度分布均匀，降低塔内阻力，保证催化剂再生效果，提高脱硫效率，煤气净化后硫化氢含量稳定达标，脱硫剂消耗量大幅降低。

【安全工作】 2017年，美锦公司贯彻执行国家有关安全生产政策、法律法规，坚持以人为本、生命至上理念，牢固树立安全意识，强化安全生产责任体系建设，细化“一岗双责”要求，夯实安全基础管理，完善规章制度，为安全生产提供保障，实现重大事故为零目标。这一年，深化危险源辨识及管控，通过岗位培训加强员工掌握本岗位危险因素及控制措施的能力，组织两级管理人员进行厂级危险源辨识培训5期，辨识危险源1958项，新增559项；落实干部包保班组制度，将包保人员绩效与班组的安全状况挂钩，加强岗位员工实操培训，明确岗位实操流程、内容及步骤，开展班组实操培训2260人次，员工安全素质显著提升；持续开展安全检查和隐患排查整改活动，严肃处理违章行为，共排查隐患518项；协同县安监局组织危化企业应急救援演练比武，13家危化企业到现场观摩；加强检修和外委施工作业安全管理，切实落实外委检修过程的属地监管责任，考核外委施工违章93项。

【环保工作】 2017年，美锦公司积极适应环保新常态、新要求，严格执行新《环保法》《炼焦化学污染物排放标准》等国家环保法律法规，顺应环保技术发展新动向，努力打造绿色煤焦化标杆企业。这一年，根据环保形势，制定紧急处置预案及环保设备和现场环境责任制，落实大气污染预警期间一厂一策和错峰生产、运输方案，为生产稳定提供支撑；健全完善环境在线监测设备管理制度，确保在线监测设备连续稳定运行；加强污染源治理，建设规范的危废物储存间，修建焦仓装车挡风墙和防风抑尘网，对推焦车车载除尘器等进行改造，实现达标生产、达标排放；实施焦炉烟气脱硫脱硝治理和化产回收工艺废气VOCs治理，修订脱硫脱硝及化产尾气回收治理标准、规程，治理项目投入运营后，达到国家排放标准并通过了环保部门验收；加强环保设备设施的日常点检维护，确保稳定高效运转。

【基础管理】 2017年，美锦公司加强基础管理，细化标准化作业规范，固化工艺要求和管理程序，促进工作质量全面提升，实现基础管理制度化、流程化、标准化。建立健全技术管理制度体系，对制度标准、技术规程、作业指导书等进行修订完善，覆盖技术管理、知识产权、自主管理等方面，促进管理制度形成统一标准，设计制度流程图形成可操作性的管理流程；加强生产岗位操作管理，按岗位标准化作业程序和岗位作业指导书对岗位操作进行检查，严格执行“口唱手指”复式操作方法，强化生产协调联动，完善信息传递和协调联动机制，确保第一时间掌握异常生产信息，及时调整生产节奏；以减少事故、服务生产为目的，强化设备管理，建立健全《设备检维修安全管理制度》等规章制度，完善岗位与专业点检标准、给油脂标准、维修技术和作业标准等各类标准，使设备运行处于受控状态，设备检修处于计划状态，备用设备处于完好状态；建立微信企业号平台，实现覆盖安全、生产、工艺、设备、人事等方面的微信平台管理；强力推行全员绩效管理，提高员工个人工作效率和组织绩效。

【党群工作】 2017年，美锦公司党委按照公司党委部署要求，坚持以党的十九大精神和习近平新时代中国特色社会主义思想为指导，围绕生产经营中心，认真落实“两个责任”，强化责任担当，努力抓好党群各项工作。完善组织机构，按照政治坚强、公正廉洁、纪律严明、业务精通、作风优良的标准配齐党务干部，理顺党员的组织关系，完成包括接转威立雅水务公司14名党员在内的全部党员信息采集录入工作。充分发挥“两个核心”作用和党支部战斗堡垒作用，在抓好理论中心组学习的基础上，积极开展“3X+1”形势任务宣讲活动，结合“两学一做”学习教育常态化制度化，在党员中开展争做五个表率主题活动，注重发挥党员合力，开展保质量、降成本、创效益特色活动，年内提交合理化建议13项，发表相关论文6篇，获得实用新型专利5项。认真落实党风廉政建设责任制，积极开展党风廉政教育和警示教育，组织学习《习近平关于党风廉政建设和反腐败斗争论述摘编》《中国共产党廉洁自律准则》《中国共产党纪律处分条例》，与9个基层党支部及各科室领导签订《党风廉政建设目标责任书》，组织以廉政教育为主要内容的班组活动日主题宣讲，充分利用会议、QQ群、微信、宣传栏等平台，加强党员干部廉政宣传教育，在重点人员、重点岗位开展廉政微党课、职工说规矩等教育活动，为科级以上领导制作廉政桌牌30个，为重点岗位制作廉政标语20块，使廉洁教育融入基层生产经营日常活动，营造浓厚的廉洁文化氛围。组织广大党员参加“学党史知党情强党性”知识答卷活动及公司党委组织的《准则》《条例》测试，参与人员达100%。深入开展效能监察，重点对物料采购、工程建设招投标进行全程监督，参与评标会24次，均未出现违反规定行为。关注职工诉求，对篮球场进行改造，安装健身器械，为各车间购买血压仪和微波炉，为高温岗位购买冰柜；组织喜迎十九大永远跟党走诗歌朗诵会、书画摄影展等活动，满足职工文化需求。

炼铁厂

【概况】 炼铁厂由原料、烧结、高炉工序组成，系以生产合格铁水为主要产品的主业生产单位。由炼铁北区、炼铁南区和不锈钢铁区组成，具有年产生铁1150万吨、烧结矿1500万吨生产能力。2017年末，炼铁厂共有设备8579台（套），总质量22.42万吨，其中北区有3200立方米高炉1座、2000立方米高炉1座，烧结系统有210平方米烧结机2台、265平方米烧结机1台，原料系统为综合原料场；南区有3200立方米高炉1座，360平方米烧结机1台，原料库最大储量25万吨。

2017年1月，炼铁厂本部、不锈钢铁区除尘作业区成建制划归能源科技分公司。

2017年末，炼铁厂设厂部级干部10人；下设科室7个，作业区36个，班组294个。共有职工2078人，其中男职工1762人，女职工316人；中共党员901人，共青团员30人；干部237人，其中科级干部36人；管理及专业技术职工221人，其中高级职称60人，中级职称74人；工人1760人，其中技术工人91人，高级技师7人，技师70人。职工中有博士3人，研究生41人，大学本科202人，大学专科345人，中专481人，高中及以下1006人。

【生产经营】 2017年，炼铁厂以高炉顺行为基础，进一步发挥技术、管理优势，完善装备水平，优化工艺链条，克服环保应急常态化、原燃料供应紧张等困难，学习借鉴多法斯科钢铁厂经验，不断夯实基础管理工作，完善原烧系统功能，解决影响高炉提产、降耗重点问题，加强安全环保工作，保证生产正常秩序，较好完成了生产经营任务。全年，产铁832.56万吨，其中本部产铁593.16万吨，不锈钢铁区产铁239.40万吨；高炉利用系数3.47吨/(立方米·天)，燃料比549千克/吨，喷煤比133千克/吨；生铁合格率100%；产烧结矿1072.19万吨，其中，本部产烧结矿787.64万吨，不锈钢铁区产烧结矿294.5万吨；烧结矿调出41.91万吨，调入13.64万吨。

【环保管理】 2017年，炼铁厂贯彻执行国家环保法律法规，注重环保基础管理工作，加强环保设备运行管理，强力推进环保设施、技术升级改造，抓实环保综合治理，唐山出现重污染天气期间严格落实上级部门制定的空气质量保障措施，坚决执行停限产措施，全年环保限产停机126天，影响生铁产量164.94万吨；环保焖炉影响生铁产量43.85万吨，其中，本部因环保焖炉影响生铁产量31.50万吨，不锈钢铁区影响12.35

万吨。加强环保治理，完成炼铁南区高炉矿槽、机尾、整粒电除尘系统升级改造项目，改造后满足颗粒排放浓度小于国家特别排放标准 10 毫克/立方米的要求；实施炼铁北区原料 31 条皮带机通廊封闭，及北区厂房、转运站、皮带通廊门窗的密封工作，抑制了扬尘；一次料场棚化工程于当年 9 月 6 日竣工，10 个焦炭筒仓建设处于施工阶段，进度符合网络计划要求，预计 2018 年 2 月底完工；根据唐山市钢铁行业污染深度治理方案规定要求，组织实施了北区污染物深度治理工程。这一年，根据机构变更及相关环保法律法规内容变化的需要，修定并发布新版《炼铁厂防尘管理办法》《炼铁厂环保事故管理办法》及《炼铁厂处理除尘设备故障停机应急预案》；进一步落实环保管理工作“一岗双责”“党政同责”方针，建立健全各级领导和各专业部门及人员的环保管理责任，制定《炼铁厂环保管理责任制》；建立环境自律体系，按照上级环保部门下发的《企业环境自律体系建设标准》要求，编制环境管理现场巡查操作规范及相关文件，并纳入日常环保管理；开展环保专项检查，确保污染源治理设施高效稳定运行、污染物达标排放。

【安全工作】 2017 年，炼铁厂认真贯彻落实国家新《安全生产法》和省市及公司相关文件精神，大力加强安全管理，通过开展全员安全教育、安全生产月等系列活动，实现五种重大事故为零，轻伤事故小于 2‰，全员安全教育培训率 100%，特殊工种持证上岗、复审率 100%，特种设备检验达标率 100%，无新增职业病、生产 A 级事故为零的安全生产奋斗目标。这一年，严格落实“一岗双责”，推行科级、作业长及班组长安全管理月考评制度，制定《炼铁厂机关干部包保班组管理制度》，明确管理人员责任划分，细化并落实班组安全管理；强化安全教育培训，组织 30 期全员安全教育培训，1651 人接受培训，并将岗位实操培训方案纳入培训效果评价，提高了广大职工安全自保意识、安全责任意识和能力；注重加强安全基础管理，坚持开展安全生产大检查，查处现场隐患及违章、违规行为 1108 项，其中隐患整改 677 项，考核 431 项，考核金额 7.42 万元；坚持班组安全评价，全年检查评价 247 个班组，评价不合格班组 88 个；深入开展危险源辨识工作，对原有危险源辨识表逐级审核、查缺补漏、修订完善，共辨识危险源 2207 项，其中 A 级危险源 18 项、B 级危险源 278 项、C 级危险源 989 项、D 级危险源 922 项；开展专项隐患排查治理工作，针对全厂 488 个吊装孔、805 个检修平台、121 个高低压配电室、134 部天车及库房、重点防火部位、液压站等开展专项检查，对 2 号、3 号高炉干法各层平台安装固定式煤气报警器并与中控室联网，高炉热风炉助燃风管道安装泄爆膜，南区喷煤、北区三期喷煤中速磨防爆电机改造等隐患治理项目顺利完工。

【资源合理配置】 2017 年，炼铁厂针对环保限产、车辆限行禁运已成常态化，给进料组织、结构的稳定持续性及烧结、高炉生产组织带来的影响，全力加强物料进厂、资源配置、工艺改善等重点工作，为高炉稳定顺行提供强力支撑。全年，共组织 2300 万吨原燃料进厂，根据资源进行合理配置，保证烧结和高炉的正常生产和配料结构。这一年，充分发挥大部制优势，在烧结、球团生产限产更加严格的情况下，合理调配资源，区域内部调配烧结矿资源 40.29 万吨，其中北区、南区、不锈钢及中厚板区分别供应其他区域 25.6 万吨、12.66 万吨、1 万吨和 1.03 万吨。当年 10 月，在烧结矿、球团矿库存急剧下降局势下，采取外购烧结矿应对，从宣钢、承钢外购烧结矿 7.86 万吨，防止因断料影响生产；烧结工序减少块矿的匹配，采用质量更加稳定的长协矿和铁精粉，在提高烧结矿碱度的同时保证烧结矿质量稳定，确保高炉原料供应。

【燃料控制与优化】 2017年，炼铁厂加强高炉燃料控制与优化，提高焦炭库存，保障高炉焦炭配比稳定，拓宽焦炭运输渠道，确保高炉生产顺行。这一年，焦炭品种主要为滦县美锦干熄焦、水熄焦，中润干熄焦及山西美锦焦，太原梗阳焦，在提高干焦配比、合理搭配美锦水焦和梗阳焦的前提下，根据上述资源情况合理调整焦炭配比。南区高炉1—8月平均焦炭配比为50%唐干熄焦+50%梗阳焦，之后由于梗阳限产，焦炭配比调整为55%和45%；北区高炉1—3月焦炭配比为45%唐干熄焦+15%中润焦+15%梗阳焦+25%美锦焦，4月以后随着铁水产量提高，焦炭消耗量增加以及供焦企业限产，焦炭配比不断调整优化，保证了高炉燃料的合理供应。

【烧结工艺改善】 2017年，炼铁厂将烧结工艺改善作为重点，修订完善《烧结技术操作规程》《标准化操作手册》，积极优化配矿结构，调整烧结过程参数控制及烧结混合料水分控制标准，推行厚料层烧结技术，执行厚料层操作模式，实施设备技术改造，保证烧结生产过程和烧结矿质量指标稳定。当年，北区混匀矿品位稳定率83.71%，二氧化硅稳定率91.39%，碱度稳定率84.97%；南区混匀矿品位稳定率94.37%，碱度稳定率为95.95%，为高炉产量提高创造了条件。在厚料层烧结技术推行中，安装自制的烧结料层厚度报警器，配合烧结理论料层厚度计算工具，充分发挥烧结料层的自动蓄热作用，降低固体燃耗，提高烧结矿质量；改造烧结筛网，高炉槽下返粉率由改造前的10.86%降低到9.09%，下降1.77个百分点，高炉入炉料粒度改善效果显著；将2号、3号烧结机烧结环冷机固定式密封改为机械弹性密封，环冷机漏风状况及现场环境明显改善；通过对烧结大烟道、风箱、风门执行器等漏风部位进行修补，更换保温炉并延长长度，实施高炉槽下烧结矿返矿返烧结改造等项目，烧结过程的有效风量和表层烧结矿强度进一步提高，保证了烧结矿质量稳定。

【优化高炉炉况】 2017年，炼铁厂以确保高炉长周期稳定为中心，克服环保限产、原燃料供应紧张等因素影响，加强基础管理，坚持高效、顺行、低耗的操作方针，制定符合环保要求的科学生产预案，持续优化入炉原料质量，下大力气改善炉缸活跃性，实时调整炉况，提高高炉对原料变化的适应能力，不断探索适宜的对策措施，使之固化于制，努力提升产量、降低消耗，实现高炉的基本稳定，剔除环保焖炉影响，产铁水平高于上年，炉况走向不断进步。其中炼铁北区2号高炉产铁127.45万吨，平均燃料比571.45千克/吨，平均煤比98.25千克/吨；3号高炉产量232.23万吨，利用系数1.989吨/(立方米·天)，燃料比570.43千克/吨，喷煤比118.70千克/吨。这一年，3号高炉1—8月炉况稳定顺行，各项指标均呈上升趋势，燃料比下降至525千克/吨，产量上升至7000吨/天，9月后，受环保影响，高炉频繁配吃落地烧结矿，且酸矿品种变化较多，高炉炉缸工作状态欠佳，通过稳定优化操作制度，控制合适的操作炉型，增强配吃落地烧结矿适应性，保证炉况稳定。南区高炉以多项举措调优活跃炉缸工作状态，保证高炉整体顺行，共产铁214.68万吨，平均日产6428吨，利用系数2.01吨/(立方米·天)，燃料比549千克/吨，喷煤比96千克/吨。不锈钢区高炉各项指标基本保持较好水平，其中1—6月与上年末指标相比，平均燃料比降低6千克/吨、煤比提高5千克/吨、铁水优质品率提高6.21个百分点。

【设备管理】 2017年，炼铁厂在钢铁行业环保要求日益严格、运营成本不断加大的环境下，强化设备管理，严控设备维护费用，完善设备全生命周期管理体系，推行“三位一体”设备管理模式，不断加强设备点检，对隐患设备、生产环境进行规范治理，保证设备安全稳定运行，实现重大设备事故为零目标。这一年，在设备不断更新改造的情况下，注重夯实设备基础管理，完善设备四大标准、三大规程及相关管理文件，修订完善18项设备专业管理制度，使设备管理工作更加科学化、合理化；实行岗位、点检、管理组三级点检模式，组织点检系统开展标准修订工作，修订内容涉及岗位点检标准、专业点检标准、给油脂标准、专用维修技术标准，制定点检路线81条，点检标准5.24万条，修改审定3.96万条，增加1142条；加强设备全生命周期管理，合理安排定修、计划检修，全年高炉计划检修8次，检修计划命中率100%，烧结区组织协调有计划停机检修39次，优化设备性能，有效消除设备隐患。

【炼铁厂南区高炉矿槽电除尘改造工程】 2017年3月1日，炼铁厂南区高炉矿槽电除尘改造工程竣工。该项目于上年10月17日立项，同年11月10日开工建设。项目概算投资757.98万元，由唐山钢铁国际工程技术有限公司设计，唐山瑞丰建筑安装有限公司和泊头环保机械有限公司承包建设。项目主要是对高炉矿槽除尘改造，第一电场保留并修复完善电场极板、极线、振打系统，第二、第三电场改造为布袋除尘器，原电除尘输灰系统、风机、电机、烟囱及管道利旧；配套进行高炉矿槽除尘管道改造，将矿槽除尘管道与高炉出铁场除尘管道进行连通，实现高炉出铁场除尘作为矿槽除尘检修备用装置。项目改造后，改善了除尘效果，达到环保要求。

【炼铁厂南区烧结机机尾除尘改造工程】 2017年3月29日，炼铁厂南区烧结机机尾除尘改造工程竣工。该项目于上年10月17日立项，同年11月10日开工建设，概算投资710.89万元，由唐山钢铁国际工程技术有限公司设计，唐山天鸿建筑安装工程有限公司和泊头市宁泊滤材有限公司承包建设。主要建设内容是对360平方米烧结机机尾除尘改造，在原有电除尘后增加1台低压脉冲布袋除尘器，包括新建脉冲布袋除尘器本体、除尘器输灰系统、除尘器及管道基础，除尘器及管道支架，进出风管道等配套设施。项目完成后，除尘效果显著，达到环保要求。

【炼铁厂北区矿筛、焦炭筛及成品筛改造项目】 2017年6月11日，炼铁厂北区矿筛、焦炭筛及成品筛改造项目竣工投产。该项目于上年11月立项，概算投资810万元，由唐山瑞丰建业集团有限公司承包建设。项目主要建设内容是对部分块矿筛、焦炭筛、烧结成品筛进行改造，包括块矿筛2台、焦炭筛1台、烧结成品筛10台。其中块矿筛筛板选用具有专利技术的HPM聚氨酯筛板，焦炭筛由固定溜筛改为棒条振动筛，1~3号烧结机10台三四次成品筛改为棒条筛，建设工期4个月。项目投入使用后，提高了原料区与烧结区物料筛净率，降低物料跑粗率，改善原有筛网堵塞状况，满足了工艺要求，对高炉生产前工序起到改善作用。

【推进作业长制】 2017年，炼铁厂作为公司作业长制重点推进单位，积极转变观念，创新管理方法，不断对作业长制推进方式、推进思路进行调整，修订《炼铁厂作业长制推进管理办法》，使作业长制推进工作形成闭环管理，有效保证作业长制有计划、有分工、有重点推进。这一年，加快作业长制推进步伐，采取选聘与竞聘方式，对全厂19个岗位的48名作业长进行公开考试竞聘上岗，推出作业长轮岗管理新办法，各区域作业长进行跨专业、跨区域、跨工序岗位轮换，着力培养跨专业的复合型管理人才，使作业长成为生产经营的多面手和“全科人才”，并从管理能力、职业精神、责任担当、语言文字沟通能力、安全管理、专业素质、执行力、创新能力八个方面制定考评标准与细则，激发轮岗作业长工作热情，促进管理水平提升。以作业长制与管理体系融合为契机，梳理厂级和作业区两级管理文件，编制《管理文件控制程序》，实现对专业管理文件的统一有效控制；对作业区原始记录进行梳理，为完善作业长履职菜单奠定基础。以标准化作业为核心，加强作业区建设，对编制的245个岗位规程进行专业会审、修订，制定《炼铁厂作业区三级标准化检查评价标准》，从厂专业管理检查、区域负责人评价、作业长标准化自查、异常处置认定、事故故障分析了解能力五个维度对作业长月度履职情况进行评价，引导作业区自主管理能力提升，促进作业区建设。通过事故故障分析，完善作业区制度、标准，补充完善相关制度、标准6项，全年发生成型性事故同比减少26起，成型事故降低率达24.3%。

【绩效管理】 2017年，炼铁厂结合推进作业长制的需要，对原有绩效管理体系进行完善优化，确立三级绩效评价体系，依据岗位配置重新修订《岗位说明书》；制定《炼铁厂关于作业区奖金使用的管理规定》，建立全厂统一的绩效奖金计算办法，规范绩效奖金使用分配范围和计算过程；制定《炼铁厂三级绩效管理办法》，对厂级446个专业管理，分别建立对应的绩效评价办法，为绩效管理提供评价依据；组织督促各区域、作业区建立作业区级专业管理绩效评价办法，对重点生产岗位的专业管理绩效评价办法进行完善，使专业管理条目化体系覆盖全厂所有专业及作业区，职工熟悉掌握本岗位所承担的KPI指标、主要工作内容、被考核项目及月绩效得分情况，及时落实改进措施，形成完整、高效的绩效评价体系。

【自主管理】 2017年，炼铁厂以作业长制为架构，深入开展自主管理活动，根据宝钢专家对自主管理工作的辅导意见，制定《炼铁厂自主管理活动管理办法》，细化《炼铁厂自主管理课题评价标准》，使自主管理课题从立项、审批、过程跟踪、课题发布、结果评价具有量化标准，引领职工通过岗位创新、技术创新等方式，解决生产经营难题。在一线职工中加大自主管理活动宣传发动力度，建立炼铁厂自主管理课题定期发布评选制度，以小改小革、优秀改善提案为基础，利用PDCA先进管理工具解决现场存在问题。全年，申报自主管理课题266项，创新增效300余万元，获公司课题奖励14.61万元。加强管理创新工作，对管理创新课题的立项严格把关，全年组织上报企业现代化管理创新课题30项，其中13项获公司批准立项，课题涵盖炼铁厂各工序的生产优化、成本降低、质量提高、环保节能、安全管理、作业区管理等多方面内容，促进了全厂管理水平的提高。

【现场环境改善】 2017年，炼铁厂加强现场环境改善，全面提升现场管理水平，取得明显成效。根据公司厂区治理统一部署，炼铁南区积极配合公司有关部门对高炉中控楼、高炉炉顶钢结构、热风炉钢结构及附属管道、烧结主厂房等参观沿线进行治理，总计清洗墙面4813平方米、钢结构漆化17.78万平方米、墙面粉刷3.19万平方米；加大对生产现场的治理力度，对各皮带通廊、转运站、厂房等积灰积料严重部位，制定治理计划，明确负责单位和整改时间节点，对现场“两源”问题进行改善，对高炉矿槽、烧结环冷机、烧结筛分室及现场部分除尘管道进行封堵、补漏79处，解决现场漏料问题，从根本上杜绝二次污染。针对环保限产要求，炼铁北区进一步提高环保标准，重视生产现场管理，制定年度综合治理方案，从高炉、烧结重点岗位着手，开展自主提升活动，2～3号高炉前出铁场平台漆化、粉刷5000平方米，护栏8000长米；2

号烧结机平台漆化、粉刷700平方米，护栏300长米，使高炉、烧结生产现场可视化管理标准大幅提高，带动全厂掀起了现场治理高潮，北区共计完成治理项目196项，区域治理204处，整改项目282项，为清洁生产、绿色制造提供了有力支撑。

【专利管理】 2017年，炼铁厂加强专利管理，加大知识产权保护宣传力度，引导职工立足岗位，在生产管理、技术改进以及“五小”活动中发挥聪明才智，以此带动并解决生产实际问题，促进整体管理水平提高。全年22项发明创造被国家知识产权局授权专利，其中发明专利1项，实用新型专利21项。

【党群工作】 2017年，炼铁厂党委学习贯彻党的十八届六中全会和十九大精神，在党建工作中坚持高标准，围绕生产经营中心，开展一系列党建特色活动，激发基层党组织活力，提高党员凝聚力，增强服务生产经营战斗力。扎实推进“两学一做”学习教育常态化制度化，通过“讲党课、送党课、评党课”活动，教育引导党员干部增强“四个意识”，充分发挥基层支部战斗堡垒和党员先锋模范作用，组织开展我为职工作表率、党员身边“三无”、一帮一结对子等活动，进一步调动党员工作主动性、创造性，带动职工提升学习能力、创效能力和竞争能力，助力产线优势潜能释放。加强基层党支部建设，根据行政机构和人员变化情况及时调整党支部设置，对党员50名以上的六个重点党支部进行拆分，促进“三会一课”制度落实和党员活动的开展。加强原料进口区域党建工作，当年6月，将提升原料保障能力、确保炼铁生产稳定纳入进口单位党建工作责任，督促其将党建工作融入进口管理各环节中，由党支部牵头，完善各种物料进厂质量标准，为生产工艺指标稳定提供服务保证。严格落实党风廉政建设责任制，坚持“一岗双责”，加强反腐倡廉监督、警示教育，通过中心组学习、上廉政党课等多种形式，组织党员干部重点学习《中国共产党廉洁自律准则》《中国共产党纪律处分条例》《关于新形势下党内政治生活的若干准则》以及上级和公司党委党风廉政建设工作会议精神等内容，增强廉政意识、规矩意识；认真开展以“忠诚、干净、担当”为主题的警示教育活动，对作业长以上党员干部进行动员和集体谈话，召开领导班子专题民主生活会，从理想信念、“四个意识”、纪律规矩、廉洁自律、担当作为五个方面，深入查找存在的问题和不足，制定整改措施，完善制度建设，强化党员干部的廉政意识和担当精神。坚持把服务企业发展作为出发点、落脚点，着力解决职工关心的具体问题，引导党员干部深入一线提供贴心服务，征求职工意见和需求，破解岗位生产难题，在解决难题中改进作风、提升能力，充分调动职工积极性。

一钢轧厂

【概况】 一钢轧厂是由炼钢、连铸、轧钢工序组成的生产单位，系以生产合格热轧板材为主要产品的主业单位，上下游工序分别承接炼铁厂、服务于冷轧薄板厂，在公司的生产中发挥承上启下的作用。其主要设备有150吨顶底复吹转炉、LF精炼炉各3座，RH真空精炼炉1座，连铸机4台，1810毫米生产线、1700毫米生产线各1条，平整生产线2条，年设计生产能力500万吨，主要生产厚度0.8～12.7毫米、宽度850～1680毫米的中高端热轧板卷。

2017年7月，热轧部更名为一钢轧厂。

2017年末，一钢轧厂设厂部级干部5人；下设科室3个，作业区22个。共有职工1414人，其中男职工1292人，女职工

122人；中共党员361人，共青团员31人；干部227人，其中科级干部41人；管理及专业技术职工155人，其中高级职称29人，中级职称127人；工人1187人，其中高级技师14人，技师69人。职工中有研究生44人，大学本科237人，大学专科267人，中专74人，高中及以下792人。

【生产经营】 2017年，一钢轧厂紧密围绕市场和产品两大核心任务，全面强化基础管理，不断调整客户结构，加大成本管控力度，努力释放产线潜能，各项指标显著优化，产线综合竞争力持续增强。全年，产钢484.3万吨，同比增加20.26万吨；热卷产量473.6万吨，同比增加21.09万吨；实现考核利润22.27亿元，超公司下达目标8.66亿元，同比增长18.93亿元。年内，多项指标实现突破，其中10月，钢产量45.35万吨，创月产最高纪录；10月28日，转炉作业区日产炉数115炉，创历史最好水平。

【产线效率提升】 2017年，一钢轧厂加强生产组织，以释放产线最大效率为理念，结合技术排产规则，优化物流运输，实现工序无缝衔接，产线效率显著提升，1700毫米生产线和1810毫米生产线机时产量分别达426.9吨/时和303.5吨/时，同比增加42.12吨/时和11.3吨/时，效率分别提升10%、4%。这一年，优化生产组织模式，合理搭配接单品种，不断挖掘产线装备潜能，通过技术攻关提高连铸机拉速和转炉容量，机时产量进一步提高。优化设备点检制度，消除设备隐患，调整定修模型，减少检修时间，定修周期由上年的21天延长至30天，设备检修时间同比减少288小时，为产能提高、效率提升提供有力支撑，实现了增产增效经营目标。

【工艺技术优化】 2017年，一钢轧厂围绕抓设备、抓质量、抓产线三条工作主线，持续加强产线基础管理，不断优化工艺技术，锁定焦点课题，充分发挥专家技术引领作用，积极探索建立新常态下的生产模式，生产工艺水平不断提升，助推高端产品生产和高端客户开发。年内，进一步调试转炉烟气分析系统模型，强化现场物料、称量、备件等基础保障，自动化炼钢比例同比提升18%，“不倒炉”直出比例达43%；全力推进1810毫米生产线连铸提速，通过开发倒角结晶器窄板，优化保护渣、水口等参数及提升扇形段等设备的维修维护，连铸机平均拉速同比提高0.5米/分；合理调配冶炼过程废钢结构，改造废钢斗，推进降铁耗工作，铁水消耗稳定控制在850千克/吨以内，其中普通品种达到800千克/吨以下。

【市场开拓】 2017年，一钢轧厂聚焦客户结构优化和产品结构升级，深入研究产品区域市场，锁定目标客户，一对一直销比进一步提高。这一年，依托产销研协同团队，紧盯市场需求及各品种盈利能力变化，建立高效的市场反应机制，对接市场和客户，提高热轧薄规格、耐酸耐候钢、酸洗压缩机用钢、药芯焊丝钢、结构级镀锌、汽车用钢六大类特色产品产销量，将压缩机行业作为打开酸洗家电用钢产品市场的突破口，与LG、日立等重点客户开展合作，销量从年初不足500吨提升至3000吨以上，SAP－H、Q315NS等耐候耐酸钢产量7.4万吨，日立、LG等家电板2.3万吨，40Mn、65Mn、75Cr等高碳钢5.06万吨，TYH系列药芯焊丝钢4.0万吨，510L、610L、QSTE系列、SAPH系列汽车用钢10万吨，H340系列、S350、S380等低合金高强钢8.66万吨，为市场开拓创造了条件；加大产品审核认证和品种上量攻关力度，先后通过CRCC铁路产品、CE产品认证审核，吉利汽车、北汽福田、上汽等二方认证审核，推动产销研协同机制高效运行。

【市场服务】 2017年，一钢轧厂以市场需求为导向，坚定高端定制化路线，坚持定期走访客户，了解和掌握客户对产品成分、性能、尺寸等方面的要求，努力为其提供个性化服务。全年，用户质量异议同比减少25%。年内，加强与大连斯瑞特、长城汽车、山东时风、天津金桥等重点客户沟通，不断解决客户提出的质量问题，提供“一对一”定制服务，满足客户需求。重视产品售后服务，组织技术人员深入用户生产现场，跟踪产品使用情况，及时反馈用户意见，针对药芯焊丝钢客户及产品特点，将药芯焊丝钢牌号细分为TYH1、TYH2、TYH3、TYH4，制定12项关键过程控制点，满足不同客户的个性化需求。

【品种结构优化】 2017年，一钢轧厂坚持以客户结构调整推动产品升级这一主线，加大产品研发力度，实现产品结构优化升级。全年，生产品种钢85.1万吨，品种比59.2%，重点产品产量27.3万吨，同比提高14.2%；开发TYH系列产品，制管用钢S380、S450，铁路耐候产品Q345NQR1、Q450NQR2。这一年，完善重点产品生产组织流程，修订《重点品种生产管理制度》，规范重点品种合同评审、产前准备、过程控制、产后总结等环节，提升产品控制和产线接单能力，为重点品种持续上量提供依据；抓住热轧薄规格产品向好的市场趋势，持续提高薄规格产品接单比例，年内共生产2.0毫米以下热轧薄规格产品25.5万吨，同比增加2.8万吨，满足了用户和市场需求。

【质量管理】 2017年，一钢轧厂深入贯彻公司质量管理方针，高度重视质量管理体系的有效运行，强化质量管理措施落地，产品质量大幅提升。全年，废次降率0.46%，同比降低0.11%；1810毫米生产线酸洗板色差、1700毫米生产线酸洗板山水纹攻关取得突破，产品合格率分别达90.5%、94%，较攻关前提升28%和11%，产品表面质量满足家电用户使用要求，为稳步推进压缩机壳家电用钢批量开发提供了有力支撑；持续优化轧机模型控制及现场条件保障，双命中率明显提升，一次检验合格率达93.6%，同比提高近5%。这一年，围绕满足高端客户需求，不断完善质量管理体系，扎实推进体系内各项工作有序开展，逐步实现全流程质量精确控制；重新梳理三级管理类文件及规程类文件，建立健全连铸结晶器、轧辊工装管理制度，制定《质量体系管理方案》《文件管理办法》等文件，完善更新技术规程、岗位规程，推行控制计划替代产品制造卡，实现有标准、可执行、能落实、有改善、终提高的管理目标，为产品质量控制和提升提供支撑和保障。

【设备精度提升】 2017年，一钢轧厂加强设备管理，全面提升设备功能精度，进一步完善管理标准，并将其纳入设备管理系统，切实提高设备管理水平，保证设备高效稳定运行。全年，设备故障时间同比降低26.94%，为加快产线升级奠定了基础。这一年，充分利用设备管理系统规范管理流程，优化精度控制指标782项，完善设备功能精度管理制度，落实《设备专业检查管理办法》《点检管理办法》《设备技改管理办法》等制度，对功能精度不达标项予以通报，并明确责任人和整改达标时间，实现科室与工艺作业区、点检作业区协同管控，形成发现问题、解决问题的闭环管理。积极开展与日照钢铁公司等单位之间的对标交流，总结对标经验，细化设备精度标准，在原标准基础上缩减50%精度范围，关键精度项目按照图纸设计要求制定标准，年内1810毫米生产线大修，钢、轧两区实施设备精度项目450余项，设备精度合格率达100%，产线设备功能精度得到有效提升。

【成本费用管控】 2017年，一钢轧厂进一步加大成本费用管控力度，严格控制管理费用支出，杜绝预算外开支。对备件进行分层管理，按其属性划分为刚性需求备件和弹性需求备件，限定刚性需求的生产消耗类备件月费用指标在200万元以内，加强弹性需求备件计划的审核管控，合理设定弹性需求备件的月计划额度。同时，注重备品备件的修旧利废，减少备品备件支出，将工时费用作为点检作业区重要KPI指标，有效控制月度日修定修工时结算和大修工时结算，检修变动费用进一步压减。

【标准成本改善提升】 2017年，一钢轧厂强化产线独立市场经营单元意识，狠抓自动化炼钢、连铸拉速、铁水消耗、轧机机时产量等课题攻关，加大挖潜增效力度，重点做好工序成本过程控制和资金刚性管控，标准成本得到改善和提升。全年，标准成本符合率达27.36%，同比提高17.2%。这一年，全厂以预算、控制、协调、考核为主线，建立完整的指标控制系统，逐级分解公司下达的生产经营任务，明确作业区任务目标，制定并落实管控措施，提升标准成本控制能力。加强产线精细管理，对钢铁料、合金料、耐材、能源、备件等重点指标进行重点管控分析，降低炼钢熔炼费和轧钢加工费，实施低价物料替代高价物料、冶炼低碳钢使用高碳锰铁代替中碳锰铁配锰等有效措施，吨钢成本降低1.77元，结构成本进一步优化。

【技术经济指标攻关】 2017年，一钢轧厂加强与先进单位进行全方位对标，以转炉自动化炼钢及直出比例提升、1810毫米生产线连铸拉速提高、降低铁水消耗为突破口，积极开展技术经济指标重点攻关，持续优化过程控制，提升产线运行效率，为降本增效提供技术支撑。其中推进新型钙线使用，钙处理成本由上年的7.2元/吨降至5.6元/吨；采取耐候钢生产使用废旧铜板、窄成分控制、碳粉预脱氧工艺等技术手段，合金成本降低4.7元/吨；将1号连铸机板坯厚度由150毫米改为180毫米，增加部分钢卷卷重，提高热轧、冷轧产品成材率，直接创效逾300万元。

【模型化生产】 2017年，一钢轧厂进一步构建模型化生产，以转炉智能化炼钢、1700毫米生产线加热炉二级燃烧及自动送坯等重点模型开发为切入点，梳理产线基础模型，推进全流程工艺控制模型化进程，以此提升成本控制力和产品创效能力。年内，恢复3座转炉烟气分析系统功能，改造一次除尘风机流量计，使得烟气流量满足自动化冶炼模型需要；优化氧枪氧气流量计参数，保证自动化冶炼过程中氧气流量稳定，推进模型调试，转炉自动化炼钢水平进一步提升，自动化炼钢比例达88.1%。针对1700毫米生产线二级精轧机预落套张力增大问题，完善活套控制和尾部AGC控制，优化弯辊力设定轧制力的计算程序和层冷模型，保证了产线长期稳定轧制，产品质量持续提升。

【突破轧制极限规格】 2017年，一钢轧厂进一步明确产线定位，深入挖掘轧线常规生产能力，科学组织生产，不断总结产品减薄经验，优化工艺控制参数，严格控制轧机区域设备精度，推进标准化操作，优化板坯加热温度、轧制速度等生产指标，产线轧制能力进一步提升。5月13日，1810毫米生产线首次成功轧制1610毫米×3.0毫米规格高碳品种钢75Cr1和65Mn，突破高碳钢宽断面轧制极限规格。6月1日，1700毫米生产线首次轧制1230毫米×1.4毫米极薄规格热轧带钢获得成功，轧线生产能力实现新突破。这一年，依托产线协同团队，围绕高碳钢增量及薄规格生产加大攻关力度，优化轧机工艺控制，完善设备精度，提高生产稳定性，1810毫米生产线薄规格高碳钢产品由上年的1.8毫米拓展到1.6毫米、1.5毫米，并具备批量生产能力，当年9月，生产2.0毫米以下薄规格带钢3.46万吨，同比提升121%；高碳钢产品持续上量，其中10月生产高碳钢7230吨，创月产最好水平。

【连铸机大包水口技术改造】 2017年，一钢轧厂1700毫米生产线连铸作业区大力开展工艺技术攻关活动，以“连铸机钢渣界面反应”为课题，从大包长水口入手，对连铸机水口结构及相关设施进行改造，相继开展精炼渣、覆盖剂、干式料成分对1700毫米生产线连铸中间包工作层的侵蚀研究，改造吹氩结构，将原位于水口碗部中间氩封环吹氩，调整为碗部上吹氩结构，并将与其相配套的设施改为石棉碗结构。改造后，连铸中间包液面翻腾现象改善明显，钢渣界面反应平稳，有效降低了钢水夹杂物含量，连铸机大包长水口寿命周期延长2小时，干式料侵蚀深度降低30%，中间包酸铝烧损、精炼铝耗等技术指标得到优化，促进了产品质量提升。

【加热炉装钢系统自动化改造】 2017年5月23日，一钢轧厂1700毫米生产线加热炉装钢控制系统自动化改造项目正式投入运行。相关人员对设备条件和改造目标进行充分论证，与公司相关单位沟通，利用1700毫米生产线大修时机，确定改造方案，完善控制程序和目标功能，优化装钢过程参数设置。改造后，装钢机启动和停止、板坯定位、入炉和物料跟踪等工作实现自动控制，极大地提高了工作效率，有效提升加热炉设备的自动化控制水平和板坯加热质量，为产品结构优化提供了重要保障。

【采用氮氩气交换方式脱硫】 2017年，一钢轧厂在铁水预处理工序通过脱硫喷吹介质——氮气与氩气的相互交换方式，提升铁水纯净度，降低能源成本。依据进站铁水中初始硫含量、目标硫含量，交替使用氮气和氩气，冶炼钢种出站目标硫含量高于0.003%时，使用氮气喷吹，反之使用氩气喷吹。喷吹过程中，通过设定系统参数，精确喷吹的脱硫量，确定喷粉速度和时间，控制气体流速，保证脱硫命中率。两种气体的交换使用，改变了喷吹气体压力波动大，输送粉料不均匀的弊端，送料方式更加稳定。当年8月，吨钢氩气消耗环比降低0.04千克。

【轧钢生产线自动化系统功能提升改造项目】 2017年5月7日，一钢轧厂轧钢生产线自动化系统功能提升改造项目竣工并投入使用。该项目于当年2月13日立项，概算投资525万元。项目主要建设内容为卷取传动控制系统改造；主电机润滑控制系统改造；轧机换辊地面站操作系统改造；轧线控制电缆系统升级改造。改造后，解决了产线快节奏生产时传动能力不足，过硬、过厚钢卷卷型不良，主电机润滑故障及换辊效率偏低等问题。

【1号连铸机功能提升改造】 2017年7月1日，一钢轧厂1号连铸机功能提升改造项目竣工。该项目于当年2月13日立项，概算投资470万元，由西安重型机械研究所承建。主要建设内容为结晶器盖板改造；1号连铸机10台150毫米结晶器改为180毫米结晶器，窄边调宽装置改造；引锭头改造，零段、扇形段垫块改造；多功能辊缝仪180毫米断面改造；1号连铸机电源进线、UPS电源改造等项目。改造后，提高了连铸机生产效率和连铸板坯质量。

【冶金铸造吊改造】 2017年4—12月，一钢轧厂加料跨、渣跨、受钢跨5部冶金铸造吊改造全部完工。该项目于上年8月22日获公司批准，概算投资974.36万元，主要是对一钢轧厂5部存在安全隐患的天车进行改造，包括购置加料跨2号240吨天车主小车，渣跨1号、3号两部50吨天车，受钢跨1号、3号两部125吨天车主小车。改造设备采购采用招投标方式，中标单位分别为大连华锐重工起重机有限公司、新乡新起机器设备有限公司唐山销售公司、河北兴隆起重设备有限公司。经安装调试，渣跨3号、1号冶金铸造吊分别于4月30日、6月30日改造完工；受钢跨1号冶金铸造吊5月7日竣工，3号冶金铸造吊12月25日竣工；加料跨2号冶金铸造吊12月30日竣工。改造后，消除了隐患，保证了安全生产。

【煤气放散塔点火装置技术改造】 2017年1月10日，一钢轧厂转炉作业区煤气放散塔点火装置技术改造项目竣工。针对转炉一次除尘放散点火装置运行效果不稳定状况，于上年7月对3座转炉放散塔点火系统实施技术改造。拆除原有4个放散管内的焦气伴烧系统，安装直燃式自动点火伴烧系统，新增自动点火装置及相应的控制与安全连锁设施，以及点火防爆、灭火防回火、氮气吹扫等安全装置。改造后，实现点火装置与三通换向阀、水封逆止阀、一氧化碳含量、氧气含量连锁，消除了安全隐患，节能效果明显，达到环保要求。

【能源利用】 2017年，一钢轧厂加强能源管理，利用能源管控系统、PI系统等信息化平台对能源回收全面实时监控，能源回收利用效率进一步提升。通过数据梳理，制定合理管控指标；严格执行调度指令，积极配合公司整体回收调度平衡；提高岗位自主管控意识，执行标准化作业，完善回收操作规程，减少二次燃烧，提高回收量，降低能源损失；优化自动化炼钢模型，采用低氧压吹炼模式，炉内加入补热剂，加快碳氧反应速率，使一氧化碳浓度提前达到回收标准，保证回收煤气质量。

【安全环保工作】 2017年，一钢轧厂牢固树立安全环保红线意识，全面强化安全环保管理工作，努力营造安全和谐稳定的生产经营环境，实现安全及职业卫生目标。这一年，全力抓好安全生产，强化落实安全生产责任制，对标同行业先进企业，引入检修能量锁定、安全行为观察等有效措施，扎实开展冶金安全标准化一级企业创建、安全隐患排查治理、危险源辨识与管控、相关方同质化管理等活动，重点规范12类检维修作业票的审批、执行程序，安全风险管控能力显著增强。高度重视环保工作，严格执行国家排放标准，从职工行为规范、现场管理、环境体系运行管理与考核等方面入手，强化环保管理制度落地，实施科室为作业区提供服务支撑、作业区自查整改措施，确保各项措施收到实效；加强环境治理，规范检修与环保项目管理，有序推进环保设备检修与环保项目施工，年内先后实施中包翻包机除尘罩封堵、2号大包翻包机除尘罩升级改造、管道积灰清理等环保工程项目，为生产顺行、提高经营质量，创造了良好条件。

【作业长制推进】 2017年，一钢轧厂全面推进作业长制，完善五制配套，强化标准化作业等基础管理，促进产线各项工作进一步提升。按照厂领导包保分工、科室服务支撑、作业区自主管理、PDCA持续提升原则，明确科室对作业区形成制度规则、技术理论、标准化作业指导三大支撑，不断理顺管理流程，优化作业区日常管理，压实作业长生产作业指挥权、事故处置权、绩效管理与奖金分配权、岗位组聘权、后备作业长培训推荐权等5项职责，鼓励作业长开展课题立项、岗位创新，解决现场实际问题，推动管理重心下移，确保产线稳定高效运行。建立作业长素质模型，根据模型要求，对作业长岗位人员进行业务技能和管理能力等方面培训，提高作业长管理水平和带队水平，保证作业长制推进效果。建立金牛、银牛示范作业区评比机制，通过绩效奖励与排行榜公示相结合的方式，激发作业区争先创优热情。年内，评选金牛作业区13个、银牛作业区15个，实施管理改善167项。

【绩效管理】 2017年，一钢轧厂持续深化全员绩效管理，完善绩效评价体系，修订《全员绩效管理总体方案》，针对阶段性重点工作重新梳理KPI指标设置，对核心重点工作增设加分项，充分发挥绩效管理引领作用。坚持以绩效为抓手，打破专业技术人员按技术职务聘任情况兑现奖金的现状，实现奖金系数动态调节。同时，以绩效为导向，将技术人员划分为产线工程师和综合管理工程师，制定详实的绩效分配细则，激励人才扎根产线、服务产线。

【自主管理】 2017年，一钢轧厂持续推进自主管理，积极开展形式多样的自主管理活动，实行自主管理月度评比和季度成果发布，邀请宝钢专家针对降低轧辊消耗、提高超低碳钢终点氧位合格率等管理项目进行专题辅导，运用管理分析工具，将管理成果纳入标准化操作，产生积极效果。全年，实施66项作业区级和148项班组级自主管理课题，现场改善176项。各作业区结合自身特点，常态化组织贴近生产的自主管理活动，其中工艺作业区按照标准化、流程化、可视化要求，推动192个关键岗位规程实现可视化；设备点检作业区立足现场设备实施清扫、整理、整顿，开展一小时集体行动，提升自主管理能力与素养。

【人才梯队建设】 2017年，一钢轧厂加快人才培养步伐，优化管理队伍结构，努力打造有知识、有能力、勤于实践的管理技术团队。针对大学生员工，开展人才队伍现状摸底调查，对人才分布、技管岗位人员配置和产线大学生配置等信息进行分析统计，注重倾听大学生员工诉求，年内组织召开大学生员工座谈会3次，建立了大学生微信群，宣传公司职业发展通道、相关文件、专家讲堂信息等内容，制定适合产线实际的轮岗实习机制、导师带徒机制、大学生打分机制和“1-8-1”用人机制等配套制度，实现梯队化建设。

【党群工作】 2017年，一钢轧厂党委以党的十八届六中全会和十九大精神为指导，认真贯彻落实公司党委决策部署，创新推进党群各项工作，促进生产经营目标实现。这一年，扎实推进“两学一做”学习教育常态化制度化，以支部为单位，开展多种形式党课和创建党员先锋岗活动，提高党员的党性修养和政治素质，引导党员立足岗位，积极参与产线重点、难点课题攻关，争做合格党员。进一步夯实党的建设基础工作，制定《一钢轧厂党委工作规则》，借助作为公司党建网格化管理试点单位契机，建立完善党建工作管理体系，规范党建工作程序，不断提升党建工作标准化、规范化水平。坚持落实“两个责任”，制定并下发“两个责任”清单和年度党风廉政建设工作规划，切实加强反腐倡廉工作，组织党支部书记、作业长和科室主要负责人签订党风廉政建设责任状，严格执行中央八项规定，持之以恒纠“四风”，加大重要时间节点明察暗访力度，坚持不定期检查和支部自查，加强警示教育，促进党员干部作风转变。做好职工民主管理工作，加强职工队伍建设，组织开展多种形式的小指标竞赛和劳动竞赛，1800余人次参与；坚持为职工服务，为产线服务，持续开展节期“送温暖”、暑期“双服务”和困难职工走访慰问等工作，年内组织1405名职工参加健康体检，参检率100%，为一线岗位配置微波炉、饮水机，发放困难补助金，为5名患大病困难职工申请加入河北省帮扶系统，最大限度帮助职工解决实际困难，企业凝聚力进一步增强。

二钢轧厂

【概况】 二钢轧厂由炼钢、连铸、轧钢工序组成，是以生产长材为主要产品的钢铁主业生产单位。2017年末，二钢轧厂主要装备有55吨转炉2座；方坯连铸机3台；55吨LF精炼炉2座；轧机4套，其中棒材轧机2套，高速线材轧机2套。其产品广泛应用于建筑工程，固定资产60.84亿元。

2017年7月7日，长材部更名为二钢轧厂。8月3日，二钢轧厂中型分厂相关生产、管理职能及人员划拨至型钢厂，包括中型轧钢作业区、加工作业区、轻轨作业区和准备运行作业区等4个区域，涉及职工424

人，撤销原二钢轧厂中型分厂组织机构。

2017年末，二钢轧厂设厂部级干部6人；下设科室3个，作业区13个。共有职工1316人，其中男职工1237人，女职工79人；中共党员520人，共青团员19人；干部146人，其中科级干部44人；管理及专业技术职工102人，其中高级职称19人，中级职称41人；工人1170人，其中高级技师9人，技师53人。职工中有博士2人，研究生17人，大学本科153人，大学专科197人，中专62人，高中及以下885人。

【生产经营】 2017年，二钢轧厂围绕市场和产品两大核心工作，全面实施组织结构扁平化变革，加强基础管理，深入推进四大支撑体系建设，大力开拓市场，努力服务用户，加快产品结构调整，提升成本控制能力，产线综合竞争力进一步增强，取得较好的经营业绩。全年，钢产量155.3万吨，钢材产量160.9万吨，品种钢比例23.60%，重点品种产销量5.2万吨，钢铁料消耗1071千克/吨，高线综合成材率96.03%，棒材综合成材率100.51%，创效5.59亿元。这一年，加快建立以市场和用户需求为导向，各工序高效协同，具有较强独立面对市场创效能力和自我改善能力的生产制造体系，构建低铁耗模式下高效生产组织模式，加快推进长材产品转型升级，狠抓钢轧工序生产匹配与全过程控制，在炼钢、轧钢不同工序建立相应的产线模型，最大限度提高生产效率。坚持市场导向，锁定创效产品，着力提升高效益小规格螺纹钢产品比例，高附加值小规格螺纹钢产品销量占比达28.3%，同比提高6.9个百分点。抓住棒材产品市场价格走高的有利时机，及时复产二棒生产线，5天即收回复产全部成本。加强设备预知管理，不断提升设备管控水平，科学合理安排生产与品种切换及设备检修，充分释放设备潜能，保证生产顺畅和效益最大化。

【产品升级和结构调整】 2017年，二钢轧厂按照公司整体战略布局，紧紧抓住“以技术进步推动产品升级”主线，依托产销研一体化运行平台，深挖产线潜能，丰富产线产品，全面加快产品研发和品种结构优化升级，不断满足市场多元化需求。全年，棒材系列成功开发17毫米方钢，24毫米六角钢，20毫米、22毫米右旋MG400锚杆钢，20毫米、22毫米圆钢等产品；型钢系列成功开发履带型钢、铁道垫板型钢、叉车门架用钢、电极扁钢、欧标耐低温角钢、大型槽钢等新品种并具备批量供货能力。年内，充分发挥生产线技术优势，着力增加高附加值、高效益品种生产比例，推进重点产品攻关上量，棒材产线累计生产销售HRB500E螺纹钢筋5.26万吨，中型产线1—8月产销轻轨近1.5万吨，完成上年销量的138%；首次生产L3W190×8毫米规格履带钢，成功打入工程机械用钢领域；首次为煤炭行业直供用户定制生产5米定尺22千克级轻轨，满足了用户个性化要求。

【客户端结构优化】 2017年，二钢轧厂以客户结构调整推动产品结构升级为主线，积极推动客户端结构优化调整，建立高效反应市场的重点用户绿色通道，深入对接市场，加强市场服务，针对用户个性化需求提供技术附加解决方案，满足用户需求。这一年，以京津唐区域为推广重心，深入走访开发商、设计院、采购方等20余家，多层次推介500兆帕级高强钢筋，成功开发天津泰达集团、保定长城集团、隆基泰和集团投资、恒大地产等多个客户和项目，当年销量达5.2万吨。加强与事业部营销单元密切配合，开展重点产品推广、重点用户跟踪服务、优特品种市场调研、常规品种定制化生产，推动品种结构及用户结构的转型升级，以直供用户、央企用户开发为突破口，加强一对一直供直销，有针对性地减少三方直供和贸易商，取得积极进展，棒材方面淘汰低端客户4家，中型产线取消角钢中间商全部改为直供用户。坚持客户开发与客户维护并重原则，加强市场服务工作，组织产线生产单元、作业区人员深入市场、用户现场 8 次，组织用户到生产现场进行质量确认 4 次，全方位满足用户需求。积极走访唐山、北京、天津地区 12 家重点工地，满足用户产品使用情况、质量、包装、交货期要求，全年产品发货总量为上年的 1.59 倍，客户不满意度同比降低 62%，经济损失同比降低 93.3%。

【供货重点工程】 2017 年，二钢轧厂紧盯国家重点工程项目建设，发挥产销研用一体化优势，积极推进重点工程供货，密切跟踪北京城市副中心、冬奥会配套工程兴延高速、北京新机场轻轨线、水曹铁路、雄安新区建设等全国重点工程，强化定制化服务，以用户标准作为产品出厂标准，及时解决用户提出的质量、特殊定尺、包装及标牌信息等相关问题，切实做到“始于用户需求、终于用户满意”。全年，重点工程发货 7.14 万吨，其中北京城市副中心发货 2.46 万吨，较上年提高 300%。7 月，首次为国家重点工程——水曹铁路供应螺纹钢产品。12 月，为雄安新区市民服务中心工程项目定制生产首批优质 HRB400E 抗震钢筋，助力国家级新区首个项目建设，用户反馈良好。

【直供 2022 年冬奥会重点基础设施配套项目】 2017 年，二钢轧厂长材产品以优质的产品质量和技术服务，直供 2022 年冬奥会重点基础设施配套项目，获得用户高度认可。兴延高速公路是 2022 年冬奥会及 2019 年延庆世界园艺博览会重点基础设施配套项目之一。起点在北京西六环，向北经过昌平到达延庆，全长约 42 千米。由于工程设计穿越隧道，因此对建筑用钢材质量要求极高。针对这一难题，市场和技术人员深入工地现场，了解用户需求，推介河钢唐钢产品和服务，得到用户高度认可，双方于 9 月末签订首个供求订单。生产过程中，根据用户对用钢质量、强度的具体需求，以更严格的工艺要求组织生产，实现冶炼、轧制、包装质量全程跟踪，确保高品质产品及时交予用户使用。

【履带钢成功打入工程机械用钢领域】 2017 年，二钢轧厂成功研发三种规格 LW3190 履带钢，腹板厚度分别为 10 毫米、8.5 毫米、8 毫米，产品质量满足用户需求，实现了履带钢由新产品研发、量产到订货的突破，标志着公司长材产品成功打入工程机械用钢领域。年内，该厂重新定位产品方向，打破型材仅运用于基建工程的局限性，以履带钢为突破口，积极面向机械制造行业需求加快产品转型，充分利用型线事业部成立后的各类优势平台，最大限度发挥技术优势，挖掘装备潜能，以生产一批、研发一批、储备一批为原则，强力推进产销研用高效运转。积极做好履带钢信息化系统的贯通，从产品交货标准着手，协调新品种排产，根据用户需求，优化完善生产工艺，保证产品如期试轧。

【质量管理】 2017 年，二钢轧厂以用户需求为着力点加强质量管理，夯实质量管理基础，推进质量管理体系落地，实施标准化作业，提升过程管控能力，确保产品质量。全年，产品合格率达 100%，同比提高 0.02%，废次降品率 0.008%。按照 IATF16949 质量管理体系要求，完善棒材质量体系过程控制，提高职工规则规范意识和体系运行思维；围绕满足高端客户需求，积极优化模型化、信息化系统功能，做好重点产品质量和关键工艺水平提升，有针对性地开展靶向攻关，实现客户质量要求在产线的全流程精确控制，提升高端产品质量稳定性；充分发挥质量代表作用，实现对客户质量异议现场跟踪、协调处理，最大限度减少客户丢单、流失等现象发生。

【新工艺新技术应用】 2017 年，二钢轧厂加快新工艺新技术应用，锁定公司生产经营、科技创新重点，充分发挥专家技术引领作用，大力开展指标重点攻关，取得显著成效。加快推进炉后喂丝提碳降锰工艺与氮氧混吹工艺，累计创效2300余万元。炉后喂丝提碳降锰工艺，确定了转炉提碳、降锰、降硅模型匹配关系，优化成分配比，高效控制HRB400碳、氮含量的稳定性，HRB400平均锰含量同比降低0.05%，硅含量同比降低0.06%，综合合金成本降低8.1元/吨，促进了棒材合金成分降低与性能稳定控制。转炉氮氧混吹工艺，使包样氮合格率达到98%以上，实现目标要求，形成了稳定的氮氧混吹增氮工艺路线。此外，推广使用孔型优化、轧槽车削标准化、钢料控制标准化等技术，负差稳定率上升3%；开展降铁耗攻关，通过对标学习及自主创新，进行提温剂提温试验，制定《提温剂使用方案》，确定白煤和碳化硅压球作为提温剂，从提温剂使用、提温剂种类优化、废钢斗改造、双机浅精炼等方面深入攻关，综合铁耗由年初1006千克/吨降至800千克/吨。

【模型化自动化建设】 2017年，二钢轧厂深入学习加拿大多法斯科钢厂经验，充分利用原有装备条件，立足产品实际，大力开展模型化、自动化建设，在严格推行标准化作业基础上，深刻解读模型化生产理念，加快由“经验”生产向“模型化”生产思维转变。在炼钢、轧钢不同工序建立产线模型，基于转炉物料平衡和热平衡，积极推进废钢使用模型、转炉提温剂使用模型，通过模型确定废钢和提温剂的加入量，保证转炉正常冶炼，转炉工序铁水消耗降低30~40千克/吨，有效降低了转炉冶炼成本；棒材作业区投入使用标准化钢料模型，针对不同品种、规格国标及内控要求，分别制定适合棒材生产条件的负差控制模型，确立负差范围及指导标准值，确保棒材负差控制稳定率在80%以上；推进二棒生产线倍尺优化模型项目，通过系统采集连铸定重供坯系统的钢坯重量数据，对钢坯从加热炉到粗、中、精轧机实现全程跟踪，精确控制棒材成品倍尺，在提高成材率同时，实现模型化、自动化手段对岗位用工的替代，降低了劳动强度和人工费用。

【成本费用管控】 2017年，二钢轧厂狠抓资金、费用和成本管控不放松，持续强调“过紧日子”思想，着力加强标准成本改善，进一步加大成本费用管控力度，降本增效取得预期成效。深入推行日清日结，充分应用系统数据，倒逼产线日成本精准控制；狠抓各工序标准成本符合率，倒逼结构成本优化，提升工艺控制能力；强化产线精细管理，大力降低炼钢熔炼费和轧钢加工费，加速推进各项指标持续优化；抓好动态能源管理，谋求与生产节奏高效协同，深入挖掘氮气、压缩空气、水耗、电耗、蒸汽回收等领域潜力，氮气消耗由100立方米/吨下降到73.77立方米/吨，压缩空气消耗由41.72立方米/吨下降到21.43立方米/吨，水综合消耗由29立方米/吨下降到22.63立方米/吨；利用能源合同管理，实现主电机变频改造，电耗由40千瓦时/吨下降到29.42千瓦时/吨，蒸汽回收由104.48千克/吨增加到117.66千克/吨；突出“零基预算”原则，杜绝预算外开支，重点对生产外开支、半固定费用实施全方位管控，强力压减费用支出；积极利用内部资源，加强备品备件修旧利废和产线小革小改，提高产线作业效率、减少备品备件消耗，严防费用反弹；加强新产品调试中的精细管理，强化工艺论证和操作模拟，降低工艺消耗件，削减各种产品调试中的工艺费用支出。全年，物料消耗45.75元/吨，检修费22.65元/吨，分别同比降低9.66元/吨和8.3元/吨。

【安全环保管理】 2017年，二钢轧厂全面强化安全生产，高度重视环保工作，牢固树立安全环保工作高于一切理念，不断完善安全环保责任体系，严格落实党政同责、一岗双责要求，将安全考核和责任追责制度落实到岗位，营造了安全稳定的生产经营环境。这一年，安全管理引入先进企业管理模式，结合作业长制安全管理经验和实际工作模式的推广，对现场危险源辨识重新进行梳理，提高特种设备岗位应对突发事故风险的应急能力，开展一系列安全培训、知识竞赛、应急演练活动，举办全员培训 20 期，进一步细化各项管理措施，管理内容和管理模式不断优化；积极开展检维修、外委施工、动力介质等专项整治，及时有效解决安全管理难点问题，提升整体安全管理水平。夯实环保基础管理，主动适应环保工作新常态，牢固树立环保工作红线意识，开展多次环保大联查活动，保证全范围、全天候达标；深化 TPM 管理，使岗位点检、专业点检有机结合，科学维护除尘设备，合理安排设备检修，保证除尘设备同步运行率 100%，达标排放 100%；健全环境检查机制，明确检查标准，形成厂部、作业区、班组三级保证体系，以自查、互查、大联查相结合的形式，实现检查全覆盖；加大考核力度，对环保问题“零容忍”，强化整改执行力，杜绝重复问题发生；充分利用网上办公系统、微信等平台，保证环保信息及时传递，环保管理效率快速提升。

【技术改造】 2017 年，二钢轧厂加强技术改造，解决生产疑难问题，为提高产品质量、保证生产线稳定顺行提供有力支撑。3 月 15 日，实施连铸 5 号机钢坯在线称重系统改造完善项目，作为二棒生产线复产配套改造项目，由二钢轧厂自行设计研发，采用网络技术改造称重模块、称体结构，优化系统检测点和检测算法，于同月 30 日投入使用，改造后铸坯单重合格率稳定在 85%以上，棒材工序成材率提高 0.15%，实现效益 1200 多万元/年，具有广泛的推广价值，获得软件著作权 3 项，已受理专利 3 项。6 月 30 日，6 号连铸机剪后辊道 MCC 柜变频改造项目投入使用，由二钢轧厂自行设计研发，1 月 15 日开始试验，主要针对原有设备老化严重、易发生晶闸管击穿短路事故的缺陷，创新开发出一种抽屉式辊道变频控制装置，使辊道控制系统故障率得到有效控制，减少机电备件消耗，提高系统的稳定性和可靠性，取得了较好的经济效益，已受理专利 1 项。

【推进作业长制】 2017 年，二钢轧厂持续深化作业长制推进，与技术、质量、人才、信息自动化四大支撑体系建设紧密融合，为对接市场、对接客户提供基础保障。按照宝钢作业长制验收标准，组织作业区内部验收，完善作业长制管理体系，将各类资源配置到产线，深化产线基础管理，切实解决产线问题，实现“五制配套”。建立科室与作业区点对点管理服务模式，即每个职能科室对每个作业区都有专人提供服务和支撑的管理体系，指导作业区将管理理念转化为管理方法与措施，不断巩固推进成果，稳步实现作业长制全面落地。深度挖掘 PDCA 工具的运用，实现员工素质能力与管理水平双提升。

【绩效管理】 2017 年，二钢轧厂强化事业部平台下的绩效评价体系，加速优势资源向产线倾斜配置。紧密围绕总体目标任务，积极调整管理理念思维、运行机制和产品定位，突出管理重心下移和高效对接市场两大基本原则，重新制定厂部级领导分工方案，强化厂部级包保作业区制度的执行，持续优化人员配置、绩效协同等管理流程。推进职能科室对接产线的点对点服务，不断健全产线需求反馈绿色通道，持续完善产销管控、对接市场等管理制度，通过强化内部各工序间的协同机制，进一步整合内部资源，组织结构扁平化变革实现良好开局。

【党群工作】 2017 年，二钢轧厂党委认真学习宣传贯彻党的十八届六中全会和十九大精神，全面加强党群工作。扎实推进“两学一做”学习教育常态化制度化，紧密结合“五队创建”特色党建品牌活动，深入开展党员示范岗、党员精品岗、党员作业区创建等主题活动，围绕推动新品种研发、提升产线创效能力、破解生产难题等重点工作，引导党员立足岗位当先锋、作表率，助力任务目标实现；加强党员队伍建设，加快与产品升级结构调整相适应的人才支撑体系建设，创新党员培养与管理工作，进一步提升党员的党性观念和政治素质；认真贯彻集团、公司警示教育大会精神，以“忠诚、干净、担当”为主题，开展警示教育活动；抓好公司党委专项督导巡察反馈意见整改工作，贯彻《关于对落实全面从严治党“两个责任”进行巡察督导的实施方案》，开展“两个责任”自查整改活动，促进“两个责任”有效落实；加强纪检监察，健全组织机构，推进监督体系建设，强化权力运行风险防控，为生产经营任务的完成和改革创新提供坚强纪律保障；进一步做好职工民主管理工作，坚持重大事项职代会审议制度，畅通职工代表提案、厂长联络员和职工代表巡视等渠道，提高职工民主决策、参与、监督水平，同时构建“职工论坛”平台，选拔优秀一线职工走上讲台，讲述职业精神和工作理解，进一步增强全员凝聚力、执行力和认同感、归属感；加强职工技能培训，深入开展职工劳动竞赛和技术比武，多渠道开展困难职工帮扶、“送温暖”等活动，使广大职工切身感受到企业的关怀和温暖。

冷轧薄板厂（高强汽车板有限公司）

【概况】 冷轧薄板厂（高强汽车板有限公司）是具有冷轧和热轧深加工能力的主业生产单位，由酸轧、退火、镀锌等工序组成，设立冷轧薄板厂本部和高强汽车板有限公司两个生产区域。冷轧薄板厂本部产线总投资31亿元，占地面积16万平方米，共有11条主生产线，具备230万吨冷轧和热轧深加工产品的生产能力，向市场提供热轧酸洗、热基热镀锌、冷硬、连续退火、罩式退火、冷基热镀锌、冷基热镀铝锌、电工钢和彩涂等各类产品，出口产品遍及世界150余个国家和地区；高强汽车板有限公司于2013年7月8日注册成立，其产线是公司“十二五”时期兴建的单体投资最大的产品升级项目，位于开平工业园区，西距公司本部约2.8千米，占地面积53万平方米。项目分两期建设，一期新建酸轧机组1条、连退机组1条、镀锌机组1条、重卷检查机组1条、半自动包装机组2条和相应配套公辅设施，二期新建镀锌机组2条、重卷检查机组1条和半自动包装机组1条，设计成品产量180万吨，产品定位为国际一流水平的高强汽车板、深冲板和家电板，规格为厚度0.2~3.0毫米、宽度700~1600毫米，连退产品最大抗拉强度1200兆帕，镀锌产品最大抗拉强度1000兆帕，广泛应用于汽车结构、机械制造和高档家电等领域。一、二期分别于2015年、2017年建成投产。

2017年7月7日，冷轧部更名为冷轧薄板厂（高强汽车板有限公司）。

2017年末，冷轧薄板厂（高强汽车板有限公司）设厂部级干部8人；下设科室9个、分厂2个、作业区22个、班组71个。共有职工1486人，其中男职工1327人，女职工159人；在册中共党员465人；干部372人，其中科级干部17人；管理及专业技术职工163人，其中高级职称34人，中级职称104人；工人1114人，其中高级技师14人，技师69人。职工中有博士生2人，研究生44人，大学本科337人（含后取得学历），大学专科及以下1103人。

【生产经营】 2017年，冷轧薄板厂（高强汽车板有限公司）围绕产品和市场两大中心工作，以管理体制变革为抓手，全面推进客户结构调整和产品升级，持续增强产线竞争力，促进各项工作不断进步。全年，冷轧薄板厂本部商品销售量249万吨，重点品种产量76.8万吨，同比增长4.1倍。高强汽车板有限公司加工总量266.2万吨，同比提高20.4万吨；商品材产量148.5万吨，同比提高11万吨；商品材销售量145.1万吨，同比提高9.2万吨，其中汽车板销售量55.7万吨，同比增长45.4%，家电板销售量30万吨，同比增长6.6%。年内，坚持精细化管理，提升生产效率，多项指标创历史最好水平。其中，1月，冷轧薄板厂本部商品材产量25.8万吨，酸洗生产线产量达6.79万吨，创月产历史最高纪录；5月，高强汽车板有限公司商品材产量、销售量均创历史最好水平，酸轧生产线产量首次突破16万吨。

【产品结构升级】 2017年，冷轧薄板厂（高强汽车板有限公司）根据产线特点和市场效益情况，加大产品结构调整力度，瞄准市场需求开发特色产品，产品结构实现提档升级。年内，冷轧薄板厂本部按照卷板事业部整体部署，确定重点开发方向，酸洗产品以开发酸洗汽车结构钢和家电用钢为主导，罩退产品以药芯焊丝、深冲用钢为开发重点，镀锌产品以中端家电板、440兆帕以上结构级镀锌产品为开发重点，酸洗压缩机用钢、药芯焊丝钢、搪瓷钢、汽车钢等四大类特色产品初具规模，其中药芯焊丝钢产量5.2万吨，压缩机用钢产量1.9万吨，结构级镀锌产量22.8万吨，汽车类用钢产量7.9万吨。高强汽车板有限公司以高端汽车用钢为研发重点，加大开发力度，重点产品销量65.1万吨，同比增长75%，顺利实现对吉利、菲亚特、北汽福田、上汽等主机厂批量供货，其中吉利新车型远景X3汽车用钢供货覆盖率达95%，月订货量最高达到7000吨。

【客户开发】 2017年，冷轧薄板厂（高强汽车板有限公司）以用户结构调整推进产品升级，集中力量深入市场与客户，开发一对一直供客户，加快向行业第一方阵迈进，取得良好成效。全年，冷轧薄板厂本部新开发客户48家，为客户研制新品种9个，重点客户销量43.2万吨；高强汽车板有限公司新开发客户34家，为客户研制新品种22个，重点客户销量实现53.5万吨。这一年，强化全员营销理念，由厂部级干部、营销团队人员、技术人员全方位对接终端用户，坚持客户开发与客户关系维护并重，按照客户个性化要求制定关键过程控制点，满足客户需求，提高专业化服务水平；成立战略客户专项服务小组，为客户提供全方位、多维度服务，包括从合同签订到产品生产、技术攻关，再到质量把控、运输交货、售后定制化服务，针对用户需求提供技术附加解决方案，持续为用户创造价值，家电板实现对海尔、格力、美的和奥克斯国内四大知名品牌全覆盖；充分利用事业部协同机制，加大产销研用深度融合，每周定期召开协同例会，现场协调解决推进过程中的各种问题，提高工作效率及合同交付速度，共协同处理问题886项，其中交期合同类278项，计划排产生产类219项，制度规范程序类136项，性能表面质量类95项，物流库存类63项，取样认证类54项，数据信息类41项。

【产品质量提升】 2017年，冷轧薄板厂（高强汽车板有限公司）重视并持续抓好产品质量提升工作，不断完善产品质量保障流程，实现产品质量不断提升。全年，冷轧薄板厂本部产品合格率99.32%；高强汽车板有限公司产品综合合格率96.65%，同比提高0.14%。年内，以质量体系建设为抓手，推进KPI、SPC、PFMEA管理工具在产线运用，选取关键KPI指标进行管理标准提升，持续跟踪完善，促进1号、2号镀锌生产线铝含量、2号酸洗生产线1号槽自由酸浓度、3号镀锌生产线FB级品率均达到新设定标准，结构级镀锌屈服强度范围控制在54兆帕的行业先进水平，酸洗速度稳定率由81.02%提升至95.38%，月均减少酸洗缺陷60%以上；修订完善《酸轧排产规程》《酸轧下小卷规定》《工艺辅料管理办法》《清洁生产管理办法》《停气应急预案》《产品标签管理办法》等管理规定8项，技术规程10项，操作规程15项，新增作业文件3份，为生产稳定、质量提升提供了有效保障。

【优化设备功能】 2017年，冷轧薄板厂（高强汽车板有限公司）持续完善设备功能精度，提高工艺控制水平，实现设备高效稳定运行。全年，冷轧薄板厂本部设备事故总时间同比降低28.12%，为开发高端产品提供设备支撑。年内，继续完善设备点巡检制度与考核办法，并建立正负激励双向考核通道，确保点检适时、量化和可测量；推进设备全生命周期管理，实现设备管理信息化；改变传统维修模式，采取定修与预防维修相结合方式，开展工程师巡检、专业点检与岗位点检标准提升工作，重新确定岗位点检标准，各点检作业区共发现隐患607项，隐患处理率达97%，并对未处理隐患制定临时整改及预防措施，确保隐患管理处于可控状态，保持设备运行状态稳定；深入开展设备功能精度管理，实行功能日报管理，冷轧薄板厂本部列入管理功能187项，其中A类功能75项、B类功能57项、C类功能55项，确保各生产线机时产量保持稳定，其中酸洗生产线、2号镀锌生产线机时产量分别提升15.47%、5.7%。

【加强成本管控能力】 2017年，冷轧薄板厂（高强汽车板有限公司）进一步加强成本控制能力，推进清洁化生产、标准化作业，综合成本明显降低。全年，冷轧薄板厂本部变动加工费实现349.13元/吨，同比降低2.44元/吨，其中煤气消耗下降3.89立方米/吨，电力消耗下降1.49千瓦时/吨，酸洗生产线成材率提升0.1%，重卷生产线成材率提升0.06%，3号镀锌生产线成材率提升0.19%。高强汽车板变动加工费实现522.22元/吨，同比降低4.17元/吨。年内，不断加强基础管理和系统优化，推行清洁生产和辊系管理，确保产品质量稳步提升，满足了海尔、菲亚特、卡萨帝等高端客户的需求，海尔钢累计发货5万吨，其中高表面质量冰箱门壳用钢1.2万吨，占比达24%。

【对标管理】 2017年，冷轧薄板厂（高强汽车板有限公司）以产线对标为抓手，深入对标学习先进单位产品结构和产品策略优势，有针对性地改善工艺和产品结构，为管理提升和产品升级提供参考。年内，组织与宝钢、首钢京唐、邯钢、马钢、本钢等行业先进单位对标9次，通过对标，认真查找自身差距，积极进行工艺创新，完善设备精度管理63项，修订点检作业区绩效评价标准2次，进一步规范酸洗汽车用钢、罩退药芯焊丝钢、镀锌结构级产品、热基镀锌产品控制参数，促进非计划产品大量减少，有力支撑了品种开发工作。积极参与集团内部对标交流，学习借鉴集团内部企业优秀经验做法，在当年9月集团家电钢对标大会上，获得“技术质量支持奖”，在12月集团召开的冷轧及涂镀汽车板对标交流会上，学习“汽车轻量化、技术路径与高强钢应用”“板材冷弯成形前沿技术”技术成果，围绕冷轧及涂镀汽车板结构优化、技术质量提升、产品认证与市场占有率等方面存在的问题及下步目标进行讨论，通过交流学习，为产品质量稳定性提升、订单交期保付能力提升和质量管理体系落地等工作打下基础。

【研发生产汽车用钢】 2017年，冷轧薄板厂（高强汽车板有限公司）充分发挥先进产线装备和技术优势，在高端汽车用钢研发生产上持续发力，取得良好成效。全年，汽车用钢产销量 55.67 万吨，同比增长 45.4%，其中 800 兆帕以下产品实现全覆盖，980 兆帕以下双相钢、低合金高强钢、淬火配分钢等汽车用钢实现批量生产，镀锌汽车板 1000 兆帕高强钢成功试制。这一年，以汽车主机厂为开发重点，加强与客户的深入交流，走访接洽一汽大众、长安福特、长城汽车、吉利汽车、广汽集团、中国重汽、比亚迪等汽车主机厂，先后通过 4 家知名汽车主机厂二方认证，同时开发 18 家一级配套厂、16 家二级配套厂，迅速打开汽车板生产、销售新局面，为下一步更高级别汽车外板开发生产奠定良好基础。

【认证工作】 2017 年，冷轧薄板厂（高强汽车板有限公司）积极做好二方认证，不断完善管理流程和制度，有力推动产品质量和管理水平提升。2 月 21—22 日，顺利通过北汽福田工厂审核；7 月 12—14 日，通过上汽供应商质量保证能力评审，标志着该厂成为上汽合格潜在供应商；9 月 6—8 日，顺利通过博世集团（BOSCH）审厂认证；10 月 31 日—11 月 1 日，连退、镀锌产品通过中冶检测认证有限公司绿色产品认证。

【质量体系建设】 2017 年，高强汽车板有限公司按照公司实施的 IATF16949:2016 转版认证要求，依据《质量手册》，推进质量体系建设，促进质量管理水平实现新提升。年内，根据新版体系标准，确定质量体系 29 个过程，明确 9 个主责过程和 20 个支持过程，并按照体系要求引进全面风险管理，对各个过程所涉及的输入、输出、人机料法环测等各类要素进行风险识别，共识别风险 127 项，建立完善的文件和记录支撑体系，逐渐形成由质量手册、程序文件、作业文件和记录组成的四级质量管理体系系统，并确定 16 个程序文件、56 个作业文件和 182 个记录，为实现质量管理体系落地奠定基础，有效提升了高强汽车板公司的质量管理水平。

【成功生产超高强度级别冷轧双相钢】 2017 年 11 月 12 日，冷轧薄板厂（高强汽车板有限公司）首次成功为浙江某知名汽车配件企业定制生产超高强冷成型汽车用钢 CR820/1180DP。经检验，产品拉伸性能、折弯性能优良，各项指标达到标准要求，标志着公司超高强汽车板全面进入千兆级阵营，并由此实现了冷轧双向钢产品由最低牌号 CR240/390DP 到最高牌号 CR820/1180DP 的全覆盖。冷轧双相钢 CR820/1180DP 是双相钢中强度级别最高的钢种，具有加工硬化能力强、抗冲击吸收能力高等特点，广泛应用于汽车结构件、加强件和防撞件上，是高等级汽车板结构类零部件的首选钢种。为开发此产品，组建专业研发团队，专注于合金成分设计并打通全流程加工环节，确保了产品研发成功。

【出口工作】 2017 年，冷轧薄板厂（高强汽车板有限公司）坚持以用户为导向，发挥作为国内最大单体冷轧产品出口生产企业的国际影响力和知名度，加强与国际知名企业之间的深层次合作，不断完善全球化销售网络，开拓新客户资源及国际市场新领域，拓展出口市场空间。全年，冷轧薄板厂本部出口产品 109 万吨，占商品量的 43.7%；高强汽车板有限公司出口产品 21.4 万吨，占商品量的 14.4%。年内，按照客户个性化需求，以保质量、保交期、保用户为目标，借助计划—实施—检查—改进 PDCA 循环管理，不断完善操作规程、技术规程、设备维护规程，持续提升产线控制能力，确保生产合同及时交付，热基高强结构级镀锌产品 S390GD+Z 实现首次批量出口葡萄牙，镀锌产品 DX51D+Z 出口以色列，助力“一带一路”建设。

【与欧洲知名汽车制造商达成合作】 2017 年，冷轧薄板厂（高强汽车板有限公司）供货世界十大汽车制造商之一的欧洲某知名汽车制造企业3190吨产品，双方在FEP04、FEP05等汽车钢领域达成合作。该汽车制造企业具有百年建厂历史，旗下拥有十余个知名汽车品牌，在世界上被誉为“完美汽车的缔造者”。年内，经过周密的准备和扎实稳健的工作，成功通过该企业体系审核二方认证，获得产品准入资格。在产品生产过程中，积极与客户接洽，交流产品指标要求与技术规范，经过反复试验攻关，进一步改进工艺，有效保证了产品表面光洁度、边部平滑度、涂油均匀性等指标；组织开展行业对标，学习产品包装和运输规范，确保产品海上运输质量，让客户100%满意，并结合客户对产品的物流要求，严密组织，缜密衔接，层层落实，实现产品顺利集港。此次供货合同的签订，对公司优化汽车钢客户结构、扩大国内外汽车钢市场份额、提升行业影响力发挥了重要作用。

【供货吉利汽车实现突破】 2017年，冷轧薄板厂（高强汽车板有限公司）供货吉利汽车2.35万吨，产品月供货量由最初的500吨提高到5000多吨，品种从单一的DC01扩展到冷成型高强钢T210P1、碳素结构钢带T280VK、双相钢HC340/590DP等11个品种，实现历史性突破。年内，在与吉利汽车合作过程中，充分发挥产销研一体化机制优势，合力攻克研发、生产、质量等方面难题，使高端汽车钢产品工艺控制能力得到提升；建立吉利汽车使用性能数据库，完善用户技术支撑档案，提升客户服务能力；建立多层次、全流程质量管理体系，提升质量体系运行水平，最终以优质的产品质量和技术服务得到吉利汽车高度认可。

【成功生产极限规格酸洗汽车钢】 2017年12月10日，冷轧薄板厂（高强汽车板有限公司）成功为客户定制5.0毫米酸洗汽车钢S500MC，是该牌号酸洗汽车钢极限规格，标志着公司酸洗产线高端产品接单能力进一步增强。S500MC酸洗汽车钢强度高，具有良好的冷成型性能，广泛应用于制造汽车大梁等结构件。在深入了解客户个性化需求后，组建技术攻关团队，根据产品性能特点，研究制定生产预案。生产中，技术人员深入产线，对焊接、切边、板形控制等全程跟踪、指导生产，及时调整工艺参数。岗位职工严格执行操作规程，确保产品质量。经检验，该批产品表面质量、物理性能和化学成分完全符合订单要求。

【蝉联全国冶金安全生产标准化一级企业】 2017年，在国家安全生产监督管理总局发布的公告中，冷轧薄板厂直接通过评审，成为全国冶金行业仅有的两家“免检”单位之一，被评为全国冶金安全生产标准化一级企业。此次评选，全国共有88家企业确定为冶金等工贸行业安全生产标准化一级企业，其中冶金行业11家。此外，自2015年12月31日发布第九批冶金安全生产标准化一级企业名单后，此次为国家安全生产监督管理总局近两年内首次发布冶金行业内安全标准等级最高企业名单，而达标等级一级为最高，申请安全生产标准化评审的企业必须具备在本行业内处于领先位置、在申请评审之日前一年内未发生较大以上生产安全事故等条件。该厂高度重视安全生产工作，坚持以“安全第一、预防为主、综合治理”安全生产方针为根本，严格落实安全生产主体责任，建立“横向到边、纵向到底”的安全责任体系，实现安全生产责任全覆盖；牢固树立“人人管安全、人人都是安全员”理念，采取“一人违章，全组学习”“微信群隐患排查信息共享”等方式，规范全员作业安全行为，不断激发职工自主管理潜能。从首次评选自主创建阶段开始起，累计收到职工改善提案2506项，3项安全改善提案获得国家专利；结合安全生产标准化要求，全面推行5S、TPM、改善提案等优秀管理方法，消除作业环境中不良因素和作业过程中不安全行为，实现了更高水平的安全生产。

【推进创新变革】 2017年，冷轧薄板厂（高强汽车板有限公司）以事业部制改革为契机，积极推进创新变革，促进管理效率和产线活力显著提升。深入推进作业长制，按照作业长制“五制配套”分工，采取科室主推、推进办总体协调与监督的推进办法，借助公司联查和宝钢咨询专家辅导，不断发现问题，落实整改，持续提升，助推事业部实现纵向“专业一贯”、横向“内外协同”良性运转；推进专业经济责任制与全员绩效管理有机结合，围绕基层作业区绩效管理落地推进、专家绩效修订、一级组织绩效指标持续改进三个重点开展工作，组织作业区绩效落地经验分享3场次，深入基层检查工作落实26次，处理一级组织绩效申诉31项，修订一级组织绩效指标12类27项，并以每月输出7类表单、三类报告的形式规范绩效管理的基本体系流程，推动绩效管理工作在PDCA良性循环中不断进步；推进人才培养选拔制度创新，下发《作业长及后备作业长管理办法》，明确作业长及后备作业长的职责、选拔、培养和绩效评价方法，实施作业长分档管理方法，不断壮大作业长队伍，共选拔45名三四档作业长，23名二档作业长，促进了企业人才培养、储备、输出。

【技能创新工作】 2017年，冷轧薄板厂（高强汽车板有限公司）注重职工技能培养和科技创新，制定知识管理程序文件，明确、细化知识管理过程具体业务，完善各类知识管理清单，建立知识共享平台，对各类知识进行系统化、体系化管理，取得良好成效。当年，“激光焊机焊缝质量研究及工艺优化”项目获得河北冶金（钢铁）科学技术奖二等奖，“低碳Al镇静汽车用钢罩式退火生产技术与创新”项目获得河北冶金科学技术奖二等奖；组织开展4次技术练兵，完成自主管理课题108项，创新成果37项，营造了浓厚的自主创新氛围。

【党群工作】 2017年，冷轧薄板厂（高强汽车板有限公司）党委深入贯彻落实公司党委决策部署，以党群工作的有效开展，服务保障生产经营目标顺利实现。深入推进“两学一做”学习教育常态化制度化，在党员活动室开设专栏，通过微信、QQ群搭建微课堂，上传各类学习资料，把“两学一做”学习教育融入党员日常工作生活中；加强形势任务教育，大力宣传公司决策部署和具体工作措施，聚焦“市场”和“产品”两大主题，层层传递压力，逐级落实责任，统一思想，鼓舞士气；开展党员“亮身份、比贡献、提素质、展作为”“党员争做绩效先锋”“党员岗位攻关竞赛”、支部达标竞赛等活动，充分发挥党员先进性作用；组织开展好节期送温暖、暑期送清凉和困难职工帮扶工作，切实让职工感受到企业的关怀。

型钢厂

【概况】 型钢厂由连铸、轧钢、精整工序组成，是公司生产大型、中型型钢产品的生产单位。2017年7月7日，型钢部更名为型钢厂。8月3日，按照公司“以产线为独立市场单元，合理配置资源”的管理思路，为提高产线专业化管理水平，将二钢轧厂中型分厂相关生产、管理职能及人员划拨至型钢厂，由型钢厂负责公司型钢类产品的生产管理工作。同时，按照公司组织机构设置扁平化要求，撤销原二钢轧厂中型分厂组织机构。划拨完成后，型钢厂下设组织机构15个，其中科室4个，作业区11个，涉及相关的物流、能源等系统保持原有统管、包保方式不变。

2017年末，型钢厂大型线固定资产原值为18.41亿元，净值16.77亿元，拥有主要设备22台（套），总重量8015吨，其中：12米弧一机四流大矩形坯连铸机1台、31米蓄热步进梁式加热炉1座、高压水除鳞机2套、ϕ1100毫米开坯粗轧机2架、ϕ1050毫米精轧机2架、冷床入口热锯1台、方圆钢热锯2台、78米步进式大冷床1座、1350~1800毫米变节距9辊双支撑矫直机1台、定尺冷锯机2台、码垛机3台，年生产能力40万吨。中型线固定资产原值2.45亿元，净值7468万元，拥有主要设备23台（套），总质量5157吨，其中：22米蓄热推钢式加热炉1座、高压水除鳞机2套、ϕ650毫米横列式轧机1架、ϕ630毫米横列式轧机3架、热锯3台，链式型钢冷床3座、800矫直机1台、900矫直机1台、自动码垛机1台，年生产能力40万吨。

2017年末，型钢厂设厂部级干部4人；下设科室4个、作业区11个、班组35个。共有职工853人，其中男职工764人，女职工89人；中共党员225人；干部68人，其中科级干部47人，专业技术职工25人，高级职称17人，中级职称27人；工人785人，其中技术工人628人，高级技师3人，技师26人。

【生产经营】 2017年，型钢厂紧紧围绕市场和产品两大主题，不断优化生产工艺，完善设备功能，强化基础管理，提升产线生产水平，各项工作稳步推进。全年，大型线产量23.41万吨，重点产品比例85.7%，重点客户销量14.42万吨；综合成材率94.1%，同比提高5.25%；综合煤气消耗557.08立方米/吨，同比降低162.38立方米/吨；标准成本符合率完成46.97%。中型线产量33.5万吨，重点产品比例88.7%，重点客户销量28.8万吨；综合成材率93.97%，同比提高0.89个百分点；综合煤气消耗400.45立方米/吨，同比降低36.07立方米/吨；标准成本符合率完成40%（8—12月）。

【新产品开发】 2017年，型钢厂主动适应小批量、多品种、高端化、定制化生产新要求，用特钢思维不断丰富产线品种储备，推进新产品开发，提高产品竞争力。全年，成功开发8种规格电极扁钢系列产品，具备120毫米×80毫米以上规格电极扁钢系列产品生产能力；开发特钢用扁钢Q420m、Q440m叉车门架用钢，实现批量生产；开发S235JR、S355J2欧标角钢，具备180~300毫米全系列B级、C级、D级角钢生产能力；开发Q400/Q470级40U低合金高强矿用支撑钢，实现批量生产；开发14英寸、14.75英寸、16英寸、18英寸低碳耐候、高碳铁道垫板，具备批量生产能力；试轧成功G540铁路桥梁球形支架及Q460E113方钢；完成28号、30号、32号、36号、40号槽钢孔型设计，并开发40号槽钢，实现批量销售；开发LW190履带钢；开发6米以下短定尺轻轨，实现批量生产。

【电极扁钢开发上量】 2017年，型钢厂对准高端市场，加大技术攻关力度，不断拓宽电极扁钢规格范围，促进重点产品开发上量。截至12月，电极扁钢规格增至10个，产销量达1.81万吨，新增高端客户6家。在电极扁钢系列产品开发生产过程中，成立电极扁钢研发团队，对生产中的难点逐一攻关，分析研究产品标准和技术要求，设计开发新规格电极扁钢孔型和导卫，并制定科学的轧制方案。研发团队全程跟踪生产过程，合理调整工艺参数，保证产品性能和质量。此外，成立设备小组，实行跟踪负责制，加强设备功能维护，运用PDCA等现代化管理方法，提高产线效率，先后实施设备功能完善与改进项目53项，为产品开发生产提供支撑。年末，具备生产180毫米×130毫米、245毫米×120毫米、230毫米×100毫米、220毫米×105毫米等10种规格电极扁钢能力。

【成功开发欧标角钢S235JR、S355J2】 2017年，型钢厂成功为国内某铁塔厂定制生产欧标角钢 S235JR、S355J2，产品质量优良，具备批量生产能力。全年，产品产量达1885吨。欧标 S355J2 材质角钢相当于国内D级角钢，产品须确保-20℃下冲击功标准要求，D级角钢属于特高压铁塔用耐低温冲击角钢，比C级角钢具有更高的耐低温性能。针对耐低温冲击要求，技术、生产人员发挥协同机制作用，在钢水洁净度控制、表面质量控制等方面持续优化，提高工艺控制能力，及时有效进行工艺固化，确保产线具备该产品批量生产能力。

【市场开拓】 2017年，型钢厂聚焦高端客户，深入对接客户需求，推进主要产品做大做强。全年，为中国有色、山东魏桥、中铝集团等用户，开发销售系列电极扁钢1.8万吨；为宏润实业量身定制高强耐低温冲击叉车门架用钢；拓展大规格高强U型钢市场，实现独家供货辽源煤业40U；为大连昱达汽车零部件制造厂定制生产 A656Gr80-Y 高强钢；中型产品市场新增抚顺矿业、山东能源、贵州吉龙等重点直供用户，矿用钢实现销售28.8万吨，同比增加8.8万吨。

【工艺技术改造】 2017年，型钢厂持续进行工艺技术攻关改造，不断提升产品质量和生产效率。在连铸工艺技术改造方面，实施结晶器水套及扇形段改造，提高铸坯表面质量，扇段过钢量从5000吨提高到2万吨；与东北大学进行产学研合作，综合优化苏信特钢水口安装、本钢分流控制、大冶保护浇注、石钢缓冷工艺应用于连铸生产，大矩形铸坯冶金质量显著提高，废次降率明显降低。在轧钢工艺技术改造方面，实施大型线成品前增加除鳞机、F1机后加装链式移钢机，开展以铁道垫板为代表的非对称断面型钢矫直攻关，提升产品表面质量和轧件平直度；中型线开展轻轨短定尺攻关，实现6米以下轻轨批量销售。

【设备管理】 2017年，型钢厂加强设备管理，重点实施27项设备技术改造，提高设备使用寿命，减少设备事故、故障发生，确保设备稳定高效运行。全年，设备故障、事故时间同比减少75%。这一年，针对设备运行状况，制定《设备点检管理制度》《设备等级分级管理、区域负责制》，坚持专业点检和岗位点检相结合，加强设备专职化管理，促进点检工作有序开展，提升设备点检覆盖率和有效点检，线上PM点检完成率达100%；实施方圆钢热锯机改造，实现方圆钢全尺寸双锯锯切，大幅提高方钢机时产量；改进冷床入口预弯装置，初步实现履带钢预弯功能，辅助精整工序进行钢料矫直，有利于履带钢、铁道垫板等新品种开发生产；成立连铸设备内部攻关组进行连铸区域设备攻关，解决大包机械手运行不稳、液压振动控制、冷却水软连接寿命短、冷却水过滤、二冷水控制、拉矫机压力波动、电磁搅拌制水、火切机回位不准、摄像定尺短定尺偏差大、捞钢机提速等多项设备问题，其中捞钢机设备优化改造，使捞钢机上升速度提高20%，下降速度提高10%，捞钢时间从5分20秒缩短至3分45秒，提高了设备的运行效率。

【成本管理】 2017年，型钢厂强化成本费用管理，从优化结构成本、技术创新、控制维检费用等环节入手，深入挖潜，提升成本控制能力。多举措降低能源，根据轧制成品长度减介质消耗，制定停车状态节电措施与预案开冷床冷却风机；优化减开部分厂房照明；根据轧制品种规格，轧制小规格品种时关停部分运输辊道；针对合同比较零散，采取批量集中轧制，保证设备运行期间作业率，提高轧机机时产量，降低单位时间内煤气单耗；严格执行加热炉控温制度，实现加热炉分段窄区间控温，煤气综合单耗同比降低162.38立方米/吨。全面抓好运费控制，将运费指标按照吨钢分解，实行全过程控制，优化车辆使用，提高车辆利用率，降低费用；进行厂内运输费用对标，逐步形成全方位、全过程的合理用车体系，全年厂内倒运费优于同行业水平。严控维检费用，利用大型线生产间隔时间对全线设备进行梳理和排查，制定检修计划，按设备大修标准组织检修，除加热炉、主电机、矫直机项目外，年末所有需要大修项目全部完成，各项功能精度全部达标，全年设备备材采购2313.5万元，比计划节省336.3万元。

【轻轨生产线改造项目】 2017年5月，型钢厂轻轨生产线改造项目竣工，于上年5月开工建设。项目由青岛沃顿液压设备有限公司和济南宁瑞机械设备有限公司提供技术及设备，唐山天鸿建设集团有限公司承建，青岛沃顿液压设备有限公司、济南宁瑞机械设备有限公司、唐山天鸿建设集团有限公司负责设备安装。项目主要是拆除原8台（套）东西两线铣钻分离形式的铣钻床，新建4台东西两线铣钻一体铣钻床，在铣钻床东侧输入辊道处新建两套定尺切割用带锯。项目投产后，轻轨月产由3000吨增至6000吨以上，且新型铣钻一体铣钻床的定长机构设计，避免轻轨长短不一，捆型整齐美观，同时具备生产短尺轻轨（4米、4.5米、5米）能力，既满足特殊用户需求，又增加吨钢效益。

【加热炉自动化二级系统改造】 2017年5月，型钢厂加热炉自动化二级系统改造经试运行后，正式投入使用，加热炉生产智能化水平和生产效率进一步提升。该改造工程由公司信息自动化部牵头实施，改造后的二级系统增加人机界面HMI，增加炉内跟踪、炉坯温度、炉温设定、出炉记录管理等几大功能，实现加热炉生产全过程自动跟踪和加热过程全自动控制，提高设备自动控制精度，满足工艺要求，保证了钢坯轧制质量。此外，通过精准的温度控制，提升钢坯加热质量，降低燃料消耗。

【推进作业长制】 2017年，型钢厂积极推进作业长制，先后选派12名骨干参加公司作业长资格培训并取得合格证。定期组织作业长制推进会，邀请培训老师和先进单位优秀作业长传授推进经验。完善示范作业区评比标准，每月开展示范作业区评比，评比结果与绩效挂钩，进一步激发各作业区深入推进作业长制的积极性。大型中型合并后，取消中型分厂机构，下设4个作业区，实现组织机构扁平化。

【党群工作】 2017年，型钢厂党委认真学习贯彻党的十八届六中全会和党的十九大精神，全面推进“两学一做”学习教育常态化制度化，深入落实党委主体责任，全面加强党的建设。以“3X+1”形势任务宣讲为主要载体，围绕产品结构调整、组织结构扁平化变革、提高质量、降低成本等重点工作任务，深入基层做好形势任务宣传教育，做到主管领导对作业长、科级人员，作业长对班组长，班组长对班组成员全覆盖宣讲；健全大型中型合并后党的基层组织，加强支部建设，为生产经营提供坚强组织保障；结合生产经营实际，深入开展“党员示范岗”“佩党徽、树形象”“市场开拓与产品创效争先锋”等活动，建立评比表彰机制，促进党员干部引领作用发挥；认真落实“三会一课”工作制度，充分发挥党组织作用，以支部为单位定期组织党员集中上党课，召开党员思想交流会，修订完善《党员“三会一课”工作制度》《党支部工作考核办法》等，确保党的组织生活落到实处；充分利用待坯停产时间和工余时间，积极开展厂级和作业区级业务培训，全年共组织各类培训60余次，有效提高各级党员干部的业务技能及综合素质；认真落实党风廉政建设主体责任，逐级落实党风廉政建设责任制，全面学习贯彻《关于新形势下党内政治生活的若干准则》《中国共产党党内监督条例》，扎实开展警示教育活动，认真查摆问题和差距，强化思想教育，不断推动党风廉政建设深入开展；持续开展班际擂台赛活动，围绕重点产品提质增量、新品种开发取得新进展两个主要方面进行攻关，取得明显效果。

不锈钢公司

【概况】 唐山不锈钢有限责任公司（以下简称不锈钢公司）是集烧结、炼铁、炼钢、轧钢于一体的生产单位，专业生产热轧板材等产品。作为河钢唐钢控股三大子公司之一，不锈钢公司由河钢唐钢、中国第二十二冶金建设公司、衡水京华制管有限公司、开滦集团有限责任公司和潮州市锦峰物资有限公司等五家不同所有制企业投资，控股股东为河钢唐钢，位于唐山市古冶区，注册资本20.8亿元。拥有265平方米烧结机1台、450立方米高炉2座、550立方米高炉2座、双工位铁水预处理装置1座、100吨脱碳转炉3座、110吨脱磷转炉1座、110吨LF精炼炉3座、110吨RH真空冶炼炉1座、单流板坯连铸机3台、1580毫米热轧生产线1条、精品线材生产线2条及相关的公用辅助设施。具备350万吨生产能力，主要产品为热轧镀锡基板、低碳深冲钢、超低碳IF钢、高强汽车钢等。该公司为冷轧高强度汽车及家电基板生产提供合格原料，是华北地区最大的马口铁基板生产基地。

2017年末，不锈钢公司设厂部级干部6人；下设科室10个、分厂2个、生活服务中心1个、作业区26个、班组202个。共有职工3445人，其中男职工2905人，女职工540人；在册中共党员631人，共青团员47人；干部294人，其中科级干部38人；管理及专业技术职工185人，其中高级职称8人，中级职称35人；工人3051人，其中高级技师3人，技师15人。职工中有研究生28人，大学本科509人，大学专科396人，中专672人，高中及以下1840人。

【生产经营】 2017年，不锈钢公司认真贯彻落实公司各项决策部署和工作要求，紧紧围绕市场和产品两大主题，以打造高强钢、镀锡基板、深冲钢三大系列产品为方向，强力推动客户结构调整和产品升级，加快产品提质增效步伐；深入推进标准化作业和管理体系落地，不断夯实管理基础，企业整体经营业绩、创效能力和综合竞争力显著提升。全年，钢产量265.3万吨，同比提高7.9%；钢材产量295.4万吨，同比提高17%；品种钢比例81.15%，同比提高7.51%；实现利润3.74亿元，创历史最好水平。年内，有10项成果获得公司科技进步奖，1项成果获得集团科技进步奖一等奖，1项成果获得河北省冶金科学技术奖一等奖，2项成果获得国家发明专利授权，实现了发明专利零突破；安全、环保持续向好，实现“7001”安全工作奋斗目标，污染物达标排放，环保设施正常运行，为生产稳定顺行提供了有力保障。

【客户结构调整】 2017年，不锈钢公司深刻领会“客户端高度决定产品高度”内涵，将“以客户结构调整推动产品结构升级”作为全年营销系统工作主线，以提升客户服务能力和客户满意度为目标，全力推进高端客户开发工作，为进一步加快产品晋档升级和提升品种创效能力注入强劲动力。全年，累计开发客户36家；一对一直供比62.04%，同比提升12.4%；高强钢、镀锡基板、深冲钢订货量居前五名客户，占该类产品总销量分别达到45.13%、67.24%和52.32%，同比分别提高15.1%、5.8%和7.5%，客户集中度明显提升。这一年，进一步细化目标市场，以8个细分市场和8个具备千吨以上订货能力的重点客户为切入点，实施“8+8千吨客户开发计划”，瞄准地区性、行业性、标志性企业制定客户开发目标，客户结构档次和企业品牌影响力持续提升，8+8大客户高强汽车钢销量实现6.2万吨，占高强钢总销量的40%，材质涉及700L、22MnB5、Q550C、QSTE460TM等重点产品；明确重点客户，与中集集团总部深入沟通，同上海、扬州等8家中集集团下属子公司成功建立联系，并与其中的2家子公司建立业务合作关系；强化客户服务管理，成立客户服务中心，抽调专业骨干力量担任质量代表，深入对接客户，掌握客户需求，建立健全订单交期预警机制，持续提升客户订单保障能力和客户满意度；瞄准冷弯型钢高端产品提强减薄发展方向，全力进军冷弯型钢市场，参加广州国际冷弯型钢行业协会，了解冷弯产品最新发展和客户需求，打通下游合作渠道，提前谋划未来市场布局，当年新开发冷弯型钢客户15家，订货总量达6.5万吨。

【成立客户服务中心】 2017年6月21日，不锈钢公司成立客户服务中心。其主要职能是聚焦行业发展方向，制定产品策略和营销策略；开发地区有代表性的高端客户；识别客户需求，跟踪客户反馈信息，由客服代表重点协调与监管公司内部研、产、销流程，持续提升客户满意度；调动公司内部资源，协调公司外部技术、营销等资源。客户服务中心成立后，为每家客户设定客户代表和质量代表，对于四星级和五星级的高端客户实行一对一服务，为拓展高端客户群创造条件；及时解决营销工作中的问题，客户代表随时向相关部门反馈情况并协商解决，为客户开发和维护建立起绿色通道。

【推进客户分级管理】 2017年，不锈钢公司推进客户分级管理，深入走访客户，为客户提供产品技术指导及耐心细致的售后服务，实现按产品档次排产、按客户级别分配资源，客户精细化管理水平进一步提升。分级客户服务内容从客户类别上分五大类，分别为战略级扩大合作与服务用户、重点扩大合作用户、重点合作用户、合作培育用户和普通用户。利用发展大客户提高市场占有率，对战略级扩大合作与服务用户重点施行定制化服务，完善合同评审效率、排产周期、交货期及技术服务支撑等，建立“一把手”定期走访市场机制，全面对接客户，稳步提升高端客户集中度，提升品牌影响力，形成经营团队遍布消费市场挖掘客户、攻关客户的局面。通过售后服务和产品技术指导，为客户解决实际问题，拉近与客户的距离，得到下游客户认可。

【700L顶级汽车钢赢得市场认可】 2017年，不锈钢公司700L顶级汽车钢赢得市场认可，客户达到13家，辐射华北、华东、华南等地区，稳定合作且月均销量在1000吨以上的客户有6家。全年，累计供货3.23万吨。随着汽车行业的高速发展，汽车轻量化和安全性越来越受到汽车行业关注，汽车高强钢薄规格市场前景广阔，已成为各汽车钢生产企业竞相研发的目标。瞄准市场，成立由技术骨干和高强钢大客户经理部成员组成的高强钢减薄课题组，围绕1580毫米生产线制约高强钢减薄因素进行攻关，实现从极薄到极厚规格全覆盖。这一年，销售和技术人员加强与客户沟通，从产品推介、客户使用情况反馈、技术及交货期和运输，到客户生产现场实地考察再到试单，均以优质的产品和完善的服务体系赢得客户认可。

【品种结构调整】 2017年，不锈钢公司以品种创效为目标，面向高端市场和客户，充分发挥产销研一体化作用，持续加大新产品开发力度，全力推进高端品种开发和品种结构调整，加快高附加值品种增产上量，产品升级工作取得明显成效，带动吨钢售价提升81.28元。全年，开发55个牌号新产品，剔除外采坯，公司自销品种钢144万吨，特色战略+高端系列品种比例占剔除外采坯后自销品种钢总销量的51%。其中，780HE高扩孔钢、22MnB5热成型用钢、S700MC

汽车结构钢、DR材等新增牌号和品种，已经成为代表公司品牌形象和技术水平的拳头产品。这一年，保质保量为高强汽车板有限公司结构调整提供原料，开发热镀锌W450X等双相钢、H550LA－3等微合金高强钢，实现980兆帕级别以下双相钢、22MnB5热冲压成型钢和电池壳钢等产品的系列化量产，形成完整的能够保证高强汽车板有限公司品种升级的冷轧高强汽车钢产品系列，并实现供冷轧薄板厂TTCMn－3、TTC300RS等搪瓷钢产品的开发与稳定量产；坚定品种结构调整方向，持续加大自主产品开发力度，开发S500MC、700MC等18个牌号汽车结构钢，销售热轧汽车结构钢系列产品突破23万吨，开发4个牌号热轧热成型钢、10个牌号的二次冷轧高端镀锡基板、3个牌号焊瓶钢；实施“两增一减”品种结构优化，与首钢、梅钢等先进企业深入对标，系统分析产线、产品创效能力，以“提升高附加值热轧、酸洗汽车钢类产品销量”“拓展高附加值深冲专用钢产品”和“进一步削减附加值低、创效能力较差的马口铁、IF钢等冷轧用料销量”为抓手，进一步明确客户结构调整和产品升级方向，逐步形成高强钢、镀锡基板、深冲钢三大产品系列，当年低端镀锡基板、冷轧料产量同比减少43%，高强汽车钢、DR材等高端品种分别同比增长104%、14%，实现年初设定的“两增一减”品种结构调整目标。

【成功开发高端DR材用热轧钢带TDR－3】 2017年，不锈钢公司成功开发高端DR材用热轧钢带TDR－3，成品几何尺寸、表面质量、力学性能等指标均达到用户使用要求。全年，产量达3.79万吨。DR材即二次冷轧镀锡带钢板材，经过镀锡后具有良好的耐腐蚀性、表面富有光泽、无毒及在有机溶液中稳定等特点，市场潜力巨大，主要用于制造食品等耐压容器的罐身、底和盖等。年内，了解和掌握用户需求，成立攻关小组，优化工艺路线，增加RH工序，并制定预防措施，提高产品质量和过程控制能力，满足了用户交期、质量、性能等多重要求。该产品的成功轧制，拓展高端马口铁市场，为产品结构调整和提高品种创效能力提供了有力支撑。

【工艺技术创新】 2017年，不锈钢公司加强工艺技术创新，持续探索和优化高品种比、低铁水消耗、高废钢比的自动化炼钢模型，不断适应小批量、多品种、高质量生产组织模式需要。推进转炉铁水降耗，采取加强废钢资源组织、加快生产节奏、使用低成本补热剂、利用转炉生产间隙实施转炉化废钢等方式，实现转炉铁水消耗持续降低，当年转炉吨钢铁水消耗896千克，同比降低81千克；实施SPHD钢种转炉直供工艺，采取控制转炉终点氧位和转炉下渣、改进渣洗料等项技术，成功实现SPHD钢种不过精炼直供连铸，在产品质量完全满足客户需求同时，节省脱硫与RH精炼工序过程，年创效达500万元，同时加快生产节奏，为产线装备效率充分发挥创造了有利条件。

【提高产线运行效率】 2017年，不锈钢公司认真学习借鉴加拿大多法斯科工厂经验，围绕提升1580毫米生产线作业效率，深入开展缩短精轧换辊时间、优化轧制节奏及年修、定修等系列课题攻关，促进1580毫米生产线作业效率持续提升。全年，1580毫米生产线累计产材295.4万吨，同比提升17%；机时产量480吨，同比提升11.11%；精轧换辊时间由上年21分钟缩短至15分钟，换辊效率提升近30%。

【设备管理】 2017年，不锈钢公司以设备全生命系统管理平台为抓手，以完善设备功能、提高设备精度为突破口，推动设备管理步入科学化、规范化轨道。全年，梳理设备功能项目406项、精度控制项目1723项，钢轧系统功能项目投入率99.43%，精度达标率99.81%。年内，以满足产品质量提升和新品种开发需求为出发点，持续加强设备功能精度管控，增设隐患管理模块，加大隐患管控力度，隐患整改率达92.39%，促进设备事故时间和事故次数大幅降低。

【基础管理创新】 2017年，不锈钢公司以标准化作业为切入点，通过专业管理规范化、岗位操作标准化两条主线，将体系文件监测、标准化作业检查等工作引入绩效，加快体系思维向基层管理人员导入，提升管理体系与生产实际契合度，基础管理水平进一步提升。发挥绩效导向作用，利用科学的绩效计划、绩效管理、绩效评价和绩效改善，持续提升作业区自主管理能力和水平，增强专业科室对产线、作业区自主服务意识，推动企业整体绩效持续改善；全面开展体系文件监测和标准化作业检查，不断查找体系文件在现场的执行符合性和有效性等方面存在的问题和盲点，提升体系文件对现场的适应性，保证体系文件进一步落实、落地，实现现场管理共同改善；立足全局开展岗位能力评价与提升，针对工作实际，重点关注支撑作业长制推进的“两长”人员，编制“两长”履职表和评价表，通过能力评价，进一步增强其管理意识，并以全员设备管理为基础，逐步提升岗位工操作技能和设备维护技能，在实现设备管理由专业点检向岗位点检转移的同时，拓宽员工发展空间，提升劳动效率。

【安全环保管理】 2017年，不锈钢公司加强安全环保管理，坚持生产为安全让路、为环保让路原则，积极构建安全、环保责任体系，不断强化作业区和岗位安全、环保意识，突出科室专业管理职能，促进现场安全环境明显改善。持续抓好安全管理，加强职业健康安全管理体系建设，强化全员安全教育培训与能力提升，扎实推进安全生产专项治理，不断深化作业区和班组安全建设，加大重点环节和领域安全管控力度，夯实安全管理基础，安全生产形势保持总体稳定。强化环保管理，以邢台德龙钢铁为标杆，狠抓厂区环境治理和环保设施升级改造项目建设，推进重点污染源和高架源在线监测，大力开展厂容环境综合治理，主动适应环保治理新要求和环保督察新常态，加强与各级环保部门政策沟通，提前谋划、统筹实施采暖季错峰生产应对方案，厂容环境和环保管理水平明显提升。

【党群工作】 2017年，不锈钢公司党委认真学习贯彻党的十八届六中全会和党的十九大精神，突出“四个意识”，不折不扣按照上级党委指示精神，稳步推进党群各项工作。进一步突出党在企业的核心领导地位，及时把党建工作总体要求写入公司章程，为企业日常党建工作有序开展和健康发展奠定坚实政治基础；推进“两学一做”学习教育常态化制度化，实施“四个一”工程，开展“挖潜增效创佳绩”主题实践活动，进一步强化党员干部的先进性意识；按照上级党委要求，进一步健全完善党建工作机构，依托综合办公室成立党群工作科，将原有7个党支部细分为11个党支部，党建工作队伍进一步充实；对党支部工作实行三级绩效评价机制，评价结果与支部书记当月绩效挂钩，有力激发各党支部不断用新方法、新思路开拓支部工作新局面的积极性；认真履行“两个责任”，制定“两个责任”清单、《责任追究意见》和《考核办法》，持续开展反腐倡廉警示教育，坚持进行党风廉政考评，深入查纠“四风”问题，进一步推动“两个责任”有效落实；注重发挥职工民主管理作用，深入开展职工岗位创新，积极组织岗位练兵和技术比武及“暑期双服务”“节期送温暖”和“金秋助学”等活动，使广大职工切实感受到企业的关怀和温暖。

中厚板公司

【概况】 唐山中厚板材有限公司（以下简称中厚板公司）是河钢唐钢控股的合资公司，集烧结、炼铁、炼钢、轧钢于一体的生产单位，主要生产中厚板材，位于唐山市乐亭经济开发区，唐港高速公路出口500米处，占地面积365万平方米，建筑面积32.16万平方米，距京唐港4千米。2017年末，其主要设备包括1580立方米高炉2座、1780立方米高炉1座、210平方米烧结机2台、240平方米烧结机1台；铁水预处理装置1座、120吨转炉3座、LF精炼炉3座、RH精炼炉1座、板坯连铸机4台（其中2号连铸机兼具电磁搅拌及重压下功能）；板坯加热炉4座、3500毫米双机架轧制线1条、3500毫米单机架轧制线1条、中间坯即时温控、超快冷装置等。具有400万吨商品材坯的生产能力，其产品以高性能建筑用钢、桥梁结构用钢、船舶及海工用钢、模具用钢、锅炉和压力容器用钢、管线钢、低合金高强度结构钢以及碳素结构钢等为主导形成八大类136个牌号，规格覆盖厚度6~120毫米、宽度800~3200毫米、长度3000~18000毫米，广泛应用于国内重点工程项目及城市标志性建筑建设，远销非洲、欧洲、南美、中东、东南亚、南亚等地区。

2017年8月，炼铁厂、检修分公司、能源科技分公司等中厚板区域单位和部分合同签订权、备件采购权先后划归中厚板公司管理，按照独立法人企业建立新的组织架构。

2017年末，中厚板公司设厂部级干部6人；下设部室16个、作业区43个。共有职工2614人，其中男职工2367人，女职工247人；中共党员572人；干部428人，其中科级干部69人；管理及专业技术职工85人，其中高级职称26人，中级职称59人；工人2186人，其中技术工人1670人，高级技师13人，技师128人。职工中有博士4人，研究生27人，大学本科614人，大学专科25人，中专178人，高中及以下1766人。

【生产经营】 2017年，中厚板公司贯彻落实公司各项决策部署，积极探索混合所有制经营新模式，围绕“市场”和“产品”两大核心工作，持续开展产线对标，推进产品升级和结构调整，深化作业长制推进、全员绩效管理、营销组织变革，科学组织生产，引导各种资源向产线、订单和用户需求聚集，生产组织实现向以用户为中心转变，经济效益取得新突破，产品结构调整实现新跨越，主要产品产量和利润大幅增长。全年，产铁342万吨、钢377万吨、钢材281万吨，分别同比增加92万吨、127万吨、87万吨；烧结矿产量431.62万吨；实现利润4.26亿元，利税2.27亿元；销售钢材275万吨，其中品种钢销售205万吨，占总销量的74.5%，同比增长89万吨，重点品种销量83.56万吨，占总销量的30.39%，扣除低合金C级以上品种，同比增长33万吨；轧钢作业率84.13%，动力系统自发电5.54亿千瓦时，自发电比例37.71%。

【市场开拓】 2017年，中厚板公司以深入优化高端客户结构打造稳定高端客户群为目标，加强与原有高端用户深度对接，积极开拓新的高端用户，持续构建高端客户群，建立技术研发、质量、生产技术、营销、支撑服务、综合管理等六大管理平台，打造“1+1>2”技术团队，为市场开拓和服务水平提升奠定坚实基础，高端客户开发稳步提升。年内，建立包括中建集团、中冶集团、中材集团、华电集团、上海建工、东南钢构、安徽鸿路、小松集团、中船集团、中铁建集团、杭萧钢构、多维集团在内的大客户团队

12个，充分发挥客户质量代表作用，深入开拓市场，大客户销量73万吨，同比增加35万吨；持续加大“一对一”直供用户开发力度，开发和新增中建七局、江苏扬船、日本胜代、中船重工等直供用户50家，直供用户销量达50%，新增直供用户销量27万吨，前二十名直供用户销量达87万吨；加强销售服务工作，抓好售前、售中、售后服务，定期对客户进行回访，以高标准服务和产品质量赢得客户忠诚度，被上海建工授予“金牌供应商”称号。首次为高端大客户龙记集团生产SM50-LK模具钢，具备为全球高端模具钢制造企业供货实力；与中国建筑一局（集团）有限公司首次合作，为富士康8K项目定制产品，促进高端大客户群进一步升级。

【产品结构调整】 2017年，中厚板公司坚持以销售为龙头，以产线为支撑，注重发挥产销研用一体化机制，以客户结构调整倒逼产品升级，加快推进品种钢结构升级，实现高端产品带动企业盈利的良性循环。全年，加快高强钢、桥梁钢、高强建筑用钢、管线钢等六大系列，18个钢种，49个规格产品的开发；销售船板14.17万吨、锅炉容器板4.33万吨、模具钢34.3万吨、桥梁钢8.4万吨、高建钢12.5万吨、工程机械钢9.07万吨、管线钢0.8万吨。这一年，坚定高端产品研发步伐，制定符合自身的产品研发路线，成立高建钢、桥梁管线钢和模具容器钢3个研发组，多品种实现顺利开发生产，模具钢进入高端化路线，成功研发并批量生产中高端品种1.2311、4140、P20、1.2378等新产品；船板钢实现批量化接单，全面开展船板E级和E40、E36认证工作，为开拓船板市场奠定基础；管线钢取得突破性进展，成功开发美标管线钢，并一次性为国内某管线钢龙头企业供货7500吨，得到客户高度认可，具备X65M管线钢以下规格批量接单能力，以及X65M、X70M管线钢小批量接单能力；Q420qE和420级Z向桥梁钢具备批量生产能力；高强建筑用钢研发生产迈入行业先进水平，产品从Q345GJ扩展到Q460GJ，其中Q390GJ~Q420GJ厚度已经达到100毫米，Q460GJ厚度达到80毫米，实现规格化覆盖。

【深化混合所有制改革】 2017年，中厚板公司按照集团决策部署，积极探索混合所有制深化改革，加快研究混合所有制企业战略目标、具体举措，不断提高市场竞争力，提高资源配置效率，取得阶段性成果。当年8月，炼铁厂、检修分公司、能源科技分公司等部门相关职能和部分合同签订权、备件采购权先后划归中厚板公司管理，按照独立法人企业建立新的组织架构。抓住混合所有制改革契机和市场机遇，树立以效益为中心理念，发挥铁、钢、轧产能，持续提升品种生产能力、品质保证能力、品牌塑造能力和市场开发能力。强化基础管理，规范采购流程，制定《非招标采购规范》《设备物资采购管理办法》《标准备品备件计划申报管理细则》等制度，引入竞争机制，提高议价能力和资源掌控度，物资采购价格均不同程度出现下降。以降低铁成本为突破口，致力于优化炉料结构，降低采购费用，完善经济技术指标，9—12月，月均盈利保持在1亿元以上，实现企业效益与员工收益的同步提高。加强“三外”合同梳理、降价谈判和重新签订，费用平均降幅在20%左右，为下一步降本增效奠定基础。混合所有制深化改革得到广大干部职工拥护和支持，在为企业带来直接效益的同时，增强了企业的凝聚力和战斗力。

【产品质量】 2017年，中厚板公司坚持全流程一贯制质量管理，产品质量稳步提升。注重加强技术管理基础工作，贯彻落实公司《作业标准化评价管理基准》《质量废次降品管理办法》等5个基准文件，组织修改炼钢、轧钢技术规程39次，签订产品技术协议27份，修订炼钢标准卡192个，控制分发技术联络单399个。参加全国钢标委《核电站用合金钢板》和《高速列车转向架用钢》行业标准审定会，负责制定完成《改善成形性热轧高强度结构用调制钢板》国家标准；6项成果获得河钢唐钢科技进步奖；5项成果获国家专利。这一年，深入开展“质量管理提升年”活动，大力实施产品质量攻关，重点对转炉终点渣系优化、精炼过程增氮控制和困扰产品质量提升的连铸板坯边部裂纹控制、氧化铁皮压入和瓢曲等质量难题进行攻关，全年氧化铁皮压入下降83%，瓢曲下降74%，非计划品比例、废次降品比例分别为0.86%和0.75%，较上年同期大幅降低，板材合格率由上年的93%提高到97.3%，为扩大销售接单范围和保证交货期提供了有力支撑。深化产销研用一体化运行机制，与华北理工大学合作完成无缺陷铸坯凝固技术开发、基于Q345GJ钢进行洁净钢关键技术开发，与东北大学合作应用重压下技术促进铸坯C级品率提高到90%以上、投入超快冷设备满足生产高强钢、低温容器用钢工艺需求。

【直供重点工程】 2017年，中厚板公司瞄准国家重点工程项目，立足为国家绿色建筑提供全系列产品和全产业链服务，打造最具竞争优势的钢结构用钢供应企业，加强高端客户开拓，产品广泛应用于170余个国内外重点工程项目建设，行业影响力全面提升。这一年，积极构建结构用钢生产组织模式，将重点工程、国内知名建筑和加工单位作为结构用钢的A级战略客户，深挖国内钢结构行业前十大用户需求，通过大客户平台向市场推出高端结构钢产品，从订单报价、生产计划安排、产品检验把关到物流运输等各个环节，实时与客户通报执行情况，提供技术支持和全流程服务，优质的产品质量和出色的品牌信誉、稳定的交货周期和周到的技术服务得到客户的充分认可。产品直供世界首座三塔四跨双层钢桁梁悬索桥瓯江北口大桥、2019篮球世界杯主场馆之一的佛山国际体育文化演艺中心、首都地区环线高速公路、北京通州行政副中心、国贸三期、腾讯北京总部、联想集团总部大厦、北京亚投行总部、港珠澳大桥旅检大楼、横琴国际金融中心大厦、长春南湖大桥翻建工程、沈阳沈河文体中心、长春际华园国际物流园、武汉天河机场、山西临汾大桥项目、江西九江金融广场、天津大都会、京广铁路线武汉长青路高架工程、温州鳌江四桥、郑州107辅导快速化工程、北京首创丽泽金融商务区、沈阳盛京金融广场、江西九江市国际金融广场、天津津湾广场、西安海悦广场、中国西部国际博览城等重点项目。此外，还将目光投向国外市场，新加坡石油管网建设、哈萨克斯坦伊希姆河项目、约旦电厂等一系列国外工程均采用了该公司优质产品。

【产品出口】 2017年，中厚板公司积极拓展国际市场，努力寻求订单，产品出口韩国、日本、印度、东南亚、南亚、中东等多个国家和地区，远销非洲、欧洲和南美市场。当年，签订出口合同12.81万吨，出口创汇3641.83万美元，人民币收款2.76亿元，外贸出口业务位列河北省重点出口企业，唐山市出口创汇百强企业第22名。这一年，积极做好海外市场开发，深入挖掘新的出口客户资源，增强客户对公司产线能力、技术实力及产品性能的了解，不断提升销售服务水平。首次与越南HNCL（代指）公司签订3800吨ABS船板出口合同；与国盈控股有限公司签订9200吨订单，产品首次出口阿联酋；与中国船舶重工集团首次合作签订3000吨船板订单，其中部分产品发往国家“一带一路”重要合作国家巴基斯坦；首次出口A709GR50-CR材质产品；与国盈控股有限公司签订9100吨出口订单，产品首次出口埃及。

【设备管理】 2017年，中厚板公司以设备升级带动生产经营实现跨越，创新设备管理思路，积极调整内部组织架构，实施设备全生命周期管理，深化“三位一体”设备管控模式，不断推进设备功能精度管理、点检定修管理、设备自主管理、TPM 全员设备保全等工作，完善设备四大标准，设备功能精度达标率 99.44%，比目标提高 0.94%，实现设备的稳定运行，为产线顺利、高效生产提供强有力的保障。这一年，强化设备基础管理，按照设备管理制度细化各级管理职责，完善管理内容和管理流程，制定《电力系统倒闸操作管理办法》《电力系统电缆管理办法》2 项制度，新增文件记录 27 项，在采购、外委修复检修方面制定 13 项管理办法，使设备体系的运行“有法可依”，实现工作的标准化、高效化。组织开展设备攻关活动，优化设备参数，实现轧钢设备全部提速；对连铸扇形段在线寿命攻关，扇形段过钢量达到设计要求，为产品开发及产量提升提供保障；RH 炉实现真空槽快换，由原 8 小时缩短到 4 小时，满足双工位交替冶炼的生产需要；推进精炼水冷炉盖冷却水加装过滤器攻关项目，使水冷炉盖环管不再发生杂物堵塞，精炼生产更加顺行；实施转炉炉口微差压改造攻关项目，炼钢氮气消耗降低 5000 立方米/时，解决了炼钢氮气消耗居高不下的问题；开展轧钢冷床平面度攻关项目，轧钢冷床平面度由 12 毫米/平方米提高到 5 毫米/平方米，避免钢板的二次瓢曲，满足了高精度钢板生产需要。细化检修管理，按照检修模型组织计划检修，控制检修项目的完成率和检修时间准确率，未发生检修超时、压减检修计划的情况，钢、轧区域设备事故时间为 95.7 小时，同比降低 73%。

【成本管控】 2017 年，中厚板公司强化成本费用及资金管控，深挖潜力，优化结构成本，成本控制力持续提升，成本与各项技经指标不断改善，其中 7—12 月，轧钢标准成本符合率达 100%。这一年，根据年度生产经营目标，把涉及成本、费用的 107 项指标分解到具体岗位，针对不同指标制定相应的控制方法，实时控制推进。完善钢、轧工序成本总体核算规则、核算内容、核算方法，由职能科室与作业区一起制定和完善作业区的成本管理制度，包括技经指标、能源成本、费用指标、质量影响成本、事故影响成本分析等方面内容，提高作业区成本自主管理水平。坚持结构优化，科学组织生产，及时调整烧结配料结构，优先使用京唐港外矿；竖炉全部使用地方精粉，停用美国造球粉及菲律宾含钛造球粉；高炉增加烧结矿配比，减少外购球团用量，促进成本降低。坚持每周成本、利润与品种边际测算，追踪各部门成本分析，实现财务管理由事中控制延伸到事前控制。与同行业文丰、国丰、德龙等单位开展对标，确立对标体系，统一对标口径，找出和分析差距原因，进行整改落实，当年 12 月，与文丰、国丰、德龙、津西四家铁成本平均差距为 104.26 元/吨，较 1—7 月降低 83.45 元/吨。持续加大资金管控和降费攻关力度，将工序成本及各项费用指标细化分解到产线，做到没有预算不支出；加强归口费用管理，强化部门第一责任人作用，压减一切非生产性开支。

【推行作业长制】 2017 年，中厚板公司全面深化作业长制，不断规范工作流程，在“作业长—值班作业长—班组长”三级组织架构下，完善“五制配套”，将作业长制六大任务全面贯彻到三级管理每一层，编制三级架构《岗位职责说明书》，纳入岗位职责，强化执行，打造纵向到底、责权明晰、执行力强的基层管理体系。继续深入推进“抓关键、促提升”活动，各作业区梳理本工序及上下工序、辅助工序、物料、检修、自动化、动力介质等各支撑方的关键要素，将控制措施固化为岗位规程，推进质量体系和标准化作业在岗位的落地，为质量稳定性提升提供强大支撑。

【全员绩效管理】 2017年，中厚板公司深入打造KPI管理平台，努力构建全员绩效管理和运行评价体系，完善运营机制，细化分解各项指标任务，确保指标量化、细化，依据充分，切实可行，将“公司考核科室、科室考核作业区、作业区考核值班作业区(班组)、班组考核岗位”的四级绩效考核体系嵌入作业长制管理，实现绩效管理的全覆盖。充分发挥绩效管理的激励作用，不折不扣推进全员绩效管理结果的应用，将评价结果落实于每月的奖金结算和各类评先、年终薪等升降等，实现员工绩效和组织绩效的全面提升。

【安全环保】 2017年，中厚板公司强化基础管理，坚持不懈抓好安全生产，确保环保工作无纰漏，为生产经营顺利进行提供有力保障。以排查治理安全隐患为重点，狠抓安全责任落实，增强全员安全防范意识。完善“一岗双责”，深入开展安全生产大检查、能源隔离管理方法推广应用、有限空间作业专项整治等系列重点工作，完成了全年安全控制指标，实现安全生产。抓好大料场等环保设施升级改造项目，定期对环保设施、放射源及安全防护、烟气在线监测等进行检查，加强重污染天气环保响应，切实履行社会责任。全力做好污染深度治理方案的编制、两台烧结机、竖炉的污染治理项目验收、冶金规划院对钢铁企业的绩效评价工作，实现全年减排工作目标。

【通过质量管理体系转版认证】 2017年5月12日，中厚板公司得到英国标准协会(BSI)审核团队认可，顺利通过ISO9001：2015版质量管理体系转版认证。国际标准化组织于2015年颁布新版质量管理体系要求的标准后，国家于2016年进行等同转化并下发实施，组织质量管理体系由2008版向2015版过渡和转化。在公司的指导下，提前组织，积极消化和筹备质量管理体系标准的转化工作，历经了标准的认知学习、公司新版体系内审员的培训、深入学习和领会新版标准的转化要求、策划公司质量管理体系、编制文件、体系试运行等阶段和活动，于4月24—26日，如期开展体系转换认证审核工作。审核过程中，该公司的工作得到了英国标准协会审核组的充分肯定。

【8万立方米煤气柜安全改造项目】 2017年11月，中厚板公司8万立方米煤气柜安全改造工程竣工。项目于2017年5月12日立项，概算投资890.75万元，建设内容主要是对活塞顶板、1～11带侧板、活塞底板等与煤气接触部分进行重新铺设、更换气柜胶帘、配套附属设施的检验、检查等。

【党群工作】 2017年，中厚板公司党委按照河钢唐钢党委统一部署，全面做好党群各项工作。认真学习宣传贯彻党的十八届六中全会和党的十九大精神，研究制定实施方案，以党委中心组学习、政工例会、“三会一课”等为载体，深入开展学习、培训、宣讲活动，引导广大党员干部准确把握十九大精神、思想精髓与核心要义，带领全体干部职工把十九大精神落实到生产经营、改革发展各项工作中。推进“两学一做”学习教育常态化制度化，进一步规范学习机制，明确学习重点，通过开展“决战四季度，党员争先锋”等形式多样的学习教育活动，引导广大党员不断强化“四个意识”，凝聚发展动力，在生产经营和改革发展中充分发挥先锋模范作用。进一步筑牢反腐倡廉防线，建立完善《中厚板公司纪检监察工作办法》《中厚板公司监督执纪问责工作实施细则》等制度，强化措施确保“两个责任”落实到位，构建起党风廉政建设长效机制。坚持深入落实中央八项规定、反“四风”要求和《关于新形势下党内政治生活的若干准则》《中国共产党党内监督条例》，使各级领导干部的纪律意识和责任意识明显增强。坚持以职工为本，积极构建和谐稳定劳动关系，认真落实以职代会为基本形式的民主管理制度，畅通职工代表提案、经理联络员等沟通渠道，保障职工的合法权益。广泛开展技术比武、劳动竞赛和职工创新工作室活动，引导广大职工在生产经营攻坚战中发挥主力军作用。

唐银公司

【概况】 河北唐银钢铁有限公司（以下简称唐银公司）是由原料、烧结、高炉、炼钢、连铸、轧钢工序组成的钢铁主业生产单位，产品以长材、带材为主，系河钢唐钢三大控股子公司之一。该公司是按照《唐山市钢铁工业结构调整实施方案》，由唐钢整合开平区境内钢铁企业组建而成，于2006年9月19日在省工商行政管理局注册，同年10月6日挂牌成立。投资总额23.6亿元，控股股东为河钢唐钢，投资比例为51%，另一股东为河北银水实业集团有限公司，投资比例为49%。2017年末，产能规模为240万吨/年，主要设备有180平方米烧结机1台，90平方米烧结机2台，1080立方米、750立方米、550立方米高炉各1座，120吨炼钢转炉2座、8机8流小方坯连铸机2台，1.6万立方米/时制氧机2台，年产100万吨高速线材生产线2条（共用一个加热炉），年产100万吨棒材生产线及年产100万吨带钢生产线各1条。主要生产线材、盘螺和带钢，固定资产36.44亿元。

2017年末，唐银公司设厂部级干部5人；下设科室13个，作业部4个，班组185个。共有职工3654人，其中男职工2634人，女职工1020人；中共党员471人，共青团员279人；干部265人，其中科级干部75人；管理及专业技术职工120人，其中高级职称23人，中级职称96人；工人3273人，其中高级技师9人，技师38人。职工中有研究生8人，大学本科400人，大学专科768人，中专1022人，高中及以下1456人。

【生产经营】 2017年，唐银公司主动适应市场形势和环保政策要求，坚持以市场为导向，以成本为主线，以效益增加为目标的生产经营原则，建立全新的生产平衡体系和更加适应市场的生产经营管理模式，精心组织、深挖内潜，创效能力持续提升，保持了较为稳定的生产经营局面。全年，烧结矿产量285.74万吨，生铁产量210.95万吨，钢产量224.92万吨，钢材产量209.24万吨，综合焦比543.85千克/吨，喷煤比91.75千克/吨，钢铁料消耗1077.52千克/吨，轧钢综合成材率99.35%；实现销售收入68.78亿元，利润6亿元，超额完成公司下达的年度利润4亿元以上目标任务。这一年，创新思路，将生产计划组织与销售方向性、计划性紧密相连，形成生产与销售相互促进，共同确保生产系统稳定顺行局面，在铁水供应严重不足、钢轧生产不能满负荷生产组织状态下，科学安排生产，努力平衡铁、钢、材及动力介质，持续优化炼铁、钢轧、公辅各道工序，使资源配置更加经济、合理、高效，实现全系统生产的经济化运行；严格落实高炉工艺制度，加强生产组织，稳定高炉顺行，克服3号高炉波动和环保停限产影响，7—12月产量明显提升，烧结矿产量较上半年提高14万吨，铁产量提高15.9万吨，钢坯提高29万吨，钢材提高27万吨，其中2号高炉5月产生铁5.85万吨，25日产量达2111吨，月产量与日产量均创历史最好水平；焊丝钢产销两旺，6月始实现连续盈利，平均月产量400~500吨，全年盈利1100万元；8月，带钢系统作业率达86.32%，生产带钢9.46万吨，创历史最好水平。

【产品质量】 2017年，唐银公司紧紧围绕客户和产品两大核心开展质量工作，坚持提质增效工作思路，不断增强质量意识，完善质量支撑体系，创新质量管理模式，提升标准化作业水平，推动全过程质量管控制度落地，以过硬的质量为产品升级和市场开发筑牢支撑。当年，钢坯合格率达 99.87%，轧钢成材率达 98.42%。这一年，推行预防性质量管理，成立质量督查组，从炼铁、炼钢、连铸、轧钢等工序入手，对影响产品质量的关键点实施严密监控，围绕产线工序衔接点，在铁区建立烧结矿和铁水质量管理点，重点监控铁水成分变化，在钢区建立铸坯质量管理点，实施铁水抽查、兑铁分吃铁水炼钢制度，在轧区建立产品性能管理点，动态分析钢材性能变化，使质量监督体系贯穿到整个生产过程，将质量隐患消除在萌芽状态；制定过程管控制度，对连铸坯和成品材实行分级管理，从连铸坯开始进行一次评判，根据质量高低分成 A、B、C 三类，成品材在连铸坯分类筛选的基础上再细分为三类，对出现问题的产品进行降判，确保产品质量保持稳定状态；加强岗位工技能培训，使员工掌握生产过程中的每个关键点，严格控制各项技术参数，全年质量异议损失同比降低 23%，实现冷轧带钢产品 18 个月无质量异议。

【品种结构调整】 2017 年，唐银公司以市场需求为导向，加大产品结构调整和产品研发力度，实现重点品种规模化，满足客户个性化需求。全年，重点品种产量达 68.7 万吨，占总产量的 32.86%，其中 ER70S-6 重点焊丝产量达 4.56 万吨，H08A、H08MnA 等重点产品产量达 6451 吨，冷轧薄规格带钢产品比例进一步增加，由上年的 75.26% 提高到 77.61%。当年 5 月，根据客户需要成功试生产 ER70S-6ϕ6.5 毫米圆钢，进一步优化了产品结构。

【市场营销】 2017 年，唐银公司坚持以市场需求为风向标的经营理念，精准把握市场脉搏，不断提高对接市场和对接客户能力，创新营销模式，产品市场占有率进一步提升，实现最优效益。年内，发挥自身优势，根据不同产品市场需求和价格变化，及时调整产品规格，优先安排效益高、销售快的产品满负荷生产，将有限的产能投放到效益最高的品种上，以售价水平较高的唐山区域为重点投放区域，月销售量不断创新高。7 月，产品销量 23.2 万吨，利润突破亿元，创当年最好水平，其中唐山地区销售量达 9.08 万吨，环比提高 3.78 万吨，扩大了唐山地区市场份额。抓住市场上升阶段的有利时机，改变传统销售模式，推行“网络联销+零售”营销模式，采取现货销售，增加散户合同量，不断提高产品平均售价，以获得更大效益，年内新增带钢客户 10 家，带钢产品销售 67.78 万吨；在市场下行、产量有限情况下，选择销售价格较为合适的坯料作为创效点，全年累计销售坯料 12.15 万吨。同时，在确保安全的前提下，对炉役超过 1.7 万炉的 2 号转炉，加强炉役后期的冶炼维护，推迟大修时间 4 个月，赢得了市场商机。

【焊丝系列 A 级品率大幅提升】 2017 年，唐银公司加强技术攻关，重点品种焊丝钢系列内在品质与外观质量明显改善，A 级品率达 84.7%，同比提高 13%，在唐山地区处于先进水平。这一年，冶炼工序集中对精炼环节进行全程监控，采取双渣低磷出钢工艺，根据铁水条件适时调整吹炼参数，加强渣系控制及氧含量调整，改善钢水洁净度，钢中夹杂物含量、形态明显改善，消除了 B 类夹杂，D 类夹杂级别达到河钢唐钢水平。轧钢系统在完善工艺的同时，恢复设备缺失的功能，解决了水除鳞不净和活套使用不规范难题，提升设备保证能力，盘条尺寸精度 95%达到 B 级精度。进行低合金焊丝钢高温性能研究，探求合理的温度区间，精细温度控制，通过金相验证突破原有的吐丝温度界限，实行高吐丝温度，保证保温罩相变温度及相变时间，同时，在化学成分、电磁搅拌、钢坯加热温度调整、外形尺寸等方面实施精确控制，生产的焊丝钢质量得到用户认可。全年，生产焊丝钢4.3万吨，用户拔丝速度达到18米/分，拔丝操作人员管理机组效率翻两番，焊丝产品断面收缩率、伸长率、抗拉强度等指标均达到历史最好水平。

【3号高炉生产水平创历史新高】 2017年，唐银公司把稳定高炉炉况作为提高产线效率的重要环节，集中力量，强力攻关，推进3号高炉生产走出困境，实现生产指标稳定和优化，当年8月，3号高炉恢复正常水平，平均日产3475吨，其中24日产量达3705吨，创投产以来日产最高纪录，高炉综合焦比510千克/吨，创历史最好水平。年初，3号高炉炉况持续波动，喷煤比、焦比等技术经济指标与先进单位差距拉大，给铁成本控制和生产组织带来巨大压力，影响企业经营秩序和经济效益。对此，提出3号高炉一切优先，绝不能因外部因素影响高炉生产方针，从原料品质、烧结矿成分、动力介质等多方面保障3号高炉需求，在全力攻关的同时，积极推行精细化管理，精心调整烧结料配比，提高烧结矿质量，烧结矿品位由原来的52.7%提高到55.3%，高炉渣量明显降低。细化炉内操作，调整一系列操作制度，通过扩大矿批、加大布料角度、调整炉顶压力等手段，使炉缸更趋于活跃，提高煤气利用率。严格控制原料筛分，实行粒度分级管理，使入炉粉末率降到最低，保证高炉的正常运转。

【钢铁料消耗创最好水平】 2017年，唐银公司加强技术管理，优化工艺操作，推动钢铁料消耗持续降低，6月，钢铁料消耗1077.52千克/吨，创近年最好水平。这一年，坚持多举措降低钢铁料消耗，从工艺、操作等方面开展技术攻关，不断加强冶炼过程温度成分控制和终点控制，减少因严重后吹造成钢铁料消耗上升。在渣量控制方面，合理调整造渣制度，灵活采用双渣造渣制度，减少喷溅发生，在保证炉况的基础上降低金属损失。同时，加大自循环废钢的回收与消耗力度，为钢铁料消耗的降低创造条件。

【铁耗攻关】 2017年，唐银公司加大降低铁耗攻关力度，对标行业先进，强化日常管理，完善设备功能，突出抓好精细化操作，提高炼钢过程中废钢加入量，铁水消耗从5月的980千克/吨降低到830千克/吨，在公司持续保持领先水平。这一年，在开展铁水温度攻关同时，炼钢冶炼增加废钢加入量，促进铁水消耗降低；采取改善废钢结构、加强出铁保温管理、提高铁水温度、加速铁水包周转、钢包加盖等措施，助力废钢加入量提升，日均废钢加入量保持在1900吨左右，铁耗实现稳步降低，在没有精炼环节的情况下，吨钢平均铁耗810~830千克，较攻关前下降100千克，实现吨钢铁耗目标。

【环保工作】 2017年，唐银公司践行生存、责任、创新、发展企业理念，持续加强环保管理，加大环境治理力度，确保环保达标，通过质量、环境、职业健康安全、能源等体系认证复审，不断提升企业竞争力。这一年，坚持环保先于生产、重于效益原则，将环保设备纳入生产设备管理，保证与主线生产设备同步开动，确保已投入运行的烧结机湿电除尘等环保设施高效运行。严格执行环保停限产政策，加强环境治理，进一步完善环保设施，环保深度治理项目按政府要求完成，企业环保综合管理水平显著提高，于当年10月取得钢铁企业长期排污许可证，通过钢铁行业规范条件复审，并做好取水证办理、能源管理验收等工作。

【安全管理】 2017年，唐银公司认真贯彻落实国家法律法规和省、市及集团、公司安全生产工作会议精神，坚持安全第一，预防为主，综合治理方针，全方位开展隐患排查整改，促进安全生产形势持续稳定，实现五种重大事故为零目标。这一年，将落实安全生产责任作为安全工作主线，全面推进“一岗双责”落地，按照一岗一职责、一人一清单原则，制定各级人员安全履职清单，细化、完善安全奖惩制度，严格落实安全“一票否决”制度，促进安全生产良性循环。深入开展“双控”机制建设，着力建立危险分析、风险管控、隐患排查、安全监督工作体系，组织三次危险源辨识，共辨识ABCD四级危险源2707个，并编制危险源辨识手册，下发至岗位。进一步落实干部包保制度，加强班组安全基础管理，加大危险源治理和重点场所、重要设备、要害部位、关键环节隐患排查，严格事故责任追究，全年检查发现问题316项，并全部进行了整改。牢固树立安全培训是给职工最大的福利理念，强化全员安全培训，按照专业、岗位特点，编制涵盖24个工种及岗位的有声电子安全培训课件，组织全员安全教育培训50期，培训3696人次，初步实现全员、全区域网格化安全管控，保持了稳定的安全生产局面。加大安全投入力度，当年投资637万元，用于设备的安全改造、安全防护设施的添加以及增设危险区域安全监控设备等，生产条件更具保障；加强职业健康安全工作，坚持改善职工作业条件和现场工作环境，按照《职业病防治法》要求及当年职业病防治计划，布点425处，加强对粉尘、噪声、一氧化碳、高温等职业危害因素日常重点监测，对超标部位制定整改和防范措施，13个存在职业危害因素的车间年度职业危害检测完毕，组织2736名岗位职工参加职业健康体检，有效保障职工身体健康。

【设备管理】 2017年，唐银公司围绕生产经营中心，不断夯实设备基础管理，加强设备全流程闭环管控，加大设备点检、检修管理力度，着力推进设备全生命周期管理，确保设备管理水平稳步提高。全年，设备事故时间同比降低5%，为生产稳定顺行提供有力保障。这一年，修订完善设备管理各项制度，加强设备隐患排查，完善隐患排查台账，健全外委施工管理、电气自动化、特种设备、液压系统、土建项目隐患排查单元，采取分区域联查、不定期抽查和专项检查相结合的方式，组织联查及抽查75次，查出设备及安全隐患107项，并逐项跟踪隐患整改情况。充分发挥点检管理系统作用，加强设备点巡检工作，完善岗位及专业点检标准，加大点检投牌及拨表检查力度，年内共投放点检牌460块，拨表检查760块，督促职工发现设备隐患并及时处理，减少成型事故发生。强化检修管理，以大检修理念集中协调内部检修力量，激励内部检修单位和生产岗位更多地承担设备维检任务，基本实现日常检修不外委目标，降低了外委费用。严控设备检修计划，进一步降低设备材料费用及检修成本，重点组织对1~2号转炉炉役、1号转炉换烟罩，各高炉日常定修及相应的公辅设备检修，1~2号连铸配套检修及带钢加热炉大修、2号汽机大修等工作，消除设备隐患，保证设备安全运行，为正常生产经营秩序夯实基础。

【特种设备管理】 2017年，唐银公司严格贯彻执行国家《特种设备安全法》及公司特种设备管理相关规定，全面加强特种设备管控工作，针对各类特种设备及安全设备进行专项检查，保证了特种设备的安全稳定运行。全年，共检验起重设备52台、压力容器54台、电梯6部、锅炉2台，压力表584块、安全阀196个、煤气报警仪660块及呼吸器气瓶，组织特种作业证复审133人，实现特种设备事故为零的目标。

【炼铁炼钢区域除尘封闭项目】 2017年11月，唐银公司炼铁、炼钢区域除尘封闭项目立项，同月开工建设。项目概算投资1600万元，由唐山福海技术开发有限公司设计，唐山厚德建筑工程有限公司承建。主要建设内容是对炼铁3座高炉矿槽进行全封闭，炉顶上料进行全封闭，高炉出铁吸尘罩改造，渣铁沟盖板改造封闭，高炉出铁包位处全封闭；炼钢渣间封闭，各除尘点进行全封闭。项目建成后，扬尘得到有效抑制，现场环境得到较大改善。

【备件库存降低】 2017年，唐银公司坚持集中管理、优化结构，不断挖掘备品备件降库存潜力，多举措降低备品备件费用，盘活库存资金，降低资金占用，以最低的储备最大限度满足生产需求，备件库存资金始终保持降低态势，年内备件消耗1.02亿元，备件库存占用资金3229万元，同比降低380万元。这一年，加强源头控制，严格把关审核，对备件材料计划的品种、数量力求合理，将备品备件划分正常储备、超储积压、事故件、报废件4个类别，为每个库存备件核定身份，确保底数清楚。加强物资消耗管理，实施按实际消耗入账管理模式，避免出现大量账外物资和机旁备件。加强采购计划管理，严格采购资金控制，最大限度减少采购，防止备件备而不用，实行随时申报、随时采购的方法，并执行逐级审核负责制，部门在申报计划时必须与备件库核实，确定没有库存或相似通用备件后再上报计划，从源头上遏制采购费用的发生，避免备件重复申报和采购，使闲置备件得到充分利用。

【提升成本控制力】 2017年，唐银公司坚持对标挖潜，加强费用控制，实施结构性降成本工作，注重在生产经营中挖掘增效点，进一步提升成本控制能力。坚持开源与节流并重，加强全面预算管理，强化费用管控，时刻关注原料市场动态，做到采购料价必须在市场平均点以下，寻求价低质优的铁料参加配比，持续降低采购成本。采暖期间，克服错峰生产和车辆限行给原料供应带来的影响，实时掌握物料资源，判断分析物料市场价格走势，运用临时采、错峰采等灵活的物料采购模式，保持物料处于长期低库存状态，在满足高炉、烧结需求的同时，确保成本最优。深入挖掘增效点，推动工序成本降低，3月末，利用高炉定修机会，将TRT发电机组间转子换位，保证发电机组正常运转，减少机组停机带来的经济损失，多发电超百万千瓦时；在1号转炉为期8天半的炉役检修期间，实施单套制氧机运行经济方案，减少检修期间氮氧供应量富余造成的电费支出浪费，节省电费100余万元；将连铸头尾坯及中间包大块控制在科学、合理的范围之内，铸坯收得率由98.5%提高到98.84%。

【工程与检修项目管理】 2017年，唐银公司加强基建技改工程和部分大修、检修项目的组织管理，科学制定施工方案，严格编制施工概算，积极办理各种审批手续，组织工程招投标、签订施工合同，抓好现场施工管理及竣工验收，保证了工程进度和生产经营秩序。全年，竣工各类日常工程项目86项，累计投资930多万元，其中铁路沿线防护网项目、炼钢出渣跨封闭项目、南涵洞区域路面翻修工程、厂区部分柔性防水屋面防水层修缮工程等，均按照施工节点要求如期竣工。

【煤气回收利用】 2017年，唐银公司全面加强动力能源介质平衡工作，强化煤气回收利用，通过精细化组织、定向输送方式，确保煤气资源效益最大化。年内，开展煤气回收攻关活动，校准各道工序煤气分析仪，确立合理起收点和关闭点，集中回收优质煤气，回收量达到118立方米/吨，煤气含量不低于40%，满足生产需求。积极适应环保形势，努力抓好高炉煤气、转炉煤气的收储、混合加压输送，制定减少煤气放散操作方法，及时掌握煤气发生及生产用量情况，精细调整工况，充分利用10万立方米高炉煤气柜和8万立方米转炉煤气柜的缓冲作用，做好煤气进出平衡。当年8月，高炉煤气达到零放散目标，创投产以来新纪录，实现了良好经济效益和社会效益。

【党群工作】 2017年，唐银公司党委以党的十八届六中全会和十九大精神为指导，全面抓好党群各项工作。以“两学一做”学习教育常态化制度化为主线，将创新方式讲党课作为推动学习教育深入开展的重要抓手，注重理论知识与方法形式相结合，运用视频、PPT等媒介，使党课更接地气，更具吸引力和感染力。坚持利用月政工例会和周党群工作会议，传达中央、省委各项要求及集团、公司会议精神，部署党群重点工作。根据人员变化情况及时调整支部和党小组设置，保证基层党组织结构健全完善，促进基层组织工作进一步规范化、制度化、标准化。深化“3X+1”形势任务宣讲活动，撰写贴近唐银公司实际的宣讲材料，把公司面临的形势与任务传达到每名员工，充分调动职工积极性。加强党风廉政建设，按照“一岗双责”“分级管理、逐级负责”和“谁主管谁负责”原则，构建党风廉政建设三级责任体系，集中开展廉洁教育6次，组织观看廉政教育专题片5次，1000余人次参加，组织300余名领导干部和重点岗位员工参加《国有企业领导人员廉洁从业若干规定》知识测试，确保效能监察工作顺利开展。抓好群团工作，组织大规模技术比赛两次，参赛职工约700人次，62名选手参加公司第31届职工技术比赛，并取得好成绩，促进了职工素质提升；以创新工作室为先导，1个创新工作室、5个创新工作站、9个创新工作小组，围绕产品与市场两个核心，选题立项，为提质增效、成本降低等工作提供有力支持，引领创新创效；关心职工生活，建立完善困难职工档案，坚持开展“送温暖”“送清凉”等活动，组织3476名职工参加第七期唐山市职工重大疾病医疗互助活动，20名职工享受重大疾病医疗互助补助金，为414名女职工进行体检，为194名女职工办理安康保险续保手续，把企业的关爱送到职工心中。

平台外非钢单元

重机装备公司

【概况】 唐山钢铁集团重机装备有限公司（以下简称重机装备公司）隶属于公司非钢产业装备制造板块，坐落于河北省唐山市丰南沿海工业区，注册资本3.5亿元，占地面积40万平方米，建筑面积23万平方米。主要装备有40吨电弧炉1座，45吨双工位LF炉1座，45吨VOD炉1座，90吨真空浇注炉及各种吨位中频感应炉9台，100吨铸造天车9部，立车、卧车、铣镗床、磨床等加工机床70台，主要生产销售轧辊、钢锭、铸件产品。重机装备公司前身是原唐山国丰冶金轧辊有限公司，于2010年由河钢唐钢以100%股权收购。2014年5月，机械装备公司与重机公司合并，更名为机械（重机）装备公司。2016年8月29日，撤销机械装备公司划归检修分公司，机械（重机）装备公司更名为重机装备公司。2017年7月，更名为重机装备有限公司。

2017年末，重机装备公司设厂部级干部4人；下设科室4个，作业区5个。共有职工366人，其中男职工350人、女职工16人；中共党员130人；干部38人，其中四级专家1人，科级干部20人（含作业长11人）；管理及专业技术职工34人，其中高级职称9人，中级职称10人；工人322人，其中技术工人282人，高级技师1人，技师14人，高级工100人，中级工28人，初级工139人，其他40人。职工中有研究生6人，大学本科38人，大专59人，高中、中专、中技176人，其他87人。

【生产经营】 2017年，重机装备公司聚焦市场和产品，积极实施组织结构扁平化变革，严格落实质量管控制度，多渠道开拓外部市场，全面推动客户结构调整和产品升级。全年，产品总量2.43万吨，其中轧辊1.36万吨，钢锭及铸件1.07万吨，轧辊产品月均生产计划兑现率95%，钢锭、铸件产品月均生产计划兑现率100%。这一年，重点抓好出口印度板带辊、韩国高速钢轧辊、美国石墨钢辊，以及国内高碳半钢辊环、带槽轧辊、矫直辊、高铬钢轧辊等产品的组织生产，基本实现型钢、板带、棒线三大系列轧辊产品的全覆盖。同时，加强设备计划检修、点检定修，全年设备故障时间92.1小时，同比降低23.5%，热停机时间75.2小时，同比降低18.4%，保证了生产平稳运行。

【市场开拓】 2017年，重机装备公司进一步明确产品定位，提升服务水平，全力开拓外部市场。全年，开发轧辊新客户8家，签订外部合同1.16万吨，同比增长32%，其中国内市场销售7502吨，国际市场投放4126吨，外部市场轧辊入库比例从上年34%上升到60%，出口轧辊排产比例在四季度达到20%，从上年7%上升到14%；开发钢锭新客户3家，签订钢锭合同1.01万吨；合同储备量达到8000～10000吨，有效保证了全年合同排产。这一年，加强与客户的协调沟通，安排业务人员常驻客户产线，跟踪用户产品使用情况，及时制定优化方案和措施，改进生产工艺，稳定和提升产品质量，降低质量异议发生率，“一对一”直供客户不断增加；抓好新产品研发，制定开发计划，成功生产不锈钢钢锭和高铬铸钢轧辊等高附加值产品，并以镍钼钢锭为支点开拓核电用钢市场；紧盯国外市场，与青岛烨隆等10余家进出口公司密切合作，将国外市场拓展到欧、美、亚、非地区，产品销往德国、土耳其、意大利、英国、西班牙、塞尔维亚、韩国、印度、越南、马来西亚、埃及等国家，并通过美国将产品出口至阿根廷、墨西哥等南美洲国家，为产品结构调整提供广阔的市场空间；2月20日，组织人员赴河钢塞钢现场考察交流，为顺利打入东欧市场奠定良好基础。

【产品升级】 2017年，重机装备公司以客户需求为导向，强力推进产品结构升级，提升高端产品开发供给能力。全年，生产轧辊高附加值产品2105.79吨，同比增加136.34吨，其中吨钢千元以上的高附加值钢锭达1634吨。这一年，先后推出高铬钢轧辊以及汽轮机转子用钢、含镍不锈钢、含氮不锈钢、H13高级模具钢、低硅低铝用钢等多种特种钢产品，其中含氮不锈钢、H13高级模具钢具备批量生产能力，与天津毕方公司合作开发的耐磨陶瓷材料取得突破性进展，开始批量生产。

【技术创新】 2017年，重机装备公司紧紧抓住以技术进步推动产品升级这一工作主线，瞄准行业一流企业，积极引入推广新技术，全面推进产品结构高端化工作。全年，优化工艺37项，技术改进7项。这一年，轧辊方面，结合国丰以及一钢轧厂、不锈钢公司、中厚板公司4家单位轧辊使用情况，开展板带精轧工作辊由普通型到改进型的升级换代；钢锭铸件方面，与沈阳科金特种材料公司、河钢集团钢研总院、天津北斗新材料公司、中钢冶金资源公司等单位密切合作，成功开发多种特种钢产品，创效能力进一步提升。

【炼钢除尘项目】 2017年9月，重机装备公司炼钢除尘项目竣工。该项目于5月22日获批立项，当月30日开工建设，由河北天宁环保设备有限公司承建。主要建设内容为炼钢作业区、轧辊作业区大离心中频炉、轧辊作业区小离心中频炉配套建设3套除尘系统。该项目投入使用后，对有应用价值的粉尘进行回收，实现绿色生产。

【首次研发含氮不锈钢钢锭】 2017年，重机装备公司贯彻以市场化、平台化提升全产业链创效能力的工作要求，瞄准特殊制造领域含氮不锈钢钢锭市场需求，加大产品研发力度，拓宽业务范围，增强竞争实力。研发过程中，结合产线实际，设计工艺流程，对VOD精炼炉进行氧枪恢复，改造氮气输送管道，开展生产关键岗位技术培训，严格执行标准化作业，确保产品成功下线。5月16日，首次成功生产的37.5吨含氮不锈钢钢锭发往沈阳用户，产品成分符合用户要求。

【质量管理】 2017年，重机装备公司重视并抓好产品质量管理，健全质量管理体系，完善流程卡制度，强化工艺监督、指导、违规纠正与责任落实，持续推进质量体系落地，实现工序制造过程质量水平全面受控，产品质量持续提升。全年，轧辊铸造合格率97.18%，轧辊综合合格率97.05%。

【基础管理】 2017年，重机装备公司不断加强专业管理，为企业高效、规范运行提供保障。这一年，根据上年末确定的组织架构调整方案，将原来的9个科室4个车间调整为4个科室5个作业区，机关管理人员由150人降至47人，实现组织架构垂直管理，提高管理效率；坚持抓好安全管理，强化全员安全教育培训，深化作业区和班组安全建设，扎实开展安全大检查，构建安全风险分级管控和隐患排查治理“双控”机制，全面推进全员安全履职尽责，稳步提升安全管控水平，年内组织开展危险源辨识452项，实现轻伤以上事故为零目标；主动适应环保治理新要求和环保督察新常态，加强与各级环保部门沟通，开展厂容环境综合治理，规范危废物品流通管理，统筹实施采暖季错峰生产应对方案；1月6日，下发扁平化管理与作业长制实施方案，以“五制配套”为抓手全面推进作业长制落地，强化作业长日常管理，积极开展自主管理活动，梳理岗位规程32项，申报自主管理课题18项，结题9项。

【党群工作】 2017年，重机装备公司党委积极组织学习宣传贯彻党的十八届六中全会和十九大精神，持续推进“两学一做”学习教育常态化制度化，全面落实从严治党主体责任，不断加强企业党的建设。扎实推进“3X+1”形势任务宣讲活动，详细制定符合企业特点的活动方案，通过深入宣传、逐层落实，凝聚全员共识。开设党务专题橱窗，及时宣传交流党员的思想动态和工作状态，利用“共产党员”“唐山先锋”“河钢唐钢”等微信公众平台，不断加强党员干部和职工群众的理论学习；积极组织广大党员学习新党章、《中国共产党廉洁自律准则》等党规党纪，全年组织专题党课4次，党建知识答题2次。抓好党风廉政建设，积极落实“两个责任”，制定《招投标管理办法(试行)》《自采废钢管理流程》等制度，设置举报箱2个，并公布举报电话，组织全体党员、科级以上干部观看警示教育专题片5场次，切实增强党员干部廉洁自律意识。

气体公司

【概况】 唐山唐钢气体有限公司（以下简称气体公司）是一家集气体生产、运输、销售、技术咨询服务为一体的大型专业化气体公司，主要生产氧、氮、氩、氢、医用氧、天然气、二氧化碳等产品，注册资本7.78亿元。2017年末，共有空分设备8台(套)，其中4万标准立方米/时空分设备1套，2.8万标准立方米/时空分设备1套，2.5万标准立方米/时空分设备2套，2万标准立方米/时空分设备1套，1.7万标准立方米/时空分设备1套，1.55万标准立方米/时空分设备1套，8000标准立方米/时空分设备1套，空分能力17.85万标准立方米/时；液化装置3套，液化产量700吨/天；制氢设备2套，氢气产能1400标准立方米/时；液体二氧化碳装置1套，年产量6万吨；焦炉煤气制液化天然气装置1套，液化天然气年产能10万吨。通过质量、环境、职业健康安全“三合一”管理体系、GMP医用氧、二氧化碳和氮气的食品添加剂等认证。

2017年末，河钢唐钢气体公司设厂部级干部7人；下设科室5个，分公司6个，子公司2个，班组37个，分布于公司本部、炼铁厂北区、玉田、乐亭、滦县等地。共有职工397人，其中男职工329人，女职工68人；中共党员151人，共青团员11人；干部75人，其中科级干部21人；管理及专业技术职工54人，其中高级职称17人，中级职称21人；工人322人，其中高级技师3人，技师32人。职工中有研究生12人，大学本科63人，大学专科74人，中专72人，高中及以下176人。

【生产经营】 2017年，气体公司根据河钢唐钢生产实际气体需求量，结合销售市场情况，统筹安排，科学调整生产组织模式，加强设备精细化管理，开展降本增效攻关，积极开拓外部市场，较好地完成生产经营任务。全年，销售氧气11.29亿立方米、氮气14.8亿立方米，分别同比增长16.9%、14.3%；销售氢气721万立方米；外销主要液体产品25.2万吨，同比增长22%；销售收入11.1亿元，利润1亿元。这一年，合理匹配设备，根据生产介质需求及收益测算，在不锈钢分公司新建1.45万标准立方米/时低压氮压机1台，将原1.8万标准立方米/时高压氮压机搬迁至乐亭分公司，优化两分公司氮气系统的设备配置，设备运行效率进一步提高，降低了压氮单耗；拓展管理思路，优化采购方式，增加“物联宝”采购渠道，降低采购费用；鼓励员工自主维修减少外委，节约维修费用，全年共发生设备维修费1480万元，比计划降低13.5%。

【市场开拓】 2017年，气体公司积极应对市场变化，抓住有利时机，加大市场开拓力度，提高市场份额，全年实现外销收入1.64亿元，外销利润7251万元。这一年，积极开发优质客户，为客户制定一体化解决方案，新增氧氮氩合同量超过5000吨/月，恢复了中断两年的液氩产品出口业务，在提升利润水平的同时，对提高品牌影响力具有重要意义；加大业务人员培训力度，提升业务技能，年内新签终端用户36家；强化运输管理，克服暑季禁运、环保限行等各类交通管制，保质保量完成配送任务，全年共调配车辆1.3万次，调配货物25万吨，保证客户供应。

【搭建液化天然气信息沟通平台】 2017年，气体公司联合内蒙古、陕西地区液化天然气主要生产厂家，建立液化天然气产品信息沟通平台，共享区域内各企业间信息和货源，提升全产业链创效能力。该平台借助微信群分享企业生产信息，平台内企业定期沟通交流，根据各家企业库存情况，预判整体市场走势，同时为平台内企业因设备检修等因素导致产量不足进行调配，提供便捷条件，减少不必要的中间环节，实现平台内企业共赢和产品价值最大化。

【高端客户开发】 2017年，气体公司进一步完善自身服务，深入对接客户需求，依托重点客户在行业内的辐射效应，为开发高端客户提供支撑。这一年，致力于加强品牌建设，瞄准品牌影响力较高、发展前景广阔的大客户重点攻关。营销人员定期走访，深入现场，及时了解客户的实际诉求，着力优化客户服务，通过为客户免费安装远程液位监控系统等举措，提升服务质量和工作效率。借助信息化平台，加强内部之间的横向协调沟通，订单直达产线，不断健全对接市场和客户的营销机制，提升产品市场竞争力。

【干冰销售取得突破】 2017年，气体公司深入对接干冰市场需求，强化生产服务保障，干冰销量取得突破，全年销售干冰约800吨，外部市场创效能力进一步提升。干冰也称固体二氧化碳，在食品保鲜、工业清洗等领域被广泛应用，其市场利润优于普通二氧化碳产品。在具备生产销售干冰产品能力的基础上，组织力量发掘市场信息，加强客户沟通，根据客户对产品规格、形状方面的个性化需求，进行定制生产；加强对生产工序的质量管控，在保证原料质量的同时，着力提升干冰成型率。针对干冰易挥发、不易保存的特性，将订单及时传递至产线，合理安排生产计划，保证产品按时交货，尽最大努力减少干冰挥发损失。

【创新创效】 2017年，气体公司着力激发员工创新意识，积极推进创新管理，修订完善《自主管理活动管理办法》，搭建职工岗位创新平台，营造人人参与创新的氛围。被河北省科技厅评定为“科技小巨人”“河北省科技型中小企业”，在科技创新、重点新产品认定、投资融资等方面享受政策支持，全年减免税款669万元。充分发挥创新工作室、创新工作站和创新工作组的作用，引领职工立足岗位、自主创新，部庆忠制氧操作创新工作小组晋升为公司创新工作站，截至2017年末，拥有河钢唐钢级创新工作室1个、创新工作站2个和创新工作组2个。支持职工在生产中开展创新工作，“一种高频变压器控水冷却装置”“一种管式开工炉燃气处理系统”“一种冷却水加药装置”等3项成果被国家知识产权局授予实用新型专利；确立自主管理课题48项、重点攻关课题8项，其中4项通过验收，累计创效395万元。

【信息化建设】 2017年，气体公司在确保已有线上管理流程运转顺畅的基础上，着力提升信息建设工作标准化。制定协同平台知识目录的搭建规则和流程搭建规则模版，实现对管理流程开发的规范化管理，全年新搭建、优化基础管理工作流程17条，逐步实现管理制度流程化；在协同管理平台上增设安全门户和天然气子公司门户，为子公司自主管理提供技术支撑，推动隐患排查整改、教育培训、应急演练等安全工作扎实落地。

【安全管理】 2017年，气体公司坚持“一切安全事故、隐患可防可控”原则，进一步强化安全基础管理，实现全年安全生产目标。年内，修订《安全生产责任制》《安全奖惩制度》等规章制度，以信息化手段规范各项安全行为和安全要求，全面推进安全责任落实；投入专项资金443万元，持续完善安全设备设施；深入开展全员安全教育、岗位实操培训等多形式的专项培训，职工有效持证上岗率100%；组织职工进行危险源辨识和应急演练，提升安全操作技能和应急处置能力，避免各类事故发生。

【党群工作】 2017年，气体公司党委深入贯彻党的十八届六中全会和党的十九大精神，持续加强党的建设各项工作。全力推进“两学一做”学习教育常态化制度化，组织党员开展“四个争做”主题实践活动，立足岗位争做合格党员，在创新创效、市场开拓、管理创新和服务一线等层面做表率，进一步彰显党员先进性。以创建党员活动室为载体，强化党员素质提升；落实集团党委《各级党委（总支）领导班子和党员领导干部民主生活会制度》等7项制度和《气体公司党委工作规则》等规定，持续加强党建基础工作，提升党建工作标准化和规范化，为生产经营目标的实现提供坚强的政治保证。积极履行“两个责任”，强化廉政制度体系的完善，落实诫勉谈话和重大事项报告等廉政要求；持续开展廉政警示教育，坚持党风廉政测评，强化效能监察，推动“两个责任”有效落实。在各分公司开展增加液氧氮氩产量劳动竞赛，发挥激励作用，提升职工生产积极性。同时，坚持节期走访慰问，及时向住院职工送去企业温暖，进一步厚植企业“家文化”理念。

钢源炉料公司

【概况】 唐山钢源冶金炉料有限公司（以下简称钢源炉料公司）属公司非钢板块资源开发与综合利用产业，是生产销售石灰并对外输出麦尔兹窑技术的合资企业，由河钢唐钢与唐山开平富鑫通源灰料厂合作建立，位于唐山市开平区，占地面积112万平方米，主体设备有600吨麦尔兹窑3座，300立方米竖窑9座，200立方米竖窑2座，及其相关配套设施。

2017年末，钢源炉料公司（含冶金炉料厂）设厂部级干部6人（含合资方1人）；下设办公室、安全室、设备室、供销室、项目开发部、生产技术室等部室6个，北区、南区、采剥、检修等作业区4个。共有职工311人，其中男职工238人，女职工73人；中共党员101人；干部32人，其中科级干部10人，作业长16人；管理及专业技术职工58人，其中高级职称7人，中级职称17人；工人253人，其中技术工人99人，高级技师3人，技师6人。职工中有研究生3人，大学本科28人，大学专科52人，中专16人，高中及以下212人。

【生产经营】 2017年，钢源炉料公司全面落实河钢唐钢各项决策部署，聚焦市场和产品两大主题，坚持求新求变求突破工作主基调，以推进以产线为独立市场单元的组织结构扁平化变革和作业长制为抓手，以自主管理和岗位创新为动力，以提质增效完成保供任务为目标，紧紧围绕生产、安全、环保三个中心，加强基础管理，强化费用管控，充分发挥自身优势，实施走出去战略，开拓国内外市场，打造石灰生产和窑炉技术服务综合创效平台，全产业链全流程创效能力得到提升。全年，生产销售石灰76.04万吨；实现销售收入3.59亿元；实现利润639.61万元，同比增加192.52万元；资金占用293.79万元，同比减少311.16万元，比目标降低156.21万元。

【管理创新】 2017年，钢源炉料公司全面推进管理创新和岗位创新，规范管理流程，实施标准化作业，深挖内部潜力，推动企业效率提升与活力释放。年内，成立南北两个事业部，结合产线特点，构建产线对接用户服务机制，在生产系统实行集中管控模式，由生产技术部统一管理作业区，减少管理层次，提高作业区管理效率；继续深入推进作业长制，制定麦窑、竖窑、煤粉制备等生产岗位“五合一”岗位规程，编制设备管理四大标准等，补充完善各专业管理制度；全面实施全员绩效管理，修订完善《全员绩效管理方案》，制定基层组织绩效和各岗位员工绩效方案，建立以作业区为责任主体、以价值创造为导向的绩效管理体系，促进作业区内外各方力量主动融入、协同发力；开展岗位创新活动，充分发挥职工创新工作站（组）作用，完成创新课题 8 项，同时推进自主管理创新活动，实施自主管理课题 64 项，同比增加 33 项，激发全体职工创新创效热情。

【成本管理】 2017 年，钢源炉料公司进一步深化成本管理，强化物料采购及设备修旧利废管控，深入对标挖潜，开展成本分析，促进作业区单位成本有效降低。全年，高钙灰变动成本 440. 58 元/吨，比标准成本降低 3. 9 元/吨；轻烧白云石变动成本 283. 25 元/吨，比标准成本降低 6. 97 元/吨。

【产品研发与外部创效】 2017 年，钢源炉料公司注重加强产品研发与外部创效管理，深入走访用户，了解客户及外部市场需求，积极研发满足客户需求的新产品，不断提升全流程全产业链创效能力。年内，加强产线对标，与冶金用石灰企业对标，了解其他企业对石灰质量的要求和产品特点，与非冶金石灰企业对标，了解其他领域的产品结构和市场需求，为产品研发寻求更多方向，成功实施高钙石灰、高钙脱硫剂研发试验，具备批量生产条件；以满足客户需求为宗旨，根据河钢唐钢自动化炼钢对高钙灰要求，克服技术、生产组织及成本升高等困难，从原料采购、工艺参数、生产操作等方面开展技术攻关，一次性烧制成功高钙灰，并通过公司认证，为自动化炼钢提供坚实保障；在实现保供任务前提下，充分发挥现有技术资源优势，不断拓展对外窑炉技术服务，组织葫芦岛正源矿业石灰窑、山西阳泉石灰窑、邯钢石灰窑煤粉改造技术服务等项目建设，合同总额共计 4017. 96 万元。

【基础管理】 2017 年，钢源炉料公司加强基础管理，强化安全管理，推行点检维修制，优化工艺组织流程，为提升经营业绩提供重要保证。抓好安全管理，严格落实安全管理制度，推进安全标准化作业和安全规程落地，组织安全教育培训 560 人次、实操培训 3500 人次，开展安全大检查，排查整改隐患 260 项，实现全年轻伤以上事故为零目标；持续强化环保管理，实施三座麦窑地料仓除尘设施改造，对北区新竖窑锤破机处、南区一麦除尘灰放灰处、南区二麦斜桥及成品拉伸皮带滚筒处进行密封，对北区麦窑、南区一麦窑体出灰平台漏风处进行封堵，从根本上消除粉尘外溢对环境的污染；优化生产组织流程，结合公司错峰生产方案，合理调整生产组织模式及检修计划，提高装备利用率，窑体利用系数同比提升 21%；强化质量管控，从原燃料入厂、工艺参数调整、精细化操作等方面入手，探索出麦窑生产高钙灰、普灰、轻烧白云石等产品互相转换工艺，产品质量合格率达 95% 以上；加强设备管理，建立健全设备技术档案，制定设备管理四大标准，提升设备内部检修能力，先后完善上料皮带、喷枪、成品皮带的更换以及电力变压器等重要设备功能，实施 59 项设备改造课题；开展全员素质提升工作，组织 46 期 1113 人次参加专业培训，开展电工、钳工、化验工专业技术比武，对获奖的 12 名优秀技术能手进行表彰，将结果计入职工个人绩效，提高技术操作水平。

【党群工作】 2017 年，钢源炉料公司党委认真贯彻河钢唐钢党委各项决策部署，深入学习党的十九大精神，全方位推进党群重点工作，为促进企业持续健康发展，提供有力的思想、政治和组织保证。年内，以“两学一做”学习教育常态化制度化为契机，组织党员干部认真学习党章、习近平总书记系列重要讲话精神、廉洁自律方面的党内法规，全面提升党员干部政治理论素质；构建党风廉政建设长效机制，加强对招投标、备品备件采购、科级干部任免、环保设施运行、专业管理制度执行等环节的效能监察，有效堵塞管理漏洞，降低管理成本；坚持经理联络员制度，畅通民主管理渠道，组织召开3次经理联络员会议，提出33项议案；广泛开展职工岗位创新及劳动竞赛，组织以“提高煤粉质量”为主要内容的产线对标竞赛、“提高设备自我维修量”创先争优劳动竞赛、职工岗位创新等活动，调动职工创新创效热情，促进职工队伍技能水平持续提升；多渠道开展困难职工帮扶、“送温暖”等活动，使广大职工切实感受到公司的关怀和温暖。

青龙炉料公司

【概况】 唐钢青龙炉料有限公司（以下简称青龙炉料公司）系公司非钢板块单位，由河钢股份有限公司与唐山竞鼎实业集团有限公司共同出资组建，注册资本1.5亿元，控股股东为河钢股份。位于秦皇岛市青龙满族自治县祖山镇山神庙村，负责河钢唐钢普通球团、含镁球团、含钛球团和碱性球团的生产与销售，拥有1条链箅机—回转窑生产线，具备年产200万吨氧化球团矿生产能力。

2017年末，青龙炉料公司设厂部级干部3人；下设科室4个、作业区1个。共有职工243人，其中男职工237人，女职工6人；干部17人，其中科级干部7人；管理及专业技术职工9人，高级职称3人，中级职称6人。职工中有本科学历及以上18人。

【生产经营】 2017年，青龙炉料公司紧紧把握市场和产品两大工作主线，以新品种开发生产为突破口，合理调配各种资源，强化内部管理，严控各种费用，较好地实现各项生产经营目标，扭转多年亏损局面，综合竞争力显著提升。全年，生产球团201.71万吨，同比增加50.26万吨；销售球团196.24万吨，同比增加43.4万吨，其中内销148.81万吨，占比76%，外销47.43万吨，占比24%；销售总额14.4亿元，同比增加8.06亿元；利润6604.9万元，同比增加8205.99万元；现金流8835万元，同比增加8030万元；吨球加工成本58.39元。

【市场开拓】 2017年，青龙炉料公司始终把市场和客户摆在生产经营的核心位置，以产品品种升级带动销售业务拓展为主线，深入开拓市场，主动对接客户，实现市场营销新局面。全年，新增凌源钢铁、长赢商贸、天锡商贸、东实商贸、港陆钢铁、京唐港德龙钢铁、腾竣商贸及悦程商贸8个新客户，带动销量增加33.5万吨，唐秦两地的客户群得到进一步稳固。

【新产品研发】 2017年，青龙炉料公司坚持以技术进步推动产品升级，坚定不移走品种多元化路线，强力推进产品结构升级，促进产品档次全面提升。全年，生产新品种球团矿95.64万吨，其中碱性球41.39万吨，占比20.52%；镁球54.25万吨，占比26.89%；钛球0.72万吨，占比0.36%；普通酸性球92.9万吨，占比46.06%；代加工球团12.45万吨，占比6.17%。年内，抓住碱性球团市场机遇，进一步优化生产组织，采用监测手段，使造球打水量化可视化，确保混合料水分稳定，按照成品球团指标要求及各种物料的焙烧性能调整煤枪火焰，使系统热量分布更合理，实现特色品种球——镁质酸性球团及镁质自熔性球团大规模批量生产，吨球价差同比提高35.27元，创效6482万元。

【成本管理】 2017年，青龙炉料公司积极转变生产组织模式，狠抓资金和成本管控不放松，降本增效工作取得成效。年内，强化成本考核，改善日清日结体系运行效果，摸索每道工序成本构成，持续健全标准成本体系，实现全成本管控；按照不挪用生产资金，少形成新增贷款要求，大力削减非生产性开支，资金管理得到进一步加强；加强原料采购管理，合理匹配各种物料资源，满足生产用料要求，用白云石粉替代轻烧镁粉降低费用737.5万元，用新西兰海砂替代黑山精粉降低费用59.7万元，开发50精粉低价料资源替代部分研山精粉降低采购费89.9万元，开发澳精粉新资源弥补地方精粉量不足节省费用210万元，以上优化配矿结构共降低精粉成本1097.1万元，吨球皂土消耗同比降低0.57千克，创效95万元。

【设备管理】 2017年，青龙炉料公司全面落实设备全生命周期管理，完善设备功能精度，降低设备故障率，实现设备长周期稳定、经济运行。全年，设备可开动率达99.71%，设备日历作业率为99.48%。年内，抓好设备专业管理制度、标准实施和落地，提高岗位点检能力，未发生重大等级事故；根据设备运行情况进行改造升级，实施路灯节能加固、脱硫雾化器部分备件国产化改造、成品仓除尘改造、锅炉及煤枪天然气化改造等项目，进一步改善职工工作环境，减少设备隐患和设备事故发生。

【基础管理】 2017年，青龙炉料公司加强基础管理，以全员绩效管理为依托，优化岗位布局，激活内生动力，实现管理创效。年内，优化组织机构，将3个作业区统一划归生产部管理，推行中控值班长制扁平化管理机构，形成快节奏、高效率的生产组织模式；针对新的管控构架，修订完善绩效指标，将销量、产量、备件消耗和安全生产等关系生产经营的重要指标纳入绩效考核指标，确保全员绩效管理对职工起到正向的激励约束作用。

【党群工作】 2017年，青龙炉料公司党委贯彻落实公司党委决策部署，把党的十九大精神与企业发展中心任务结合起来，创新推进党群各项工作，促进和保证生产经营目标的实现。组织学习党的十九大、习近平总书记系列讲话、党章党规和公司系列会议精神，引导广大党员践行“四讲四有”，增强“四个意识”；加强基层支部建设，按照公司党委对基层党支部人数要求，及时对各党支部进行调整，进一步完善基层党组织机构，设置党员活动室，为支部工作开展和组织生活创造良好环境，促进基层党建工作深入开展；完善党群工作制度，制定《领导班子议事规则和决策程序》《党员组织生活会制度》和《民主评议党员工作制度》等一系列党群管理文件，实现了党群工作标准化、规范化管理；发挥工会组织作用，走访慰问困难职工、先模人物，深入开展暑期“双服务”活动，使广大职工切实感受到企业的关怀和温暖。

唐龙（唐昂）公司

【概况】 唐山唐龙新型建材有限公司、唐山唐昂新型建材有限公司属同一董事会，同一法定代表人，同一股东，不同的两个独立法人公司（以下简称唐龙（唐昂）公司），系河钢唐钢以高炉炉渣为原料生产经营矿渣微粉的合资子公司，属于非钢板块资源开发与综合利用产业集群。由河钢唐钢与新加坡昂国企业有限公司共同出资组建，控股股东为河钢唐钢，投资比例60%，新加坡昂国企业投资比例为40%。拥有矿渣微粉生产线3条，立式磨机3台，产能规模为180万吨/年，主要生产S95级矿渣微粉，广泛应用于水泥厂、搅拌站。2017年末，固定资产2.25亿元。

2017年6月1日，唐龙（唐昂）公司重新调整组织架构，增设研发科；生产设备科直管唐龙、唐昂两个作业区，成为双职能科室，其物资采购、安全环保职能划归综合科，出厂物流运输职能划归营销科，招投标管理职能划归财务科。

2017年末，唐龙（唐昂）公司设厂部级干部2人；下设科室6个、作业区2个、班组10个。共有职工154人，其中男职工114人、女职工40人；中共党员32人，共青团员2人；干部37人，其中科级干部11人；管理及专业技术职工42人，其中高级职称5人、中级职称6人；工人117人，其中技术工人26人，技师2人。职工中有研究生1人、大学本科26人、大学专科28人、中专9人、高中及以下91人。

【生产经营】 2017年，唐龙（唐昂）公司积极开拓市场，狠抓基础管理，不断完善各项管理制度，提升创效能力，为生产经营持续向好奠定良好基础，实现扭亏为盈。全年，生产矿渣粉152.23万吨，销售155.39万吨，实现利润539.08万元，经营收入2.01亿元，同比增加4831.84万元，到12月末资金存量7356万元，较年初增加1828万元。

【产品出口】 2017年，唐龙（唐昂）公司以效益为核心，积极拓展国际市场，重点加大东南亚、北美等地区市场开发力度，出口创效成果显著。全年，出口超细粉45万吨，创收5908万元。这一年，面对国外超细粉产品市场售价高于国内市场的实际，提前着手布局国际市场。7月，与中东卡塔尔MTC公司签订2万吨出口袋装矿渣粉合同；与国内大型央企合作，成功将矿渣粉产品打入中交集团安哥拉港口工程，第一批印有唐龙（唐昂）公司商标的3000吨大袋装矿渣粉于11月全部交付客户；与中建材合作肯尼亚中国援建项目，发运矿渣粉1.5万吨。

【客户开发】 2017年，唐龙（唐昂）公司密切对接市场，及时调整矿粉价格及销售策略，积极开发新客户，取得良好效果。全年，进行价格调整34次，价格调整幅度在83~195元/吨之间，销售价格创出历史新高；取消日提货量500吨以上优惠政策并制订承兑加价销售政策，年增加销售效益约80万元。唐龙公司在维护已有矿井回填料市场的前提下，积极跟进丹东硼矿填充市场，合作建设的充填站设备安装调试完毕，并签订有偿技术服务协议，于当年12月开始供货充填。

【降低物流费用】 2017年，唐龙（唐昂）公司降低物流费用取得新成效。全年，以集装箱方式发运矿粉14万吨，比散装船运售价每吨高5~10元，增效80万元；坚持降低装船费用，与京唐港积极协调，自7月始，从京唐港出口矿粉不再占用冀东仓储，实现全部车船直取，共装船10.2万吨，累计降低装船费用120.36万元。

【降低物料采购成本】 2017年，唐龙（唐昂）公司严格执行招标与非招标形式采购制度，面向市场选择服务供应商，大幅降低物料采购成本，削减检修及其他各项费用。这一年，改变传统的备品备件采购模式，自7月起实施“直采”模式，清理中间商2家，减少中间商加价损失，可比口径42种物料采购成本降幅达30%；在外委检修项目上，通过三方竞价对检修费用进行比价，主减速机拆除及安装费用、主减速机维修基础费用明显降低，外委检修费用降低51万元，备品、备件费用降低242万元，三条产线同比共节约堆焊费用20万元；在大宗原燃物料方面，充分利用物流分公司作为柴油供应大客户优势，通过其与柴油供应商达成供货协议，降低柴油采购价格，同比节约费用38万元，所有润滑油脂价格自5月起下浮5%；加强采购领域的监督管理，开展招投标、“三违规”专项治理，规范物资采购、外委项目的招投标业务，有效避免经济损失，组织招标项目17项，降低费用68万元。

【设备管理】 2017年，唐龙（唐昂）公司强化设备管理，故障时间大幅降低，三条产线设备故障时间同比减少68%，唐昂作业区全年设备故障时间仅为13.55小时，连续7个月实现设备零故障，保证了设备长周期平稳运行。这一年，完善核心设备计划检修周期，由原22项增加到33项，对唐龙二线主减速机、唐昂磨机3000千瓦主电机、1120千瓦主排电机等分批次进行计划性检修；开展课题立项攻关活动，通过降低孔板高度和档流板间隙，解决了唐龙二线产品45μm筛余难题。

【环保管理】 2017年，唐龙（唐昂）公司贯彻执行国家和当地政府环保要求，强化环保和现场治理，制定环保停限产和采暖期应急预案，加强环境治理，对唐龙、唐昂两个作业区8个成品仓放料全部增加后盖收尘，减少罐车装料时的烟尘，对唐龙和唐昂大袋灌装增加收尘器，减少灌装过程烟尘外溢；加大对唐昂作业区现场整治，彻底清理积压多年洒落料、垃圾和废钢，对倒塌围墙、石膏库房进行修缮；对唐龙两条生产线皮带通廊进行封闭，规范两个作业区水渣料场苫盖管理，满足环保要求。

【自主管理】 2017年，唐龙（唐昂）公司首次实施自主管理，制定包括公司治理、营销管理、财务管理、生产管理、行政管理、人力资源管理、安全管理、环保管理、设备管理、质量管理等在内的十类管理制度131项，经公司专业部门两轮联审于当年1月通过并下发执行。年内，为确保制度落地，对管理制度进行后评价，自6月开始，每月分科室检查制度执行情况，对不适应生产经营发展的管理制度及时完善、修订，新建制度2个、修订制度2个、废止制度4个，保证了制度的及时性与有效性，为自主管理的顺利实施提供支撑。

【推进作业长制】 2017年，唐龙（唐昂）公司深入推进作业长制及服务标准体系建设，制定实施《作业长制推进计划》《作业长和后备作业长选拔管理办法》等管理文件，同时加强日常检查，强化专业管理指导，制定月度作业长制推进计划并进行总结讲评，将推进工作纳入绩效考核，推进作业长制“五制配套”落实，规范作业长日常工作，促进作业长自主管理职权落地。建立作业区生产运行模式，推进作业区月度计划管理和日通报、周汇总、月考核，班组成本核算等，作业区各项指标明显改善。抓好作业区绩效管理，组织制定作业区绩效管理方案，设计13项考核指标，促进各项工作不断深化。健全落实岗位规程标准化作业，对各岗位规程和作业标准进行修订完善108处、制定新规程4份，组织一线职工围绕岗位规程、实际操作等内容学习，并举行考试，有效促进了职工岗位技能和操作水平的提升。

【党群工作】 2017年，唐龙（唐昂）公司党总支认真学习贯彻党的十八届六中全会和十九大精神，围绕全年生产经营任务，抓好党群各项工作。以“3X+1”形势任务宣讲为主要载体，围绕生产经营、组织结构扁平化变革和市场营销等重点工作任务，深入基层做好形势任务宣传教育；以“两学一做”学习教育常态化制度化为主线，加强领导班子建设，着力转变思想观念，不断增强大胆工作、敢于管理、勇于负责的担当意识，针对制约生产经营的突出问题，着力抓好科级队伍、党员队伍、职工队伍三支队伍建设，不断提升团队战斗力，为推进生产经营不断向好提供有力保证；积极履行全面从严治党

“两个责任”，开展廉政教育和警示教育，组织廉政党课10次，开展警示教育28次，制订《领导班子成员党风廉政建设工作职责范围和重点工作分工》，逐级签订党风廉政建设责任状，狠抓落实；组织职工群众开展绩效提升立功竞赛、岗位创新活动，有力促进各项指标的不断优化。做好节期“送温暖”、暑期“双服务”、职工体检、困难职工慰问等工作，使职工充分感受企业的关怀和温暖，增强企业凝聚力。

新事业公司

【概况】 唐山惠唐新事业产业发展有限公司（以下简称新事业公司）是河钢唐钢综合性实体集合发展非钢单位。设唐山惠唐新事业产业发展有限公司、唐山惠唐新事业股份有限公司、唐山钢铁集团金恒企业发展总公司三个法人单位。业务范畴涵盖钢铁固体废弃物综合利用、金属产品包装及包装材料生产、冷热板材加工及贸易、铁钢轧工序服务等。

2017年6月5日，唐山金恒劳务派遣有限公司注册成立。注册资金1000万元，主要经营劳务派遣、职业中介服务、劳动力外包服务、建筑劳务分包及新材料技术推广服务和节能技术推广服务等业务。

2017年末，新事业公司拥有固定资产原值2.23亿元，其中唐山惠唐新事业产业发展有限公司和唐山惠唐新事业股份有限公司1.46亿元，唐山钢铁集团金恒企业发展总公司0.86亿元；净值1.16亿元，其中唐山惠唐新事业产业发展有限公司和唐山惠唐新事业股份有限公司0.94亿元，唐山钢铁集团金恒企业发展总公司0.22亿元。拥有主要设备21台（套），其中压球机2台、轮碾机3台、纵剪线1条、铁内外护角自动成型机4台、纸护角生产线1条、数控板料开平线5条、压滤机4台。

2017年末，新事业公司设厂部级干部7人；下设科室8个，业务单元5个，实体单位23个，班组（作业区）67个。共有在册职工2298人，其中河钢唐钢身份职工279人，集体身份职工1539人，代管划拨集体工480人；男职工968人，女职工1337人；中共党员314人，共青团员3人；干部62人，其中科级干部28人；管理及专业技术职工54人，其中专业技术职工26人，高级职称7人、中级职称4人；工人2236人，其中技术工人104人，高级技师2人、技师5人。职工中有研究生5人，大学本科75人，大学专科71人，中专11人，高中及以下2136人。

【生产经营】 2017年，新事业公司以市场化改革和管理创新为动力，以新常态营销模式创新为契机，抢抓市场机遇，强化基础管理，严格费用控制，拓展业务范围，全力提升市场竞争力，取得较好的生产经营业绩。全年，实现营业收入20.7亿元，其中唐山惠唐新事业产业发展有限公司和唐山惠唐新事业股份有限公司收入17.8亿元，同比增长102.27%；外部收入6.89亿元，较目标提高32%；实现利润3619万元，其中唐山惠唐新事业产业发展有限公司和唐山惠唐新事业股份有限公司利润为3602.28万元，超额完成目标利润，同比提升15%。这一年，紧紧抓住钢材价格整体上扬的市场机遇，将成品材、废次材、含铁料销售作为经营重点，3个主体贸易单元年创效均达千万元以上，包装材料生产在满足主业产品包装需要基础上，组织带料加工5072吨，外售包装材料1184万元，创效能力不断增强；全力提升加工厂市场竞争力，冷板材加工营业收入11.7亿元，创效水平实现跨越，热板材加工开发打包带生产线，开平生产线纳入河钢唐钢管理，综合实力显著提升，实现营业收入3.1亿元。

【服务主业】 2017年，新事业公司努力增强服务意识，提高工作标准，积极服务主业，工序服务业务不断增加，保证了产线生产稳定。年内，强化中厚板公司工序服务，负责该公司高炉除尘、液压、供水等关键设备运行维护，坚持扩大零星业务，实现考核利润786万元；做好金属包装业务，保质保量包装钢铁主业1050万吨钢材产品，冷板包装自检合格率达99.97%，京唐港、曹妃甸及外围库区检查合格率近100%；加强物流工序服务，实现冷热卷加固1.1万车，京唐港专线自用钢座架6000车，累计发货110万吨；加工修理单元新增废油桶压块处置、高强汽车板二期保洁及理化实验室服务项目，承揽公司全部公车的维修业务，业务拓展范围实现突破。

【费用管控】 2017年，新事业公司制定实施全面预算管理方案，持续增强成本意识，加强预算管理，加大费用管控力度，杜绝不合理开支，努力实现降本增效。这一年，按照严格管控、集中采购、归口管理原则，严把进出口关，将主辅料、设备及备品备件、运输服务、工程维检、劳保用品等物资及服务，全部纳入招标采购范围，由招投标管理办公室对招标采购工作进行综合管理，成品材、废次材、废旧设备、含铁料等主要经营产品全部实现网上竞拍；加强费用控制，规范工艺流程，加大主体生产单位成本、费用及利润率考核力度，促进各项费用不断降低，金属包装吨钢成本42.76元，包装材料总成本478.68万元；积极盘活闲置资产，将闲置多年的原金恒拔丝厂厂房修缮改造为库房，提高利用效率，节省建筑资金；优化岗位设置，挖掘内部人力资源潜力，人工成本进一步降低。

【提高投资和固定资产收益】 2017年，新事业公司注重资产投资管理，积极开发投资项目，提高投资和固定资产收益，取得良好成效。年内，盘活闲置热板材加工厂设备，开发打包带生产线，月生产销售合格打包带350吨，进一步扩大产能；在冶金尘泥试验厂高炉布袋灰处理工艺成熟稳定基础上，尝试处理转炉LT干灰和OG泥浆，并取得成功，降低了成本；积极探索矿棉项目连续生产工艺路线，实现产品综合能耗降低，保证生产顺行；转炉泥浆压滤项目年内竣工即达产，包装材料厂改扩建后实现达产达效。

【转炉泥浆脱水压饼项目】 2017年8月2日，新事业公司转炉泥浆脱水压饼项目4台压滤机全部试车成功，整体投入试生产。该项目于上年1月25日立项，同年10月开工建设。项目概算投资1374.19万元，由唐山钢铁国际工程技术有限公司设计，河北省安装工程有限公司承建。项目主要建设污泥脱水及外运厂房，脱水回水池及轧钢泥浆提升水泵站，斜板沉淀池改造，4台板框压滤机及配套公辅设施。项目建成后，含水80%的转炉泥浆转化成含水28%的泥饼，转运到烧结工序进行无害化处理，解决了泥浆无法全部利用的生产难题及泥浆禁止堆存的环保问题。

【基础管理】 2017年，新事业公司进一步优化管理体制扁平化模式，推进全员绩效管理，促进基础管理水平持续提高。年内，充分发挥五大业务单元直接对接市场优势，提升劳动效率，积极拓展业务，8个服务平台与招标采购领导小组、专家委员会、全员绩效管理小组、市场运营管理小组4个非常设机构相互配合，提升管控效率；强化全员绩效管理，推行利润指标和成本指标相结合的绩效评价模式，推动“一厂一策”政策实施，为实现员工个人绩效精准考核创造条件，提升各科室的管理效率。

【党群工作】 2017年，新事业公司党委以党的十八届六中全会和十九大精神为指导，围绕生产经营中心，努力抓好党群各项工作。以“两学一做”学习教育常态化制度化为抓手，积极开展有助于基层党的建设、促进企业健康发展、构建企业和谐劳动关系的特色活动，利用政工例会、专题党课等形式，组织党员进行学习，提高思想认识，明确工作目标，激励党员全身心投入到生产经营、技术创新等重点工作中。加强基层党支部建设，对部分党支部进行拆分调整，增加2个党支部。开展争当提质增效先锋党员竞赛活动，以党支部为竞赛单元，组织广大党员围绕产品质量、能源消耗、设备作业率、产量等关键指标，深入产线开展攻关，并以支部为单元进行月度评比，营造比业务、比能力、比贡献的良好氛围。抓好党员干部廉洁勤政教育和警示教育，组织班子成员、党群工作人员和各支部书记集中学习《中国共产党廉洁自律准则》《中国共产党纪律处分条例》等内容，定期组织廉政党课和科级干部集体谈话，不断强化党员干部廉政意识和忠诚担当精神。全面落实党风廉政建设责任制，将领导班子作为党风廉政建设重点，修订《领导班子成员党风廉政建设责任范围及反腐倡廉工作分工》，将廉政建设责任范围细分到机关科室和单位，明确责任人和工作内容，党政正职分别与各科室、实体负责人、各支部书记签订廉政建设责任书，做到层层负责，层层包保。坚持以人为本，维护好职工群众利益，努力解决职工关心的热点难点问题，将20名职工列入全国总工会帮扶网站，努力提升职工幸福指数，确保职工队伍稳定。

惠唐乐港分公司

【概况】 唐山钢铁集团有限责任公司惠唐乐港金属科技分公司（以下简称惠唐乐港分公司）是从事中厚板材（零部件级别）精密切割、型材（零部件级别）加工制造、钢结构装备制造的非钢单位。2017年末，主要设备有数控火焰切割机、数控等离子切割机、数控激光切割机、数控双曲线坡口切割机、剪板机、带锯、ZJ18型H型钢组立机、龙门式埋弧焊机、翼缘矫正机、抛丸除锈机及1250吨热模锻压力机等。产品广泛应用于造船、桥梁、装备制造、工程机械、风电设备、高层建筑及钢结构厂房等领域，主要由唐钢中厚板生产线及唐钢大型钢生产线提供原料。

2017年末，惠唐乐港分公司设厂部级干部4人；下设科室3个，作业区3个。共有职工115人，其中男职工113人，女职工2人；中共党员32人；干部18人，其中科级干部14人；管理及专业技术职工9人，其中高级职称1人；工人86人，其中技术工人68人，高级技师1人，技师2人。职工中有博士1人，研究生4人，大学本科19人，大学专科17人，中专10人，高中及以下64人。

【生产经营】 2017年，惠唐乐港分公司认真贯彻落实公司决策部署，遵循务实、创新、高效、发展的工作理念，加强基础管理，充分发挥板材加工配送和钢结构制造服务优势，积极开拓钢材深加工市场，营业收入稳步攀升。全年，板材加工配送合同量5.69万吨，营业收入1.48亿元；贸易量1.15万吨，板材加工量3.43万吨，钢结构制作量980吨；8月始基本达到盈亏平衡。

【市场开拓】 2017年，惠唐乐港分公司不断创新营销方式，加快从单纯切割配送向耗钢企业供应链优化服务商转变，努力开拓营销市场，提升品牌价值，优化客户结构，培育高端客户群，积极参与用户产品使用全过程，为用户提供最优解决方案。全年，走访各类客户100余家，与41家客户签订生产加工合同；建立重点客户档案，对厦门建发金属有限公司、首钢东华轨道交通装备制造有限公司、一重集团天津重工有限公司、唐山海港中材装备制造有限公司、五矿物流园（东莞）有限公司、北京中色建设机电设备有限公司、唐山越阳钢结构工程有限公司等15家重要客户进行重点维护，建立长期战略合作关系；紧紧抓住国家“一带一路”建设机遇，进军海外市场，火焰、等离子数控切割产品出口新西兰、以色列、巴基斯坦、澳大利亚；重点开发钢结构制作客户，充分利用钢结构制作设备优势，成功为内蒙古西乌珠穆沁旗体育场钢结构项目供货，使中厚板产品进入高端建筑市场，提高了经济效益。

【铁道垫板项目】 2017年8月，惠唐乐港分公司铁道垫板项目竣工并联调试车成功。该项目于上年12月17日立项，2017年1月17日开工建设，由唐山钢铁国际工程技术股份有限公司（中国锻压协会）设计，唐山远大建筑安装有限公司承建。项目主要建设铁路垫板加工生产线1条，包括上钢台架、上辊道装置、辊道、对中导板、辊道式加热炉、1250吨冲压机、收集柜；厂房（A-C跨）向东接长132米，跨度33米。项目建成后，铁道轨垫板产量达3万吨/年，主要产品为12英寸、13英寸、14英寸、14.75英寸、16英寸和18英寸铁路道轨垫板。当年10月，进行试生产攻关，组织中国锻压协会专家、各设备厂家等参加垫板生产线达产推进会，就生产线达到设计要求提出解决方案，协调落实20余项改进和优化措施，为项目达产提供支撑。

【成本控制】 2017年，惠唐乐港分公司围绕年度生产经营目标，强化成本管控，结合公司KPI绩效考核，制定爬坡计划，细化并完善新的考核制度，将成本、费用等指标层层分解落实到具体岗位，实时控制推进；加强作业成本核算，严格执行费用预算指标，对费用中占比较大的外委加工费用、材料消耗费用、检修费用等变动加工费，按合同、服务内容、取费标准、人工、备件细致分解；降低存货资金占用，减少借款及利息费用支出，有效降低成本。

【承接电极扁钢生产线】 2017年7月，惠唐乐港分公司板材加工作业区承接型钢厂两条锯切电极扁钢生产线，主要生产电极扁钢。产线使用中厚板公司原材料，具有原料易得、价格便宜，无二次污染等优点，市场前景广阔。为将设备安全安置，制定详细搬迁方案，设备安装调试后，多次模拟生产，不断总结经验，从具体加工人员、机械设备、生产材料、生产技术、生产环境、安全措施等方面做好充足生产准备，确保生产线顺利上线。当年，电极扁钢切割量1.03万吨。

【钢结构深加工产品获外部市场首单】 2017年9月20日，惠唐乐港分公司首个钢结构深加工产品外部市场订单，400吨Q345C钢结构深加工产品成功下线，用于内蒙古西乌珠穆沁旗体育馆建设。当年8月，与用户签订钢结构深加工产品订单，用于内蒙古西乌珠穆沁旗体育馆扇形柱制造。由于该部位对建筑整体起到支撑作用，用户对产品质量要求非常严格，且该产品属于异型件，结构复杂，生产组织难度大。对此，细化工艺参数设定，强化全过程质量控制，确保产品性能满足用户需求并按时交付。

【深加工钢材首次出口以色列】 2017年8月31日，惠唐乐港分公司1500吨Q235B钢材深加工产品集港，发往以色列，为该分公司深加工产品首次出口以色列。这一年，着力提升产品深加工能力，依托临港物流优势，积极拓展销售渠道，开拓新兴市场，参与国际市场竞争，钢材深加工产品出口量占总产量的20%，产品销往韩国、新西兰、澳大利亚等国家和地区。

【党群工作】 2017年，惠唐乐港分公司党委深入贯彻落实上级党委要求，做好党群各项工作。推进“两学一做”学习教育常态化制度化，通过上党课、亮身份等活动，提高党员积极性；组织召开惠唐乐港分公司党员大会，选举产生新一届党委和新一届纪委；健全组织，进一步完善基层党支部考核标准和考核办法，保证党建工作再上新台阶；全面加强党风廉政建设，组织学习《关于新形势下党内政治生活的若干准则》《中国共产党党内监督条例》等党规党纪，深入研究企业内部违规违纪主要表现形式，督促科级以上干部及关键岗位人员，认真履行廉政承诺，坚持领导干部个人重要事项报告制度，按照公司《开展落实中央八项规定精神纠正“四风”专项检查工作方案》文件要求，对 11 个检查重点进行认真对照，积极开展自查自纠，当年未发生违反党规党纪现象；围绕非钢企业发展大局，结合实际情况，解决职工劳动保护用品、一线职工防暑降温等实际问题。

城市服务公司（行政福利处）

【概况】 河钢唐钢城市服务有限责任公司（以下简称城市服务公司）、行政福利处属同一机构、两块牌子，系对内服务与对外经营不同称谓，属非钢板块综合服务产业，是公司的生活后勤服务单位，承担职工餐饮、洗浴、更衣、洗衣、宿舍管理、公司机关办公楼保洁、厂容绿化管理、维修服务、小区物业管理、幼儿教育、饮品供应、农牧产品供应、职工通勤车服务、职工休养、宾馆接待服务、房产管理服务等业务的综合服务管理。

2017 年末，城市服务公司（行政福利处）设厂部级干部 6 人；下设科室 24 个（含公司派驻的人力资源、财务部门 2 个科室）。共有职工 1115 人，其中男职工 801 人，女职工 314 人；中共党员 385 人；干部 46 人，其中科级干部 43 人（含公司派驻的人力资源、财务部门）；管理及专业技术职工 58 人，其中高级职称 7 人，中级职称 41 人；工人 956 人，其中技术工人 266 人，其中高级技师 5 人，技师 25 人。职工中有研究生 4 人，大学本科 108 人，大学专科 150 人，中专 69 人，高中及以下 784 人。

【服务标准体系建设】 2017 年，城市服务公司（行政福利处）进一步完善服务标准体系建设，设置精干高效的组织机构，建立科学规范的工作制度和垂直顺畅的管理流程，构建科学合理、责任明晰的管理架构，先后修订下发《行政福利处招投标实施细则》《行政福利处非招标采购实施细则》《行政福利处车辆管理办法（试行）》《行政福利处工程（维修）管理办法》《行政福利处冬季道路除雪铲冰预案》等管理文件；进一步强化服务监管，加强现场巡视检查，对服务过程中存在问题及时进行督导考核，加大对服务投诉的处理、考核和整改力度，通过走访服务厂家，电话投诉、微信平台互动、问卷调查和职工代表实地考察等多种形式，征求职工意见和建议，有针对性地改进服务工作，年内落实整改措施 28 项，促进了服务质量提升。

【服务经营】 2017 年，城市服务公司（行政福利处）不断提升服务理念、强化服务意识，主动贴近生产生活、努力提升服务档次，积极开拓对外经营市场，后勤服务水平实现稳步提升。全年，发生成本费用 2.48 亿元，实现收入 1.99 亿元。这一年，在积极拓展市场做好服务的同时，坚持内部挖潜，强化物资采购管理，扩大平台招标范围，加强货源组织和物流配送，确保各单位饮用水、防暑降温冷食、劳保用品供应，实现销售收入 600 余万元，其中饮用水通过网络平台招标，采购费用同比降低 34.86%。自管小区供暖保驾服务工作通过招标，节省物料、人员等各类费用 200 多万元；古冶小区自烧锅炉转变供暖保驾模式，降低燃料、人工费用200余万元；电梯、消防系统通过竞争性谈判确定维保单位，费用同比下降10%。加强小区水电费收支管理，严细措施，责任到人，年内减亏70万元。大宗物品采购、工程通过惠唐物联平台竞价和竞争性谈判等手段确定价格，费用同比下降15%以上。严格控制物料消耗费用，盘活存量资源，坚持修旧利废，当年物料消耗降低140余万元。

【食堂管理】 2017年，城市服务公司（行政福利处）贯彻执行国家《食品安全法》，强化食品安全管理，进一步改进食堂管理，职工满意度不断提升。全年，在满足职工班中餐供应同时，接待供餐198次，检修供餐12万人次，销量1970万元。这一年，坚持餐具消毒制度，保证餐具卫生；根据季节特点，及时调整菜谱，不断创新花样品种，暑期添加凉菜、凉面、甜品等防暑降温新菜品，并提供免费绿豆汤，供职工饮用；开展中秋手工月饼展销、周五食堂窗口特惠和微信订餐等活动，惠及广大公司职工，满足了职工个性化需求。

【周末食品特价展】 2017年，城市服务公司（行政福利处）加大市场开发力度，于7月开始在各厂区食堂和所属三家社区直营店同步开展周末食品特价展销活动，将公司食堂自制的食品推向社会，惠利职工和社区居民。活动中，每周推出不同的特价品种，利用周五中午饭口至下午3点时间段由各食堂和社区直营店销售，包括糕点、熟食等品种，深受职工欢迎。组织开展周末食品特价展销活动并形成常态化机制，创效能力和服务水平进一步提升。

【职工休养】 2017年，城市服务公司（行政福利处）以服务职工为宗旨，努力做好职工休养工作，为休养职工提供温馨服务。加强硬件建设，注重房间设施更新与维护，改善客房居住环境，北戴河休养院将无线局域网覆盖到每个房间；提供贴心服务，精心为休养职工调配饭菜品种，满足职工休养需求。当年，累计接待休养职工3376人，圆满完成暑期职工休养接待工作。

【暑期冷食供应】 2017年，城市服务公司（行政福利处）积极做好暑期冷食供应工作，6月1日—9月10日，累计向生产一线职工供应冷食8.15万箱，为公司暑期生产稳定运行提供了良好的后勤保障。这一年，坚持对冷食入厂严格把关，选择具有一定规模且具备生产资质的冷食生产厂家，面向社会公开招标冷食供应单位，根据标准对冷食进行筛选，其中“利民大板、特醇原味奶、老冰棍、清凉一夏”四种口味的冷食入选；严把食品安全质量关，不定期派专人到冷食生产现场督查，确保职工吃上安全放心的冷食；制定合理的冷食发放流程和应急预案，针对特殊情况，及时调整发放路线，确保冷食及时供应。

【厂容环境维护与小区环境管理】 2017年，城市服务公司（行政福利处）加强厂容环境维护与小区环境管理，确保生产生活环境良好。认真履行绿化养护监管责任，强化厂区道路清扫保洁，合理调配人员，调整作业时间，实施人机配合、双重作业，重点加强雨后推水、大风后落叶清理等特殊天气下清扫保洁工作，干净整洁的厂区容貌和高标准的环境维护，赢得参观人员的一致好评；加强自管小区环境管理，在当年全国文明城复检期间，充分挖掘物业公司已有人力资源潜力，加大小区环境综合治理工作力度，按照创建标准逐项对标，集中整改、全面提高，做到24小时巡视保洁，高标准确保各小区环境卫生干净整洁，得到各级领导及广大居民的肯定和赞扬，为公司赢得荣誉，促进了小区环境卫生形成常态化管理。

【浴室与宿舍管理】 2017年，城市服务公司（行政福利处）加强浴室、宿舍管理，优化职工浴室环境，及时更换破损更衣箱，在抢修、大修等特殊时期，积极调配人员，保障职工洗浴服务，年内接待职工更衣洗浴730余万人次，洗涤工作服7.2万套，织补工作服2.7万件，工作服绣号5000套，为职工健康工作创造条件。坚持宿舍日常管理制度，积极改善基础设施，为720名住宿职工营造温馨舒适的居住环境。

【幼儿教育】 2017年，城市服务公司（行政福利处）抓好幼儿管理，精心呵护幼儿健康成长，全力解决职工与居民的后顾之忧。当年，共管辖4所幼儿园350余名幼儿。年内，关注幼儿身体健康，在不断改进幼儿教育教学同时，关闭4所幼儿园厨房，由食堂科提供配送餐服务，并制定幼儿营养食谱，保证幼儿饭菜质量；全面提高幼儿教育质量，“六一”前夕，幼儿园全体师生及家长在大顺东方酒店开展庆“六一”童话剧表演活动，受到孩子们的广泛欢迎和家长的一致好评。

【安全管理】 2017年，城市服务公司（行政福利处）认真贯彻落实公司要求，强化安全管理，修订安全管理制度，完善操作规程和安全事故应急救援预案，为后勤服务工作提供安全保障。这一年，深入开展安全隐患排查和危险源辨识活动，通过安全知识学习和案例分析，使全体职工掌握本岗位安全规程，熟知易发生安全事故的部位和情况，做到及时消除隐患。强化全员安全教育，举办安全教育培训班21期，培训1536人次，参加公司级班组长培训2期，培训74人，组织班组实操培训920期，实现在岗职工全覆盖。坚持开展安全检查，共组织各类安全检查60多批次，发现安全隐患260多项，并于年末整改完毕。

【市场开发】 2017年，城市服务公司（行政福利处）进一步转变观念，不断拓宽经营思路，积极开拓内外部市场，提升创效能力，取得较好业绩。优化人力资源配置，合理管控人员编制，坚持经济性与合规性相结合原则，将人员成本量化到每个部门和岗位，年内内部挖潜优化合同制职工和集体工106人，解决人才短缺与冗员并存矛盾；利用智慧小屋平台开办4家社区直营店，将食堂自制食品推向社会，增加收入78.4万元；延伸餐饮服务链，承揽河北钢铁建设集团有限公司食堂日常管理服务，增加收入36.59万元；为唐山弘慈医院提供会议用餐，为大顺东方商务酒店、彩云超市配送自制食品，增加收入31.5万元；当年12月接收唐钢大学绿化和室内外保洁项目，服务市场进一步拓展。

【推进“三供一业”分离移交工作】 2017年，城市服务公司（行政福利处）按照省国资委和河钢集团安排部署，积极推进“三供一业”分离移交工作有序开展，与古冶区政府、开平区政府、丰润区政府，市自来水总公司、市热力总公司、市供电公司，签署分离移交正式协议，签订6.05万户次，占总户次83%，申报财政补贴2.4亿元，占总资金83%，获省财政下拨补助资金1.25亿元。这一年，认真研读理解国家、省、市相关政策，深入现场核实数据，切实掌握第一手资料，做到有理有据，合法合规，全力维护公司和职工利益；多次与市国资委和接收单位进行对接沟通，强化工作人员责任意识，制定有效措施，狠抓工作落实，保证“三供一业”分离移交工作分块推进、按节点进行，超额实现当年3.33万户次预定目标。

【党群工作】 2017年，城市服务公司（行政福利处）党委认真学习贯彻党的十八届六中全会和十九大精神，紧紧围绕生活后勤服务管理工作中心，努力抓好党群各项工作。稳步推进“两学一做”学习教育常态化制度化建设，开展形式多样的主题活动，组织“两学一做”党建基础知识竞赛，由支部书记带队参赛，提高党员的党建知识水平，增强党组织对党员的吸引力和感染力；

组织开展创品牌、增效益、谋发展献计献策活动，共征集职工意见建议204条，其中20条被采纳；组织开展以学习贯彻十九大精神为主题的“美篇”大赛，以支部为单位，利用“美篇”APP软件，以图片文字加音乐的形式生动展示各岗位职工学习贯彻十九大精神的热情，推动宣传贯彻活动不断深入；组织开展志愿服务活动，400余名职工投入到创建文明城、厂区环境提升等主题志愿活动中，促进各项服务工作的整体提升；全面落实党风廉政建设责任制，以学习贯彻《廉政准则》为抓手，按照“一岗双责”“谁主管谁负责”要求，形成处—科—班组党风廉政三级责任体系，确保廉政建设落到实处；加强制度建设，重新修订《招投标实施细则》《工程维修管理办法》等，推动廉政风险预防关口前移；贯彻中央八项规定精神，结合“四风”专项整治，在党员干部和重点岗位人员中深入开展党纪法规学习活动，组织好每季度廉政党课，抓好常态化警示教育，为各项服务经营工作顺利进行提供稳定和谐的环境。

房地产公司

【概况】 唐山唐钢房地产开发有限公司（以下简称房地产公司）是河钢唐钢自主经营、独立核算、自负盈亏具有独立法人资格的经济实体单位。主要经营范围为房地产开发经营、房屋信息咨询、房屋租赁等业务。2010年9月14日，房地产公司在唐山市工商行政管理局注册，取得企业法人营业执照，注册资金1亿元，注册地点为唐山市路北区滨河路9号。2012年11月，房地产公司取得四级开发资质，具备开发面积10万平方米能力。2013年5月，经营项目增加房屋租赁一项。2016年10月，房地产公司取得三级开发资质，具备开发面积15万平方米能力。

2017年末，房地产公司设总经理1人、副总经理2人、党委副书记1人；下设综合部、工程部、财务部、规划部、销售部等5个科室。共有职工31人，其中男职工20人，女职工11人；中共党员18人；干部31人，其中科级干部10人；管理及专业技术职工21人，其中高级职称6人，中级职称13人。职工中有研究生1人，大学本科26人，大学专科4人。

【费用管理】 2017年，房地产公司克服房地产市场大幅波动影响，积极顺应房地产市场形势变化，不断提升房地产项目管控水平，实现公司下达的经营目标。全年，费用支出897.44万元，其中销售费用支出145.15万元。年内，加强钢城·春邑项目资金管控，实施全面预算管理，保证资金链有效运转，项目一期采用与总包单位垫资方式进行合作开发；进一步细化相关制度和流程，充分发挥财务杠杆作用，从预算目标和财务预测、项目预算编制程序和方法、项目预算控制和考核等方面实施精细化管理，严把出口，保证资金链供应，为项目开发提供可靠保障。

【钢城·水岸项目】 2017年，房地产公司坚持科学合理的营销方式，销售钢城·水岸项目商品房32套，该项目商品房全部售出；租售地下车位200个，合计收款3098万元。截至年末，钢城·水岸项目累计销售住宅962套，回迁安置住宅771套，商业11套，租售车位374个，累计收款7.6亿元；收取物业费379.4万元，收费率约87%。

【钢城·春邑项目】 2017年，房地产公司做好钢城·春邑开发项目，以打造唐山市东部片区标杆性项目为目标，遵循“创新、绿色、共享、发展”开发理念，找准项目定位，不断优化对项目开发全过程的精细管理，提升项目开发品质。该项目总建筑面积

57.89万平方米，开发建设住宅4624户，分三期开发，一期工程于当年4月开工建设。这一年，加强同行业对标，成立项目攻关小组，到先进企业、不同区域多方调研、考察，寻找项目支撑点，形成科学性、实用性较强的项目可行性研究报告。不断完善规划设计方案，总结钢城·水岸项目开发经验，邀请设计专家团队对项目户型、绿化、道路、景观、外网等一系列规划设计进行论证修改，突出项目宜居设计理念，力争打造高品质住宅。强化项目施工全流程管理，建立科学完善的项目管控体系，新增工程变更与洽商、进度款审批、工程例会等8项制度；督促、检查施工总承包单位和监理单位建立健全各项管理制度35项，保证工程施工顺利进行。截至年末，完成16栋住宅楼部分楼层混凝土浇筑。

【工程质量管理】 2017年，房地产公司不断增强质量意识，加强钢城·春邑项目质量管理，推进工程质量管理工作常态化、制度化。这一年，狠抓质量管理，确立质量目标，确定质量预控方案，按照目标与方案对监理、施工单位在节能、智能、质量等方面的薄弱环节提出改进要求；多举措加大施工现场管理，监理、项目部对每一个施工环节严格验收程序和施工过程中的检查，尤其加大对隐蔽工程的检查频次和检查力度，加强验收控制，提高施工方质量责任意识；加强安全环保管理，严把原材料质量关，严查进场材料质量、数量、规格，监督现场取样送检，认真执行质量巡查和质量跟踪制度，持续督促施工单位严格执行安全规程和生产条例，确保施工现场文明安全，环保措施得力，防火设施完备。通过增加环保设备和严格现场安全管理，实现项目绿色开发，重点组织材料厂家、总包方、监理方参加技术交流会6次，参观学习现场施工样板区10次，组织总包方、监理方、建设方质量检查及质量问题点评会5次，组织消防、安全隐患大排查20次，整改隐患12项，保证钢城·春邑项目一期各环节施工质量稳定可控。

【超前谋划项目营销】 2017年，房地产公司面对房地产市场新形势，按照中央房地产调控总基调，努力适应调控模式，顺势而为，加大钢城·春邑项目宣传力度，超前谋划营销工作。积极考察唐山房地产市场状况，因地制宜制定项目营销方案，适当调整销售策略，推出适合新婚一族的婚房，户型上既兼顾目标客户经济承受能力，又考虑未来生活扩容需要；侧重关注居民对消费升级、多元化需求，“二孩”家庭对改善住房条件的需求、独居老人对智能社区的需求、“双职工”家庭对小区安保等需求，充分满足目标客户要求。通过河钢唐钢微信公众号、项目自媒体微信、唐钢服务区与社区、卖场推介活动等多种形式进行项目宣传，不断扩大项目宣传范围。根据工程节点，积极组织办理预售许可证，抓实营销中心落成、营销开放、预售排号及与新浪乐居网对接开盘等项工作，为钢城·春邑项目开盘做好充分准备。

【钢城·春邑楼盘推介会】 2017年国庆、中秋期间，房地产公司在裕华道与河东路口钢城·水岸售楼处举办“钢城·春邑”楼盘推介会，向市民全面展示钢城·春邑项目的住宅、商业、配建、施工节点等基本情况，分两个环节进行专业讲解和个性化推介。其中，针对钢城·春邑项目坐落位置、楼盘容积率、建筑层高、户型种类、户型面积、物业等市民比较关心的问题进行整体情况介绍；通过销售人员与现场人员互动，进行一对一讲解，推荐合适楼座及户型，围绕市民关注的楼距、层高、日照、采光、配建等情况，对照精美的项目宣传画册、户型图册进行个性化宣传，提高钢城·春邑项目知名度，增加钢城·春邑楼盘的受众命中率。

【服务创新】 2017年，房地产公司进一步提高钢城·水岸小区物业服务管理水平，提升小区物业服务满意度，破解物业管理瓶颈，在服务创新上下功夫，积极尝试小区物业网格化管理模式，效果显著。以客服中心为依托，按照“小网格，大服务”工作思路，坚持因地制宜、规范管理、服务升级原则，按院、楼、单元、住户四级方式逐级分“格”，以“格”定人定责定标定权，一格一人专管的属地责任网络形式，明确网格管理层级及责任人员，细分优化网格管理职责及流程，健全网格管理制度，建立物业网格体系；发挥网格作用，按照河钢唐钢组织结构扁平化变革要求，对人员结构进行优化，明确客服中心、网格区域负责人、网格员的职责及工作标准，增强管理人员责任，加大对网格内员工的全方位培训，充分发挥一岗多能作用，提高物业团队协作能力，保洁、绿化、维修、保卫、安全等日常工作效率明显提升。网格化管理成为提升物业服务质量的有效手段，打造了具有唐钢特色的小区物业管理的“窗口名片”。

【物业管理】 2017 年，房地产公司强化基础管理，加大现场综合治理，实施人性化物业管理，得到业主及社会的高度认可，实现物业与社区居委会、业主互动、互助式管理。全年，绿化养护草坪 2 万平方米，修剪树木 300 多棵，电梯轿厢整体保洁 1200 平方米，清理屋面排水口、雨水井 176 个，修复楼宇门 9 樘，修复楼宇对讲 365 户，维修电梯 60 部，更换灭火器 780 具；修复业主窗户漏水 313 户，屋面漏水 15 户，楼宇外墙面大面积脱落 8 栋，修复下水管脱落 18 户；室内外保温覆盖 1900 米，清理小广告约 8000 条，补办门禁卡 643 张；整改安全隐患 32 项；组织突发事件及消防应急演练 5 次。这一年，以“首接、首办”一站负责到底跟踪服务为标准，以“格”为单元，构建社情全掌握、矛盾全化解、服务全方位，规范化运行、标准化管理、精细化服务为基本框架的小区物业服务管理体系，变被动应对、被动服务管理为主动发现、主动解决、主动服务管理，实现管理对象、服务事件暨“人、地、事、物、群众诉求、不和谐因素”一站式完成处理，提升物业服务效率和品质，提高居民满意度与幸福感。当年，物业费收缴率 87%，较上年度提升 3 个百分点，创效近 10 万元。

【党群工作】 2017 年，房地产公司党总支以学习贯彻党的十八届六中全会和十九大精神为指导，全力抓好党群各项工作。以“两学一做”常态化制度化学习教育为主线，通过中心组学习及专题研讨等形式，深入学习习近平总书记系列重要讲话精神及十九大报告等文件，开展“两学一做”每周微课堂和党员专业带头人每月上讲堂活动，强化政治理论学习、形势任务教育、先模人物事迹宣讲和专业学习，不断提升政治理论水平，党员的“四个意识”和综合素质显著提升。紧紧围绕开拓销售市场、开发钢城·春邑项目、创新钢城·水岸物业管理模式等中心工作，组织党员开展“争先锋”主题实践活动，充分发挥党员责任区、党员示范岗、党员先锋岗作用，敢于担当、勇于奉献，营造比、学、赶、帮、超的工作氛围；结合决战四季度目标，在党员中开展“认识新时代，理解新思想，设定新目标，走好新征程”活动，切实把党的十九大精神转化为指导实践、推动工作的强大动力，进一步拓宽房地产企业的市场机遇。开展党员攻关活动，以钢城·春邑项目开发为攻关课题，各部门党员协同合作，在新项目开发工作中攻坚克难，彰显党员队伍的凝聚力和战斗力。组织开展党员志愿服务活动，深入钢城·水岸小区和钢城·春邑项目，开展安全环保隐患大排查、治安巡逻、环境整治、暑期送清凉等志愿活动，党员“服务、奉献、融入、创新”工作理念深深扎根在基层。组织开展“建功杯”劳动竞赛，围绕钢城·春邑项目开发，以创建“工人先锋号”为主要载体，以凝心聚力，打造唐钢地产精品为主题，从保工期、保质量、保安全、保预售四个方面组织竞赛活动，评选出岗位明星10名，充分发挥了以点带面的榜样作用，助力钢城·春邑项目开发工作。

河北华奥公司

【概况】 河北华奥节能科技有限公司（以下简称河北华奥公司）是河钢唐钢发展能源环保产业、实现转型发展的新兴产业，系实施环保咨询服务管理、能源咨询服务管理、能源测试管理、环境监控管理、节能服务项目管理、减排服务项目管理等工作的专业管理公司，注册资本1亿元。2017年末，固定资产1.09亿元，主要资产有炼铁北区3号高炉煤气干法除尘改造及TRT发电设施1套；炼铁北区1号高炉煤气干法除尘改造及TRT发电设施1套。

2017年末，河北华奥公司设厂部级干部1人，下设科室5个。共有职工27人，其中男职工22人，女职工5人；中共党员14人，共青团员1人；共有干部15人，其中科级干部4人；管理及专业技术职工17人，其中高级职称4人，中级职称10人；工人10人，其中高级技师1人，技师3人。职工中有研究生3人，大学本科9人，大学专科4人，中技8人，高中及以下3人。

【经营管理】 2017年，河北华奥公司抓住国家环保产业发展的有利时机，紧紧围绕公司非钢产业发展目标，全方位对标北京志能祥赢节能环保科技股份有限公司、宝钢节能环保技术有限公司、华菱集团节能环保技术有限公司、陕鼓节能服务公司等行业先进单位，进一步加大市场开发力度，拓宽服务领域，全力做好节能技术推广和对外咨询服务工作。全年，实现营业收入2008万元，利润1319万元。发挥河钢能源融资平台的重要作用，以河钢能源为发行责任主体，做好河钢股份首批7亿元绿色债券的发行工作，并于年底谋划发行第二批绿色债券。

【建设项目】 2017年，河北华奥公司投资建设并已进入效益分享期的节能项目3项，分别是炼铁北区1号高炉煤气除尘系统湿法改干法工程，项目概算投资1.01亿元，主要建设内容是高炉煤气干式布袋除尘系统取代原有湿法除尘系统及改造原有TRT发电系统；炼铁北区3号高炉煤气除尘系统湿法改干法工程，项目概算投资1.36亿元，主要建设内容是高炉煤气干式布袋除尘系统取代原有湿法除尘系统及改造原有TRT发电系统；能源科技分公司循环水系统节能改造，主要建设内容是对能源科技分公司6个循环水泵站16台水泵进行节能改造。

【外部咨询服务】 2017年，河北华奥公司围绕市场和产品两大核心，为客户提供优质咨询服务，不断提升在新兴产业中的竞争力。全年，对外咨询服务实现收入154.96万元。主要实施的3项咨询服务项目为天津荣程联合钢铁集团有限公司绿色转型、科学发展专项规划工程；青海西宁特殊钢股份有限公司绿色转型、生态文明发展专项治理规划工程；唐山市热力公司低温工业水项目。

【二钢轧厂能源咨询服务】 2017年，河北华奥公司助力公司绿色制造，做好二钢轧厂的能源咨询，护航国家环保政策深入推进下公司的生产经营。经过充分调研，为二钢轧厂提供了低产量状态下的低能源成本运行模式；2017年促能效提升、设备稳定运行、产品质量升级改造等相关4个改造项目建议；降铁耗、增加废钢用量等显著提升效益的建议等能源咨询服务。

【协助建立乐亭钢铁项目能源管控体系】 2017年，河北华奥公司着重做好河钢集团乐亭钢铁项目的前期服务，通过技术交流，及时掌握主工艺线的调整，编制各种能源介质平衡、煤气资源化利用方案，协助制定能源环保指标和管理工作流程，为河钢集团乐亭钢铁项目能源环保管控体系的顶层设计提供优质的服务支撑。

【炼铁北区能效提升项目】 2017 年 6 月，炼铁北区能效提升项目获批立项，12 月开工建设，项目概算投资 8.47 亿元，采用合同能源管理模式，由九源天能（北京）科技有限公司承建。项目主要建设内容为新建 260 吨/时高温超高压煤气锅炉 2 台，风机站 1 座，78 兆瓦一次中间再热凝汽式汽轮机发电系统 2 套，高炉汽动鼓风机改造为电动鼓风机，水处理系统改造，厂区综合管网改造及配套附属设施建设。项目建成后，对公司能源指标降低起到支撑作用。

【专利申报】 2017 年，河北华奥公司积极开展专利研发申报工作，当年共申报“一种回收转炉烟气余热的干法除尘装置及方法”“一种铁矿烧结烟气的脱硫方法及系统”“一种回收转炉烟气余热的干法除尘装置”“一种铁矿烧结烟气的脱硫系统”等 4 项专利，其中“一种回收转炉烟气余热的干法除尘装置”被国家知识产权局授予实用新型专利。

创元方大公司

【概况】 唐山创元方大电气有限责任公司（以下简称创元方大公司）是河钢唐钢成套电气设备、电线电缆生产、产品销售的非钢单位。位于唐山市开平区现代装备制造工业区南路 6 号，占地面积 10 万平方米，建筑面积 7.5 万平方米。该公司集 50 年研制、生产经验，在同行业中率先建立完善的科研体系，推行计算机辅助设计，通过与 ABB 公司、施耐德公司、西门子公司及国内著名科研院校联手，使企业技术水平与国际先进水平保持同步。2017 年末，固定资产 3.84 亿元。

2017 年末，创元方大公司设厂部级干部 1 人；下设综合管理部、财务部等 8 个部室，设唐钢浦项（唐山）新型光源有限公司等子公司。共有职工 394 人，其中男职工 254 人，女职工 140 人；中共党员 16 人；干部 11 人，其中科级干部 10 人；管理及专业技术职工 93 人，其中专业技术职工 33 人，高级职称 7 人、中级职称 6 人；操作人员 301 人。职工中有大学本科 9 人，大学专科 62 人，中专 173 人，高中及以下 57 人。

【生产经营】 2017 年，创元方大公司紧紧围绕公司非钢产业发展目标，在进行企业结构调整、市场结构调整、人员结构调整、产品结构优化同时，坚持企业创新、多元、绿色、智能、国际化方向发展战略，实现企业结构有创新、企业产品有品质、企业服务有质量、企业市场有资源、企业可持续发展的目标稳步推进。全年，实现产值 2.45 亿元，利润 1902.69 万元；生产高压柜 116 台、低压柜 405 台、配电箱 2270 台，完成全年生产经营目标任务。

【产品与市场开拓】 2017 年，创元方大公司在保持和不断提升主导产品地位和盈利水平同时，积极调整市场结构，重点开发央企、重点国企和优质民企等高端客户，提升创效能力，实现公司内部协同发展。全年，销售各型号电缆 259.67 万米。年内，及时调整高端客户结构，积极参与国际国内重点工程项目，借用成熟平台，实现市场均衡、良性、可持续发展，与中建八局签订北京新机场停车楼及综合服务楼、赤道几内亚欧亚拉 4 个部委楼及社会住宅项目工程、天津创新中心、动漫产业衍生品发展园、思文科德项目、敦煌首航节能公司项目及荣义焦化项目等产品供应合同，共计 77 台高压柜、88 台低压柜、435 台配电箱、707 台附属元器件及 6.95 万米电缆，得到客户的认可。

【光伏发电项目实现并网发电】 2017 年 8

月16日，创元方大公司投资并建设的屋顶分布式光伏发电项目经国家电网公司验收合格，在高强汽车板有限公司正式并网发电。屋顶分布式光伏发电是利用建筑物屋顶这一闲置资源，采用光伏组件将太阳能直接转换为电能的发电项目，是一种新型的、具有广阔发展前景的发电和能源综合利用方式，实现用户侧自发自用、多余电量上网，且能发挥配电系统平衡调节作用，充分替代或减少化石能源消耗。年内，高度关注绿色节能技术发展趋势，经过深入探索，掌握了在大型钢铁企业建设屋顶光伏发电项目的关键技术，采用能源合同管理模式，分别在高强汽车板有限公司和自身厂房屋顶建设两座光伏发电项目，其中高强汽车板发电项目结合北方地区光照特点和厂房易形成遮挡的实际情况，优化设计光伏组件排列，充分利用屋顶受光面积，使每一块光伏组件都能发挥最大的生产效率，并引入网络化、智能化监控手段，利用一部手机就能实时掌握生产信息和设备运行状态。项目的建成投产，填补了河钢唐钢光伏发电新型能源利用的空白，年节约标煤近2000吨，减少二氧化碳排放4000余吨，减少二氧化硫排放100余吨。

【党群工作】 2017年，创元方大公司党总支深入贯彻落实上级党委要求，全力做好党群各项工作。认真推进“两学一做”学习教育常态化制度化，加强党总支学习中心组学习，紧密结合公司党委工作部署，加强理论学习、指导实践、推动工作；提高干部职工廉洁自律意识，开展反腐倡廉宣传教育，把党风廉政建设和反腐败宣传教育纳入党员干部教育培训工作中，落实党总支中心组、廉政党课等学习制度，建立微信群，通过观看专题片，剖析违纪违法案件，切实发挥震慑作用；锁定市场和产品两大主题，组织动员广大党员在开拓市场营销、提升产品质量、改善品种结构、降低成本费用、推进改革创新等重点工作中当先锋、创佳绩，引导广大党员在关键指标、重点项目攻关等任务中，充分发挥先锋模范作用。

附　新型光源公司

【概况】 唐钢浦项（唐山）新型光源有限公司（以下简称新型光源公司）是由唐山创元方大电气有限责任公司和韩国浦项LED公司共同投资设立的合资公司，位于河北省唐山市开平区现代装备制造工业区南路6号。该公司积极倡导绿色智能光环境理念，全力打造LED新型绿色光源，产品具有节能、长寿、高效等特点，品种涉及九大类170多个规格，广泛应用冶金、石油、化工、道路照明等领域，成为公司非钢产业全面升级的重要支撑。2017年末，固定资产589.31万元。

2017年末，新型光源公司下设综合管理部、财务部、人力资源部、技术研发部、生产管理部、商务部、采购部、品质部、事业支援部、河钢营业部、社会市场部等11个部门。共有职工73人，中共党员8人，高管3人、管理人员28人、专业技术人员7人、操作人员35人。

【生产经营】 2017年，新型光源公司以市场为导向，以销售为中心，不断创新销售模式，调整销售市场战略布局，优化产品结构，丰富产品种类，取得良好成效。全年，生产灯具3.06万盏，销售额4094万元，利润总额45.95万元。这一年，深入市场调研考察，加强冶金领域照明改造集成服务，从产品选型、节能方案设计、施工组织等入手，提供差异化的产品和服务，整体综合服务商优势不断显现；加强与韩方合作伙伴交流，优势互补，降低产品成本，实现了与中国市场有力对接。

【产品与市场开拓】 2017年，新型光源公司在原泛光灯、工矿灯、路灯、防爆灯、应急灯、条灯、一体管、球泡灯等产品基础上开发模组投光灯，完成了对供应商考察、审核及支架样品的测试工作，具备批量生产条件。完成型号TGF769、TGF770、TGF755、TGF762防爆认证工作，增强了参与市场竞争的能力，促进绩优产品的销售比例，整体服务客户的能力得到进一步提升，实现增盈创效。

华冶公司

【概况】 唐钢华冶（天津）钢材营销有限公司（以下简称华冶公司）是集钢材加工、现代仓储、钢材交易、运输配送和信息系统于一体的特大型深加工及仓储物流基地。位于天津市空港经济区，东邻京津塘高速，南距G25长深高速15千米，西至天津滨海机场，北靠津汉公路5千米。于2011年12月14日成立，注册地址为天津空港经济区领航路8号，注册资金3亿元，其中河钢唐钢出资70%，上海华冶出资30%。主要经营热轧、冷轧、镀锌、彩涂、电工钢、型材、线材等各类钢材的加工配送业务。2017年末，华冶公司共有主体设备30台（套），有9条冷、热带钢横、纵开平剪切生产线，1条焊接H型钢制作生产线，30台（套）起重设备，热轧仓储及加工、冷轧仓储及加工2个仓库，每个仓库面积近3万平方米，冷轧库容20万吨，可容纳天津市总库存的2/3，热轧库容为40万吨。

【生产经营】 2017年，华冶公司积极转变营销思路，加强市场宏观分析和局部思考预判，准确研判市场走向和发展趋势，控制合理的库存，保持低点缓出高点快出态势，实现利润大幅增长。全年，加工量24.95万吨，同比增加6.1万吨，增幅32.36%；加工产值1286万元，同比增长21.21%；销售毛利润1773万元，同比增加1155万元，增幅186.89%；利润-4292万元，同比减亏833万元，利润增幅16.25%。

【费用控制】 2017年，华冶公司持续加大成本费用管控力度，大力推动加工增量，提高加工产值，多项费用持续下降。全年，水电费下降5.95%，汽车费用下降34.88%，差旅费用下降39.5%，招待费用下降48.31%，通信费用下降10.34%，办公费用下降6.62%，车间辅料费用减少10万元，合计费用减少50余万元。

【基础管理】 2017年，华冶公司加强基础管理，强化安全管理，规范现场管控，全面梳理管控体系，补充制度，完善流程，整理各项管理制度和岗位职责113项，其中新增17项，补充完善31项，修订34项，完善细化相关工作流程31项，并有针对地制定相关的检查及考核办法，保证制度落地；持续强化安全管理，按照地方管委会要求，成立安全部，实现与公司及地方管委会安全工作对接，确保上级安全工作精神以及各项工作部署迅速贯彻落实，并利用周安全常规培训、月安全专项培训以及每周领导班子带队专项联查，全面提升全员安全意识和安全素质，实现轻伤以上事故为零目标；进一步加强现场管理，补充完善现场管理制度和考核办法，针对厂房、产线、食堂、宿舍等重点区域实行周联查制度，并不断提升标准、加大考核力度，推动整体现场管理水平持续进步，提升广大职工对企业的认可度，增强了企业吸引力和职工凝聚力。

教育中心

【概况】 河钢唐钢教育中心（河北省冶金高级技工学校、河北冶金技师学院、唐山科技职业技术学院）与唐钢大学、党校合署办公，是集学历教育、职工培训、应用研究、技术开发和职业技能鉴定为一体的综合办学实体。同时具有河北省冶金高级技工学校、河北冶金技师学院、唐山科技职业技术学院、唐钢大学多个角色，其中唐山科技职业技术学院是河钢集团内部唯一一个经河北省人民政府批准、教育部备案的大学专科层次的普通全日制高等职业技术学院。属于公司非钢板块教育类产业，位于河北省唐山市路南区警钢路68号，紧邻唐山南湖环城水系。占地面积13.19万平方米，总建筑面积7.2万平方米，固定资产总值1.96亿元，教学仪器设备总值3493万元。唐钢大学是集企业战略文化研究、服务管理落地、服务文化建设、党建研究、职工培训等工作为一体的综合性企业大学。校委会作为唐钢大学的领导机构，主要负责唐钢大学发展规划制定、重大事项决策以及对唐钢大学的工作进行监督与指导。公司党委书记、董事长王兰玉，总经理田欣任校委会主任。

2017年末，教育中心（河北省冶金高级技工学校、河北冶金技师学院、唐山科技职业技术学院）设党委书记（副厅级）1人，院长（副厅级）1人，党委副书记、工会主席（厂部级）1人，副院长（厂部级）1人；下设党委工作部、学院办公室、教务处、学生工作部、招生就业指导处、安全工作处、总务处、冶金工程系、机电工程系、计算机工程系、财经管理系、铁道工程系、思政体卫部、继续教育部、技能鉴定部、校办工厂等16个部、处、室；教职工总数278人，其中男职工94人，女职工184人；中共党员192人；干部237人，其中科级干部16人；专任教师161人；工人41人，其中技师2人；专任教师中高级职称84人，中级职称85人；管理人员中高级职称8人，中级职称37人。专任教师中有硕士50人，大学本科111人；管理人员中有硕士6人，大学本科56人，大学专科以下7人。

唐钢大学设综合管理处、培训管理处、创新管理培训中心、战略文化研究中心（河钢唐钢党建研究会、河钢唐钢党建培训中心）、技术技能培训中心（职业技能鉴定中心）。共有职工20人，其中男职工6人、女职工14人；中共党员14人；干部17人，其中科级干部5人；管理及专业技术职工12人，其中高级职称3人，中级职称11人；工人3人，其中技术工人2人，技师1人；职工中有研究生5人，大学本科12人，大学专科3人。

【体系建设】 2017年，教育中心聚焦招生和培训两项中心工作，以思想政治工作为重点，以专业建设为抓手，以规范管理为基础，结合省委巡视组反馈意见，深入开展整改工作，制定完善《唐山科技职业技术学院章程》《学术委员会章程》《创新发展三年行动计划实施方案（调整）》《强化学院体育 促进学生身心健康全面发展实施意见》《区域负责制管理办法》《网络建设与管理办法》《网络与信息安全应急预案》《实习安全管理办法》等一系列制度、办法，依靠严细制度约束，形成系统全面、相互衔接、务实管用的长效管理机制，保证了各项工作合法、合规、有序进行。

【专业设置】 2017年，教育中心针对区域经济发展、行业需求和省高职院校专业设置调整的指导性原则，根据国家新设置专业目录，优化专业结构布局，培育优势和特色专业，压缩和淘汰就业率低、人才培养与社会需求脱节的专业和课程，开设符合新时代需求的新专业，实现了专业设置与产业发展深入对接的态势。年内，制定“每年调整一小步，三年完成目标”专业调整方案，重点支持以冶金和机电为主的黑色冶金技术、轧钢工程技术、机电一体化技术、机电设备维修与管理等优势及主干专业建设，突出冶金办学特色；着力推进无人机应用技术、动车组检修技术、铁道交通运营管理等专业特色发展，加快推进移动应用开发、环境监测与控制技术、数字媒体应用技术、物流信息技术等新专业建设，逐步淘汰煤炭深加工与应用、液压与气动技术等就业差的专业，主动对接新兴产业和新兴服务业。当年，学院开设黑色冶金技术、轧钢工程技术、电厂热能动力装置、环境监测与控制技术、理化测试与质检技术、机电一体化技术、数控技术、机电设备维修与管理、自动化生产设备应用、供用电技术、智能控制技术、液压与气动技术、港口机械与自动控制、无人机应用技术、铁道交通运营管理、铁道供电技术、铁道信号自动控制、铁道物流管理、动车组检修技术、城市轨道交通运营管理、计算机应用技术、计算机网络技术、数字媒体应用技术、物流信息技术、广告设计与制作、移动应用开发、会计、旅游管理、市场营销、会计信息管理等30个专业，涵盖9大类专业，形成以冶金制造业为主，多专业协调发展、相互支撑、布局合理，具有可持续发展潜力和一定特色的创业型应用技术学院。

【招生情况】 2017年，教育中心在传统招生模式的基础上，积极推广“互联网+”招生模式和策略，充分利用百度推广、消费周刊、电视报、网站、微信公众号等各种渠道，有效提升学院的社会影响力和知名度。全年，招生1588人，其中高职学生1039人，预录取学生460人，技校学生89人，招生范围覆盖河北、辽宁、内蒙古、甘肃、青海、山东、陕西、宁夏、河南、湖北、贵州等全国10多个省市。与盘古网络科技有限公司签订百度推广协议，根据单招和统招不同特点，结合考生选择专业和院校搜索关键词的不同心理，确定156个搜索关键词进行推广；加大QQ群和微信公众号推广力度，利用两个平台对招生政策、招生计划、专业建设、相关活动等进行及时报道，实现招生信息动态推送和一对一解答；利用高招咨询会、招生宣传进校园等活动，向唐山市区及周边县区推介招生简章。年末，各层次教育在校生3526人，学院在校生人数实现稳步增长。

【就业情况】 2017年，教育中心紧密围绕京津冀地区协同发展战略，搭建“校企共建实训基地”人才交流工作平台，建立针对北京地区的以互联网为代表的高新技术产业和服务性第三产业、天津市区与滨海新区的机械加工制造业以及唐山市周边地区重要的冶金重工业人才输送渠道，保持了较高就业率。全年，用人单位录用毕业生455人，就业率达89.9%。这一年，加强对学生职业生涯规划的科学引导，通过毕业生跟踪调查，多方联系企业，举办招聘会等方式提高就业质量，提升学生的职业竞争力；与青岛海尔、SMC、力神电池、东港安全印刷、瑞丰钢铁、九江线材、万达洲际酒店等7家合作单位进行订单式人才联合培养；重视学生实习管理，地域辐射北京、天津、山东、青岛、唐山及周边等地区，涉及钢铁冶金（首钢京唐、瑞丰钢铁、九江线材、新东海特钢、新华冶金）、装备制造（青岛海尔、中车唐车、宏富锦、SMC、福田汽车）、新能源制造（天津力神电池）、铁路运输（天津铁路客运段）、港口物流（曹妃甸港口集团）、电子商务（苏宁易购、北京东港瑞云）、餐旅服务（万达洲际酒店）等领域的知名企业。

【职工培训】 2017年，教育中心充分发挥职工培训、鉴定中心职能，拓展外部市场，促进职工培训任务顺利完成。全年，开展公司各类职工培训3559人，组织14个工种1106人次的中、高级技能鉴定；组织对秦皇岛宏兴钢铁、天津荣程钢铁、天钢联合特钢、天柱钢铁公司、瑞丰钢铁公司、国丰钢铁公司3274人次外部培训，得到委托单位和受训职工的一致好评，为进一步拓展外部培训市场奠定基础；承办河钢唐钢、河钢矿业公司、国丰钢铁公司和宏兴钢铁公司在学院举办的电工、钳工、焊工、炼铁、炼钢等工种的职工技术比武和技能大赛活动，得到举办单位的充分肯定。

【思想教育与管理工作】 2017 年，教育中心围绕立德树人根本任务，切实加强学生思想教育和管理工作，创建安全、稳定、和谐的校园环境。年内，以学习贯彻党的十九大精神为指导，以弘扬社会主义核心价值观为主线，丰富思想教育形式和内容，通过开展大学生科技文化艺术节、举办“学习贯彻党的十九大精神”青年读书班、“不忘初心跟党走，青春建功新时代”主题教育等活动，不断创新思想引领载体，深化教育活动内涵，积极发挥校园文化在育人方面潜移默化作用；以全省高校学生军事训练评估为契机，将国防教育与学生思想政治教育相结合，扎实推进学生军训、征兵工作，共有 64 名学生应征入伍；加强大学生金融、法制、安全、健康教育，开展法制、安全教育讲座，组织法制教育主题班会，利用微信平台发布金融、法制、安全案例、防骗知识等普法教育，不断提高学生法律知识水平，养成规则意识，维护校园安全稳定。此外，加强辅导员队伍建设，采取参加辅导员大赛和岗位培训等形式，不断提高辅导员队伍的整体业务水平，切实提升管理能力；加强学生干部队伍建设，召开一年一届学生代表大会，选举产生新一届学生会，进一步提升学生管理与服务工作水平。年内，未发生严重影响正常教育教学和学生生活秩序的恶性事件，校园文化和精神文明建设成效明显。

【教学改革】 2017 年，教育中心根据中宣部、教育部印发的《普通高校思想政治理论课建设体系创新计划》以及教育部下发的《关于印发高等学校思想政治理论课建设标准的通知》等文件精神，制定《加强思想政治理论课教学工作的实施办法》，构建系统的人文素质课程体系，深化教学改革，促进学院发展。年内，推行专业、课程与职业标准、行业标准、岗位规范对接，教师在教学中借鉴、引入企业岗位规范、新技术和新工艺，推进教学紧贴企业技术进步，与生产实际无缝对接；根据“中国制造 2025”和“互联网+”等对人才培养需要，不断优化专业人才培养目标和课程体系，融入计算机信息技术、互联网技术应用等教学内容，促进专业与信息化相融合，全面提升学生创新思维和创造能力、实践能力、解决复杂问题能力；全方位开展课程信息化技术素养培训和活动，通过构建网上训场、多轮次开展微课制作、课程管理平台使用培训，提升教师业务素质；组织开展“一师一微课”、微课作品巡展、教师基本功竞赛活动，提升教师信息化教学能力；推行使用“蓝墨云班课”和泛雅课程管理平台，建设课程资源，提升教学现代化管理水平，148 名专任教师完成微课作品制作，74 名教师使用“蓝墨云班课”辅助教学；组织创新发展行动计划中期调整工作和相关材料上报，编制创新发展绩效报告。

【创新创业教育改革】 2017 年，教育中心深入贯彻落实《深化高校创新创业教育改革的实施意见》，将创新创业理念贯穿于教育教学各个环节，下大力度抓好创新创业工作。开展“推进双创与专业教育融合”为主题的系列教研活动，遴选财经管理系专业为试点，构建包括通识平台、能力平台和实践平台内容的创新创业教育课程体系；改革教学方法、考核方式和学籍管理制度，出台《唐山科技职业技术学院学分制实施方案(试行)》，全面完善人才培养方案，将创新创业课程纳入学分管理；加强教师创新创业教育教学能力建设，定期召开创新创业专题研讨会，鼓励师生参加各类技能竞赛和创新创业大赛，让竞赛成为专业教学改革与学生技能培养的有效载体和实践平台，6 名学生在校内创办“学生生活服务中心”实体店，11 名学生组成创业团队成立唐山富蓝科技有限公司；探索校企合作办学模式，将创新创业理念移植到实习就业环节，改进学生创业指导服务。

【教科研项目】 2017年，教育中心全面完善科研工作体制机制建设，制定《唐山科技职业技术学院学术委员会章程》，成立新一届学术委员会，鼓励教师积极参与教科研创新项目，推动教科研项目有序开展。当年，获得河北省高等学校科学研究项目省级立项5项、河北省人力资源和社会保障厅课题研究项目省级立项5项、河北省高等教育学会立项9项、唐山市社科联市级立项1项；河北省高等学校科学研究项目10项结题、河北省人力资源和社会保障厅项目4项结题、唐山市社科联项目1项结题。

【奖助学金发放】 2017年，教育中心严格按照上级要求，做好奖助学金评审、发放工作。当年，发放国家助学金146.1万元，涉及487名学生；国家励志奖学金33.5万元，涉及67名学生；国家奖学金1.6万元，涉及2名学生；勤工俭学津贴3.42万元，涉及153人次。年内，积极推进廉洁文化“进校园、进科室、进网络、进社团、进班级、进家庭、进宿舍”工作，全力营造风清气正、文明健康的文化氛围；严格执行奖助学金评选标准，采取同学推荐，评选结果在班级、系部、学院逐级公示方式，评选结果学生认可度高，保证公开、公平、公正、透明，调动学生的学习热情，学院的资助工作得到省专项工作检查组充分认可。

【学院维修改造工程】 2017年5月4日，唐山科技职业技术学院维修改造工程开工建设，10月竣工逐步投入使用，由河钢唐钢城市服务有限公司施工。项目主要是对1号学生公寓、实训中心、冶金实训中心、科技报告厅外屋顶防水整体重修铺设；1~2号教学楼、实训中心、图书馆等公共区域照明设施节电升级改造，图书馆阅览室照明安全升级改造；6号和8号学生公寓、科技报告厅整体维修改造；2号学生公寓东外墙整体维修；污水处理中心维修改造；锅炉维修除尘维保。项目建成后，全面提升了校园环境质量和教学、生活软硬件设施。

【党群工作】 2017年，教育中心党委把学习宣传贯彻党的十九大精神作为首要政治任务，做好党群各项工作。组织党委中心组和全体党员干部深入学习习近平总书记在党的十九大所作报告的重要精神和新党章内容，实现党的十九大精神进校园、进课堂；坚持“三全育人”理念，贯彻落实习近平总书记在全国高校思想政治工作会议上的重要讲话和省委书记赵克志在全省高校思想政治工作会议上讲话精神，把立德树人作为学院的中心工作，把思想政治教育融入学生学习生活、成长成才全过程，培养全面发展的社会主义事业建设者和接班人；加强师德师风建设，营造重师德、正师风、铸师魂的良好环境；全面巩固省委巡视反馈意见整改成果，不断优化监督执纪工作机制，开展“一问责八清理”、纠正“四风”等专项治理活动，充分利用新媒体，将廉洁教育和警示教育融入党员干部日常工作和生活之中，进一步提升全体党员干部廉洁自律意识；关心职工生活，走访慰问职工51人，举办多种形式的文体活动，丰富教职工的业余文化生活，增强职工队伍的凝聚力。当年，获得公司优秀宣传思想工作先进单位、党风廉政建设先进单位和优秀党组织称号。

惠唐物联公司

【概况】 唐山惠唐物联科技有限公司（以下简称惠唐物联公司）是由原河钢唐钢郅易达、物联宝以及智郡三个服务平台整合而来，隶属于河钢唐钢的高新科技信息化公司，体制为职业经理人制。2017年3月29日注册成立，注册资本1000万元，注册地点为唐山市路北区龙泽路55号。主要业务范畴涵盖互联网平台运营、钢铁企业信息化咨询和规划、信息化实施、供应链金融产品研发和供应链贸易服务等。

2017年末，惠唐物联公司设执行董事1人；下设综合管理部、财务部、技术服务部、物流事业部、物联宝事业部、城市服务事业部、销售部等7个科室。共有职工36人，其中男职工29人，女职工7人；采用灵活用工方式，设职业经理1人，合同制员工15人，派遣员工19人；合同制员工中中共党员7人，干部4人，其中科级干部4人，管理及专业技术职工6人，其中高级职称3人，中级职称3人；派遣员工有运营总监1人，运营顾问1人，技术人员10人，业务及销售人员7人。职工中有研究生4人，大学本科16人。

【主要业务】 2017年，惠唐物联公司以市场化、平台化推动全流程全产业链创效为工作主线，以大宗物流、城市服务、供应链管理为三大核心业务，着力打造郅易达、聚惠采、物联宝三大互联网电商平台，致力于成为面向城市和企业为一体的服务提供商。年内，利用自有平台，积极开展物流运输、备品备件采购、职工生活采购等方面工作，4—12月实现降费4476万元；在充分利用公司资源优势同时，积极拓展外部市场资源，拉动天柱、敬业、烘熔等6家民营钢企线上交易及2000余家供应商整合，与公司内部资源互通互联；承揽河钢集团供应链互联网平台项目，得到集团认可。

【创新体制机制】 2017年，惠唐物联公司积极响应公司号召，引入全新体制机制，将市场化理念付诸具体行动，为公司经营管理注入活力。年内，实施职业经理人制，在市场上选择有丰富行业经验和卓越管理才能的高素质人才，引入首个职业经理人，负责该公司运营管理，激活企业内生活力；创新完善管控体系，建立财务管理和核算制度，将所有经营收支纳入全面预算管理，严把资金支出关，并结合公司业务特点，完善财务核算体系，支撑公司新业务拓展和创新，节省费用支出，为公司增加新的创效点，成本费用支出475万元，比预算减少支出1200余万元；建立以目标管理和价值创造为导向的全员绩效管理体系，将资源向业务最前端倾斜，采用角色管理，对应具体项目内容，将所有业务分解，实现目标与绩效匹配，激励与约束并存，执行效率进一步提升。

【郅易达平台】 2017年，惠唐物联公司加强到易达平台建设，整合大宗商品物流市场资源，发展平台增值服务，取得良好成效。全年，平台交易5990单，交易额95.59万元；总浏览量42万次，访客数1.4万人次；注册货主42家，注册车队202家，汽运物流业务线上运行774单，上线总额2.78亿元，节省运费1245.76万元；在线现金结算8764.11万元，实现平台盈利160.59万元。年内，深入拓展业务，加强内部物流业务管理，原料运输、销售运输、企业内物流运输以及气体公司业务在线询比价等需求实现在线处理，与河钢唐钢、高强汽车板有限公司、不锈钢公司签订服务费收取合同，与中厚板公司签订试用协议；不断拓展外部市场，与中润煤化工集团、邯郸新武安集团、津西特钢、南京红太阳集团、新疆天业集团、中国五矿、强誉物流、鼎石物流、通联支付等十多家企业进行全面战略合作；建立郅易达汽车后市场服务生态圈，形成汽车加油、检测、二手车交易、轮胎、维修保养、保险为一体的汽车后市场服务体系，为职工私家车提供一站式管家服务，与中石油、一运、正阳等加油站，安惠养车5家连锁店、荣泰汽修厂，腾达二手车、广大轮胎以及康峰、润之丰汽车检测站建立战略合作伙伴关系。

【物联宝平台】 2017年，惠唐物联公司大力拓展物联宝平台业务，优化内部管理，采取多元服务，不断提升采购管理水平，实现采购方与供应商之间在线超市议价、订购和结算功能，促进招投标业务智能化。全年，平台注册用户 3822 家、用户访问总量 40 万，交易额 12.03 亿元，其中内部交易额 11.43 亿元，外部交易额 6014.24 万元；启动现金结算招标，招标金额 4651.71 万元。年内，积极开展内部业务，做好信息自动化部自动化工程项目，实现独立采购，平台交易额达 3091.37 万元，单月上线增长率 30.91%；积极做好气体公司业务上线，于 8 月定标金额 1.25 万元（不含税），9 月定标 2.6 万元（不含税）；与重机装备有限公司、物流分公司、检修分公司、河钢采购总公司唐钢分公司、新事业公司等自采业务平台进行现场联络与业务对接，助力其降本增效；积极拓展平台客户，河北最大民营钢企敬业集团、新武安钢铁集团旗下烘熔、文安钢铁企业入驻平台，实际交易数据和平台降价效果达 15.32%。

【聚惠采平台】 2017 年，惠唐物联公司根据行政福利处采购需求，按照原生活服务平台理念，自主开发生活后勤 B2B 采供平台——聚惠采平台。平台建设除符合唐钢特色以外，还结合社会同类型平台功能，使平台具有面向社会复制推广能力，于 4 月开发建设，9 月正式上线。平台以唐山智慧城市建设为契机，依托物联网、云计算、移动互联网等新一代信息技术集成应用，以企业 O2O 社区生活圈为切入点，提供定制化智慧城市服务解决方案，最终形成拥有智慧集采、智慧园区、智慧出行、智慧物业等多产业为一体的综合性服务平台。截至年末，平台注册采购方 6 家，注册供应商 82 家，线上交易额共计 627.15 万元，其中采供子平台线上交易额 320.38 万元；询比价子平台定价总额 306.77 万元，采购降费 61.74 万元，最高降幅 35%，平均降幅 17%；与行政福利处签订 2%服务费的付费协议，收取服务费 4.91 万元。

【开展推广活动】 2017 年，惠唐物联公司积极开展多项线上、线下推广活动，将实体经济与线上资源贯通融合，通过资源置换为职工谋取专享福利，深受广大职工喜爱及认可。年内，面向公司职工搭建“惠唐智享生活”微信服务号，开展线上、线下 C 端消费与服务活动，粉丝用户 2268 人，合作商家 20 余家，职工消费、广告收入创造一定效益；承接金融一卡通客户服务中心职能，提供在线圈存、查询功能，为职工和食堂提供日常卡务咨询、问题应急处理 245 件，完成公司本部一卡通付款 98.5 万元，并承接不锈钢公司一卡通改造项目，合同额 71.02 万元；针对公司职工潜在消费群体，引入资源置换理念，与合作商户在公司服务区开展免费体验活动，福利职工同时为商户引流客户资源；与联通、电信、移动三大运营商合作，开展手机集团网办理以及路由器、体脂称、血压仪“0 元购”活动；与“安惠养车”商户开展汽车发动机舱清洁、胎压检测及打气、添加玻璃水等现场免费体验活动；与南海渔家、长江美食城、大顺东方、唐钢宾馆等多家餐饮企业合作，为公司职工推出婚宴包桌、年夜饭、日常就餐等专属折扣及赠送活动；与华夏旅行社合作，推出以温泉、滑雪为主题的冬季特价旅行季活动。

河钢集团直属单位

河钢塞尔维亚公司

【概况】 河钢塞尔维亚公司曾是塞尔维亚唯一国有大型支柱性钢铁企业，其前身为塞尔维亚斯梅代雷沃钢厂，始建于1913年，拥有220万吨配套钢铁产能，2016年由河钢集团收购、河钢唐钢接管运营。

2017年，河钢塞尔维亚公司分设厂区3个，其中炼铁、炼钢和轧钢厂位于斯梅代雷沃，镀锡机组位于沙巴茨，库切沃区域设有采石场和石灰生产线。主要生产设施包括75平方米烧结机2台，90平方米烧结机2台及配套原料场；1088立方米、1617立方米高炉各1座；80吨转炉3座；板坯连铸机2台；2250毫米热板轧机1台，轧制厚度为1.5~15毫米，宽度为720~2050毫米；冷轧系统有2条酸洗生产线，五机架四辊轧机生产线，罩退生产线，连退（带脱脂功能）单机架平整生产线，双机架平整生产线，2条横切生产线，1条纵切生产线；镀锡机组包括1条电镀锡生产线，2条横切生产线，2条打包生产线。主要产品包括热轧卷（含热轧横切板）、酸洗卷、冷轧卷（含冷轧横切板）、电镀锡板，其产品80%出口周边的欧盟国家。

2017年末，河钢塞尔维亚公司共有职工4786人，其中中方职工9人，均为管理人员，执行董事1人，总经理1人；塞方职工4777人，主要管理人员2人。

【生产经营】 2017年，河钢塞尔维亚公司坚决贯彻集团战略意图、海外战略规划及公司要求，大力提升企业管控能力和生产经营水平，充分发挥公司综合管理优势，着力理顺和强化运营管理，优化生产组织，提高生产效率，统筹推进技术改造，加快补齐工艺短板，努力克服气候、市场等多方面影响，开拓市场、提高售价，降低成本，生产经营步入良性循环，实现持续盈利。全年，产铁133.6万吨，产钢147.3万吨，热轧量129.7万吨，成品材126.6万吨，销售量122万吨；实现销售收入7.4亿美元，利润2亿元，创历史最好水平。

【市场营销】 2017年，河钢塞尔维亚公司持续加大市场开拓力度，优化产品及市场结构，积极开发高端客户，不断提高自销比例，取得明显成效。这一年，加强销售制度化管理，建立质量与生产部门服务客户制度体系，坚持月度高层市场战略协调会制度，研究月度销售战略，确定市场价格、份额，努力提高具备价格优势区域的销量，1—6月，保持了在匈牙利、捷克、斯洛伐克、波兰区域的高价位销售量，加大对产品价格相对升高的巴尔干区域销售量，11月巴尔干地区销售合同占合同总量的80%，为企业提高盈利水平奠定基础。全面加大客户开发力度，在不断开发塞尔维亚本国客户同时，积极拓展国外市场，先后走访保加利亚、罗马尼亚、克罗地亚、意大利、德国、奥地利、波兰等10多个国家30多家重点客户，成功开发新客户10余个，与德国某包装产品制造商等多个高端客户建立中长期合作关系，恢复罗马尼亚达西亚汽车厂的汽车用钢试验和供货渠道，实现第一次生产汽车用钢。不断优化产品结构，重点提高小型锅炉、暖气片、超市货架、钢管、汽车轮毂、食品级包装罐等优势产品直供用户的市场占有率，努力扩大酸洗、冷轧、镀锡产品的市场空间，保持中高端产品在巴尔干地区的市场地位，产品售价持续保持相对较高水平。加强与河钢德高的良好合作，建立较为密切的定期协调制度，有效稳定意大利、德国等地区市场份额，开发拓展美国等新市场，通过河钢德高销售订单总量达到22.7万吨，其中欧洲以外市场销售量达到5万吨。

【生产成本管控】 2017年，河钢塞尔维亚公司强化全员成本意识，从管理细节入手，努力降低生产成本，企业主要成本指标得到优化。年内，燃料比由吨铁630千克降低到598千克，高炉入炉矿耗由1749千克/吨降低到1725千克/吨，动力消耗及其他各项费用指标均实现大幅降低。这一年，着力转变员工成本意识，坚持每月下旬编制下月成本预测，事前控制全月经营情况，对不利因素及时制定防范措施，烧结、炼铁、炼钢工序成本实现日核算；采用成本日报规范管理，及时掌控烧结配比、高炉矿耗、燃料比、炼钢收得率等主要消耗指标；围绕重点指标展开攻关，优化铁前入炉结构，采用提高烧结比例和高炉入炉品位、使用碱性球团、降低燃料比等措施，促进铁成本大幅度降低，采取优化转炉工艺参数、提高操作水平、降低连铸设备运行故障率等手段，确保连铸设备正常运转，提高热轧加热炉热装比例，钢铁料消耗大幅降低；成立战略原材料管控小组，各专业协同，降低原材料损耗和倒运费用，保证及时供应，持续生产。

【采购管理】 2017年，河钢塞尔维亚公司克服中东欧地区资源相对分散、基础条件相对较差，原料供应及物流运输制约生产顺行等多种因素，加强采购管理，优化采购流程，降低采购成本，确保生产稳定顺行。年内，由采购、生产、物流部门建立紧密的日常沟通协调机制，定期召开协调会，及时解决采购工作中计划、审批、招标、制造、检验、库管和使用等问题，为连续稳定生产提供保障；系统制定战略性原材料采购应急预案，确定所有战略原材料的最低与最高库存以及不同时段运输节奏，保证极端条件下的物料供应；加强与供应商和物流公司沟通联系，走访70多家合作伙伴，对供应商进行梳理和评估，清理不良供应商，减少中间商环节。在备件采购方面，主动寻找战略合作伙伴，与国际知名供应商西门子、达涅利、西马克、斯凯孚等建立良好联系，建立长期稳定的供货渠道。通过集中招标，降低采购价格达10%以上。

【技术改造】 2017年，河钢塞尔维亚公司以降本增效为核心，启动低投入、高产出的短平快技改项目和增效项目，按照分步实施原则，努力抓好技术改造，解决装备问题，为生产稳定顺行提供支撑。年内，精心组织设备检修，实施技改项目，3台烧结机经过大修，烧结矿月产达到9万吨水平，其中11月13日创出日产超4000吨的高水平，高炉入炉结构烧结比达40%，吨铁降低成本7美元；实施1号高炉炉顶设备更换，有效提高生产稳定性；组织1~2号转炉炉役、1~3号烟罩系统及2台连铸机大修，连铸事故率明显降低，生产效率显著提高，热轧2号加热炉大修后空气预热温度由270℃提高到340~370℃，天然气消耗降低12%，粗轧机大修后成材率提高0.5个百分点；组织冷轧厂酸洗、五连轧、退火、清洗、单机架平整机和DCR、横纵剪切线的功能性检修项目及2号高炉热风炉改造等重点投资项目，解决设备老化失修、技术落后的瓶颈，减少设备事故，产品质量得到明显改善。

【基础管理】 2017年，河钢塞尔维亚公司加强基础管理，在充分尊重原有管理体系基础上，不断把集团优秀管理理念引入塞钢，提升整体管控水平，取得初步成效。这一年，积极推行管理体制扁平化管理，坚持管理流程化，将所有管理制度嵌入流程中，先后完善采购、招标、销售等流程。坚持高层管理会议、月生产经营分析会、作业长会议制度，分析计划执行情况，查找问题，制定成本费用控制措施，通报安全、环保、质量等重点工作完成情况，就下步工作提出要求；优化组织机构和业务流程，以镀锡厂为试点，实现销售、生产、质量控制一体化管理，同时实施绩效与KPI目标管理，提高管理人员和职工积极性，促进产量、质量、售价、生产成本等指标改善，成材率由

90.50%提升至94.49%，镀锡产品从效益最差的产品成为效益最好的产品，与上半年相比，吨钢效益提高80美元，边际利润大幅提升。

【重大活动】 2017年，河钢塞尔维亚公司共接待中方重要代表团30余次，其中包括张德江委员长访问团组、工信部及钢协访问团组、北京外办工作组、河北省政府、国务院国资委改革办团组、省国资委访问团组、中国钢铁工业协会、全国记者协会代表团、国开行代表团、集团内部多个访问团组；接待德高商务团队、西马克意大利公司团队、加拿大SRSC股东团队、奥钢联团组等外方团组来访。承办、协办驻塞使馆“十一”国庆招待会、2017年第三届东南欧冶金与材料工程大会、中国商务部国际商务官员研修学院举办塞尔维亚国际产能合作海外培训班等活动。举办与斯梅代雷沃技术高中签订双重教育协议签约仪式。高管人员受邀出席塞尔维亚新任总统亚历山大·武契奇的就职典礼、中国银行开业仪式、海航中塞直飞首飞仪式、中塞友好（河北）工业园区入园意向签约活动，参加驻塞大使馆组织的中资企业座谈会、驻塞大使馆经济商务参赞处组织驻塞中国企业召开海外经营注意事项提示会议、驻塞中国企业迎新年会等商务活动。

河钢采购总公司唐钢分公司

【概况】 河钢采购总公司唐钢分公司是河钢采购总公司在河钢唐钢的派驻机构。负责煤炭、焦炭、铁精粉、合金、生铁、废钢六大类原燃辅料及耐材以外的部分品种物料采购；代表河钢采购总公司负责协调所有物料的接卸、检斤、验质、库存管理和交接，协助结算、财务入账；负责了解、掌握所在子公司的物料消耗、库存、需求以及生产、设备动态等信息反馈；负责对供应商产品质量进行监督、检查和资质认定并组织开展异议处理。

2017年末，河钢采购总公司唐钢分公司设经理兼党委书记1人，副经理2人，工会主席1人；下设煤炭科、焦炭科、合金科、原料科、耐材科、辅料科6个业务科室及采购管理科、结算中心、综合科3个管理科室，共有职工60人。

【生产经营】 2017年，河钢采购总公司唐钢分公司围绕河钢唐钢生产经营目标，突出市场化经营与专业化服务两大特色，积极应对原燃料市场变化及环保政策压力，着力提高战略合作比例，稳固优质供应渠道、多元化焦炭和废钢采购渠道，努力实现安全保供；围绕子公司产品结构调整，快速架构与产品品质相匹配的采购格局，助力产品档次升级；实施流程监管，降低物流费用；加大产线对标，优化采购结构；加快体系落地，提高内生动力，各项工作均取得预期成效。全年，完成采购总量2120.56万吨，金额297.07亿元，其中，主要大宗原燃料1433.64万吨，金额192.8亿元；实现河钢唐钢口径吨钢降本20元；集团口径吨钢降本30元，较目标降低8.75元。

【调整采购策略】 2017年，河钢采购总公司唐钢分公司紧紧把握市场，不断调整采购策略，实现创效1.06亿元。这一年，依托大采购平台优势，以原料市场专业分析与供应商评价体系有机结合为基础，积极构建战略型采购渠道，战略采购比例达57.92%，并通过量价互保、月清月结优惠等战略合作模式，提高市场化运作水平，创效9530万元；运用供需变化有利时机，提高采购话语权，优化合同条款，抓住焦炭市场下行时机，梗阳M10加价政策由80元/吨调整为40元/吨；实施优化石料合同条款，扩大低价焦价差等措施，努力降低采购成本；把握市场运行走势波段，实施焦炭、硅铁、锌锭等物料错峰采购，年创效795万元；丰富优质资源渠道，建设安全稳定的供应链条，积极解决北京昊华煤矿关停后烧结煤资源严重不足问题，多方寻找可替代资源，先后引入阳泉高灰煤、宁夏地区煤、冀中能源煤、河南煤业等优质资源纳入供应渠道，成为原有渠道的有力补充；及时开辟唐山友利及山西福龙、利达等焦炭供应商，切实满足中厚板公司3号高炉开炉后生产需求，保证供应链安全顺行。

【焦炭采购调整】 2017年，河钢采购总公司唐钢分公司面对环保、限产限行对钢铁以及上游产业产生的影响，多措并举，全力化解原燃料资源紧缺局面，实现安全保供。当年，焦炭采购锁定阳泉、山焦、梗阳、中润等优质资源渠道，在原基础上提高5%～15%供应量，增强保供能力；协调运输路线，优化运输方式，缓解铁路批车困难，确保稳定到货；调整供方生产组织，提高美锦标一焦炭生产能力，加大五麟低价焦炭发运量，满足产线需求；树立环保意识，营建绿色渠道，开辟了唐山市铠隆冶金材料有限公司、唐山市开平区润雨冶金材料有限公司、滦南县凯通建材厂、抚宁县玉奇矿业有限公司等一批熔剂料绿色供应商，有效抵御市场风险。

【优化采购端结构】 2017年，河钢采购总公司唐钢分公司围绕河钢唐钢产品结构调整，以产线对标为突破口，推进采购结构端优化，创效9.41亿元。这一年，从服务供应商角度，优化付款周期与付款方式，建立长期战略合作，锁定中润、梗阳、阳泉、榆林、山焦等优质资源渠道，为稳定生产配比和提升高性价比资源奠定基础，全年高性价比资源占比达52.09%，同比提高4.88%，其中，不锈钢区保持100%低价焦入炉，本部实现35%的低价焦用料，同时提高阳泉4号喷吹煤用量，稳定山西焦煤主焦发运，创效5500万元。着力开发新资源，成功引入内蒙古正丰、鄂尔多斯市蒙际两家有自主煤矿的烟煤供应商，开辟唐山友利、古县利达、美方等焦炭资源渠道。满足卷板事业部产线需求，成功开辟山西某高钙石灰新资源，成为现有渠道的有力补充。根据市场走势及汇率变化，分析不同时期进口煤性价比，调整国内外资源采购比例，适时采购进口焦煤46万吨，创效9200万元。

【废钢采购战略】 2017年，河钢采购总公司唐钢分公司针对河钢唐钢炼钢冷料结构大幅调整，废钢需求量俱增状况，积极调整废钢采购战略，着力营建废钢采购渠道，全年累计采购废钢175.44万吨，实施错峰采购创效7.88亿元。这一年，随着钢铁市场好转，各钢企对废钢需求不断增加，废钢市场持续升温。进入采暖期后，受环保限产等影响，河钢唐钢对废钢的月需求量突破20万吨，给废钢优质保供带来困难。为此，成立废钢攻关小组，通过走访沙钢、宝钢、马钢等公司，实地考察唐山及周边，江浙、广东等地区废钢资源，全力开拓废钢供应渠道，成功开辟长春鹏坤、哈尔滨双东、河北港口等23家供应商，供应商数量由年初的6家扩展到29家，月供货能力达到27万吨水平，为河钢唐钢提产降耗提供优质废钢资源保障。此外，紧跟市场节奏转变采购策略，在废钢与钢坯差价大时多购入废钢，降低炼钢成本，在差价小时减少采买量，实现最优经济效益。

【库存结构调整】 2017年，河钢采购总公司唐钢分公司按照不同时段安全库存要求，强化库存管理，结合生产消耗，设定安全存量，优化采购方案，调整库存结构，综合原料产地、供货数量等因素，实施动态采购与弹性管理，保持合理的库存水平及结构，确保采购与生产相匹配，切实实现安全保供。截至12月，煤焦等资源全部达到安全库存量，且库存结构符合生产配比需求。这一年，通过战略合作协议的签订、付款方案的改变提高重点紧缺资源的掌控力度；适时预判市场走势，根据进口煤与国产煤的性价比，及时调整采购比例；适时开通公路运输，缓解铁路发运压力；根据战略采购比例及生产需求和国家安全环保政策变化，动态跟踪供应商生产情况，不断调控采购节奏，确保库存稳定。

【供应商结构优化】 2017 年，河钢采购总公司唐钢分公司按照总公司采购端优化整体部署，认真梳理业务流程，加强供应商准入标准及日常管理，持续优化供应商结构。以体系落地为抓手，重新修订供应商选择标准，将供货能力、质量保证能力、体系建设等 10 项标准作为基本准入条件，符合标准后方可启动评价、交流、考察等后续步骤，当年按照标准新引进 21 家优质供应商，拓展了河钢唐钢优质资源渠道。从服务产线能力、产线品种匹配度及环保符合性等方面，对已经纳入体系的供应商重新核实，清理 61 家不符合要求的供应商，严格流通环节管理，控制独家供货，直供比例达 100%。进一步完善供应商评价体系，结合不同种类物资在生产中的作用及行业特点，建立不同等级的供应商绩效评估体系；通过质量、价格、交货期、服务以及对顾客的干扰等基本评估要素，开展定期综合考评，淘汰绩效较差的供应商，与评估为 A 级的供应商建立长期的双赢合作伙伴关系，提高优质资源掌控力；按照不同市场形势，灵活应用供应商分级管理，通过改变付款方式、付款周期和供货量等变化，提高战略供应商合作积极性；缩短供应商评价周期，由原年度评价改为月度动态跟踪管理，保持体系内供应商的优质性；根据供应商质量稳定性、供货及时性、合同执行率等供货业绩、资质情况以及环保限产变化，制定实施全年二方审核计划，稳定原材料质量，保证合理的供应链结构。

【优化物流方式与结构】 2017 年，河钢采购总公司唐钢分公司优化物流方式和物流结构，降低物流费用 4139.82 万元。这一年，发挥地域优势，优化运输方式，调整发运方案，以严细管理降低亏吨，提高满载率，降低倒运费，实现点到点直达运输，提高直供比，创效 2719.3 万元；与供应商合作共同发挥郅易达高效便捷的信息化优势，推进智慧物流建设，4 家供应商 5 个品种使用郅易达平台，创效 890.52 万元；理顺分采物料物流图，加强区域结构调整，创效 530 万元；不断创新工作思路，以自采物料为切入点，扩大创效范围，实现物贸创效 792.31 万元，超额完成年度物贸创效 500 万元目标任务。

【采购精益管理】 2017 年，河钢采购总公司唐钢分公司强化采购工作精益管理，突出采购经营管理，步入按新常态化组织采购轨道。这一年，对省委巡视组专项巡视反馈意见整改工作进行清查总结，中间商管控取得良好效果，实现供应商准入及后续管理规范化、程序化。按照公平公正原则，开展自动付款业务，根据不同业务类型特点制定自动付款工作职责、业务流程和付款方案，当年自采物料自动付款实现全覆盖。全面实施招标管理，制定《采购分公司招投标管理办法》，建立招标工作模板，实施定期、定量、询比价、议标等多种灵活招标模式；推进物联宝、郅易达等招投标平台应用，扩大供应商范围，实现招标社会化；以体系落地为抓手，重新梳理采购业务流程，摒弃低效环节，确保高效率。全年，组织招议标、询比价等 277 次，涉及品种 135 个，平均增幅 13.06%。

河钢销售总公司唐钢分公司

【概况】 河钢销售总公司唐钢分公司是河

钢集团销售总公司在河钢唐钢的派驻机构，主要承担河钢唐钢销售业务控制和过程监管，参与产品营销计划的编制，负责销售分析、基础管理、数据统计及普材产品的销售和保产。2017 年末，河钢销售总公司唐钢分公司设经理 1 人，副经理 5 人；下设卷板业务部、汽车板业务部、长材业务部、营销管理部、综合管理部等 5 个部门，有职工 80 人。

【销售业绩】 2017 年，河钢销售总公司唐钢分公司认真贯彻落实集团和公司决策部署，坚持以用户结构调整促产品结构升级为工作主线，在深入分析市场和行业形势基础上，加大高端产品推广力度，取得较好的销售业绩。全年，公司本部内贸材坯销量 526 万吨，产销率和货款回收率 100%，品种比 60.6%，同比提高 13%；实现高强汽车板有限公司内贸销量 145 万吨，产销率 102%，销售品种钢 139 万吨，品种比 70.20%，同比提高 10%。

【客户开发】 2017 年，河钢销售总公司唐钢分公司加大客户开发力度，深入市场调研，缜密分析市场动态，科学制定客户开发计划，不断优化营销策略，客户结构调整和高端品种销量同步提升。全年，开发客户 38 家，客户级别为 2A+5B+20C+11D，签订合同 8.24 万吨，完成比例 166%，签订高端品种合同 5.27 万吨，完成比例 133%。这一年，进一步明晰卷板产线产品定位，明确三大行业六类特色产品开发方向，以酸洗压缩机壳用钢和药芯焊丝钢为代表的客户集群初步形成；汽车板客户新开发包括佛吉亚、星星冷链等 A 级客户在内的一对一直供客户 35 家，初步形成以一二级配套为主的客户集群，完成菲亚特、吉利、北汽福田、上汽乘用车、南京跃进、佛吉亚六家主机厂认证，并实现对菲亚特、吉利、北汽福田批量供货，对吉利 X3 车型连退用钢全覆盖，销售电池壳钢、超高强汽车钢等高端产品 2.8 万余吨，市场认可度逐步提高；家电板在实现海尔、格力、美的和奥克斯四家知名家电品牌全覆盖基础上，新开发三星、LG、西门子等国际品牌，实现家电板品种、规格全覆盖，冰箱面板等高附加值产品比例大幅提升；棒线产品以央企和大型国企为客户开发对象，以直供有影响力的重点工程项目为抓手，积极调整客户结构，同时抢抓市场时机，提产增效；型材产品重点开发一对一直供用户、高端用户，成功开发阳泉煤业等多个国有大型煤企并实现直接订货，新开发铁路垫板钢、履带钢、槽钢、电极扁钢、叉车门架钢等多个新品种市场。

【直供客户开发】 2017 年，河钢销售总公司唐钢分公司积极走访钢材市场和用户，掌握市场信息行情及市场需求，大力开发直供用户，提升终端用户比例。全年，本部内贸一对一直供 95 万吨，直供比 37.2%，同比提高 13%；高强汽车板公司内贸一对一直供比 48%，同比提高 16%。这一年，组织销售人员多次深入辽宁、山东、陕西、贵州等矿用材需求大省，对接终端，了解客户需求及采购意向，协商多种合作方式，取得多家用户信任；加强售中、售后监管，派专人到生产和物流现场协调产销运，优化排产时间，全力确保产品交货期，提升客户满意度。

【拓展电商平台销售渠道】 2017 年，河钢销售总公司唐钢分公司依托电子商务平台拓宽销售渠道，加速推动产品进入市场，取得良好成效。全年，借助河钢云商电子商务平台竞价拍卖 171 场，销售各类产品 44.77 万吨，成交额达 17.08 亿元，拍卖累计超底价创效 3260 余万元；借助欧冶电商进行单卷销售各种产品 3.95 万吨，成交额达 1.84 亿元。

【提升产品售价】 2017 年，河钢销售总公司唐钢分公司积极拓展创效途径，促进公司吨钢产品综合售价提升 149 元，比考核指标提高49元，完成销售总公司下达的售价提升指标。年内，按照效益排序分配资源，完善客户服务体系，加强客户与生产线黏性，促进客户满意度进一步提升；调整品种结构，提高高端、高价、高效品种销量，推进普材日定价，品种按市场变化调基价方式；拓展电商销售模式，利用电商平台进行钢坯拍卖和冷轧产能预售，冷轧产品以单卷竞价的方式最高比起拍价提高475元/吨。

【营销体制机制变革】 2017年，河钢销售总公司唐钢分公司推进营销体制机制变革，优化管控职能，促进管理水平进一步提升。优化机构设置，将人员配置向业务岗位倾斜，管理岗与业务岗人员比例从上年的1∶1调整到1∶2.5；全面推进全员绩效管理，重新制定岗位说明书，明确各岗位职责任务和考核标准，以考核导向引领各项工作提升；以汽车板认证为契机，按照认证标准重新梳理细化各项程序文件和作业文件，运用检查、讲评等手段将流程制度管控落地；实施PDCA循环管理，从抓计划入手，对各项关键指标与重点工作进行分解，紧抓资源分配、合同订立、合同执行等环节，确保过程按计划执行，落实到位，促进关键指标顺利实现。

河钢国际唐山分公司

【概况】 河钢集团北京国际贸易有限公司唐山分公司（简称河钢国际唐山分公司）是河钢国际在河钢唐钢的派驻机构，负责河钢唐钢进口矿采购，出口钢材及进口设备、备件的统一经营管理。2017年末，河钢国际唐山分公司设经理1人，下设出口科、原料科、设备科、综合科等4个科室，共有职工28人。

【原料进口业务】 2017年，河钢国际唐山分公司围绕市场和产品两大核心工作，密切关注进口原料市场走势，以降低采购成本、争创效益为主线，择优采购性价比高的进口矿资源，确保进口矿整体采购成本。全年，进口铁矿量1397.96万吨，其中必和必拓566.65万吨、力拓282万吨、淡水河谷300.2万吨；贸易期货累计到港201.34万吨，其中PMC58.17万吨、澳精粉11.35万吨、南非块19.5万吨、一钢矿98.66万吨、纽混块7.65万吨、镍矿6万吨；累计采购港口现货47.85万吨，其中印度球18.97万吨、巴西球3.88万吨、乌克兰球6万吨、巴卡粉5万吨、PB粉3万吨、新西兰海沙0.5万吨、高硅块6.5万吨、高硅粉4万吨。这一年，积极优化进口矿库存和品种，于12月采购纽混块和港口现货，保证高炉烧结用料结构的稳定，同时用高硅块替代球团矿，用超特粉替代一钢粉，满足烧结和高炉生产高性价比物料需求；加强进口矿港口置换工作，针对进口矿到船减少和港口库存不均、港口物流组织困难等难点，实施进口矿到船向天津港集中措施，同时从天津港置换到京唐港进口矿8万吨，解决不锈钢公司和中厚板公司用料问题，满足物流运输需求，进口矿物流成本进一步降低，服务水平明显提高，实现保供创效目标。

【钢材出口业务】 2017年，河钢国际唐山分公司加强钢材出口业务管理，在持续加强与德高合作同时，积极应对国际市场贸易摩擦，保护传统市场，转变产品结构，开拓新市场，确保产品出口规模总体稳定。全年，出口钢材223.51万吨。这一年，加强品种钢出口市场开发，强化过程控制，由满足标准转变为满足用户的具体需求，增加热板薄规格、结构级镀锌板及热镀锌板、热轧高强汽车板、酸洗板等品种出口量，实现热轧品种出口72万吨，镀锌品种出口92万吨，S390GD+Z热基高强结构级镀锌板首次批量出口葡萄牙，ABS 船板首次出口越南；配合公司以产线为独立市场单元的组织结构扁平化变革，将合同落实到产线，深入了解产线特点、成本构成及产品优势，按照产线定位及发展方向，寻找订单，构建面向产线的销售体系；进一步加强技术支持和售后服务，重点跟踪用户及其后续加工使用情况，以此指导产线生产、研发，建立健全面向用户需求、市场驱动的运营体系。

【出口钢材港口业务】 2017 年，河钢国际唐山分公司做好出口钢材港口业务，确保结算业务有序开展，办理出口钢材港口环节业务费用结算 2697 万元。积极配合相关部门推进出口钢材各项港口业务，督促货代做好接货、报关及相关数据整理等工作，实现业务与货代、发货完全对接；定期抽查港口货物，严查货物外包及堆存情况以及货代接货、监督装船等环节，保证货物质量；进一步推进港口降库存工作，随时关注港口库存，特别是对堆存期过长且客户已不再接收货物，积极联系公司有关单位进行拍卖或其他形式的二次销售。

【设备进口业务】 2017 年，河钢国际唐山分公司围绕重点改造项目做好设备进口工作，签订备件合同、开立信用证、做好报关运输，促进项目设备及备件按合同要求到达。全年，签订合同 12 个，合同金额 99 万美元；组织 43 批次货物顺利通关，报关金额 611 万美元；付款 62 笔，金额 1482 万美元；实现备品备件创效 7.7 万欧元，其中高强度汽车板技术改造项目二期工程免税 2546 万元；组织乐亭钢铁 2050 毫米轧机进口合同预付款并办理开证工作，其中向西马克预付款 385 万欧元，开证金额 1817 万欧元，向 TMEIC 预付款 4.47 亿日元，开证金额 21.07 亿日元。年内，配合相关部门，继续为高强度汽车板技术改造项目做好业务服务，抓好河钢唐钢本部备件采购工作；为公司大修及日常生产签订备件合同、开立信用证、报关运输，确保项目设备及备件按时保质抵达安装现场；配合做好高强度汽车板项目及不锈钢公司升级改造项目的融资工作，确保项目按期投产与设备稳定运行。

河钢集团审计部驻唐钢审计处（公司监事会工作办公室）

【概况】 河钢集团审计部驻唐钢审计处（公司监事会工作办公室）是负责工程、财务等审计工作的职能处室，组织形式为一个机构、两块牌子合署办公。集团审计部驻唐钢审计处是河钢审计部在河钢唐钢的派驻机构，根据集团安排负责河钢唐钢和集团其他子公司审计业务；公司监事会工作办公室设在驻唐钢审计处，其主任由驻唐钢审计处处长兼任。

2017 年，按照公司在监事会工作办公室增加内控管理职能要求，增设监事会工作办公室日常工作机构（科级），主要负责公司监事会日常工作。

2017 年末，集团驻唐钢审计处（公司监事会工作办公室）设处长（主任）1 人；下设工程审计科、财务审计科和监事会工作办公室 3 个科室；共有职工 23 人。

【审计业务】 2017 年，河钢集团审计部驻唐钢审计处（监事会工作办公室）紧紧围绕集团和公司重点生产经营任务，积极开展财务审计与工程审计，及时揭示问题，提出改进意见，取得积极成效。全年，开展各类财务审计 13 项，发现问题 163 个，提出建议 99 条；完成工程管理情况审计报告 3 项，揭示问题 13 个，提出审计意见 12 条；进行公司工程预（结）算审计 1326 项，审减值 1679.25 万元，其中技改等工程项目造价审计 308 项，送审值 20.06 亿元，审减值

1411.66万元；实施检修、维修等工程预（结）算审计1018项，送审值8.13亿元，审减值267.58万元。年内，创新优化审计方式，加强工程审计全过程管理，深入工程现场踏勘检查，发现部分施工企业不按图施工、违规签证等问题；创新工程审计工作思路，实施造价审计复核制，统一执行各项文件制度，为工程审计人员相互学习交流提供平台，促进造价审计审减额及公司工程管理水平大幅提高，堵塞了管理漏洞。

党群工作

党的领导与党的建设

【党委组织机构设置】 2017年，河钢唐钢党委认真贯彻落实党的十八届六中全会精神，突出抓好党的十九大精神学习、宣传、贯彻工作，紧紧围绕市场与产品等中心任务，全面加强企业党的领导和党的建设，为公司完成全年生产经营任务、实现改革发展目标提供了坚强保障。年内，根据党章规定和工作需要，并随行政机构调整，健全基层党组织机构设置，确保机构健全和履责到位，为加强基层党建工作奠定了基础。4月7日，成立美锦煤化工有限公司党委，由公司党委直属管理。9月26日，将唐山唐钢房地产开发有限公司党支部调整为直属党总支。同日，成立唐山惠唐物联科技有限公司基层党支部，由物流分公司党委管理。

2017年末，中共河钢集团唐钢有限责任公司委员会下设党委办公室、组织部、宣传部、纪委等机构，有直属党委33个、直属党工委2个、直属党总支3个、直属党支部1个、基层党支部377个。

直属党委：炼铁厂党委、一钢轧厂党委、二钢轧厂党委、冷轧薄板厂党委、型钢厂党委、能源科技分公司党委、不锈钢有限责任公司党委、中厚板材有限公司党委、唐银钢铁有限公司党委、生产制造部党委、设备机动部党委、信息自动化部党委、技术中心党委、市场部党委、离退休职工管理部党委、保卫部党委、城市服务有限公司党委、教育中心党委、物流分公司党委、检修分公司党委、重机装备有限公司党委、唐山惠唐新事业产业发展有限公司党委、自动化信息公司党委、钢源冶金炉料有限公司党委、青龙炉料有限公司党委、唐钢气体有限公司党委、唐钢美锦煤化工有限公司党委、惠唐乐港金属科技分公司党委、唐山华冶（天津）钢材营销有限责任公司党委、唐山弘慈医院党委、唐钢国际公司党委、时创耐材公司党委、河北钢建公司党委。

直属党工委：机关党工委、就业指导管理中心党工委。

直属党总支：唐龙（唐昂）新型建材有限公司党总支、房地产开发有限公司党总支、唐山创元方大电气有限公司党总支。

直属党支部：河钢塞尔维亚公司党支部。

附：2017年河钢唐钢党组织机构图

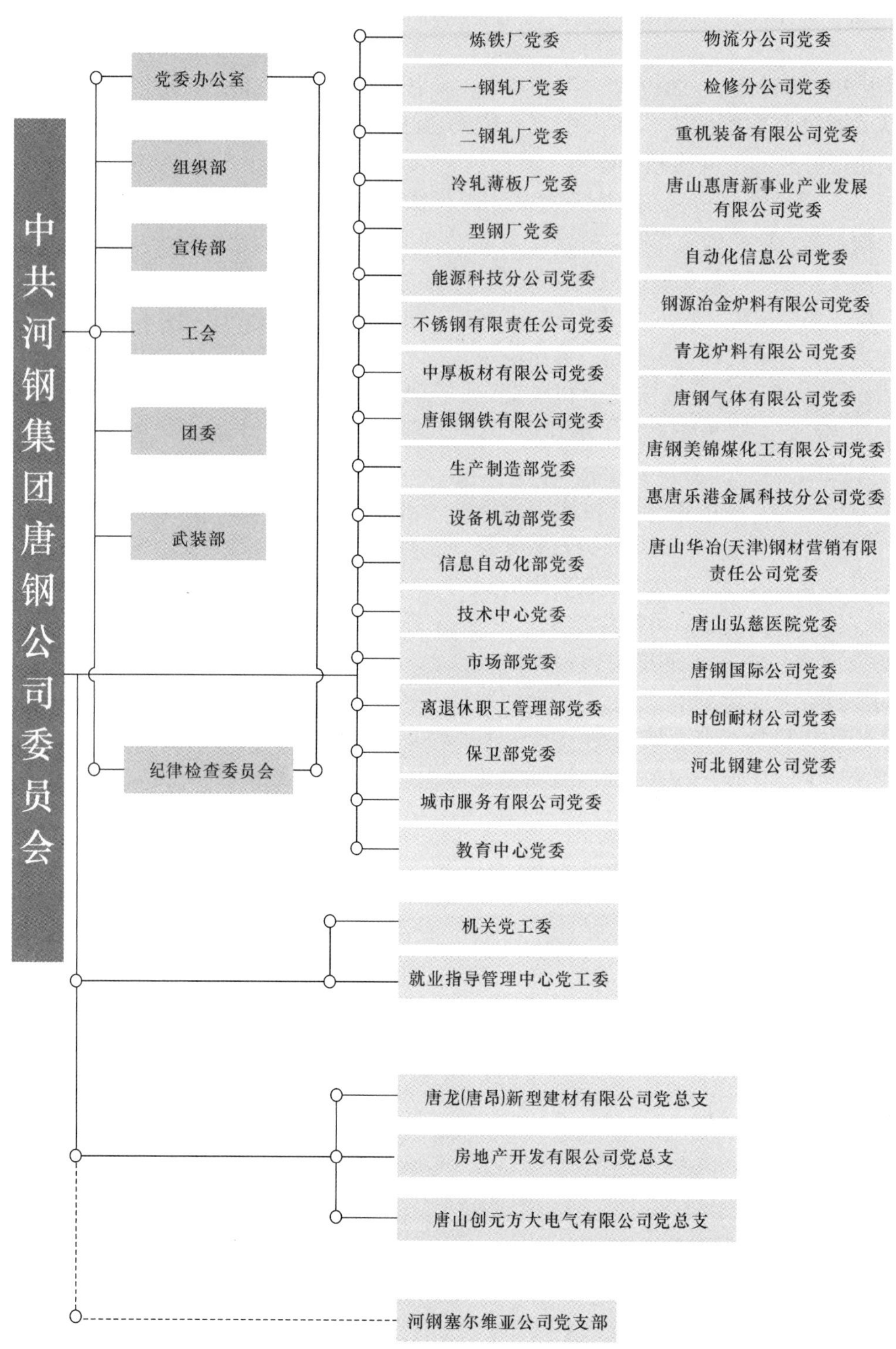

【推进“两学一做”学习教育常态化制度化】 2017年，河钢唐钢党委扎实推进“两学一做”学习教育常态化制度化，创新载体、搭建平台，以解决问题、发挥作用为基本目标，推进学习教育融入日常、抓在经常、形成常态，为促进公司生产经营和改革发展稳定提供精神动力。年内，组织学习习近平总书记关于推进“两学一做”学习教育重要指示精神，对公司各级党组织推进“两学一做”学习教育常态化制度化工作进行安排部署，于6月7日制定印发《关于推进“两学一做”学习教育常态化制度化的工作方案》，明确工作总体要求、基本原则、主要任务和推进措施，并将重点内容和要求细化为21项具体任务，逐项抓好贯彻落实；加强党章党规及习近平总书记系列重要讲话内容的学习，组织两级党委班子深入学习党章党规，重点将《准则》和《条例》纳入两级党委中心组学习内容，组织党员干部深入学习习近平总书记系列重要讲话，对十八大以来党中央提出的一系列新理念新思想新战略进行归纳整理，并印发《学习要点》，供各级党组织和广大党员学习，收到良好效果；加强“两学一做”学习教育的制度化成果转化，梳理完善《公司基层党组织换届选举暂行规定》《党费收缴使用管理办法》等8项党建工作规定、制度，形成系统明确的基层党建工作规范，并将党建工作总体要求写入公司章程，指导子分公司修订企业章程，明确党组织研究讨论是董事会、经理层决策重大事项的前置程序，为落实党组织在公司治理结构中的法定地位提供制度保障。

【“两学一做”学习教育专题民主生活会】 2017年3月2日，河钢唐钢党委召开领导班子“两学一做”学习教育专题民主生活会。集团党委副书记、工会主席齐跃章出席会议，公司在家的领导班子成员12人参加会议。公司党委通报了公司领导班子“三严三实”专题民主生活会以来的整改落实情况和“两学一做”学习教育民主生活会意见征求情况，按照学习教育要求，对照《准则》和《条例》，紧密结合集团和公司实际，认真查摆存在的问题和差距，开展有针对性的批评和自我批评，明确努力方向和整改措施。同月13日，召开领导班子“两学一做”专题民主生活会情况通报会，对专题民主生活会基本情况进行通报。

【调研督导】 2017年，河钢唐钢党委加强调研督导管理，围绕压紧压实主体责任，开展经常性调研督导，对公司领导决策起到参考作用。年内，抓好省委巡视组专项巡视反馈意见整改，聚焦五方面18项问题中的疑难复杂问题和长期整改问题，出台23项制度，健全完善33项制度，做好牵头负责的“两个责任”履职及主要负责人选人用人两方面问题整改工作；建立巡视巡察问题整改长效机制，对基层党组织开展督导巡察，研究制定督导巡察实施方案与工作安排，于当年9月底启动。根据省委、集团党委文件讨论通过五方面64项巡察标准与内容，制定周工作计划，提前3天下发通知至被督导巡察单位，重点督导巡察党委会记录、选人用人、支部建设、《准则》《条例》贯彻落实、党风廉政建设、政治理论学习、重点任务落实等内容，督导结束后部门联手开具问题清单，面对面交流沟通意见和建议，不定期进行回头看，实现问题整改闭环管理，形成问题清单制、组团服务制、台账销号制、点对点沟通制等工作机制，全年建立督导巡察工作台账22份，移交反馈问题清单14份，提出整改建议160余条，呈报《督导巡察内参》2期；一以贯之抓好重点领域和关键环节的权力运行监管，针对公司招投标制度管理体系运行中出现的问题，开展集体“会诊”，分析查摆存在问题和不足，开列八方面19项负面清单；积极推进“不作为、乱作为、慢作为”专项清理工作，对促进党员领导干部履职尽责起到了很好作用。

【党群系统绩效管理与考核】 2017年，河钢唐钢党委加强党群系统绩效管理与考核，将党群各部门和二级单位党组织全部纳入系统，持续优化系统功能，认真开展数据分析，初步实现党群系统绩效管理与考核运行体系的规范化、标准化、信息化。这一年，每月坚持协调抓好绩效管理与考核各项工作，指导党群各部门及公司各二级单位党组织及时录入工作日志等，做好考核结果的汇总和分析，统计分析7个党群部门及30余家二级单位党组织400余次结果数据；持续优化绩效管理与考核系统信息化平台功能，针对附件上传保存、历史信息查询、成绩输出打印、工作状态显示等问题，充分征求党群部门及二级单位党组织的意见建议，对信息化平台进行5次优化升级，累计处理误操作问题200余次，确保系统运行顺畅，操作便捷；梳理公司党群系统绩效管理与考核工作经验，制作演示文稿，提炼总结公司党委加强企业党建工作的特色做法和典型经验。

【党建管理创新】 2017年，河钢唐钢党委加强党建研究，推进党建管理创新，深入开展重点工作调研督导，制定下发《精准调研督导管理办法》，对各单位党委重点工作开展情况，不定期进行督促检查，促进各单位党建工作顺利推进。推行党群系统网格化管理，制定实施方案，重点抓好试点单位试运行，初步构建了公司党建网格化管理体系。成立公司党建研究会，开展党建课题研究，筹办公司首份党建研究类专刊《钢铁先锋》，提升公司党建工作的品牌形象。创新推进党群系统绩效管理，加强党群各部门和二级单位党组织管理，促进管理考核体系规范化运行。

【基层党组织建设】 2017年，河钢唐钢党委以党建工作规范化、标准化为重点，不断夯实党的建设基础工作，全面提升公司党建工作水平。规范两级党委建设，根据公司发展变化，健全党组织设置，实现公司二级单位党组织设置全覆盖；推进党组织换届选举工作常态化，建立换届提醒督促机制，推动7个基层党委按程序换届，确保换届选举严肃、规范开展；加强境外企业党组织建设，健全河钢塞钢党支部机构，完善并落实党建各项制度，建立境外企业党员电子卡，强化境外企业党组织政治功能。夯实基层党支部建设，督导各支部认真落实“三会一课”等制度，完善《党支部工作手册》及相关台账，规范支部设置，对超过50名党员的较大支部进行调整；加强基层组织生活管理，落实领导干部双重组织生活制度，确保党的组织生活更加严格、规范；强化基层党支部阵地建设，组织建设50多个公司标杆级党员活动室，明确管理规定和相关要求，开展党建特色活动，党支部的战斗堡垒作用得到充分发挥；加大基层党建工作推进力度，组织召开基层党建工作现场观摩会、党委书记党建工作交流会、基层党支部书记座谈会、基层党建工作述职大会，做到月月有主题，事事抓落实，基层党建工作充满活力；加强基层党建工作督导检查，对基层党组织设置、党委制度落实、支部建设、党员教育管理等进行深入调研，查找存在问题，督促整改落实，促进基层党建工作的规范化；加强党务干部队伍建设，对160多名党办主任、组织干事及基层党支部书记进行培训，提升党务干部的素质和能力。

【党员队伍管理】 2017年，河钢唐钢党委加强党员教育管理，深化党员争先锋主题活动，落实党内激励关爱帮扶机制，促进党员队伍先进性充分发挥。年内，加强党员教育培训，组织广大党员认真学习党的十九大精神，学习新修订的《党章》和《准则》《条例》，促进党员政治素质进一步提升；紧紧围绕集团“六条主线”和公司生产经营任务，不断深化以“市场开拓与产品创效争先锋”为主题的党员活动，教育引导广大党员践行“四讲四有”标准，争做合格党员，通过成立党员突击队、党员攻关队，开展争创党员示范岗、党员精品岗等活动，激发党员活力，促进党员作用发挥；深入落实关爱帮扶工作，春节及“七一”前夕，对500多名困难党员、老党员及优秀党员进行走访慰问，发放慰问金；开展党员志愿服务活动，组织党员到社区进行志愿服务，展示了公司党员良好形象；认真做好发展党员工作，规范发展党员程序，严格执行发展党员公示制、票选制，注重在一线职工、重点岗位和35岁以下青工中发展党员，培训入党积极分子318人，发展党员228人，清理违法违纪党员开除党籍2人，党员队伍质量明显提高，年末党员总数达13753人；加强党费收缴使用管理，规范党费收缴标准，明确党费使用范围、程序等内容；推进党员管理信息化建设，认真做好党组织和党员信息采集、系统维护工作，保证信息采集的准确性、完整性，提升党员管理信息化水平。

【领导班子建设】 2017年，河钢唐钢党委着力做好两级领导班子建设，不断提升整体合力。加强公司领导班子建设，积极推进领导班子民主管理、民主决策和民主集中制建设，坚持开好领导班子民主生活会，深入开展批评与自我批评；严格落实党委理论中心组学习制度，全面强化政治理论学习，领导班子“四个意识”进一步增强。加强厂部级领导班子建设，在集团率先实施厂部级领导班子和厂部级管理人员三年任期激励考核，制定下发《厂部级领导班子和厂部级管理人员三年任期激励考核办法（试行）》《厂部级管理人员三年任期激励年度考核结果与薪酬、使用挂钩办法》，按照突出经营业绩和工作业绩的考核原则，从考核内容、考核方式、评价权重、评价构成、结果使用办法等方面进行调整和创新，同时加大考核结果与薪酬使用挂钩力度，深化激励约束机制，增强考核的针对性和实效性，对公司36个单位、14个机关部室、201名厂部级管理人员进行了年度考评，评选突出贡献领导班子6个，优秀领导班子12个，54名优秀和41名比较优秀厂部级管理人员，激发厂部级领导班子干事创业的积极性；督导各单位落实党内政治生活制度，认真组织召开领导班子民主生活会，提高了厂部级领导班子的整体功能和战斗力。

【领导干部队伍建设】 2017年，河钢唐钢党委加强两级领导干部队伍建设，促进领导班子整体功能和领导干部队伍活力不断提升。抓好公司级领导干部管理，严格落实重大事项申报制度，加强职务消费管理，强化廉洁自律教育，坚持用“忠诚、干净、担当”标准考量领导干部。加强厂部级干部队伍建设，强化政治素质培养与业务培训，组织全面学习贯彻党的十九大精神和《准则》《条例》，选派中高层干部参加集团各类培训班，强化厂部级干部业务知识培训，提升其能力和素质；规范干部管理，按照执行民主集中制和选人用人等规定，认真进行自查，保证干部管理规范性和严肃性；完善厂部级干部的选拔任用机制，合理配置干部队伍，围绕公司推进混合所有制改革、乐亭钢铁建设、推进事业部扁平化布局和完善法人治理结构等战略需求，对102名厂部级干部进行任免调整，并配合完成16个子分公司监事、董事的任免审批工作。

【厂部级干部选拔任用】 2017年，河钢唐钢党委完善厂部级干部选拔任用机制，落实厂部级领导干部日常管理、培养、选拔工作，修订《厂部级人员选拔任用暂行办法》《厂部级人员管理办法》等制度，细化标准、完善程序，提高干部管理的规范化水平。全年，新提拔任职厂部级管理人员16人，其中提正职7人，副职9人；离岗休养7人，退休9人，调入1人，调出21人，转聘专家1人，厂部级干部队伍结构进一步优化。截至年末，公司共有厂部级干部180

人，其中正职66人，副职114人；男干部167人，女干部13人；平均年龄50.17岁；本科学历以上102人，大专学历17人，中专学历1人；高级以上职称117人，中级职称40人，初级以下23人。

【干部日常管理和监督】 2017年，河钢唐钢党委持续完善干部日常管理、监督和服务工作，规范干部档案，健全日常信息化工作台账，对3000余卷厂部级干部档案进行梳理以及转递、归档、甄别、核实；规范厂部级干部及重点岗位人员因私出国（境）管理，建立公司护照管理室，通过集中保管、严格审批，强化厂部级干部及重点岗位人员因私出国（境）的组织纪律性和审查严肃性；关爱关怀领导干部，组织331名厂部级干部及专家进行健康体检。

【后备干部队伍建设】 2017年，河钢唐钢党委完善干部梯队建设，制定《后备干部培养方案》，逐步建成一套科学、合理、规范的后备干部选拔、培养、任用管理体系。建立后备人才库，在选拔上扩大视野，重点关注政治坚定、业绩突出、综合素质较高的年轻优秀科级干部、作业长、党政复合型人才，纳入后备干部队伍，并通过专题培训、挂职锻炼、指定培养人等方式加强培养，促其成长；在选拔任用上，建立淘汰机制，坚持以德为先，大胆启用，严格把关，真正把想干事能干事干成事的优秀青年干部选拔上来，为公司发展提供人才保障。

【机要收发】 2017年，河钢唐钢认真做好日常机要文件收发、传阅、催办和归档工作，累计收办文件约1600份次；传阅文件逾1600份；收办挂号件、简报、信息、机要件、传真件、特快专递以及各单位上报信息、材料约6000份次，确保了机要收发及时、准确、高效。

【党史厂志编纂】 2017年，河钢唐钢党史厂志编纂工作主要围绕《唐钢沧桑》第三卷、第四卷，《河钢唐钢年鉴》2017年卷，《唐钢大事记2014—2015》四部书籍展开，采用现行国家标准与体例规范，确保史志编纂按计划有序推进。其中，《唐钢沧桑》完成115万字总纂任务，主体志、分志章节、代拟领导序言等辅文均已完成，按照法律、政策、保密等要求，删减并调整相关章节内容，定稿104万字；首部《河钢唐钢年鉴》2017年卷完成27个分目12万字内容编纂；《唐钢大事记2014—2015》完成10万字记事内容编纂，具备评审条件。这一年，针对20年历史中的干部名录、财务经营、设备管理等难点，多渠道复核史实。翻阅23个档案室、26个资料室，查阅公司电子档案2.35万件、纸质档案146卷，借阅档案原件28卷，参考资料572件。对于一些较为模糊的史实，走访、电话访问离退休老领导、在职资深专家等700余人次，就相关线索查找合同原件等档案资料，原汁原味还原历史。

【驻村帮扶工作】 2017年，河钢唐钢党委积极落实上级安排部署，认真做好驻村帮扶，派出3个驻村工作组，分别到保定市涞源县黑山村、承德市滦平县二道营子村、围场县西岔村开展驻村帮扶工作，为三个帮扶村提供资金70万元，其中涞源黑山村30万元（集团提供），滦平县二道营子村20万元，围场县西岔村20万元。年内，强化驻村帮扶人员选派和日常管理，落实帮扶资金，组织120多名党员干部与500余贫困户进行结对帮扶，并结合实际谋划推进帮扶项目，积极履行责任，树立了公司良好形象。公司领导重视驻村工作，深入一线调研指导，入户走访慰问贫困户，推进驻村帮扶工作深化。4月28日，公司党委副书记、工会主席孙国平到涞源县黑山村调研慰问；7月27—28日，公司党委书记、董事长王兰玉，党委副书记张小帅到涞源县黑山村进行调研慰问；8月1—2日，公司党委副书记张小帅到滦平县二道营子村、围场县西岔村调研慰问，分别听取了工作组的情况汇报，并与当地县、乡政府有关人员进行座谈交流。

【离退休职工管理】 2017年，河钢唐钢党委加强离退休职工管理，突出抓好离退休职工管理服务和党员活动阵地建设，创新党组织活动形式，扎实推进正能量活动，促进离退休服务工作质量和水平不断提升。年内，管理离退休党员1976人、14个离退休党支部、113个党小组，由离退休人员担任党支部书记和党小组长，为39名正式退休党员办理党组织关系接转，按居住区编入党支部、党小组，为离退休职工参与党内生活创造条件。

【落实离退休干部“两个待遇”】 2017年，河钢唐钢党委认真落实离退休干部“两个待遇”，坚持政治上尊重、思想上关心，生活上照顾、日常中体贴，把对离退休干部的关怀真正落到实处。落实政治待遇，不断丰富离退休干部的精神世界，以固定的学习活动日、老年大学第二课堂等载体组织离退休干部学习时事政治、传达上级有关会议精神和支部活动安排，使离退休干部及时了解党的路线方针政策和国际国内形势，为14个离退休党支部订阅多种报纸杂志支出费用23.9万元，为老同志集中学习和自主学习提供了系统性资料；召开离退休职工新春团拜会，邀请离退休职工60人参加活动；按照市老干部局要求，组织离退休干部开展“畅谈十八大以来变化展望十九大胜利召开”系列活动，历时六个月，为迎庆十九大召开营造良好氛围；开展迎“七一”系列活动，以“三会一课”和座谈会等形式，组织老干部讲述自身革命经历及十八大以来党和国家发生的巨大变化，让老同志在新旧对比中感受发展成就，表达对党的诚挚情感，影响带动身边人，传递正能量；加强对离退休干部关怀，组织对新中国成立前老党员、特困党员进行走访慰问，集团党委书记、董事长于勇带队看望离休干部代表，带来党组织和企业的温暖；重视离退休职工业余学习，对参加唐山市老年大学的510名学员予以报销50%学费10万余元。落实生活待遇，继续为每名离退休职工发放企业年金补贴1430元；及时帮扶有特殊困难老同志，走访慰问6883人次，累计发放慰问金及慰问品158.4万元；深入细致做好各项服务，为3144名离退休干部发放参观工农业生产建设补助费31.44万元，组织离退休职工汤泉疗养105人，北戴河疗养280人，获得了离退休老同志的广泛好评。

【关心下一代工作】 2017年，河钢唐钢关工委加强“五老”队伍建设，积极搭建平台，认真开展活动，进一步发挥离退休老同志优势，努力做好关心下一代工作。年内，坚持每月组织离退休干部进行1~2次集中学习或活动，传达上级关工委工作精神，学习中国关工委编写的《关心下一代工作简讯》和《唐山市关心下一代工作简报》，不断适应形势，增强工作实效；以社区为载体，充分发挥“五老”队伍作用，积极组织参与唐山市关工委开展的“我的好家风”征文和“优秀家庭”评选活动，上报优秀征文13篇，上报“优秀家庭”事迹材料8篇，3人获得征文活动优秀作者，6个家庭获“优秀家庭”称号；开展进校园宣讲十九大精神活动，河茵关工小组走进大庆九号小学，向全校师生宣讲十九大精神，鼓励同学们树立远大理想，热爱祖国，努力学习，增长本领，长大后做祖国建设需要的优秀接班人。年末，公司关工委共有关工小组长13人，成员103人。

【离退休职工文体活动】 2017年，河钢唐钢党委加强离退休职工文化阵地建设，组织开展多种形式的文体娱乐活动，不断丰富离退休职工的精神文化生活，设有4个活动站、2个活动室，有监督员、委员、组长110人，老年志愿者200余人。年内，加强老旧设施设备维修服务，做好屋顶补漏、地砖整修等项目，营造安全、清洁、卫生的活动环境；制定活动计划，根据季节特点开展多种文化体育活动，组织台球、门球、乒乓球、扑克、书画展等文体娱乐比赛活动20余次，下拨经费3万余元，组织举办秋季离退休职工运动会，满足离退休职工开展文体活动需求；注重老年志愿者服务作用，组织义务法律咨询5次，理发1300余人次，义务修理桌椅360余把，修理门窗管道150件次，维修保养健身器材40次，充分发挥了离退休职工在精神文明建设中的积极作用。

宣传思想（企业文化、统一战线）

【体系建设与工作机制】 2017年，河钢唐钢党委持续加强宣传思想与企业文化管理体系建设，执行《思想政治工作基本制度》《对外宣传工作管理办法》《公司两级党委理论学习中心组学习制度》《公司突发公共事件新闻宣传应急办法》等公司党群系统管理控制程序，健全完善宣传工作体制，形成“上下贯通、横向联合、层级明确、齐抓共管”的工作格局。围绕宣传思想文化工作，严细标准、量化考核，科学制定管理考核内容、标准和分值权重，推进日常工作规范化。同时，坚持执行每周一业务例会制度，报纸、微信执行“两周报道计划”提报制度，实行记者、编辑每日碰头会工作机制，强化编审流程列车时刻表管理，建立电视播出日团队审片制度，构建较为完备的宣传思想工作机制，为宣传思想工作进一步规范化、科学化夯实管理基础。

【学习宣传贯彻党的十九大精神】 2017年，河钢唐钢党委把学习宣传贯彻党的十九大精神作为首要政治任务，切实抓紧抓好，并抓出成效。组织公司领导和各级党员干部6000余人收看党的十九大开幕盛况；制定下发《关于学习宣传贯彻党的十九大精神系列活动的安排意见》，确定工作方案，提出具体目标，明确职责分工，为全公司学习宣传贯彻党的十九大精神做好顶层设计和周密安排；开展各层级学习宣讲活动，组织两级党委理论中心组专题学习4次，开展党委书记讲党课30余场，支部书记讲党课200余场，举行学习宣传贯彻党的十九大精神报告会6场次，组织广大党员干部以党的十九大报告和新党章为学习重点，认真学习领会十九大精神，准确理解和把握十九大提出的新时代、新矛盾、新征程、新目标等概念的核心要义和思想精髓，树牢“四个意识”，坚定“四个自信”，用习近平新时代中国特色社会主义思想武装头脑、指导实践、推动工作；集中报道各单位学习宣传党的十九大精神情况，利用报纸、电视开设专栏，组织6期专版，刊发专题稿件50余篇，播发专题新闻42件，利用板报、橱窗制作十九大公益广告标语数百条，营造浓厚舆论氛围。

【党委中心组学习】 2017年，河钢唐钢党委贯彻落实河北省委办公厅《关于贯彻〈中国共产党党委（党组）理论学习中心组学习规则〉的实施办法》，执行《党委中心组学习制度》，下发《关于2017年党委中心组专题学习的安排意见》，明确专题学习主要内容及学习形式、要求，组织公司两级党委中心组集中学习14次，自学12次。这一年，按月编制下发学习安排和资料，组织两级党委中心组和广大党员干部认真学习习近平总书记系列重要讲话、党的十九大以及中央经济工作会议精神，切实把中心组学习打造成领导干部学习的“示范课堂”；指导各二级单位党委中心组详细制定全年学习规划，按月编制下发学习安排和学习资料，从9月下旬起，对炼铁厂、一钢轧厂等30余家党委中心组和党员干部学习情况进行督导检查，针对存在问题和不足提出了整改意见。

【形势任务教育】 2017年，河钢唐钢党委加强形势任务宣传教育，统一广大职工的思想和行动。2月，组织开展“解放思想，快速突破，各项工作走在集团前列”大讨论活动，把当好集团各项工作排头兵作为行动指南和衡量标准，明确六项主要任务，全面查找剖析影响工作进步的深层次思维方式、工作理念、行为习惯等问题，形成全员参与管理、规范行为的良好氛围，共收集来自基层一线合理化建议1500余条；创新形势任务宣讲活动形式，围绕集团“两大核心任务”和“六条工作主线”，针对党的十九大精神系列宣贯、集团利润目标调整、学习加拿大多法斯科钢铁厂先进经验、市场形势变化、公司生产经营等专题，每月以“问答式”编写参考提纲，力求形势任务教育让职工“听得懂、坐得住、记得牢”，取得明显成效；坚持开展“3X+1”形势任务宣讲活动，聚焦“市场”和“产品”两大主题，围绕落实全年目标任务和8—12月调整后的利润指标，编制下发月度宣讲提纲，及时宣讲公司面临的形势和任务，引导干部职工认清形势、明确目标、努力工作。

【精神文明建设】 2017年，河钢唐钢被河北省委、省政府授予“2016年度文明单位”称号。这一年，公司党委加强精神文明建设，承办“市国资委党委系统道德模范基层宣讲报告会”，公司职工郑久强先进事迹在会上做重点交流，市内8家重点企业及公司120余名职工参加；按照市文明办、市国资委要求，上报月度志愿服务信息，组织学雷锋志愿服务者每周进行社区和协调交通服务，推荐公司郑久强志愿服务队参评全国志愿服务四个“100”先进典型评选；推荐6名职工参评省级道德模范、唐山市最美工匠、唐山市道德模范等，推荐外籍职工劳瑞斯等人参评省国资委“我在河北挺好的”典型人物事迹；在市文明城创建过程中，完善各项文明设施和制度，公司宾馆获得由省文明办、省旅游委联合授予的“2017年文明服务流动红旗”；开展“诗词楹联颂党恩”征集活动，推荐上报诗词楹联作品30余部；坚持开展季评“爱岗敬业十佳”职工活动。

【政治理论研究】 2017年，河钢唐钢党委按照中国冶金政研会、省政研会和集团政研会要求，组织基层党建工作创新、推进企业转型发展、深化管理体制变革、全力推进市场和产品工作、实现“两学一做”学习教育常态化制度化等12个重点研究课题，形成调研报告、论文成果28篇。全年，获全国冶金行业思想政治工作研究优秀论文4篇，其中《企业转型时期职工思想政治工作创新探究》获一等奖，《加强政治理论学习　深化理想信念教育　以优异的成绩迎接党的十九大胜利召开》《践行“两学一做”实施党员“先锋工程”助推企业市场开拓与产品创效》获二等奖，《河钢唐钢冷轧薄板厂大讨论活动创新案例》获三等奖；获河北省冶金行业思想政治工作研究优秀论文一等奖2篇，二等奖8篇，公司政研会被评为河北省冶金企业职工思想政治工作先进单位，4名宣传工作者获评河北省思想政治工作先进个人。

【企业文化建设】 2017年，河钢唐钢加强企业文化建设，认真学习集团对生产经营和改革发展提出的新理念新要求，引导广大干部职工提高认识、转变思维，推动企业持续健康发展。加强品牌形象建设，严格按照集团VI手册，重点推进企业标识规范应用，对公司内外网站、OA系统和各单位、车间各类牌匾、标识等进行全面排查，整体更换公司各层面旧标识；开展企业文化俱乐部建设，按照省委宣传部《关于培树基层五大文化阵地的安排意见》要求，参加省委宣传部、省国资委联合组织的文化交流活动，总结、介绍和推广公司结合企业改革发展需要，以道德建设、改革推进、职工身心健康为重点，开展一系列文化活动，在陶冶职工情操、推进改革落实、活跃职工生活、不断增强企业凝聚力等方面取得积极效果；制作中、英、塞三种语言的《精品河钢唐钢》《肩负重任，不辱使命》《公司创新工作室浏览》《钢城匠心——劳模访谈（上下）》等9部专题片以及《春满钢城》《塞钢印象》《集体婚礼回眸》等10余部公益宣传片，更好凸现公司独特风格面貌、彰显企业实力。

【新闻报道】 2017年，河钢唐钢新闻舆论宣传坚持围绕中心、服务大局，营造氛围、鼓劲造势，开展了卓有成效的工作。《河钢·唐钢版》共出版147期，累计刊发稿件4100余篇；电视台制作播出118期节目，每期新闻播出时长平均15分钟左右，播送新闻1078条。这一年，利用媒体平台，在宣传重要会议精神、展示主要工作成绩等方面发挥了重要作用。《河钢·唐钢版》重点报道公司聚焦市场和产品，调整产品和客户结构、产销研一体化等方面的成绩，于当年9月在报纸头版整体策划专栏“管理体制变革·这一年”，分四期述评报道公司推进管理体制变革一年来在探索实践、改革创新中收获的成果，引起公司内外强烈反响；策划献礼十九大、习近平总书记视察河钢塞尔维亚公司一周年、年中报道、安全月、七一、暑期战高温、学习加拿大多法斯科钢厂经验、质量月、决战四季度、年终报道、节期坚守等专题专版，营造氛围。电视台新增聚焦市场和产品、产线同期声、新起点新征程新跨越、我们这一年等六大专题栏目，在钢城热点和钢城纪事栏目中播发《砥砺奋进 匠心筑梦》《不忘初心 共创辉煌》《钢铁匠心》等节目25个，收视范围覆盖所有安装唐山广电网络地区的职工住宅。

【官方微信】 2017年，河钢唐钢微信公众号紧密跟踪公司生产经营热点信息，不断丰富17个栏目内容，新增“钢城故事会”“出彩钢城人”“朗读者”等栏目，及时推送公司生产经营热点信息，展示职工风采，传播钢城正能量，充分彰显了新媒体在企业舆论宣传中的正向引导作用，共推送新闻210余条，其中30余条信息点击量达到3000人次以上。

【对外宣传】 2017年，河钢唐钢对外宣传紧紧围绕市场和产品两大主题，全面展现公司作为集团排头兵的良好形象。全年，《河钢》刊发稿件682篇，在集团各企业中始终保持第一；加强与新华社、新华网、人民网、《中国冶金报》等媒体的联系，在市级以上媒体发稿1140篇，《中国冶金报》刊发稿件231篇，新华网发稿215篇。其中，在习近平总书记视察河钢塞尔维亚公司一周年前后，《人民日报》配图刊发通讯《中企助“塞尔维亚的骄傲”焕发生机》；新华社在“一带一路”高峰论坛期间向与会代表发放“地球丝路家园”专辑，其中收录了描写塞钢的通讯《百年钢厂复兴记》；采写《践诺，他们的名字叫河钢人》，全面展现河钢唐钢团队短短半年使斯梅代雷沃钢厂走出困境的付出与执着。同时，先后向《中国冶金报》定向投递《河钢唐钢独家供货世界单体最重转体斜拉桥》《河钢唐钢智能制造试点示范项目榜上有名》《河钢唐钢镀锌产线产品在海外市场获青睐》《河钢唐钢镀锌产品热销以色列月出口量达万吨以上》等稿件；在新华网刊登《河钢唐钢管道用钢“建功”吉林省最大供水工程》《河钢集团高强汽车钢供货国内品牌客车厂》《河钢唐钢新品亮相长春南湖大桥翻建工程》等系列稿件；在河北省国资委网站刊稿逾2000篇。

【统一战线工作】 2017年，河钢唐钢党委统一战线工作注重加强团结，突出思想引领，实施“1+3+3”工程，即“每年开展一次调研、确定一个主题、组织多场次小范围座谈”的一整套长效联络机制和确定“创新、市场和产品、管理体制变革”三项重点发展攻关主题，以及选送党外知识分子参加业务培训，发起“爱企业、献良策、作贡献”合理化建议征集，组织党外知识分子分专业、分层次开展课题研究等三项重点活动，引导广大党外知识分子立足本职岗位，为企业生产经营建言献策，发挥作用。年末，有民革唐钢支部、民盟唐钢支部、民建唐钢总支、民进唐钢支部、农工党唐钢支部、九三学社唐钢基层委员会。

纪检监察

【党风廉政建设】 2017年，河钢唐钢党委坚持全面从严治党，深入推进党风廉政建设，对所有厂部级领导班子和领导干部进行党风廉政建设责任制和廉洁自律考评，对15名拟提拔厂部级干部进行廉洁自律审查，扎实履行监督责任，促进“两个责任”落实。年初，组织召开党风廉政建设和反腐败工作会议，制定下发公司纪委年度工作要点，对党风廉政建设工作做出全面安排部署。每月利用党委书记办公会，分析研究公司党风廉政建设形势，并做出具体要求。印发公司党委《党风廉政建设主体责任和监督责任清单》，不断夯实两级党委、纪委、领导班子成员以及党委工作部门责任；逐级签订党风廉政建设责任书，层层传导压力，构建党风廉政建设目标责任体系；强化“两个责任”监督考核，将“两个责任”落实情况纳入党群绩效考核系统，每月量化考核，年终综合考核，对责任落实不到位、年度考核不过关的严肃问责。顺应形势，对厂部级领导班子和领导干部党风廉政建设考核内容、权重、评分办法等进行调整，共完成36个单位、14个部室、201名厂部级领导管理人员的考核测评工作；按照《关于2016年度落实党风廉政建设党委主体责任、纪委监督责任考核方案的通知》要求，结合各单位实际工作情况，对各单位党委、纪委落实“两个责任”进行量化评价，进一步压实“两个责任”。

【“四种形态”运用】 2017年，河钢唐钢纪委积极践行监督执纪“四种形态”，对苗头性、倾向性问题，及时批评教育、谈话提醒，对违纪情节轻微行为，综合运用岗位轮换、组织处理等手段，加大查处力度，及时堵塞管理漏洞，降低企业经营风险。全年，立案1件，政纪处分1人，对1个部门党政主要领导进行组织调整，对10名党员干部进行批评教育。这一年，畅通信访举报渠道，规范问题线索处置，电话接访25人次，面对面接访4人次，收集问题线索14件，上报执纪审查报告12份，全部按照分类处置原则建立台账；执行“一案双查”“一为主两报告”和签字背书制度，按照集团《党风廉政建设工作手册》，规范证据收集、谈话交接、量纪审理和处分执行程序，切实提高执纪审查质量和效率。

【持之以恒纠“四风”】 2017年，河钢唐钢纪委坚持不懈落实中央八项规定精神，深入开展纠正“四风”专项检查、暑期“四风”六类突出问题检查和重点时段明察暗访检查等，运用早打招呼早提醒、节点检查、通报曝光常态化机制，加强纪律和规矩的日常执纪监督。全年，组建各级督导组28个，开展监督检查195次，召开座谈会24次、走访职工群众308人次；节前利用各种会议宣传教育、重申纪律规定131次，利用报纸、短信、微信等宣传184次，受教育职工9651人次。这一年，公司纪委抓住婚丧嫁娶、公车使用和公款吃喝、接待、旅游等关键点，严肃查处隐蔽性强的“四风”问题，促进广大党员干部严格遵守厉行节约、廉洁自律有关规定，为公司正风肃纪，强化党员干部作风建设提供坚强保障。

【集团专项巡察督导反馈意见整改】 2017年，河钢唐钢纪委以集团专项巡察督导为契机，深化党风廉政建设和反腐败工作、“两个责任”和《准则》《条例》落实情况及省委专项巡视反馈意见整改落实情况的监督检查。7月11—14日，在集团专项巡察督导工作中，牵头组织相关部门单位梳理准备资料，先后组织近百名职工参与省委专项巡视反馈意见整改落实情况等座谈会和谈话，组织100名职工参与问卷调查，深入3个基层党委5个基层支部走访调查，听取基层单位专题汇报，集团巡察督导组对公司“两个责任”落实情况等四方面工作给予肯定。按照省委专项巡视反馈意见整改集中清查工作要求，对照五方面18项问题，强化检查督导，落实整改措施。

【《准则》《条例》监督检查】 2017年，河钢唐钢纪委按照公司党委《关于开展准则、条例贯彻执行情况监督检查专项行动实施方案》要求，对照“四查四看”，利用中心组集中学习查摆、各单位单独学习查摆、支部召开组织生活会批评查摆等形式，全面剖析查找思想、作风、工作等方面存在的问题；坚持立查立改，在自查自纠阶段，结合省委专项巡视反馈意见整改落实情况，深入基层、走访调研开展督导检查和征求意见，通过自查自纠和“四查四看”集中检查，发现各单位能够联系本单位工作实际，联系党员干部岗位职责，积极组织开展专门学习教育和贯彻落实，并形成自查自纠报告上报河钢集团，要求存在问题的单位结合工作实际列出问题清单，制定整改措施，做到边查边改、立行立改，推进专项行动不断取得实效。

【廉政教育】 2017年，河钢唐钢纪委加强反腐倡廉教育，增强党员干部的廉洁意识。全年，组织党纪知识答卷3200人次，党委书记上廉政党课160次，观看电教片180次，累计受教育3.2万人次。按照省国资委党委、集团和公司党委安排部署，深入开展以“担当、忠诚、干净”为主题，以国资系统系列典型腐败案件为反面教材的警示教育活动，使广大党员干部知敬畏、存戒惧、守底线；编印《党风廉政建设工作手册》，编写公司典型案例剖析，以案示警，以身边事教育身边人，强化遵规守纪和廉洁意识；拓展廉政文化教育阵地，充分利用公司纪检监察网站和报纸、电视、微信、短信等平台传播廉洁文化，结合企业实际，引导基层灵活开展廉洁自律宣讲、“廉政微党课”“职工说规矩”、观看《巡视利剑》专题片等廉政教育活动，营造崇廉尚廉企业文化氛围。

【专项监督检查】 2017年，河钢唐钢纪委以专项巡察与日常监督相结合，不断完善常态化监督机制，加强对民主集中制、民主生活会、谈心谈话，“三重一大”等制度落实情况监督检查，不定期针对重点领域、重要项目，集中力量开展明察暗访和专项纪律监督检查，形成监督执纪工作合力。开展“三个违规”问题专项清理活动，下发《开展“三个违规”问题专项清理活动工作方案》，健全专项清理工作领导小组和工作机构，分三个阶段就三个方面问题，对所有厂部级以上干部进行全面自查和清理；制发《招投标执纪监督工作管理办法》，规范监察方式，强化招投标专项检查，组织4次较大规模监督检查，召开全公司范围招投标座谈会，就存在的五方面17个具体问题进行深层次原因分析，明确防范和整改措施，并抓好贯彻落实。

【效能监察管理】 2017年，河钢唐钢加强效能监察工作创新，本着“重实效、出精品”原则，把堵塞漏洞、完善管理、提升效益、营造风清气正、高效廉洁的工作氛围，作为效能监察工作基点，找准影响提升创效水平和市场竞争能力的主要因素，不断拓宽监察范围，促进公司管理提升。全年，完成效能监察项目52项，提出改进建议46条，协助建章立制28项，避免和挽回经济损失1005.6万元，创造经济效益1207.5万元。这一年，效能监察选题立项向多层面、多领域拓展，向纵深延伸，围绕“市场”和“产品”两大主题以及废钢采购等重点项目，抓住关键环节，制定监察方案和措施，采取不定期抽查、联合督导检查、阶段性交流评比等模式，强化过程监察，使效能监察更好地延伸到基层，形成工作合力。

【纪检监察队伍建设】 2017年，河钢唐钢强化纪检监察队伍建设，完善两级纪委机构设置，充实纪检监察专职人员队伍，增设纪检监察专员岗位，提升执纪监督能力。当年，直属党委均建立纪委，相应设专（兼）职纪委书记、纪委委员，增设纪检监察专员岗位18个。严格纪检监察人员任职资格审核、管理和使用，明确纪检监察专员岗位和待遇；制定下发《开展学习宣传贯彻〈中国共产党纪律检查机关监督执纪工作规则（试行）〉活动方案的通知》，明确工作措施和方法步骤，严格监督执纪问责，提高依规治党、依规执纪的能力和水平；举办纪检监察干部业务培训班，对各单位纪委书记、未设纪委的党总支、党支部书记，专兼职纪检监察干部70余人进行培训。组织参加中纪委、省纪委和驻省国资委纪检组举办的业务培训，提升纪检监察队伍的业务能力和水平。

工会工作

【组织建设】 2017年，河钢唐钢工会紧密结合工作实际，加强工会组织建设，批准成立美锦（唐山）煤化工有限公司临时工会委员会及惠唐乐港科技分公司临时工会委员会，健全完善基层工会组织机构设置，不断提高工会工作的整体水平。年末，公司直属单位设立工会36个，基层分会352个，共有工会会员3.39万人。这一年，指导基层22家单位进行工会换届，建章立制，规范管理，夯实工会组织基础；积极开展工会各类竞赛，围绕暑期双服务、决战四季度等重点工作，组织广大工会干部深入基层，办实事、解难题，确保公司生产经营任务圆满完成；高标准推进工会建家工作，增强“职工之家”的吸引力和影响力，公司工会被唐山市总工会评为“模范职工之家”；认真落实省、市两级工会关于建设“网上工会”部署，申请“河钢唐钢网上家园”微信公众号，与河北省总工会联网建立网上服务平台和会议视频系统，工会工作更加高效便捷。

【召开第二十一届职工代表大会第十一次会议】 2017年1月6日，河钢唐钢召开第二十一届职工代表大会第十一次会议。公司党委书记、董事长王兰玉发表讲话，总经理田欣作《行政工作报告》，党委副书记、工会主席孙国平主持会议，257名职工代表参加会议，公司科技、管理人员代表，一线职工和各民主党派代表400余人列席会议。会议全面总结2016年主要工作，安排部署2017年工作，审议《行政工作报告》《2017年预算》《2017年经营绩效管理方案》《2016年业务招待费使用情况报告》《2017年培训体系建设和全员素质提升培训实施方案》等议案。会议以无记名投票方式表决通过《2017年度工资总额预算安排方案》《2016年职工福利费支出情况及2017年职工福利费预算》《2016年度去产能富余职工安置方案》3项议案。

【组织召开2016年度总结表彰暨2017年挖潜增效、全员创新推进大会】 2017年3月24日，河钢唐钢召开2016年度总结表彰暨

2017年挖潜增效、全员创新推进大会，公司党委书记、董事长王兰玉发表讲话，总经理田欣主持大会。会议全面贯彻落实集团于勇董事长在集团专题工作会议和海外工作会议上的讲话精神，总结2016年工作，对2017年挖潜增效及全员创新工作进行动员和部署。公司副总经理张洪波作公司《创新工作报告》；总会计师赵丽树宣布公司《2016年度挖潜增效奖励决定》和《2017年挖潜增效奖励办法》；党委副书记、工会主席孙国平宣布公司《关于表彰2016年度先进集体和先进个人的决定》和《关于表彰优秀创新团队的决定》；公司领导为受表彰的公司2016年度先进集体、先进个人以及优秀创新团队颁奖。

【职工民主管理】 2017年，河钢唐钢工会加强职工民主管理，规范开好公司两级职代会，认真落实职工各项民主权利，维护职工合法权益，确保公司和谐稳定。畅通职工代表提案，董事长、总经理联络员和职工代表巡视等民主管理渠道，广泛听取职工的意见建议；组织选举公司职工董事和职工监事，圆满完成集团工会第二次代表大会和集团二届一次职代会唐钢代表团的代表选举和组织工作，有效保障了职工民主权利；职工民主参与月献计献策活动共征集173条职工建议，均得到圆满答复或较好落实；深化厂务公开，职工知情权、参与权和监督权得到有效落实，涉及生产经营、职工薪酬等职工关注的热点焦点在公司工会网站上进行公开，受到职工欢迎；组织120名基层职工代表进行业务培训，有效提高了基层职工代表的参政议政能力；加强劳动争议调解和处理，坚持维护好职工的合法权益。

【召开董事长总经理联络员座谈会】 2017年7月12日，河钢唐钢工会召开董事长总经理联络员座谈会。公司党委书记、董事长王兰玉，总经理田欣出席座谈会，来自公司各单位、各岗位34名联络员参加座谈。座谈会上，王兰玉充分肯定了联络员在落实产销研用一体化建设、人力资源扁平化配置、公司职能部门提升服务能力等方面提出意见和建议，为公司科学决策提供有价值的参考，并通报了公司上半年生产经营工作情况。联络员围绕市场开拓、产品研发、人才管理等工作提出42条建议。上述意见公司工会三周内全部给予答复或提出落实意见，联络员意见建议得到充分转化和运用。

【职工素质提升】 2017年，河钢唐钢工会大力实施职工素质提升工程，依托集团和公司等职工技术比赛，高标准抓好培训，广泛练兵，充分发挥工会“大学校”作用，引导广大职工干一行、精一行，用精湛技艺创造成绩。组织参加第八届“河钢杯”职业技能大赛，3名职工分别获得计算机程序员、化学分析工、电焊工第一名，8名职工进入前三名，12名职工受到集团表彰，再创历史最好成绩；组织参加唐山市第十六届职工职业技能大赛，获评“优秀组织单位”，1名职工获得“技术状元”称号，6名职工获得“技术能手”称号；组织参加第二届京津冀职工职业技能大赛，4名职工获得“优秀选手”称号；组织职工参加中国机冶建材工会网上练兵活动，16个单位2455名职工参与闯关答题；举办公司第31届职工技术比赛，经过层级选拔，571名职工参加公司13个工种比赛，参赛人数再创新高，13名职工获得“技术状元”称号，26名职工获得“优秀技术能手”称号，24名职工获得“技术能手”称号。

【岗位创新】 2017年，河钢唐钢工会结合公司改革创新发展要求，深入推进职工岗位创新工作，完善“312”岗位创新体系、深化创新工作室联盟、落实“321”成果课题责任制、持续开展职工创新大讲堂、举办创新成果展、组织创新技术交流等创新活动，进一步提升岗位创新工作影响力，为公司改革创新发展提供重要支撑。年末，有国家级创新工作室2个，全国冶金行业创新工作室5个，省级创新工作室9个，市级创新工作室7个，集团级创新工作室9个，公司级创新工作室32个、创新工作站102个、创新工作小组204个。这一年，公司工会深入17家单位30个创新工作室进行职工岗位创新工作调研，听取基层意见和工作思路，明确创新工作方向和目标；深入对标交流，组织创新工作室带头人到宝钢股份有限公司学习交流岗位创新工作，聘请全国劳动模范、两次国家科技进步二等奖获得者、宝钢操作专家王军，就岗位创新成长、专利成果申报等职工关注的内容进行第七期职工创新大讲堂授课，130名创新工作室（站、组）带头人和骨干参加；充分整合创新工作室资源，发挥协同创新作用，成立以创新联盟理事长郑久强为带头人的“郑久强自动化炼钢联合创新工作室”，组织联盟成员深入基层指导，提升职工创新意识和能力，推进公司自动化炼钢水平向更高层次发展。

附表1　2017年末河钢唐钢国家级、全国冶金行业创新工作室一览

序号	单位	创新工作室名称	带头人姓名	级　别
1	一钢轧厂	郑久强国家级技能大师（炼钢）创新工作室	郑久强	全国示范性劳模创新工作室
2	信息自动化部	劳瑞斯冷轧控制技术创新工作室	劳瑞斯	全国机冶建材系统创新工作室
3	炼铁厂	方丽平资源结构与成本控制创新工作室	方丽平	全国冶金行业创新工作室
4	二钢轧厂	王振刚转炉操作创新工作室	王振刚	全国冶金行业创新工作室
5	冷轧薄板厂	张立新优化性能创新工作室	张立新	全国冶金行业创新工作室
6	不锈钢公司	师可新轧钢创新工作室	师可新	全国冶金行业创新工作室
7	型钢部	訾文胜大型钢技术创新工作室	訾文胜	全国冶金行业创新工作室

附表2　2017年度河钢唐钢优秀创新团队及优秀岗位创新团队一览

序号	优秀创新团队	序号	优秀创新团队
1	链箅机回转窑生产镁质熔剂性球团工艺与技术研究课题组	10	设备监测管理平台的搭建课题组
2	负压脱苯工艺优化课题组	11	炼钢区铁水温度自动采集、废钢分类自动采集功能的研究与实现课题组
3	纯电动车电池壳用钢的开发课题组	12	运用大数据平台推动产品质量管理水平提升课题组
4	国产板坯连铸机中心偏析控制技术的开发与应用课题组	13	炼铁工序余能资源利用技术的集成与应用课题组
5	高性能桥梁用钢的开发课题组	14	冷轧废水处理技术规范及应用课题组
6	典型汽车零部件计算机成形仿真研究课题组	15	应用PDCA循环管理　构建薪酬总量调控体系　提升人力效能课题组
7	冷连轧过程轧辊偏心补偿控制模型研究与应用课题组	16	以国际标准引领，用新版ISO9001和TS16949标准规范唐钢管理运行，挖掘“价值”，实现绩效提升课题组
8	1740毫米冷连轧轧制关键技术研究与应用课题组	17	协同机制下全员绩效管理体系优化课题组
9	1700线轧机精度提升以满足产品质量要求课题组	18	基于体系思维的精益改善管理课题组
备注	以上每个团队奖励8万元		

续附表 2

序号	优秀岗位创新团队	序号	优秀岗位创新团队
1	郑久强国家级技能大师创新工作室	6	范兰涛烧结创新工作室
2	劳瑞斯冷轧控制技术创新工作室	7	谷海波电气点检创新工作室
3	张立新优化性能创新工作室	8	方丽平资源结构与成本控制创新工作室
4	丁国伟加热炉创新工作室	9	李和岭铁路设备创新工作室
5	王振刚转炉操作创新工作室	10	孔德文炼焦煤优化创新工作室
备注	以上每个团队奖励 4 万元		

【劳动竞赛】 2017 年，河钢唐钢工会紧密围绕公司生产经营重点，以创效争先竞赛、产线对标竞赛、专项攻关竞赛为重点，大力开展多层次、多形式的劳动竞赛，有力促进了公司各项工作不断迈上新台阶。制定并下发年度《劳动竞赛实施意见》，推行“3+3+X”劳动竞赛模式，即在“各大事业部、各二级单位、各重点产线”三大层面重点开展“事业部攻关竞赛”“创效争先立功竞赛”“作业区产线指标擂台赛”三大主题竞赛，并结合不同时期重点工作开展形式多样的专项竞赛（X），全面调动广大职工劳动热情；组织阶段性攻关竞赛，开展“首季开门红”攻关竞赛、“创效争先”立功竞赛、“战高温、斗酷暑、夺高产、创高效”攻关竞赛、决战四季度“创效益、争先锋”主题攻关立功竞赛以及中厚板公司 3 号高炉开炉期间“稳产、达产”生产专项竞赛活动，确保公司重点难点工作实现突破；组织参加全国重点大型耗能钢铁生产设备节能降耗对标竞赛，公司炼铁厂南区 360 平方米烧结机、3200 立方米高炉和一钢轧厂 1 号 150 吨转炉分别获 2016 年度“全国优胜炉”称号。

【弘扬劳模精神】 2017 年，河钢唐钢工会重视弘扬劳模工匠精神，激发职工创新动力。以“钢城匠心”为主题，组织拍摄先模人物访谈节目和《不忘初心，共创辉煌》《砥砺奋进，匠心铸梦》两部专题片；开展“我身边的最美劳动者”主题摄影比赛和“中国梦——劳动美”微电影征集活动，112 幅摄影作品和 30 多部微电影颂扬公司职工勤奋劳动、创新劳动的高尚品格，唱响“工人伟大、劳动光荣”主旋律；开展“钢铁人风采”主题征文活动，用一线职工飞扬智慧、勇于担当作为的感人故事，让劳模精神成为激励职工专注工作、创新作为的精神动力；关心劳模生活健康，积极救助帮扶生活困难劳模，营造了尊重劳模、学习劳模、争当劳模的浓厚氛围。

【劳动保护监督】 2017 年，河钢唐钢工会以“安康杯”竞赛活动为载体，不断深化劳动保护工作，较好地发挥工会劳动保护监督检查作用，营造了良好的安全文化氛围。全年，开展劳动保护监督检查 1126 次，查出并整改各类隐患 1309 项，有力保障了公司安全生产，公司连续 10 年获得“全国‘安康杯’竞赛优胜单位”称号。大力加强职工安全教育，提高职工自我安全意识；加大劳动保护监督检查力度，引导职工在日常工作中做好劳保用品穿戴，提升自主安全管理能力；积极开展群众性安全生产活动，将“安康杯”竞赛活动覆盖生产经营全过程和全体职工，不断提升职工安全健康素质，为公司打赢生产经营攻坚战提供了重要支持和保障。

【职工服务保障】 2017 年，河钢唐钢工会加强职工服务保障，开展送温暖工程、困难职工帮扶、金秋助学等活动，为广大职工送去关怀和温暖。元旦、春节期间，公司两级工会走访慰问困难职工，劳动模范，工亡、震亡遗属，伤病长休，离退休职工等各类人员1.9万人次，发放慰问款（物）价值300多万元；开展“送清凉”系列活动，两级工会为一线岗位购置空调、冰柜、饮水机、电风扇等防暑降温设备，送西瓜、西红柿等果蔬8.5万千克，防暑药品2000套，防暑降温包1000个；组织4300名职工到北戴河休养，13名职工到汤泉疗养；将职工职业健康体检与职工健康体检合并进行，3万余名职工参加体检，体检率达到94%；制定《职工大病帮扶费使用管理办法的补充规定》，组织4.07万名职工免费参加唐山市第八期重大疾病医疗互助活动，为470名患大病职工或直系亲属办理大病补助147.55万元，为502名患大病职工办理补助104.05万元；开展“爱在钢城，助力梦想”金秋助学活动，为59名困难职工子女发放13.56万元助学金，把企业的关心关爱送进职工家庭；积极推进普惠化服务，为3.9万余名职工办理了唐山市总工会会员卡，与唐山市广电局和深圳创维电子公司合作举办公司职工专项补贴福利会，让职工享受了更多实惠。

【女工工作】 2017年，河钢唐钢女工委广泛开展巾帼建功竞赛、迎庆“三八”献礼、女工创新创效等活动，叫响女工建功品牌。围绕用户结构调整和产品升级等工作，开展“‘三心’助力竞风采”主题活动，激励女职工扎根产线，创新工作思路，打造特色品牌；组织2903名女工参加安康互助保障活动，新建2个爱心妈妈小屋，为5400多名女工免费进行妇女病普查，举办多场女工健康讲座，有力维护了女工特殊权益；评出10对“钢城幸福家庭”，开展安全和谐进家庭（班组）等活动，营造了和谐氛围；搭建多种素质提升平台，树立女职工先进典型，1名女职工获得“河北省五一巾帼标兵”称号，1名女职工获得“河北省三八红旗手”称号，1个集体获得“全国五一巾帼标兵岗”称号。

【开展文体活动】 2017年，河钢唐钢工会坚持寓教于乐开展职工文体活动，提升职工文化素养，营造了积极向上的企业文化氛围。“两节”期间组织开展职工体育游园以及篮球、乒乓球比赛等活动，营造欢乐祥和的氛围；承办第五届全国冶金职工运动会“河钢唐钢杯”乒乓球比赛，取得团体第一名；组织“物流杯”职工棋类比赛、“房地产杯”羽毛球比赛和“钢城卫士杯”乒乓球比赛，积极参加唐山市职工第三届中国象棋比赛、乒乓球比赛；组织职工参加河北省企业职工书法、美术、摄影展，“南钢杯”全国冶金职工歌手大赛等活动，并获得优秀组织奖；举办“学习十九大　钢城喜迎春”系列文体活动，活跃了职工业余文化生活，激发了职工争先创优的热情。

共青团工作

【“一团一品”活动】 2017年，河钢唐钢各级团组织创新开展“一团一品”创建活动，即一个团组织一个品牌活动，加强团的基层组织建设，不断提升团组织服务企业、服务青年能力，实现了“一团一品一特色，百花齐放展风采”的品牌成效。全年，选树青年典型294名，解决产线技术难题800余项，上报五小创新项目500余项。这一年，公司团委开展主题为“活力在基层”的“一团一品”创建活动，倾力打造共青团工作的品牌区、特色区和样板区。打造“扎根企业　奉献青春”品牌活动，从成长篇、感悟篇、励志篇三个层面设计，针对近几年毕业的大学生员工开展“我与企业共成长”沙龙活动，稳定青年思想；开展职业生涯导航活动，邀请公司专业人员介绍公司人才培养制度及未来人才培养规划，为青年未来发展指引方向；开展“青春故事分享”活动，通过优秀青年典型个人成长经历分享，坚定青年扎根企业、奉献企业的信心和决心。本着“主题鲜明、参与率高、影响力广”原则，32个基层团组织结合单位实际，围绕产品研发、市场开拓、创新创效等六大创建方向，利用PDCA循环管理模式不断改善提高，打造出炼铁厂“提质保产”、一钢轧厂“安全护航”、二钢轧厂“创新联盟”、冷轧薄板厂“思想先锋”、不锈钢公司“指唱确认”、市场部“产品名片”、技术中心“研发创效”、保卫部“打造和谐稳定平安钢城”、教育中心“大学生艺术节”等一系列特色品牌。

【思想引领工程】 2017年，河钢唐钢团委紧密围绕公司生产经营中心，打造思想引领工程，带领广大团员青年以学习习近平总书记系列重要讲话、党的十九大精神、集团和公司重要会议精神为重点，统一思想，凝心聚力。全年，收集整理调查问卷3784份，整理青年职工反馈信息216条，为青年解决实际问题30余项；各级团组织组织调研68次，形成调研报告34份。这一年，注重倾听和发现团员青年工作学习生活中的困惑及困难，及时有针对性地给予回应；以“面对面”方式，开展“走向基层　走进青年”调研活动，深入13个基层单位，与近150名团干部、青年职工进行“零距离”沟通；以“团对团”方式，建立青年思想动态定期反馈机制，以“键对键”方式，利用微信等新媒体平台，开展青年动员令、青春微访谈以及“学讲话争做新时代有为青年”等活动；创新载体，利用“朋友圈学讲话”定期制作发布以习近平总书记系列重要讲话要点为内容的原创学习图片，由各级团干部发布于微信朋友圈，共制作学习图片120余张，收到团员青年学习感悟220余篇，引导广大团员青年深入学习领会精神实质。

【岗位建功工程】 2017年，河钢唐钢团委聚焦“市场”和“产品”两大主题，广泛开展岗位建功活动，促进团员青年产品研发和市场开拓意识实现新提升。年内，以技术中心为依托，开展研发小讲堂、研发突击队、研发创新赛、研发分享会等活动，引导青年研发创效，打造创新型青年队伍，为公司发展提供技术支撑；组织市场部、河钢销售总公司唐钢分公司等部门成立青年技术服务小分队，重点走访直销客户，拓展华北、东北地区等大量老客户，叫响“销售保客户”青字号服务新品牌；开展“一条产线一个星　一个部室一面旗”活动，评选出10名产线之星和18名产线服务之星并进行命名表彰，提高产线工作质量和标准；以“质量月”为契机，开展“我为质量提升献一计”合理化建议征集活动，收集3000余名团员青年建议，其中有价值建议256条，同时开展“质量明星”评选活动，鼓励广大团员青年学赶先进，争当质量先锋。

【创新创效工程】 2017年，河钢唐钢团委围绕公司生产经营重点和难点，采取建立青年创新联盟、建立青年“提速桥”创新交流群、开展青年创新创意大赛、加速创新成果转化等手段，促进青年创新成果不断涌现。全年，青年申报成果及专利479项，同比提高57.8%。举办第二届青年创新创意大赛，主要针对青年“五小”成果，共评选出14名创新创意之星；上届创新创意大赛第一名——“板带高铬轧辊开发”项目，代表公司参加团省委举办的双创周活动，并作为项目标杆向省委书记及观展人员现场展示。积极抓好青年创效工作，以开展修旧利废活动为抓手，将每月第一周定为“青工修旧利废周”，各级团组织组织修旧利废活动180余次，降低费用768万元，助力企业降本增效。

【素质提升工程】 2017年，河钢唐钢团委将提升青年综合素质作为助力企业改革发展的重要途径，多举措开展素质提升活动，为公司提供人才支撑。开展“岗位练兵提技能”活动，组织生产制造部、技术中心、市场部与四大事业部青年技术骨干开展对标交流活动，提高青年操作水平和业务能力；依托唐钢大学及自主培训，组织4期团干部素质提升培训班，共有128名团干部参加培训，培训内容涉及团的活动设计、领导艺术、沟通技巧、公文写作等，拓展团干部工作视野，增强团干部服务产线、服务青年的履职能力；加大典型选树力度，创新以“海选”为依托、以“重塑”为途径、以“推介”为基调的闭环式典型培养选树模式，通过典型摸底、典型培育、典型选树、典型宣传等手段，建立涵盖第一批228名优秀青年典型人才库，构建青年人才典型选树新机制，共培养十大杰出青年、十大青年技术标兵、十大青年营销先锋，产线之星、质量明星、创新创意之星、优秀共青团干部、优秀青安岗岗长岗员等186名青年典型；深化“青年文明号”创建活动，创新工作机制及载体，不断挖掘老品牌的新价值，以“五型”青年文明号创建为依托并赋予其新形势下的新内涵，共创建公司级青年文明号32个、市级青年文明号4个、省国资委级青年文明号2个、省级青年文明号2个，国家级青年文明号2个。

附表　2017年末河钢唐钢青年文明号一览

序号	级别	项　目
1	全国青年文明号	河钢唐钢物流分公司炼钢站3277包乘组
2		河钢唐钢保卫部西门中队
3	河北省青年文明号	河钢唐钢高强汽车板有限公司连续热镀锌生产线
4		河钢唐钢保卫部西门中队
5	河北省国资委青年文明号	河钢唐钢二钢轧厂转炉作业区
6		河钢唐钢中厚板公司轧二作业区
7	唐山市青年文明号	河钢唐钢炼铁厂南区高炉作业区
8		河钢唐钢一钢轧厂1810轧机作业区
9		河钢唐钢不锈钢公司转炉作业区
10		河钢唐钢法律事务部

【安全保障工程】 2017年，河钢唐钢团委高度重视青年安全生产，强化“青安岗”主体责任意识，逐级抓好落实，并辅以每月一主题形式，先后开展“迎新春保安全”“三加强，三确保”、安全“回头看”等12项主题活动，共排查习惯性违章行为368项，排查安全隐患285项，整改率达100%。开展“幸福是树　安全是沃土”主题征文活动，共收到来自基层32家团委的60余篇作品；开展“幸福是树　安全是沃土”朗读者活动，增强广大职工安全意识和责任意识，教育引导职工将安全生产与家庭幸福、企业发展紧密联系在一起，营造了“人人讲安全、事事重安全”的浓厚氛围。年内，公司团委获得“全国钢铁行业青安杯竞赛优胜单位”称号，高强汽车板公司连续热镀锌生产线被共青团中央、国家安监总局授予“全国青年安全生产示范岗”称号。

【关爱青年工程】 2017年，河钢唐钢团委积极打造关爱青年工程，让青工深切感受到来自企业的关爱，提升团员青年幸福感和归属感。主动为青年搭建婚恋交友平台，先后举办“春之邂逅”“夏季浪漫”“金秋相约”“冬季恋歌”青年联谊会4场次，并与团市委、三友集团、冀东油田等部门单位共同组织青年联谊会8场次，186名单身青年参与，15对青年牵手成功，丰富了青工业余文化生活；倾力服务婚龄青年，举办第十一届“钢城之恋”青年集体婚礼，共9对新人参加。至此，公司团委已连续11年举办青年集体婚礼，共有来自各单位的254对新人参加。

【志愿服务工程】 2017年，河钢唐钢团委通过规范制度建设、拓展阵地建设、加强队伍建设、创新活动载体等一系列举措，助推青年志愿服务工作制度化、常态化，倾力打造创新型、具有可推广性和持续性的志愿服务品牌。年内，开展以“青春在奉献中闪光”为主题的“青年志愿者服务月”系列活动，涵盖青年志愿者进社区、文明出行劝导、创建文明城等活动，共计3200余人次参加。开展“寻找身边的雷锋”活动，用微视频和图片形式记录身边雷锋的先进事迹和美丽身影，让雷锋精神在岗位上闪光；以社区服务为主要内容，组织40名青年志愿者到68号小区、龙华小区、税钢小区老干部活动站开展义务咨询和社区服务，义务理发106人次，提供法律和计生政策咨询89项，修理收音机、手机等小家电115台，提供医疗咨询检测280余人次，受到唐山市推广会、唐山市文明办、唐山电视台等社会机构的广泛关注；组织青年志愿者于早晚交通高峰时段在龙泽路长宁道口进行为期一个月的交通路口执勤；组织500余名青年志愿者服务塞尔维亚总理、当选总统武契奇来访活动；组织青年志愿者参加全钢团指委二届二次全委会暨第28次全国钢铁行业青年工作年会的志愿服务；按照团中央《关于做好青年志愿者注册工作的通知》精神，组织32家基层单位5719名青年成为注册志愿者。

唐钢大学

【党建研究】 2017年，河钢唐钢大学扎实开展各项党建研究工作，以互联网技术为依托，不断改善党员干部教育培训方式、完善培训过程、提升培训效果，提高党员干部培训的针对性和实效性，取得良好效果。全年，确立党建研究课题3项，其中，省国资委党建研究课题“钢铁企业扎实开展‘两学一做’学习教育推动管党治党工作向基层延伸的措施研究”获二等奖，“‘两学一做’要下‘真’功夫”成果获集团思想政治工作课题三等奖。在此基础上，以“‘互联网+’时代下创新党员教育培训模式方法路径的研究”为主题，开展党建课题研究，取得的课题成果在公司2017年度党建课题评审中获得二等奖，在河北省2017年度党建课题研究成果评审中获得三等奖。

【服务战略研究】 2017年，河钢唐钢大学紧密结合公司发展思路，着眼于公司战略规划实施、改革、管理和生产经营重点难点，组织力量选题立项，积极发挥研究职能作用，在分析钢铁形势及业内各大钢铁公司运营情况的基础上，深入研究公司改革发展战略，为唐钢未来的发展提供智力支撑，重点进行了“基于人力资本投资理论的企业大学运作模式的实践”“企业干部年轻化的问题研究”“竞争战略视角下的宝武合并”“ISO10015助力唐钢培训管理体系的优化与提升”等战略研究工作。组织协调公司各职能部门、基层单位，开展一系列唐钢职工归属感调查活动，从企业文化、基础管理、薪酬制度、领导满意度等多个维度进行调研，为企业未来发展提供数据支撑，提高了研究工作的实用性。积极发挥桥梁纽带作用，重点组织作业长资格培训及素质提升培训，将公司推进作业长制的决策部署转化为科学的教学课程及培训项目，高标准、严要求抓好培训过程控制，助力作业长制全面有效推进，当年组织2期作业长任职资格培训，培训783人，取得资格证704人，及格率89.9%。首次运用“互联网+培训”模式，在作业长素质提升培训中采用全线上培训形式，有效规避“工学矛盾”，1353名作业长接受了培训，为公司作业长制持续推进提供高素质的后备人才队伍。

【党建研究会】 2017年6月24日，河钢唐钢党建研究会成立仪式在唐钢大学举行，公司党委书记、董事长王兰玉，总经理、党委副书记田欣为其揭牌。年内，公司党委积极贯彻落实党的十八届六中全会和全国、全省国有企业党的建设工作会议精神，不断加强和改进新形势下公司党的建设工作，深入研究党建工作面临的新情况、新问题，研究决定成立党建研究会，于5月27日下发《关于成立河钢唐钢党建研究会的通知》，提高公司党建工作的制度化、规范化和科学化水平。公司党建研究会在公司党委的领导下开展工作，设会长、副会长、秘书长和成员单位，王兰玉、田欣任会长，秘书处设在唐钢大学，负责党建研究会日常工作。8月17日，召开党建研究会第一次会员代表会议，审议通过公司党建研究会第一届理事会成员名单，由21名成员组成，其中理事长1名、副理事长3名、理事17名。作为党建研究会的领导机构，党建研究会第一届理事会的成立，标志着公司党建研究会的组织机构和各项工作制度不断完善，进一步加强了对党建研究会的日常工作领导，为研究会协调运转、高效工作奠定了坚实基础。

【服务管理落地】 2017年，河钢唐钢大学全面推进覆盖公司全员培训机制建设，多维度探索创新培训模式，将公司重大决策部署，植入日常教学课程，对厂部级干部及作业长开展培训，全力提升培训工作管理水平，服务管理落地，为企业产品结构升级、管理水平提升提供强有力的思想保障和智力支撑。全年，举办培训项目111项，其中体系认证类培训15项、素质提升类培训1项、技能提升类培训43项、管理能力类培训18项、党建类培训12项、人才培养类培训4项、鉴定考试18项，培训量166个班次，培训学员11056人次。这一年，着手培训体系建设，完善课程超市、师资队伍建设，努力提升培训实用性。结合以客户结构调整推动产品结构提升工作要求，在课程设置中，紧抓市场和产品两要素理念，为规范系统培训、人才可持续发展提供丰富课程资源；建立多元化培训模式，改变传统集中面授的单一培训方式，充分利用网络平台等新媒体，提升职工学习主动性，其中专家讲堂首创微课录制模式，使学员不受时间场地制约，利用碎片化时间进行学习，满足职工自主、便捷、高效、个性化的学习需要，打造自主学习、全员提高的浓厚氛围；举办十九大系列讲座，宣传贯彻落实十九大精神，组织“党的十九大精神宣讲”培训班6期，深入学习宣传习近平新时代中国特色社会主义思想。高度关注学习效果，将课程对管理水平和生产能力的提升作为检验培训效果的重要标准，定时追踪课程在生产实践中的应用情况，借助第三方软件平台由学员对授课老师和学习内容进行评定，汇总学员评价，及时对授课内容和讲师进行调整，不断提升培训水平。

【办好河钢唐钢大学学报】 2017年，河钢唐钢大学努力办好《河钢唐钢大学学报》，不断进行内容和形式上的探索，为公司战略研究、管理落地、党建研究和培训、企业文化建设以及全员素质提升提供有效参考，为公司战略决策、先进理念以及企业文化传递传播提供有效载体。全年，共出版《河钢唐钢大学学报》3期，随着大学各项工作的逐步展开，内容上以专题策划为每期重点专栏，就公司重点工作的开展、决策部署的落地方式进行集中研究探讨，集思广益、博采众长。同时以专家讲堂等大学特色工作为专栏，对一些精品课程予以选登，力争全面展现公司党建研究、管理成果、知识传承等方面的成果，使《河钢唐钢大学学报》成为职工学习知识、交流经验、展示风采的重要平台。

附表1　2017年河钢唐钢管理体系认证培训一览

培训类别	培 训 项 目	人次
质量管理体系培训	ISO9001标准培训	615
	IATF16949标准培训	90
测量管理体系培训	测量管理体系内审员培训	122
	测量管理体系高度测量培训	109
	测量管理体系系统技术培训	89
	测量管理体系基础知识培训	96
	11个体系覆盖部门量化融合管理体系培训	40
	测量管理体系检定人员培训	100
能源与环境管理体系培训	能源体系内审员培训	110
	环境内审员培训	100

附表2　2017年河钢唐钢"专家讲堂"培训一览

培训大类	培 训 课 程
管理类	HR管理知识及要点
	人力资源管理者、三星计划人才、产线作业长——应掌握的HR管理知识及要点
	设备管理实务
	漫说作业长制管理模式
	物流公司设备全寿命周期管理
	工程造价管理
	企业法律风险防范
	智能天车在钢铁行业的应用
	汽车板质量管理
技术技能类（一）	转炉烟气净化设备点检与维修
	加热炉系统综合技术创新与节能
	钢铁企业余热余能回收技术
	110千伏交联聚乙烯绝缘电力电缆GIS终端
	失效分析——晶粒粗大与混晶
	冷轧深冲产品工艺研究及产品开发
	一钢轧厂AL-R315DW1.8万平方米除尘风机修复方案的研究
	SPC统计过程控制
	达涅利INMO结晶器振动技术
	板带材加热和轧制过程中奥氏体晶粒尺寸控制

续附表 2

培训大类	培训课程
技术技能类（二）	非高炉炼铁工艺
	连铸坯表面裂纹形成及预防
	焦化行业环保现状及环保新技术应用探讨
	转炉内熔体运动及炉型与氧枪的合理选择
	特种设备技术及事故防范
	钢结构用钢（型钢）技术发展趋势
	热冲压成型用钢简介
	ISO9001 标准、要求
	IATF 16949:2016 标准/IATF16949 关键变化点及转版实施策略
	IATF16949 标准
	企业常用公文写作能力提升
	节能减排项目融资服务平台建设
	基于烟气分析的自动炼钢技术
	热轧板带轧辊失效分析及防范措施
	热轧过程控制系统的比较、分析及发展
	高炉事故的预防与处理
	轨道衡维修技术
	连铸工序最新技术和铸坯质量控制
	热轧酸洗铁贝高扩孔钢的开发与工艺优化
	软件视角的未来工业
	产线张力控制
	创新思维与工具及其应用
	唐钢生产质量一贯管理信息化系统建设和应用
	表面工程技术在钢铁冶金行业的应用
技术技能类（三）	基于用户需求的产品质量等级一贯制设计及 ODS 系统产品质量等级设计开发
	镀铝硅简介
	用体系思维促进专业管理落地
	热轧蓄热式加热炉优化控制
	高炉炉料中合理的 MgO 含量的研究
	棒线轧钢生产线产线转移中电气自动化设备的合理利用
	唐钢高炉炉缸堆积原因及处理
	有害元素对高炉的危害及有效预防措施
	连铸的水
	液压润滑油液应用技术及故障诊断
	电力系统微机继电保护
	唐钢不锈钢动态轻压下技术应用

续附表 2

培训大类	培 训 课 程
技术技能类（三）	中厚板常见质量缺陷的成因及控制措施
	焦化化产工艺概况及发展展望
	磨机设备故障分析
	中厚板探伤不合机理研究及其应用
	转炉干法除尘基本原理及实践应用
	转炉氧枪设计及技术进步
	连退双相钢产品的开发和市场推广
	土地管理与用地审批
	加热炉风机系统永磁调速节能技术应用
	连铸坯内部质量控制
	废气综合治理技术
	低温冲击镀锌板开发及热镀锌研究热点
技术技能类（四）	高炉炉顶设备发展与应用
	热轧板带轧机设备维护及精度保持
	创建安全标准化作业区
	金属在孔型内的变形及型钢孔型设计
	唐钢热轧高强钢生产
	高炉冶炼过程中的有害元素
	冷轧高强钢生产技术
	工业云平台在企业信息化建设中的应用
	冷轧高强钢生产技术

武装工作

【武装管理】 2017 年，河钢唐钢武装部认真执行党和国家的军事路线和法律法规，贯彻落实党的十八届六中全会和十九大精神及上级党政决策部署，紧密围绕公司生产经营总体思路和中心任务，持续强化民兵政治教育和公司形势任务宣传教育，以“三条主线”和“三项职能”为核心，按照民兵工作“双应一体化”原则，立足企业主战场，大力开展挖潜增效、民兵安全哨、护厂巡逻、维稳处突等民兵参建活动，民兵武装工作得到全面加强，促进了“三项职能”作用的发挥，较好地完成了各项工作任务，被唐山军分区授予“先进基层武装部”“战备工作与军事训练先进单位”称号。

【民兵整组】 2017 年，河钢唐钢武装部按照唐山市政府和唐山军分区要求，认真抓好民兵组织建设，做好民兵整组工作，提高民兵战斗力。3 月，下发开展民兵整组工作宣传教育材料，制定民兵整组工作安排，召开民兵整组专题会议，组织各单位有序开展年度民兵组织整顿工作；指导各单位分别建立健全民兵组织体系，根据公司民兵任务分配安排，组织民兵出入转队审核与人员信息管理工作，全程服务指导整组工作，保证了公司民兵整组各项任务按照时间节点高效完成；按照唐山军分区要求，进行各个专业队人员编组和有关信息的系统录入工作，整组工作后期组织开展民兵应急连官兵相识活动，加强沟通交流。当年，公司民兵整组为一个民兵团，20个民兵营、7个直属民兵连。

【民兵应急力量建设】 2017年，河钢唐钢武装部健全完善民兵应急组织体系，选拔思想政治素质优秀、身体状况良好的基干民兵组建民兵应急队伍。公司民兵应急队伍肩负着公司及唐山市防汛应急任务和唐山军分区的反恐维稳应急任务，由来自13个单位125名基干民兵组成，其中党团员103名、退伍军人82名、大专以上学历人员70名。6月2日，组织民兵应急队伍开展应急拉动和应急教育培训，主要内容包括民兵防汛应急安全教育、应急思想教育动员、防汛应急器材操作使用演示、防汛应急拉动集结演练等。

【民兵战备值班】 2017年，河钢唐钢武装部按照上级军事部门要求，组织公司民兵应急队伍以不脱离生产岗位的形式，24小时做好值班备勤工作，全年累计战备值班人次达5000余次，圆满完成了汛期、节假日和“两会”、十九大期间重点敏感时期的战备值班任务。坚持检查督导民兵应急人员在岗在位情况，确保民兵应急人员随时拉得出、用得上、起作用。

【民兵生产参建】 2017年，河钢唐钢武装部以“市场”和“产品”为核心，组织广大民兵紧紧围绕公司生产经营，积极参与挖潜创效活动，抓好民兵生产参建工作。全年，围绕设备工艺改造、优化操作程序、提升产品质量等立项77项，实现创效额近7000万元，并多次完成急难险重任务，在设备抢修、防汛应急、紧急物料进厂、职工车辆入厂等方面积极作为，为企业和职工保驾护航；民兵安全哨认真按照安全工作要求，检查重点部位6081个，查改事故隐患1544项；针对节假日期间生产经营实际，加强民兵护厂巡逻频次和范围，对易发案部位进行民兵护厂巡逻1.18万人次，有力维护了公司厂区生产秩序稳定。

【国防教育】 2017年，河钢唐钢武装部以“赞颂辉煌成就　赓续红色基因　支持改革强军”为主题，组织开展一系列国防教育活动。组织广大民兵学习《国防教育法》和国家安全法律法规，积极参加上级各项国防教育宣传活动，由公司领导带队组织50余名职工参加唐山军分区举办的“世界军事形势和中国国家安全”专题报告会；参加由市教育局、市国教办联合举办的唐山市纪念《国防教育法》颁布16周年主题宣传活动；组织2000余名职工参加以“建军90周年”为主题的国防知识答题活动；组织5000余名民兵参加公司“国防安全与企业生产安全”知识答题；组织各单位民兵营、连，开展国防教育课授课活动23场，有力强化了广大民兵国防意识，为更好投身国家建设和企业生产建设打下良好思想基础。积极开展军事训练业务交流和学生军训活动，当年，与市县区各武装部组织开展民兵应急连开训动员、警棍盾牌术教学、铁路护路分队训练、手语旗语教学等活动，参训人数280人；对唐山科技职业技术学院、华北理工大学轻工学院等5所院校的4600余名新生进行入学军训，受到校方和学生的好评。年内，被唐山市国防教育办公室授予“国防教育工作先进单位”称号。

【拥军优属】 2017年，河钢唐钢武装部认真做好拥军优属工作，积极开展拥军优属活动，通过召开退伍军人座谈会、走访慰问、发放联系卡和慰问金等形式，将企业的关怀送到优抚对象身边，组织发放慰问金4万余元。

【人防工作】 2017年，河钢唐钢武装部按照唐山市人防办公室工作要求，组织相关单位组建人防应急分队，开展地下人防工程自查和日常维护管理；落实市政府《关于实施试鸣防空警报的通告》精神，做好试鸣宣传和通告工作，组织有防空警报器的单位，做好信号升级、测试和外部设施检查、维护，并于7月7日10时至10时23分圆满完成公司范围内的防空警报试鸣任务。

【防汛工作】 2017年，河钢唐钢武装部按照公司防汛指挥部关于年度防汛工作要求，组建民兵防汛应急队伍，建立预警机制，制定防汛应急救援预案，开展防汛应急教育和应急拉动，做好民兵防汛工作。重新调整民兵防汛指挥部组织机构，建立由125名基干民兵组成的防汛应急队伍；修订完善民兵防汛应急预案，强化民兵应急警示工作；针对防汛重点时段，加强对防汛部位巡查，强化民兵应急备勤和应急演练；作为公司防汛检查组第二组组长单位，组织相关职能部门专业人员，对炼铁厂北区、能源科技分公司北区和美锦煤化工公司进行防汛检查，对检查情况进行评价打分和上报。

信访维稳与保密管理

【信访维稳】 2017年，河钢唐钢党委认真落实集团信访维稳工作要求，深入开展影响企业稳定矛盾问题摸排化解专项行动，着力抓好源头预防、解决信访突出问题、化解信访积案，不断完善联合接访、领导包案等制度，实现“信访存量、重大越级集体访和信访积案”三下降，圆满完成党的十九大、“一带一路”国际合作高峰论坛等重要会议和敏感时段的信访稳定工作，实现进京赴省“零非访”目标，保证了公司信访形势和周边关系的和谐稳定。全年，接待职工多种形式来访310批400余人次，同比分别下降54%、56%，公司被集团评为“在党的十九大期间信访稳定先进集体”。

【保密管理】 2017年，河钢唐钢党委保密委员会深入学习贯彻中央保密委员会全体会议和全国保密工作会议精神，加强和改善公司保密管理工作，确保保密工作万无一失。年初，召开公司保密委员会全体会议，部署保密工作并及时下发公司党委保密委2017年工作要点。6月，组织参加唐山市保密工作会议暨保密工作培训会议，起草公司贯彻落实全市保密工作会议精神情况反馈和公司2017年保密工作自查自评情况报告，并报送市国家保密局。党的十九大期间，积极落实保密工作责任制，坚持在每月党委书记办公会和月末工作例会上部署保密工作，定期召开保密工作会议，科学制定工作方案。按照市国家保密局就保密自查自评和保密大检查工作通知要求，迅速启动保密自查自评，制定下发公司保密自查自评工作通知，指导各单位、各部门开展全覆盖式自查自评，及时堵塞漏洞、消除隐患。借助新媒体开展保密宣传教育，将“保密观”微信公众号推广作为保密宣传教育的重要内容，采取多种形式广泛宣传，关注人数不断增加。组织公司机关各部室20余名涉密机要人员参加全市保密警示教育活动，进一步增强保密意识，提升保密工作水平。订阅《保密工作》《保密科学技术》《领导干部和涉密人员保密行为手册》等资料，并及时下发到全体保密干部手中，为各级领导干部和涉密人员开展学习交流提供信息参考。同时，坚持不懈狠抓涉密人员管理、网络保密管理、涉密会议及重大活动保密管理，推动新形势下公司保密工作再上新台阶。

计划生育管理

【计生服务转型】 2017年，河钢唐钢实施计生服务转型，服务保障工作升级。这一年，着力加强人口形势任务教育、加大宣传落实人口和计划生育政策法规力度，厘清新时期企业计划生育工作新任务，即促进人口结构优化、人口素质全面提升、人口流动合理有序；提高家庭发展能力；加强计生协会建设，为企业发展营造和谐的人口环境，围绕提高职工家庭发展能力目标，创新实践，探索出具有公司特点的人口和计划生育工作“以宣传服务为主、以生殖健康服务为主，以经常性服务为主”的新“三为主”经验。新“三为主”创新服务内容和方式方法，注重以服务对象需求为出发点，突出服务对象地位；计生人员由管理者转变为服务者，突出人口和计划生育工作的服务功能；服务内容和方法更加突出个体性、灵活性、经常性和延续性，实现了公司人口和计划生育工作从管理型向服务型的转变。

【项目立项】 2017年，河钢唐钢做好计生工作市级项目立项，作为加强工作选树典型的有力抓手。唐山科技职业技术学院“青春期健康教育”项目，被唐山市计生协立项为“唐山市青春期健康教育示范项目”；中厚板公司被唐山市计生协确定为“唐山市流动人口计划生育协会示范点”；公司经验材料《创新载体多措并举，推进流动人口计生协会示范点项目建设》作为河北省流动人口计生协会工作经验进行交流，受到好评。

【完善考核体系】 2017年，河钢唐钢制定计生工作年度《人口和计划生育经济责任制及考核细则》，将计划生育工作业务进行细化，逐一考核，纳入公司经济责任制考核体系，实行“党政一把手负总责，一票否决，季评月考核”制度，使人口和计划生育工作扎实有效开展。结合人口计生工作新要求，对公司计划生育日常服务工作内容、工作标准和工作程序以及职工办事流程进行修改，规范业务流程，方便职工，提高了办事效率。

【宣传服务】 2017年，河钢唐钢计生工作聚焦服务“市场”和“产品”，组织开展计生主题宣传服务。1月1日—2月15日，开展以“送政策，送温暖，送健康”为主题的计划生育宣传服务活动，为公司节期生产营造稳定和谐的人口环境。5月29日，开展“聚焦生育，传递关怀”主题活动，纪念中国计生协成立37周年和第十九个全国“会员活动日”。7月11日，在第28个世界人口日，开展“人口流动健康同行，计划生育倡导文明”主题宣传活动。9月25日，在《中共中央关于控制我国人口增长问题致全体共产党员共青团员的公开信》发表37周年之际，开展“加强人口文化建设，服务河钢唐钢新发展”的主题宣传服务活动。10月28日，开展以“服务送基层，关怀面对面”为主题的男性生殖健康日宣传服务活动。10—12月，开展“关注职工健康，关心职工生活，为公司决战四季度营造良好的人口环境”主题活动。12月1—5日，开展以“共担防艾责任，共享健康权利，共建健康中国”为主题的第30个“世界艾滋病日”宣传服务活动，利用发放生殖健康宣传册、制作PPT、微信群交流、面对面学习、开放宣传站室、家访等形式，加大宣传力度，打造科学、文明、进步的婚育文化，营造了良好的人口文化氛围。

【深化品牌服务工程】 2017年，河钢唐钢计生工作根据职工需求深化开展品牌服务工程，传递公司对职工的关怀，增强职工对实行计划生育政策的获得感。“彩虹桥行动”满足单身职工择偶，已婚职工婚姻咨询、家庭问题调解等需求；“优生优孕计划”为新婚、孕期、生育职工及家属实行全过程服务；“子女成才计划”满足职工教育子女经验需求；“健康促进计划”从宣传生殖健康、生活健康、预防疾病知识入手，提高职工健康意识和自我保健水平；“阳光关爱工程”重点开展帮扶计生困难户、双女户和单亲困难家庭等活动；“温暖失独家庭”专门为失独家庭提供精神慰藉和扶助。全年，为单身职工提供一对一介绍服务200多人次，婚恋咨询49人次；举办优生优孕、生殖健康等讲座7场次，专题学习56次，组织参加胎教音乐会1场次；慰问计生困难户、失独家庭428户，走访看望新生育家庭391户，电话问候、发慰问函600多人次；发放生殖健康宣传材料5000多份。

附　录

在公司2017年作业长制推进半年总结会上的讲话

（2017年8月4日）

公司党委书记、董事长　王兰玉

同志们：

今天，公司召开作业长制半年总结推进会，主要任务是回顾今年以来作业长制推进情况，总结成绩，改进不足，明确下步工作方向和着力点，推动下半年工作取得更大成效，为公司完成全年目标任务提供保障。在此，首先代表公司，向出席今天会议的宝钢专家表示衷心的感谢，向工作在各条产线的全体作业长同志致以诚挚的问候，向为公司作业长制推进工作付出辛勤劳动的有关单位和部门的同志表示亲切的慰问。

刚才，人力资源部代表公司，就上半年作业长制推进工作进行了简要总结，对下半年工作作了安排部署；不锈钢公司介绍了自己多年来的推进经验；几家职能部室也提出了我们在推进过程中遇到的一些问题和应对措施。

下面，结合公司当前实际，就下步作业长制推进工作，讲几点意见：

一、总结成绩，查找不足，坚定不移地做好作业长制推进工作

自2015年开始推进作业长制以来，公司上下积极倡导“企业竞争力的核心在产线”“企业管理的落脚点在产线”等理念，以作业长制为抓手，围绕产线和作业区，优化资源配置，深入拓展基础管理，有效激发了产线的效率和活力。

特别是进入2017年以来，我们围绕管理体制扁平化变革，坚定不移地深化以作业长制为核心的产线基础管理，着力将每条产线的潜能和效率发挥到极致，为公司在市场开发、客户端优化、产品升级、结构调整等方面取得巨大进步提供了产线基础支撑，为我们带来了难能可贵的经营业绩：上半年公司盈利水平和创效能力实现大幅改善，我们所有装备基本上都实现高效率运行，生产水平得到明显恢复，铁、钢、材产量同比分别提高6%、14.3%和14.4%。特别是6月份以来公司所有钢铁子分公司都实现了盈利，7月份公司铁钢材产量达到近两年来最高水平，而且这是在缺少一个高炉生产的情况下实现的。这一方面得益于市场的好转，更重要的一方面是得益于我们脚踏实地的工作，得益于我们坚定不移地深化以作业长制为核心的产线基础管理。再有就是品种结构调整取得长足进步。几方面因素综合叠加，创造了我们当前比较好的生产局面和盈利水平。

成绩值得肯定，但问题不容忽视。昨天和宝钢辅导团队进行了交流，老师们对各推进单位和职能部室上半年工作从试点培育度、推广均衡度、专业支撑度、体系优化度等几个维度进行了综合评价（评价结果见附件）；同时也实事求是、一针见血地指出

了我们目前存在的问题：

一是理念认识仍有不到位的地方。我们有些单位的领导和职工在作业长制推进上知行不一。制度文件定了一大堆，但只是为了应付检查，工作起来便束之高阁，把定好的文件放在一边成为摆设，制度与实际工作形成“两张皮”。这暴露出我们有些领导认识不到位，还不能自觉地运用已经成型的制度体系管理和推进生产经营。

二是部分职能部室的工作过于保守，有的墨守成规，服务意识不够强，支撑力度不够大、工作的系统性、连续性不够。在实际工作中，习惯于“上下一般粗”地落实工作，不能具体到位地支持产线，缺乏“遇到问题不彻底解决不收兵”的锲而不舍的精神。

三是对作业长的角色定位不清晰，在队伍建设上存在短板。现在很多作业长承担的任务偏重了一些、杂了一些，需要参加的会议过多过频。并且很多会议没有针对性，有些技能培训操作性与实效性也不强。另外有些单位把技术管理的所有事情都交给作业长来办。这样我们很多作业长就没有充足的时间和精力来抓产线现场的基础工作。以后各单位要控制开会时间和次数，给作业长留更多的时间关注基础管理，提升员工士气。

四是设备管理、成本管理、质量管理还有比较明显的差距。特别是各类事故、故障还是偏多，装备的效率还远没有充分发挥出来。

公司上下要认真总结今年以来作业长制推进工作，重点是查找不足、改进提升，推动下半年工作取得新成效。

二、明确目标，深入推进，全面加强产线基础管理

2017年，是公司推行作业长制的第三个年头。不久前，为抢抓市场有利时机，集团对各子公司经营目标进行了调整，将公司全年6.5亿元的利润目标调整到15亿元。可以说，今年下半年，公司生产经营面临的机遇与挑战并存。在此背景下，公司上下要增强紧迫感和危机意识，不断把作业长制推进工作引向深入，通过运用体系思维和先进管理工具，切实提高装备运转效率和产线保障能力，为公司实现全年目标提供基础支撑。

一是各级领导要高度重视。自推进之初我就多次强调，作业长制推进工作是“一把手工程”，因为它改变的是各单位延续数十年的生产组织架构和基层管理模式，是牵一发而动全身的工程，没有“一把手”和各级领导的高度重视、全力支持，这项工作是推不开的。从另一个角度讲，因为这是“一把手”工程，只要“一把手”高度重视，领导班子形成合力，全体职工普遍认同和支持，我们产线上很多问题恐怕都会迎刃而解。这就是为什么同时推进的单位，取得的效果却大不相同。从不锈钢公司、冷轧厂、二钢轧厂近两年取得的进步可以看到，公司推行作业长制是有条件的，是完全能够取得成功的，关键是我们的认识是否到位，在推行中倾注了多少精力。特别是我们部分单位的主要领导还需要解决认识问题，有些同志还抱着墨守成规的心态，上有政策，下有对策。认识问题不解决，会给单位带来巨大的损失。

二是要进一步强化运用体系思维。今年我们作业长制推进的重点就是制度落实和业绩提升，也就是说通过狠抓体系落地，促进公司基础管理进步和经营业绩提升。上半年的上汽汽车板认证就是一个非常好的“促进剂”。这次认证是公司重视程度最高、准备最充分，也是检查最严的一次。通过这次认证，大家对体系的运行、方法工具的运用都有了基本认识。今年以来我们在开发市场过程中真切地体会到：不按照体系去开发和生产产品，就不可能得到高端客户的认可。

对此，在座的作业长和技术人员应该有很深的体会。大家都清楚，目前，我们在生产高端品种过程中，大多数情况下是疲于奔命的，问题在于我们在体系运行、制度落地、标准化操作方面，跟先进企业比还存在很大差距，因为我们之前没基础、没方法、没模型，是碎片化的管理，形不成合力。但从现在开始，我们要通过认证，抓体系建设、抓制度落地、抓工艺包和模型积累，要真抓，而且要抓实。我们按照认证体系抓高端产品生产组织，目的就是将体系落地，使之成为指导我们产品生产的基本规则，并在产品开发生产的实践中达到熟练运用。为此，我们必须逐步直至彻底消除实际工作台账与制度体系“两张皮”的现象，真正使体系成为指导作业区工作的唯一指挥棒。

三、倾力培养和造就一支作风过硬、勇于创新、富有匠心的作业长队伍

作业长是产线和作业区的第一管理者，是公司人才队伍的重要组成部分。打造一支高素质的作业长队伍，对全面提升职工队伍整体素质，提升产品的高度、企业的高度，是至关重要的。下面，结合加拿大多法斯科钢厂的成功经验，我给大家，特别是广大作业长和各单位厂部级管理人员提点要求：

一是要着力培育匠心，大力弘扬工匠精神。在工业企业，富有匠心的人，才是真正的人才！近一段时间，我多次提到考察加拿大多法斯科钢厂的体会。这个钢厂从废钢管理开始一直到转炉出钢，全程无人干预，每一种自动化炼钢的模型都非常准确。另外在废钢管理上，他们分为21个种类，有大类、有小类，精细到了每个品种。这个工厂的每一个管理细节，体现的就是一种精益求精、锲而不舍的工匠精神。为什么我们的设备不稳定、工艺不稳定、品种质量不稳定？问题就在于，我们没有人真正深入下去把设备、工艺搞清楚，然后将积累固化下来，这就是建立工艺模型和标准化作业的过程。近一段时间，冷轧薄板厂、不锈钢公司在这项工作中已经着手起步了，其他单位可能还没找到门道。这项工作我们下步要全面加强。要打造这样一支团队，从炼铁、炼钢、精炼、连铸、热轧、冷轧全流程，都能积累出自己的模型。我们这些年在产线中积累的这些知识，客观地说是零散的、碎片化的，形不成合力、没方法传承，怎么把这些碎片形成合力，就是要在经验积累和知识固化上下功夫。对于作业长来讲，虽然我们不是专业技术管理人员，但也应该把这项工作作为重点，帮助公司把标准化作业、工艺模型固化、制度体系落地这些工作推动起来、开展起来。公司现在的确缺乏最高端的技术专家型人才，但更缺乏十年如一日、几十年如一日，在产线上踏踏实实研究工艺、研究产品，富有匠心、热心于持续改善、经常开展发明创造，具备极强自主管理能力的优秀岗位职工。我们必须坚持以作业长为核心，通过培育员工的自主管理能力，来努力造就这样的职工队伍。这也是公司下步在人力资源领域要尽全力做好的一项非常重要的基础性工作。

二是要把装备功能发挥到极致。多法斯科钢厂是一个把装备功能发挥到极致的企业。它依靠1个320吨转炉和1个140吨电炉，就干出了500万吨钢和500万吨材。在这个问题上，大家要好好思考我们的产量和品种的关系，我们现在的生产能力远远没到因为品种钢产量高而影响总产量的程度，远远没达到装备的最大效率，好多装备，包括信息化、自动化手段到我们手里，功能只发挥到60%，有的单位甚至更低。下半年乃至明年，公司生产经营的重点是在坚持品种高端路线的同时，多提产量、多创效益，保持紧张有序的生产节奏，把装备功能发挥到极致。特别是中厚板3号高炉开起来以后，8月份公司安排的炼钢产量达到146万吨，

公司日产水平将会达到5万吨这样一个历史新高的水平，换句话说就是我们终于具备了年产1800万吨钢的实际生产能力。这对公司各区域、各系统的生产组织都将是一个巨大的考验。尤其是对广大作业长来说，大家是战斗在一线、直接面对生产挑战的人，是真正能听得见炮声的人，公司需要你们去指挥战斗，去打胜仗。大家一定要认真学习多法斯科工厂的经验，严格按照公司下步要求，千方百计发挥装备功能，想方设法提高生产效率，最大限度地应用好信息、自动化手段，帮助公司坚决打赢这场挖掘装备效能、提升生产效率的攻坚战。

三是要把品种能力做到最强。还是对标学习多法斯科经验——这个工厂一年生产500万吨钢材，40%是汽车板，我认为它做到了最强的品种能力。多法斯科利用大量的信息化自动化手段，打造了最强的品种能力，当然，这里面包含着极大的工艺控制能力。对照多法斯科，再看我们自身工作还差多少。公司品种钢比例等指标好几个月都达不到集团要求。在当前钢铁行业盈利状况难得一见的大好环境下，我们仍有部分主业单元上半年没有很好地抓住机遇。有的事业部今年以来运行比较艰难，产品结构、客户结构调整始终不见起色，高端订单交付十分艰难。

市场和产品是我们的根本出路，这是集团和公司近两年来反复强调的。这段时间，包括三季度乃至下半年，可能是我们近十年来赶上的最好的市场时机，我们所有产线、所有品种的边际利润都很高。对于作业长来讲，这段时期我们的工作一定要做到位，尤其是在产品结构调整、品种开发、品种能力提升上，要抓住这段好的市场时机，瞄准多法斯科钢厂的做法，在产量和品种上深度着力，切实把我们的各项工作做到位，为公司抢抓机遇、多创效益，胜利完成集团赋予的生产经营任务，作出新的更大的贡献！

谢谢大家！

在公司庆祝建党96周年暨总结表彰大会上的讲话

（2017年6月30日）

公司党委书记、董事长　王兰玉

同志们：

明天就是中国共产党成立96周年纪念日。今天，我们专门召开庆祝大会，回顾党的历史，缅怀党的丰功伟绩，表彰公司党委系统先进集体和优秀个人，动员广大党员继续在企业生产经营和改革发展中当先锋、做表率，以优异成绩迎接党的十九大胜利召开。在此，我代表公司党委，向刚刚受到表彰的先进单位和优秀个人表示热烈的祝贺！向公司全体党员致以节日的问候！

在96年波澜壮阔的历史进程中，中国共产党团结和带领全国各族人民，踏过一道道艰难险阻，取得一个又一个辉煌胜利，实现了中华民族由趋向衰落到根本改变命运、再到持续走向繁荣富强的伟大历史飞跃。特别是党的十八大以来，以习近平同志为核心的党中央，把握大势，总揽全局，带领全党、全军和全国人民，开启了波澜壮阔的伟大奋斗，开创了中国特色社会主义伟大事业的全新局面。

唐钢的发展建设，始终与中国共产党的发展紧密相连。在企业74年的发展历程中，尽管遇到过风风雨雨，遇到过惊涛骇浪，但唐钢在党的坚强领导下，战胜了一切困难，从一个小小的制钢所发展成为当今在国内外颇具知名度和美誉度的现代化钢铁联合企业。

实践反复证明并将继续证明，中国共产党不愧为中国工人阶级、中国人民、中华民族的先锋队，不愧为中国特色社会主义事业的领导核心。今天我们庆祝党的生日，既要缅怀党的光辉业绩，继承和发扬党的优良传统和作风，更要站在新的历史起点上，认真把握新时期新形势对企业党的建设提出的新要求，努力把唐钢改革发展和党的建设推向新的高度。

去年“七一”以来，在集团党委的正确领导下，公司党委认真学习贯彻党的十八届六中全会和全国国有企业党的建设工作会议精神，扎实开展“两学一做”学习教育，紧紧围绕企业生产经营和改革发展，全面加强党的建设，为公司持续推进“市场”和“产品”两大核心工作，不断增强核心竞争力，提供了坚强的思想、政治和组织保障。

一是“两学一做”学习教育取得明显成效。自去年五月“两学一做”学习教育开启以来，公司各级党组织，认真组织，精心谋划，通过开展专题学习讨论、创新方式讲党课等规定动作，不断深化学习教育。各级党组织边学边做、边做边改，准确把握上级党委对党员干部提出的新要求，引导广大党员践行“四讲四有”，争做合格党员。通过开展学习教育，两级领导班子和广大党员的党性意识明显增强，思想作风明显转变，团队的凝聚力和战斗力进一步提升。

二是公司党的建设呈现良好态势。公司党委认真学习贯彻全国国有企业党的建设工作会议精神，紧密结合自身工作实际，全面加强和改进党建基础工作，重点通过建立健全《公司党委工作规则》，深入推进党群系统绩效管理与考核，因地制宜完善海外公司党组织机构设置等创新举措，努力夯实企业党建各项工作，开创了公司党的建设新局面。

三是领导班子和干部队伍建设进一步加强。研究制定任期激励考核办法，构建科学的考核体系，并将考核结果与薪酬挂钩，激发了领导干部干事创业的积极性。按照“对党忠诚、勇于创新、治企有方、兴企有为、清正廉洁”的选人用人要求，选拔任用各级干部，保证人选政治合格、作风过硬。强化领导干部教育培训，不断提高干部队伍政治素质和业务能力，较好地适应了企业改革发展的需要。

四是党风建设和反腐败工作力度进一步加大。公司党委严格落实上级党委和纪委各项要求和有关部署，以省委巡视反馈意见整改集中清查和省国资委巡察共性问题自查自纠为契机，切实强化反腐倡廉教育、惩防体系建设和执纪监督问责等工作，积极实践运用“四种形态”，坚持把纪律和规矩挺在前面，层层压实责任，使全公司党风廉政建设和反腐败工作得到进一步加强。

总的讲，一年来，公司党委各项工作都取得了可喜成绩。希望各级党组织和广大党员，发扬成绩、珍惜荣誉，总结经验、再接再厉，切实完成好下一步各项工作任务。

下面，就做好党委系统有关工作，再讲三点意见：

一、以中央和上级党委会议精神为指导，坚定不移地推进全面从严治党

去年10月，党中央召开全国国有企业党的建设工作会议，习近平总书记出席会议并作重要指示。今年2月，省委专门召开全省国有企业党的建设工作会议，对当前和今

后一个时期全省国企党建工作作出部署。今年下半年，中国共产党第十九次全国代表大会即将召开。在党建工作面临新的形势和十九大即将召开的重要历史背景下，公司各级党组织，要准确把握、深刻领会中央和上级党委对加强国有企业党的建设的总要求，进一步统一思想、提高认识，下大力夯实公司党的建设基础工作。

一是要深入贯彻十八届六中全会精神，严格执行《准则》和《条例》。党的十八届六中全会通过了《关于新形势下党内政治生活的若干准则》和《中国共产党党内监督条例》两部党内重要法规。这是党中央推进全面从严治党的重大举措，对于保持党的先进性和纯洁性，提高党的领导水平和执政能力，具有十分重要的意义。

一段时间以来，上级党委对贯彻执行《准则》《条例》，给予高度重视，陆续作出安排部署。近期，集团党委和公司党委先后印发了《关于开展〈准则〉〈条例〉贯彻执行情况监督检查专项行动的工作方案》，将对各单位、各部门贯彻落实工作开展监督和检查。公司各级党组织要切实按照《工作方案》要求，深入扎实地推进《准则》《条例》的贯彻落实：第一，要努力提升思想境界和认识高度，切实履行主体责任，深刻认识理解新形势下加强和规范党内政治生活的基本内涵和党内监督的主要内容，着力加强和规范公司各级党组织党内政治生活，严格执行党内学习、“三会一课”、民主集中制、个人有关事项报告、民主生活会、组织生活会、考察考核、述责述廉等《准则》《条例》规定制度，使党组织的基本制度在公司得到全面落实，党组织基础工作得到全面加强和规范。第二，要以贯彻执行《准则》《条例》为契机，紧密结合本单位工作实际，着力完善思想、组织、作风、纪律等方面的配套制度，并把规定制度清单化，进一步凝聚贯彻《准则》《条例》的整体合力，以制度落实推动《准则》《条例》落实。集团党委 2015 年下发了《党内组织生活七项制度》，对全集团基本的党内组织生活作出规定；公司党委去年下发了《党委工作规则》，对公司党委层面主要工作作出规范性安排。公司各单位党委要按照上述制度和规则的有关要求，有序规范本单位党委的日常工作，做到有章可循、有章必循，一切按规矩办事。第三，要严肃考评问责，把《准则》《条例》贯彻落实纳入主体责任考核和综合考评重点内容，加强督导检查，确保两项重要党内法规得到不折不扣的贯彻执行。

二是要以集团专项巡察督导为契机，推动全面从严治党向基层延伸。7 月份，集团巡察督导组计划对公司开展为期一周的专项巡察，主要目的是到基层摸底，了解掌握情况，推动全面从严治党向基层延伸。公司两级党委、纪委要引起高度重视，以此为契机，聚焦党内政治生活，认真检查自身工作，着力健全和完善公司管党治党的各项基础工作，推进从严治党向基层延伸。要认真总结近年来公司两个责任的落实情况，及时总结提炼新鲜经验、特色做法和亮点举措，在全公司广泛推广。要紧紧盯住省委巡视组反馈意见整改落实情况，本着负责任的态度，着眼于构建长效机制，切实把有关问题整改落实到位，坚决防止问题反弹，以此推动公司管理规范化、制度化，提高公司党的建设科学化水平。

三是以落实基层党建工作交流会精神为契机，进一步夯实公司基层党的建设。上周六，公司党委在不锈钢公司召开了基层党建工作现场交流会。这次会议形式很新颖，内容很丰富，开得很成功。特别是不锈钢公司党委和轧钢分厂党支部作了很好的经验介绍，让各单位党委书记很受启发。大家知道，近年来，中央和各级党委高度重视基层党的建设特别是基层党支部建设。我们也在实际工作中，切实体会到：基层党支部是公司整个党组织的“神经末梢”，是支撑公司党建大厦的有力支点；加强公司党的建设，必须从基层党支部抓起。为此，一要强化基层支部的政治属性和服务功能，引导各基层支部强化政治功能、注重政治引领、严格组织生活，并深化服务型党组织建设，不断增强支部的凝聚力和感召力，成为落实中央各项方针政策和服务企业改革发展的战斗前哨。要坚持开展好诸如“三亮一创”竞赛那样的鲜活生动的党内特色活动，加强对党员干部的教育和引导，使党支部真正成为团结群众的核心、教育党员的学校、攻坚克难的堡垒。二要选好配强支部书记。要通过多种方式，把政治素质高、事业心强、能力过硬的好党员选拔配备到支部书记岗位上，使其发挥应有的领头羊作用，在思想发动、指标攻关、岗位创新中真正起到引领、支撑和示范效应。三要强化党员的先进性。必须明确，是党员就要有组织来管，是党员就要有党员的样子；全公司每一名党员都不能混同于一般的职工。要教育党员不断强化党性观念，增强责任意识，切实发挥好先锋模范作用；要落实发展党员工作细则，切实抓好党员发展工作，从根本上保证新发展党员的质量。四要坚持服务生产经营不偏离。基层支部要引导和带领广大党员，紧紧围绕企业生产经营的重点、技术创新的难点、体制机制变革的关键点，大力开展创先争优活动，努力在企业生产经营中发挥好服务保障作用。

二、扎实推进“两学一做”学习教育常态化制度化，进一步强化公司党的思想政治建设

推进“两学一做”学习教育常态化制度化，是党中央在抓党内教育从“关键少数”向广大党员拓展、从集中性教育向经常性教育延伸的基础上，向纵深挺进的关键阶段作出的重大决策。实践证明，“两学一做”学习教育是推进思想建党的有利抓手，是全面从严治党的基础性工程。

一年多来，公司各级党组织按照党委统一部署，带领广大党员，扎实推进“两学一做”学习教育，进一步坚定了理想信念，增强了党性意识，强化了组织建设，推动公司党的建设不断开创新局面。总的来说，成效是显著的。为进一步巩固学习教育成果，近日，按照中央和上级党委部署，公司党委制定下发了《“两学一做”学习教育常态化制度化工作方案》，明确了总体要求、基本原则、主要任务和推进措施。各级党组织要认真落实公司党委要求，紧密结合公司当前生产经营实际，积极推进“两学一做”学习教育常态化制度化。要对照公司党委下达的任务分解表，抓实各项重点工作任务，把“两学一做”常态化制度化的要求落到实处，确保广大党员学得深入、做得到位，切实发挥作用，真正促进工作。

在推进“两学一做”学习教育常态化制度化过程中，要始终抓住思想政治建设这个根本。有些同志认为思想政治建设是可有可无的东西，这种认识是错误的。恰恰相反，思想政治建设是党的建设的“根”和“魂”。试想，如果我们每个党员的精神支柱坍塌了、精神世界是空虚的，没有坚定的理想信念，那我们生活的目的是什么？我们为什么而奋斗？那样，所有的问题都将无从谈起。因此，在下步深化学习教育过程中，公司各级党组织要始终把思想政治建设摆在首位，以深化学习教育为抓手，持续兴起学习热潮，坚持用习近平总书记系列重要讲话和党的最新理论成果武装头脑、指导工作，不断拧紧思想建党这个“总开关”。一是要坚持以中心组学习为龙头，推动理论学习制度化、常态化、规范化，为公司攻坚克难、转型升级提供强大思想动力。二是要丰富学习形式，采取专题辅导报告、党建知识问答、学习班、培训班等形式，不断扩大学习

纵深、拓宽学习覆盖、提升学习实效，着力提高党员知行合一的能力。三是要积极宣传“两学一做”学习教育中涌现的先进基层党组织和优秀党员的典型事迹，用党员身边鲜活的事例去感召人、激励人，着力培养一支素质过硬的党员队伍、干事担当的干部队伍、履职争先的职工队伍，为公司健康发展提供思想政治和队伍保障。

三、从严管理党员领导干部，为公司改革发展提供坚实的组织保障

党员领导干部是党的事业成败的关键，也是我们企业发展兴衰的关键。加强干部队伍建设，一方面，这是中央推进全面从严治党的必然要求，另一方面，也是公司当前推进企业发展建设的迫切需要。近期，随着河钢乐亭钢铁项目的推进，公司对部分干部作了岗位调整，很多同志走上了新的更加重要的领导岗位。此次干部调整涉及人员多、范围广，这在唐钢历史上也是比较少的。在这里，对中层以上各级领导干部，特别是新任职或即将任职的领导干部，再提四点要求：

第一，要顾大局，善思变。领导干部要把顾大局作为天然的本能。这本身既是一种素养，更是一种境界。公司各级领导干部，要充分认识行业正在发生的巨大而深刻的变化和公司所处的历史方位，准确把握集团和公司在市场开发、产品升级、党的建设等重点工作的决策部署，不折不扣地落实到具体行动中。同时，要时刻思考企业生产经营、改革发展和党的建设，面对什么样的危机，亟待解决什么样的问题，以敏锐的嗅觉，锐意改革突破，力争在创新求变中干出一番大事业；决不能故步自封，安步当车，以看摊守业的心态，面对和处理日常的工作，贻误甚至妨碍企业的发展。

第二，要尽职责，勇担当。在唐钢的历史上，各级领导干部历来不缺少担当。这也是我们这个企业在屡屡遇到空前困难和巨大挑战的时候，能够突破重围、奋勇前行的重要保证。当前一个阶段，公司在市场开拓、客户结构调整、产品升级等方面，面临很多困难；建设河钢乐亭钢铁项目，更是前所未有的挑战；公司党的建设，也需要进一步加强和规范。面对新的形势和任务，各级领导干部要立志做大事，不要立志做大官；要义无反顾地承担起历史赋予我们的责任和使命，以舍我其谁、用我必胜的勇气和胆识，尽心尽责地干好本职工作，以只争朝夕、雷厉风行、奋发有为、事争一流的实际行动，推动公司生产经营、改革发展和党的建设再上新水平。

第三，要重学习，强本领。今天的唐钢比以往任何时候，都迫切需要一批胸襟宽、眼界宽、思路宽的领路人，迫切需要一批素质高、能力强、作风硬的实干家。领导干部的能力需要在企业改革发展的实践中不断培养和提升。所以，公司各级领导干部一定要增强持久学习的能力，把学习作为一种责任，作为一种习惯，作为一种追求，作为一种生活方式，坚持不懈地予以推进，努力使自己成为理念新、情况明、思路清、办法多的管理型干部，带领我们的企业实现新的进步和跨越式发展。

第四，要保廉洁，守红线。近年来，省国资委系统已经发生多起国有企业领导干部违法违纪案例。究其原因，这其中有体制机制不健全的原因，但更多的是因为领导干部自身廉洁自律意识淡薄、思想堤坝筑得不牢。各级领导干部，特别是在此次调整中步入新岗位的领导干部，要深刻吸取教训，尤其要注意在物资采购、招投标管理、选人用人等方面，努力做到坦荡无私、克己奉公、秉公办事，时刻将企业和职工的利益放在首位，坚决不越红线。要深刻认识当前反腐败斗争的新形势，珍惜党组织赋予的重大职责和自身来之不易的岗位，始终保持对党纪国

法的敬畏之心、对人民群众的赤诚之心、对干事创业的奋进之心，守得住底线、耐得住清贫、管得住小节、顶得住诱惑、经得起考验，始终保持政治上清醒、工作上清正、经济上清廉、生活上清白。要持之以恒落实“八项规定”，驰而不息纠正“四风”，压实“两个责任”，保持高压态势，全面营造风清气正的良好发展环境。

同志们，回顾党的历史，我们激情满怀；展望美好未来，我们深感责任重大。让我们在集团党委的正确领导下，继承和发扬党的光荣传统和优良作风，全面推进从严治党，进一步加强和改进公司党的建设，奋力创造一流的工作业绩，以优异成绩喜迎党的十九大胜利召开！

谢谢大家！

月中工作例会

2月月中工作例会

转变思维模式　提升理念认识　加快释放设备和管理潜能

在2月13日召开的公司月中工作例会上，公司董事长、党委书记王兰玉强调，要认真总结1月生产经营工作，再接再厉、快速突破，转变思维模式，提升理念认识，加快释放设备和管理潜能，确保公司一季度生产经营开门红，坚决当好集团各项工作排头兵。

王兰玉充分肯定了公司1月生产经营工作。今年以来，各单位深入贯彻落实集团决策部署，特别是围绕集团于勇董事长来公司调研指导时提出的目标要求，紧紧围绕“六条工作主线”，化压力为动力，转变观念，创新提升，有力推动了各项工作的快速进步，1月公司效益水平、重点产品产量和重点客户销量等实现稳步提升。

结合公司1月指标完成情况，王兰玉指出，“标准成本符合率”的考核，是基于标准BOM情况下的一种成本符合率的考核，必须以全面、准确的标准BOM设定为前提，是基础管理工作的综合体现。各单位要认真总结“标准成本符合率”推行一年来的经验和成果，深入理解“标准成本”本质含义，不断加大基础管理工作力度，持续提升标准成本符合率。

王兰玉强调，要进一步解放思想，打破束缚，提升设备利用效率，释放设备潜能。公司强化“机时产量”和“设备利用效率”的根本目的，是要明确当前设备运行状态和运行水平，通过“机时产量”等可量化的数据指标，拉动产线生产作业管理、基础管理和设备管理的提升。要准确把握品种结构调整与提升设备利用效率之间的关系，在保证品种结构的同时，把现有设备效率发挥到最好水平。保证设备按设计值高效运行，不仅是提高基础管理水平和设备装备水平的客观需要，也是当前加强生产的现实需要。各单位要深刻理解，快速转变，把“按照设备设计值运行”作为生产组织一项基本要求，最大限度地提升运行效率，释放设备潜能。

王兰玉要求，继续抓好费用指标控制。设备机动部、财务经营部要将机旁备件的库占资金压减作为今年的一项重要工作，切实抓好机旁备件的清查和台账管理，确保库占资金的有效利用。相关部门要结合自身实际，主动做好耐材、化药、工艺件等库占资金的压减，为公司费用指标的进一步降低夯实基础。

会上，王兰玉还就紧抓当前市场有利时机，开展好2月生产经营工作提出要求。

公司总经理田欣就进一步做好环保工作进行了强调。田欣指出，2月中旬至3月中旬，国家环保部将对京津冀地区进行全方位环保督查。各单位要高度重视，把环保督查作为提升环保水平的有利契机，进一步加强管理，做好工作，特别是非钢单位要严格按照公司要求，认真查找不足，快速制定有效措施，确保达标排放、环保应急响应等工作落实到位。此外，田欣还就集团新标识的规范使用进行了强调。

公司副总经理张洪波就1月以来公司生产经营重点工作进行讲评，对2月生产经营工作进行安排。

会上，财务经营部通报了1月公司各单位生产经营指标完成情况。

3月月中工作例会

打破思维定势　释放装备潜能
主动求变　掌握先机　提升市场竞争力

在3月13日召开的公司月中工作例会上，公司董事长、党委书记王兰玉强调，要认真总结2月工作，发扬成绩、持续改善，打破思维定势，释放装备潜能，在保持当前良好生产态势的基础上，主动求变，掌握先机，快速提升各项工作水平，为进一步增强整体盈利能力，实现生产经营首季开门红奠定坚实基础。

王兰玉对公司2月生产经营工作给予充分肯定。2月公司生产稳定顺行，生产经营成绩明显。其中，铁前系统日趋稳定，高炉生产持续向好，为公司全系统的高效运行夯实了基础；炼钢系统基础管理不断扎实，装备潜能进一步释放，实现了铁水降耗、机时产量等指标的快速改善，为公司紧紧抓住市场时机，进一步提升整体创效水平创造了条件。

王兰玉就做好下步生产经营工作提出要求。一是要进一步解放思想、坚定信心，抢抓当前有利市场机遇，快速提升公司盈利水平。要彻底打破“产量与品种两者不能兼得”的传统思维定势，铁前系统要继续保持当前良好稳定态势，持续释放装备潜能；钢后系统要紧盯铁水降耗这一关键，深挖管理和装备潜力，持续加大转炉废钢使用力度，提升产线整体运行效率。二是要进一步突出市场和产品，做好重点客户开发和重点产品上量工作。2017年，公司制定的重点产品产量指标较去年水平翻了一番，任务十分艰巨，各单位必须快速提升、迎头赶上，加大对用户的关注力度，持续提升重点客户销量，全力以赴抓好重点产品上量工作，确保完成公司下达的目标任务。三是要提高认识，采取措施，提升标准成本符合率。标准成本符合率是基础管理水平的体现，各单位，特别是各单位主要领导要进一步提高认识，深入剖析影响标准成本符合率提升的根本原因，找准目标和方向，实现快速改进。四是要提前谋划、主动求变，掌握先机，谋求领先一步的竞争优势。不断适应严峻环保形势对钢铁企业生产的新要求，持续优化生产组织和工艺改造，合理安排检修定修时间，快速抢占市场和企业发展先机，真正把钢铁企业严峻环保形势的“危机”转变为公司发展的难得“机遇”。

王兰玉还就电气设施的安全管理工作提出要求。

公司副总经理张洪波总结分析了公司3月上旬生产经营重点工作，就下步工作提出要求。一是要继续做好“市场”与“产品”工作，加快汽车主机厂认证步伐，持续加大铁水降耗攻关力度。二是要深入挖掘装备潜能，不断提升生产、工艺及设备运行水平。三是要加强质量体系和工艺质量管控，提升产品质量水平。四是要进一步加大标准成本工作力度，切实提升标准成本符合率。五是要继续做好安全环保工作。

公司党委副书记、工会主席孙国平就继续做好“两会”期间的信访稳定工作提出要求。

4月月中工作例会

围绕市场和产品　抓过程提效率　赢得更大效益

在4月17日召开的公司月中工作例会上，公司董事长、党委书记王兰玉强调，要深入学习贯彻集团专题工作会议、集团党委工作会议及集团工会第二次代表大会等会议精神，围绕集团推进客户结构调整、扁平化变革两项核心工作，进一步坚定理念自信和路径自信，凝心聚力，超越创新，抓细节、抓过程、提效率，全力抓好当前标准成本、库存管理等工作，增强企业灵活反应市场能力，助力企业迅速打开市场和产品工作新局面。

王兰玉指出，要深入贯彻落实集团党委工作会议、集团工会第二次代表大会精神，特别是按照集团于勇董事长强调的坚持全面从严治党不动摇，创新开展党的建设和思想政治工作，紧密围绕“六条工作主线”，大力加强最具竞争力钢铁企业建设的要求，进一步明确职责，融入中心，创新提升，汇聚全员力量，焕发创新活力，发挥党组织的战斗堡垒作用和党员先锋模范作用，团结带领广大职工群众在实现全年各项生产经营目标中建功立业，以优异成绩迎接党的十九大胜利召开。

结合当前重点工作，王兰玉强调，推进客户结构调整、扁平化变革，抓好市场产品工作，需要坚强有力的基础管理做支撑。要进一步提高工作标准，强化过程控制，各项工作要做到目标明确，措施具体可操作，责任落实到岗位，确保按照时间节点有序推进。

王兰玉强调，各单位要高度重视标准成本管理工作，要始终把标准成本符合率作为衡量各单位综合管理水平的重要指标。面对严峻的市场，要深入分析今年以来标准成本符合率完成情况，通过数据总结，进一步查找自身工作存在的差距，制定有效措施，提高工作标准，加大工作力度，深挖内部管理潜力，提升基础管理水平，为公司决胜市场提供坚强基础保障。

就当前库存管理工作，王兰玉强调，库存管理工作是一个企业抵御风险、检验工作水平的重要工具。要牢固树立“库存就是浪费”的理念，把“零库存”作为库存管理的最终目标，努力做到“快进快出，提高周转效率”，尤其是在当前波动较大的市场环境下，务必要具备低库存占用、高效率运转的能力，才能抢占先机，赢得更大的经济效益。

王兰玉还对进一步规范现有管理流程，深入研究利用好自动化办公系统，实现“管理留痕”“有据可查”，推动企业管理更加科学规范。

公司副总经理高永春通报了4月以来公司生产情况，并对下半月重点工作进行了部署。4月，公司要加快推进汽车主机厂试模认证工作，严格按照重新梳理的高端用户开发计划，快速推进高端客户开发工作，加强客户维护，优化提升重点客户的结构和档次；切实发挥研产销一体化的作用，提升品种比例。同时，做好检修、安全环保等工作。

会上，财务经营部通报了3月公司各单位生产经营指标完成情况。

5月月中工作例会

坚定高端路线　加快市场开发和产品结构调整

在5月15日召开的公司月中工作例会上，公司董事长、党委书记王兰玉强调，要围绕集团“六条工作主线”，突出“市场”和“产品”，进一步增强危机感、紧迫感，转变观念，坚定高端路线，加快推进市场开发和产品结构调整，全面提升竞争实力。

王兰玉指出，当前，市场竞争更加激烈，只有坚定不移地走产品高端道路，才能在市场竞争中占领优势。今年以来，中厚板公司坚持走产品高端路线，以客户结构调整推动产品升级，客户开发和品种结构调整迈上了新台阶，盈利能力大幅提升。4月，中厚板公司船舶用钢、涡轮容器用钢、模具耐磨钢等重点高端产品发货量均在1万吨以上，国内前十大终端用户销售量占比40%。公司上下要进一步抓好“市场”和“产品”工作，对标先进，查找差距，加大用户开发和品种开发力度，向高端用户和重点品种要效益，实现重点品种产量和重点用户销量等关键指标的快速提升。

就当前生产经营和基础管理工作，王兰玉对4月以来，公司炼铁系统和钢轧系统不断加强管理，成本指标持续改善的情况给予充分肯定。保持生产稳定顺行，不断优化成本指标，是当前的一项重要任务。要持之以恒抓好日清日结工作，针对当前工序间计量仪表缺损、计产原则、SAP系统设计和成本管理等方面的实际问题，完善措施，细化管理，为优化指标、提升创效能力提供可靠支撑。同时，要认真抓好标准成本符合率，提高思想认识，加强基础管理，以标准成本符合率的提升，推动各项经营指标的进步。王兰玉要求，已经完成检修的相关产线，要利用硬件和软件更新换代时机，进一步提升设备功能精度，推进公司生产经营不断向好。

公司副总经理高永春通报了5月以来公司生产情况，并对下半月重点工作进行了部署。5月，要加快高端用户开发进程，高度关注重点客户结构优化问题，对重点客户定期走访、密切联系，切实做好客户维护工作，提高客户品种钢订货量；要继续组织好降本增效工作，确保成本指标持续改善；要快速开拓市场，提高直供比，提高订单数量和质量，为优化排产创造条件。同时，做好安全环保等工作。

会上，财务经营部通报了4月公司各单位生产经营指标完成情况。

6月月中工作例会

加大一对一直供用户开发　持续提升企业运行效率

在6月12日召开的公司月中工作例会上，公司董事长、党委书记王兰玉强调，要认清形势，加大力度，进一步增强紧迫感和危机感，严格按照集团工作部署，坚定不移走高端路线，加大一对一直供用户开发力度，持续提升运行效率，提高企业综合竞争实力。

王兰玉指出，面对严峻的市场形势和兄弟企业强劲的发展势头，企业要想保持市场竞争优势，就必须在市场和产品工作上实现突破。要进一步增强加快转型升级的紧迫感和使命感，以技术进步和管理创新为核心，瞄准行业发展最前沿，开发具有独特竞争优势的高端产品，推动企业发展进入高端循环，打造企业市场竞争优势，确保企业在激烈的市场竞争中立于不败之地。

王兰玉强调，要坚定不移地贯彻集团开发高端用户，拉动产品升级的决策部署，加大一对一直供用户的开发力度，从而提高企业经营效益，推动企业实现良性可持续发展。各事业部要切实肩负起市场营销第一责任人的主体责任，市场部、河钢销售唐钢分公司等单位做好服务支撑，在加大一对一直供用户开发过程中，重点培养大客户经理、客户质量代表等销售岗位人才，为企业发展积蓄人才力量，推动企业综合竞争力持续提升。

王兰玉强调，要加强生产组织，让产线保持适度紧张的工作节奏，确保产线在有效的时间内达到最高的运行效率。要把降低铁耗当作公司当前以及今后的一项重点工作，这不仅是当前生产组织的需要，也是钢铁企业实现可持续发展的方向，要把降低铁耗工作抓细、抓牢，助推企业在市场竞争中抢占先机。

就库存管理工作，王兰玉强调，库存资金占用影响企业运行效率，要特别关注供销两端的库存，财务经营部要把库存资金占用作为一项重要的考核指标，制定有力措施，加大考核力度，切实降低企业经营成本。

公司副总经理张洪波通报了6月以来公司生产情况，并对下半月重点工作进行了部署。各事业部要切实承担起销售的主体责任，突出“产销研用一体化”中销售和用户的龙头地位，高度关注重点客户产品质量、交期需求及售后维护工作，提高重点客户满意度和忠诚度；要继续在终端直供用户开发上重点发力，快速提高终端直供用户销售比例；要切实加强重点创效产品的生产组织工作，不遗余力打造拳头产品、红旗产品，推动公司产品升级和品牌建设不断迈上新台阶。

会上，财务经营部通报了5月公司各单位生产经营指标完成情况。

8月月中工作例会

增强经营意识 优化生产组织 全力提升产线创效水平

8月14日，公司召开月中工作例会。公司董事长、党委书记王兰玉强调，要转变观念、对接市场，增强经营意识，优化生产组织，提高经营能力和创效水平，全力完成集团下达的年度利润新目标。

王兰玉指出，今年以来，公司全面落实集团决策部署，紧紧围绕市场和产品，积极发挥事业部产销研用一体化优势，优化客户结构，推动产品升级。随着钢材市场逐渐回暖，各事业部工作不断推向深入，生产经营取得了明显进步。7月，公司铁钢轧系统生产紧凑有序，特别是炼铁、热轧等工序，生产水平和成本控制大幅改善，各事业部重点品种产量和重点用户销量全面提升，公司实现了较好的盈利水平。但与集团要求相比、与同行业先进企业相比，公司在经营能力和创效水平上仍存在较大差距，我们要进一步提高认识，转变观念，真正对接市场、对接客户，增强经营意识，提高创效水平。

就加快产线与市场对接，不断提升产线创效能力，王兰玉强调，财务经营部、市场部、生产制造部等职能部门要强化全局观念和责任意识，科学合理制定生产经营计划，优化生产组织和合同组织结构，确保公司整体生产经营获得最佳效益。各事业部要认真总结自身工作，强化经营主体意识，高度关注销售和采购两个市场的变化，了解生产经营投入产出和采购销售关系，掌握每个产品市场创效情况，提高自身管理水平和经营能力，努力为公司增创效益。

公司副总经理张洪波通报了8月以来公司生产情况，并对下半月重点工作进行部署。各事业部要高度关注客户关系处理问题，做到客户开发与客户维护并重；认真对照学习多法斯科钢厂经验，全方位提高品种能力；认真总结体系和认证工作，抓好体系推进和落实，提升高端品种质量稳定性；快速开拓市场，抓紧落实订单，为优化排产创造条件。

会上，财务经营部通报了7月公司各单位生产经营指标完成情况。

9月月中工作例会

深化对标 持续改善 全力完成挖潜增效新目标

9月11日，公司召开月中工作例会。公司党委书记、董事长王兰玉强调，要深入贯彻落实集团工作部署，瞄准先进，深化对标，进一步强化市场与产品、成本与产量等工作，持续改善指标，全力以赴完成公司挖潜增效新目标。

王兰玉强调，8 月，公司围绕集团下达的年度利润新目标，分解指标，细化措施，加强生产组织，提升产线效率，生产经营保持了良好态势。但是，我们必须清醒地看到，与挖潜增效新目标要求相比，一些单位在成本、产量、品种等方面还存在较大差距。对此，各单位必须增强危机感、紧迫感，认真查找、深刻反思自身工作不足，加强与先进单位对标，持续改善各项指标。

王兰玉指出，要高度重视生产效率和成本控制。从 8 月经营数据来看，有些单位产量、成本指标实现大幅进步，而有些单位则距离目标差距明显。要建立健全内部对标机制，促进各产线产量、成本指标持续改善。炼铁成本居高不下是制约公司成本降低的关键因素，总工办和财务经营部要牵头组织各炼铁生产单元明确对标单位，持续开展对标，针对问题和差距，制定积极有效措施，深入扎实做好工作，实现各项指标快速提升。要进一步强化专业职能部室归口费用管理，用足用好物联宝等资源采购平台，在备品备件、工艺辅料和耐材采购价格和消耗方面，加强与先进水平对标，确保备件辅料消耗降低、采购价格明显下降。财务经营部等部门要制定挖潜增效激励政策，引导各单位在挖潜增效攻坚战中迎难而上、奋勇争先，为持续优化各项指标、提升产线创效水平多作贡献。

王兰玉强调，要毫不放松地抓好品种结构调整和市场开拓。在当前市场形势下，品种结构调整直接影响产线创效水平。各事业部要突出重点，下大力气抓好产品结构调整和市场开拓工作，切实将产线创效潜能发挥出来。型线事业部要强化型钢产品合同组织，重点做好客户开发，确保合同组织到位；汽车板事业部要狠抓产品质量合格率，提高产品质量稳定性，确保高端产品实现高效益；卷板事业部要进一步强化基础管理，抓好合同组织、成本控制、出口创效等工作。

王兰玉还对中厚板公司管理体制调整情况和相关工作开展作了说明和要求。

公司副总经理张洪波通报了 9 月以来公司生产情况，并对下半月重点工作进行部署。各事业部要加大重点直供用户开发力度，提高一对一直供直销水平；要强化基础、规范操作、稳定生产，创造快节奏、高效率的生产秩序；要高度重视客户服务工作，提高认识，加强沟通，积极主动，解决好各种问题；要组织好降本增效工作，努力开拓市场，为优化排产创造条件。张洪波还就做好当期安全管理和能源环保工作提出要求。

会上，财务经营部通报了 8 月公司各单位生产经营指标完成情况。

10 月月中工作例会

提高站位 统筹谋划 2018 年生产经营工作
明确目标 加快结构调整和产品升级步伐

10 月 16 日，公司召开月中工作例会。公司党委书记、董事长王兰玉强调，要深入贯彻落实集团于勇董事长到公司调研讲话精神，全面谋划好 2018 年生产经营和发展建设工作，把握重点、提高站位，创新管理、提升效率，积极构建支撑体系，努力在结构调整和产品升级上迈出更大步伐。

王兰玉指出，要持续发力做好市场和产品工作，在树品牌、增效益上实现新突破。市场和产品是2018年工作的重中之重。要进一步增强加快发展的紧迫感、责任感，全力抓好产品研发和市场开拓工作。在品牌建设方面，以汽车板事业部和中厚板事业部为重点，打造代表公司高度的红旗产品，推动公司整体竞争实力的提升。在品种创效上，准确研判市场走势，选定优势品种，加大攻关力度，集中力量抓好产品增量和市场开拓，进一步提高创效能力。

王兰玉强调，要持续提升企业运行效率，确保生产经营高效运转。企业盈利能力好坏，效率是关键。要深入学习多法斯科钢铁厂经验，最大限度发挥装备效率和潜能，提升能源利用水平，优化资金使用，持续降低库存。要注重全流程知识管理和模型化积累，挖掘信息化和智能化巨大潜力。这项工作，技术中心是牵头单位，信息自动化部要提供强力支撑，推动各单位扎实做好标准模型化建立工作，以知识管理的数字化，提升运行效率。体制机制创新是企业动力的源泉，改革创新仍然是2018年工作重点。要深化扁平化运行机制改革，钢铁主业在总结经验、肯定成绩的基础上，进一步优化完善事业部运行机制；非钢产业要积极探索混合所有制改革和独立市场单元运营模式，以体制机制创新推动各项工作快速进步。

王兰玉强调，要抓好以“科技创新、人才队伍建设、管理创新、信息化和智能化”为内容的“四大”支撑体系建设。科技创新工作，技术中心、总工办等相关单位和部门要针对品种研发、技术创新和标准模型等具体工作，创新考核模式，强化专业部门作用发挥；人才队伍建设工作，各单位要制定合理的人才培养规划，完善各岗位人才培养机制，激发队伍活力，增强发展后劲；管理创新工作，要在事业部制运行基础上，下大力气抓好绩效管理，加大重点工作的考核力度，切实发挥绩效管理的导向作用；信息化和智能化工作，要聚焦日清日结、模型化管理和质量跟踪系统等重点，明确目标并细化具体措施，努力实现新的突破。

王兰玉还就加强成本控制、抓好能源环保和安全管理等工作提出要求。

就当前生产经营工作，王兰玉强调，冬季取暖期在即，要全面统筹、周密细致做好今年取暖期生产安排。要密切关注相关政策，科学预判对生产可能造成的影响，提前做好各阶段生产方案。特别是炼铁系统，要做好烧结矿、球团矿等原料准备工作，全力以赴稳定高炉炉况，确保生产稳定高效。炼钢系统要围绕降低铁水消耗、增加废钢消耗量加大攻关力度，最大程度提高炼钢能力。各事业部要合理安排好取暖期品种生产，生产制造部、市场部和财务经营部要密切关注市场变化，及时做出合理调整，快速响应市场需求，确保合同组织效益最大化。

公司副总经理张洪波通报了10月以来公司生产安全情况，并对下半月重点工作进行部署。各单位、各部门要全力提升信息化系统运用能力，促进重点客户、重点品种订单兑现率不断提升；各事业部要系统谋划供应渠道建设，实现与客户的无缝对接；要进一步优化品种结构，深挖品种结构上的巨大潜力；要加强产品质量监管与检查，保持生产高端产品的标准、状态和水平。张洪波还就做好当期安全生产和能源环保工作提出要求。

会上，财务经营部通报了9月公司各单位生产经营指标完成情况。

11 月月中工作例会

关注市场变化　严细生产组织　争创最佳效益

11 月 13 日，公司召开月中工作例会。公司党委书记、董事长王兰玉强调，要密切关注采暖期市场变化，认真落实生产组织工作安排，加强投资管理，严格费用控制，确保生产经营持续向好。

王兰玉指出，在公司上下的共同努力下，10 月，公司生产经营保持较好水平，为冲刺全年目标打下良好基础。当前，公司进入采暖期生产，各单位要进一步增强责任感、紧迫感，结合实际、统筹谋划，严格落实公司制定的采暖期生产计划安排，切实组织好这一时期的生产、检修、采购、销售等工作，实现公司效益最大化。

王兰玉强调，要在取暖期政策实施阶段安排好各系统设备检修。炼铁本部和中厚板公司要认真谋划组织好高炉检修，确保按计划执行；钢轧系统要周密布置，密切配合，以调整好转炉炉役和炉龄为重点，组织好转炉检修。同时，要积极探索与采暖期生产相匹配的转炉生产组织模式，努力增产创效；动力公辅系统要抓住时机，以水冷系统为重点，搞好动力系统检修，全面提高系统运行效率。

王兰玉强调，随着取暖期生产政策的落实，钢材市场价格已经开始发生趋势性变化，未来可能更加明显。公司采购、生产、销售各环节要密切关注，紧跟市场变化，系统优化、合理组织好供产销工作，努力为公司增创效益；市场部、财务经营部要在关注市场的同时做好跟踪记录，积累数据，总结经验，为未来在取暖期限产政策下进一步提高生产组织和效益水平积累经验。

王兰玉强调，2018 年，公司要高度关注投资与投资管理工作。要坚决贯彻落实集团要求，严格控制投资，同时不断提高基础管理水平，做好设施设备维护，能用管理手段解决的问题，绝不用投资手段解决。要强化基建投资管理工作，项目立项后，相关单位要提高工作效率，第一时间制定网格计划，并严格按照计划执行，加强考核，确保投资项目按期开工按时完成。

王兰玉指出，要毫不放松地强化费用管理工作。2018 年，公司要学习借鉴先进单位经验，拓宽路径，创新机制，推动费用控制实现新突破。要针对采购环节加强费用管理，由运营改善部牵头，财务经营部和监事会办公室共同负责，通过与周边企业对标，建立全新的采购对标机制。要针对每月采购合同，逐个订单展开对标，通过后评价机制，实现采购成本大幅降低。要充分利用物联宝等平台，不断将提高采购效率、降低采购费用工作推向深入。

公司副总经理张洪波通报了 11 月以来公司生产情况，并对下半月重点工作进行部署。各事业部要高度关注订单准时交付，切实做好重点直供客户的维护；要努力构建采暖期错峰生产常态下最佳生产组织模式，确保强稳定、快节奏、高效率、满负荷的生产状态；要抓紧细化制定明年品种爬坡提升方案，进一步挖掘产线和产品结构潜力。张洪波还就做好当前安全生产和能源环保工作提出要求。

会上，财务经营部通报了 10 月公司各单位生产经营指标完成情况。

月末工作例会

2月月末工作例会

不断解放思想　大胆创新突破
抢抓机遇　稳定生产　确保首季开门红

在3月3日召开的公司月末工作例会上，公司董事长、党委书记王兰玉强调，要进一步解放思想，大胆创新突破，抢抓市场机遇，稳定生产水平，充分挖掘现有人力资源潜力，推动市场和产品取得突破，确保公司实现生产经营首季开门红，为公司完成全年生产经营任务打下坚实基础。

结合公司2月集中开展的“解放思想、快速突破，各项工作走在集团前列”大讨论活动，王兰玉指出，2017年集团确立了“求新求变求突破”的工作主基调，提出“六条工作主线”，其中关键点是市场和产品。从公司各项工作进展情况可以看出，阻碍我们进步的不是技术、工艺上的困难，而是深层的思想意识问题。解放思想不是一句口号，而是要解决这些深层次的思想意识问题。只有不断解放思想、转变思维，才能推动市场和产品工作实现新突破。今年以来，公司市场开发、品种质量等工作取得的可喜变化，其本质是思想转变，认识到位。不锈钢公司、中厚板公司转变思维、大胆突破，实现了各项指标的巨大进步，达到了一个新的高度。全面落实集团决策部署，当好集团各项工作的排头兵，迫切需要我们在解放思想、转变观念上下大功夫，放开手脚，实现自我突破。在看到进步的同时，也要深刻地意识到，传统思维的惯性是巨大的，解放思想是一项长期的任务。在对待产量与质量的关系上、在服务用户的理念上，重产量的传统思维定势依然存在，我们要以坚定的信心和持久的毅力，转变观念、放开手脚，锐意进取、自我突破，不断改进工作方法，提升工作质量，为企业持续发展注入强大的动力。

就当前生产经营工作，王兰玉指出，要把加强生产组织作为当前的头等大事、第一要务，有效解决制约公司盈利能力的突出问题，抢抓有利的市场时机，提升公司利润水平。一是铁前系统要确保高炉系统顺行，保障铁水稳定供应；炼钢系统要持续降低铁水消耗，力保产量稳定，为轧钢系统提供充足原料；各生产单元要以强大的基础管理作支撑，实现产品和产量双提升。二是销售系统要进一步打破传统的销售模式，把重点放在直供用户上，加大一对一直供用户的比例，制定爬坡计划，严格时间节点，确保完成公司下达的全年销售目标任务。三是各单位要高度关注本单位人才队伍建设，面对未来公司人力资源结构构成，采取切实措施，做好各类人才特别是产线技术人员的培养、使用，要有方法、有规划，充分挖掘现有人力资源的潜力，最大限度发挥基层职工的积极性，为企业发展提供后备人才支撑。

王兰玉还就安全、环保、信访工作提出要求。

公司副总经理张洪波总结分析了2月生产经营工作，并对3月工作提出要求。各事业部要提升重点客户销量，积极适应终端直供用户的需求特点，积极推进定制化生产；加大质量攻关力度，提升客户满意度；加快汽车主机厂认证速度，按照既定时间节点保质保量完成；炼铁各区域高炉要保持稳定顺行，炼钢系统要全力降低铁耗，确保公司生产稳定；要全力推进顶级产品开发，促进品种钢快速提质上量，提升产品质量稳定性；要切实做好安全环保工作，确保“两会”期间公司安全稳定。

公司党委副书记、工会主席孙国平对公司2月开展的“解放思想、快速突破，各项工作走在集团前列”大讨论活动进行了总结点评，并对3月党委工作进行安排。他指出，在大讨论活动中各单位动员充分、行动迅速、特色突出，深入查找差距，制定具体措施，边讨论边落实，促进了各项工作的提升。要认真总结，深化落实，用工作成果检验大讨论活动成效，以良好的经营业绩走在集团前列。3月，要深入宣传贯彻公司重要会议精神，抓好形势任务教育，落实党风廉政建设要求，做好党群系统绩效管理与考核，以及全国“两会”期间的信访稳定等工作，为实现首季生产经营开门红营造良好环境。

5月月末工作例会

以销售为龙头　深入推进事业部产销研用一体化进程

在5月31日公司召开的月末工作例会上，公司董事长、党委书记王兰玉强调，要深刻领会集团于勇董事长产销研用一体化的要求，在全面总结5月工作的基础上，以销售和用户开发为龙头，深入推进事业部产销研用一体化工作，通过客户高端化拉动重点产品产量实现提升。

王兰玉指出，5月，公司紧紧围绕“六条工作主线”，强力推进市场开拓、用户开发和产品升级工作，持续改善成本指标和运行效率，为做好下步工作打下了坚实基础。

就6月重点工作，王兰玉强调，要深刻领会集团于勇董事长产销研用一体化的工作要求，深入贯彻落实集团以高端用户拉动产品结构升级、客户端的高度决定着企业产线的生产能力与产品的高度等要求部署，重点抓好事业部的销售和用户开发，确保“市场”和“产品”工作不断取得新突破。他指出，重点产品产量、一对一直供比和品种钢比例等重点指标，从根本上反映出市场和产品工作的深度，是事业部运行情况的最终体现。各事业部要牢固树立产销研用一体化第一责任人的理念，切实抓好市场和销售工作。要以销售为龙头，不断加大市场和用户开发力度，不等不靠、主动作为，向一体化要效率，向市场要效益，推动用户开发、结构调整及产品售价提升等重点工作再上新台阶。同时，公司各单位要高度关注成本问题和库存问题，进一步强化自身基础管理，建立完善库存预警机制，持续改善成本指标，降低库存占用。

就6月党委重点工作，王兰玉强调，要

进一步夯实党建基础工作，加强、改进和提升党建工作水平。要强化党建基础管理，加强干部队伍建设和人力资源开发等工作；要强化领导干部“一岗双责”，做好有关问题的整改落实；要持续完善制度建设，确保企业运行中的各项管理制度和各个管控流程得到有效执行。

公司副总经理张洪波总结分析了5月生产经营工作，并对6月工作提出要求。要全力开发高端用户，确保合同按期交付，促进一对一直供用户销量快速提升；高度关注重点产品接单与生产组织，提高运转效率，稳定生产节奏；加大品种钢市场开发力度，提高品种钢订货量。炼铁各区域高炉要开展对标挖潜，提升铁前各项指标；炼钢系统要全面平衡好各种生产要素，合理控制库存。要利用安全生产月，抓好高温雨季的安全生产和能源环保工作。

公司党委副书记、工会主席孙国平对公司6月党委工作进行安排。要认真开展好纪念建党96周年系列活动，进一步夯实公司党建基础，抓好当前纪检监察及年中各节点形势任务宣传教育，扎实做好暑期“双服务”，持续做好信访稳定等工作，为公司圆满完成上半年生产经营任务营造良好环境。

6月月末工作例会

全面贯彻集团于勇董事长来公司调研讲话精神
对接市场　对接客户　以客户结构调整推动产品升级

6月30日，公司召开月末工作例会。公司董事长、党委书记王兰玉强调，要深入学习贯彻集团于勇董事长来公司调研指导工作讲话精神，认真落实集团重点工作分析推进会议和非钢产业工作会议要求，统一思想、提高认识，增强紧迫感、使命感，瞄准高端市场，加大工作力度，持续优化客户端，坚定不移地以客户结构调整推动产品升级，深入推进非钢产业市场化机制体制，加快企业健康发展。

王兰玉首先传达了集团于勇董事长来公司调研指导工作讲话精神。6月27日，在集团非钢产业工作会议期间，于勇董事长专门听取了公司工作汇报，并对公司生产经营和发展建设工作提出要求。于勇董事长充分肯定了公司2017年以来的工作，他指出，今年以来，河钢唐钢在产品开发、市场开拓等工作中持续发力，汽车板、中厚板等高端产品研发、高端市场开拓，都实现了新突破，企业盈利能力在持续提升，特别是高强汽车板产线迅速达产达效，充分证明河钢唐钢拥有强大的技术和管理实力，拥有驾驭世界一流装备的能力，为企业后续发展奠定了坚实基础。

王兰玉指出，于勇董事长对加强事业部工作，进一步对接市场、对接客户，提出明确要求。优化客户端不仅体现市场开拓能力，更考验企业内部服务支撑能力。要敢于挑战自我，勇于向高端挺进，坚定不移地把客户端优化作为工作重点，真正将外部市场的压力传导到公司内部，促使公司内部各项工作不断提升，增强服务高端客户的能力。公司桥梁钢、电池壳钢等高端产品的成功研发和交付使用，就是外部市场压力倒逼内部工作提升的最好例证。这充分说明，只要工作得力，我们完全具备服务高端市场的能力。产品的高度决定企业的高度。各事业部要高站位、高标准，全力以赴、持续发力，努力将客户端提升到一个新高度，推动公司迈向高端循环。

王兰玉强调，于勇董事长结合集团非钢产业工作会议，要求公司非钢产业进一步解放思想，主动作为，大力推进市场化体制机制，提升非钢产业市场竞争力。河钢新材、河钢德高依靠其市场化运营机制，实现了良好的经营绩效，这些成功运营模式为我们提供了有益的借鉴。非钢单位要进一步转变观念、创新管理，打破传统禁锢，在企业内部深入推进市场化机制体制，按照独立的市场定位去运营，在独立的市场框架下，建立符合自身发展需要的运营模式、薪酬体系、绩效评价体系，提升非钢产业市场竞争力，实现非钢板块和钢铁主业比翼齐飞。

王兰玉强调，贯彻落实于勇董事长来公司调研讲话精神，推动公司快速发展，需要一支高素质的人才队伍。要进一步拓展思维，不拘一格做好人才引进、使用工作，为公司发展提供人才支撑和智力保障。当前，部分单位存在着特殊人才紧缺的问题，要创新思路，做好特殊人才引进工作，助推公司在市场、产品和非钢产业发展等工作中实现新突破。

王兰玉还就做好安全、环保工作提出要求。

公司副总经理张洪波分析总结6月生产经营工作，并对7月工作提出要求。7月，各单位要以对接市场、对接客户为重点，加强一对一直供用户开发，提升整体服务用户的能力；做好汽车主机厂认证生产准备工作；加大生产组织，保持紧张、有序的生产节奏；对照集团品种比例目标，加强品种钢接单和生产组织；全面做好安全环保和暑期防雨防汛工作，为企业生产经营创造良好环境。

公司党委副书记张小帅安排部署7月党委工作。各级党组织要积极推进“两学一做”学习教育常态化制度化，抓好贯彻落实；深入落实集团党委、公司党委近期重要会议精神，切实加强党建基础工作；做好信访稳定工作，营造和谐稳定的良好政治氛围；做好集团纪委专项巡察督导准备工作，确保巡察工作有序推进；做好暑期“双服务”，为公司暑期生产稳定顺行保驾护航；要做好保密工作，确保国家和企业秘密安全。

7月月末工作例会

坚定信心　振奋精神　坚决完成新的年度利润目标

7月31日，公司召开月末工作例会。公司董事长、党委书记王兰玉强调，要坚定信心，振奋精神，抓住当前有利时机，进一步深化市场和产品工作，强化生产组织，提高运行效率，规范管理流程，以各项工作水平的新提升，坚决完成集团下达的新的年度利润目标。

王兰玉指出，近期集团对子分公司年度利润目标进行了重新调整，公司年度利润目标由年初设定的6.5亿元提高到15亿元。落实新的目标任务，对公司各方面工作提出了更高要求。公司全体干部职工要坚定信心，随着集团各项决策的深入贯彻落实，只要我们按照既定部署扎实推进各项工作，我们就一定能够完成集团下达的目标任务。公司各单位、各部室要进一步转变观念，提高标准，将新目标作为全年挖潜指标，迅速分解，制定具体措施；要动员广大干部职工群策群力、扎实工作，与企业同呼吸、共命运，坚决打赢2017年生产经营攻坚战，为集团和公司发展作出新的贡献。

王兰玉指出，7月，公司生产经营局面整体向好，盈利水平稳定攀升，这一方面得益于较为良好的市场环境，另一方面，也是几年来公司落实集团部署，不断深耕市场和客户的回报；是立足产线，狠抓装备高效运行的成果；是扎实工作，以客户端优化推动产品结构升级取得的长足进步。

王兰玉强调，成绩是对过去工作的肯定，也让我们对完成全年新目标充满信心。8月，公司上下要以贯彻落实集团新目标为中心，加强生产组织，夯实基础管理，抓住市场机遇期，进一步提升企业创效水平。炼铁系统要增强责任意识，千方百计稳定高炉炉况，确保公司炼铁系统生产运行持续稳定，为后续工序生产打下坚实基础；炼钢和轧钢系统是当前生产的重中之重，相关各单位要优化工序衔接协同，加快节奏，提高效率，坚持不懈在发挥装备潜能、提高利用效率上下功夫，努力降低铁水消耗，提高生产水平；设备系统要增强主动意识和大局意识，做好生产保驾工作，细化措施、严格落实，为生产提供专业、及时、高效的设备维检、信息自动化服务。

王兰玉指出，按照集团部署，相关单位要积极稳妥地推进市场化改革。要充分认识市场化改革的重要意义，深刻理解市场化改革的基本内涵和要求，提前谋划，抓紧工作，为推进市场化独立运营做好充分准备；要通过实行市场化选聘职业经理人、经营层绩效与企业利润挂钩等措施，实现经营效益最大化，真正成为市场化独立运营单元。

就规范管理工作，王兰玉指出，近年来公司不断加强基础管理，完善制度，规范程序，取得了良好效果。其中，公司成立招投标办公室，专项管理招投标工作，成绩可圈可点。但是，面对新的形势和上级要求，相关部室要进一步总结经验，审视问题，以更加严谨、细致、规范的作风，持续完善招投标管理办法，堵塞管理漏洞、防范问题发生。各单位党委承担招投标工作监督职责，党委书记是招投标监督工作的第一责任人，各单位在开展相关业务时要自觉接受单位党委监督，严格执行有关制度，不断提高专项管理制度化、规范化水平。

公司副总经理张洪波总结分析7月生产经营工作，并对8月工作提出要求。各事业部要在生产稳定前提下优先保证重点产品和重点客户交期，提高订单交付水平；要稳步推进汽车主机厂认证工作；要认真学习加拿大多法斯科钢厂经验，提高生产效率，增强品种能力；要进一步释放装备潜能，保证相对紧张有序的生产节奏；要认真做好异议处理，切实提升客户服务水平；要扎实开展好安全生产大检查，加强环保设备设施管理，确保长周期稳定运行。

公司党委副书记孙国平安排部署8月党委工作。各单位党委、纪委要认真抓好集团巡察督导反馈意见整改落实工作，规范公司有关工作；要加强生产经营形势任务宣传教育，引导职工进一步统一思想，提高认识，为完成新的年度目标任务提供有力保障；要切实抓好暑期“四风”问题监督检查，增强自律意识，确保不出问题。孙国平还就贯彻落实党委书记专题会议精神、做好暑期“双服务”、暑期安保和信访稳定工作提出要求。

8月月末工作例会

加快节奏　提高效率　推动生产经营再上新台阶

8月28日，公司召开月末工作例会。公司党委书记、董事长王兰玉强调，要深入贯彻落实集团工作部署，抓住市场机遇，加快工作节奏，提高产线效率，夯实基础管理，推动生产经营再上新台阶，坚决完成集团下达的年度利润新目标。

王兰玉在总结公司8月生产经营工作时指出，公司上下抢抓市场机遇，加强生产组织，发挥装备潜能，以二钢轧厂、中厚板公司等主业单位为代表，铁、钢、轧系统生产稳定、衔接顺畅，产线效率保持较高水平，重点指标实现快速突破，生产经营取得良好业绩。但是我们也要看到，各事业部、各生产单元之间还存在进步幅度不均衡的问题，个别单元在产线作业率、订单交付能力、品种比和直销比等方面还有待进一步提高。

就做好当前生产经营工作，王兰玉强调，各单位要振奋精神、全力以赴，加快工作节奏，提高产线效率，进一步提升整体效益水平。要围绕集团和公司要求，针对生产效率、直供比和订单兑现能力等方面的短板，制定有效措施，努力加以改进，实现工作业绩的迅速提升。能源系统要对照公司确定的目标任务，抓好公司能源管理先进经验和成功做法的深入落实，进一步加大力度、细化管理，实现能源指标的持续优化。

就做好取暖期生产组织工作，王兰玉指出，各单位要增强责任感、紧迫感，尽快着手谋划取暖期错峰生产组织工作，提前落实好各项准备措施。要综合考虑民生和生产的关系，在保证铁、钢、轧系统稳定生产的同时，正确处理好保产与服务民生的关系。要将环保工作作为头等大事，加快在建环保项目进度，确保环保设施高效运行，为保证取暖期生产计划有效落实提供支撑。要提前做好冬季生产物料储备，相关单位和部门要根据对市场走势的预判和生产组织的需要，尽早制定焦炭等重点物资的采购筹备计划，确保冬季生产稳定顺行。

王兰玉强调，扎实做好基础管理工作，是实现企业更好更快发展的保证。要站在行业发展的前沿，放宽视野、提高标准，树立标准化思维，以信息化、自动化为支撑，明确目标和节点，加快建立标准化生产模型。要围绕提高废钢加入量、强化成本控制等重点课题，组织技术攻关，啃下管理“硬骨头”，找出最佳实现途径，推动各项指标取得新突破。相关部室要发挥好“专业管理第一责任人”作用，积极着手谋划明年工作，制定2018年发展建设目标和各项措施实施路线图，力求措施明晰、可操作性强，为公司明年各项工作持续提升奠定基础。

王兰玉还对安全稳定等工作提出要求。

公司副总经理张洪波分析总结8月生产经营工作，并对9月工作提出要求。各事业部要密切关注、优先确保重点客户订单兑现和合同交付，提高订单交付水平；有针对性地改善客户结构，提高直供比，把品种钢作为重点，在保证生产正常、效益最大化的情况下，全力提高品种比；提高客户需求识别能力，保证产品满足客户实际需要；突出抓好项目施工、消防、环保设施等安全管理工作，确保公司生产安全稳定。

公司党委副书记孙国平安排部署9月党委工作。各单位党委、纪委要充分认识国有企业党的建设新形势，扎实推进公司党建基础工作；切实做好巡察督导有关工作，分解落实责任，做好问题整改；开展好警示教育活动，做到“三个讲清”，组织好“五查”，实现“五个进一步”；加强形势任务宣传教育，振奋精神、鼓舞士气，引导职工抢抓机遇，增创效益，努力以新的业绩迎接党的十九大胜利召开。

9月月末工作例会

决战四季度　创效益求突破　确保实现全年利润目标

9月28日，公司召开月末工作例会。公司党委书记、董事长王兰玉强调，要深入贯彻落实集团安排部署，主动超前，勇于担当，全面落实挖潜增效措施，决战四季度，创效益、求突破，确保实现全年利润目标，以优异经营业绩向党的十九大献礼。

王兰玉强调，要围绕集团下达的全年利润新目标，进一步深化挖潜增效措施落实，努力将各项工作提高到新水平。要强化生产组织，提高运行效率。按照公司既定的铁、钢日产目标，研究制定降低铁水消耗和提高废钢加入量的有效措施，确保实现产量目标。要提高合同兑现率，减少非计划品。加大信息化应用力度，按照信息化系统的刚性要求，深度挖掘、充分发挥APS、ODS等信息化系统功能，以信息化推动标准化，通过提高产线生产、质量控制能力和基础管理水平，提升合同兑现率。要持续优化经济技术指标，降低生产成本。以强化产线基础管理为重点，制定有效措施，进一步提升标准成本符合率。要深化市场和产品工作，提高产线创效能力。严格生产过程技术标准、操作规程执行，提升标准化作业水平，在保证产品质量前提下提高生产效率，全面满足客户质量需求；立足产线实际，增加直销比例，加快高端市场开拓和客户结构优化步伐，实现产线生产能力、质量控制水平与客户结构的最佳匹配，提升产线创效能力。

王兰玉指出，要准确预判、充分准备抓紧制定取暖期错峰生产组织方案，确保冬季生产稳定顺行。目前，周边地区冬季采暖期钢铁生产政策已经陆续出台，唐山作为钢铁大市，也将出台采暖期钢铁生产具体方案，这将给公司生产组织带来极大挑战。各单位、各部门要深入研究、做好预判，统筹规划好相关产线检修、炉役等工作安排，做到各项工作有机衔接。同时，要做好原燃料、产品品种等全供应链条各环节的供需关系平衡，超前制定应对措施，对每一种可能出现的情况，都要研究制定好相应预案的生产组织模型，确保采暖期生产高效运行。

王兰玉强调，要打破传统，不拘一格创新人才引进、使用方法，为公司发展提供强大人才支撑。要深刻领会、全面落实集团关于人才引进工作视频会议精神，进一步加大市场化人才引进力度。各单位要站在公司发展全局的高度，增强主动性、责任感，通过市场化人才引进，解决关键岗位人力资源紧缺的现状。要针对实际需要，做好人才引进工作规划，确保各类人才“引得进，用得好，留得住”。各单位要高度重视现有人才的开发利用，认真审视自身人力资源管理工作情况，努力为现有人才创造良好的工作环境，制定目标明确、措施具体的培养使用计划，构建适应企业发展、结构合理的人才队伍。要认真研究公司薪酬政策、岗位设置，积极探索适应形势发展的薪酬分配制度和岗位设置模式，增强企业凝聚力、吸引力，保持队伍的稳定性。

王兰玉强调，要高度重视、认真做好国庆假期和党的十九大召开期间各项工作，实现生产经营安全顺行、企业环境和谐稳定。各级干部要增强责任、担当意识，做好值班安排，心无旁骛，坚守岗位，集中精力抓好节期生产，并利用假期认真谋划四季度以及明年生产安排；要加强廉洁自律，严格落实中央“八项规定”及相关要求；要扎实做好信访稳定工作，加大问题摸排和化解力度，提高紧急和突发事件应急处置能力，实现信访稳定工作目标；要强化安全、环保管理，提升安全防范意识，确保在线环保设备稳定运行、达标排放，为公司生产高效创造有利条件。

公司副总经理张洪波总结分析9月生产经营工作，并对10月工作进行安排部署。各事业部要做好客户细分工作，加大知名品牌和重点一对一直供客户开发力度；要加快推进汽车主机厂认证工作，确保认证工作按阶段节点要求顺利推进；要提升生产运行效率，保持稳产、高效的良好态势；要做好焦炭等原燃料储备，针对停限产及车辆限行政策，提前做好应急预案；要切实做好安全、环保工作，确保公司生产安全稳定。

公司党委副书记、工会主席孙国平安排部署10月党委工作。扎实做好迎接、宣传、学习、贯彻党的十九大工作，切实把会议精神融入公司党的建设、生产经营和改革发展各项工作中；全力做好十九大期间信访稳定和安全环保工作，要把安全、环保、信访等稳定工作作为当前头等大事和首要政治任务，为党的十九大胜利召开营造安全稳定和谐环境；抓好国庆、中秋期间廉洁教育和纠正“四风”工作，真正做到“忠诚、干净、担当”；发挥党群工作优势，为公司“决战四季度”加油助力，为公司抢抓机遇、增创效益，圆满完成全年目标任务作出新贡献。

10月月末工作例会

深入学习贯彻党的十九大精神　加强生产组织　提升效益水平

10月30日，公司召开月末工作例会。公司党委书记、董事长王兰玉强调，要深入学习贯彻党的十九大精神，坚决落实集团决策部署，大力推进产品升级和结构调整，强化生产组织，夯实基础管理，提升效益水平，积极谋划2018年工作，当好集团各项工作排头兵。

王兰玉首先对深入学习宣传贯彻党的十九大精神提出要求。他指出，公司上下要围绕贯彻落实省委常委会议、全省领导干部大会精神，按照省委、省国资委党委和集团党委安排部署，把深入学习贯彻党的十九大精神作为当前和今后一个时期的首要政治任务，迅速掀起学习宣传热潮。公司各级党组织要认真学习党的十九大代表，集团党委书记、董事长于勇在10月27日集团党员干部大会上对全集团学习宣传贯彻落实党的十九大精神提出的要求，紧密结合集团和公司发展实际，用新理念新思想指导具体工作，努力开创公司发展建设新局面，在新时代集团更大发展中当好排头兵、发挥核心企业作用。在学习宣传过程中，既要宣传党的十九大确立的重要思想、重要观点、重大判断、重大举措，又要宣传公司各级党组织学习贯彻的具体措施、反映党员干部学习贯彻的典型事迹。要以十九大精神为统领，谋划好今后一个时期公司党的建设各项工作，用十九大关于管党治党的最新要求指导公司党的建设，确定新思路、新举措，推动公司各级党组织和党员干部自觉地以新思想引领新实践。广大党员干部要用习近平新时代中国特色社会主义思想武装头脑，牢固树立“四个意识”，不忘初心、牢记使命，开拓创新、锐意进取，为推动公司实现更好更快发展作出新的更大的贡献。

就当前工作，王兰玉强调，要精心谋划、周密组织，切实抓好取暖期生产、检修、采购、销售等工作。日前，唐山市出台了冬季取暖期错峰生产政策，相关单位、部室要认真学习、准确把握文件内容，用足用好政策条件，以科学组织、系统优化、效益最大为原则，紧密结合市场情况，把生产安排与政策要求、设备检修有机协调起来，形成科学合理的实施方案。要制定具体可操作的落实办法，严格按照政策要求控制产能，确保环保指标达到政府要求。各系统、各单位之间要增强全局意识、协同意识，主动超前做好工作，实现各工序生产间高效衔接、稳定顺行，确保公司整体效益最大化。

就谋划好明年工作，王兰玉强调，强基础、抓管理永远在路上，加强基础管理是公司2018年工作的一项重点内容。首先，要进一步提高信息化建设水平。信息化对企业基础管理具有重要的支撑作用，公司前段时间全面总结信息化工作，剖析存在问题，明确了加快信息化、自动化、标准化“三化”融合推进步伐的具体工作内容和要求，各单位要按照既定措施不折不扣抓好落实，抓出成效。其次，要下大力气将作业长制推向深入。作业长制是强化基础管理的重要手段，公司推行作业长制以来，生产管理、设备运行和经营绩效等方面都取得明显进步。但是也要看到，还存在一些单位貌合神离，形式化、走过场和整体推进效果不平衡等问题。公司主管部门和各单位要认真总结作业长制推进以来的经验、成果，客观剖析存在的问题，进一步提高认识、提高标准，积极谋划制定实现作业长制真正落地、发挥应有作用的思路措施。公司将在元旦假期集中听取各单位作业长制推进情况汇报，研讨下步推进工作。

王兰玉还就在建环保项目提出要求。他指出，环保项目建设对能源环保工作具有重要意义，兼具社会效益和经济价值。发展规划部和相关单位要高度重视，抓好在建项目建设，确保项目按照既定时间节点完成。

公司副总经理张洪波总结分析10月生产经营工作，并对11月工作进行安排。各事业部要高度关注订单交付情况，全力做好重点客户开发和一对一直供直销工作；要加快推进汽车主机厂认证，确保认证工作按阶段节点要求顺利进行。要高度重视、努力抓好采暖季错峰生产，进一步加强管理，保持快节奏、高效率的生产状态；要切实做好安全、环保工作，确保生产长周期安全稳定。

公司党委副书记、工会主席孙国平安排部署11月党委工作。公司党群部门和各级党组织要认真做好党的十九大精神学习宣传工作，迅速在公司掀起党的十九大精神学习热潮。要以实际工作业绩践行党的十九大精神，带领广大干部职工，全力冲刺四季度，确保完成全年利润目标任务；要坚持不懈抓好信访稳定工作，认真总结经验，主动超前工作，为公司发展建设营造良好环境。

11月月末工作例会

突出重点　系统谋划　进一步提升工作水平

11月27日，公司召开月末工作例会。公司党委书记、董事长王兰玉强调，要深入贯彻落实集团安排部署，突出市场和产品，系统谋划好2018年各项重点工作，进一步提升理念、提高标准，努力以更加扎实有效的工作，做强做大河钢唐钢品牌，加快向高端循环迈进，在集团整体工作推进中，发挥好核心企业示范引领作用。

王兰玉指出，今年以来，在集团的正确领导下，公司市场与产品工作取得显著成绩，以汽车钢为代表的重点产品相继打入高端市场，呈现出持续发展、快速提升的良好势头。但是，我们也要清醒地认识到，随着产品升级步伐加快，稳定可控的产品质量越来越成为占领高端市场、实现持续发展的关键所在。高端市场对产品质量要求苛刻，一旦出现质量问题，不但给企业带来难以承受的经济损失，更为严重的是将给企业市场声誉造成恶劣影响，使企业在相应领域失去生存发展空间。公司上下要把产品质量作为重中之重的工作，大力培育汽车钢质量文化，全力打造汽车钢品牌，加快向高端循环迈进。要加强宣传引导，认真剖析质量问题典型案例，提高全员对"质量是企业生命"的认知理解程度，增强严格质量标准、持续提高质量的主动性和自觉性。要牢固树立"受控、严谨、无缺陷出厂"的汽车钢质量管理理念，从思想上高度重视，从行动上付出努力，高标准做好每个环节工作。要严格抓好过程控制和出厂管理，确保质量过关、客户满意。王兰玉强调，公司上下要团结协作、迅速行动、持续发力，紧紧抓住汽车市场自主品牌快速发展的难得机遇，全力以赴抓好汽车钢质量提升工作，以此为基础和保障，不断拓展市场、增加份额，加快公司产品升级步伐。

就能源环保工作，王兰玉强调，随着政府对环保要求越来越严、管理力度越来越大，在环保政策推动下，地区环保竞争压力不断增强。2018年，公司要增强危机感和紧迫感，在环保工作上持续发力，确保在地区环保竞争中保持领先优势。要提高标准、主动作为，对照政策要求，认真查找问题和差距，明确改进方向和途径，坚持不懈抓实抓好能源环保工作，确保公司能源环保工作走在行业前列，为企业持续发展创造条件。

王兰玉强调，年终岁尾阶段，各单位要紧密围绕集团部署，突出市场和产品，认真系统谋划2018年工作。要确定重点课题，明确攻关目标，努力实现重点工作取得新突破。党群系统各部门和各单位党委要围绕"两个责任"落实情况，认真总结今年工作，积极谋划明年工作，更好地发挥党组织领导核心、政治核心和组织核心作用。

公司副总经理张洪波总结分析11月生产经营工作，并对12月工作进行安排。各事业部要重点关注订单准时兑现情况，全力提升汽车主机厂保供能力；要结合采暖期错峰生产方案安排，抓好产销研工作，提升直供直销水平；要在提高品种集中度和批量化上下功夫，推动有效产量向创效品种增量转化；要加强服务保障能力建设，及时解决用户在产品使用过程中出现的各类问题；要组织好检修工作，确保检修质量和工期要求；要做好安全、环保工作，实现生产长周期安全稳定。

公司党委副书记、工会主席孙国平安排部署12月党委工作。要认真落实公司学习宣传贯彻党的十九大精神安排意见，迅速兴起学习宣传热潮；要认真总结2017年工作、谋划2018年工作，组织好党群部门全年工作评审和各单位党委全年工作总结；超前做好元旦春节期间党风廉政教育和反腐倡廉、走访慰问及信访稳定等工作。

12月月末工作例会

学习石钢经验　树品牌做宽度　推动市场和产品迈向高端

2018年1月2日，公司召开上年12月月末工作例会。公司党委书记、董事长王兰玉强调，要深入学习石钢经验，持续发力市场和产品，做大做强品牌，提高用户集中度，推动市场和产品迈向高端，以生产经营优异业绩，当好集团各项工作排头兵。

就公司赴石钢对标，王兰玉指出，通过对标石钢，要深刻反思自身工作，改进工作方法、找准工作方向，力争2018年各项工作实现新突破。石钢经验给我们三点启示：一是清晰的目标，成为全员共同追求。“轴承钢做品牌，汽车钢上水平”，成为石钢上下共同的目标，全体职工深刻理解并朝着这一目标全力以赴行动。公司各事业部也要明确各自长期、短期目标，围绕做强品牌、提升客户集中度，引导全体职工目标一致、万众一心，做好市场和产品工作。二是持续发力市场和产品，投入巨大。石钢在市场营销、市场服务、质量服务等方面投入了大量人力、物力，取得显著成绩。2018年公司将进一步优化事业部体系，把产销研用直接配置到事业部，整合优势力量，提升事业部综合能力，各事业部要认真反思自己的工作，全力做好市场和产品工作。三是倡导“炮火呼叫”理念，形成快速响应机制。石钢把市场需要比作战场，市场需求就是“炮火呼叫”，产线响应必须快速，在支撑客户服务工作中，尤其需要我们进一步建立快速响应市场的机制，提升客户满意度，提升品牌影响力。

王兰玉强调，二十二届职代会一次会议即将召开，各单位要以此次职代会为契机，认真总结2017年工作，进一步拓宽思路、提高认识，抓住关键、强力突破，推动2018年各项工作取得新的进步。王兰玉指出，多法斯科钢厂生产经营模式，改变了我们对产量和品种关系的看法。多法斯科经验告诉我们：效率反映管理能力，企业在提升效率的同时，可以实现品种和产量兼顾，从而实现最佳效益；标准化是产品质量稳定的基础，多法斯科钢厂转炉工序建立了充足的产品模型，是该企业实现稳定生产的保证。2018年公司要全面加强标准化模型建设，确保产品质量稳定，占领更大市场份额。

就2018年工作，王兰玉强调，要在市场和产品工作中持续发力，学习石钢经验，努力培育核心用户，加强品牌建设，提高用户集中度，力争市场和产品工作实现新突破。要加强支撑体系建设，推动各项工作有序开展。要建立标准化体系支撑，实现在信息化、智能化支撑下的标准化生产；要提升设备功能精度，以此为基础，做强做大公司品牌；要建立效率支撑体系，把效率缺失作为事故进行考核管理，提升公司效率水平，确保效益最大化；要建立快速反应机制，强化内部流程化管理，提高协调联动速度。要持续强化费用管理，加大成本管控力度，开展备品备件、原燃料采购对标，推动采购费用大幅降低。

王兰玉强调，提升工作水平，最重要的是补齐短板。2018 年要努力在炼铁成本、客户服务体系建设上发力，补齐公司成本控制、客户服务等方面的短板，提升综合竞争力，推动企业实现新的进步。

公司副总经理张洪波总结分析 12 月生产经营工作，并对 1 月工作进行安排部署。要高度关注订单交付情况，妥善处理客户质量异议；要按照时间进度，有序推进汽车主机厂认证工作；要提升产线效率，确保公司保持稳产、高产态势；要全力做好安全生产事故隐患大排查大整治攻坚行动，深入排查存在的问题，制定措施抓紧整改；要重点针对错峰生产停限产措施落实等情况开展执法检查，建立健全应急响应机制，从生产调控、工艺控制、设备稳定等方面做好工作。

公司党委副书记、工会主席孙国平安排部署 1 月党委工作。要深入学习贯彻党的十九大精神和中央经济工作会议精神，将学习党的十九大精神焕发出的热情和干劲，转化为完成公司 2018 年生产经营任务、推动公司实现更大发展的强大动力；要认真贯彻落实集团重点工作分析说明会和公司二十二届职代会一次会议精神，切实谋划好 2018 年工作；要搞好党群系统管理评审，认真做好工作总结和新一年工作谋划；要持之以恒正风肃纪，确保元旦春节期间风清气正。

厂部级领导调整

行　政

河钢唐钢字〔2017〕15号　2017年1月25日，根据工作需要，经公司研究决定：苏福源任河北华奥节能科技有限公司执行董事、总经理，不再担任能源科技分公司总经理职务；康晓村任能源科技分公司总经理，不再担任动力厂厂长职务；周舰、孙术永、褚志勇任能源科技分公司副总经理，不再担任动力厂副厂长职务；张大勇调大钢筹建组工作（副厂部级），不再担任第一钢轧厂副厂长职务；翟春江任设备机动部副部长，不再担任安全部副部长职务。

河钢唐钢字〔2017〕37号　2017年3月28日，根据工作需要，经公司研究决定：郑世勇任新事业公司副总经理，不再担任第一钢轧厂副厂长职务。按照公司厂部级干部管理规定，厂部级干部任职试用期为半年。崔晓冬等20人试用期满后，经组织考察，公司研究决定：崔晓冬任炼铁厂厂长；周国平任冷轧薄板厂厂长；刘海春任不锈钢公司总经理；曹学征任唐龙（唐昂）公司总经理；薛军安任生产制造部部长；庞得奇任能源环保部部长；商丽任非钢事业部部长；杨青、刘春雨任冷轧薄板厂副厂长；李阳任不锈钢公司副总经理；张文彬任物流公司副总经理；张春杰任自动化公司副总经理；刘学军任新事业公司副总经理；李末卓任生产制造部副部长；王云阁任技术中心副主任（享受正厂部级待遇）；宋志岗、马德刚任技术中心副主任；李晓刚、潘玉发任信息自动化部副部长；周明任人力资源部副部长。

河钢唐钢字〔2017〕47号　2017年4月25日，河钢集团决定河钢塞尔维亚有限公司由公司代为经营管理。经公司研究，报请河钢集团党委批准：赵军任河钢塞尔维亚有限公司总经理；张乃强任河钢塞尔维亚有限公司副总经理，不再担任冷轧薄板厂副厂长职务；王连玺、魏振民任河钢塞尔维亚有限公司副总经理。

河钢唐钢字〔2017〕48号　2017年4月25日，根据工作需要，经公司研究决定：李文田不再担任冷轧薄板厂副厂长职务。

河钢唐钢字〔2017〕62号　2017年6月28日，经河钢集团研究决定（集团组干字〔2017〕41号文件）：刘彦雷任河钢唐钢人力资源部部长；张小帅不再兼任河钢唐钢人力资源部部长职务。根据工作需要，经公司研究决定：郭洪莲任生活服务公司总经理、行政福利处处长，不再担任生活服务公司副总经理、行政福利处副处长职务；王大成任企业文化部部长；于春渊任监察部部长；周舰任检修公司总经理（试用期半年），不再担任能源科技分公司副总经理职务；许国新任保卫部部长（试用期半年），不再担任保卫部副部长职务；田川任运营改善部部长、董事会办公室主任（试用期半年），不再担任董事会办公室副主任职务；单庆林、薛亮任第一钢轧厂副厂长（试用期半年）；杨杰任冷轧薄板厂副厂长（试用期半年）；李维亚任能源科技分公司副总经理（试用期半年）；田中元任美锦（唐山）煤化工公司副总经理（试用期半年）；史云波任公司办公室副主任（试用期半年）；张乐宁任人力资源部副部长（试用期半年）；杨利东任运营改善部副部长、董事会办公室副主任（试用期半年）；孙国平不再兼任保卫部部长职务；单立东不再担任检修公司总经理职务；王希富不再担任生活服务公司总经理、行政福利处处长职务；高士峰不再担任企业文化部部长职务；孙胜军不再担任监察部部长职务；王亚光不再担任运营改善部部长、董事会办公室主任职务；李元明调河钢乐亭钢铁有限公司工作；张大勇调河钢乐亭钢铁有限公司工作；王峰不再担任型钢部副部长职务；杨敏不再担任中厚板公司副总经理职务；李毅挺不再担任不锈钢公司副总经理职务；崔海龙、于进水不再担任检修公司副总经理职务；宋英杰不再担任重机装备公司副总经理职务；李振亮不再担任教育中心副主任，唐山科技职业技术学院、河北冶金技师学院副院长，河北冶金高级技工学校副校长职务；杨晓江不再担任技术中心副主任（享受正厂部级待遇）职务；于世川不再担任技术中心副主任职务；潘玉发不再担任信息自动化部副部长职务；宋长江不再担任公司办公室副主任职务；王培军不再担任发展规划部副部长职务；李宝忠不再担任国际合作部副部长职务；张乃强不再担任河钢塞钢副总经理职务。

河钢唐钢字〔2017〕74 号　2017 年 8 月 3 日，根据工作需要，经公司研究决定：么洪勇任一钢轧厂厂长；崔耀辉任二钢轧厂常务副厂长；王峰不再担任一钢轧厂厂长职务，赴澳大利亚做访问研究员（保留正厂部级）。根据机构名称变更需要，型钢部变更为型钢厂，非钢事业部变更为非钢管理部，经公司研究决定：陈兴伟任型钢厂厂长；于立新、冯润明任型钢厂副厂长；商丽任非钢管理部部长；王连玺、刘彦利任非钢管理部副部长。上述机构名称变更人员不再担任原职务。

河钢唐钢字〔2017〕76 号　2017 年 8 月 10 日，根据工作需要，经公司研究决定：王兰玉兼任唐山中厚板材有限公司董事长；刘铁力兼任唐山中厚板材有限公司执行董事，不再兼任唐山中厚板材有限公司董事长、总经理职务；曹希华任型钢厂副厂长，不再担任二钢轧厂副厂长职务。

河钢唐钢字〔2017〕79 号　2017 年 8 月 18 日，根据工作需要，经公司研究决定：黄有良任国际合作部副部长，不再担任重机装备有限公司副总经理职务。

河钢唐钢字〔2017〕86 号　2017 年 8 月 31 日，根据工作需要，经公司研究决定：王晶不再担任公司办公室副主任职务，调入河钢集团北京国际贸易有限公司工作。

河钢唐钢字〔2017〕91 号　2017 年 9 月 14 日，根据工作需要，经公司研究决定，推荐：杨晓韬任唐山中厚板材有限公司副总经理，不再担任炼铁厂副厂长职务。

河钢唐钢字〔2017〕102 号　2017 年 10 月 23 日，根据工作需要，经公司研究，报请河钢集团研究批复（集团组干字〔2017〕62 号文件），决定：聘任刁可山为公司总经理助理。

河钢唐钢字〔2017〕117 号　2017 年 12 月 29 日，根据公司文件规定，经公司研究决定：宋润平不再担任青龙炉料有限公司总经理职务，离岗休养；赵连生、王新俊不再担任房地产开发有限公司副总经理职务，离岗休养；张静娟不再担任自动化信息公司副总经理职务，离岗休养。

党　委

河钢唐钢党发〔2017〕7号　2017年1月25日，根据工作需要，经公司党委研究决定：李向民任能源科技分公司党委书记、工会主席，不再担任动力厂党委书记、工会主席职务；杨静波任能源科技分公司党委副书记、纪委书记，不再担任动力厂党委副书记、纪委书记职务。

河钢唐钢党发〔2017〕13号　2017年3月28日，按照公司厂部级干部管理规定，厂部级干部任职试用期为半年。郭洪莲等4人试用期满后，经组织考察，公司党委常委（扩大）会议研究决定：郭洪莲任生活服务公司、行政福利处党委书记、纪委书记、工会主席；韩文生任生产制造部党委书记、纪委书记、工会主席；刘春阳任不锈钢公司党委副书记、纪委书记；周明任公司党委组织部副部长。

河钢唐钢党发〔2017〕17号　2017年4月25日，根据工作需要，经公司党委研究决定：刘庆民任唐钢美锦（唐山）煤化工有限公司党委书记、纪委书记、工会主席（试用期半年）。

河钢唐钢党发〔2017〕31号　2017年6月28日，经河钢集团研究决定（集团组干字〔2017〕41号文件）：刘彦雷任河钢唐钢党委组织部部长；王大成任河钢唐钢党委宣传部部长；于春渊任河钢唐钢纪委副书记；张小帅不再兼任河钢唐钢党委组织部部长职务；高士峰不再担任河钢唐钢党委宣传部部长职务；孙胜军不再担任河钢唐钢纪委副书记职务。根据工作需要，经公司党委研究决定：高士峰任冷轧薄板厂党委书记、纪委书记、工会主席，不再担任统战部部长、河钢唐钢党校第一副校长、公司团委书记职务；王希富任物流公司党委书记、纪委书记、工会主席；刘彦雷任老干部管理部、离退休职工管理部部长，离退休职工管理部党委书记，不再担任公司党委办公室主任职务；王大成任统战部部长、河钢唐钢党校第一副校长，不再担任冷轧薄板厂党委书记、纪委书记、工会主席职务；姜伟任检修公司党委书记、工会主席（试用期半年），不再担任检修公司党委副书记职务；许国新任武装部部长（试用期半年）；李振亮任公司党委办公室主任（试用期半年）；史云波任公司党委办公室副主任（试用期半年）；张乐宁任组织部、老干部管理部、离退休职工管理部副部长（试用期半年）；闫希才任公司工会副主席（副厂部级，试用期半年）；孙国平不再兼任武装部部长职务；张小帅不再兼任老干部管理部、离退休职工管理部部长，离退休职工管理部党委书记职务；王峰不再担任型钢部党委书记、纪委书记、工会主席职务；于春渊不再担任物流公司党委书记、纪委书记、工会主席职务；聂文贤不再担任检修公司党委书记、工会主席职务；宋长江不再担任公司党委办公室副主任职务；李俊民不再担任唐山钢铁国际工程技术有限公司党委书记、纪委书记职务，按厂部级副职离岗休养；李黎不再担任公司工会女工部部长（副厂部级）职务，按正科级离岗休养。

河钢唐钢党发〔2017〕36号　2017年8月10日，根据工作需要，经公司党委研究决定：张文国任唐山钢铁国际工程技术有限公司党委书记，不再担任唐山中厚板材有限公司党委书记、工会主席职务；尹宝良任唐山中厚板材有限公司党委书记（试用期半年)；高立秋任唐山中厚板材有限公司工会主席。

河钢唐钢党发〔2017〕41号　2017年8月31日，根据工作需要，经公司党委研究决定：王晶不再担任公司党委办公室副主任职务，调入河钢集团北京国际贸易有限公司工作。

河钢唐钢党发〔2017〕44号　2017年9月14日，根据公司机构名称变更，经公司党委研究决定：李贺永任公司机关党工委书记，不再担任公司机关党委书记职务。

河钢唐钢党发〔2017〕53号　2017年11月21日，按照公司厂部级干部管理规定，厂部级干部任职试用期为半年。刘庆民试用期满后，经组织考察，公司党委常委会研究决定：刘庆民任唐钢美锦（唐山）煤化工有限公司党委书记、纪委书记、工会主席。

河钢唐钢党发〔2017〕60号　2017年12月29日，根据公司文件规定，经公司党委研究决定：田振寰不再担任唐山惠唐新事业产业发展有限公司党委书记、纪委书记、工会主席职务，离岗休养。

文件目录索引

行 政 文 件

河钢唐钢字〔2017〕1号　关于下发《2016年安全生产工作总结及2017年工作重点》的通知
河钢唐钢字〔2017〕2号　关于表彰第三十届职工技术比赛获奖选手的决定
河钢唐钢字〔2017〕3号　关于命名表彰第十四届职工先进技术操作法的决定
河钢唐钢字〔2017〕4号　关于下达二〇一七年一月份生产经营计划的通知
河钢唐钢字〔2017〕5号　关于开展春节慰问活动的通知
河钢唐钢字〔2017〕6号　关于2017年春节期间开展“保全勤、保安全”竞赛活动的通知
河钢唐钢字〔2017〕7号　关于质量管理体系知识培训的通知
河钢唐钢字〔2017〕8号　关于调整能源科技分公司职能的通知
河钢唐钢字〔2017〕9号　关于下达2017年预算的通知
河钢唐钢字〔2017〕10号　关于表彰2016年度安全生产先进集体和先进个人的决定
河钢唐钢字〔2017〕11号　关于2017年春节放假及有关事宜的通知
河钢唐钢字〔2017〕12号　关于下达2017年系统优化创效计划的通知
河钢唐钢字〔2017〕13号　关于启用招标专用章的通知
河钢唐钢字〔2017〕14号　关于做好2016年度岗位工资薪等调整相关工作的通知
河钢唐钢字〔2017〕15号　关于苏福源等同志任免职的通知
河钢唐钢字〔2017〕16号　二〇一七年劳动竞赛实施意见
河钢唐钢字〔2017〕17号　关于二〇一六年度总结评比工作的安排意见
河钢唐钢字〔2017〕18号　关于下达二〇一七年二月份生产经营计划的通知
河钢唐钢字〔2017〕19号　关于下发《职能部室2017年2月份重点工作安排》的通知
河钢唐钢字〔2017〕20号　关于开展“解放思想，快速突破，各项工作走在集团前列”大讨论活动的通知
河钢唐钢字〔2017〕21号　关于组织2017年职工职业健康检查和健康体检的通知
河钢唐钢字〔2017〕22号　关于组织塔塔（英国）公司汽车板市场及日常管理培训的通知
河钢唐钢字〔2017〕23号　关于调整计划生育委员会成员的通知
河钢唐钢字〔2017〕24号　关于印发《2016年人口和计划生育工作总结及2017年工作计划》的通知
河钢唐钢字〔2017〕25号　关于下发调整安全生产和消防委员会成员的通知
河钢唐钢字〔2017〕27号　关于下发《职能部室2017年3月份重点工作安排》的通知
河钢唐钢字〔2017〕28号　关于下达二〇一七年三月份生产经营计划的通知
河钢唐钢字〔2017〕29号　关于新协同办公系统上线运行的通知

河钢唐钢字〔2017〕30号　关于下发《公司2017年全面推进作业长制实施方案》的通知
河钢唐钢字〔2017〕31号　关于表彰2016年度“示范作业区”的决定
河钢唐钢字〔2017〕32号　关于下发2017年度管理预算的通知
河钢唐钢字〔2017〕33号　2016年挖潜增效奖励决定
河钢唐钢字〔2017〕34号　2017年挖潜增效奖励办法
河钢唐钢字〔2017〕35号　关于下达2017年重点攻关计划的通知
河钢唐钢字〔2017〕36号　关于2017年清明节放假及有关事宜的通知
河钢唐钢字〔2017〕37号　关于郑世勇等同志任免职的通知
河钢唐钢字〔2017〕38号　关于表彰二〇一六年度先进单位和先进个人的决定
河钢唐钢字〔2017〕39号　关于做好2017年防汛工作的通知
河钢唐钢字〔2017〕40号　关于发布2017年重点课题和专家课题计划的通知
河钢唐钢字〔2017〕41号　关于下发《职能部室2017年4月份重点工作安排》的通知
河钢唐钢字〔2017〕42号　关于下达二〇一七年四月份生产经营计划的通知
河钢唐钢字〔2017〕43号　关于组织2017年度团体无偿献血的通知
河钢唐钢字〔2017〕44号　关于成立2017年度公司信息化项目指挥部的通知
河钢唐钢字〔2017〕45号　关于2017年劳动节放假及有关事宜的通知
河钢唐钢字〔2017〕46号　关于成立唐山惠唐物联科技有限公司的通知
河钢唐钢字〔2017〕47号　关于河钢塞钢公司赵军等同志任免职的通知
河钢唐钢字〔2017〕48号　关于李文田同志免职的通知
河钢唐钢字〔2017〕49号　关于下发《职能部室2017年5月份重点工作安排》的通知
河钢唐钢字〔2017〕50号　关于下达二〇一七年五月份生产经营计划的通知
河钢唐钢字〔2017〕51号　关于下发《2016年度管理创新工作总结及2017年度工作要点》的通知
河钢唐钢字〔2017〕52号　关于成立2017年度公司智能制造建设项目指挥部的通知
河钢唐钢字〔2017〕53号　关于2017年端午节放假及有关事宜的通知
河钢唐钢字〔2017〕54号　关于深入开展争创“十佳百优”合理化建议活动的安排意见
河钢唐钢字〔2017〕55号　关于调整部分非钢单位绩效指标的通知
河钢唐钢字〔2017〕56号　关于印发《公司内部监督工作联席会议制度》的通知
河钢唐钢字〔2017〕57号　关于2017年职工北戴河休养工作的安排意见
河钢唐钢字〔2017〕58号　关于下发《职能部室2017年6月份重点工作安排》的通知
河钢唐钢字〔2017〕59号　关于下达二〇一七年六月份生产经营计划的通知
河钢唐钢字〔2017〕60号　关于下达2017年度外排废墟、垃圾费用指标的通知
河钢唐钢字〔2017〕61号　关于2016年度科技进步奖获奖项目的通报
河钢唐钢字〔2017〕62号　关于刘彦雷等同志任免职的通知
河钢唐钢字〔2017〕63号　关于下达二〇一七年七月份生产经营计划的通知
河钢唐钢字〔2017〕64号　关于下发《职能部室2017年7月份重点工作安排》的通知
河钢唐钢字〔2017〕65号　关于下发《优势培育企业工作方案》的通知
河钢唐钢字〔2017〕66号　关于规范公司组织机构及部门管理职责的通知
河钢唐钢字〔2017〕67号　关于推进“不作为、乱作为、慢作为”问题专项清理工作的

	通知
河钢唐钢字〔2017〕68号	关于调整公司政工人员专业职务评定工作领导小组的通知
河钢唐钢字〔2017〕69号	关于调整公司职工教育培训委员会成员的通知
河钢唐钢字〔2017〕70号	关于调整公司职称改革领导小组成员的通知
河钢唐钢字〔2017〕71号	关于调整部分非钢单位绩效指标的通知
河钢唐钢字〔2017〕72号	关于下达二〇一七年八月份生产经营计划的通知
河钢唐钢字〔2017〕73号	关于下发《职能部室2017年8月份重点工作安排》的通知
河钢唐钢字〔2017〕74号	关于么洪勇等同志任免职的通知
河钢唐钢字〔2017〕75号	关于将二钢轧厂中型分厂划入型钢厂的通知
河钢唐钢字〔2017〕76号	关于王兰玉等同志任免职的通知
河钢唐钢字〔2017〕77号	关于下发《测量管理体系内部审核计划》的通知
河钢唐钢字〔2017〕78号	关于下达公司8—12月份挖潜增效计划的通知
河钢唐钢字〔2017〕79号	关于黄有良同志任免职的通知
河钢唐钢字〔2017〕80号	关于开展资金管控专项检查的通知
河钢唐钢字〔2017〕81号	关于开展第三十一届职工技术比赛的安排意见
河钢唐钢字〔2017〕82号	关于调整安全生产和消防委员会成员的通知
河钢唐钢字〔2017〕83号	关于下发《职能部室2017年9月份重点工作安排》的通知
河钢唐钢字〔2017〕84号	关于下达2017年9月份生产经营计划的通知
河钢唐钢字〔2017〕85号	2017年“质量月”活动安排意见
河钢唐钢字〔2017〕86号	关于王晶同志免职的通知
河钢唐钢字〔2017〕87号	关于下发8—12月份挖潜增效措施及奖励办法的通知
河钢唐钢字〔2017〕88号	关于成立中华乐业申请唐钢公司购销合同仲裁案（R20170825号）工作领导小组的通知
河钢唐钢字〔2017〕89号	关于下发《测量管理体系审核报告》及《不符合项报告》的通知
河钢唐钢字〔2017〕90号	关于做好2017年度测量管理体系管理评审有关准备工作的通知
河钢唐钢字〔2017〕91号	关于杨晓韬同志任免职的通知
河钢唐钢字〔2017〕92号	关于成立河钢乐亭钢铁项目公辅系统建设服务指挥部的通知
河钢唐钢字〔2017〕93号	关于2017年国庆节、中秋节放假及有关事宜的通知
河钢唐钢字〔2017〕94号	关于成立河钢唐钢环保深度治理工程建设指挥部的通知
河钢唐钢字〔2017〕95号	关于成立塞钢技术改造工程建设指挥部的通知
河钢唐钢字〔2017〕97号	关于下达二〇一七年十月份生产经营计划的通知
河钢唐钢字〔2017〕98号	关于准备2017年管理评审会议材料的通知
河钢唐钢字〔2017〕99号	关于下发《职能部室2017年10月份重点工作安排》的通知
河钢唐钢字〔2017〕100号	关于对唐山惠唐物联科技有限公司《管控体系》的批复意见
河钢唐钢字〔2017〕101号	关于编制2018年预算的通知
河钢唐钢字〔2017〕102号	关于刁可山同志任职的通知
河钢唐钢字〔2017〕103号	关于发布部分职能部室《内部控制手册》的通知

河钢唐钢字〔2017〕104号　关于发放2017—2018年度冬季取暖补贴及扣缴取暖费的通知
河钢唐钢字〔2017〕105号　关于开展2017年度法律事务管理体系运行情况检查的通知
河钢唐钢字〔2017〕106号　关于下达二〇一七年十一月份生产经营计划的通知
河钢唐钢字〔2017〕107号　关于下发《测量管理体系管理评审报告》的通知
河钢唐钢字〔2017〕108号　关于下发《职能部室2017年11月份重点工作安排》的通知
河钢唐钢字〔2017〕109号　关于下发2017年《河钢集团唐钢公司管理评审报告》的通知
河钢唐钢字〔2017〕110号　关于调整预算管理委员会组织机构和工作职责的通知
河钢唐钢字〔2017〕112号　关于下达二〇一七年十二月份生产经营计划的通知
河钢唐钢字〔2017〕113号　关于下发《职能部室2017年12月份重点工作安排》的通知
河钢唐钢字〔2017〕114号　关于下发《高端人才引进与管理办法》的通知
河钢唐钢字〔2017〕115号　关于2018年元旦放假及有关事宜的通知
河钢唐钢字〔2017〕117号　关于宋润平等同志免职的通知

党委文件

河钢唐钢党发〔2017〕1号　关于做好2017年春节期间拥军优属工作的通知
河钢唐钢党发〔2017〕2号　关于印发《厂部级领导班子和厂部级管理人员三年任期激励考核办法（试行）》的通知
河钢唐钢党发〔2017〕3号　关于印发《厂部级管理人员三年任期激励年度考核结果与薪酬、使用挂钩办法》的通知
河钢唐钢党发〔2017〕4号　关于开展2016年度厂部级领导班子和厂部级管理人员任期激励考核和党风廉政建设考核工作的安排意见
河钢唐钢党发〔2017〕5号　关于下发《2016年工作总结和2017年工作要点》的通知
河钢唐钢党发〔2017〕6号　关于下发《二〇一七年二月份工作要点》的通知
河钢唐钢党发〔2017〕7号　关于李向民、杨静波同志任免职的通知
河钢唐钢党发〔2017〕8号　关于公司党委书记、党委副书记、纪委书记工作分工的通知
河钢唐钢党发〔2017〕9号　关于下发《二〇一七年三月份工作要点》的通知
河钢唐钢党发〔2017〕10号　关于印发《党风廉政建设主体责任和监督责任清单》的通知
河钢唐钢党发〔2017〕12号　关于印发《2016年党风廉政建设工作总结和2017年工作要点》的通知
河钢唐钢党发〔2017〕13号　关于郭洪莲等同志试用期满任职的通知
河钢唐钢党发〔2017〕14号　关于下发《二〇一七年四月份工作要点》的通知
河钢唐钢党发〔2017〕15号　关于成立唐钢美锦（唐山）煤化工有限公司党组织的通知
河钢唐钢党发〔2017〕16号　关于2017年党委中心组专题学习的安排意见
河钢唐钢党发〔2017〕17号　关于刘庆民同志任职的通知
河钢唐钢党发〔2017〕18号　关于下发《二〇一七年五月份工作要点》的通知

河钢唐钢党发〔2017〕19号　关于进一步深化专项巡视反馈意见整改的通知
河钢唐钢党发〔2017〕20号　关于转发市国资委党委《关于开展“都来学雷锋城市更文明”共产党员学雷锋志愿服务活动的实施方案》的通知
河钢唐钢党发〔2017〕21号　转发集团党委《关于深入学习贯彻省国资委党风廉政建设和反腐败工作会议精神的通知》的通知
河钢唐钢党发〔2017〕22号　关于调整公司社会治安综合治理委员会成员及进一步明确综治委成员单位工作职责的通知
河钢唐钢党发〔2017〕23号　关于认真落实《河钢集团境外企业党组织建设暂行办法》的通知
河钢唐钢党发〔2017〕24号　关于开展落实党风廉政建设党委主体责任和纪委监督责任考核工作的通知
河钢唐钢党发〔2017〕25号　关于开展纪念建党96周年活动的安排意见
河钢唐钢党发〔2017〕26号　关于下发《二〇一七年六月份工作要点》的通知
河钢唐钢党发〔2017〕27号　关于成立河钢唐钢党建研究会的通知
河钢唐钢党发〔2017〕28号　印发《关于开展准则、条例贯彻执行情况监督检查专项行动的工作方案》的通知
河钢唐钢党发〔2017〕29号　印发《关于推进“两学一做”学习教育常态化制度化的工作方案》的通知
河钢唐钢党发〔2017〕30号　关于下发《二〇一七年七月份工作要点》的通知
河钢唐钢党发〔2017〕31号　关于刘彦雷等同志任免职的通知
河钢唐钢党发〔2017〕32号　关于表彰先进集体和优秀个人的决定
河钢唐钢党发〔2017〕34号　转发《关于深入学习贯彻习近平总书记系列重要讲话精神持续兴起学习贯彻热潮的实施意见》的通知
河钢唐钢党发〔2017〕35号　关于下发《二〇一七年八月份工作要点》的通知
河钢唐钢党发〔2017〕36号　关于张文国等同志任免职的通知
河钢唐钢党发〔2017〕37号　印发《关于对落实全面从严治党“两个责任”进行督导巡察的实施方案（试行）》的通知
河钢唐钢党发〔2017〕38号　关于印发《河钢唐钢开展警示教育活动方案》的通知
河钢唐钢党发〔2017〕39号　关于印发《公司领导班子成员党风廉政建设工作职责范围和重点工作分工》的通知
河钢唐钢党发〔2017〕40号　关于下发《二〇一七年九月份工作要点》的通知
河钢唐钢党发〔2017〕41号　关于王晶同志免职的通知
河钢唐钢党发〔2017〕42号　关于做好“将国有企业党建工作要求写入公司章程”相关工作的通知
河钢唐钢党发〔2017〕44号　关于李贺永同志任免职的通知
河钢唐钢党发〔2017〕45号　转发《省国资委党委关于落实“三个区分开来”要求建立容错纠错机制的指导意见（试行）》的通知
河钢唐钢党发〔2017〕46号　关于转发《河北省贯彻落实〈中国共产党问责条例〉实施办法》的通知

河钢唐钢党发〔2017〕47 号　关于下发《二〇一七年十月份工作要点》的通知
河钢唐钢党发〔2017〕48 号　关于部分基层党组织设置和调整的通知
河钢唐钢党发〔2017〕49 号　关于印发《河钢唐钢开展“三个违规”问题专项清理活动工作方案》的通知
河钢唐钢党发〔2017〕50 号　关于印发《基层党组织换届选举工作暂行规定》的通知
河钢唐钢党发〔2017〕51 号　关于下发《二〇一七年十一月份工作要点》的通知
河钢唐钢党发〔2017〕52 号　关于学习宣传贯彻党的十九大精神系列活动的安排意见
河钢唐钢党发〔2017〕53 号　关于刘庆民同志试用期满任职的通知
河钢唐钢党发〔2017〕54 号　关于下发《二〇一七年十二月份工作要点》的通知
河钢唐钢党发〔2017〕55 号　关于 2018 年元旦、春节期间开展“送温暖”活动的通知
河钢唐钢党发〔2017〕56 号　关于河钢集团唐钢公司工会委员会召开第二十二次代表大会的批复
河钢唐钢党发〔2017〕57 号　转发集团党委《关于加强 2018 年元旦春节期间廉洁自律工作的通知》的通知
河钢唐钢党发〔2017〕58 号　关于认真组织学习长篇通讯《习近平：新时代的领路人》的通知
河钢唐钢党发〔2017〕59 号　关于下发《二〇一八年元月份工作要点》的通知
河钢唐钢党发〔2017〕60 号　关于田振寰同志免职的通知

河钢唐钢在媒体

1月

1月4日，新华网报道《河钢唐钢冷轧产品产量屡创新高》的消息。

1月4日，《中国冶金报》报道《河钢唐钢风电用钢产销量同比提升8倍》的消息。

1月5日，新华网报道《河钢唐钢QC小组活动赢实效》的消息。

1月6日，新华网报道《河钢唐钢首获省知识产权优势培育工程专利奖》《河钢唐钢以技术创新推动产品小微化生产》的消息。

1月9日，新华网报道《河钢唐钢成功申请受理专利180项创新高》的消息。

1月10日，新华网、国际在线、网易新闻、环渤海新闻网报道《河钢唐钢造船用钢同比增10倍》的消息。

2月

2月3日，新华网、中国钢铁新闻网报道《河钢唐钢履带钢两规格产品成功下线》的消息。

2月6日，新华网、环渤海新闻网报道《河钢唐钢品种钢助力京津冀大数据总部建设》的消息。

2月7日，新华网报道《河钢唐钢电池壳钢供货知名汽车配件企业》《河钢唐钢高强汽车板重点品种月产创新高》的消息。

2月9日，新华网、中国钢铁新闻网报道《河钢唐钢低合金高强度钢带大幅增量》的消息。

2月10日，新华网报道《河钢唐钢双相钢获知名汽车配件企业认可》的消息。

2月20日，新华网、国际在线、中国钢铁新闻网报道《河钢唐钢定制生产600克锌层产品获成功》的消息。

2月21日，新华网报道《河钢唐钢冷轧低合金高强钢产销量大增》的消息。

2月24日，新华网报道《河钢唐钢连退超低碳深冲钢批量稳定生产》《河钢唐钢焊瓶钢产品牵手大客户实现稳定供货》的消息。

2月28日，《中国冶金报》、新华网报道《河钢唐钢设备全生命周期管理体系全面上线运行》的消息。

3月

3月1日，国际在线，中国钢铁新闻网、环渤海新闻网报道《河钢唐钢高端家电板四大名企发货创新高》的消息。

3月3日，中国钢铁新闻网报道《河钢唐钢管道用钢建功吉林省最大供水工程》的消息。

3月7日，国际在线、中工网、环渤海新闻网报道《河钢唐钢一新技术喜获国家发明专利》的消息。

3月14日，《河北工人报》报道《河钢唐钢酸洗汽车大梁钢产销量实现大幅增长》的消息。

3月16日，新华网、中国钢铁新闻网报道《河钢唐钢高强汽车钢供货国内品牌客车厂》的消息。

3月16日，新华网报道《河钢唐钢高

端气雾罐顶盖用钢批量供货》的消息。

3月17日，新华网报道《河钢唐钢模具钢销售上量高端产品添新丁》的消息。

3月20日，新华网报道《河钢唐钢汽车钢敲开上市公司大门》的消息。

3月20日，新华网、中国钢铁新闻网、《现代物流报》报道《河钢唐钢今年首批QP980成功运抵客户手中》的消息。

3月21日，中国钢铁新闻网、河北新闻网、环渤海新闻网、《唐山劳动日报》报道《河钢唐钢成为河北省科技一等奖连续获得数量最多企业》的消息。

3月23日，国际在线、网易新闻、凤凰网报道《河钢唐钢微尔云计算中心对外签订首个合同》的消息。

3月24日，新华网报道《河钢唐钢超深冲钢首次批量供货华南知名钢企》《河钢唐钢高端模具钢获用户追加订单》的消息。

4月

4月5日，国际在线、凤凰网报道《河钢唐钢工程机械用钢独家供货世界级建设机械制造商》的消息。

4月6日，新华网报道《河钢唐钢新品亮相长春南湖大桥翻建工程》的消息。

4月10日，新华网报道《河钢唐钢成功开发抗层状撕裂高层建筑用钢》《河钢唐钢履带型钢销售获突破性进展》的消息。

4月14日，人民网、国际在线、东方网、环渤海新闻网报道《河钢唐钢结构用钢独家供货2019篮球世界杯主场馆建设》的消息。

4月17日，新华网报道《河钢唐钢定制生产冷基镀锌产品直供客户》的消息。

4月19日，中工网报道《河钢唐钢抢抓市场机遇干冰销量显著增长》的消息。

4月20日，中国网报道《河钢唐钢罩退专用钢销量大增》的消息。

4月20日，新华网报道《河钢唐钢高性能特厚规格钢板销量剧增》的消息。

4月21日，新华网报道《河钢唐钢酸洗汽车结构钢热销》《河钢唐钢深挖产线潜能打造热轧高端精品》的消息。

4月21日，中国钢铁新闻网、中国网报道《河钢唐钢智能制造试点示范项目获2016年度最具影响力工程项目》的消息。

4月25日，新华网、中国钢铁新闻网、中工网报道《河钢唐钢汽车板重点客户销量突破20万吨》的消息。

4月27日，新华网报道《河钢唐钢新增26家“一对一”直供客户》的消息。

4月28日，新华网报道《河钢唐钢工程机械用钢销量创新高》的消息。

5月

5月3日，《中国冶金报》报道《河钢唐钢智能制造试点示范项目榜上有名》的消息。

5月4日，《中国冶金报》报道《河钢唐钢成功开发80毫米厚高层建筑用钢》的消息。

5月4日，新华网报道《河钢唐钢高端品种钢产销量实现双突破》的消息。

5月8日，新华网报道《河钢唐钢药芯焊丝钢直销量显著增长》的消息。

5月9日，《中国冶金报》报道《河钢唐钢镀锌产线产品在海外市场获青睐》的消息。

5月11日，新华网报道《河钢唐钢铁道车辆用钢产销量环比增长3.8倍》的消息。

5月11日，新浪网报道《河钢唐钢船板钢“登录”知名船舶企业》的消息。

5月15日，国际在线、东方网报道

《河钢唐钢船舶用钢助力“一带一路”项目》的消息。

5月15日，新华网、国际在线、网易新闻、凤凰网、河北新闻网、环渤海新闻网、《唐山劳动日报》报道《河钢唐钢风电钢助力我国最大海上风电项目》的消息。

5月18日，新华网报道《河钢唐钢高级别汽车双相钢俏销市场》的消息。

5月22日，《河北工人报》报道《河钢唐钢船舶用钢助力“一带一路”项目》的消息。

5月23日，《中国冶金报》报道《河钢唐钢首次实现轻轨产品定制出口》的消息。

5月23日，新华网报道《河钢唐钢产品成功打入工程机械用钢领域》的消息。

5月24日，《中国冶金报》报道《河钢唐钢首季新增26家“一对一”直供客户》的消息。

5月25日，新华网报道《河钢唐钢高等级高建钢新产品顺利下线》的消息。

5月31日，《中国冶金报》报道《河钢唐钢为我国最大海上风电项目供货》的消息。

5月31日，新华网报道《河钢唐钢冷成型用高强钢S700MC下线》的消息。

6月

6月6日，国际在线报道《河钢唐钢桥梁钢助力“北京七环”建设》的消息。

6月6日，新华网报道《河钢唐钢十大中厚板终端用户销量占四成》的消息。

6月6日，《中国冶金报》报道《河钢唐钢船板直供中船重工部分将发往巴基斯坦》的消息。

6月6日，新华网报道《河钢唐钢药芯焊丝钢质量获客户认可》的消息。

6月7日，《中国冶金报》报道《河钢唐钢智能制造成果受到国际同行关注》的消息。

6月21日，新华网报道《河钢唐钢高端新产品研发势头强劲》的消息。

6月22日，新华网、中国网、中国钢铁新闻网、长城网报道《河钢唐钢汽车传动轴用钢直供三大车企》的消息。

6月22日，新华网报道《河钢唐钢为客户定制轻轨新品50SiMnP》的消息。

6月24日，《河北工人报》报道《河钢唐钢进军电信领域》的消息。

6月26日，新华网报道《河钢唐钢“一对一”直供用户持续增量》的消息。

7月

7月3日，新华网报道《河钢唐钢电池壳钢市场认可度持续走高》的消息。

7月5日，新华网报道《河钢唐钢桥梁结构钢销量显著增长》《河钢唐钢电池壳钢用于知名品牌新能源汽车》的消息。

7月5日，《中国冶金报》报道《河钢唐钢镀锌线涂油工序作业实现智能化》的消息。

7月7日，新华网报道《河钢唐钢矿用钢销量逆势突破》的消息。

7月12日，新华网报道《河钢唐钢获铁道货车车辆厂供货资质》的消息。

7月13日，新华网报道《河钢唐钢1810轧机实现高碳钢薄规格量产》的消息。

7月14日，新华网报道《河钢唐钢高强汽车板有限公司重点产品销量倍增》的消息。

7月15日，凤凰网、环渤海新闻网、《唐山晚报》报道《河钢唐钢正式供货菲亚特克莱斯勒》的消息。

7月17日，新华网报道《河钢唐钢中厚板事业部重点品种销量劲增》的消息。

7 月 21 日，新华网报道《河钢唐钢本部产成品外发创新高》的消息。

7 月 21 日，《中国冶金报》报道《河钢唐钢不锈钢公司借助“一带一路”促出口增量》的消息。

7 月 21 日，中国钢铁新闻网报道《河钢唐钢能源用中厚板材销量同比提高 256%》的消息。

7 月 25 日，新华网报道《河钢唐钢非钢领域液体产品外销业绩喜人》的消息。

7 月 27 日，新华网报道《河钢唐钢顶级 DR 材获金属包装行业热捧》的消息。

8 月

8 月 2 日，《中国冶金报》报道《河钢唐钢酸洗产品上半年销量猛增 57%》的消息。

8 月 3 日，《中国冶金报》报道《河钢唐钢获国家“增值电信业务经营许可证”》的消息。

8 月 4 日，新华网报道《河钢唐钢冷轧汽车板新品试产成功》的消息。

8 月 4 日，《河北工人报》报道《河钢唐钢高强汽车板产销量递增 22%》的消息。

8 月 7 日，中工网报道《河钢唐钢镀锌板获国际某知名汽车公司好评》的消息。

8 月 8 日，新华网报道《河钢唐钢能源用中厚板材热销市场》的消息。

8 月 9 日，环渤海新闻网报道《河钢唐钢高端汽车钢销量增长 91%》的消息。

8 月 14 日，《世界金属导报》报道《河钢唐钢汽车板首次出口西班牙》的消息。

8 月 23 日，《中国冶金报》报道《河钢唐钢药芯焊丝钢热销市场》的消息。

8 月 23 日，河北新闻网报道《河钢唐钢携汽车用钢及解决方案亮相上海国际客车展》的消息。

8 月 24 日，《中国冶金报》报道《河钢唐钢独立供货世界单体最重转体斜拉桥》的消息。

8 月 25 日，《中国冶金报》报道《河钢唐钢模具钢上半年销量同比增长 136%》的消息。

8 月 25 日，河北新闻网报道《河钢唐钢高端角钢新品出口欧洲》的消息。

8 月 28 日，环渤海新闻网报道《上海国际客车展河钢唐钢获客车零部件创新产品奖》的消息。

8 月 31 日，新华网报道《河钢唐钢签下国内知名家电企业家电板大单》的消息。

8 月 31 日，《唐山晚报》报道《“唐山钢”助力亚投行总部建设》的消息。

9 月

9 月 5 日，中国钢铁新闻网登载《当吉利新车型遇上河钢唐钢汽车钢……》的通讯。

9 月 7 日，凤凰网、河北新闻网报道《国内首个热轧成品库无人天车项目在河钢唐钢启动》的消息。

9 月 7 日，新华网、河北新闻网报道《国内知名品牌汽车新车型用上河钢唐钢酸洗产品》的消息。

9 月 8 日，河北新闻网、中国钢铁新闻网报道《河钢唐钢入选国家 2017 年首批绿色制造体系示范工厂》的消息。

9 月 11 日，新华网、河北新闻网报道《河钢唐钢首个矿工钢出口大单如期交付》的消息。

9 月 14 日，《中国冶金报》报道《河钢唐钢以提供极致产品和服务为目标》的消息。

9 月 22 日，新华网报道《河钢唐钢汽车钢供货知名集装箱企业》的消息。

9 月 22 日，《中国冶金报》报道《河钢唐钢首单退火态交货模具钢交付》的消息。

10月

10月9日，新华网报道《河钢唐钢为全球知名商用车企定制产品》的消息。

10月10日，《河北经济日报》报道《河钢唐钢牵手高端直供客户》的消息。

10月11日，中国钢铁新闻网报道《河钢唐钢精品长材为“中国轨道交通第一速度”加速助力》的消息。

10月11日，网易新闻报道《河钢唐钢镀锌产品助力“一带一路”建设》的消息。

10月16日，新华网报道《河钢唐钢与某知名汽车公司合同量创新高》的消息。

10月16日，《世界金属导报》报道《河钢唐钢与某大型机械生产企业携手进军高端》的消息。

10月17日，新华网报道《河钢唐钢冷轧高端产品三季度销售创佳绩》的消息。

10月19日，中工网、网易新闻报道《河钢唐钢长材助力北京新机场建设》的消息。

10月23日，新华网报道《河钢唐钢产品再次获评“冶金行业品质卓越产品”》的消息。

10月23日，新华网报道《河钢唐钢汽车钢供货亚洲知名汽车配件企业》的消息。

10月25日，新华网报道《河钢唐钢首次试轧 HC500LAD+Z 成功》的消息。

11月

11月1日，《中国冶金报》报道《河钢唐钢优化板材“智造”助提质》的消息。

11月8日，《中国冶金报》报道《河钢唐钢精品长材为北京地铁新机场线助力》的消息。

11月10日，新华网报道《河钢唐钢高强汽车钢直供品牌汽车配套企业》的消息。

11月13日，《现代物流报》报道《河钢唐钢焊丝钢用于国家重点军工项目》的消息。

11月14日，新华网报道《河钢唐钢药芯焊丝钢批量供货高端客户》的消息。

11月15日，《中国冶金报》报道《河钢唐钢耐候钢批量向辽宁客户供货》的消息。

11月17日，新华网报道《河钢唐钢加快技术研发推动电池壳钢上量》的消息。

11月18日，东方网报道《河钢唐钢成功开发免平整薄规格汽车大梁钢》的消息。

11月20日，新华网报道《河钢唐钢顶级 980DP 钢具备批量供货能力》的消息。

11月21日，《河北工人报》报道《河钢唐钢高强镀锌板批量出口葡萄牙》的消息。

11月21日，《世界金属导报》报道《河钢唐钢超高强度级别冷轧双相钢成功下线》的消息。

11月21日，网易新闻报道《河钢唐钢高强钢撑起新能源客车骨架》的消息。

11月23日，环渤海新闻网、《唐山劳动日报》报道《河钢唐钢 1.5 万吨订单产品销往巴基斯坦》的消息。

11月28日，《河北工人报》报道《河钢唐钢搪瓷钢获市场青睐》的消息。

11月30日，网易新闻报道《河钢唐钢近 4000 吨电池壳钢助力新能源汽车制造》的消息。

12月

12月5日，新华网报道《河钢唐钢酸洗板直供知名空调压缩机企业》的消息。

12 月 11 日，《世界金属导报》报道《河钢唐钢电池壳钢批量直供新能源汽车制造商》的消息。

12 月 11 日，环渤海新闻网报道《河钢唐钢高端家电板销量大增》的消息。

12 月 12 日，《中国冶金报》报道《河钢唐钢家电板批量供应 LG 乐金电子》的消息。

12 月 25 日，《现代物流报》报道《河钢唐钢出口非洲某国大型角钢集港发货》的消息。

12 月 27 日，河北新闻网报道《河钢唐钢螺纹钢助力雄安新区建设》的消息。

河钢唐钢主要指标完成情况

指 标 名 称	计算单位	2017 年完成	2016 年完成	增减/%
一、工业总产值				
工业总产值（现价）	万元	4764669	2907375	63.88
工业销售产值（现价）	万元	4742394	2853563	66.19
工业增加值	万元	626794	479396	30.75
二、主要产品产量				
人造富矿	吨	20347922	20139400	1.04
股份公司	吨	7876418	8801801	-10.51
不锈钢公司	吨	2845532	2952707	-3.63
中厚板公司	吨	4752635	3647541	30.30
唐银公司	吨	2857401	3215845	-11.15
青龙炉料公司	吨	2015936	1521506	32.50
生铁	吨	13857030	13310771	4.10
股份公司	吨	5931562	6013500	-1.36
不锈钢公司	吨	2393954	2417303	-0.97
中厚板公司	吨	3422021	2505734	36.57
唐银公司	吨	2109493	2374234	-11.15
钢	吨	15070404	13068803	15.32
股份公司	吨	6396662	5824662	9.82
不锈钢公司	吨	2652726	2457970	7.92
中厚板公司	吨	3771859	2501812	50.77
唐银公司	吨	2249157	2284359	-1.54
钢材	吨	14281797	12409676	15.09
股份公司	吨	6855002	6161116	11.26
不锈钢来料转商品	吨	705	212	232.55
供高强汽车板公司	吨	829208	768043	7.96
不锈钢公司	吨	2951485	2537510	16.31
供股份公司	吨	310989	154611	101.14
供高强汽车板	吨	669547	616728	8.56
中厚板公司	吨	2806240	1931267	45.31
唐银公司	吨	2092351	2072273	0.97
高强汽车板公司	吨	1484772	1374115	8.05
供股份公司	吨	99014	127435	-22.30

续表

指 标 名 称	计算单位	2017 年完成	2016 年完成	增减/%
焦炭	吨	1470005	1741750	-15.60
炼铁部焦化区	吨		264693	-100.00
美锦公司	吨	1470005	1477057	-0.48
三、能耗				
能源消耗总量（以标煤计）	吨	8566134	7715555	11.02
万元产值能耗（以标煤计）	吨	1.80	2.65	-0.85
万元增加值能耗（以标煤计）	吨	13.67	16.09	-2.42
吨钢综合能耗（以标煤计）	千克	568.41	590.38	-21.97
吨钢可比能耗（以标煤计）	千克	486.11	560.12	-74.01
四、财务				
营业收入	万元	6827871	4291065	59.12
主营业务收入	万元	6091745	4000518	52.27
主营业务税金及附加	万元	41246	21247	94.13
实现利税总额	万元	296340	161017	84.04
利润总额	万元	132905	101505	30.93
净利润	万元	91949	90589	1.50
管理费用	万元	434004	298412	45.44
财务费用	万元	142680	144519	-1.27
销售费用	万元	78554	62861	24.96
资产总计	万元	13974387	13558451	3.07
固定资产原值	万元	8754737	7979692	9.71
固定资产净值	万元	6043114	5527456	9.33
流动资产	万元	2933662	2881000	1.83
存货	万元	866791	704491	23.04
产成品	万元	264983	296360	-10.59
负债合计	万元	9347252	9213641	1.45
流动负债	万元	8049319	7958704	1.14
非流动性负债	万元	1297933	1254937	3.43
总资产报酬率	%	2.11	1.94	0.17
成本费用利润率	%	2	2.4	-0.40
国有资本保值增值率	%	106.5	100.18	6.32
资产负债率	%	66.89	67.95	-1.06
流动比率	%	36.45	36.2	0.25
速动比率	%	25.68	27.35	-1.67
流动资产周转次数	次	2.35	1.59	47.80
存货周转次数	次	7.53	6.08	23.85

续表

指标名称	计算单位	2017年完成	2016年完成	增减/%
应收账款周转次数	次	35.48	44.88	-20.94
五、劳动工资				
从业人员劳动生产率（按现价产值计算）	元/(人·年)	1398699	811436	72.37
从业人员劳动生产率（按增加值计算）	元/(人·年)	183999	133797	37.52
全部职工年末人数	人	34184	35976	-4.98
全部职工平均人数	人	35089	36646	-4.25
从业人员平均人数	人	34065	35830	-4.93
全部职工工资总额	万元	270057	234302	15.26
六、安全环保				
千人负伤率	‰	0.2	0.14	0.06
死亡人数	人	0	0	0.00
工业废水排放处理率	%	100	100	0.00
工业废气排放处理率	%	100	100	0.00
污染物综合排放合格率	%	100	100	0.00
七、外经外贸				
钢铁产品出口额	万美元	92662	98809	-6.22
钢材	万美元	92662	98809	-6.22
钢铁产品出口量	吨	2235051	2556808	-12.58
钢材	吨	2235051	2556808	-12.58

股份公司主要指标完成情况

指标名称	计算单位	2017年完成	2016年完成	增减/%
一、工业总产值				
工业总产值（现价）	万元	2284826	1430379	59.74
二、主要产品产量				
烧结矿	吨	7876418	8801801	-10.51
生铁	吨	5931562	6013500	-1.36
钢	吨	6396662	5824662	9.82
商品材坯	吨	6911648	6198099	11.51
钢材	吨	6855002	6161116	11.26
三、销售及库存				
钢材销售量	吨	6865380	6151973	11.60
钢材库存量	吨	72240	81018	-10.83
钢材产销率	%	100.15	99.85	0.30

续表

指标名称	计算单位	2017年完成	2016年完成	增减/%
四、主要产品质量及物耗				
生铁合格率	%	100	100	0
连铸坯合格率	%	99.99	99.98	0.01
钢材合格率	%	99.99	99.92	0.07
炼铁综合焦比	千克/吨	531.89	528.97	2.92
转炉金属料消耗	千克/吨	1092.31	1079.84	12.47
钢材综合成材率	%	96.46	95.64	0.82
五、财务				
主营业务收入	万元	3690999	2205400	67.36
实现利税总额	万元	166817	101897	63.71
利润总额	万元	81310	79077	2.82
净利润	万元	57498	70461	-18.40
管理费用	万元	222503	172476	29.01
财务费用	万元	72759	79232	-8.17
销售费用	万元	43781	35378	23.75
资产总计	万元	6780612	6329536	7.13
流动资产	万元	1202684	953354	26.15
应收账款	万元	213941	69807	206.47
预付账款	万元	58720	144516	-59.37
存货	万元	547285	467592	17.04
非流动资产	万元	5577928	5376182	3.75
固定资产	万元	4089749	3826604	6.88
负债合计	万元	5173308	4751076	8.89
流动负债	万元	4632990	4192941	10.49
非流动性负债	万元	540318	558135	-3.19
总资产报酬率	%	1.67	3.45	-1.78
成本费用利润率	%	2.17	3.64	-1.47
资产负债率	%	76.30	75.06	1.24
流动比率	%	25.96	22.74	3.22
速动比率	%	14.15	11.59	2.56
应收账款周转次数	次	24.13	32.26	-25.20
存货周转次数	次	6.61	4.49	47.22
六、劳动工资				
从业人员劳动生产率（按现价产值计算）	元/(人·年)	1056518	1016399	3.95
年末全部职工人数	人	15249	18189	-16.16
全部职工年平均人数	人	16188	17785	-8.98

续表

指 标 名 称	计算单位	2017 年完成	2016 年完成	增减/%
从业人员平均人数	人	12370	14073	-12.10
全部职工工资总额	万元	105095	108069	-2.75
七、安全				
千人负伤率	‰	0.185	0.11	68.18
死亡人数	人	0	0	0
八、外经外贸				
钢铁产品出口额	万美元	78741	86302	-8.76
钢材	万美元	78741	86302	-8.76
钢铁产品出口量	吨	1876442	2183052	-14.05
钢材	吨	1876442	2183052	-14.05

集团公司主要指标完成情况

指 标 名 称	计算单位	2017 年完成	2016 年完成	增减/%
一、主要产品产量				
焦炭	吨		264693	-100.00
煤气	万立方米		10927	-100.00
白灰	吨	496818	527468	-5.81
白云石	吨	152912	117447	30.20
二、主要产品质量及物耗				
冶金焦率	%		86	-86.00
转鼓指数 M40	%		86.21	-86.21
转鼓指数 M10	%		6.60	-6.60
三、财务				
主营总收入	万元	2317511	1569646	47.65
实现利税总额	万元	65209	16893	286.01
利润总额	万元	779	2218	-64.88
净利润	万元	78	1618	-95.18
管理费用	万元	50021	34749	43.95
财务费用	万元	59935	59896	0.07
销售费用	万元	15120	14304	5.70
资产总计	万元	6086813	6186549	-1.61
固定资产原值	万元	379426	366338	3.57
固定资产净值	万元	180787	180024	0.42
流动资产	万元	1631672	1997945	-18.33
应收账款	万元	298833	102140	192.57
预付账款	万元	43390	195861	-77.85

续表

指 标 名 称	计算单位	2017 年完成	2016 年完成	增减/%
存货	万元	68307	44670	52.91
负债合计	万元	3184259	3483088	-8.58
流动性负债	万元	2659622	2953793	-9.96
非流动性负债	万元	524637	529295	-0.88
总资产报酬率	%	1.30	1.19	0.11
成本费用利润率	%	0.4	0.14	0.26
国有资本保值增值率	%	97.56	100.1	-2.54
资产负债率	%	74.52	56.3	18.22
流动比率	%	40.1	67.64	-27.54
速动比率	%	27.81	66.13	-38.32
应收账款周转次数	次	14.20	22.64	-37.28
存货周转次数	次	6.23	35.88	-82.64
四、劳动工资				
全部职工年末人数	人	6734	5351	25.85
全部职工平均人数	人	6883	5660	21.61
从业人员平均人数	人	6573	5274	24.63
全部职工工资总额	万元	42233	32364	30.49
五、安全				
千人负伤率	‰	0.145	0.35	-58.57
死亡人数	人			

不锈钢公司主要指标完成情况

指 标 名 称	计算单位	2017 年实际	2016 年实际	增减/%
一、工业产值				
工业总产值（当年价格）	万元	919491	594023	54.79
销售产值（当年价格）	万元	918562	589266	55.88
工业增加值	万元	119347	89078	33.98
二、主要产品产量				
烧结矿	吨	2845532	2952707	-3.63
生铁	吨	2393954	2417303	-0.97
粗钢	吨	2652726	2457970	7.92
商品材坯	吨	2951485	2537510	16.31
钢材	吨	2951485	2537510	16.31
热轧宽钢带	吨	2865049	2484482	15.32
平整切板	吨	86436	53028	63.00
企业自发电量	万千瓦时	36411	40067	-9

续表

指 标 名 称	计算单位	2017年实际	2016年实际	增减/%
三、销售及库存				
钢材销售量	吨	2945506	2515389	17
钢材库存量	吨	28382	22403	27
钢坯库存量	吨	34133	23483	45
钢材销售率（实物）	%	100	99	1
钢材销售率（价值）	%	100	99	1
四、能耗				
能源消耗总量（以标煤计）	吨	1485439	1396412	6
万元产值能耗（以标煤计）	吨	2	2	-1
万元增加值能耗（以标煤计）	吨	12	16	-3
吨钢综合能耗（以标煤计）	千克	560	568	-8
吨钢可比能耗（以标煤计）	千克	500	524	-24
吨钢耗电	千瓦时	439	447	-8
吨钢耗新水	立方米	3	5	-2
五、财务				
营业收入	万元	1013804	622265	39
营业税金及附加	万元	3218	400	88
利税总额	万元	46586	15061	68
其中：利润总额	万元	28513	127	100
应交税金	万元	2439	14934	-512
管理费用	万元	67416	56130	17
财务费用	万元	3189	-1529	148
销售费用	万元	2128	1862	13
净利润	万元	20435	285	99
资产合计	万元	1411414	1351648	4
流动资产合计	万元	151335	119801	21
应收账款	万元	26969	15821	41
预付账款	万元	31298	23818	24
存货	万元	30468	25303	17
固定资产	万元	1660544	1422469	14
负债合计	万元	1085321	1046653	4
流动负债合计	万元	904013	866329	4
资产负债率	%	77	77	-1
流动比率	%	17	14	3
速动比率	%	13.37	10.91	2.46

续表

指 标 名 称	计算单位	2017 年实际	2016 年实际	增减/%
六、劳动工资				
全员劳动生产率（现价总产值）	元/(人·年)	2598901	1554626	1044275
全员劳动生产率（工业增加值）	元/(人·年)	337328	233127	104201
年末全部从业人员	人	3712	4068	-9.59
全部从业人员平均人数	人	3797	4072	-7.24
全部从业人员工资总额	万元	28905	29101	-0.68
年末全部职工人数	人	3449	3818	-10.70
全部职工平均人数	人	3538	3821	-8.00
全部职工工资总额	万元	24717	25177	-1.86
七、固定资产投资				
本年固定资产投资完成额	万元			
八、安全环保				
千人负伤率	‰	0.28	0	0.28
千人工亡率	‰			
死亡人数	人			
工业废水排放处理率	%	100	100	
工业废气排放处理率	%	100	100	
污染物综合排放合格率	%	100	100	

不锈钢公司主要技术经济指标完成情况

指 标 名 称	计算单位	2017 年完成	2016 年完成	增减
一、烧结				
烧结矿合格率	%	100.00	100.00	0.00
烧结矿品位	%	55.74	55.72	0.02
烧结机有效面积利用系数	吨/(平方米·台·时)	1.395	1.421	-0.03
烧结机日历作业率	%	68.65	78.47	-9.82
烧结机台时合格产出量	吨/(台·时)	175.16	110.34	64.82
烧结矿含铁原料消耗	千克/吨	928.03	931.67	-3.64
其中：铁精粉消耗	千克/吨	278.04	251.24	26.80
富矿粉消耗	千克/吨	446.86	463.38	-16.52
其他含铁原料消耗	千克/吨	203.13	217.05	-13.92
烧结电力消耗	千瓦时/吨	35.77	55.02	-19.25
烧结从业人员实物劳动生产率	吨/(人·年)	15089.01	14218.47	870.54
烧结工序单位能耗（以标煤计）	千克/吨	50.02	50.42	-0.40

续表

指标名称	计算单位	2017年完成	2016年完成	增减
二、高炉炼铁				
生铁合格率	%	100.00	100.00	0.00
综合焦比	千克/吨	522.41	517.47	4.94
入炉焦比	千克/吨	415.88	414.14	1.74
喷煤比	千克/吨	133.15	129.17	3.98
电力消耗	千瓦时/吨	10.88	26.70	-15.82
入炉矿石消耗	千克/吨	1657.75	1666.84	-9.09
人造块矿消耗	千克/吨	1448.03	1447.43	0.60
烧结矿消耗	千克/吨	1135.42	1229.56	-94.14
球团矿消耗	千克/吨	312.61	217.87	94.74
天然矿石消耗	千克/吨	209.72	219.41	-9.69
入炉矿石品位	%	57.66	57.65	0.01
高炉有效容积利用系数	吨/(立方米·日)	3.467	3.302	0.17
炼铁从业人员实物劳动生产率	吨/(人·年)	5155.68	5185.49	-29.81
炼铁工序单位能耗（以标煤计）	千克/吨	424.85	423.41	1.44
三、炼钢指标				
连铸坯合格率	%	99.99	100.00	-0.01
转炉日历利用系数	吨/(公称吨·日)	24.23	22.39	1.84
金属料消耗	千克/吨	1079.12	1071.24	7.88
钢铁料消耗	千克/吨	1072.40	1065.17	7.23
生铁消耗	千克/吨	915.01	993.46	-78.45
高炉铁水	千克/吨	895.71	976.74	-81.03
合格铁块	千克/吨	19.30	16.72	2.58
废钢铁消耗	千克/吨	157.39	71.71	85.68
合金料消耗	千克/吨	6.72	6.07	0.65
氧气消耗	立方米/吨	50.09	52.73	-2.64
冶金石灰消耗	千克/吨	48.52	41.23	7.29
转炉炉衬寿命	炉/次	7443	8848	-1405.00
电力消耗	千瓦时/吨	26.09	21.33	4.76
连铸机台时合格产出量	吨/(台·时)	131.31	137.21	-5.90
连铸机日历作业率	%	76.87	50.99	25.88
炼钢从业人员实物劳动生产率	吨/(人·年)	3150.82	2848.44	302.38
炼钢工序单位能耗（以标煤计）	千克/吨	-14.48	-22.51	8.03
四、轧钢				
钢材合格率	%	99.72	99.69	0.03
钢材成材率	%	98.22	98.18	0.04

续表

指 标 名 称	计算单位	2017 年完成	2016 年完成	增减
电力消耗	千瓦时/吨	88.26	93.27	-5.01
轧机日历作业率	%	79.13	66.72	12.41
轧钢从业人员实物劳动生产率	吨/(人·年)	9804.35	8097.71	1706.64
轧钢工序单位能耗（以标煤计）	千克/吨	41.26	43.71	-2.45

中厚板公司主要指标完成情况

指 标 名 称	计算单位	2017 年实际	2016 年实际	增减/%
一、工业产值				
工业总产值（当年价格）	万元	938487	434017	116.23
销售产值（当年价格）	万元	909691	408343	122.78
其中：出口交货值	万元	235088	26662	781.72
工业增加值	万元	148810	50632	193.91
二、主要产品产量				
烧结矿	吨	4316218	3298059	30.87
球团矿	吨	436417	349482	24.88
生铁	吨	34220121	2505734	1265.67
粗钢	吨	3771859	2501812	50.77
商品材坯	吨	2911468	1991161	46.22
钢材	吨	2806240	1931267	45.31
商品连铸坯	吨	105228	59894	75.69
企业自发电量	万千瓦时	55375	118860	-53.41
三、销售及库存				
钢材销售量	吨	2784276	1888829	47.41
钢材库存量	吨	92726	75665	22.55
钢坯销售量	吨	105228	59894	75.69
钢坯库存量	吨	127099	47496	167.60
钢材销售率（实物）	%	99.22	97.80	1.42
钢材销售率（价值）	%	99.22	97.80	1.42
四、能耗				
能源消耗总量（以标煤计）	吨	1869723	1302696	43.53
万元产值能耗（以标煤计）	吨	1.99	3.00	-1.01
万元增加值能耗（以标煤计）	吨	12.56	25.73	-13.17
吨钢综合能耗（以标煤计）	千克	495.70	520.70	-25.00
吨钢可比能耗（以标煤计）	千克	464.94	546.26	-81.32
吨钢耗电	千瓦时	359.77	475.10	-115.33

续表

指 标 名 称	计算单位	2017 年实际	2016 年实际	增减/%
吨钢耗新水	立方米	2.81	2.91	-0.09
五、财务				
主营业务收入	万元	1152285	536755	114.68
主营业务税金及附加	万元	5813	2538	129.01
利税总额	万元	72934	-26048	380.00
其中：利润总额	万元	50284	-29761	268.96
税金	万元	22650	3713	509.97
管理费用	万元	70306	50672	38.75
财务费用	万元	31693	34140	-7.17
销售费用	万元	10079	5574	80.81
净利润	万元	51119	-29814	271.46
资产合计	万元	1834967	1716479	6.90
流动资产合计	万元	275575	249797	10.32
应收账款	万元	28328	33902	-16.44
预付账款	万元	10238	12331	-16.97
存货	万元	84338	67894	24.22
固定资产原值	万元	1642138	1400584	17.25
负债合计	万元	1601083	1534464	4.34
流动负债合计	万元	952618	969931	-1.78
非流动负债合计	万元	648465	564533	14.87
总资产贡献率	%	6.49	1.38	5.11
成本费用利润率	%	4.58	-5.66	10.24
资本保值增值率	%	127.98	85.92	42.06
资产负债率	%	87.25	89.40	-2.15
流动比率	%	28.93	25.56	3.37
速动比率	%	20.07	18.14	1.93
息税后资产收益率	%	24.54	-1.86	26.40
流动资金周转次数	次	4.49	2.12	111.59
应收账款周转次数	次	51.69	20.37	153.76
六、劳动工资				
从业人员劳动生产率（现价总产值）	元/(人·年)	2586789	1197289	116.05
从业人员劳动生产率（工业增加值）	元/(人·年)	410171	139674	193.66
年末全部从业人员	人	3932	3680	6.85
全部从业人员平均人数	人	3628	3625	0.08
全部从业人员工资总额	万元	32054	29215	9.72
年末全部职工人数	人	3932	3680	6.85

续表

指 标 名 称	计算单位	2017 年实际	2016 年实际	增减/%
全部职工平均人数	人	3628	3625	0.08
全部职工工资总额	万元	32163	29319	9.70
七、固定资产投资				
本年固定资产投资完成额	万元	99542.32	55153.6	80.48
八、安全环保				
千人负伤率	‰	0.40	0.00	0.40
千人工亡率	‰	0.00	0.00	0.00
死亡人数	人	0.00	0.00	0.00
工业废水排放处理率	%	100	100	0.00
工业废气排放处理率	%	100	100	0.00
污染物综合排放合格率	%	100	100	0.00
九、外经外贸				
出口创汇率	%	2.30	5.06	-2.76
钢铁产品出口额	万美元	6041	3037	98.94
其中：钢材	万美元	6041	3037	98.94
钢铁产品出口量	吨	130396	144200	-9.57
其中：钢材	吨	130396	144200	-9.57

中厚板公司主要技术经济指标完成情况

指 标 名 称	计算单位	2017 年完成	2016 年完成	增减
一、烧结				
烧结矿合格率	%	96.80	97.89	-1.09
烧结矿品位	%	56.16	56.57	-0.41
烧结机有效面积利用系数	吨/(平方米·台·时)	1.23	1.49	-0.26
烧结机日历作业率	%	91.86	91.47	0.39
烧结机台时合格产出量	吨/(台·时)	267.14	313.65	-46.51
烧结矿含铁原料消耗	千克/吨	934.77	918.61	16.16
其中：铁精粉消耗	千克/吨	177.25	180.45	-3.20
富矿粉消耗	千克/吨	562.66	563.23	-0.57
其他含铁原料消耗	千克/吨	194.87	174.93	19.94
烧结电力消耗	千瓦时/吨	35.93	44.70	-8.77
烧结从业人员实物劳动生产率	吨/(人·年)	38129.13	28930.34	9198.79
烧结工序单位能耗（以标煤计）	千克/吨	45.82	47.29	-1.47
二、高炉炼铁				
生铁合格率	%	97.18	90.04	7.14

续表

指标名称	计算单位	2017年完成	2016年完成	增减
综合焦比	千克/吨	490.04	481.53	8.51
入炉焦比	千克/吨	376.23	360.42	15.81
入炉焦丁比	千克/吨	29.10	30.10	-1.00
喷煤比	千克/吨	113.17	121.28	-8.11
电力消耗	千瓦时/吨	42.53	28.64	13.89
入炉矿石消耗	千克/吨	1643.79	1640.47	3.32
人造块矿消耗	千克/吨	1375.55	1388.06	-12.51
烧结矿消耗	千克/吨	1140.51	1158.90	-18.39
球团矿消耗	千克/吨	235.04	229.16	5.88
天然矿石消耗	千克/吨	268.24	252.42	15.82
入炉矿石品位	%	58.23	58.38	-0.15
高炉有效容积利用系数	吨/(立方米·日)	2.48	2.42	0.06
炼铁从业人员实物劳动生产率	吨/(人·年)	25521.66	25395.87	125.79
炼铁工序单位能耗（以标煤计）	千克/吨	412.63	407.11	5.52
三、炼钢指标				
连铸坯合格率	%	99.92	99.96	-0.04
转炉日历利用系数	吨/(公称吨·日)	28.71	18.99	9.72
金属料消耗	千克/吨	1103.34	1072.25	31.09
钢铁料消耗	千克/吨	1086.45	1055.07	31.38
生铁消耗	千克/吨	914.59	994.22	-79.63
高炉铁水	千克/吨	911.80	991.31	-79.51
合格铁块	千克/吨	2.79	2.91	-0.12
废钢铁消耗	千克/吨	171.86	60.85	111.01
其他含铁原料消耗	千克/吨	0.00	0.22	-0.22
合金料消耗	千克/吨	16.89	16.96	-0.07
氧气消耗	立方米/吨	56.48	53.05	3.43
冶金石灰消耗	千克/吨	54.37	30.11	24.26
电力消耗	千瓦时/吨	54.41	59.76	-5.35
连铸机台时合格产出量	吨/(台·时)	190.33	174.36	15.97
连铸机日历作业率	%	53.20	46.64	6.56
炼钢从业人员实物劳动生产率	吨/(人·年)	30174.88	20014.49	10160.39
炼钢工序单位能耗（以标煤计）	千克/吨	-9.74	-13.81	4.07
四、轧钢				
钢材合格率	%	99.34	99.56	-0.22
钢材成材率	%	93.22	93.54	-0.32
电力消耗	千瓦时/吨	47.91	47.75	0.16

续表

指 标 名 称	计算单位	2017 年完成	2016 年完成	增减
轧机日历作业率	%	84.83	67.84	16.99
轧钢从业人员实物劳动生产率	吨/(人·年)	7397.83	5117.06	2280.77
轧钢工序单位能耗（以标煤计）	千克/吨	37.54	38.27	-0.73

唐银公司主要指标完成情况

指 标 名 称	计算单位	2017 年实际	2016 年实际	增减/%
一、工业产值				
工业总产值（当年价格）	万元	703595	456427	54.15
工业销售产值（当年价格）	万元	719942	441981	62.89
工业增加值	万元	137435	54200	153.57
二、主要产品产量				
烧结铁矿	吨	2857401	3215845	-11.15
生铁	吨	2109493	2374234	-11.15
粗钢	吨	2249157	2284359	-1.54
钢材	吨	2092351	2072273	0.97
热轧窄钢带	吨	682705	856048	-20.25
钢筋	吨	725933	604813	20.03
线材	吨	683713	611411	11.83
企业自发电量	万千瓦时	23937	26074	-8.19
三、销售及库存				
钢材销售量	吨	2146442	1999836	7.33
钢材库存量	吨	34435	88527	0.00
钢坯销售量	吨	135894	179365	0.00
钢坯库存量	吨	23083	16542	39.54
产品销售率（实物）	%	102.59	96.50	6.09
产品销售率（价值）	%	102.32	96.83	5.49
四、能耗				
能源消耗总量（以标煤计）	吨	1209461	1273154	-5.00
万元产值能耗（以标煤计）	吨	1.72	2.79	-1.07
万元增加值能耗（以标煤计）	吨	8.80	23.49	-14.69
吨钢综合能耗（以标煤计）	千克	537.74	559.15	-21.41
吨钢可比能耗（以标煤计）	千克	510.73	531.71	-20.98
吨钢耗新水	立方米	3.15	3.13	0.02
五、财务				
主营业务收入	万元	671933	460143	46.03

续表

指标名称	计算单位	2017年实际	2016年实际	增减/%
主营业务税金及附加	万元	3631	1702	113.32
利税总额	万元	81287	6294	1191.46
其中：利润总额	万元	53213.19	-4986.83	1167.07
应交税金	万元	28074	11281	148.86
管理费用	万元	39179	22987	70.44
财务费用	万元	-6357	-5499	-15.59
销售费用	万元	7114	4491	58.39
净利润	万元	53213	-4987	1167.07
资产合计	万元	418100	329984	26.70
负债合计	万元	124296	90555	37.26
成本费用利润率	%	8.44	0.01	0.08
资产负债率	%	29.73	0.27	0.29
流动比率	%	222.76	1.93	2.21
速动比率	%	159.71	1.39	1.58
六、劳动工资				
全部从业人员劳动生产率（现价）	元/(人·年)	2037044	1270322	60.36
全部从业人员劳动生产率（增加值）	元/(人·年)	397901	150849	163.77
年末全部从业人员	人	3413	3593	-5.01
全部从业人员平均人数	人	3454	3572	-3.30
全部从业人员工资总额	万元	28066	27847	0.79

唐银公司主要技术经济指标完成情况

指标名称	计算单位	2017年完成	2016年完成	增减
一、烧结				
烧结矿合格率	%	100.00	100.00	0.00
烧结矿品位	%	54.38	53.54	0.84
烧结机有效面积利用数	吨/(平方米·台·时)	1.38	1.50	-0.12
烧结机日历作业率	%	72.40	76.43	-4.03
烧结机台时合格产出量	吨/(台·时)	150.19	159.68	-9.49
烧结矿含铁原料消耗	千克/吨	871.52	862.72	8.80
其中：铁精粉消耗	千克/吨	41.42	0.00	41.42
富矿粉消耗	千克/吨	654.96	690.88	-35.92
其他含铁原料消耗	千克/吨	175.15	171.84	3.31
烧结电力消耗	千瓦时/吨	53.94	43.68	10.26
烧结从业人员实物劳动生产率	吨/(人·年)	9461.59	16662.41	-7200.82

续表

指 标 名 称	计算单位	2017 年完成	2016 年完成	增减
烧结工序单位能耗（以标煤计）	千克/吨	50.69	51.50	-0.81
二、高炉炼铁				
生铁合格率	%	100.00	100.00	0.00
综合焦比	千克/吨	543.85	520.39	23.46
入炉焦比	千克/吨	468.86	435.18	33.68
入炉焦丁比	千克/吨	1.99	1.51	0.48
喷煤比	千克/吨	91.75	105.01	-13.26
电力消耗	千瓦时/吨	124.40	112.23	12.17
入炉矿石消耗	千克/吨	1687.21	1706.13	-18.92
人造块矿消耗	千克/吨	1463.95	1443.67	20.28
烧结矿消耗	千克/吨	1194.24	1200.35	-6.11
球团矿消耗	千克/吨	269.71	243.32	26.39
天然矿石消耗	千克/吨	223.25	265.29	-42.04
入炉矿石品位	%	56.49	56.28	0.21
高炉有效容积利用系数	吨/(立方米·日)	2.766	3.000	-0.234
炼铁从业人员实物劳动生产率	吨/(人·年)	5322.53	4072.44	1250.09
炼铁工序单位能耗（以标煤计）	千克/吨	427.28	414.08	13.20
三、炼钢指标				
连铸坯合格率	%	99.88	99.95	-0.07
转炉日历利用系数	吨/(公称吨·日)	25.68	26.01	-0.33
金属料消耗	千克/吨	1110.23	1090.47	19.76
钢铁料消耗	千克/吨	1077.52	1055.33	22.19
生铁消耗	千克/吨	939.91	1042.35	-102.44
高炉铁水	千克/吨	933.96	1025.16	-91.20
合格铁块	千克/吨	5.95	17.19	-11.24
废钢铁消耗	千克/吨	137.61	12.98	124.63
其他含铁原料消耗	千克/吨	11.32	17.89	-6.57
合金料消耗	千克/吨	21.39	17.25	4.14
氧气消耗	立方米/吨	59.20	53.95	5.25
冶金石灰消耗	千克/吨	42.27	45.00	-2.73
电力消耗	千瓦时/吨	45.79	42.89	2.90
连铸机台时合格产出量	吨/(台·时)	187.53	193.80	-6.27
连铸机日历作业率	%	68.46	67.11	1.35
炼钢从业人员实物劳动生产率	吨/(人·年)	13549.14	32174.07	-18624.93
炼钢工序单位能耗（以标煤计）	千克/吨	-13.14	-17.52	4.38

续表

指标名称	计算单位	2017年完成	2016年完成	增减
四、轧钢				
钢材合格率	%	99.94	99.96	-0.02
钢材成材率	%	99.48	99.20	0.28
电力消耗	千瓦时/吨	80.63	79.14	1.49
轧机日历作业率	%	53.22	53.25	-0.03
轧钢从业人员实物劳动生产率	吨/(人·年)	3985.43	4079.28	-93.85
轧钢工序单位能耗（以标煤计）	千克/吨	40.69	40.53	0.16
钢筋				
钢材合格率	%	99.97	100.00	-0.03
钢材成材率	%	101.14	100.69	0.45
电力消耗	千瓦时/吨	53.13	22.17	30.96
轧机日历作业率	%	57.42	56.96	0.46
工序单位能耗（以标煤计）	千克/吨	38.46	38.27	0.19
窄带钢				
钢材合格率	%	99.97	99.97	0.00
钢材成材率	%	98.79	98.65	0.14
电力消耗	千瓦时/吨	76.16	72.93	3.23
轧机日历作业率	%	55.40	68.09	-12.69
工序单位能耗（以标煤计）	千克/吨	41.10	41.17	-0.07
线材				
钢材合格率	%	99.88	99.89	-0.01
钢材成材率	%	98.44	98.52	-0.08
电力消耗	千瓦时/吨	114.30	111.53	2.77
轧机日历作业率	%	50.03	44.28	5.75
工序单位能耗（以标煤计）	千克/吨	42.64	41.89	0.75

获省级（含省级）以上荣誉称号的先进集体

公司获得的省级以上荣誉称号

1月3日 河钢唐钢被省企业联合会授予“2016年河北省企业管理创新优胜企业”称号。公司连续10年获此荣誉。

1月 河钢唐钢被河北省文联、省企业（行业）文联评为“2016年度先进企业、行业文联”。

2月15日 河钢唐钢被省企业联合会授予“河北省第九届最具影响力企业、最具成长性企业”称号。公司连续9年获此荣誉。

5月10日 河钢唐钢团委获“2016年度全国钢铁行业五四红旗团委”称号。

5月 河钢唐钢获“河北省厂务公开民主管理示范单位”称号。

△ 河钢唐钢获第五届全国冶金职工运动会“河钢唐钢杯”乒乓球比赛团体总分第一名、体育道德风尚奖。

6月6日 河钢唐钢在省工业和信息化厅举办的河北省“制造业+互联网”试点示范项目经验推广活动大会上，获“2016年河北省制造业与互联网融合发展示范项目企业”称号。

6月 河钢唐钢被省质量技术监督局、省工业和信息化厅、省总工会等7部门评为“河北省质量信得过班组建设优秀企业”。

9月1日 工业和信息化部办公厅公布2017年第一批绿色制造体系示范名单，河钢唐钢入选“全国首批绿色工厂”。

9月14日 河钢唐钢团委获“2016年度全国钢铁行业‘青安杯’竞赛优胜单位”称号。这是公司团委连续8年获此殊荣。

9月 河钢唐钢获“2016年度省级文明单位”称号。

10月 河钢唐钢被中国钢铁工业协会、中国金属学会联合授予“中国钢铁工业‘十二五’科技工作先进单位”称号。

△ 河钢唐钢在冶金行业计量技术规范活动中，被中国计量协会冶金分会评为“先进集体”。

12月28日 河钢唐钢工会被河北省总工会评为“2016年度工会财务工作考核先进单位”。

12月 河钢唐钢在由中国质量协会发起的2017年度实施用户满意工程奖项评选中，获评“全国用户满意企业”。

2017年 河钢唐钢被河北省安全生产协会授予“2017年度安全生产先进单位”称号。

△ 河钢唐钢被省企业联合会评为“2017年河北省明星企业”。

△ 河钢唐钢被中钢协评为“2017年钢铁工业统计工作先进集体”。

△ 河钢唐钢被评为“2017年度河北省冶金行业统计工作先进单位”。

△ 河钢股份有限公司唐山分公司被中钢协评为“2017年度钢铁企业财务结算价格监测工作先进单位”。

公司二级单位获得的省级以上荣誉称号

2月 河钢唐钢信息自动化部数据中心被中华全国总工会授予“全国五一巾帼标兵岗”称号。

△ 河钢唐钢冷轧薄板厂谢庆新创新工作室、技术中心梅淑文创新工作室被河北省总工会、省科学技术厅评为“河北省劳模创新工作室”。

3月 河钢唐钢一钢轧厂1号150吨转炉被中华全国总工会授予“全国工人先锋号”称号。

4月25日 河钢唐钢炼铁厂团委获“2016年度省国资委五四红旗团委”称号。

△ 河钢唐钢信息自动化部信息中心团支部获“2016年度省国资委五四红旗团支部标兵”称号。

△ 河钢唐钢高强汽车板有限公司连续热镀锌生产线获“2016年度省国资委青年文明号标杆”称号。

4月 河钢唐钢劳瑞斯创新工作室被中华全国总工会授予“全国工人先锋号”称号。

△ 河钢唐钢炼铁厂范兰涛创新工作室被省总工会授予“河北省工人先锋号”称号。

5月10日 河钢唐钢检修分公司冷轧维检中心团支部获“2016年度全国钢铁行业五四红旗团支部”称号。

5月12日 河钢唐钢中型新产品研发QC小组、二线轧机QC小组被冶金工业质量经营联盟命名为“2017年度冶金行业优秀质量管理小组”。

△ 河钢唐钢捆带钢开发小组、轧钢作业区QC小组、高强汽车板生产准备作业区QC小组、炼铁厂降低烧结矿低温还原粉化率攻关组、节能QC小组、一钢轧厂连铸QC小组、板材科QC小组被冶金工业质量经营联盟命名为“2017年度冶金行业先进质量管理小组”。

△ 河钢唐钢炼铁厂烧结1号机启航小组被冶金工业质量经营联盟命名为“2017年度冶金行业优秀质量信得过班组”。

△ 河钢唐钢能源科技分公司南区供风作业区3200空压站、高强汽车板有限公司酸轧作业区丙班、转炉作业区1号炉炼钢组、连铸作业区丙班、中厚板轧二作业区乙班被冶金工业质量经营联盟命名为“2017年度冶金行业先进质量信得过班组”。

8月 河钢唐钢冷轧薄板厂蝉联“全国冶金安全生产标准化一级企业”称号。

△ 河钢唐钢大学被中国企业教育百强组委会评为“中国最具价值企业大学”。

9月14日 河钢唐钢能源科技分公司青年安全监督岗获“全国钢铁行业青年安全生产示范岗”称号。

△ 河钢唐钢二钢轧厂、不锈钢公司获“2016年度全国钢铁行业‘青安杯’竞赛先进集体”称号。

9月 河钢唐钢中厚板公司轧二作业区青年安全监督岗、型钢厂设备管理室电气点检青年安全监督岗、能源科技分公司青年安全监督岗、设备机动部青年安全监督岗、物流分公司青年安全监督岗、保卫部西门中队青年安全监督岗获“2016度全国钢铁行业‘青安杯’竞赛最佳青年安全监督岗”称号。

10月 河钢唐钢炼铁厂方丽平创新工作室、二钢轧厂王振刚创新工作室、冷轧薄板厂张立新创新工作室、型钢厂訾文胜创新工作室、不锈钢公司师可新创新工作室被冶金工业质量经营联盟评为“全国冶金行业优秀职工创新工作室”。

11月30日　河钢唐钢中厚板公司被省科技厅、省财政厅认定为“河北省高新技术企业”。

11月　唐山科技职业技术学院获中国钢铁工业协会第二届钢铁行业技能知识网络竞赛“团体优秀奖”。

12月　河钢唐钢技术中心梅淑文创新工作室被省总工会授予“河北省工人先锋号”称号。

△　河钢唐钢冷轧薄板厂（高强汽车板有限公司）生产准备车间QC小组被评为“河北省优秀质量管理小组”。

获省级（含省级）以上荣誉称号的先进个人

1月 河钢唐钢自动化信息公司韩一杰被省总工会、省委组织部、省发展改革委、省国资委等九部门授予第六届“河北省能工巧匠”称号。

2月 河钢唐钢炼铁厂高炉作业区冯忠良、二钢轧厂张永堂、冷轧薄板厂秦伟、中厚板公司连容广、自动化信息公司韩一杰、物流分公司任健、检修分公司李国刚，被省人力资源和社会保障厅授予“河北省技术能手”称号。

3月 河钢唐钢信息自动化部王映红被省总工会授予“河北省五一巾帼标兵”称号。

4月25日 河钢唐钢二钢轧厂董斯获“2016年度省国资委优秀团务工作者”称号。

△ 河钢唐钢一钢轧厂王帅获“2016年度省国资委优秀共青团员”称号。

△ 河钢唐钢保卫部赵雪获“2016年度省国资委新长征突击手”称号。

4月 河钢唐钢一钢轧厂郑久强被河北省总工会授予“河北大工匠”称号。

△ 河钢唐钢自动化信息公司韩一杰、二钢轧厂谷海波获“河北省五一劳动奖章”。

5月10日 河钢唐钢团委于洋获“2016年度全国钢铁行业优秀共青团干部”称号。

△ 河钢唐钢市场部李杨获“2016年度全国钢铁行业优秀共青团员”称号。

6月20日 河钢唐钢生产制造部林少田被省冶金行业协会评为“河北省冶金行业质量管理活动优秀推进者”。

6月 唐山科技职业技术学院康华被省教育厅、省人力资源和社会保障厅、省总工会评为“河北省优秀教师”。

9月 河钢唐钢团委姜丽丽获评“2016年度全国钢铁行业‘青安杯’竞赛最佳组织者”。

△ 河钢唐钢团委姜丽丽、冷轧薄板厂武旭获评“2016年度全国钢铁行业‘青安杯’竞赛先进个人”。

△ 河钢唐钢团委于洋、炼铁厂李斐、一钢轧厂徐伟、技术中心孟令德、生产制造部陈静、市场部刘泊珣获“2016年度全国钢铁行业‘青安杯’竞赛最佳青安岗岗长（员）”称号。

10月 河钢唐钢技术中心李梦英被中国钢铁工业协会、中国金属学会联合授予“中国钢铁工业优秀科技工作者”称号。

△ 唐山科技职业技术学院李志生被省委组织部评为“优秀省直驻村干部”。

12月 河钢唐钢一钢轧厂郑久强被河北省委宣传部、省国资委党委授予“美丽河北·最美工匠”称号。

△ 河钢唐钢二钢轧厂杨力、能源科技分公司杨红宇、自动化信息公司韩一杰、生产制造部孙伟在第二届京津冀职工职业技能大赛中，获“优秀选手”称号。

△ 河钢唐钢设备机动部姚永新被中国设备管理协会授予“中国设备管理创新人物”称号。

△ 河钢唐钢生产制造部李月林、不锈钢公司邢金东被省质量技术监督局、省总工会授予“2017年河北省质量标兵”称号。

2017年 河钢唐钢党委书记、董事长王兰玉被河北省企业联合会评为“河北省优秀企业家”。

△ 河钢唐钢冷轧薄板厂（高强汽车板有限公司）谷田被省“三三三人才工程”

领导小组批准为“三三三人才工程”第三层次人选。

△　河钢唐钢财务经营部薛雅娟、杨旭被中钢协评为“2017年钢铁工业统计工作先进工作者”。

△　河钢唐钢财务经营部胡丽君、杨旭、薛雅娟、李红被评为“河北冶金行业统计工作先进工作者”。